现代 MBA 系列教材

人力资源管理概论

（第 2 版修订本）

主　编　卿　涛
副主编　罗　键

清华大学出版社
北京交通大学出版社
·北京·

内 容 简 介

本书是目前最新的人力资源管理的基础教材。本书从战略的高度，以战略为主线，围绕人力资源管理的各项职能展开，从人力资源管理战略、人力资源规划、工作分析与工作设计、员工素质测评、员工招聘与甄选、员工培训与发展、员工职业生涯管理、绩效管理、薪酬管理、股权激励、劳动关系管理、人力资源外包策略等方面对现代人力资源管理的知识体系进行全面系统的讲解，能够给读者建立起一个完整的知识体系和相应的操作方法框架。

本书具有内容的前沿性、体系的完整性、设计上的实践性等特点，可作为相关专业的研究生、MBA、本科生的专业课教材，也可作为各类企业的领导和管理人员的培训教材。

本书配有课堂教学用的PPT电子讲稿，任课老师可从 http://press.bjtu.edu.cn 的"下载专区"中下载，也可通过电子邮件 qingtao3164822@sina.com 索取相关资料。

本书封面贴有清华大学出版社防伪标签，无标签者不得销售。
版权所有，侵权必究。侵权举报电话：010-62782989　13501256678　13801310933

图书在版编目（CIP）数据

人力资源管理概论／卿涛主编 . —2版 . —北京：北京交通大学出版社：清华大学出版社，2015.2
(2021.7重印)

（现代MBA系列教材）
ISBN 978-7-5121-0001-5

Ⅰ. ①人… Ⅱ. ①卿… Ⅲ. ①劳动力资源-资源管理-研究生-教材 Ⅳ. ①F241

中国版本图书馆CIP数据核字（2015）第005016号

责任编辑：孙秀翠
出版发行：清 华 大 学 出 版 社　　邮编：100084　　电话：010-62776969
　　　　　北京交通大学出版社　　邮编：100044　　电话：010-51686414
印 刷 者：艺堂印刷（天津）有限公司
经　　销：全国新华书店
开　　本：203×280　　印张：22.5　　字数：713千字
版　　次：2015年2月第2版　　2021年7月第6次印刷
书　　号：ISBN 978-7-5121-0001-5/F·1467
印　　数：6 001～7 000册　　定价：58.00元

本书如有质量问题，请向北京交通大学出版社质监组反映。对您的意见和批评，我们表示欢迎和感谢。
投诉电话：010-51686043，51686008；传真：010-62225406；E-mail：press@bjtu.edu.cn。

前　言

时光飞逝，不觉距教材第1版的出版发行已经过去8年了！8年来人力资源管理的研究和实践都发生了巨大的变化，尤其是西方理论与中国管理实践相结合，产生的具有中国特色的新知识和新经验不断得以总结和提升。这些年，我们的研究也触及一些新的领域并取得了一些成果。例如，主持完成了国家社科基金项目《企业和谐劳动关系的微观机制研究》、教育部人文社科基金课题《我国企业知识员工工作生活质量结构与测评体系研究》、四川省社科基金课题《四川军工企业改革过程中的和谐劳动关系研究》、教育部人文社科基金课题《工作生活质量理论模型和实证研究——基于组织和员工社会交换和活动视角》、教育部人文社科基金课题《企业一线员工体面劳动测量及其实现途径研究》等。在研究的同时，我们一直坚守对教学实践的执着，坚持深入企业编写教学案例，2014年我们有两篇案例入选中国管理共享中心的全国百篇优秀案例。这些成果也激发了我们修改完善再版教材的愿望。

教材第1版出版以后，受到广大读者的欢迎。本次修改基本保持第1版的框架体系和写作风格，修改的重点在增补新知识和更换案例。教材共分13章。第1章导论，主要阐述人力资源的概念与特征、人力资源管理的概念与职能、人力资源管理的演变过程、知识经济时代的人力资源管理、战略人力资源管理等。第2章人力资源战略，主要介绍人力资源战略与企业战略的关系、企业文化的整合、人力资源战略与企业竞争优势、人力资源战略的制定等。第3章人力资源规划，主要阐述人力资源规划的种类与内容、人力资源规划的原则与步骤、人力资源规划内外环境分析、人力资源需求与供给预测的步骤与方法。第4章工作分析与工作设计，主要介绍工作分析与工作设计的概念、意义和程序、工作设计常用的方法及工作说明书的编写、定编定员的主要方法等。第5章人员素质测评，主要阐述人员素质测评的基本概念、分类及功用、人员测评原理、测评信度及效度分析、素质模型的设计和建立等。第6章员工招聘与甄选，主要阐述招聘的含义与流程、招募渠道、甄选技术与方法、员工录用、招聘评估等。第7章员工培训与发展，主要阐述员工培训的重要意义，培训的分类、形式及方法，培训的理论基础，管理人员培训与开发的特点，培训的成本管理，培训效果评估等。第8章员工职业生涯管理，主要阐述职业生涯管理的理论与方法、职业生涯路径选择、影响职业生涯变化的主要因素、职业生涯发展模式、职业生涯管理与组织竞争优势等。第9章绩效管理，主要阐述绩效管理的含义、绩效管理在人力资源管理中的地位和作用、绩效考核的方法、绩效管理流程、绩效管理系统有效性的条件等。第10章薪酬管理，主要阐述薪酬的含义和类型、我国企业的工资制度和福利制度、薪酬管理的理论基础、薪酬管理的目标与原则、薪酬体系设计流程等。第11章股权激励，主要阐述股权激励的含义和特点、管理层股权激励的操作要点、员工持股计划的操作要点、管理层和员工进行股权激励要注意的问题等。第12章劳动关系管理，主要阐述劳动关系的内涵、劳动合同的订立、履行、变更等过程中的相关法律和知识、劳动关系调整中的协调机制、劳动争议处理的程序和相关法律法规、劳动过程中对劳动者的健康、安全保护的法规知识等。第13章人力资源外包策略，主要阐述人力资源外包的含义与类型、人力资源外包的战略决策、人力资源外包的风险辨别与管理、人力资源外包下人力资源管理的转变等。

本书具有以下几个特点。

(1) 内容的前沿性。本书在追求作为教材的成熟性和完整性的同时，力求在人力资源管理的理论和实践方面反映出最新的、前沿的研究成果，体现现代人力资源管理的发展动向与趋势。如：知识经济时代的人力资源管理的关注重点；战略人力资源管理的思想，战略人力资源管理实践与组织绩效的关系；工作分析与工作设计的思路和方法；员工素质模型与测评的方法；劳动关系管理中的员工关系问题的处理；人力资源外包策略等方面都具有新颖的内容。

（2）体系的完整性。本书从战略的高度，以战略为主线围绕人力资源管理的各项职能展开，从人力资源管理战略，人力资源规划，工作分析与工作设计，员工素质模型与测评，员工招聘与甄选，员工培训与发展，职业生涯管理，绩效管理，薪酬管理，股权激励，劳动关系管理，人力资源外包策略等方面对现代人力资源管理的知识体系进行了全面、系统的讲解，能够给读者建立起一个完整的知识体系和相应的操作方法的框架。

（3）设计上的实践性。为了使本书成为读者理论与实践的指南，本书在考虑体系上的完整性的同时，兼顾了理论与实际的结合。每一章的开篇案例将现实中的实际问题提出来，引发读者思考，带着问题进入到人力资源管理浩瀚的理论领域中。每一章的篇尾案例展示现实中企业的实际情况，或是经验的总结或是问题的提出，让读者运用人力资源管理的理论知识去分析案例企业的实际情况，增强读者对理论的理解和提高解决实际问题的能力。

本书的成功完成是团队合作的结果，写作团队由西南财经大学、四川大学、四川省委党校、浙江传媒学院、成都医学院等高校的中青年教师组成。由卿涛和罗键分别担任主编和副主编，全面负责本书的基本内容和框架体系的设计，具体章节的写作任务分工如下（以章节先后为序）：卿涛（西南财经大学）第1章；罗键（西南财经大学）第2、3章；徐险峰（西南财经大学）第4章；柳罗（浙江传媒学院）第5章；任迎伟（西南财经大学）第6章；钟峥（成都纺织高等专科学校）第7章；石磊（西南财经大学）第8章；曾祥发（成都医学院）第9章；甘元霞（西南财经大学）第10章；李映东（西南财经大学）第11章；师丽（四川省委党校）第12章；郭志刚（西南财经大学）第13章。特别指出，河北农业大学教师、西南财经大学工商管理学院博士研究生刘爽先生承担了对本书再版的修改工作。本书的出版得到了北京交通大学出版社副总编辑孙秀翠女士的大力支持。在此，对所有支持本书编写、出版的人员的辛勤工作表示衷心的感谢！

在本书的编写过程中，编者参阅和借鉴了大量相关论文和书籍，在此谨向这些论文和书籍的作者表示感谢！本书还引用了一些已发表的案例，请这些案例的作者与本书主编联系，以表谢意。

本书可作为相关专业的研究生、MBA、本科生的专业课教材，也可作为各类企业的领导和管理人员的培训教材。

由于编者水平有限，书中难免有不足之处，恳请读者批评指正。

编　者
2014年11月于光华园

目 录

第1章 导论 (1)
1.1 人力资源的概念与特征 (3)
- 1.1.1 人力资源的概念 (3)
- 1.1.2 人力资源的特征 (3)
1.2 人力资源管理的概念与职能 (4)
- 1.2.1 人力资源管理的概念 (4)
- 1.2.2 人力资源管理的职能 (4)
1.3 人力资源管理的演变过程 (6)
- 1.3.1 人事管理初级阶段 (6)
- 1.3.2 科学管理阶段 (6)
- 1.3.3 工业心理学阶段 (6)
- 1.3.4 人际关系运动阶段 (7)
- 1.3.5 现代人力资源管理阶段 (7)
1.4 知识经济时代的人力资源管理 (8)
- 1.4.1 知识经济的概念 (8)
- 1.4.2 知识经济时代的组织形式 (8)
- 1.4.3 知识经济时代的员工特点 (9)
- 1.4.4 知识经济时代的人力资源管理 (10)
1.5 战略人力资源管理 (12)
- 1.5.1 战略人力资源管理的含义 (12)
- 1.5.2 战略人力资源管理的理论模型 (12)
- 1.5.3 战略人力资源管理与组织绩效 (13)
本章小结 (14)
本章案例 (14)
本章思考题 (17)
参考文献 (17)

第2章 人力资源战略 (19)
2.1 人力资源战略概述 (20)
- 2.1.1 人力资源战略的发展历程 (20)
- 2.1.2 人力资源战略的含义 (21)
- 2.1.3 人力资源战略的类型 (22)
2.2 人力资源战略与企业战略、企业文化的整合 (24)
- 2.2.1 企业战略 (24)
- 2.2.2 人力资源战略与企业战略的关系 (28)
- 2.2.3 人力资源战略在企业战略管理中的主要功能 (28)
- 2.2.4 人力资源战略与企业战略的整合 (30)
2.3 人力资源战略与企业竞争优势 (34)

2.3.1 人力资源战略提升竞争优势的实践证据 ……………………… (34)
  2.3.2 人力资源战略提升竞争优势的理论模型 ……………………… (36)
  2.3.3 通过人力资源战略获得持久的竞争优势 ……………………… (38)
 2.4 人力资源战略的制定 ……………………………………………………… (38)
  2.4.1 人力资源战略制定的基本程序 ………………………………… (39)
  2.4.2 内外部环境分析 ………………………………………………… (39)
  2.4.3 人力资源战略的具体制定 ……………………………………… (40)
  2.4.4 人力资源战略的实施 …………………………………………… (41)
  2.4.5 人力资源战略的评估 …………………………………………… (41)
 本章小结 ……………………………………………………………………… (41)
 本章案例 ……………………………………………………………………… (42)
 本章思考题 …………………………………………………………………… (46)
 参考文献 ……………………………………………………………………… (46)

第3章 人力资源规划 ……………………………………………………………… (48)
 3.1 人力资源规划概述 ……………………………………………………… (50)
  3.1.1 人力资源规划的概念 …………………………………………… (50)
  3.1.2 人力资源规划的目的 …………………………………………… (50)
  3.1.3 人力资源规划的种类 …………………………………………… (50)
  3.1.4 人力资源规划的内容和模式 …………………………………… (51)
  3.1.5 人力资源规划的作用 …………………………………………… (53)
  3.1.6 人力资源规划与企业计划的关系 ……………………………… (54)
 3.2 人力资源规划的原则与步骤 …………………………………………… (54)
  3.2.1 制定人力资源规划的原则 ……………………………………… (54)
  3.2.2 制定人力资源规划的步骤 ……………………………………… (55)
 3.3 人力资源规划环境分析 ………………………………………………… (59)
  3.3.1 企业外部环境分析 ……………………………………………… (59)
  3.3.2 企业内部环境分析 ……………………………………………… (60)
 3.4 人力资源需求预测 ……………………………………………………… (64)
  3.4.1 人力资源需求预测的含义 ……………………………………… (64)
  3.4.2 人力资源需求预测的步骤 ……………………………………… (64)
  3.4.3 人力资源需求预测的定性方法 ………………………………… (64)
  3.4.4 人力资源需求预测的定量方法 ………………………………… (66)
  3.4.5 各种预测方法的对比 …………………………………………… (69)
  3.4.6 影响需求预测的关键因素 ……………………………………… (70)
 3.5 人力资源供给预测 ……………………………………………………… (71)
  3.5.1 人力资源供给预测的含义 ……………………………………… (72)
  3.5.2 人力资源供给预测的步骤 ……………………………………… (72)
  3.5.3 人力资源内部供给预测 ………………………………………… (72)
  3.5.4 人力资源内部供给预测方法比较 ……………………………… (76)
  3.5.5 人力资源外部供给预测 ………………………………………… (77)
  3.5.6 影响人力资源供给的因素 ……………………………………… (77)
 3.6 人力资源供需平衡与规划编制 ………………………………………… (78)
  3.6.1 人力资源供需平衡的概念 ……………………………………… (78)
  3.6.2 人力资源供求不平衡的调整 …………………………………… (78)
  3.6.3 人力资源规划的编制 …………………………………………… (81)

  本章小结 ·· (82)
  本章案例 ·· (83)
  本章思考题 ·· (85)
  参考文献 ·· (85)

第4章　工作分析与工作设计 ·· (86)

4.1　工作分析 ·· (87)
  4.1.1　工作分析的概念 ·· (87)
  4.1.2　工作分析的意义 ·· (89)
  4.1.3　工作分析的程序 ·· (89)
  4.1.4　工作分析的方法 ·· (91)
  4.1.5　工作说明书 ·· (92)

4.2　工作设计 ·· (96)
  4.2.1　工作设计的概念 ·· (96)
  4.2.2　工作设计的意义 ·· (96)
  4.2.3　工作设计的发展 ·· (97)
  4.2.4　工作设计的基本方法 ···································· (98)
  4.2.5　组织变革与工作设计 ···································· (99)
  4.2.6　工作设计的社会技术系统方法 ·················· (101)
  4.2.7　工作设计举例 ·· (102)

4.3　人员配备 ·· (106)
  4.3.1　人员配备的概念及作用 ································ (106)
  4.3.2　人员配备的原则 ·· (107)
  4.3.3　定编定员 ·· (107)

  本章小结 ·· (108)
  本章案例 ·· (108)
  本章思考题 ·· (112)
  参考文献 ·· (112)

第5章　人员素质测评 ·· (113)

5.1　人员测评概述 ·· (114)
  5.1.1　基本概念 ·· (114)
  5.1.2　素质测评的主要类型 ···································· (115)
  5.1.3　素质测评的主要功用 ···································· (119)
  5.1.4　人员测评对人力资源管理的意义 ·············· (119)

5.2　人员素质测评的原理和基本程序 ······················ (120)
  5.2.1　人员测评的基本原理 ···································· (120)
  5.2.2　人员测评的基本程序 ···································· (121)
  5.2.3　测评活动信度和效度的分析 ······················ (125)

5.3　人员素质测评的方法和技术 ······························ (128)
  5.3.1　心理测验方法 ·· (128)
  5.3.2　面试方法 ·· (131)
  5.3.3　评价中心技术 ·· (133)

5.4　员工素质模型 ·· (135)
  5.4.1　素质模型概述 ·· (135)
  5.4.2　素质词典 ·· (137)
  5.4.3　员工素质模型的建立 ···································· (138)

本章小结 …………………………………………………………………………………… (139)
　　本章案例 …………………………………………………………………………………… (140)
　　本章思考题 ………………………………………………………………………………… (142)
　　参考文献 …………………………………………………………………………………… (142)
第6章　员工招聘与甄选 ……………………………………………………………………… (143)
　6.1　员工招聘概述 ………………………………………………………………………… (144)
　　6.1.1　招聘的含义 ……………………………………………………………………… (144)
　　6.1.2　招聘的意义 ……………………………………………………………………… (144)
　　6.1.3　招聘的原则 ……………………………………………………………………… (144)
　　6.1.4　招聘工作的职责分工 …………………………………………………………… (145)
　　6.1.5　招聘流程 ………………………………………………………………………… (146)
　6.2　招募渠道 ……………………………………………………………………………… (148)
　　6.2.1　内部招募 ………………………………………………………………………… (148)
　　6.2.2　外部招募 ………………………………………………………………………… (149)
　　6.2.3　招聘渠道的选择 ………………………………………………………………… (156)
　6.3　甄选技术与方法 ……………………………………………………………………… (158)
　　6.3.1　员工甄选的内容 ………………………………………………………………… (158)
　　6.3.2　员工甄选的意义 ………………………………………………………………… (159)
　　6.3.3　员工甄选技术与方法 …………………………………………………………… (159)
　6.4　员工录用 ……………………………………………………………………………… (167)
　　6.4.1　录用决策 ………………………………………………………………………… (167)
　　6.4.2　背景调查和体检 ………………………………………………………………… (167)
　　6.4.3　员工入职 ………………………………………………………………………… (168)
　6.5　招聘评估 ……………………………………………………………………………… (168)
　　6.5.1　招聘结果的成效评估 …………………………………………………………… (168)
　　6.5.2　招聘方法的成效评估 …………………………………………………………… (169)
　　本章小结 …………………………………………………………………………………… (170)
　　本章案例 …………………………………………………………………………………… (170)
　　本章思考题 ………………………………………………………………………………… (172)
　　参考文献 …………………………………………………………………………………… (173)
第7章　员工培训与发展 ……………………………………………………………………… (176)
　7.1　员工培训概述 ………………………………………………………………………… (177)
　　7.1.1　培训的基本含义及目的 ………………………………………………………… (177)
　　7.1.2　员工培训的重要意义 …………………………………………………………… (177)
　　7.1.3　培训的原则 ……………………………………………………………………… (178)
　　7.1.4　培训的分类 ……………………………………………………………………… (179)
　　7.1.5　培训的形式 ……………………………………………………………………… (180)
　　7.1.6　培训方法 ………………………………………………………………………… (183)
　　7.1.7　工作分析与员工培训的关系 …………………………………………………… (185)
　7.2　培训的理论基础 ……………………………………………………………………… (186)
　　7.2.1　刺激—反应理论 ………………………………………………………………… (186)
　　7.2.2　尝试—错误理论 ………………………………………………………………… (186)
　　7.2.3　社会学习理论 …………………………………………………………………… (186)
　　7.2.4　认知学习理论 …………………………………………………………………… (187)
　　7.2.5　建构主义学习理论 ……………………………………………………………… (187)

7.3 企业员工培训工作的流程 ......(188)
7.3.1 培训需求分析 ......(188)
7.3.2 制订培训计划、设计培训实施方案 ......(190)
7.3.3 培训计划的实施 ......(192)
7.3.4 培训工作的评估 ......(193)
7.4 管理人员的培训与开发 ......(196)
7.4.1 管理人员培训与开发的特点 ......(196)
7.4.2 管理人员培训与开发的内容 ......(196)
7.4.3 管理人员培训与开发的形式 ......(196)
7.5 培训的组织管理工作 ......(199)
7.5.1 培训中的控制管理 ......(199)
7.5.2 培训师的选择和培训 ......(199)
7.5.3 培训的成本管理 ......(201)
7.5.4 培训效果评估 ......(202)
本章小结 ......(203)
本章案例 ......(203)
本章思考题 ......(206)
参考文献 ......(206)

第8章 员工职业生涯管理 ......(207)
8.1 职业生涯管理的理论与方法 ......(208)
8.1.1 职业生涯的基本概念 ......(208)
8.1.2 职业生涯理论综述 ......(209)
8.2 职业生涯路径选择 ......(210)
8.2.1 职业生涯发展路径 ......(210)
8.2.2 双重职业发展途径的特点及目的 ......(212)
8.2.3 评价 ......(212)
8.3 影响职业生涯变化的主要因素 ......(213)
8.3.1 环境、战略和组织结构的变化 ......(213)
8.3.2 心理契约的变化 ......(213)
8.3.3 企业文化和价值观 ......(214)
8.3.4 人际关系 ......(214)
8.3.5 性格特征及爱好 ......(215)
8.3.6 职业动机 ......(216)
8.3.7 企业家精神 ......(217)
8.4 职业生涯发展模式 ......(217)
8.4.1 职业发展模式 ......(218)
8.4.2 个人职业生涯规划与组织生命周期的适应性 ......(221)
8.5 职业生涯管理与开发规划系统的设计和实施步骤 ......(224)
8.5.1 确定志向和选择职业 ......(224)
8.5.2 自我评价 ......(225)
8.5.3 组织评价 ......(225)
8.5.4 职业生涯路径选择及目标设定 ......(225)
8.5.5 制订行动规划及时间表 ......(226)
8.5.6 评估与回馈 ......(226)
8.6 职业生涯管理中的现代问题 ......(226)

V

         8.6.1 工作与家庭冲突 (226)
         8.6.2 工作压力 (227)
         8.6.3 新生代员工的职业生涯管理 (227)
    本章小结 (227)
    本章案例 (228)
    本章思考题 (230)
    参考文献 (230)

第9章 绩效管理 (232)
  ## 9.1 绩效管理概述 (233)
      9.1.1 绩效管理的意义 (233)
      9.1.2 绩效管理的含义 (234)
      9.1.3 绩效管理在人力资源管理中的地位和作用 (235)
      9.1.4 绩效考核与绩效管理的关系 (236)
  ## 9.2 绩效考核的方法 (237)
      9.2.1 民意测验法 (237)
      9.2.2 绩效比较法 (237)
      9.2.3 图评价尺度法 (239)
      9.2.4 关键事件法 (240)
      9.2.5 行为锚定等级法 (241)
      9.2.6 要素评定法 (242)
      9.2.7 情景模拟法 (243)
      9.2.8 目标管理法 (243)
      9.2.9 平衡计分卡法 (245)
      9.2.10 关键绩效指标考核法 (247)
      9.2.11 360度绩效反馈法 (248)
      9.2.12 绩效考核方法的选择 (248)
  ## 9.3 绩效管理流程 (249)
      9.3.1 绩效管理实施步骤 (249)
      9.3.2 绩效计划 (251)
      9.3.3 绩效实施与管理 (252)
      9.3.4 绩效考核结果的反馈 (254)
      9.3.5 绩效考核结果的应用 (256)
      9.3.6 绩效管理中的问题 (257)
      9.3.7 绩效管理系统有效的条件 (259)
    本章小结 (260)
    本章案例 (261)
    本章思考题 (263)
    参考文献 (263)

第10章 薪酬管理 (264)
  ## 10.1 薪酬概述 (265)
      10.1.1 薪酬的含义 (265)
      10.1.2 薪酬的功能 (269)
      10.1.3 薪酬的分类 (269)
      10.1.4 我国企业的工资制度 (270)
      10.1.5 我国员工的福利制度 (274)

10.2 薪酬管理的理论基础 (276)
10.2.1 薪酬管理的经济学基础 (276)
10.2.2 薪酬管理的心理学基础 (278)
10.3 薪酬管理策略 (281)
10.3.1 薪酬管理的目标 (281)
10.3.2 合理的薪酬制度的要求 (281)
10.3.3 薪酬管理策略 (283)
10.4 薪酬体系设计 (285)
10.4.1 制定薪酬的原则和策略 (285)
10.4.2 工作分析 (286)
10.4.3 职位评价 (286)
10.4.4 薪酬调查 (286)
10.4.5 薪酬定位 (287)
10.4.6 薪酬结构设计 (287)
10.4.7 薪酬实施与调整 (287)
本章小结 (288)
本章案例 (288)
本章思考题 (291)
参考文献 (291)

第11章 股权激励 (292)
11.1 股权激励概述 (293)
11.1.1 股权激励的含义与特点 (293)
11.1.2 股权激励的起源与历史 (294)
11.1.3 股权激励的主要形式 (295)
11.2 管理层股权激励计划 (295)
11.2.1 管理层股权激励的必要性和特殊性 (295)
11.2.2 管理层股权激励的操作要点 (296)
11.2.3 管理层股权激励要注意的问题 (298)
11.3 员工持股计划 (299)
11.3.1 员工持股计划的意义 (299)
11.3.2 员工持股计划的操作要点 (299)
11.3.3 员工持股计划要注意的问题 (300)
本章小结 (301)
本章案例 (301)
本章思考题 (302)
参考文献 (302)

第12章 劳动关系管理 (303)
12.1 劳动关系概述 (304)
12.1.1 劳动关系的概念和特征 (304)
12.1.2 劳动关系发展的历史和理论演进 (304)
12.2 劳动合同 (306)
12.2.1 劳动合同的订立 (306)
12.2.2 劳动合同的主要内容 (308)
12.2.3 劳动合同的履行 (310)
12.2.4 合同的变更与续订 (311)

12.2.5　劳动合同的解除和终止 …………………………………………………… (312)
12.3　集体合同与劳动关系协调机制 ………………………………………………………… (314)
　　12.3.1　集体合同 …………………………………………………………………… (314)
　　12.3.2　集体谈判与劳动关系协调机制 …………………………………………… (315)
12.4　劳动争议 ………………………………………………………………………………… (317)
　　12.4.1　劳动争议的概念和类型 …………………………………………………… (317)
　　12.4.2　劳动争议处理 ……………………………………………………………… (317)
　　12.4.3　劳动监察 …………………………………………………………………… (319)
12.5　劳动保护 ………………………………………………………………………………… (321)
　　12.5.1　劳动保护的含义 …………………………………………………………… (321)
　　12.5.2　劳动保护的作用和意义 …………………………………………………… (321)
　　12.5.3　劳动保护的任务和内容 …………………………………………………… (322)
本章小结 ………………………………………………………………………………………… (323)
本章案例 ………………………………………………………………………………………… (324)
本章思考题 ……………………………………………………………………………………… (325)
参考文献 ………………………………………………………………………………………… (325)

第13章　人力资源外包策略 ……………………………………………………………… (326)

13.1　人力资源外包概述 ……………………………………………………………………… (328)
　　13.1.1　人力资源外包的含义 ……………………………………………………… (328)
　　13.1.2　人力资源外包的优势与劣势分析 ………………………………………… (329)
　　13.1.3　人力资源外包形式 ………………………………………………………… (329)
　　13.1.4　适合外包的人力资源职能 ………………………………………………… (330)
13.2　人力资源外包决策 ……………………………………………………………………… (330)
　　13.2.1　生产还是外包：人力资源外包的战略分析 ……………………………… (330)
　　13.2.2　外包什么：人力资源价值链分析 ………………………………………… (332)
　　13.2.3　人力资源外包的成本-效益分析 …………………………………………… (335)
13.3　人力资源外包的风险管理 ……………………………………………………………… (335)
　　13.3.1　人力资源外包的风险 ……………………………………………………… (335)
　　13.3.2　人力资源外包的风险管理 ………………………………………………… (336)
13.4　外包下的人力资源管理 ………………………………………………………………… (339)
　　13.4.1　人力资源外包对人力资源管理的贡献 …………………………………… (339)
　　13.4.2　人力资源外包对人力资源专业人员的挑战 ……………………………… (340)
13.5　人力资源外包的发展趋势 ……………………………………………………………… (342)
　　13.5.1　人力资源外包领域逐渐扩展 ……………………………………………… (342)
　　13.5.2　外包的发展形式 …………………………………………………………… (342)
　　13.5.3　外包是一种竞争战略 ……………………………………………………… (343)
本章小结 ………………………………………………………………………………………… (343)
本章案例 ………………………………………………………………………………………… (344)
本章思考题 ……………………………………………………………………………………… (346)
参考文献 ………………………………………………………………………………………… (346)

第 1 章

导 论

本章要点

- 人力资源的概念与特征
- 人力资源管理的概念与职能
- 人力资源管理的演变过程
- 知识经济时代的人力资源管理
- 战略人力资源管理

戴尔的人才策略

戴尔（Dell）公司，相信懂得电脑的人都熟悉，其成功的模式成为业界的美谈，1983年的1 000美元的注册资金，到1993年其年销售额达20亿美元，成为电脑界的"黑马"，6年后，其年营业额超过190亿美元，每天通过网络售出价值逾1 200万美元的电脑系统。

迈克尔·戴尔也成为《财富》500强企业总裁中最年轻的一位。其成功要素除了低成本之外，更要归功于员工的努力。做到知人善任，在所有员工身上创造出一种投资感，这种投资感包含责任、荣誉和有福同享3种要素。

作为经理人都知道，所谓个人的"投资"，不大可能来自外在的启发，有些人具备这种特质，有些人就不具备，除非是"个个员工皆老板"的公司。而戴尔就是这样的公司。

一、求知若渴

公司把目标和员工的补助与奖金结合，这样做对员工有很大的鼓舞效果。更重要的是，戴尔运用各种方法，把"所有权"的观念灌输给员工，并且进一步提升他们的才能，使他们发挥全部潜力。

其中一种方法就是提升员工不断学习的意愿和能力。从问题的立足点开始学习，包括：怎样可以让你在戴尔公司的工作更轻松、更成功、更具意义？顾客的喜好是什么？他们需要什么？他们希望看到我们有什么样的进步？要如何改进？从提出很多问题的方式着手，并想方设法聆听意见，因为人在说话的时候是不可能学到任何东西的。不管在营运情况汇报、业务现状报告还是小组讨论等会议上，都花许多时间提问题。讨论为什么要做这件事？为什么不进行另一个方案？鼓励大家发挥好奇心，因为没有任何一本操作手册可以提供所有的答案（即便其中有答案，也不希望大家依赖手册）。戴尔的学习方法，还包括在全公司各部门询问同样的问题，比较其结果的异同。如果其中一个小组在中型企业市场出奇制胜，创下佳绩，其想法会传给全世界的分公司；而另一个小组可能想出了针对大型律师事务所进行销售的方法，也会把他们所学到的经验与整个组织分享。这些创意，让戴尔发展成一个全球性的公司，并且它确立了大格局思维方式。公司通过E-mail和互联网交换概念，也通过各种把全球各地不同团队聚在一堂的顾问会议来交换信息。员工受到这样的思考程序刺激时，便会有极大的提高。这是得到真正创新性思维的方法。

二、寻求突破性的新观念

当一家公司的所有人员都以同样的方式思考问题时，是非常危险的现象，由于大家都把焦点锁定在同一个目标，这种情况很容易发生。当你陷入了以类似方式来处理问题的陷阱时，危险也就来了。

你可以鼓励公司员工，以创新的方式来思考公司的业务、所处的产业、顾客等课题。以不同的观点来处理问题、反映问题或对待机会，便可以创造出许多新的机会，得到新的理解或见解。而经过对公司营运的所有状况提出疑问，可以不断地把改革与创新注入公司文化中。

公司在20世纪90年代中期推出"管理的个人电脑"（Managed PC）时曾采用这个方法，而当时，整个IT产业和媒体正着迷于全新推出的产品"网络电脑（Network Computer，NC）"。这个具有革命性的创意，其实只不过是拿掉硬盘和软盘驱动器，所有的应用程序都放置在大型的服务器中，NC只让使用者执行应用程序，以及存取服务器里的资料，许多人预测，它将宣告PC时代的结束。而事实上，这根本不是一项新的概念，而是重新包装源于20世纪80年代，在所有运算仪器的种类中扮演非常渺小的角色的"笨哑终端机"（Dumb Teminal）。但是，由于大部分的使用者都太过于依赖PC，把电脑视为极具生产力的工具，如果把他们在安装软件方面的弹性和控制力拿掉，无异于拿走个人的电脑，因此，NC的未来，未必会很快得到广大消费者的认可和接受，而且现在无线的移动运算日益重要。

但是，顾客对NC的需求是渐渐增加的。于是，对戴尔的产品提出挑战，原因在哪里？NC想要解决的基本议题是什么？有没有更好的解决方式？

结果发现，NC满足了许多企业的一项重要需求：他们要知道，如何维持对网络标准的控制力；再者，当使用者的系统死机时，NC可以降低所产生的相关时间和费用，换句话说，PC变得过于有弹性了。

为了适应消费者的这种需求，戴尔推出"管理的个人电脑"，除了具备使用者所重视的功能、弹性及性能之外，还有远端管理的功能，可以让网络管理人员从中央控制地点，进行配置、管理及维护硬件和软件等动作。

当然，戴尔的企业文化不屑于只满足现状而总是试着训练员工，去寻找突破性的新观念，让他们在公司面对大型的策略挑战时，可以根据实际状况迅速提出最佳解决方案。经常训练员工提问的能力，要他们思考：我们可以用什么方式改变游戏的规则？哪些做法可以让我们达到这个目标，而其他人从未想到过？

当你拿下遮蔽视野的传统眼罩，就会对自己可做到的成就深感惊讶；如果公司的发展史就是以非传统智慧为基础的成功历程，更能激励员工全力以赴，营造出能敦促员工以老板的角度来思考的环境，也就能不断想出新的另类创意，也赋予员工更大的自由，鼓励他们冒险。

三、不要粉饰太平

1993—1994年，戴尔开始正面迎接问题，而不是否认问题的存在，也不去找借口搪塞，用这种斩钉截铁的态度去面对所有错误，坦白承认。但是，一般地，当坏消息传来时，人很自然会畏缩逃避，希望奇迹出现，可奇迹通常不会发生，而浪费在否认事实的时间上，通常是最重要的时机。事情发生的速度很快，必须做到立即掌握问题，马上进行修正。

"不要粉饰太平"是说问题迟早会出现，所以，最好的方法就是直接面对、立即处理它。公司员工也很清楚，他们自己既是问题的一部分，也是提供解决办法的一分子。鼓励经理人员站起来向大家说："我们发现一个问题，但还不确定到底是怎么回事。"大家必须知道他们可以要求协助，在处理大型、牵涉层面众多的问题时更是如此。

四、对等级制度过敏

在戴尔的企业文化中，员工们都采取直接的渠道沟通，得到所需的信息。如果有人觉得因为他是副总裁就应该只跟其他副总裁讲话，那么，这种想法便会遭到打压。过度僵化的等级制度会限制信息的流通，同样，僵化的商业运作也会影响企业的发展。公司的员工只要他们想到改进营运的更好程序或解决办法，而且所有相关单位都同意的话，便可以进行修改。

在戴尔公司内，相当排斥等级制度，对公司来说，等级制度不但代表速度慢，而且沟通相当困难和复杂，造成信息的流通阻塞；它代表着一层又一层的许可、命令及控制，也就是一次又一次的"不可以"和"不行"。在今天瞬息万变的市场中，不管是对领导者或是公司，这与作出决策所需的速度背道而驰。

当然，重要的不是在于规避管理的责任，相反，直接的连接与沟通有助于提供更多知识，以便以更快的速度，进一步了解在营运中实际发生的状况。从公司内外的源头所得到的片断信息，也许无法每次都有助于找到答案，但至少有助于把重心摆在紧急问题、机会或新的创意上。

人力资源开发系统是一种强有力的团队文化，人力资源开发的核心在于建立一种什么样的企业价值观。戴尔人力资源开发的核心是提倡平等交流，鼓励观念创新、自由、进取、奋进的企业价值观。因此，戴尔人把企业视为共同体，而不是一台机器或者一个军事机构。公司舍得向每个员工"投资"，焕发出员工的责任感、荣誉感，让他们运用最新技术去发展生产力，满足公司的需要。公司领导对待员工像同事而不是下属，他们承认员工的价值，创造良好的环境，最大程度地激发员工的潜能。

戴尔公司人才策略中折射出的正在兴起的划时代的新管理理念和方法，值得我们每一个企业认真地探索和总结。

资料来源：张岩松，李健. 人力资源管理案例精选精析. 北京：经济管理出版社，2005：19-22.

1.1 人力资源的概念与特征

1.1.1 人力资源的概念

人力资源（Human Resource）是指一定范围内的人口中具有智力和体力劳动能力的人的总和。它是包含在人体内的一种生产能力，并以劳动者的数量和质量来表示的资源。

这里有必要将人力资源与几个相关的概念，如人口资源、劳动力资源、人才资源相区别。人口资源是指一个国家或地区的以人口总数来表示的资源，它是其他几种资源的基础。劳动力资源是指在一个国家或地区具有劳动能力并愿意从事劳动以换取劳动报酬，并在法定的劳动年龄范围之内的人力资源。人才资源是指在一个国家或地区劳动力资源中具有某种突出能力的、高智商、高素质、高技能的那部分人力资源。

1.1.2 人力资源的特征

人力资源相对于物质资源具有以下突出的特征。

1. 能动性

人力资源的能动性是人力资源与其他资源相区别的主要特征。人力资源的能动性包括以下要点：① 人具有意识。人清楚活动的目的，可以有效地对自身活动作出选择，调整自身与外界环境的关系。② 人在生产活动中处于主体地位。人是支配其他资源的主导因素。③ 人力资源具有自我开发性。在生产过程中，人一方面是对自身的损耗，而更重要的一方面是通过合理的行为，得到补偿、更新和发展。④ 人力资源在活动过程具有可激励性。通过提升人的工作能力和工作动机，可以提高工作效率，激发工作潜力。

2. 双重性

人力资源同时具有生产性和消费性。人力资源的生产性是指人力资源是物质财富的创造者。人力资源的消费性是指人力资源的保持与维持需要消耗一定的物质财富。生产性和消费性是相辅相成的。生产性能够创造物质财富，为人类或组织的生存和发展提供条件。消费性则能够保障人力资源的维持和发展，是人力资源本身的生产和再生产的条件。

3. 时效性

人力资源存在于人的自然生命体中，人力资源随着人的体力和脑力的变化而发生变化，其时效性一方面是指人力资源的形成、开发和利用会受到人的自然生命规律的限制；另一方面是指人力资源如果长期不用，便会荒废和退化。所以，对人力资源的开发和利用都要把握好最佳的时期，让人在其生命周期的每一个阶段都得到最好的潜力开发机会，使人的生命价值得到最充分的体现。

4. 社会性

社会性是人力资源区别于其他资源的重要特征。一方面，人是社会人，不可避免要受社会文化的影响，形成特有的价值观念和行为方式，可能会与所在企业的文化价值观一致，也可能不一致，发生冲突；同时，人的社会性体现在人有思想、有感情，从属于一定的社会群体，有复杂的心理和感情活动，这就增加了人力资源管理的复杂性和难度。另一方面，人有思想、有感情的同时，也有爱心和责任心，这就使人力资源比其他资源有更大的潜力，一旦人的责任心、积极性、主动性被调动起来，就可以创造奇迹，创造难以估量的价值。

5. 再生性

人力资源也同许多其他资源一样存在消耗与磨损问题，但其不同之处在于：自然资源在消耗后就失去了再利用的价值，物质资源在形成最终产品后也无法继续开发，而人力资源在使用后通过体力恢复和培训投入可以继续发挥效用。人力资源是可以开发和再生的资源，人力资源的使用过程也是人力资源开发和再生的过程，职业生涯设计、培训、积累、创造、激励和提升，还有劳动保护、安全健康措施等都是人力资源开发和再生的途径。

1.2 人力资源管理的概念与职能

1.2.1 人力资源管理的概念

人力资源管理是指运用科学的方法，在企业战略的指导下，对人力资源进行获取与配置、培训与开发、考核与激励、安全与保障、凝聚与整合等，最终实现企业目标和员工价值的过程。它通过运用各种人力资源管理实践和人力资源管理政策获取企业持续竞争优势。

1.2.2 人力资源管理的职能

人力资源管理的职能主要体现在：人力资源战略、人力资源规划、工作分析与工作设计、招聘与选拔、员工培训与开发、职业生涯规划、绩效管理、薪酬管理、劳动关系管理、企业文化建设等方面。

1. 人力资源战略

人力资源战略是企业为适应外部环境日益变化的需要和人力资源开发与管理自身发展的需要，根据企业的发展战略、充分考虑员工的期望而制定的人力资源开发与管理的纲领性的长远规划。人力资源的价值性、稀缺性、不可模仿性和无法替代性，使其成为企业竞争优势的重要源泉。现代企业为了实现企业战略，获得并保持竞争优势，就必须从战略的高度、用战略的思维来规划人力资源的问题，以保持企业的人力资本优势。

2. 人力资源规划

人力资源规划是分析组织在环境的变化中人力资源需求状况并制定必要的政策和措施，以满足这些需求。具体来讲，就是要在组织和员工的目标达到最大一致的情况下，使人力资源的供给和需求达到最佳平衡，确保组织在需要的时间和需要的岗位上获得各种所需的人才（包括数量和质量两个方面）。企业的人力资源规划必须与企业战略保持协调一致，而企业战略的制定是受制于外部环境的变化的，因此，人力资源规划必须具有战略眼光，要整合企业各种资源，综合考虑人力资源管理的各项职能，发挥企业优势，回避劣势，以适应内外部环境的发展变化。

3. 工作分析与工作设计

工作分析是确定工作内容、性质及完成工作所需技能、责任和知识的系统过程。它是一种重要的人力资源管理职能。工作分析需要全面了解、获取与工作有关的详细信息，对组织中某个特定岗位的工作内容和职务规范（任职资格）进行描述和研究，即制定职务说明和职务规范。工作设计是对工作完成的方式及完成一项工作所需要从事的任务进行界定的过程。为了有效地进行工作设计，就必须通过工作分析全面地了解当前的工作现状和整个工作流程。工作设计是组织向其成员分配工作任务和职责的方式，因而，工作设计是否得当对于有效地实现组织目标，激发员工的工作积极性，提高工作绩效和增强员工的工作满意感都有重大的影响。

4. 招聘与选拔

招聘与选拔是企业采取科学的方法寻找、吸引具备资格的个人到本企业来任职，从而选出适宜人员予以录用的管理过程。知识经济时代，企业的竞争将集中在人才的竞争，因此，企业人才储备与开发将是极其重要的一环。而企业为了实现其目标，必须拥有能够胜任工作的员工。通过人力资源规划确定了人力资源需求与供给状况，还必须通过招聘与选拔保证组织能够在需要的时候聘用到那些最适合组织及招聘岗位要求的人，并安置到具体的工作岗位上。

5. 员工培训与开发

员工培训与开发是企业为适应业务及培育人才的需要，采用补习、进修、考察等方式，进行有计划的培养和训练，使其适应新的要求，不断更新知识，保证胜任现职工作及将来担任更重要职务，以适应新技术革命所带来的知识结构、技术结构、管理结构等方面的深刻变化的要求。根据员工的类别不同和成长阶段不同，有入职培训、晋升培训、绩效改善培训、转岗培训及岗位资格培训等。人力资源的培训开发与职业生涯规划密切相关。

6. 职业生涯管理

职业生涯管理是建立在有组织的员工职业生涯规划和发展基础之上，一方面，正确识别员工的能力和技能，引导员工的职业发展，加强和提高企业进行人力资源管理和开发活动的准确性，增强员工在工作场所的适应能力和竞争能力。另一方面，有效的员工职业生涯开发活动又能通过员工的努力提高企业的获利能力和水平，最终的结果是达到组织和员工的双赢。个人的职业和组织的需要并不是冲突的，组织通过职业生涯规划与管理，使组织和员工的需要都能够得到满足。

7. 绩效管理

绩效管理是通过有效的体系综合地管理组织绩效和员工绩效。绩效管理的中心目标是发挥员工的积极性和创造力，挖掘员工的潜力，并将组织战略目标的实现与员工个体职业生涯发展有机结合起来，提高组织绩效的同时实现员工的个人发展和价值。绩效管理是现代人力资源管理的重要内容和核心职能之一。绩效考核用正式的结构化的制度，来衡量、考核并影响与员工工作有关的特性、行为和结果，考核员工的实际绩效，绩效考核是绩效管理流程中的核心环节。

8. 薪酬管理

薪酬管理是企业根据员工为实现组织目标所做的贡献，包括实现的绩效、付出的努力、时间、学识、技能、经验与创造，运用薪酬制度给予的相应的回报。薪酬通常包括工资、奖励、津贴和福利等4个主要的组成部分。薪酬管理的原则是对外竞争性、对内公正性、对员工激励性。除了经济性报酬之外，还有舒适的工作环境、良好的工作氛围、完成工作的成就感等非经济报酬。

9. 劳动关系管理

劳动关系是现代社会中产生的劳动关系，是劳动者与用人单位，包括各类企业、个体工商户、事业单位等，在实现劳动过程中建立的社会经济关系。任何劳动者与任何性质的用人单位之间因从事劳动而结成的社会关系都属于劳动关系的范围。当劳动者一方加入某一个用人单位，成为该单位的一员，并参加单位的生产劳动，劳动者与用人单位的劳动关系便形成了，双方所涉及的工作任务、劳动条件、工作时间、工作年限、劳动报酬、劳动保护、社会保障和生活福利、劳动纪律等就是劳动关系所涉及的主要内容。处理好劳动关系是人力资源管理的重要职能。

10. 企业文化建设

企业文化是企业在长期的生产经营实践中，有意识推广和传播，并逐步形成的、为全体员工所认同并遵守的带有本组织特点的使命与愿景、精神与价值观、运营理念，以及在生产经营实践、管理制度、员工行为方式的体现和企业对外形象的总和。企业文化对于企业实现自身的目标，发挥团队的协作效用，增强组织的凝聚力，留住企业的核心员工具有重要的作用。做好企业文化建设是人力资源管理的重要职能之一。企业文化建设是通过整合企业精神，建立价值理念，规范企业行为，完善企业制度，塑造企业形象，建立企业识别的整个过程。

1.3 人力资源管理的演变过程

在整个现代管理系统中，人力资源管理是一个重要的子系统，人力资源管理的发展也与整个现代管理的发展一样经历了一个不断演进的过程，在每一个阶段表现出不同的特点。

1.3.1 人事管理初级阶段

人事管理初级阶段是指18世纪中叶至19世纪中叶。随着资本主义和第一次工业革命的标志——蒸汽机的产生、英国圈地运动及手工作坊被大规模机械化生产所替代，农村人口涌入城市，雇佣劳动随之产生。由于工人阶级的出现，雇佣劳动部门产生了。人事管理初级阶段突出的管理先驱人物罗伯特·欧文（Robert Owen，1771—1858）提出把钱花在提高劳动力素质上是企业经理最佳的投资之一。他认为关心雇员既能为管理当局带来高利润，同时又能减轻人们的痛苦。欧文设想了一个乌托邦式的工作场所。亚当·斯密（Adam Smith，1723—1790）1776年发表了《国富论》，对组织和社会将从劳动分工中获得巨大经济利益进行了论述，认为劳动分工之所以能够提高生产率，是因为它提高了每个工人的技巧和熟练程度，节约了由于变换工作浪费的时间，以及有利于机器的发明和应用。

这一阶段人事管理思想有如下几个特点。

（1）视人为经济人。以金钱为唯一衡量标准和激励手段，确立了工资支付制度和劳动分工，每个工人有自己的工作岗位、工作职责和按规定获得的劳动报酬。

（2）人事管理的主要功能是招募雇佣工人。管理以任务为中心，以结果为导向，不以人为中心，不关注人在生产过程中的感受，不关注人在金钱和物质之外的其他需求。

（3）管理者与劳动者有了明显区分。管理者的主要任务是指派、强迫和监督工人劳动，工人的任务就是做工，日益加大了工人和管理者之间的距离和矛盾。

1.3.2 科学管理阶段

科学管理阶段是指19世纪末至20世纪初。随着资本主义从自由竞争到垄断的发展，科学管理思想和学派占据了主导地位。其中，著名代表人物美国的弗雷德里克·温斯洛·泰勒（Frederick Winslow Taylor）出版了《科学管理原理》一书，阐述了科学管理（Scientific Management）理论——应用科学方法确定从事一项工作的"最佳方法"，它的内容很快被世界范围的管理者们普遍接受。泰勒的理论和研究活动，确立了他作为"科学管理之父"的地位。泰勒科学管理的主要内容有：① 工作方法的标准化；② 工作时间的标准化；③ 挑选和培训工人；④ 实行"差别计件工资制"；⑤ 明确划分计划职能与作业（执行）职能。德国社会学家马克斯·韦伯（Max Weber，1864—1920）在20世纪早期发展了一种权威结构理论，并依据权威关系来描述组织活动。他描述了一种官僚行政组织（Bureaucracy）的理想组织模式。这是一种体现劳动分工原则的、有着明确定义的等级和详细的规则与制度的组织模式。韦伯被称为"组织理论之父"。

在这些管理思想的影响下，这一阶段人事管理有如下几个特点。

（1）劳动计量标准化。开始了对工时、动作的规范化和专业化管理，强调用"最好的方法"去完成任务，建立了劳动定额、劳动定时工作制，开始按标准方法对劳动成果进行计算。

（2）有计划的培训。由于劳动计量标准化的实行，能够按标准方法对劳动效果进行计算，这就为标准化的培训提供了条件，使对工人的工作分配与岗位安排更为科学合理。

（3）劳动人事管理专门化。随着管理职能和作业职能的日益分化，出现了劳动人事管理部门，因而其功能也有所扩大，负责招募雇佣工人、人员的协调与配置等。

1.3.3 工业心理学阶段

工业心理学阶段是指20世纪初至第二次世界大战。20世纪初，与泰勒对效率的极端关注不同，工业心理学更加关注工作和个体的差异。管理学家发现人们在金钱、物质之外，还有别的需求，这就出现了人本主义心理学家亚伯拉罕·马斯洛（A. Maslow）的层次需求理论。哈佛大学的埃尔顿·梅奥教授（Elton Mayo，1880—1949）在西方电气公司（Western Electric）设在伊利诺伊州西塞罗的霍桑工厂于1924年至1927年实施了霍桑试验（Hawthorne Studies）。有关霍桑实验的总结主要集中在他的两本书《工业文明中的人类问题》（1933）和《工业文明中的社会问题》（1945）。梅奥主要阐述了以下思想：① 人的行为与人的情感有密切关系；② 社会关系对个体的行为有重大影响；③ 企业中既存在正式组织，又存在非正式组织；④ 金钱不是决定产出的唯一因素，群体规范、士气和安全感对产出的影响更大。霍桑试验的结论带动了关于组织中人的行为和心理理论的研究，并影响着管理者的管理实践。管理学家运用心理学、社会学等学科知识，从个人、群体及组织的各个方面来分析人的工作行为。不仅关心人的需求、动机和激励因素，而且研究环境的压力、沟通、组织变革、领导方式等。工业心理学强调从人的作用、需求、动机、相互关系和社会环境等方面研究对管理活动的影响，研究如何处理好人与人之间的关系、做好人的工作、协调人的目标、激励人的主动性和积极性，以提高工作效率。

在工业心理学的影响下，这一阶段人事管理思想有如下几个特点。

（1）承认人的社会属性。这一阶段开始萌发了对人性的关注与尊重，承认人除了基本的生存和安全需要外，还有社会的、心理的和精神的更多、更高层次的需求。除了物质和金钱对人有刺激作用外，精神的、情感的关怀也对人有激励作用。

（2）承认非正式组织的存在。非正式组织作为一种未经官方规定的、自然形成的无形的组织，其自然形成的规范对成员的行为有很大的调节作用，它是利益、情感、爱好、信仰、友谊、亲缘的产物。

（3）承认管理的艺术性。将工业心理学引入人事管理，提倡以人为核心改善管理方法，承认针对不同的人要用不同的方法，开始重视工会和民间团体的利益和作用。

1.3.4 人际关系运动阶段

人际关系运动阶段是指第二次世界大战后至20世纪70年代。这一时期劳资矛盾、人际关系、工作满意度等问题更加突出。彼得·德鲁克（Peter F. Drucker，1909— ）是当代西方影响最大的管理学者，他于1937年移居美国，终身以教书、著述和咨询为主。其代表作有：《管理实践》（1954年）；《有效管理者》（1967年）；《管理：任务、责任、实践》（1974年）等。德鲁克的主要观点有：① 目标管理（MBO）；② 商业模式（Business Model）；③ 有效的管理者（知识管理者）；④ 企业家精神；⑤ 直觉和创造精神、冒险精神等。1964年，美国《民权法案》第七章《公平就业法案》（EEO）对就业中的各种歧视作了规定，这标志着人事管理开始进入比较严格和规范的时代。这一阶段人事管理思想有如下几个特点。

（1）人事管理规范化。人事管理在这一阶段从内容和职能上都有很大的发展，对薪酬、绩效、劳资关系、福利和培训等的职能明显增强，大量企业都设了专门的人事部门，在管理方法上也逐步规范。

（2）强调均等就业机会。随着对人性的关注与尊重，开始强调均等就业机会，反对性别歧视、年龄歧视、种族歧视和信仰歧视，使更多的人才获得了就业机会。

（3）人事管理法规出台。1964年美国出台的《民权法案》第七章《公平就业法案》（EEO）标志着人事管理开始进入比较严格和规范的时代，对人事管理的规范化管理和向人力资源管理过渡产生了极大的推动作用。

1.3.5 现代人力资源管理阶段

从20世纪70年代到现在，管理学科进入了多学派林立的"管理丛林"。彼得·德鲁克作为经验主义的代表人物，他的管理思想在这个阶段产生了重要的影响。德鲁克在1974年出版的代表作《管理：任务、责任、实践》中对组织与管理做了深刻、精辟的论述，他认为"人是我们最大的资产"，组织应使员工富有成就以便激励他们完成工作,并通过完成工作来使组织富有活力。他还对组织与员工管理的内容与技巧提出了独特的见解,如目标管理,即管理人员应做好目标制定、工作管理、信息沟通、工作成就评估和人的培养等工作,其职务要用客观、科学的方法来描述,即工作分析。他还提倡加强信息沟通、加强员工培训。与此同时,人本主义学派认为组织应当采用人本管理模式,坚持"以人为中心"和"人是第一资源"。强调员工在组织中个人作用的同时强调团队的作用,鼓励员工在组织中得到发展,认为个人的发展对组织是有益的。主张对人力资源管理的重点在于对员工进行开发和利用,强调对员工工作主动性、积极性、创造性的充分调动。由于这些观点占据了重要地位,传统的人事管理开始向现代人力资源管理转变。传统的人事管理是以任务为中心,对人实行刚性管理,工业时代的标准化、大型化、集中化仍然相当程度地影响和左右着人事管理的思想和方法。随着科技进步和社会发展,人们更多要求管理人性化和个性化,以人为本、柔性管理,并把人作为最稀缺的资源、作为第一生产力来看待,现代人力资源管理与传统的人事管理相比实现了以下几个重要转变。

(1) 以事为中心的管理转化为以人为中心的管理。传统的人事管理是以事为中心,以任务为中心,那是由于工业时代的标准化、大型化、集中化极大地影响着人事管理的思想和方法。现代人力资源管理建立在以高科技为支柱,以智力资源为主要依托的经济形态条件下,知识经济引起的组织形式的巨变,组织对掌握先进知识和技术的员工的依赖,以及员工在工作场所体现的不同特点,他们的不同层次的需求等都要求不断改变人力资源管理的策略和方法,实行以人为中心的管理从而赢得组织的发展。

(2) 以管理为主转化为以开发培训为主。现代人力资源管理理论认为,对员工进行劳动培训,应与员工的个体特征紧密相连,如个性特征、自我概念、价值观等,这有助于发展员工的职业技能,体现出组织的业务特征和个体的职位特征,反映了个人与组织间的关系。劳动生产率的迅速提高有赖于对核心员工的劳动培训,开发培训在提高现代人的生活水平上发挥的巨大作用是其他任何管理主张都难以企及的。开发培训抓住了工作场所人性表现的核心所在,即人生来就具有生产力和主动性。组织通过开发培训使员工增加"对个人价值的坚定信赖",这是一种人本主义的精神体现。

(3) 刚性管理转化为柔性管理。现代人力资源管理鼓励员工自我管理,员工和组织是一种共生共荣、相互依赖的关系。这种心理契约的基础是员工的工作能力和员工的责任,而不是家长式的管理。由于顾客需求的多样化,劳动力资源的多元化,外部环境的复杂化,那些僵化的规则、惯例和结构早已不能满足组织的要求。组织内多以临时性组织方式出现,如项目组、特别工作组及非正式的工作团队。这些组织的活动不影响个人的正式职位或正式的组织结构,而是根据客户多样化和不定时的需要,迅速重新配置人力资源和物质资源来解决问题。

1.4 知识经济时代的人力资源管理

人类在新旧世纪之交迎来的知识经济时代将现代人力资源管理带进了一个新的阶段。知识经济是以高科技为支柱,以智力资源为主要依托的经济形态。知识经济时代引起的组织形式的巨变,知识经济时代员工所体现的不同特点都要求我们不断改变人力资源管理的策略和方法。

1.4.1 知识经济的概念

知识经济是以知识和信息的生产、分配、使用为基础,以创新的精神为主导,以人力资本的高价值运转为特征,以高科技产业和智力产业为支柱的新型经济。在知识经济时代,企业经济的增长从主要依赖资金资本的积累转化为主要依靠知识资本的积累,从主要依靠产品的更新转化为主要依靠知识的更新。知识资本成为人力资本优势的标志,人力资源的价值成为衡量企业核心竞争力的标志。

1.4.2 知识经济时代的组织形式

知识经济引起了组织形式的巨变,Deborah Ancona(2005)用5个相互联系的特征来定义知识经济时代的新型组织:网络化、扁平化、柔性化、多样化和全球化。新型组织的特征对员工的职业角色和行为方式都提出了新的要求。比如：企业要求员工拥有知识和技能、具有高度的责任感；对更趋流动性员工的管理要求企业重新思考组织与个人的关系问题等。新型组织模式体现出以下几个特征。

1. 组织网络化

在网络化组织中，个体、团队等内部子单元和环境中关键要素之间相互依赖性将加强。团队成为组织活动的基本单位而不是个人，组织与供应商、与客户、与利益相关者甚至竞争公司结成联盟或协作网络。在这种形同"虚拟化组织"的模式下，对于管理者来讲，无法依靠权力去完成其目标，他必须与其他关键人员协商以建立相互信任，各角色协同去完成任务，这改变了员工开展工作的方法和组织控制员工的策略。团队日益成为组织的基本单位，要求管理者具有作为团队领导和团队成员的技能，包括理解团队互动的动力、观察能力、诊断和处理团队问题的能力等。

2. 组织扁平化

扁平化组织减少了管理层级并授权给操作层面，使决策能够深入到第一线。相对于传统的多层级的组织结构来讲，扁平化组织为员工提供的晋升机会较少，升职已不是主要的激励方式。在与环境交互作用的扁平化组织中，更多的人在工作中跨越组织边界，与客户、供应商及其他利益相关者相互影响，形成了跨边界的价值链。随着合作的加深，"边界"日益模糊，这要求成员忠诚、献身于自己的组织，组织必须寻找有效的途径来协调员工对组织长期目标的责任、对组织的忠诚与跨边界协作的关系。

3. 组织柔性化

由于顾客需求的多样化，劳动力资源的多元化，外部环境的复杂化，那些僵化的规则、惯例和结构早已不能适应组织的要求。柔性化组织内多以临时性组织方式出现，如项目组、特别工作组及非正式的工作团队。这些组织的活动不影响个人的正式职位或正式的组织结构，而是根据客户多样化和不定时的需要，迅速重新配置人力资源和物质资源来解决问题。在柔性化组织中，员工的工作行为特点不是循规蹈矩而是处理不确定性事件、团队合作与互补。不断学习，提升创新能力和相应变化的能力是关键。

4. 组织多样化

网络化组织、扁平化组织、柔性化组织在满足劳动力的日益多样化、创新和解决问题的思路和方法的多样化，以及经营环境的不可预见和不规则性的时候，其组织必然是多样化的。多样化组织需要适应多样化的观点、方法、职业路径、激励机制及组织内的人和政策，并且对多样化的顾客和利益相关者作出快速反应。多样性组织中，员工的行为特征表现为自觉地、主动地对多样化的重视、认同与容忍。理解别人对事务的看法，学会倾听，懂得换位思考。

5. 组织全球化

经济全球化使组织的发展空间由单一地域扩展到跨地域，由国内扩展到国际、全球。跨国经营的特点是在不同国家的经营是相对独立的，相互的依赖性不强，而全球化则意味着跨边界的相互作用。全球化组织更促进了组织向网络化、多样化和虚拟化的方向发展，带来了工作模式的变化，远程办公工作模式、旅馆办公工作模式、链系办公工作模式、在家办公工作模式、完全流动办公工作模式、时间弹性化工作模式等将会越来越流行和普遍。全球化组织不仅要求员工具有跨文化交流的技能，更重要的是，要求员工要有自觉性、忠诚度、热爱、事业心、对组织愿景、战略、目标的认同等。

1.4.3 知识经济时代的员工特点

德鲁克在《巨变时代的管理》一书中指出，在知识经济时代，企业出现了一个新的工作群体，叫"知识工作者"。这些知识工作者或知识员工在工作中表现出以下几个突出的特点。

1. 流动性

知识员工忠诚于他的职业甚于他所服务的企业。知识型员工大都清醒地知道他们的专业能力对他们未来的职业发展程度起决定性的作用，他们对专业的忠诚往往多于对组织的忠诚。他们一旦有了更高的追求而公司又忽视或不能满足这种需求时，就会跳离原公司。具有高度智慧的知识员工是人力资源市场上的稀缺资源，不再是依附于企业，知识的力量使其在与企业的关系中处于更加对等的地位，双方之间由传统的雇佣关系演变为基于知识传播、应用和创新的合作关系。知识员工服务于一家企业不再是他们的"需要"而是他们的一种选择，即选择一家有利于发挥他们专业知识的企业工作。只有在共同价值观的基础下，将组织的发展规划同个人职业发展紧密联合起来，才能有效地提高他们对组织的忠诚度。

2. 不确定性

知识员工之所以流动性大，与他们这种工作环境的不确定性有关，选择上的主动性，会导致变换更好的工作环境，或身兼数职。这就使知识员工实际上很少依赖管理层领导，相反地，如果员工之间存在技术上的互补的话，倒会让知识员工产生一种依赖感，因为知识工作很少可以一个人独立完成，而他们互相交流的过程可以产生协同作用。知识员工的工作模式发生改变，出现跨团队、跨职能合作，甚至虚拟工作团队，相应地，企业由过去对员工的点的定位，过渡到现在的区域定位。人在企业中的位置也由点定位到区域定位即角色定位。知识员工团队中，领导与被领导的界限模糊了，双方既是一种互动关系，又是一种角色置换关系。

3. 自主创新性

知识型员工具有自己的专业特长，在某一领域是专家，自主性强，在工作中强调自我引导，不喜欢上级领导的遥控指挥。工作的顺利进行完全有赖于知识型员工发挥自主性，他们容易将个人目标与企业目标结合起来，注重发挥自己的专业特长和成就自己的事业。创新是知识型员工工作的最重要特征，知识员工之所以重要，并不是因为他们已经掌握了某些秘密知识，而是因为他们具有不断创新有用知识的能力。知识型员工所从事的不是简单的重复性工作，而是在复杂多变的环境下依靠自己的知识、经验和灵感进行的挑战性工作，他们要应对各种可能发生的情况，推动技术的进步，不断使产品和服务得以更新。

4. 复杂性

复杂性主要是指劳动的复杂性。首先，劳动过程复杂。知识型员工的工作主要是思维性活动，依靠大脑而不是体力，劳动过程以无形的为主，而且可能发生在每时每刻和任何场所。加之工作并没有确定流程和步骤，其他人很难知道应该怎样做，固定的劳动规则并不存在。因此，对劳动过程的监督既没意义，也不可能。其次，劳动考核复杂。在知识型企业，员工独立自主性并不等同于员工之间不需要配合，员工的工作由于科技的发展一般并不独立，他们的工作一般以工作团队出现，通过跨越组织界限以便获得知识综合优势。因此，劳动成果多是团队智慧和努力的结晶，这使得个人的绩效评估难度较大。最后，劳动成果复杂。成果本身有时也是很难度量的。

1.4.4 知识经济时代的人力资源管理

由于知识经济带来的企业组织形式的巨变及知识员工的工作特征，也给人力资源管理带来了新的内容和新的挑战，在知识经济时代人力资源管理应重点关注以下几方面的内容。

1. 心理契约管理

"心理契约"是美国著名管理心理学家施恩于20世纪60年代提出的一个名词。在施恩看来，心理契约是"组织中每一个成员和不同的管理者及其他人之间，在任何时刻，都存在一种没有明文规定的期望。"它包括两部分内容：一是员工个人目标与组织目标和承诺的契合关系；二是员工在经过一系列投入、回报循环构成的组织经历后，与所在企业形成的情感上的契约关系，体现在员工对组织的依赖感和忠诚度。企业能清楚员工的发展期望，并尽量提供条件满足其期望；而每一位员工也相信企业能实现他们的愿望，并为企业的发展全力以赴。由此可见，心理契约不同于企业与员工之间的经济契约，经济契约是公开的、具有明确法律和规则效力的显性契约，而心理契约是存在于企业与员工之间的隐性契约，其核心在于员工的满意度。心理契约本是社会心理学的概念，被组织行为学者借用和移植过来，研究组织中复杂而微妙的人际关系，特别是上下级间的关系，成为一件具有敏锐而深刻洞察力和剖析力的工具。心理契约的内容是双方彼此间对于对方所抱有的一系列微妙而含蓄的期望。这些期望未形成文字、记录在案，甚至都没有在口头上表露出来，只是默默地埋藏在自己心间，留待双方去细心观察、琢磨和领悟。心理契约所形成的员工个人目标与组织目标和承诺的契合关系，员工在经过一系列投入、回报循环构成的与所在企业形成的情感上的契约关系，体现出的员工对组织的依赖感和忠诚度都可能激发出员工的角色外行为，如持续的工作热情和额外的付出、自觉地从事本职工作以外的任务活动、帮助他人并与他人合作、遵从和严格执行组织的规则和程序及支持和维护组织的目标等行为。

2. 组织承诺管理

组织承诺（Organizational Commitment）是个人对组织的一种态度或肯定性的内心倾向，是个人对组织的感情上的依赖和参与该组织的程度。组织承诺被定义为保持一个特定组织的成员身份的一种强烈愿望，愿意作出较多的努力来代表组织及对于组织的价值观和目标的明确信任和接受。Meyer和Allen（1991）提出了组织承诺的三成分模型，即：① 情感承诺，员工对组织的情感依恋、认同感和卷入程度；② 留任承诺，基于相关员工离开组织带来的损失的一种承诺；③ 规范承诺，员工感到有责任留在组织中。由此可见，组织承诺是员工与组织之间相互联结的纽带。组织承诺对员工工作绩效的影响表现在员工离职率的高低、对工作投入的多少及是否积极参与组织的各项工作。从绩效管理的角度研究组织承诺应重点注意以下两个方面。① 组织应努力提升员工的组织承诺感。组织应该增强组织的公平性、可依赖性、对员工的支持度，提升员工的工作满意度，如使工作更具挑战性、工作内容更加丰富化等，同时，建立员工队伍稳定机制，从薪酬、晋升政策上鼓励员工保留。② 关注员工对组织的情感依赖、忠诚、认同等产生的远期绩效。绩效考评应将任务绩效和周边绩效结合起来，短期绩效和长期绩效结合起来，财务指标和学习成长指标结合起来。

3. 组织公民行为管理

近年来兴起的组织公民行为（Organizational Citizenship Behavior, OCB）的研究，进一步拓展了绩效的概念，对新型组织模式下的绩效管理带来了新的启示。Smith、Organ和Near（1983）认为组织公民行为是没有被组织的正式奖励制度规定，是自发的、不成文的，但是这种行为对组织的功能有催化、促进作用。近年来学者们对组织公民行为做了如下概括。① 利他行为。指帮助他人的行为，包括自愿帮助他人处理或防止工作中出现的问题，还细分为利他、调解和鼓励他人等子纬度。② 尽职行为。指组织成员在执行组织任务、完成职务工作时，表现出的比要求还要好的行为，如：利用工作时间工作、严格执行组织规章制度等行为。③ 运动员精神。指对工作不抱怨、精益求精、团队精神。④ 组织忠诚。包括忠诚地拥护组织，认可、支持和维护组织目标，自觉宣传组织，在不利条件下仍对组织保持高承诺。⑤ 组织遵从。指员工对组织规则的接受和内在化，无论是有无领导者和同事注意到他们，都会自觉遵从，其行为不会有变化。⑥ 公民美德。指员工参与组织的政治活动，发表对组织的改进意见，关心和维护组织利益。任何组织的设计都不可能尽善尽美，尤其是新型组织模式更难规范工作行为，仅仅依靠员工的角色内行为难以达到组织目标，必须依赖员工的角色外行为去促进组织目标的更好达致。

4. 人力资源外包管理

人力资源外包是知识经济条件下产生的虚拟人力资源管理中的一种形式，指依据双方签订的服务协议，将企业人力资源部分业务的持续管理责任转包给服务商进行管理的活动。服务商按照合约管理某项特定人力资源活动，提供预定的服务并收取既定的服务费用。企业之所以选择人力资源外包，是基于服务质量和成本方面的考虑，包括以下几方面。① 企业的人力资源管理人员的知识、技能和素质达不到所进行的人力资源管理活动所需具备的各种资格要求，如设计一个有效的培训和考核体系、进行员工的有效测评和职业生涯设计等。② 所进行的人力资源管理活动，由企业人力资源管理者进行实施的成本可能太高，因为一方面各种专门的人力资源管理咨询机构中有足够的人力资源专家来实施；另一方面他们具有实施相关管理活动的成功经验和失败教训，因此，他们的各种管理活动成功的机会要比企业内部员工实施的机会要大几倍，如人员测评、各种人力资源制度和政策的建立和实施。③ 企业从来没有进行过相关的各种人力资源管理活动，这些活动要进行外包。如新型产业部门的员工的招聘和职业生涯设计等。④ 根据降低人力资源成本的需要，精简企业的人力资源部门，使得人力资源部不可能自己去做所有的工作，因为人力资源人员要进行战略性的人力资源规划和设计、提供相应的各种产品和服务，因此，许多低附加值的人力资源工作要进行外包。在外包过程中，由于服务商承担了企业人力资源活动的某些风险和不确定性，比如遵守劳动法规和政府规章及技术手段变化方面的风险或难以预料的情况，能在一定程度上降低企业人力资源活动的风险和损失。这对于生存在人力资源管理愈加法制化和信息技术高度发达的知识经济时代的企业来说，具有非常现实的意义。

1.5 战略人力资源管理

战略人力资源管理（Strategic Human Resource Management，SHRM）是现代人力资源管理的前沿领域，近年来在理论界和实践界受到越来越多的关注。

1.5.1 战略人力资源管理的含义

战略人力资源管理是为了提高组织绩效而将人力资源职能同组织的战略目标联系起来的过程。战略人力资源管理强调以下内容：将人力资源视为获取竞争优势的首要资源，人力资源是决定组织成败的关键因素；人力资源管理的核心职能是参与战略决策，倡导并推动变革，规划组织的人力资源，组织人力资源管理实践活动；战略匹配是人力资源管理运作系统有效性的重要保证，包括人力资源管理战略与企业总体战略的匹配，人力资源管理的各项实践与人力资源管理战略的匹配，人力资源管理的各项实践相互之间的匹配。

战略人力资源管理主要包括以下 3 个部分的内容。一是人力资源管理实践系统，包括员工队伍建设、培训、报酬、评价、工作设计等内容。该系统一方面应该做到内部相互一致（横向整合），同时又是组织战略、文化及其他相关实践相匹配（纵向整合）。二是人力资本存量，包括组织战略要求的知识、技能和能力等。三是组织成员关系的行为，包括心理契约、工作所需要的行为、自觉行为、组织公民身份等，它强调人的意愿、认知和感情，同时受人力资源管理实践系统和人力资本存量的影响。企业只有致力于这 3 个方面的持续创建和努力，才能获得持续竞争优势。

1.5.2 战略人力资源管理的理论模型

20 世纪 90 年代早期，学术界已提出不同的战略人力资源管理理论模型。

1. 资源基础理论模型

该理论依据企业的资源和能力是异质的观点，强调组织持续竞争优势的获取主要依赖于组织内部的一些关键性资源。这些资源必须具备 4 个方面的特征：价值性、稀缺性、难以模仿性及不可替代性。战略人力资源基础理论把人力资源管理和战略理论结合起来，从一个新视角证明了战略性人力资源的价值。Wright（1992）通过证明人力资源符合上述 4 个特征，从而推导出人力资源管理对建立企业持续竞争优势所起的重要作用。① 价值性：人力资源的价值性表现在高素质人员队伍往往是企业利润的直接来源。② 稀缺性：企业人力资源的稀缺性主要表现在知识型员工超出市场平均水平的智力与能力。③ 难以模仿性：人力资源的难以模仿性主要是由于人力资源形成的路径依赖性造成的。④ 不可替代性：人力资源由于劳动者和劳动力的不可分性，并且只有当人力资源与物质资本相结合时才能形成生产力，因此难以替代。企业资源基础理论提出后受到了广泛重视，成为战略人力资源管理的基础性理论。但是，该理论只是提出了一种理念和界定，没有具体探讨在实践中如何实现人的"战略资产"地位，人力资本应该如何激励才能最大化地创造价值等问题。

2. 战略管理过程理论模型

战略人力资源管理提出"战略整合"是从战略实施过程中人力资源管理的支持作用及人力资源各项独立职能（如招聘、培训、薪酬、劳工关系等）如何与战略整合进行研究的。主要包括：① 纵向整合，即人力资源管理与组织战略的整合；② 横向整合，即人力资源管理实践各项职能之间的整合。前者认为竞争战略与人力资源战略应该互为投入/产出关系：竞争战略提出企业所需要的员工数量、技能、能力等，从而要求人力资源战略必须支持战略形式；而组织实际拥有的或可获得人力资源性质，决定企业能够采用的战略类型。后者不仅揭示了战略性人力资源的纵向整合，更重要的是，还揭示了人力资源各项活动之间及不同业务领域的人力资源实践之间复杂的横向整合关系。

3. 战略一致性与战略灵活性模型

Wright 和 Snell 于 1998 年提出了战略人力资源管理一致性和灵活性模型。在这一模型中，战略一致性存在于个人、群体和组织各个层次中，是企业"某部分的需要、要求、目标、任务、结构与另外一部分相一致的程度"；而灵活性是企业"回应动态竞争环境的各种需求的能力"。灵活性与一致性是相互独立存在的，而且二者对提高企业绩效都是至关重要的，但又是互动的。该模型认为战略人力资源的灵活性一方面是基于企业具有员工技能与行为的多种组合，从而使得企业在竞争性环境中追求不同的战略选择；另一方面是基于企业必需的，用来确认、开发与促进这些技能与行为的人力资源管理实践，从而使企业能够快速地进行战略调整。一致性与灵活性模型综合了之前的战略人力资源管理的内容，并且在开发企业内部能力以增强企业灵活性的方面作出了重大贡献。

1.5.3 战略人力资源管理与组织绩效

前面将战略人力资源管理定义为：为了提高组织绩效而将人力资源职能同组织的战略目标联系起来的过程。因而，确立战略人力资源管理实践与组织绩效之间的关系是需要解决的首要问题，研究者们对此投入了极大的兴趣和热情，许多公司的实践也证明，战略人力资源管理实践能够提高组织绩效，开发组织能力并使其最大化，进而提升组织的持续竞争优势。

1. Pfeffer 的 16 种人力资源管理实践

人力资源管理实践与组织绩效关系的研究绝大多数都来自于西方。最突出的代表之一是美国斯坦福大学教授 Pfeffer，他在其 1994 年所著的《经由人员获得的竞争优势》（*Competitive Advantage through People*）一书中，列举了经过文献研究和实际调查所得到的能够提升企业竞争优势的 16 种人力资源管理实践活动，即：就业安全感、招聘时的挑选、高工资、诱因薪金、雇员所有权、信息分享、参与和授权、团队和工作再设计、培训和技能开发、交叉使用和交叉培训、象征性的平等主义、工资浓缩、内部晋升、长期观点、对实践的测量、贯穿性的理念等都是有效的，都能提高企业的生产效率和绩效水平。甚至提出了一种"最佳人力资源管理实践"的方法，指出某些人力资源管理实践是全球有效的，并不需要考虑各个地方文化和制度背景的不同。

2. Huselid 的四大类人力资源管理实践

为了深入研究人力资源管理实践与组织绩效之间的关系问题，Huselid（1995）的突破性研究证明：作为高绩效工作系统，一部分的人力资源管理实践与企业的财务、利润及市场价值有关。这些人力资源实践大致可分为四大类：第一，旨在吸引员工和开发员工潜质的技能发展类实践，如严格选拔制度、内部提拔、技能多元化、跨职能培训和工作轮换等；第二，旨在诱发高积极性的员工激励类实践，如就业安全、员工满意度调查、基于贡献的报酬制度、多样化的薪酬制度、工作的多样化和丰富化等；第三，旨在发挥员工影响和作用的授权和参与类实践，如工作团队、员工参与、合理化建议、问题解决小组等；第四，与正式人力资源系统有关的工作组织与沟通类实践，如信息共享、申诉机制、沟通机制、工会制度等。

3. 人力资源价值链模型

战略人力资源管理研究基于更严谨的试验提出了人力资源的价值链理论。所谓人力资源价值链（HR Value Chain），是指一个从良好的人力资源管理实践出发，最终导致较高组织绩效的一系列相关产出活动所组成的价值增值过程。Dyer 和 Reeves（1995）在对组织绩效进行测量的方法研究和分析基础上提出了人力资源价值链模型，在该模型中，企业绩效最终由雇员产出、组织产出、财务产出及市场产出共同决定，而这 4 项产出的根本基础则是企业的人力资源管理实践。

4. 人力资源管理与组织绩效的实证研究

不少学者对人力资源管理实践与组织绩效关系进行了大量的实证研究，都发现员工参与和全面质量管理的运用会导致更显著的投资回报。当这些实践作为一个系统来实施时，这些影响是最明确的。它将使相互补充的人力资源实践活动联合成为一个内部一致的系统，并直接与价值创造相关联。对钢铁行业高绩效工作系统中的人力资源管理实践的研究，发现更创新的实践活动与更高的生产效率相关联。对制造型企业的研究发现，高绩效工作系统中的人力资源管理实践运用与更高的股票市场价值及劳动生产率相关联。Paauwe 和 Richardson（1997）总结了以往实证研究的结果后提出了一个研究框架。他们认为，人力资源管理实践会影响人力资源绩效，而人力资源绩效又会进一步影响企业与财务相关的绩效，有些实践还会直接影响企业的财务绩效。

近年来，我国管理学界对人力资源管理实践与组织绩效关系也进行了一些实证研究。范秀成和英格玛·比约克曼（2003）对制造业外商投资企业的研究发现，企业绩效不仅同人力资源管理实践与企业战略的整合程度有关，而且同企业使用的"高绩效"人力资源管理系统之间存在积极的联系。刘善仁（2004）对中国连锁行业人力资源管理实践对公司绩效的研究表明，在高水平组别中，人力资源管理实践的不同组合对公司绩效有一定的影响。蒋春燕和赵曙明（2005）对香港企业的研究结果表明，人力资源培训、内部提升及员工参与等实践对人力资源绩效如员工保留、吸引力和士气有着最显著的影响；人力资源计划、筛选及薪酬与绩效评估挂钩等实践则更多地对企业的财务绩效产生直接的影响。卿涛和罗键（2006）通过对我国西部企业的实证研究，一方面印证了战略人力资源管理的匹配理论，即只有人力资源管理实践内外相互配合时，才能产生较高的组织绩效；另一方面，发现在同一地区和时期内，不同性质的企业导致高绩效的人力资源管理实践的组合模式是不相同的，即国有及国有控股企业和民营企业所采用的导致高绩效的人力资源管理实践组合模式存在一定的差别。中国台湾地区的黄英忠（2007）提出：人力资源管理是将组织所有人力资源作最适当的获取（acquisition）、开发（development）、维持（maintenance）和使用（utilization），以及为此所规划、执行和统制的过程。国内学者赵曙明（2008）将人力资源管理界定为：对人力这一特殊的资源进行有效开发、合理利用与科学管理。

本章小结

作为导论，本章展示给读者一个有关现代人力资源管理的基本框架和相关的基本知识。1.1节介绍了人力资源的概念与特征，并将人力资源与几个相关的概念，如人口资源、劳动力资源、人才资源相区别；分析了人力资源区别于其他资源所具有的能动性、两重性、社会性、时效性、再生性等特征。1.2节定义了人力资源管理的概念，并阐述了人力资源战略、人力资源规划、工作分析与工作设计、招聘与选拔、员工培训与开发、职业生涯规划、绩效管理、薪酬管理、劳动安全与健康、企业文化建设等人力资源管理的重要职能。1.3节分析了人力资源管理的演变过程。1.4节阐述了知识经济的概念、知识经济时代组织形式的特征和员工的工作特点及知识经济时代人力资源管理的重点内容。1.5节阐述了战略人力资源管理的含义、战略人力资源管理的理论模型及战略人力资源管理与组织绩效的关系。

本章案例

刘邦的人力资源战略

汉朝首任 CEO 刘邦得天下后，在洛阳宫大宴群臣。总结革命经验时，他坦诚己见，"运筹帷幄之中、决胜于千里之外，我不如张良；善用人才、治理国家、安抚百姓、为军队提供补充，我不如萧何；率百万之众、战必胜、攻必取，我不如韩信。此三人，皆人中豪杰，为我所用，是我取得天下的得力助手。而项羽逞其匹夫之勇，刚愎自用，根本不懂用人之道。他连自己的亚父范增都容不得，更不用说善用贤者，这就是项羽自取灭亡的深刻教训。"

作为中国一代古帝王级别的 CEO，虽脱胎于纨绔子弟的刘邦，难得的是他在面对古汉国中层以上干部的讲话中，能够有如此清醒而又颇具现代化的头脑。其实历史的本来面目，诚如刘邦所言，韩信身为他的营销总监，在抢夺天下的激烈市场斗争中，他攻城略地，战无不胜，果然是一代千古帅才。

张良作为研发（或技术总监），专管创新，时时有所谓运筹帷幄、决胜千里、新奇古怪的"馊主意"冒出来，让匹夫之勇的项羽防不胜防，他的最大功绩便是在鸿门宴上救了刘邦。而萧何乃杰出之人力资源总监，刘邦能得韩信这一奇伟帅才，就是这位人力总监成功运作战略人力资源的神来之笔。

如果没有三大总监的尽心辅助，加上项羽勇冠三军，有万夫不挡之雄武，在你死我活的残酷市场竞争大潮中，即使一百个刘邦，也不是他的对手。但是由于他最大的弱点就是不会用人，所以，在与刘邦的激烈市场角逐中，项羽落得个公司破产倒闭，自己众叛亲离，最后只得乌江自刎的可悲下场，究其根本，也就不足为奇了。

追忆楚汉两家超级集团公司在市场上殊死搏斗的艰苦岁月，刘邦自始至终都有明确的战略管理目标，"务必夺得天下。"围绕着这一企业发展战略的宏伟目标，刘邦在战略人力资源管理上的一大成功之作，就是得千古奇才韩信而用之。

与此恰恰相反的是，项羽却根本没有清晰的战略管理思维，并且，他在人力资源上的一个最大败笔，就是逼走出身低贱却才华横溢的人中豪杰韩信。这比逼死他的常务副总裁范增，对其革命事业的伤害，更有过之而无不及。

韩信自小父母双亡，生活几无着落，在人世间备受凌辱，后世流传着的韩信忍胯下之辱，便是历史明证。即使在这样非常艰难的历史逆境之中，韩信却身怀大志，他牺牲自己整个青春，学有经天纬地之才。

公元前209年，陈胜、吴广揭竿而起，韩信佩剑从军，投身在项梁军中。项梁战死后，韩信继续跟随项羽，但未受重用，只是充当一名执戟卫士。在这过程中，韩信曾多次向项羽献策，均不被采纳。

而才华横溢的韩信，在历史上第一次真正的露面，应该是在鸿门宴的前夕，当时项羽40万大军，驻扎于霸上，都是精兵良将。而与项羽对峙的刘邦只有十万大军，且战斗力远远低于项羽。此时，虽然刘邦先进咸阳，但他带领的大军一路所遭遇的对手，并非劲敌。而项羽后入咸阳，却沿途所遇的都是秦军主力部队。

尽管如此，但按约定，应该是刘邦先项羽称王。但刘邦依手下谋士之言，没有自行履约，是因为惧怕项羽的大军进攻。这些局势，虽然韩信当时贱为持戟士，却了然于心中。并以他持戟士的低贱身份，奉劝项羽偷袭刘邦，以铲除后患。

而刚愎自用的项羽竟然呵斥韩信，多亏有范增解劝，才没有降罪于韩信。遗憾的是，范增虽有经世治国的雄才伟略，却没有伯乐知人善任的战略人力资源眼光，才导致韩信洒泪、落恨而去。

韩信怀着荒废了自己整个青春年华所学的卓越军事才华，去投身于项羽的军中，本想做一番大的事业，没想到自己事业没做成，却差点把命都搭上了。他非常伤心失望，然而，他没有放弃，转身投奔于项羽的直接劲敌刘邦去了。

韩信见到刘邦的时候，刘邦已从鸿门宴上脱险，被封汉王（中国古代政治高级别的CEO），状态良好。他在面试韩信时，以堂堂汉王的高姿态居高临下，故意为难于这一在自己眼中"不忠贞于主公（项羽）"的持戟士，他告诉韩信，只要他在一方手帕上，能够画上多少个兵，就让他带多少兵。韩信真不愧为人才，他在那方手帕上书，"一而十，十而百，百而千，千而万"。其意是，韩信锋芒毕露地挑明，自己的才华并非仅带几个兵、在战场上厮杀的匹夫之勇，而是有能够带领千军万马决胜于千里的擎天将帅之才。

刘邦虽豪言壮语，"斩白蛇起义，以三尺剑定天下。"但是这个纨绔子弟，除"心胸开阔、有容人之雅量"（这是做一个成功之CEO的人所必须具备的品质）外，确实没有什么特殊的才华，他在对韩信做过背景调查后（常用的人力资源管理手法），得知韩信弃项羽来投他（"不忠"）又受过胯下之辱，便一笑置之。但是为了掩天下来投奔他的英雄豪杰之耳目，刘邦还是勉为其难，给了韩信一个小官当。

后来，刘邦的人力资源总监萧何听说韩信有才华，于是就注意上了他。结果，这人力资源总监和韩信一接触，便发现他果然有才华。这时，因刘邦所受封的汉国地理位置偏僻，条件艰苦，很多人都开小差偷偷逃跑了。

刘邦正为这件事情而烦恼，有人报告说人力资源总监萧何不见了。刘邦大吃一惊，险些没尿了裤子。几天过后，萧何来见他的直接上司。刘邦见人力资源总监归来，悲喜交加，连忙扶他坐下，问他这几天去哪了。萧何不敢隐瞒，把以往的经历一一向刘邦做了交代。

原来，因刘邦没有重用韩信，弄得才华出众的韩信又含泪离去了。刘邦的人力资源总监萧何得知这件事情后，凭着自己多年的从业经验，预感到韩信绝非等闲之辈，更何况我军与项羽开战，老打败仗，军中正处用人之际。于是，萧何来不及向刘邦请示、汇报，单枪匹马，前去追赶韩信。所以，这才有了后人津津乐道的"萧何月下追韩信"的故事。

追上韩信后，萧何忙问他为何要走，韩信叹道："我来汉营也有些时日，可是老刘根本就不用我。我看，我留在这，也没有什么意思啦！"

萧何仔细一听，发现要留下韩信，有很大的把握，急忙说道："小韩，只要你能留下来，我这人力资源总监不当了，脱袍让位给你。"

韩信道："老萧，小弟不是那么不仗义的人，怎敢窥视您的宝座。再说，我的专业也不在那个方向。"

毕竟是做人力资源的老手，萧何心里有了底，他知道韩信想做率领百万雄师、行军打仗的市场总监。于是，这老谋深算的人力资源总监连忙说道："你先和我回去，如果老刘不封你为市场总监，我跟他急。"

韩信见人力资源总监把话说到这个份上，他还有什么好说的。于是，韩信只有跟着萧何回汉营去了。

刘邦听说追来的人是钻人家胯下的韩信，心里非常不高兴，他一脸不屑地说道："我还以为你追来的是什么大人物呢？原来是他呀！"

萧何心知肚明，但没有向他的老大直接挑明。运用所学到的战略人力资源技巧，萧何拐弯抹角地说道："大王，你想不想得天下呢？"

这一招果然很管用，刘邦脸一红，有些不好意思了。不过，毕竟是厚脸皮的CEO（成大事，应该要这样，不能像项羽那样沽名钓誉），当然，刘邦也觉得，在自己的手下面前，没有必要隐瞒自己雄心勃勃的战略野心。于是，他用双手握住人力资源总监的手，急不可待地说："老萧啊！我做梦都在想这件事情呀！"

萧何见正中下怀，连忙答道："汉王，跑了那么些人，都是无关紧要的。唯独这韩信，正是大王您实现战略目标的第一宝贵人力资源啊！他熟读兵书战策，行军打仗是一流的高手呀！就是姜子牙在世，也比不上小韩的军事才华啦！所以，我敢说，我们汉营中，谁都可以被人替代，独独只有韩信，是跑不得的啊！"

刘邦大惊失色，萧何继续解释道："韩信这人，从小熟读兵书，更兼之，又跟随世外高人学过出奇制胜之法。他才华横溢，盖世无双，并且有丰富的实战经验，绝非赵括此等纸上谈兵之徒，所能望其项背。"

刘邦一笑，说："丞相，既然你管人事，现在又走了那么多人，有许多的空缺，你就看着挑个大点儿的官，像什么都尉将军之类的，安排给他就好啦！"

人力资源总监萧何急忙进谏道："大王，既然你要实现夺取天下的宏伟战略目标，就必须要有韩信的鼎力辅佐，这样的话，只有封他为大将军，才是最为恰当的做法呀！"

刘邦倒吸了一口凉气，封韩信为CMO（市场总监），这等于放了自己的兵权了。换句话说，要从这古代汉王级别的CEO的手里分权，就好比把身家性命交给了他人。要是换成项羽，谁敢向他出这样的"馊主意"，他准会把这人给宰了不可。

但刘邦毕竟是刘邦，当回想起自己屡次败给项羽的尴尬场面，他知道让自己领兵打仗，只有挨项羽扁的份儿了。他牙根一咬，顷刻间，采纳了人力资源总监萧何的建议，择良辰吉日，召集文武百官，以隆重的仪式，正式拜请韩信为大将军级别的CMO。

新官上任三把火，韩信就任营销总监的第一件事情便是主动出击，先消灭项羽的外围势力。于是，一方面，韩信派人修复刘邦进入汉中所烧毁的栈道，以迷惑住雍王章邯，另一方面，自己却率军悄悄沿南郑故道东出陈仓，大败章邯军，一举拿下了关中地区。然后，韩信引得胜兵，出函谷关，直逼洛阳，韩王、殷王等从属于项羽的封国望风归降。

三把火烧后，汉营军中无人不服这新任的营销总监。紧接着，韩信率大军进至楚都彭城，随后由刘邦接管。未想刘邦一进城，便把防务丢在一边，到处搜集美女钱财。此时，正在另外战场上与韩信鏖战的项羽，听说彭城失守，急带3万精骑，连夜赶到彭城，一举将刘邦击败。刘邦兵败彭城，原先降汉的封国重又倒戈，归顺项羽。

韩信闻信，即刻赶来收集刘邦的残兵败将，并成功地进行了阻击项羽继续推进的战争。这样一来，韩信因军功被刘邦封为左丞相级别的高级副总裁。尔后，高级副总裁兼营销总监势如破竹，接连取胜，打败了集CEO与市场总监、人力资源总监、技术总监等大权于一身的楚霸王项羽，为刘邦夺得天下，立下了汗马功劳。

资料来源：王剑东．《战略人力资源管理，事关生死存亡大局》，《中国战略管理传播网》，2004年11月1日，本书采用时略有改动。

思考题

1. 本案例中刘邦在进行人力资源战略制定的过程中主要考虑哪几个方面的因素？
2. 人力资源战略在整个人力资源管理中起到了什么作用，在实现整个企业战略方面有何贡献？
3. 刘邦的人力资源战略有哪些值得我们学习的经验？

本章思考题

1. 人力资源的概念是什么？人力资源有哪些特征？
2. 人力资源管理的概念是什么？人力资源管理的主要职能有哪些？
3. 人力资源管理经历了哪几个发展阶段？
4. 知识经济时代人力资源管理的主要内容有哪些？
5. 战略人力资源管理的内涵是什么？战略人力资源管理的理论模型有哪些？

参 考 文 献

[1] 刘刚．2001中国年度最佳管理案例．北京：中国经济出版社，2002．（本书采用时有所改编）

[2] 廖泉文．人力资源管理．北京：高等教育出版社，2003．

[3] 罗宾斯．管理学．闻洁，译．4版．北京：中国人民大学出版社，1997．

[4] 陈维政，余凯成，程文义．人力资源管理与开发高级教程．北京：高等教育出版社，2004．

[5] ANCONA D. Management for the future: organizational behavior & processes. 3rd ed. South-Western: a division of Thomson Learning, 2005.

[6] MEYER J P, ALLEN N J. A three-component conceptualization of organizational commitment. Human Resource Management Review, 1991 (1): 61-89.

[7] SMITH C A, ORGAN D W, NEAR J P. Organizational citizenship behavior: its nature and antecedent. Journal of Applied, 1983, 68 (4): 475-480.

[8] WRIGHT P M, MCMAHAN G C. Theoretical perspectives for strategic human resource management. Journal of Management, 1992, 18(2).

[9] 李英. 西方战略人力资源管理综述. 东岳论坛, 2005(3).

[10] PFEFFER J. Competitive advantage through people. Boston: Harvard Business School Press, 1994.

[11] HUSELID M A. The impact of human resource management practices on turnover, productivity and corporate financial performance. Academy of Management Journal, 1995(38): 635-672.

[12] 贾晓菁, 杨剑. 人力资源管理与企业绩效关系的研究现状及发展. 经济师, 2005(11).

[13] PAAUWE J, RICHARDSON R. Introduction: special issue on HRM and performance. The International Journal of Human Resource Management, 1997(8): 257-262.

[14] 范秀成. 外商投资企业人力资源管理与绩效关系研究. 管理科学学报, 2003(2).

[15] 刘善仁. 中国连锁行业最佳人力资源实践研究. 经济体制改革, 2004(6).

[16] 蒋春燕, 赵曙明. 人力资源管理实践与组织绩效的相关分析. 经济管理·新管理, 2005(4).

[17] 罗键, 卿涛. 战略人力资源管理实践组合模式与组织绩效关系的研究. 商业时代, 2006(13).

[18] 彭剑锋. 战略人力资源管理理论、实践与前沿. 北京: 中国人民大学出版社, 2014.

[19] 陈天祥. 公共部门人力资源管理及案例教程. 北京: 中国人民大学出版社, 2014.

第 2 章

人力资源战略

本章要点

- 人力资源战略的含义与类型
- 人力资源战略与企业战略、企业文化的整合
- 人力资源战略与企业竞争优势
- 人力资源战略的制定

顺丰是如何优雅地留住"快递小哥"的?

相比其他行业,快递行业因职业荣誉感较弱、作业环境差等原因,一线员工的流失率始终居高不下,而行业的快速发展促使人才需求量越来越大。这是很多快递企业人力资源部门不得不面对的双重挑战。除了招人、留人,如何管理个性普遍突出,又似乎不太能吃苦的年轻员工,尤其是"90后"一代,也是摆在快递企业面前的重要课题。

作为快递行业里的巨头,顺丰自1993年成立至今,有着深孚众望的口碑。这样的口碑源于员工优质的服务,而"更好地服务员工,则是人力资源部门的首要责任",顺丰速运集团人力资源总裁陈启明说。快递行业真正的核心是人,但快递员队伍是一个特殊的群体:他们出入于高档写字楼间,见惯了都市繁华,而其自身文化程度低、靠拼体力赚钱,这也会给他们心理带来反差。针对这样一个流动性非常大的群体,顺丰靠什么做到只有20%~30%的流动率?其实很简单,帮助员工成长,解决他们的后顾之忧,让他们更加愉快地工作。

人才在良好的环境下能够得到更好的发展,顺丰构建了优越的人才环境,在招培管评、薪酬、激励、职业生命周期等方面融入对员工的思考。员工都希望通过适合自己的发展路径去实现人生目标,顺丰要做的是在畅通的人才发展渠道里帮助他们快速地达成目标。根据员工的性格和意愿,同时启动管理线和专业线两条发展通道。业务扩张引得大量来自不同工作背景和国籍文化的人才涌进顺丰,"兼容并包"的人才文化让他们得以适应并生存下来。

在劳动密集型企业里,人性化的关怀也是吸引人才的因素之一。顺丰围绕"医食住教"这些实际层面关怀员工,与医院、企业、政府、学校进行沟通,帮助员工获取相关资源,以解决各类人才的后顾之忧。

一、"医食住教"的福利策略

针对就医难的问题,联系医院为员工建立快速通道,获取更多的医疗资源,例如体检、重病救助;顺丰的"顺丰优选"也是员工的福利平台,员工可以以优惠的价格买到放心的大米、食油;年轻员工租、住房的压力非常大,顺丰积极地与当地政府沟通,获得相关政府资源,为员工谋求更多的支持(比如廉租房);与福田区政府、教育局合作教育基金项目,希望通过深圳的教育改革帮助顺丰外聘的关键人才、高层管理人才解决后顾之忧。

二、"千里马"人才晋升机制

10年前,顺丰提出了"千里马"人才培养机制,坚持从内部选拔人才。员工通过内部选拔、培养、考核,可以从最基层的收派员一步步成长为VP(副总裁)。2013年,一线员工成长为点部主管的占了90%以上,成为分部经理的达到80%～90%,成为高级经理的有70%左右,成为区总经理的占了60%～70%,甚至还有达到更高层级的。

三、针对"90后"的人力资源策略

的确,10年前的用工比较容易,现在独生子女越来越多,顺丰的挑战和压力也越来越大。但其实谁都明白,选择快递行业就意味着必须吃苦。所以,当一个人踏入这个行业时,就已经做好了心理准备。但并不是所有独生子女都不能吃苦,关键要看企业能给员工提供什么样的成长环境。面对"90后",如果管理模式还停留在一二十年前,这些人肯定是留不住的。也正是认清这点,顺丰不断地优化管理模式,如"医食住教"等关怀措施,都是顺应新形势产生的。

在大众眼里,多数"90后"都很难管,被贴上了很多标签,他们个性突出,是因为他们非常关注自我成长。他们对环境的认知度很高,所以顺丰应该在人才环境上给他们更多的成长机会。"90后"更喜欢主动思考,会对他们的生活、工作环境提出更多的意见,而这些意见也加强了人力资源管理在人才环境建设方面的有效性。"90后"不接受批评,所以顺丰也改变了"做不好就批评"的管理模式,开通包括内部吐槽BBS在内的许多沟通渠道,希望企业文化可以包容、鼓励"90后"大胆地提出自己的意见。

四、人性化的招聘策略

当然,顺丰也会有意识地招一些家庭条件不太好的员工。但顺丰也付出最大的诚意,真心想让他们留下来。例如,不同于别的企业对员工自备电动车的入职要求,顺丰前几年开始执行"用者拥有"计划,为所有员工免费配备电动车,希望给家境差但愿意通过劳动挣钱的员工提供机会。

资料来源:中国人力资源开发网. http://www.chinahrd.net/article/2014/08-18/199502-1.html. 2014-08-19,本书采用时略有改动。

2.1 人力资源战略概述

人力资源战略是企业为适应外部环境日益变化的需要和人力资源开发与管理自身发展的需要,根据企业的发展战略并充分考虑员工的期望而制定的人力资源开发与管理的纲领性的长远规划。巴尼(Barney,1991)提出,人力资源由于具有价值性、稀缺性、不可模仿性和无法替代性的特点,从而成为竞争优势的源泉。随着管理实践的发展,人力资源成为企业获取竞争优势的观点得到了认可,因此,现代企业为了实现企业战略,为了获得并保持竞争优势,就必须专注于人力资源战略管理问题,以培养和保持企业的人力资本优势。

2.1.1 人力资源战略的发展历程

20世纪初期,由于产业革命带来的生产工具与生产动力的变革,使以手工劳动为基础的工厂手工劳动转向了机器大生产,资本主义工厂制度迅速确立起来,推动了经济迅速发展。企业为了攫取最大化的利润,不断降低工人工资来减少生产成本,再加上资本主义经济危机(危机期间裁减工人、降低工资)的影响,造成劳资关系紧张,工人消极怠工,影响了生产效率的提高。以泰勒为代表的科学管理运动试图通过科学的管理来提高工业效率。如何把员工和工作进行匹配以确保他们得到合理的报酬被泰勒看作"技术问题"(Barney & Kunda,1992),如人事工作者应用泰勒所要求的科学方法,使用新的测量技术去合理地选择和配置雇员(Peter Bamberger,2000)。在这个时期,企业人力资源管理的重点是如何选择合适的员工和通过人力资源措施来提高工作效率,人力资源管理被看作"技术活动"。

管理思想的创新和管理实践的发展推动了人力资源管理的向前发展。20世纪30年代到50年代的人际关系运动促使企业在管理中重视"人"的因素,关注员工关系的管理。20世纪六七十年代操

作研究和系统优化运动的兴起，人事负责人在工作再设计、工作评价、人事预测及规划、绩效评价系统设计领域提供了新的服务（Barney & Kunda，1992）。其中，人际关系和行为科学学派就十分强调生产率问题中潜在的"人的因素"（Roethlesberger & Dickson，1939；Herzberg，1957；McGregor，1960；Trist，1963），分析家们也不断地提供证据证明改善工作环境能提高工作产出。这种更为人性化的人力资源政策和实践与科学管理阶段的原则和假设截然不同。特别是在20世纪60年代后，经济和科学技术的快速发展，扩大了社会对各种人才的需求。那时人力资源管理的主要功能是预测企业的人力资源需求，并根据预测结果制定人员招聘、配置方案，制订员工培训与开发方案等。可以看出，这时人力资源管理为了适应企业的需要而开始进行计划，开始具备一定的战略意味。

进入20世纪80年代，企业开始对多元化战略进行反思，逐渐认识到战略的制定不是简单机械的过程，不同组织有不同战略，战略规划和实际结果存在差距，战略需要根据外界条件的变化不断进行调整。同时，全球化的步伐开始加快，企业间的竞争已经跨越了国界。面对迅速变化的经营环境，企业实施成功的战略管理对企业的生存和发展具有重要意义。越来越多的学者开始关注企业内部的资源和能力，人力资源被认为是企业产生核心能力的源泉。在人力资源领域，研究者也将研究的重点集中于人力资源各模块之间的匹配，试图建立一个更加综合、严密的系统以有效地对员工进行管理。也正是在这个时候，人力资源战略的概念开始出现在管理文献之中（Walker，1980；Fombrum & DeVanna，1982；Miles & Snow，1984）。怀特和麦克玛罕（Wright & McMahan，1992）把人力资源战略描述为"规划人力资源配置和活动的模式……以保持一段时间内的连续性和各种不同决策和活动的一致性"。贝尔德和米肖拉姆（Baird & Meshoulam，1988）认为，内部匹配和外部匹配对人力资源战略的研究和实践都十分重要。内部匹配是指组织内人力资源管理的各组成部分之间的一致性。例如，如果目标是招聘高素质的员工，那么人力资源的活动，如开发、薪酬和评估就必须支持核心员工的发展和保持。外部匹配聚焦于人力资源战略和实践与企业的发展阶段和战略方向如何适应，大多数人力资源战略研究者把精力放在了研究如何使人力资源实践和不同类型的业务战略匹配上（Burton & O'Reilly，2000；Delery & Doty，1996；Jackson Schuler & Rivero，1989；Olian & Rynes，1984；Wright & Snell，1991；Miles & Snow，1984），还在他们提出的竞争战略基础上拓展出一个与其竞争战略相匹配的人力资源战略模型。此时，真正意义上的人力资源战略才形成，并指导企业人力资源管理实践。

从以上分析可以看出，在20世纪80年代以前，人力资源活动并不是真正意义上的人力资源战略管理活动，它还停留在技术活动的层面上，只是随着管理理论和实践的发展，不断出现新的技术来解决生产经营中出现的问题，这些人力资源措施由于没有系统地进行设计，人力资源措施之间可能是"死敌"，相互之间唱反调，传递出不一致甚至是相互冲突的信息（Boxell & Purcell，2000）。进入20世纪80年代后，学者们受资源基础理论的影响，开始关注从企业整体的角度来考虑人力资源问题，如何使人力资源措施之间配合形成合力，如何使人力资源战略支撑企业战略，以确保企业战略的实现。直到此时，人力资源战略才真正成形，人力资源战略是随着管理理论和实践的发展而逐渐形成和发展的。

2.1.2 人力资源战略的含义

人力资源战略是一个相对较晚出现的概念，研究者们从不同的角度对其进行界定，得出了不同的结论，至今人力资源战略还没有一个被广泛接受的定义。

舒勒（Schuler，1992）认为，人力资源战略是阐明和解决涉及人力资源管理的基本战略问题的计划和方案。戴尔（Dyer，1984）形成一个决策性（Decisional）的人力资源战略概念，他把组织的人力资源战略定义为"从一系列人力资源管理决策中出现的模式（Pattern）"。戴尔和霍德（Hoder，1988）提出了一个更为综合的人力资源战略概念，认为人力资源战略被看作人力资源目标和追求战略目标的综合。当一个业务战略形成并被接受之后，支撑战略目标的关键人力资源目标就已经形成，为完成这些目标必需的方法（如计划和政策等）也同时被设计出来并得到执行。例如，如果一个组织的战略是选择成为一个低成本的制造商，主要的人力资源目标就是高绩效和低人头数。这反过来导致了员工人数的减少和员工培训费用的增加，这种人力资源目标和方式的综合就是组织的人力资源战略。舒勒和沃克（Walker）认为，人力资源战略是被人力资源经理和直线经理共同去解决与人有关的业务问题（Business Issue）的一套活动和过程。经理们必须制订一些有指导意义的方案以解决这些与人相关的业务问题，这些方案和计划将集中（Focus）、启动（Mobilize）和指导（Direct）人力资源行为以成功解决对企业至关重要的业务问题，这些计划和方案就组成了人力资源战略的核心。库克（Cooker）认为，人力资源战略是指员工发展决策及员工有重要的、长期影响的决策，是根据企业战略制定的人力资源管理与开发的纲领性的长远规划，并通过人力资源管理活动来实现企业战略目标。沃尔里奇（Ulrich，1997）认为，人力资源战略是企业高层管理团队建立的一种策略、组织和行动方案，试图改造人力资源功能。

以上对人力资源战略的定义或理解是从两个角度来考虑的：一种是把人力资源战略看作一种决策方案，是导向性的；另一种是把人力资源战略看作解决问题的行动和过程，是行动性的。虽然不能就人力资源战略概念有一个统一的界定，但通过对它们的分析可以总结出人力资源战略的特征如下：一是强调与企业战略的匹配（外部匹配），支撑企业战略的实现；二是强调人力资源实践间的匹配（内部匹配），以系统的观点审视人力资源实践；三是人力资源战略是员工发展决策及对员工有重要的、长期影响的决策。

2.1.3 人力资源战略的类型

人力资源战略指导着企业的人力资源管理活动，它使人力资源管理活动之间能够有效地相互配合。下面介绍3种对人力资源战略的分类。

1. 戴尔和霍德的研究

根据戴尔和霍德的研究，人力资源战略可分为3种：诱引战略、投资战略和参与战略。

1）诱引战略

诱引战略是指自己不培养员工，而通过丰厚的报酬去诱引人才，从而形成高素质的员工队伍。在这种战略下，吸引员工的是高薪酬、高福利，从而可能使企业的人工成本较高。因此，企业往往严格控制员工人数，并力求诱引的员工都是高质量的，减少了对员工的培训费用。在这种战略下，企业与员工的关系主要是金钱关系，工作报酬主要取决于员工努力的程度，管理上则采取以单纯利益交换为基础的严密的科学管理模式，企业强调员工对目标的承诺，员工往往被要求做繁重的工作，流动率较高。处于激烈竞争环境下的企业常常采取此战略。

2）投资战略

这种战略通常被那些采取差别化竞争战略的企业所采用，这类企业拥有一定的适应性和灵活性，强调通过自己培养来获取高素质的员工，如孟尝君之"食客三千"，储备了多种专业人才。管理人员注重对员工的支持、培训和开发，视员工为企业最好的投资对象，并力争在企业中营造和谐的企业文化和良好的劳资关系，企业与员工除雇佣关系外，还注重培养员工的归属感，员工流动率较低。

3）参与战略

采取参与战略的企业大都有扁平和分权的组织结构，能够在对竞争者和生产需求作出决策反应的同时，有效地降低成本。为鼓励创新，这些企业的人力资源管理政策强调人员配备、工作监督和报酬，员工多数是高技术水准的专业人员，可以达到企业人力资源战略目标。企业则为员工提供挑战性的工作，鼓励参与，把报酬与成果密切联系在一起，从而实现战略目标。在这种战略下，管理人员的工作主要是为员工提供咨询和服务，企业注重团队建设和授权。企业在培训中也强调对员工人际技能的培养，如对员工进行魔鬼训练等。大多数日本企业采取这种战略。

2. 斯特雷斯和邓菲的研究

根据斯特雷斯和邓菲（Strace & Dunphy，1994）的研究，人力资源战略可能因企业变革的程度不同而采取以下4种战略：家长式战略、发展式战略、任务式战略和转型式战略，如表2-1所示。

表 2-1 变革程度与人力资源战略

变革程度	管理方式	人力资源战略
基本稳定 微小调整	指令式管理为主	家长式人力资源战略
循序渐进 不断变革	咨询式管理为主 指令式管理为辅	发展式人力资源战略
局部变革	指令式管理为主 咨询式管理为辅	任务式人力资源战略
整体变革	命令式管理与 高压式管理并用	转型式人力资源战略

1）家长式人力资源战略

这种战略主要运用于避免变革、寻求稳定的企业，其主要特点是：① 集中控制人事的管理；② 强调秩序和一致性；③ 硬性的内部任免制度；④ 重视操作与监督；⑤ 人力资源管理的基础是奖惩与协议；⑥ 注重规范的组织结构与方法。

2）发展式人力资源战略

当企业处于一个不断发展和变化的经营环境时，为适应环境的变化和发展，企业采用渐进式变革和发展式人力资源战略，其主要特点是：① 注重发展个人和团队；② 尽量从内部招募；③ 大规模的发展和培训计划；④ 运用"内在激励"多于"外在激励"；⑤ 优先考虑企业的总体发展；⑥ 强调企业的整体文化；⑦ 重视绩效管理。

3）任务式人力资源战略

这种企业面对的是局部变革，战略的制定是采取自上而下的指令方式。这种企业的事业单位在战略推行上有较大的自主权，但要对本事业单位的效益负责。采取这种战略的企业依赖于有效的管理制度，其主要特点是：① 非常注重业绩和绩效管理；② 强调人力资源规划、工作再设计和工作常规检查；③ 注重物质奖励；④ 同时进行企业内部和外部的招聘；⑤ 开展正规的技能训练；⑥ 重视战略事业单位的组织文化。

4）转型式人力资源战略

当企业已完全不能再适应经营环境而陷入危机时，全面变革迫在眉睫，企业在这种紧急情况下没有时间让员工较大范围地参与决策，彻底的变革有可能触及相当部分员工的利益而不可能得到员工的普遍支持，企业只能采取强制高压式和指令式的管理方式，包括企业战略、组织机构和人事的重大改变，创立新的结构、领导和文化。与这种彻底变革相配合是转型式人力资源战略，其主要特点是：① 企业组织结构进行重大变革，职务进行全面调整；② 进行裁员，调整员工队伍的结构，缩减开支；③ 从外部招聘骨干人员；④ 对管理人员进行团队训练，建立新的"理念"和"文化"；⑤ 打破传统习惯，摒弃旧的组织文化；⑥ 建立适应经营环境的新的人力资源系统和机制。

3. 舒勒的研究

根据舒勒（1989）的研究，人力资源战略分成 3 种类型：累积型战略、效用型战略和协助型战略。

1）累积型（Accumulation）战略

即用长远观点看待人力资源管理，注重人才的培训，通过甄选来获取合适的人才；以终身雇佣为原则，以公平原则来对待员工，员工晋升速度慢；薪酬是以职务及年功为依据，高层管理者与新员工工资差距不大。该战略是基于激励员工最大化参与及技能培训，开发员工的能力、技能和知识，获取员工的最大潜能。

2）效用型（Utilization）战略

即用短期的观点来看待人力资源管理，较少提供培训。企业职位一有空缺，随时进行填补，非终身雇佣制，员工晋升速度快，采用以个人为基础的薪酬方案。该战略是基于员工高技能的充分利用和极少的员工承诺,企业雇佣具有岗位所需技能且立即可以使用的员工,注重员工的能力、技能和知识与特点工作的匹配。

3) 协助型（Facilitation）战略

即介于累积型和效用型战略之间,个人不仅需要具备技术性的能力,同时在同事间要有良好的人际关系。在培训方面,员工个人负有学习的责任,企业只是提供协助。该战略基于新知识的创造,鼓励员工的自我开发。

从舒勒的人力资源战略分类及其特征可以看出,当企业将人力资源视为一种资产时,就会提供较多的培训,如累积型战略;而当企业将人力资源视为企业的成本时,则会提供较少的培训以节约成本,如效用型战略。

从以上分析可以看出,不同的学者对人力资源战略有不同的分类方法,同时,不同的人力资源战略在人力资源获取渠道、采用的薪酬策略或管理方式等方面都有各自的特点,这就要求企业在管理实践中,必须根据企业的具体情况来选择合适的人力资源战略或人力资源战略组合。需要指出的是,从企业总体来说,大多数企业采取的人力资源政策与主导的人力资源战略相符合;从企业微观层次上来讲,企业可能根据不同的员工而采取不同的措施。

2.2 人力资源战略与企业战略、企业文化的整合

2.2.1 企业战略

企业的人力资源战略派生于和从属于企业的总战略,要制定有效的人力资源战略,就必须明确企业的总战略,以及人力资源战略在其中的位置与作用。

1. 企业战略的定义

长期以来,管理学界对企业战略的看法并不一致。在20世纪50年代,企业战略包括3个方面:① 企业宗旨;② 企业目标;③ 实现目标的行动方案。阿尔弗雷德·钱德勒（Alfred Chandler, 1962）在其《经营战略与结构》一书中提出企业战略由3个部分构成:企业的长远目标、实现目标的行动方案和资源分配。伊戈尔·安索夫（H. I. Ansoff, 1965）在其《公司战略》中认为,企业战略实际是由产品市场范围、成长方向、竞争优势和协同效应等4个要素构成。随着对企业战略研究的深入,詹姆斯·奎因（James Quine, 1980）认为,企业战略是一种计划,用以整合组织的主要目标、政策和活动次序。从学者们的研究可以看出,虽然对企业战略没有统一的定义,但基本认为企业战略是企业管理层所制定的"策略规划",是以企业未来为出发点,旨在为企业寻求和维持持久竞争优势而作出的有关全局的重大筹划和谋略,是企业为自己确定的长远发展目标和任务,以及为实现这一目标而制定的行为路线、方针政策和方法。正如乔伊尔·罗斯（Jowell Rose）和迈克尔·加米（Michael Jamie）所说:"没有战略的组织就好像没有舵的船,只会在原地打转。"

2. 企业战略的类型

表2-2是从不同角度对企业战略进行的分类。

表2-2 企业战略的分类

分类标准	战略类型	注　释
基于战略层次的划分	公司战略	整个公司和所有业务的战略
	经营战略	各个业务领域的战略
	职能战略	各个业务领域中各个具体职能单元的战略
基于公司整体方向的划分	增长型战略	扩展公司活动的战略
	稳定型战略	不改变公司现有活动的方向性的战略
	紧缩型战略	压缩公司活动水平的战略
	混合型战略	以上3种战略中两者或三者同时使用的战略

续表

分类标准	战略类型	注释
基于成长机会和制约条件的划分	进攻型战略	利用企业有利条件,寻求成长机会的主动出击的战略
	防御型战略	针对企业的发展威胁,强化自身的薄弱环节的对策性战略
基于战略态势的划分	防御者战略	在有限的市场范围内,通过深入开发提高效率、维持竞争能力的战略
	探索者战略	不断探索新产品、新市场机会的战略
	分析者战略	有稳定的事业和领域,很高的市场占用率,并注意开发或引进有希望的新产品的战略

1）基于战略层次的划分

赫发·苏恩得尔（Hofa Schendel，1978）、罗伯特·M·格兰特（Robert M. Grant，2001）和斯蒂芬·P·罗宾斯（Stephen P. Robbins）等将战略分为3个层次，即公司战略、经营战略和职能战略，如图2-1所示。公司战略描述公司总的方向，主要表明在增长、多种业务和产品种类的管理等方面的态度，决定企业应该选择哪类经营业务，进入哪些领域。经营战略通常发生在事业部或产品层次上，重点强调公司产品或服务在某个产业或事业部所处的细分市场中竞争地位的提高，主要包括竞争战略与合作战略。经营战略主要涉及如何在选定的领域内与竞争对手开展有效的竞争，关心的主要问题是开发哪些产品或服务，以及这些产品提供给哪些市场，以达到组织的目标，如远期盈利能力和市场增长速度等。职能战略为营销、研究开发等职能领域所采用，它们通过最大化资源产出率来实现公司和事业部的战略和目标，主要涉及如何使企业的不同职能，如营销、财务和生产更好地为各级战略服务，从而提高组织的效率。

一般来说，企业的战略是一个战略组合，其中包括企业组织层次中各级管理者所制定的战略。各层次的战略都是企业战略管理的重要组成部分，但侧重点和影响的范围各有不同。高层次的战略变动往往会波及低层次的战略，而低层次战略影响范围较小，尤其是职能部门的战略，一般可以在部门范围内加以解决。由于不同层次战略的相互作用，各层次战略之间及目标体系必须要相互协调，只有战略的各个层次之间及目标体系和战略各个层面统一协调起来，才能使各层次战略与目标在相互促进中实现，为企业带来竞争优势。

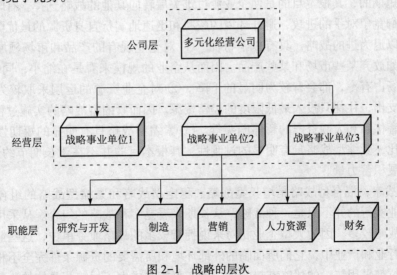

图2-1　战略的层次

2）基于公司整体方向的划分

许多学者（Certo & Peter，1988；Johnson & Scholes，1993；Buenes，1996）把一系列公司战略整合为四大类战略，即增长型战略（Growth）、稳定型战略（Stability）、紧缩型战略（Retrenchment/Withdrawal）和混合型战略（Combination）。

(1) 增长型战略：从企业发展的角度来看，任何成功的企业都经历过长短不一的增长型战略实施期，因为从本质上说，只有增长型战略才能不断地扩大企业规模，使企业从竞争力弱小的小企业发展成为实力雄厚的大企业。与其他类型的战略态势相比，增长型战略具有以下特征。① 实施增长型战略的企业不一定比整个经济增长速度快，但它们往往比其产品所在的市场增长得快。企业不应该仅仅追求绝对市场占有率的增长，更要衡量相对市场占用率的增长态势。通常情况下，企业销售增长率应该高于产品的市场增长率。② 实施增长型战略的企业往往取得大大超过社会平均利润率的利润水平。由于发展速度较快，这些企业更容易获得较好的规模经济效益，从而降低生产成本，获得超额利润。③ 采用增长型战略的企业倾向于采用非价格的手段同竞争对手抗衡。由于采用了增长型战略的企业不仅仅在开发市场上下功夫，而且在新产品开发、管理模式上都力求具有竞争优势，一般来说，总是以相对更为创新的产品或服务及管理上的高效率作为竞争手段，而不是价格战。④ 增长型战略鼓励创新。这些企业常常开发新产品、新市场、新工艺和老产品的新用途，以把握更多的发展机会，谋求更大的风险回报。⑤ 与简单地适应外部条件不同，采用增长型战略的企业倾向于通过创造新产品或创造对原有产品的需求来改变外部环境，并使之适合企业的发展目标。

(2) 稳定型战略：稳定型战略是指在内外环境的约束下，企业准备战略规划期内使企业的资源分配和经营状况基本保持在目前状态和水平上的战略。按照稳定型战略，企业目前所遵循的经营方向及其正在从事经营的产品和面向的市场领域、企业在其经营领域内所达到的产销规模和市场地位都大致不变或以较小的幅度增长或减少。稳定型战略具有以下几个方面的特征。① 企业对过去的经营业绩表示满意，决定追求既定的或与过去相似的经营目标。例如，企业过去的经营目标是在行业竞争中处于市场领先者的地位，稳定型战略意味着在今后的一段时期里依然以这一目标作为企业的经营目标。② 企业战略规划期内所追求的业绩按大体的比例递增。与增长型战略不同，这里的增长是一种常规意义上的增长，而非大规模的和非常迅猛的发展。实行稳定型战略的企业总是在市场占用率、产销规模或总体利润水平上保持现状或略有增加，从而稳定和巩固企业现有竞争地位。③ 企业准备以与过去相同或基本相同的产品或劳务服务于社会，这意味着企业的创新产品较少。从以上特征可以看出，实行稳定型战略的前提条件是企业过去的战略是成功的。对于那些曾经成功地在一个处于上升趋势的行业和一个变化不大的环境中活动的企业，短期使用稳定型战略会很有效。

(3) 紧缩型战略：紧缩型战略是指企业从目前的经营领域和基础水平收缩或撤退的一种经营战略。与增长型战略和稳定型战略相比，紧缩型战略是一种相对消极的发展战略。一般来说，企业实施紧缩型战略只是短期的，其根本目的是使企业渡过难关后转向其他的战略选择。有时只有采取紧缩或撤退措施才能抵御竞争对手的进攻，避开环境的威胁和迅速地实行自身资源的最优配置。可以说，紧缩型战略是一种以退为进的战略，具有以下特征。① 对企业现有的产品和市场领域实行收缩、调整和撤退战略，比如放弃某些市场和某些产品。因而从企业的规模来看是在缩小，同时一些效益指标，比如利润率和市场占有率，都会有较为明显的下降。② 对企业资源的运用采取较为严格的控制和尽量削减各项费用支出，往往只投入最低限度的经营资源。因而紧缩型战略的实施过程往往会伴随着大量的裁员、一些奢侈品和大额资产的暂停购买等。③ 紧缩型战略具有明显的短期性。与增长型战略和稳定型战略相比，紧缩型战略具有明显的过渡性，其根本目的并不在于长期节约开支，停止发展，而是为了今后发展积蓄力量。

(4) 混合型战略：混合型战略是增长型战略、稳定型战略和紧缩型战略的组合。事实上，许多有一定规模的企业实行的并不只是一种战略，从长期来看是多种战略的组合。从采用情况来看，大型企业采用混合型战略较多。因为大型企业相对来说拥有较多的战略业务单位，这些业务单位很可能分布在完全不同的行业和产业中，它们所面临的外部环境和所需要的资源条件完全不相同，因而若对所有的战略业务单位都采用统一的战略态势的话，就有可能造成由于战略与具体的业务不相一致而导致企业的总体效益受到伤害。因此，可以说混合型战略是大型企业在特定的历史阶段的必然选择。

3) 基于成长机会和制约条件的划分

(1) 进攻型战略：所谓进攻型战略，主要是指利用企业的有利条件寻求成长机会的主动出击战略。进攻型战略力图从领先者那里获得市场份额，它通常发生在领先者所在的市场领域，竞争优势是通过采用成功的战略性行动来获得的——旨在产生成本优势的行动，产生差异化优势的行动，或者产生资源能力优势的行动。进攻型战略主要有以下 6 个基本类型。① 赶上或超过竞争对手。在企业不得不放弃竞争优势或不管竞争对手拥有什么资源和强势，企业都有可能获得有利可图的市场份额的情况下，采取进攻型战略抵消竞争对手的强势具有一定的意义。② 采取进攻性行动，利用竞争对手的弱势。在这种进攻策略下，企业往往瞄准竞争对手的弱点，实施进攻行动，最终占领市场。一般来说，利用竞争对手的弱点，采取进攻性行动，相对于挑战竞争对手的强势来说更有取得成功的希望，特别是在竞争对手没有充分防范的情况下"攻其不备"。③ 同时从多条战线出击，如降价、加强广告力度、推出新产品、免费使用样品、发行彩票、店内促销、折扣等。如此全面出击可以使竞争对手失去平衡，措手不及，在各个方向上分散它的注意力。④ 终结性行动。终结性行动所追求的是避免面对面的挑战，如挑衅性的削价、加大广告力度，或者花费昂贵的代价在差异化上压倒竞争对手，其中心思想是与竞争对手进行周旋，抓住那些没有被占领或者竞争不激烈的市场领域，改变竞争规则，使形势变得对进攻者有利。⑤ 游击行动。游击行动特别适合中小企业，因为它们既没有足够的资源，也没有足够的市场知名度来对行业的领导者发起正面的攻击。游击性进攻行动所秉承的原则是"打一枪换一个地方"，有选择性地攫取市场领域，不管是什么地方，也不管是在什么时候，只要能够出其不意地攻击竞争对手，就抓住机会"骗取"竞争对手的顾客。⑥ 先买性行动。先买战略强调首先采取行动获得某种竞争优势，而这种竞争优势是竞争对手不可能获得的，即使要进行复制也有很大的阻力和难度。

（2）防御型战略：所谓防御型战略，是指针对企业发展的威胁，强化自身的薄弱环节的对策性战略。市场上的进攻性行动既可以来自行业的新进入者，也可以来自于那些寻求改善现有地位的现有企业。防御型战略的目的是降低被进攻的风险，减弱任何已有的竞争性行动所产生的影响，影响挑战者，从而使它们的行动瞄准其他竞争对手。虽然防御型战略通常不会提高企业的竞争优势，但它有助于加强企业的竞争地位，捍卫企业最有价值的资源和能力不被模仿，维护企业已有的竞争优势。防御型战略通常采用以下方式。① 尽力堵住挑战者采取进攻性行动的一些途径。如招聘额外的职员以扩大或者加深企业在关键领域的核心能力，从而战胜那些模仿企业技巧和资源的竞争对手；提高企业的资源资产和能力的灵活性，以便企业可以进行快速、有效的资源分配，或者根据变化的市场环境进行调整，从而使企业适应新的发展态势的敏捷性比竞争对手相应的敏捷性要强等。② 向挑战者发出信号：如果挑战者发起进攻，它们将受到很强的报复。其目的是劝说挑战者根本不要进攻，或者至少它们采取那些对防卫者来说威胁更小的行动。③ 尽力降低挑战者发起进攻性行动的利润诱惑。如果一个厂商或者行业的盈利能力具有足够高的水平的话，挑战者也愿意跨越很高的防卫障碍，迎接很强的报复性行动。此时，防卫者可以通过人为地捏造一些短期的利润水平，利用会计手段遮掩一些盈利能力来转移进攻，特别是来自于新进入者的进攻。

4）基于战略态势的划分

（1）防御者战略：防御者战略寻求向整体市场中的一个狭窄的细分市场稳定地提供有限的一组产品。在这个优先的细分市场中，防御者拼命努力以防止竞争者进入自己的市场领域。这种战略倾向于采用标准的经济行为，如以竞争性的价格和高质量的产品或服务作为竞争手段，防御者倾向于不受其细分市场以外的发展和变化趋势的诱惑，而是通过市场渗透和有限的产品开发获得成长。经过长期的努力，防御者能够开拓和保持小范围的细分市场，使竞争者难于渗透。

（2）探索者战略：探索者战略追求创新，其实力在于发现和发掘新产品和新市场机会。探索者战略取决于开发和俯瞰大范围环境条件、变化趋势和实践的能力，灵活性对于探索者战略的成功来说是非常关键的。

（3）分析者战略：分析者战略靠模仿生存，它们复制探索者的成功思想。分析者必须具有快速响应那些领先一步的竞争者的能力，与此同时，还要保持其稳定产品和细分市场的经营效率。一般来说，探索者必须有很高的边际利润率以平衡风险和补偿它们生产上的低效率，分析者的边际利润低于探索者，但分析者有更高的效率。

从以上分析可以看出，企业必须根据自己的具体情况制定合适的战略，并成功地实施其战略才能在激烈的竞争中立于不败之地。

2.2.2 人力资源战略与企业战略的关系

1. 企业战略决定人力资源战略

早期的人力资源战略形成模式将企业的长期需求、人力资源相关问题（柔性经营、员工竞争力、士气及承诺）等统筹考虑，即在企业战略和人力资源战略之间是一种单向的关系（垂直关系），与其他职能部门的战略一样，人力资源战略是建立在企业战略的基础上，并能够反映企业今后的需求。戴尔在1984年提出，"组织战略是组织的人力资源战略的主要决定因素"，并列举实证研究支持这一观点。其中，一项研究是拉贝尔在调查11家加拿大企业的最高管理层人力资源战略的形成过程时，发现组织战略被提及的频率最高，被调查者大部分认为组织战略是人力资源战略的决定因素；同时发现，如果组织所追求的战略目标不同，其人力资源战略的形成就会有显著的差异。

舒勒（1987年）也认为较高层次的组织战略是人力资源战略的决定因素，不同的组织战略决定不同的人力资源战略，战略通过对组织结构（职能型或直线型）和工作程序（规模生产或柔性生产）的作用来对人力资源战略产生影响。他在1994年提出人力资源战略形成的5P模式，即所谓理念（Philosophy）、政策（Policy）、方案（Programs）、实践（Practices）和过程（Processes），认为组织的外部环境（如经济、市场、政治、社会文化、人口）、内部环境（如组织文化、现金流、技术）因素都会决定组织战略需求并改变其形成战略的方式。在对上述因素分析之后，最高管理层制定全面的组织使命，明确关键性的目标，说明管理方案及程序，以帮助组织实现战略目标，这些目标、方案及政策当然成为人力资源战略的一部分。因此，这一模式同样强调企业战略与人力资源战略之间存在紧密联系，后者与前者是一体的。

由此可以看出，人力资源战略被定位于企业的职能战略层次上，是在企业战略基础上形成的，通过发挥其对企业战略的支撑作用，促进企业战略的实现。沃尔里奇（Ulrich，1992）基于人力资源必须落实公司战略的考虑指出，战略必须与人力资源一致（人力资源战略必须与公司战略一致），因为战略与人力资源合作可以达到3个优点：一是公司的执行能力增强；二是使公司适应变化的能力增强；三是因为能产生"战略一致性"，从而使公司更能符合顾客需求与接受挑战。

2. 人力资源战略影响企业战略

在早期对人力资源战略形成的描述性研究中，戴尔（1984年）的结论是组织战略和人力资源战略相互作用，组织在整合两种战略的过程要求从人力资源角度对计划的灵活性、可行性及成本进行评估，并要求人力资源系统开发自己的战略以应对因采取计划而面临的人力资源方面的挑战。

伦格尼可-霍尔（Lengnick-Hall，1988）在人力资源战略形成的"相互依赖"模型中认为，组织战略与人力资源战略的形成具有双向的作用。他们证实了人力资源战略不仅仅受到组织战略的影响，同时也受到组织是否对未来的挑战和困难做好准备的影响。当然，这些影响并非是单向的，人力资源战略对全面的企业战略的形成和执行有着自己的贡献。他们提出人力资源战略的产生是为了适应组织的成长期望和组织对期望的准备，如果组织有较高的组织期望但人力资源战略还不成熟，组织会采取以下行动：① 投资在人力资源上以提高执行能力；② 根据所缺乏的准备条件调整组织目标；③ 利用现在的人力资源配置优势改变战略目标。在这3种情况下，人力资源战略和组织战略相互提供信息并相互影响。

2.2.3 人力资源战略在企业战略管理中的主要功能

1. 在战略制定阶段为SWOT分析提供相关信息

在战略制定阶段，战略制定小组在审视和分析原来的战略后，要对企业环境（机会和威胁）进行详细的分析。外部环境中的许多机会和威胁都是与人联系在一起的。随着企业对人力资源重要性认识的加深，企业已经不仅仅为顾客而进行竞争，同时也在为获得高素质雇员而进行竞争。人力资源管理部门在外部分析环节上所起的作用是从人力资源的角度密切关注外部环境——相关的机会和威胁，尤其是那些与人力资源职能直接相关的方面：潜在的劳动力短缺、竞争对手支付给相同职位员工的薪酬、竞争对手获取优秀雇员的途径、对人员雇佣产生影响的立法工作等。

对企业的内部优势和劣势进行分析同样也需要人力资源部门的参与。现在许多公司越来越清晰地意识到人力资源是它们最为重要的财富之一。根据一项研究的估计，在1943—1990年，美国国民生产总值的增长总额中，1/3以上是人力资本增加所导致的结果。如果不考虑自己的员工队伍所具有的优势和劣势，就可能会导致企业选择它们自己本来没有能力去实现的战略。比如，一家企业选择战略如下：通过计算机自动化控制设备来替代原来设备，以期提高生产效率来降低成本。尽管这种选择看上去不错，但是企业很快就发现事实并非如此。它发现雇员根本就不会利用这些新设备，因为在该公司的雇员队伍中有大约25%的人实际上是功能性文盲，根本无法适应公司战略的要求，其结果就可想而知了。所以，在战略制定阶段人力资源部门必须对企业内部人力资源状况分析，作出合理的、符合企业战略的人力资源需求分析。康乃尔大学斯科特·A·斯内尔（Scott A. Snell）教授对企业内部的人力资源分类进行研究，对企业进行人力资源状况分析有一定的借鉴意义。他将企业内部的人力资源分为核心人才、通用人才、独特人才和辅助人才（图2-2），并提出针对不同类型的人力资源采用不同的雇佣模式等，见表2-3。

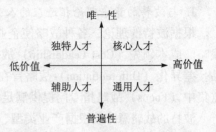

图2-2　斯内尔模型中对人才的分类

表2-3　不同类型的人力资源所具有的特点及其适用的工作方式和雇佣模式

	核心人力资本	通用人力资本	辅助人力资本	独特人力资本
价值	高价值：直接与核心能力相关	高价值：直接与核心能力相关	低价值：操作性角色	低价值：与核心价值间接相关
独特性	独一无二；特殊的知识和技能	普遍性：普通知识和技能	普遍性：普通知识和技能	独一无二；特殊的知识和技能
工作方式	知识工作	传统工作	合同工	伙伴
雇佣模式	以组织为核心	以工作为核心	交易	合作
人力资源管理系统	以责任为基础	以生产效率为基础	以服务为基础	合作的人力资源管理系统
工作设计	授权、提供资源因人设岗	清晰定义 适度授权	准确定义 圈定范围	以团队为基础 资源丰富/自主
招募	根据人才学习能力 内部提升	根据业绩 外部招募	人力资源外包 为特别任务招聘	根据业绩 能够合作
开发	在职培训 具有公司特色 局限于具体情况 关注短期效果	局限于规章、流程	在职培训 根据具体情况	
考核	关注对战略的贡献 开发	关注业绩 培训效果	服从性	以团队为核心 目标的完成情况
薪酬	外部公平（高工资） 为知识、经验、资历付薪 持股	外部公平	按小时或临时工作付薪	以团队为基础的激励 合同、年薪、为知识付薪

2．人力资源战略支撑企业战略的实施

人力资源战略和其他的职能战略（如市场战略、研发战略等）位于企业战略的第三层次——职能战略层，只有充分发挥它们对企业战略的支撑作用，才能促进企业战略的实现。而人力资源战略又是由工作设计与工作分析、薪酬管理、绩效管理、招募与甄选及员工开发与培训等模块构成的，为了促进企业战略的实现，必须确保这些模块和总体的人力资源战略及企业战略保持一致。例如，当企业采用差异化的经营战略时，这种战略思想的核心在于通过创造产品或者服务的独特性来获得竞争优势，强调产品的设计和研究开发，此时的人力资源战略则是强调创新性和弹性，形成创造性氛围，采用以团队为基础的培训和考评、差异化的薪酬策略等，在评价绩效时采用行为导向的评价方法，并且把绩效评价作为员工发展的手段。实践中，许多组织虽然拥有绩效反馈和薪酬的人力资源计划，但由于人力资源计划鼓励的是一些与组织期望的行为相反的行为，使得组织无法得到期望的行为和绩效。

2.2.4 人力资源战略与企业战略的整合

1. 与波特的竞争理论相适应的人力资源战略

根据波特的理论，各种战略使企业获得竞争优势的3个基本点是：成本领先、差异化和重点集中战略。成本领先（Cost Leadership）战略强调以最低的单位生产成本为价格敏感用户生产标准化的产品。差异化（Differentiation）战略旨在对价格相对不敏感的用户提供某产业中独特的产品和服务。重点集中（Focus）战略指专门提供满足小用户群体需求的产品和服务。

波特的战略意味着根据产业类型、公司规模及竞争类型等因素，不同的企业应采取不同的组织安排、控制程序和激励机制。不同的战略可以分别在成本领先、差异化及重点集中方面取得竞争优势。可得到更多资源的大公司一般以成本领先或差异化为基点进行竞争，而小公司则往往以重点集中为基点进行竞争。基于波特的竞争理论，戈梅斯和麦加等人提出了与之相匹配的3种人力资源战略，见表2-4。

表2-4　与波特的竞争理论相匹配的3种人力资源战略

企业战略	一般组织特点	人力资源战略
成本领先战略	• 持续的资本投资 • 严密的监督员工 • 严格的成本控制，经常、详细的控制报告 • 低成本的配置系统 • 结构化的组织和责任 • 产品设计以制造上的便利为原则	• 有效率的生产 • 明确的工作说明书 • 详细的工作规划 • 强调具有技术上的资格证明与技能 • 强调与工作有关的特定培训 • 强调以工作为基础的薪酬 • 使用绩效的评估当作控制的机制
差异化战略	• 营销能力强 • 产品的策划与设计 • 基础研究能力强 • 公司以质量或科技领先著称 • 公司的环境可吸引高技能的员工、高素质的科研人员或具有创造力的人	• 强调创新性和弹性 • 工作类别广 • 松散的工作规划 • 外部招募 • 团队基础的培训 • 强调以个人为基础的薪酬 • 使用绩效评估作为发展的工具
重点集中战略	• 结合了成本领先战略和差异化战略组织特点	• 结合了上述人力资源战略

当企业采用成本领先战略时，主要是通过低成本来获得竞争优势，因此，应该严格控制成本和加强预算。为了配合低成本的企业战略，此时的人力资源战略强调的是有效性、低成本生产，强调通过合理的高结构化的程序来减少不确定性，并且不鼓励创造性。

当企业采用差异化的竞争战略时，这种战略思想的核心在于通过创造产品或服务的独特性来获得竞争优势。因此，这种战略的一般特点是具有较强的营销能力，强调产品的设计和研发，企业以产品质量著称。此时的人力资源战略则是强调创新性和弹性，形成创造性氛围，采用以团队为基础的培训和评价、差异化的薪酬策略等。

当企业采用重点集中的战略时，企业战略的特点是综合了低成本战略和差异化战略，相应的人力资源战略的特点是上述两种人力资源战略的结合。

2. 与迈尔斯和斯诺的企业战略相匹配的人力资源战略

迈尔斯（Miles）与斯诺（Snow）将企业战略分为3类：防御者战略（Defender）、探索者战略（Prospector）和分析者战略（Analyzer）。防御者战略寻求的是整体市场中的一个狭窄、稳定的细分市场，而不是成长。探索者战略是通过不断寻求新产品、新市场或新服务，发觉新的商业机会，在这种战略之下，企业资源主要用于鼓励创新及获取难以在组织内部发展的能力，创新比效率更为关键。分析者战略是指企业在一些稳定的产品市场上经营，但同时积极寻求和把握机会，通过快速模仿有创新能力的竞争对手来保持竞争优势。

柏德（Baird）和比奇勒（Beechler）认为，对应于企业的防御者战略、探索者战略和分析者战略，企业应当采取与之相互匹配的人力资源战略，如表2-5所示。

表2-5 企业战略、组织要求和人力资源战略

企业战略	组织要求	人力资源战略
防御者战略 • 产品市场狭窄 • 效率导向	• 持续内部稳定性 • 有限的环境分析 • 集中化的控制系统 • 标准化的运作程序	累积者战略：基于建立最大化员工投入及技能的培养 • 获取员工的最大潜能 • 开发员工的能力、技能和知识 • 关注内部公平
探索者战略 • 持续地寻求新市场 • 外部导向 • 产品/市场创新者	• 不断地改变 • 广泛的环境分析 • 分权的控制系统 • 组织结构的正式化程度低 • 资源配置快速	效用者战略：基于极少的员工承诺和高技能的利用 • 雇佣具有目前所需要的技能且可以马上使用的员工 • 使员工的能力、技能与知识能够配合特定的工作 • 关注外部公平
分析者战略 • 追求新市场 • 维持目前的市场	• 弹性 • 严密和全盘的规划 • 提供低成本的独特产品	协助者战略：基于新知识和新技能的创造 • 聘用自我动机的员工，鼓励和支持能力、技能和知识的自我开发 • 在正确的人员配置及弹性结构化团体之间协调 • 关注内部和外部公平

当企业采用防御者战略时，与其相对应的人力资源战略是累积者战略。累积者战略是强调最大化的员工投入和员工技能培养，充分发挥员工的最大潜能。

当企业采用探索者战略时，最优秀的人力资源战略选择是效用者战略。效用者战略是基于极少的员工承诺和高技能的利用，企业将雇佣具有目前所需要的技能且可以马上使用的员工，使员工的能力、技能与知识能够配合特定的工作。

当企业采用分析者战略时，与其相对应的人力资源战略是协助者战略。协助者战略是基于新知识和新技能的创造，鼓励和支持员工能力、技能和知识的自我开发。

3. 与奎因的企业基本经营战略和企业文化相匹配的人力资源战略

1）企业文化分类

企业文化主要是指一个企业长期形成的并为全体员工认同的价值信念和行为规范。每一个企业都会有意或无意地形成自己特有的文化，它来源于企业经营管理的思想观念、企业的历史传统、工作习惯、社会环境和组织结构等。密歇根大学的詹姆斯·奎因（James Quine）认为，企业文化可以根据两个轴向而分为4大类，如图2-3所示。

图2-3 企业文化的分类

（1）发展式企业文化：其特点是强调创新和成长，组织结构较松散，非正规化运作。

（2）市场式企业文化：其特点是强调工作导向和目标实现，重视按时完成各项生产经营目标。

（3）家族式企业文化：其特点是强调企业内部的人际关系，企业像一个大家庭，员工就是这个家庭中的成员，彼此间相互帮助和相互关照，最受重视的价值是忠诚和传统。

（4）官僚式企业文化：其特点是强调企业内部的规章制度，凡事皆有章可循，重视企业的结构、层次和职权，注重企业的稳定性和持久性。

2）企业基本经营战略、企业文化与人力资源战略的匹配

（1）詹姆斯·奎因的研究。根据企业文化的类型特点，奎因提出了企业基本经营战略、企业文

化和人力资源战略的几种配合形式，见表2-6。

表2-6 与企业经营战略和企业文化相匹配的人力资源战略

基本经营战略	企业文化	人力资源战略
低成本经营战略	官僚式企业文化	诱引式人力资源战略
独创性产品经营战略	发展式企业文化	投资式人力资源战略
高品质产品经营战略	家族式企业文化	参与式人力资源战略

采取成本领先战略的企业多为集权式管理，生产技术较稳定，市场也较成熟，工作专业化程度高，严格控制工作流程，企业追求的是员工在特定的工作中有稳定一致的表现。如果员工经常缺勤或表现参差不齐，必将对生产过程和成本构成严重影响，因此，企业主要考虑的是员工的可靠性和稳定性。

采取产品差异化战略的企业主要以创新性产品和独特性产品去战胜竞争对手。企业处在不断成长和创新的过程中，其生产技术一般较复杂，员工的工作内容较模糊，无常规做法，非重复性并具有一定的风险。企业的任务就是为员工创造一个有利的环境，鼓励员工发挥其独特性。这种企业的成本取决于员工的积极性，注重培养员工独立思考和创新的能力。

采取高品质产品战略的企业依赖于广大员工的主动参与，才能保证其产品的优秀品质。企业重视培养员工的归属感和合作参与精神，通过授权，鼓励员工参与决策，或通过团队建设让员工自主决策。传统的日本企业就广泛采取这种战略配合。

（2）冯布龙·蒂契和迪维纳的研究。根据冯布龙·蒂契和迪维纳（1984）的研究，企业发展战略对人力资源战略有很大影响，尤其是在人员招聘、绩效评价、薪酬政策和员工发展等方面。他们认为，人力资源管理的这些方面应与企业的发展战略相配合，才能实现企业的发展目标。企业发展战略和人力资源战略的配合分析如表2-7所示。

表2-7 与企业发展战略和企业文化相匹配的人力资源战略

基本经营战略	企业文化	人力资源战略
集中式单一产品发展战略	官僚式企业文化	诱引式人力资源战略
纵向整合式发展战略	市场式企业文化	协助式人力资源战略
多元化发展战略	发展式企业文化	投资式人力资源战略

集中式单一产品发展战略。企业采取这种发展战略时，往往具有规范的职能型组织结构和运作机制，高度集权的控制和严密的层级指挥系统，各部门和人员都有严格的分工。这种企业常采用家长式人力资源战略，在员工招聘和绩效评价上，较多从职能作用上评价，且较多依靠各级主管的主观判断。在薪酬管理上，这种企业多采用自上而下的家长式分配方式，即上司说了算。在员工的培训和发展方面，以单一的职能技术为主，较少考虑整个系统。

纵向整合式发展战略。采用这种发展战略的企业在组织结构上仍较多实行规范性智能型结构的运作机制，控制和指挥同样较集中，但这种企业更注重各部门实际效率和效益。其人力资源战略多为任务式，即人员的招聘和绩效评价较多依靠客观标准，立足于事实和具体数据，奖酬的依据主要是工作业绩和效率，员工的发展仍以专业化人才培养为主，少数通用人才主要通过工作轮换来培养和发展。

多元化发展战略。采用这种发展战略的企业因为经营不同产业的产品系列，其组织结构多采用战略事业单位（SBU）或事业部制，这些事业单位都保持着相对独立的经营权。这类企业的发展变化较为频繁，其人力资源战略多为发展式。在人员招聘和选择上，较多运用系统化标准；对员工的绩效评价主要是看员工对企业的贡献，主客观评价标准并用；奖酬的基础主要是对企业的贡献和企业的投资收益；员工的培训和发展往往是跨职能、跨部门，甚至跨事业单位的系统化开发。

4. 企业基本经营战略、企业文化、人力资源战略与人力资源管理作业的匹配

人力资源战略需要与企业战略、企业文化相匹配，同时，不同的人力资源战略又制约着和影响着人力资源管理的具体作业。它们之间的关系可以用表2-8来表示。

表2-8 企业基本战略、企业文化、人力资源战略与人力资源管理作业的匹配

企业战略		企业文化		人力资源战略	员工信念与行为									人力资源作业					
类型	员工	类型	特点	类型	重复性	国际性	品质敏感度	数量敏感度	风险态度	责任要求	弹性要求	技术应用	员工参与	工作描述	招聘吸引力	培训	考评	薪酬	晋升
低成本战略	稳定可靠	官僚式	制度至上	引诱战略	高	低	中	高	低	低	低	狭窄	低	详尽具体	有竞争力的薪酬	有限的知识与技巧	短期、个人、结果导向	基本薪酬低、浮动薪酬高、雇佣保障低	狭窄不易转移
创新战略	创新能力	发展式	创新灵活	投资战略	低	高	中	中	高	高	高	广泛	高	宽泛	成长与前景召唤	广泛的知识与技巧	长期、行为与结果、团队与个人导向	基本薪酬高、浮动薪酬高、雇佣保障高	广泛灵活
高品质战略	合作信任	家族式	人际和谐	参与战略	较高	中	高	中	低	高	中	中	中	介于中间	家族的凝聚力	适中的知识与技巧	中期、行为与结果、团队与个人导向	基本薪酬中、浮动薪酬中、雇佣保障高	介于中间

2.3 人力资源战略与企业竞争优势

2.3.1 人力资源战略提升竞争优势的实践证据

人力资源管理实践是企业人力资源战略的具体表现。下面引用国外著名的人力资源管理专家和人力资源管理咨询机构从实证的角度进行研究所取得的证据来说明：人力资源管理是否能够支撑企业的竞争优势，或者人力资源管理的哪些职能能够更为有效地支撑企业的竞争优势。

世界著名的惠悦咨询公司在1999年推出了人力资本指数（Human Capital Index）来显示人力资源管理对企业经营业绩的影响。该指标显示了人力资源管理实践措施的质量与公司的5年股东回报率之间的关系。惠悦公司通过对18个国家的750家公司的数据分析，揭示了在人力资源管理实践措施上得分高的公司，其5年股东回报率显著高于其他公司（见图2-4、图2-5）。并且，通过对各项人力资源管理实践措施的调查，发现5项实践措施（整体奖励回报系统、有校园氛围和灵活的工作场所、员工的招聘与保留、充分沟通、有重点的HR服务技术）全部与企业的市值呈正相关，并且在5项实践措施上的一个标准差的改进可以导致公司市值47%的增长。

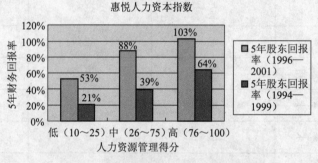

图2-4 惠悦咨询公司的人力资本指数

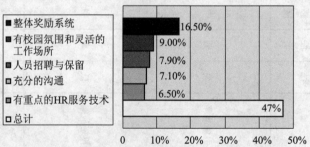

图2-5 人力资源管理实践措施对公司市值的影响

美国的人力资源管理专家劳伦斯·S.克雷曼在所著的《人力资源管理：获取竞争优势的工具》一书中，引用了1994年对人力资源管理的有效性进行考察的一项研究结论。该研究考察了美国35个行业中的968家公司的人力资源管理实践和生产率水平。每个公司的人力资源管理实践的有效性根据以下事件的出现来加以评定：激励计划、雇员投诉系统、正式的绩效评估系统及员工参与决策。该研究揭示了人力资源管理的有效性与生产率水平之间的某种密切联系，即人力资源管理有效性较高的公司，其绩效显著地优于某些人力资源管理有效性较低的公司。具体而言，在人力资源管理评分上的一个标准差就转变为5%的生产率差异。与此相似，一项1993年的研究发现，具有健全人力资源管理实践的组织，例如，恰当地测验和面试求职者、评价招聘和挑选程序的有效性较高的公司，与那些具有较不健全实践的组织相比，其年利润、利润增长和总体绩效的水平都比较高。

美国康奈尔大学的Patrick M. Wright教授对美国公司高层管理者和人力资源经理所认同的，与组织核心能力和成功关键密切相关的人的因素进行了调查，得出的结论见表2-9。从该表中可以看出，与组织核心能力和成功关键密切相关的人力资源管理职能中，排在前5位的职能分别是：学习与开发、管理组织承诺的工作环境、吸引/甄选/维系人才、管理继承人的储备、绩效管理/薪酬设计。

表2-9 组织核心能力和成功关键密切相关的人的因素

要 素	百分比	重要程度
学习与开发	47%	1
管理组织承诺的工作环境	34%	2
吸引/甄选/维系人才	29%	3
管理继承人的储备	21%	4
绩效管理/薪酬设计	20%	5

此外，Patrick M. Wright教授还对理想的人力资源职能对获取竞争优势的作用进行了调查，其结果如表2-10所示。

表2-10 理想的人力资源职能对获取竞争优势的作用

职能和角色	百分比	重要程度
业务合作伙伴	30%	1
与战略密切相关的人力资源实践	29%	2
与战略紧密联系的培训与开发	24%	3
提供与"人"相关的咨询服务	22%	4
甄选最优秀的人才	13%	5

美国斯坦福大学教授杰夫瑞·菲弗（Jeffrey Ffeffer）在其所著的《经由人员获得的竞争优势》一书中，列举了经过文献研究和实际调查所得到的能够提升一家企业的竞争优势的16种人力资源管理实践活动。

（1）就业安全感：一种就业保证说，任何一个雇员都不会因为工作缺乏而被解雇。组织向雇员提供一个长期就业保证承诺。这种实践将导致雇员的忠诚、承诺，并愿意为组织利益付出额外努力。

（2）招聘时的挑选：仔细地以正确方式挑选合格的雇员。一个非常合格的员工比不太合格的雇员平均劳动生产率要高出两倍。此外，通过在招聘实践中挑选，组织向求职者发出的信息是他们加入的是一个精英组织，同时发出的信息是它对员工的绩效有高度期望。

（3）高工资：工资高于市场所要求的工资（即比竞争者所付的工资还要高）。高工资倾向于吸引更加合格的求职者，使流失较少发生，并且发出一个信息是公司珍视它的雇员。

（4）诱因薪金：让那些导致绩效和赢利率水平提高的雇员们分享津贴。雇员们会认为这样一种做法既公平又公正。如果将雇员们的才智和努力所产生的效益都归所有者和最高管理部门，人们将把这种情况看作不公平，将会气馁，并放弃他们的努力。

（5）雇员所有权：通过向雇员们提供诸如公司股票份额和利润分享方案等，把组织中的所有权的利润给予雇员。如果恰当地加以实施，雇员所有权可以让雇员们的利益与股东的利益密切地结合起来。这样的雇员将可能对其组织、战略和投资政策保持一种长期的信念。

（6）信息分享：向雇员们提供有关运作、生产率、赢利率的信息。为雇员们提供正确评价他们自己的利益与公司的利益是怎样关联的信息基础，并因此为他们提供他们所需要的信息，去做要想成功就必须去做的事。

（7）参与和授权：鼓励决策的分散化和在控制员工的工作过程中扩大员工的参与和授权。组织应当从一种层级制的控制和协调活动系统走向这样的系统：其中，较低层次的雇员们被允许做那些能提高绩效的事情。研究已经表明，参与既能提高员工的满意度，又能提高生产率。

（8）团队和工作再设计：使用跨学科的团队以协调和监控他们自己的工作。通过设定恰当的工作数量和质量规范，团队对个体施加某种强烈影响。当管理者对群体努力实施奖励时，当群体对工作环境拥有某种自主权和控制权时，以及当群体受到组织严肃对待时，更有可能产生来自群体影响的正面结果。

（9）培训和技能开发：为员工们提供完成其工作所必需的技能。培训不仅保证雇员和经理们能胜任他们的工作，而且也显示了公司对雇员们的承诺。

（10）交叉使用和交叉培训：培训人们去从事好几项不同的工作。让人们去做多项工作，可以使工作变得更加有意思，并使经理们安排日常工作更具有弹性。例如，他能用一个受过培训的工人代替一个缺勤的工人去尽些职责。

（11）象征性的平等主义：平等对待雇员可以通过诸如取消经理餐厅和专用停车位之类的行动而做到。减少社会级别的体现有可能减少雇员与管理者之间的对立思想，并提供一种每个人都为一个共同目标而工作的感受。

（12）工资浓缩：缩小雇员间薪金差别的程度。当任务需要相互依赖及完成工作需要协调时，缩小雇员间的薪金差别，可以通过减少人际竞争和强化合作来提高生产率。

（13）内部晋升：通过将处于较低组织层次上的雇员晋升去填补职位空缺。晋升增加培训和技能的开发，提供给雇员们一个努力工作的诱因，并且能提供一种关于工作场所的公平和正义的感受。

（14）长期观点：组织必须明白，通过劳动力来达到竞争优势要花费时间，因此需要一种长期观点。在短期内，与维持就业安全感相比，解雇人也许更有利可图，减少培训经费也是保持短期利润的快捷方式。但是，一旦通过使用人力资源管理实践获得长期竞争优势，那么这种优势就有可能实实在在地更为持久。

（15）对实践的测量：组织应当测量诸如雇员态度、各种方案和首创精神的成功及雇员绩效水平等方面。测量能够通过指明"何者重要"而指引行为，而且它能为公司和雇员提供反馈，告诉他们，相对于测量标准，他们表现得有多好。

（16）贯穿性的理念：通过根本的管理理念把各种个体的实践连接成一个凝聚性的整体。第（1）～（15）项中，各项实践的成功一定程度上依赖于形成一个关于成功的基础和怎样管理人的价值和信念的系统。例如，AMD公司的贯穿性理念是"持续快速改进、授权、无缝的组织界限、高期望和技术卓越"。

2.3.2 人力资源战略提升竞争优势的理论模型

人力资源战略提升企业竞争优势的理论模型是根据劳伦斯·克雷曼的模型修改得到的。克雷曼的模型是以人力资源管理实践作为分析的起点。企业可能会针对不同的员工采取不同的人力资源管理实践，不过企业都有其主要的人力资源战略，也正是主要的人力资源战略指导企业的人力资源管理实践。因此，对企业竞争优势的分析应当从人力资源战略开始，在某种人力资源战略指导下，制定一系列的人力资源管理实践。克雷曼指出这一系列的人力资源管理实践直接地或间接地提升企业竞争优势。所谓直接地提升企业竞争优势，主要是指贯彻某种人力资源管理实践的方法本身能够对竞争优势产生一种直接影响。间接地提升企业竞争优势是指某种人力资源管理实践能够通过导致某些结果去影响竞争优势，这些结果转而创造另一些结果去影响竞争优势。具体地说，是通过员工为中心的结果引发以组织为中心的结果，来提升企业竞争优势。其理论模型如图2-6所示。

人力资源战略直接地提升企业竞争优势有许多形式。比如，与人力资源管理有关的成本涉及企业的招聘、挑选、培训和报酬等多方面的费用，这些费用共同组成了企业的人工成本，人工成本是企业总成本中的重要组成部分。特别是在劳动密集型产业中，人工成本的差异直接决定了企业之间的成本差异。因此，企业可以通过采取以成本削减为导向的人力资源管理实践，提高企业人力资源的成本产出率，降低企业的人工成本，直接产生企业的成本领先优势。事实也证明，那些人工成本控制上表现出色的公司也的确获得了财务上的竞争优势。另外，对于服务型企业而言，其产品直接表现为员工为客户提供的服务，对生产型企业而言，客户服务也是产品差异化的重要组成部分。因此，与竞争对手直接相区别的人力资源管理实践，可以直接改变员工对客户提供服务的方式、态度和水平，从而能够直接影响企业的竞争优势。

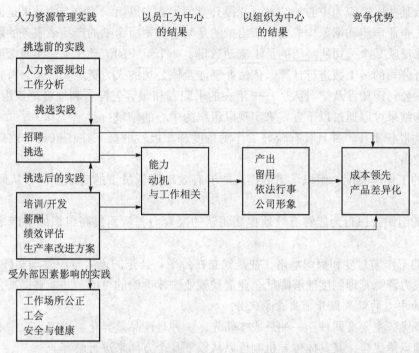

图 2-6　人力资源战略提升企业竞争优势的理论模型

人力资源间接地提升企业竞争优势的逻辑是人力资源战略指导人力资源实践，人力资源实践导致以员工为中心的结果，以员工为中心的结果引发以组织为中心的结果，以组织为中心的结果提升企业竞争优势。

1. 人力资源实践导致以员工为中心的结果

以员工为中心的结果主要是指人力资源实践能够导致企业员工的能力、动机及与工作有关的态度得到积极改变，具体如表 2-11 所示。在这里，能力是指员工所拥有其工作所要求的知识、技能和能力的程度；动机是指员工愿意作出必要努力以便把他的工作做好的程度；与工作有关的态度是指员工对其工作满意、对其组织承诺及像优秀组织公民那样行动的程度。

表 2-11　各项人力资源管理实践对员工的能力、动机和态度的影响

	招聘/挑选	培训	绩效评估	报酬	生产率改进方案
员工的能力	通过识别、吸引和挑选出最能干的求职者，大幅度提高整个公司的人力资源队伍的能力	通过培养员工与工作相关的知识、技能与能力，来提高员工胜任工作的能力	通过绩效考核来牵引员工的行为，并通过绩效改进来促进整个公司的人力资源队伍能力的提高	通过具有内部公平性和外部竞争性的薪酬，使公司能够吸引和保留那些有能力的员工	
员工的动机	通过识别员工的内驱力，来使公司所挑选的求职者与公司的期望保持一致		通过绩效考核和绩效反馈，并且将考核结果与员工的报酬相挂钩来改变员工的工作动机		通过强化正确行为的生产率改进方案和对员工的授权来改变员工的工作动机
员工的态度	员工的工作态度包括工作满意度、组织承诺、组织公民行为等，这些与工作有关的态度都受到人力资源管理的公平性的影响，而这种公平性也是贯穿于各项人力资源管理实践之中的				

2. 以员工为中心的结果引发以组织为中心的结果

正如该理论模型（见图 2-6）中所表明的那样，有效的人力资源实践在它们所产生的以员工为

中心的结果导致某些以组织为中心的结果时能提升竞争优势。以组织为中心的结果是以产出、员工留用、依法办事、企业声望和形象构成的。产出指的是某个公司所奉献的产品或服务的数量、质量和创新性。留用比率反映某个公司所经历的员工流动数量。一个组织的流动比率每年通常通过用劳动力的总体规模除离开公司的员工数进行计算。依法办事涉及该公司的人力资源实践是否符合各种就业法律所提出的要求。公司声望涉及"外人"——潜在的求职者和顾客怎样有利地看待该组织。具体而言，以员工为中心的结果可以通过以下方式来实现以组织为中心的结果：

（1）有能力胜任工作，并且具有较好工作满意度和积极性的员工往往也具有较高的生产率，从而提高组织的产出；

（2）员工的工作满意度、组织承诺的提高能够有效地降低员工的离职倾向，从而提高组织的员工保留率；

（3）员工的组织公民行为能够有效地提高团队的凝聚力，从而提高组织的生产率，并能够减少员工的离职。

（4）员工的工作满意度和组织承诺往往是建立在公平、公正的人力资源管理实践的基础之上的，而公平公正的人力资源管理制度能够降低企业遭受就业法律诉讼的可能，并能够提高公司的形象。

3. 以组织为中心的结果提升企业竞争优势

企业的竞争优势主要有两种：一种是成本领先，一种是产品差异化。以组织为中心的结果，最终能够形成企业的竞争优势，其具体传导机制可以从以下几个方面来进行解释。

（1）在人员数量不变的情况下，组织产出的增加能够有效降低企业产品的单位成本，从而增强企业的成本优势。

（2）员工保留能力的提高，能够降低由于人员流失所增加的替代原来员工的人工成本和组织成本，从而增强企业的成本优势。并且员工保留能力的提高能够建立一支高度稳定的员工队伍，从而有利于提高顾客的保持率，为企业带来财务价值的增加。

（3）遵守就业法律能够减少企业的法律诉讼，节约企业的成本。

（4）公司形象的提高和公平公正的人力资源管理都能够帮助企业提高产品的差异化程度，从而增强企业的竞争优势。

通过上述机制的层层传导，以人力资源战略为指导的各项管理实践就能够有效地支撑企业的竞争优势，保障企业的可持续成长和发展。

2.3.3 通过人力资源战略获得持久的竞争优势

人力资源战略管理的基本任务，就是通过人力资源管理来获取和保持企业在市场竞争中的战略优势。巴尼（Barney，1991）提出了企业运用其资源保持持久竞争优势的5个充分条件：① 必须有价值；② 必须是稀缺的；③ 必须是不可能完全被模仿的；④ 其他资源无法替代；⑤ 以低于其价值的价格为企业所取得。

恰当的人力资源战略可以有效地吸引、开发、留住核心人才，为企业赢得持续的竞争优势。而核心人才是完全符合巴尼的赢得和保持持久竞争优势的条件：① 核心人才对企业的现在和未来发展都具有非常重大的价值；② 对某个企业而言，核心人才肯定是稀缺的，不然不可能是企业的核心资源；③ 核心人才是无法被仿制的，因为世界上不可能有两片完全相同的树叶，也不可能有完全相同的人；④ 人力资源是其他资源无法替代的；⑤ 以低于其价值的价格为企业所取得，这一点不是所有企业都能做到的，所以说仅仅是企业采取了恰当的人力资源战略才能以低于其价值的价格取得核心人才，才能赢得和保持持久的竞争优势。

2.4 人力资源战略的制定

如同组织发展战略、经营战略、财务战略等，人力资源战略的制定与它们的制定有相似的程序，但在制定过程中的每一个阶段，人力资源战略的制定有其特定的内涵、方法与特征。

2.4.1 人力资源战略制定的基本程序

当今世界的竞争归根结底是人的竞争,因此,人力资源战略在组织发展过程中起了举足轻重的作用,对它的制定必须慎重、周全、切合实际。在制定人力资源战略时,要注意以下问题。

人力资源战略是根据内外部环境和条件的变化需要而产生的,因此,在制定人力资源战略时:第一,考虑内外部的环境。第二,人力资源战略是组织发展战略的组成部分,或者说是组织发展战略实施与保障分解战略,比组织发展战略更具体,故人力资源战略的目标应尽可能具体、现实。第三,人力资源战略是组织长期稳定发展的具体保障,即它必须保障组织有一支稳定、高素质的员工队伍。要做到这一点,要在组织的发展过程中让员工得到应得的利益,让员工得到发展和提高。所以,人力资源战略在制定过程中应将员工的期望与组织发展的目标有机地结合起来。第四,由于信息的不完备性,人力资源战略的制定者认识水平的限制,造成现实与理想的差距,因此,人力资源战略的评价与反馈是必不可少的。第五,由于内外部环境的不断变化,人力资源战略也需要不断地调整和修改,它是一个制定→调整→再制定→再调整……的过程。图 2-7 为人力资源战略制定的流程图。

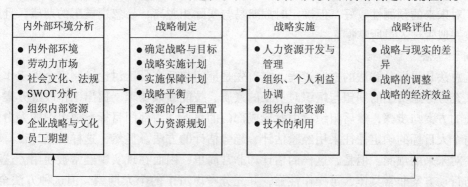

图 2-7 人力资源战略制定流程图

2.4.2 内外部环境分析

外部环境分析主要包括:组织所处地域的经济形势及发展趋势;本组织所处行业的演变、生命周期、现状及发展趋势;本组织在行业所处的地位、所占的市场份额;竞争对手的现状及增长趋势、竞争对手的人力资源状况;预计可能出现的新竞争对手。内部环境分析主要包括企业内部的资源、企业总体发展战略、企业的组织文化,以及企业员工的现状和他们对企业的期望等。

劳动力市场分析的主要内容是:劳动力供需现状及趋势;就业及失业情况;经济发展速度与劳动力供需间的关系;劳动力的整体素质状况;国家和地区对劳动力素质提高的投入;人力资源的再生现状与趋势等。

社会文化与法规对海外公司尤为重要。这方面的分析涉及当地的文化风俗、政策与法规、人们的价值观、当地文化与本国文化的差异等。

SWOT 分析要求组织认清自己在行业中的地位,与竞争对手相比较,自己所具备的优势、存在的弱点、可能出现的机遇、潜在的威胁等。

组织内部资源分析首先要进行人力资源分析,要搞清楚组织内部人力资源的供需现状与趋势;其次要分析本组织可利用的其他资源,如资本资源、技术资源和信息资源,特别是可用于人力资源开发与管理的资源。

企业战略是企业为自己确定的长远发展目标和任务,以及为实现目标而选择的行动路线与方针政策。人力资源战略派生于并从属于企业的总体战略,企业战略的实施也离不开人力资源战略的配合。企业文化对人力资源战略的制定也有很大的影响,企业文化决定了企业的价值、观念和行为规范,任何人力资源战略及政策都应该与企业文化相一致,而不是背道而驰的。

员工期望与人力资源战略的实现有着密不可分的关系,这一点通常被人们所忽视。由于人力资源战略具有长远性的特点,它的实现需要有一支稳定的员工队伍。组织中任何一个员工都有自己的期望和理想，当此期望得到基本满足、理想基本实现时，他才愿意留在组织中继续发展，组织的员工队伍才可能稳定发展。因此，组织的人力资源战略不能不考虑员工的期望。

2.4.3 人力资源战略的具体制定

制定人力资源战略，首先要确定人力资源开发与管理的基本战略和目标。人力资源战略与目标是根据组织的发展战略目标、人力资源现状和趋势、员工的期望综合确定的。人力资源战略目标是对未来组织内人力资源所要达到的数量与结构、素质与能力、劳动生产率与绩效、员工士气与劳动态度、企业文化与价值观、人力资源政策、开发与管理成本、方法水平提出更高层次的具体要求。

人力资源战略的制定有两种方法：一是目标分解法，二是目标汇总法。

1. 目标分解法

目标分解法是根据组织发展战略对人力资源开发与管理的要求，提出人力资源战略的总目标，然后将此目标层层分解到部门与个人，形成各部门与个人的目标与任务。事实上，在介绍人力资源战略的制定程序时就是用的这种方法。这种方法的优点是战略的系统性强，对重大事件与目标把握较为准确、全面，对未来的预测性较好，但确定时战略易与实际相脱离，易忽视员工的期望，且过程非常烦琐，不易被一般管理人员所掌握。

2. 目标汇总法

目标汇总法是目标分解法的逆向过程。它首先是部门与每个员工讨论、制定个人工作目标，在目标制定时，充分考虑员工的期望与组织对员工的素质、技能绩效要求，提出工作改进方案与方法，规定目标实施的方案与步骤，然后组织再由此形成部门的目标，由部门目标形成组织的人力资源战略目标。部门与个人目标的确定往往采用经验估计、趋势估计的方法。显然，这样的估计带有较多的主观臆断，缺少对未来的预测。但是，这样的估计却非常简单，因而在现实中经常被使用。这种方法的优点是目标与行动方案非常具体，可操作性强，并充分考虑员工的个人期望，但这种方法全局性较差，对重大事件与目标、对未来的预见能力较弱。

目标分解法与目标汇总法的比较如表2-12所示。

表2-12 目标分解法与目标汇总法的比较

方 法	目 的	时 间	涉及范围	操作性	环境分析	信息要求	评估者
目标分解法	战略规划	长远	全局到局部	较差	要求较高	全面	HR部门
目标汇总法	行动规划	短期	局部到全局	较强	要求一般	局部	职能部门

人力资源战略的实施计划是人力资源战略实现的保障。它主要回答如何完成、何时完成人力资源战略两个问题。即要将人力资源战略分解为行动计划与实施步骤，前者主要提出人力资源战略目标实现的方法——程序（How），而后者是从时间上对每个阶段组织、部门与个人应完成的目标与任务作出规定（What & When）。

实施保障计划则是人力资源战略实施的保障。它对人力资源战略的实施从政策上、资源上（包括人、财、物、信息）、管理模式上、组织发展上、时间上、技术上等方面提供必要的保障。为此需要制定人力资源战略实施条件的保障计划。

战略平衡是人力资源战略、财务战略、市场营销战略、生产战略等之间的综合平衡。由于各战略一般均来自于不同的部门、不同的制定者，因而它们往往带有一定的部门和个人倾向性，有时会过分强调各自的重要性，以争取组织的政策优惠与更多的资源。因此，组织必须对各项战略进行综合平衡。

经过各战略的综合平衡，则需将组织内的资源进行合理配置。如果说，实施保障计划是需求的话，那么，资源配置过程则是供给。这个过程是根据战略目标、实施计划与实施保障计划提供所必需的一切资源。

人力资源规划是人力资源战略实施计划的具体体现，人力资源规划是一种可直接操作的计划。关于它的制定请参阅"人力资源规划"一章。

2.4.4 人力资源战略的实施

人力资源战略实施过程中,一项重要的工作是日常人力资源开发与管理工作。它将人力资源战略与人力资源规划落实到实处,并检查战略与规划的实施情况,对管理方法提出改进方案,提高员工满意度,改善工作绩效。

人力资源战略实施过程中另一项重要的工作是协调好组织与个人间的利益关系。如果这个问题处理得不好,则会给人力资源战略的实施带来困难。过分强调组织利益而忽视个人利益,则员工必然会产生不满;过分强调个人利益而忽视组织利益,则会给组织带来成本损失。

人力资源战略实施过程中有许多资源是可直接利用的,这无疑可帮助人力资源战略的实现。如信息处理的工具与方法、员工潜能的发挥、企业文化与价值体系的应用等,都是可利用的资源。

2.4.5 人力资源战略的评估

人力资源战略评估是在战略实施过程中寻找战略与现实的差异,发现战略的不足之处,及时调整战略,使之更符合于组织战略与实际的过程。战略的评估,同时也是对人力资源战略的经济效益进行评估的过程。人力资源战略经济效益评估主要是进行投入与产出(或节约的成本)比的分析。

评估一个人力资源战略需要从两个方面着手:① 评价人力资源政策与企业战略和目标的协调一致性;② 判断这些一致性的政策最终对企业的贡献程度。在此主要讨论有关一致性的评价。

随着战略管理进程的发展,为了易于评估人力资源政策与企业战略和目标的协调程度有多大,一些学者调查了不同产业领域的一系列公司的整体战略和策略。最具代表性的战略包括:基础性战略、适应性战略和竞争性战略。这种分类有助于用来分析人力资源战略的一致性问题。

基础性战略是指一个公司作为一个整体为达到销售和利润目标的主要行动计划。通常有 3 种基础性战略,它们是:稳定、发展和转移。稳定战略指的是维持现状——继续采用同一方式服务于同一市场区域内的顾客,追求平稳适度的绩效改进。采用这种战略的公司认为环境只提供了有限的机会。发展战略指的是增大潜能——开发新市场或新产品,在公司内部给职工提供机会提高水平。当一个企业由于不景气或其他原因而衰退时,会采纳转移战略。该战略包括降低成本、减少资产和缩减规模。这 3 种不同的战略都需要不同的人力资源政策及应用。

适应性战略是指企业确定基础性战略后运用于整个组织内部的战略。总之,适应性战略的目的是建立组织与外部环境的一致性。适应性战略的 3 个主要类型是:前瞻型、防卫型和分析型。

采纳前瞻型战略的组织会不断地开发产品和市场机会,他们创造那些竞争对手必须应对的变革,他们通常处于动态和增长的环境中。他们需要一个有弹性的内部结构和系统以加快这种变革。相对而言,应用防卫型战略的组织比较稳定,他们主要致力于提高已有工作方法的效率来取代在技术和结构上的创新。采纳分析型战略的组织则是要提供一个在周边革新而核心相对稳定的环境,这种战略介于上述两种战略之间。

竞争性战略是基于波特的众所周知的 3 种竞争性战略,即成本领先战略、差异性战略和集中经营战略。

一个追求成本领先战略的公司要提高生产率并加强管理以增强竞争力。一个公司在保持产品价格相当于或低于竞争对手的同时,维持良好的品质并获得大于平均发展速度值的利润是可能的。差异性战略包括建立一种有别于其竞争者的产品和服务。产品宣传、产品外观或技术品位可以使公司的产品或服务很独特。集中经营战略强调一个明确的市场、生产线或某一顾客群。在这个市场中,利用集中经营战略的组织可以在差异性战略和成本领先战略的基础上进行竞争。

本章小结

人力资源战略是有关人力资源系统和措施的决策模式。本章系统地考察了人力资源战略及其与企业战略、企业文化的整合,以及与企业竞争优势的关系等。2.1 节人力资源概述,介绍了人力资源战略的发展历程、含义、类型（如诱引战略、投资战略、参与战略等）。2.2 节人力资源战略与企业战略、企业文化的整合，介绍了企业战略的类型，人力资源战略与企业战略的协调关系，包括与波特的竞争战略相匹配的 3 种人力资源战略（成本领先战略、差异化战略、集中化战略）、与迈尔斯和斯诺的企业战略相匹配的人力资源战略（累积者战略、效用者战略、协助者战略），并介绍了企业战略、企业文化、人力资源战略的匹配关系。2.3 节人力资源战略与竞争优势，介绍了人力资源战略提升竞争优势的实践证据、人力资源战略提升竞争优势的理论模型及通过人力资源战略获得持久的竞争优势。2.4 节人力资源战略的制定，介绍了人力资源战略制定的程序和方法。其中，人力资源战略制定的流程是一个科学的决策过程，包括内外部环境分析、战略制定、战略实施、战略评估。人力资源战略的制定方法有目标分解法、目标汇总法两种。

本章案例

人力资源战略优化设计案例——南方出版集团人力资源战略

一、集团简介

南方出版集团有限公司，是 2000 年 9 月在省新闻出版局所属企事业单位基础上组建的出版集团。2004 年 9 月与省新闻出版局彻底实行政企分开。改制重组后，集团现辖 16 家子公司：拟上市股份公司 1 家，投资公司 1 家，都市日报 1 家，五星级酒店 1 家，后勤管理服务公司 1 家，房地产开发公司 1 家，高新科技企业 3 家，重组改制后分业务板块新设资产管理公司 4 家，清算待注销的公司 3 家。改制重组后，集团的出版传媒主业资产和负债全部注入中南出版传媒集团股份有限公司。目前"南方传媒"已经注册成立，注册资本 12 亿元，现下辖 17 家全资子（分）公司，其中出版企业 8 家、租型出版机构 1 个、传媒经营公司 1 家、动漫期刊公司 1 个、新闻门户网站 1 个、发行企业 3 家、印刷企业 1 家、物资供应企业 1 家。2007 年集团成功跻身首届全国优秀文化企业前 30 强，列全国出版发行业第三位。2008 年集团被中宣部、新闻出版总署等 4 部委评为全国文化体制改革优秀企业。

二、人力资源现状及存在的问题

至 2009 年 3 月 1 日止，集团共有员工 16 906 名（不含劳务派遣、临时工），其中在岗员工 7 646 名，其中具有研究生及以上学历的 219 人（其中博士研究生学历 5 人），大学本科学历 1 720 人，大专学历 2 452 人，中专、高中毕业生 2 593 人，高中以下 662 人。

在岗员工中共有专业技术人员 1 449 名，占在岗总人数的 18.95%。其中具有高级职称的 298 人，占专业技术人员总数的 20.57%；具有中级职称的 664 人，占专业技术人员总数的 44.90%；具有初级职称的 487 人，占专业技术人员总数的 32.90%。总的来说，高学历人才偏少，专业技术人才中具有研究生学历的只占 8.56%，本科学历只占 47.79%。整个集团员工 55 岁以上的 18.7%，其中没有初级职称的占 23.87%。考虑到集团发展战略目标，一定程度上凸现后备管理人才储备不足。

印刷、发行与出版 3 个关键环节是集团公司的主业。集团公司三大主业员工共 5 699 人，占全体在岗员工的 74.54%。其中专业技术人员共 829 人，占全体在岗员工的 10.84%，占全集团专业技术人员的 57.21%。

集团现有人才结构主要存在以下问题。

（1）高学历、高职称人才在集团内部分布很不均衡，主要集中于总部和出版环节，其他板块则失衡。

（2）总部学历、职称结构基本均衡，但平均年龄偏大，不利于集团长远发展，应尽快改善年龄结构，争取逐步年轻化。

（3）三大主业人力资源现状存在较大问题。出版环节作为集团的主业环节，其学历、职称、岗位结构均不合理。高学历人才、专业技术人才比例偏低，行政管理人员比例过多。印刷环节虽然以一线操作为主，但目前低学历层次、低职称层次反映出印刷环节员工整体素质偏低的现状。先进的设备与较低素质员工之间的矛盾,以及熟练技工的缺乏,影响了先进设备作用的发挥,对于提升印刷一线效能是巨大的阻碍。发行环节的人员结构更差,高学历或高职称人员太少,管理人员比例过高,将严重影响发行环节的效率和效益,不能适应长远发展的要求。

(4) 集团整体人才数量基本满足战略发展要求,但分布不均衡、存在结构性短缺。一般编辑策划、一般管理、党务管理、出版人才内部供需基本达到平衡,一线工人、书报发行员工内部供大于求,外部人才市场也基本供过于求。主业领域内策划编辑、新媒体新技术人才、国际人才、法律人才、战略研究人才、刊社领军人才内部严重短缺。未来10年,由于更多的民营资本和外资进入出版市场,并伴随着文化产业改革的深化,外部专业性出版人才市场将处于供不应求的状态,对出版人才的争夺将更为激烈,寻求人才的难度更大,成熟的出版人才流动性也将大大提高。酒店、高科技产业在内的其他产业领域内的服务员、生产人员、一般营销员工内部供大于求,外部市场也容易获取,但技术创新人才、高端管理人才(特别是酒店业管理人才)、投资人才等内部严重短缺,外部供给不足。

三、人力资源战略环境及各模块分析

集团利用SWOT分析法分析了其战略环境及自身的优劣势,认为良好的宏观发展形势、坚实的产业发展基础是当前的有利条件和优势,但也面临着不利形势,主要包括:有效需求严重不足,出版业进入膨胀性衰退阶段,外界资本纷纷涌入,行业竞争趋于白热化,新介质出版物显示极强的替代性,出版业面临深刻的转型变革,国家对中小学教材出版发行政策的调整。所有这些给出版产业发展带来巨大压力和挑战,最终以分析为基础确定了集团的发展愿景、目标和经营战略,并根据集团发展战略,进行了人力资源战略分析。

1. 内外部环境SWOT分析

(1) 机会:① 国内高等教育为出版业的发展提供了大量高质量的可开发人力资源。自1998年以来,经过10余年的连续扩招,国内高等教育为出版业培养了大量的编辑、出版、发行等出版专业后备人才,国内管理学专业的发展为出版业的发展提供了懂经营、会管理、能策划的后备管理人才。② 新闻出版体制改革,现代出版物市场体系的建立将为集团招聘到具有丰富工作经验的外部人力资源奠定基础。③ 随着新《劳动法》的颁布实施,进一步培育完善人才市场,人才的合理流动将进一步规范,人才市场配置效率提高。国内人才合理流动和配置的效率提高,为集团吸引国内出版业人才提供了条件。

(2) 威胁:① 国内出版市场在一定时期内对国外企业不会完全开放,但是到一定阶段会向国外企业全面开放。国外出版企业的进入,其具有竞争优势的人力资源管理将对国内出版业人才产生极大的海外市场吸引力,恶化国内出版业外部人力资源环境。② 民营出版业崛起,外省出版业侵蚀,国外出版巨头蓄势待发,竞争不断加剧,对出版业人才的需求将导致国内出版业人力资源市场的竞争加剧。

(3) 内部人力资源优势:① 经验丰富的高级编辑人才队伍庞大;② 职工收入普遍较高,有一定吸引力;③ 高素质的领导队伍、和谐的企业文化、政令比较畅通。

(4) 内部人力资源劣势:① 总体情况,人工成本依然较高,削减成本空间大;员工成熟度较高,忠诚度高,内外部流动率较低,但是这种相对稳定的流动率,是否能够实现外部人才引进,内部复合型人才的培养,值得进一步思考;员工素质整体水平不高,工作效率难保障;员工结构不合理,优秀人才和适应企业发展的人员分布不均衡。② 关键岗位的人力资源情况,优秀人才分布很不均衡,缺乏行业内的领军人物、战略研究人才、审计稽核人才、既懂编辑又懂营销的人才、文化创新能力强的人才、职业策划人和职业发行人等,尤其是非主业领域专业人才十分短缺。

2. 招聘与人才储备系统分析

招聘系统正在建立中,人才储备还没有形成制度。招聘和人才储备系统没有建立在规范的岗位分析系统之上,不清楚每个岗位任职者必须具备的专业知识、工作经验及能力要求,致使招聘时缺乏选拔标准,公司人岗不匹配的现象较多,不能做到"人尽其才",造成人力资源的闲置与浪费。集团用人的区域性特征明显,新进员工来源单一,不利于组织内部员工的多元化,容易形成小团体。人力资

源的配置能力弱，不具备为空缺岗位迅速配置适当人员的能力。缺乏人才储备计划，不仅造成重要岗位出现青黄不接的情况，而且无法根据晋升需要对目标员工进行系统培训。作为人力资源战略的主要执行者，集团人力资源管理部门肩负着重要责任，从战略人力资源管理的未来定位来看，需要集团在管理定位、管理机制及管理工具的运用上有更大突破。

3. 员工培训系统分析

从出版行业的自身特征与发展趋势来看，出版集团在快速发展阶段所需的规划、营销、项目管理类等相关专业技术人才及熟悉现代企业的管理人才的获取难度越来越大，获取成本越来越高；同时内部员工也面临个人发展问题，因此，重视人力资源的二次开发，员工培训无疑是提高公司员工整体水平的重要手段。但集团员工培训系统的现状是：① 对员工培训缺乏整体规划，培训目的不明确，"为培训而培训"；② 对员工的培训课程开发不足，员工无法接受必要的培训，大部分被访员工认为员工的培训机会很少，而且越是基层，培训的机会越少。

4. 绩效管理系统

绩效管理系统是一个包括业绩计划的制定、实施、业绩考核及考核结果反馈面谈等环节在内的完整过程。在访谈和问卷调研中发现，集团层面没有对各分（子）公司实施统一的业绩管理系统，各单位的考评各自分别进行。各考核单位业绩管理系统现状存在以下几个问题。

（1）没有建立完整的绩效管理系统，员工对绩效考评的满意度低

集团对多数分（子）公司只有年终一次考核，且没有一个客观的标准作为依据。既没有明确的部门承担绩效管理的责任，也没有部门对建立完整的绩效管理系统负责，造成了绩效管理系统的缺失，使得这种考评往往容易流于形式。

（2）考核指标及标准不尽合理，考核标准的设置也有欠综合考虑

目前各考核单位对业务部门的考核指标集中在财务和业务指标上，而对职能部门的考核则侧重于纪律、工作态度等主观指标方面。同时，考核的标准设置含糊不清，不但被考核者对考核标准的认可度低（45%的员工认为考核标准和指标"极不合理"和"不合理"），而且考核者对使用现有的考核表是否能进行公平和有效的考核也感到困惑。

（3）考核过程主观意识严重，降低了员工对考核结果的认可程度

出版集团各单位中绝大多数员工都认可考核的必要性，但由于集团没有统一的绩效考核系统，采用的业绩考评方法五花八门，有主管评估、自我评估、同事互评、按照计划目标打分、使用评定量表等多种方法。各项指标的考核标准客观性差，所以员工认为考核人为化现象严重。例如，访谈中，有部分员工认为"只要主管认为你好，你业绩不好也好；主管认为你不好，你就是业绩再好，评分也不会好"等。

（4）考核结果反馈不足

目前，只有约10%的员工认为"公司有业绩考评反馈并对自己有所帮助"，说明目前绩效考评系统没有起到有效管理、激励和促进员工发展、提升业绩的作用。

（5）考核结果未得到很好的运用

集团绝大多数单位中，考核结果没有完全和奖励、报酬及职位晋升挂钩，考核结果的作用不大，导致无法及时对绩优的员工进行有效激励，最终无法在组织目标与个人目标之间建立有机联系。51%的员工认为目前的薪酬与绩效挂钩并不合理。这与集团下属单位所实施的薪酬制度也有密切的关系。

5. 薪酬管理系统

虽然已经在改制的道路上艰难前行，但出版集团绝大多数下属单位薪酬管理仍带有很强的国企印记，难以摆脱旧有体制的影响，平均主义仍是集团薪酬制度中的重要特点。总体而言，集团薪酬管理系统现状如下。

（1）薪酬水平具有市场竞争力，但也造成人力成本过高

对于省内甚至国内的出版业人才，出版集团的薪酬水平有相当的竞争力，较低的人才流动率是明显例证。这样，一方面留住了集团发展的关键人才，但是另一方面对于那些市场有充分供应的岗位，也造成了人力成本过高的问题。

(2) 没有岗位素质模型和岗位评估，导致薪酬分级不明显，不能体现出不同岗位的价值差异

从访谈情况来看，集团各单位没有对关键岗位建立素质模型，也没有对各岗位进行评估，大部分子公司采用"基本工资+岗位工资+绩效奖金"的同一简单的薪酬管理体系。除部分子公司以外，大部分子公司关键岗位与非关键岗位员工的岗位工资差别不大，从而导致薪酬体系未能体现出不同岗位尤其是关键岗位和关键员工的价值差异，这在很大程度上影响公司关键岗位骨干员工的工作积极性。问卷调查显示，只有36%的员工认为单位的工资待遇能充分或基本体现各岗位工作的责任轻重、任务繁简与难易程度、所需技能高低、贡献大小等因素。

(3) 薪酬缺乏动态调整机制

目前集团薪酬结构相对比较刚性，除晋升调薪之外，根本就没有别的调薪空间，这大大降低了薪酬体系的激励作用。调查显示，相当部分员工（40%）不认为"单位在以往的增薪升级时，考虑的最重要因素是贡献大小"，薪酬缺乏弹性，很多员工认为贡献不是涨薪升级的主要因素，导致员工对薪酬的不满意度大幅度上升。

(4) 转制过程中形成的薪酬双轨制不利于集团吸引优秀人才

转制过程中，出版集团的员工中形成了"有固定身份的员工"和招聘员工的区别。体现在薪酬体系上，就是事实上的薪酬双轨制。访谈调查中发现，有些集团改制后招聘用工的编辑，其工资还不如司机高。"有固定身份的员工"与招聘员工在分配上的不平等，不仅使组织气氛受到不良影响（两个群体的冲突），也造成了优秀人才的流失。

6. 员工职业发展

在员工职业发展上，出版集团的现状如下。

(1) 员工职业生涯规划一片空白

目前集团员工的职业生涯规划基本上还是空白，这严重影响了员工的工作热情和创造力。在访谈中就有管理人员表示"'随着年龄增长，总有一天会没有年轻人干得好，到那时自己怎么办'是一直困惑的问题。自己都不知道怎么办，更没办法去说服下属。"

(2) 职业发展沟通不足

出版集团中基本的职业发展沟通比较缺乏。调查显示，相当部分的领导（47%）没有"与员工讨论在单位的未来工作机遇"。这种缺失一方面导致员工对自己的职业发展方向不明确或者认为从管理层级的晋升是唯一通道。例如，访谈中有员工认为"只要不做到管理岗位，其他都差不多，没什么希望"，这种想法限制了员工积极性与主动性的发挥；另一方面，也会使企业陷入人才缺乏、后劲乏力的不利境地。

(3) 内部选拔和晋升机制不明确，导致员工发展机会较少

目前出版集团内部尚未建立规范的员工晋升通道和标准，在很大程度上限制了员工的发展。根据问卷调查，在"员工对自己可能离职原因的考虑"一项中，"晋升机会不多"（41%）成为最可能导致员工离职的因素，这在一定程度上也制约了公司的发展。

综上所述，我们发现目前的集团总部人力资源部主要还是承担传统的人事管理职能，缺乏根据集团战略进行整体性人力资源的宏观调控、规划与管理的手段、能力与机制，致使集团总部目前在文化与核心理念的同一性（包括内在核心理念与外在的文化形象的建设）、规章制度与激励措施的系统性（包括薪酬、绩效考评、员工的职业发展体系等）、人才队伍建设的规范性（人才结构失衡、空位及人才梯队建设不力、员工素质或胜任能力标准不明、招聘配置培训不规范与员工职业生涯管理缺乏等）三大方面成为实施全公司战略目标的人力资源管理方面的主要瓶颈。而总部的人力资源部门如果仅仅忙于招聘、培训、出国考察等事务性工作而忽视成为集团公司高层领导的战略伙伴的角色定位，势必会造成企业战略的人力资源分战略的缺失，这是需要高层领导认真考虑的现实问题。

四、人力资源战略的优化设计

综合集团内外部环境及集团总体发展战略目标要求，集团的人力资源战略优化思路如下。

1. 人力资源发展战略总目标

(1) 建立"规范化、系统化、同一化"的战略性人力资源管理系统

从组织架构改进开始，近期到5年末，远期到10年末分步实施新的架构下的人力资源制度建设，包括疏通人才招聘渠道，建立内部人才市场；建立关键职位管理系统和核心人才评价体系，健全绩效管理、薪酬管理和培训系统，从而保证人才数量，整合人才存量，提升人才质量，激发人才活力，为国际化战略、品牌战略和高标准经营战略提供坚实的后盾。

（2）实现文化导向型管理模式

提炼集团的核心理念和价值观，强化上下认同的绩效导向型企业文化建设，树立集团良好的社会形象，并通过战略、文化和人力资源逐步实现文化导向型管理模式。

（3）优化人才结构

系统启动全集团人才工程，在集团人才总规模基本不变的情况下，力争未来5年末实现高学历（硕士以上）人才、正规大学学历人才（本、专科）、高级专业技术人才年均递增，优化集团人才结构。

2. 人力资源战略的制定

（1）战略性人力资源管理转轨

集团经营决策层将集团人力资源部门提升至战略决策层面。统一认识，从思想上和实际工作中改变原有人事管理观念和方法，努力推进集团人力资源管理向战略性人力资源管理迈进。争取在未来5年里建立完整的战略性人力资源管理系统。

（2）人才差异化战略

启动"十百千人才工程"项目，未来5年通过引进和培养，使集团增加6名（每年2名）领军人才和业内大师级顶尖人才、40名关键岗位核心人才、600名岗位能手（每年增加200名）。在集团人才总规模基本不变的情况下，力争未来5年末实现高学历（硕士以上）人才、正规大学学历人才（本专科）、高级专业技术人才分别以38%、29%、12%左右均值实现年均递增，以优化集团人才结构，构筑集团人力资源竞争优势。

资料来源：颜爱民. 中国本土企业人力资源管理典型案例解析. 上海：复旦大学出版社，2011：10-22.（本书采用时略有改动）。

思考题

1. 本案例中企业在进行人力资源战略制定的过程中主要考虑哪几个方面的因素？
2. 人力资源战略在整个人力资源管理中起到了什么作用，在实现整个企业战略方面有何贡献？
3. 该集团的人力资源战略的制定过程存在哪些问题？

本章思考题

1. 人力资源战略的含义是什么？主要类型有哪些？
2. 人力资源战略与企业战略、企业文化是如何匹配的？
3. 人力资源战略对提升企业竞争优势具有哪些作用？怎样通过人力资源战略提升企业竞争优势？
4. 人力资源战略制定的程序是什么？制定的方法有哪些？

参考文献

[1] 谌新民，唐东方. 人力资源规划. 广州：广东经济出版社，2002.
[2] 方振邦. 战略与战略性绩效管理. 北京：经济科学出版社，2005.

[3] 罗宾斯. 管理学. 黄卫伟,译. 4版. 北京:中国人民大学出版社,1996.
[4] 于桂兰,魏海燕. 人力资源管理. 北京:清华大学出版社,2004.
[5] 林杰文,宋震. HR价值的首次量化. 人力资本,2002(10).
[6] 彭剑峰,饶征. 基于能力的人力资源开发与管理. 北京:中国人民大学出版社,2000.
[7] 克雷曼. 人力资源管理. 北京:机械工业出版社,1999.
[8] 安索夫. 战略管理. 北京:机械工业出版社,2010.
[9] 德鲁克. 管理的实践. 北京:机械工业出版社,2007.

第 3 章

人力资源规划

本章要点

- 人力资源规划的概念、目的、种类、内容及作用
- 人力资源规划的原则与步骤
- 人力资源规划内外部环境分析
- 人力资源需求预测的步骤与方法
- 人力资源供给预测的步骤与方法
- 人力资源供需平衡与规划编制

通联集团人力资源管理计划

通联集团成立于 1990 年,主要生产电冰箱。由于产品质量好,价格比较低廉,加上管理得力,使得通联电冰箱很快成为国内电冰箱主流产品。随着业务的发展,通联集团 1997 年开始走多元化经营之道,到 2002 年,先后开发出的主要新产品有洗衣机、微波炉等。

为了集团人力资源的优化发展,公司总裁和人力资源部制定了 2003 年度人力资源管理计划如下。

一、职务设置与人员配置计划

根据公司 2003 年发展计划和经营目标,人力资源部协同各部门制定了公司 2003 年的职务设置与人员配置。在 2003 年,公司将划分为 8 个部门,其中行政副总负责任政部和人力资源部,财务总监负责财务部,营销总监负责销售一部、销售二部和产品部,技术总监负责开发一部和开发二部,具体职务设置与人员配置如下:

(1) 决策层 (5 人):总经理 1 名、行政副总 1 名、财务总监 1 名、营销总监 1 名、技术总监 1 名。

(2) 行政部 (8 人):行政部经理 1 名、行政助理 2 名、行政文员 2 名、司机 2 名、接线员 1 名。

(3) 财务部 (4 人):财务部经理 1 名、会计 1 名、出纳 1 名、财务文员 1 名。

(4) 人力资源部 (4 人):人力资源部经理 1 名、薪酬专员 1 名、招聘专员 1 名、培训专员 1 名。

(5) 销售一部 (19 人):销售一部经理 1 名、销售组长 3 名、销售代表 12 名、销售助理 3 名。

(6) 销售二部 (13 人):销售二部经理 1 名、销售组长 2 名、销售代表 8 名、销售助理 2 名。

(7) 开发一部 (19 人):开发一部经理 1 名、开发组长 3 名、开发工程师 12 名、技术助理 3 名。

(8) 开发二部 (19 人):开发二部经理 1 名、开发组长 3 名、开发工程师 12 名、技术助理 3 名。

(9) 产品部 (5 人):产品部经理 1 名、营销策划 1 名、公共关系 2 名、产品助理 1 名。

二、人员招聘计划

(1) 招聘需求:根据 2003 年职务设置与人员配置计划,公司管理层人员数量应为 96 人,到目前为止公司只有 83 人,还需要补充 13 人,具体职务和数量如下:开发组长 2 名、开发工程师 7 名、

销售代表4名。

(2) 招聘方式：开发组长——社会招聘和学校招聘，开发工程师——学校招聘，销售代表——社会招聘。

(3) 招聘策略：学校招聘主要通过参加应届毕业生洽谈会、在学校举办招聘讲座、发布招聘张贴、网上招聘等4种形式。社会招聘主要通过参加人才交流会、刊登招聘广告、网上招聘等3种形式。

三、招聘人事政策

(1) 本科生。A. 转正后待遇2 000元，其中基本工资1 500元、住房补助200元、社会保障金300元（养老保险、失业保险、医疗保险等）。试用期基本工资1 000元，满半月有住房补助；B. 考上研究生后协议书自动解除；C. 试用期3个月；D. 签订3年劳动合同。

(2) 研究生。A. 转正后待遇5 000元，其中基本工资4 500元、住房补助200元、社会保险金300元（养老保险、失业保险、医疗保险等）。试用期基本工资3 000元，满半月有住房补助；B. 考上博士后协议书自动解除；C. 试用期3个月；D. 公司资助员工攻读在职博士；E. 签订不定期劳动合同，员工来去自由；F. 成为公司骨干员工后，可享有公司股份。

四、风险预测

(1) 由于今年本市应届毕业生就业政策有所变动，可能会增加本科生招聘难度，但由于公司待遇较高并且属于高新技术企业，可以基本回避该风险。另外，由于优秀的本科生考研的比例很大，所以在招聘时，应该留有候选人员。

(2) 由于计算机专业研究生愿意留在本市的较少，所以研究生招聘非常困难。如果研究生招聘比较困难，应重点通过社会招聘来填补"开发组长"空缺。

五、选择方式调整计划

1999年开发人员选择实行了面试和笔试相结合的考查办法，取得了较理想的结果。在2003年首先要完善非开发人员的选择程序，并且加强非智力因素的考查。另外，在招聘集中期，可以采用"合议制面试"，即总经理、主管副总、部门经理共同参与面试，以提高面试效果。

六、绩效考评政策调整计划

1995年已经开始对公司员工进行了绩效考评，每位员工都有了考评记录。另外，在1999年对开发部进行了标准化的定量考评。下一年，绩效考评政策将进行调整：① 建立考评沟通制度，由直接上级在每月考评结束时进行考评沟通；② 建立总经理季度书面评语制度，让员工及时了解公司对他的评价，并感受到公司对员工的关心；③ 在开发部试行"标准量度平均分布考核方法"，使开发人员更加明确自己在开发团队中的位置；④ 加强考评培训，减少考评误差，提高考评的可靠性和有效性。

七、培训政策调整计划

公司培训分为岗前培训、管理培训、技能培训3部分。岗前培训在1994年已经开始进行，管理培训和技能培训从2003年开始由人力资源部负责。下一年，培训政策将也将进行调整：① 加强岗前培训；② 管理培训与公司专职管理人员合作开展，不聘请外面的专业培训人员。该培训分成管理层和员工两个部分，重点对公司的管理模式、管理思路进行培训；③ 技能培训根据相关人员申请进行，采取公司内训和聘请培训教师两种方式进行。

八、人力资源预算

(1) 招聘费用预算。① 招聘讲座费用：计划本科生和研究生各4个学校，共8次，每次费用300元，预算2 400元。② 交流会费用：参加交流会4次，每次平均400元，共计1 600元。③ 宣传材料费为2 000元；④ 报纸广告费为6 000元。

(2) 培训费用：1999年实际培训费用为35 000元，按20%递增，预计今年培训费用约为42 000元。

(3) 社会保障金：1999年社会保障金共交纳××元，按20%递增，预计下一年社会保障金总额为××元。

资料来源：张岩松，李健. 人力资源管理案例精选精析. 北京：经济管理出版社，2005.

3.1 人力资源规划概述

3.1.1 人力资源规划的概念

1. 人力资源规划的含义

关于人力资源规划的含义已有不少的论述。总括起来有以下几种。

(1) 人力资源规划就是要分析组织在环境的变化中人力资源需求状况并制定必要的政策和措施，以满足这些要求。

(2) 人力资源规划就是要在组织和员工的目标达到最大一致的情况下，使人力资源的供给和需求达到最佳平衡。

(3) 人力资源规划就是要确保组织在需要的时间和需要的岗位上获得各种所需的人才（包括数量和质量两个指标），人力资源规划就是要使组织和个人得到长期的益处。

归纳起来，人力资源规划就是一个国家或组织科学地预测、分析自己在环境变化中的人力资源的供给和需求状况，制定必要的政策和措施，以确保自身在需要的时间和需要的岗位上获得各种所需的人才（包括数量和质量两个指标），并使组织和个人得到长期的利益。

2. 人力资源规划的层次

人力资源规划的定义包含3个层次。

(1) 说明了一个组织的环境是变化的。这种变化带来了组织对人力资源供需的动态变化，人力资源规划就是要对这些动态变化进行科学的预测和分析，以确保组织在近期、中期和远期对人力资源的需求。

(2) 一个组织应制定必要的人力资源的政策和措施，以确保组织对人力资源需求的如期实现。政策要正确、明晰，如对涉及内部人员的调动补缺、晋升或降职、外部招聘和培训及奖惩等，都要有切实可行的措施保证，否则就无法确保组织人力资源规划的实现。

(3) 人力资源规划要使组织和个体都得到长期的利益。这是指组织的人力资源规划还要创造良好的条件，充分发挥组织中每个人的主动性和创造性，得以使每个人提高自己的工作效率，使组织的目标得以实现。与此同时，也要切实关心组织中每个人的物质、精神和业务发展等方面的需求，帮助他们在实现组织目标的同时实现个人目标。这两者都必须兼顾，否则就无法吸引和招聘到组织所需要的人才，也难以留住本组织内已有的人才。

3.1.2 人力资源规划的目的

经济学上的基本假定是企业利用既定资源追求效益最大化。企业制定人力资源规划，无疑要投入很多的人力和物力，因此，企业一定要依据很明确的目的来制定人力资源规划。人力资源规划的主要目的是企业在适当的时间、适当的岗位获得适当的人员，最终获得人力资源的有效配置。

具体来说，人力资源规划的目的可以分解为两个方面：一方面，人力资源规划是为了满足变化的组织对各种人力资源的需求，包括数量、质量、层次和结构等；另一方面，人力资源规划是为了最大限度地开发利用组织内现有人员的潜力，使组织及其员工需求得到充分满足。人力资源部门最重要的职能就是保证企业经营过程中人力资源的有效供给，使得企业人力资源符合企业战略发展需要。制定人力资源规划是企业人力资源部门的重要任务之一。

3.1.3 人力资源规划的种类

人力资源规划有各种不同的分类方法，可以按时间、用途、范围、重要程度等进行不同的分类。企业在制定规划时，可以根据具体情况灵活选择。

1. 按时间划分

人力资源规划按时间可划分为长期规划、中期规划和短期规划。长期规划是指3年以上的计划；

中期规划是指 1～3 年的计划；短期规划一般是指 6 个月～1 年的计划。这种时间的划分不是绝对的。对有些企业来说，长期规划、中期规划和短期规划比上面所说的更长，而某些企业则会更短。例如，教育发展项目的短期计划可能是 5 年，而一个食品加工厂的长期计划可能是 1 年。

2. 按用途划分

人力资源规划按用途可划分为战略规划、战术规划和管理规划。

战略规划是与企业长期战略相适应的人力资源规划，其内容是关于未来企业人力资源的大体需求和供给、人力资源的结构和素质层级，以及预测有关的人力资源政策和策略。其作用是决定组织的基本目标及基本政策。战略规划一般由公司的人力资源委员会或人力资源部制定，它对战术规划和管理规划有指导作用。由于规划时间跨度大，预测的准确性比较有限，战略规划对细节的要求较低。

战术规划是将战略规划中的目标和政策转变为确定的目标和政策，并且规定达到各种目标的时间。战术规划是在战略规划指导下制定的，时间期限较短，预测的准确性较高，对社会经济变化趋势的把握较准确，因此战术规划可以制定得细一些，以增强对管理规划的指导作用。战术规划一般以年度为单位拟定。

管理规划是在作业层面对一系列操作务实的规划，包括人员审核、招聘、提升与调动、组织变革、培训与发展、工资与福利、劳动关系等操作的具体行动方案，对细节的要求很高。战术规划在时间、预算和工作程序方面还不能满足实际的需要，它的具体落实还需要具体的管理规划来贯彻和执行。

3. 按范围划分

人力资源规划按范围可划分为整体规划、部门规划和项目规划。

整体规划一般是指具有多个目标和多方面内容的计划。就其涉及对象来说，它关联到整个组织的人力资源管理活动，包括企业的招聘、培训、考核、激励等，这些活动都有各自的内容，但又相互联系、相互影响、相互制约。要使这些活动形成一个有机的整体，就必须对它们进行整体规划。整体规划在整个规划中具有重要的作用。

部门规划是各业务部门的人力资源管理活动计划。它包括各种职能部门制定的职能计划，如技术部门的人员补充计划、销售部门的培训计划等。部门规划是在整体规划的基础上制定的，它的内容专一性强，是整体规划的一个子计划。

项目规划是某项具体任务的规划，它是针对人力资源管理活动的特定课题作出决策的规划。项目规划与部门规划不同，部门规划只包括单个部门的业务，而项目规划是为某种特定任务而制定的，有时会横跨多个部门。

3.1.4 人力资源规划的内容和模式

1. 人力资源规划的内容

人力资源规划大致包括人力资源需求预测、人力资源供给预测和能力平衡 3 个部分，规划的结果编制成人力资源规划的计划。人力资源规划中，最重要的是人力资源需求预测和供给预测。关于如何进行人力资源供求预测的理论并不多，但人们进行预测操作实践的时间却不短。人们根据在实际操作中积累的经验，对如何进行合理预测总结出了一些方法，这些方法偏重操作，对不同行业、不同企业，预测方法不尽相同，要真正找到适合本企业使用的方法，还得靠人力资源工作者在实践中摸索和大胆尝试。

在进行人力资源规划前，作为准备工作应了解企业内部的人力资源现状，对企业人力资源的结构进行分析，同时还要了解企业外部人力资源状况和企业外部的影响因素，如劳动力市场的有关情况等。在人力资源规划完毕后，要执行计划并对计划的执行情况进行监督。计划制定出来但不执行是一种浪费，执行了但不进行监督也是一种浪费。只有通过执行并监督计划，才能使整个规划过程完整。表 3-1 详细地罗列了人力资源规划的工作内容。

表 3-1　人力资源规划的工作内容

收集信息
A. 外部环境信息 （1）宏观经济形势和行业经济形势 （2）技术 （3）竞争 （4）劳动力市场 （5）人口和社会发展趋势 （6）政府管制情况 B. 企业内部信息 （1）战略 （2）业务计划 （3）人力资源现状 （4）辞职率和员工的流动率
人力资源需求预测
A. 短期预测和长期预测 B. 总量预测和各个岗位需求预测
人力资源供给预测
A. 内部供给预测 B. 外部供给预测
所需要的项目规划与实施
A. 增加或减少劳动力规模 B. 改变技术组合 C. 开展管理职位的接续计划 D. 实施员工职业生涯计划
人力资源规划过程的反馈
A. 规划是否精确 B. 实施的项目是否达到要求

2. 人力资源规划的模式

1）基于供需平衡的经典模式

经典模式即基于供给和需求平衡进行人力资源战略规划，把人力资源规划看作一种精确计量与计划的过程。在这种思想的指导下，人力资源战略规划的重点集中于如何有效地准确预测需求和供给，人力资源规划的目标是寻求供给与需求的平衡，因此人力资源规划的过程也是供给需求平衡的过程，对于预测方法和数量的强调是人力资源战略规划的中心。这种模式适合于企业经营领域单一或规模较小的情形，或者企业内部对某一类人员进行专项人才资源规划需要精确指导之时，企业人才过剩应采取什么策略，人才缺乏又应采取什么策略，都应该基于供需平衡来考虑。

2）基于现状和理想状态的趋近模式

趋近模式实际上是一种战略状态，是一种对标理念。该模式认为，人力资源战略规划是一个模糊区间，而不能精确地计量。这种模式主要是基于企业的愿景与战略，确定企业人力资源的理想状态与最优状态，比较人力资源现实与理想的差距，为缩小差距而采取策略与行动计划，强调人力资源规划是一个缩小现状与理想状态的差距、追求理想状态的过程。

这是目前国际上最流行的人力资源战略规划模式之一，也是比较完整和系统的人力资源战略规划思考和研究模式，适用于多元化的大型企业集团或国家、地区的人力资源规划。该模式能够响应企业战略规划，通过人力资源管理的策略、战略性的人力资源实践来支撑战略目标的实现，使人力资源管理真正成为战略性资源。

基于现状和理想状态的趋近模式认为，企业的人力资源战略规划应当根据企业的人力资源战略而定。在人力资源战略中，企业应明确采取什么样的策略，进行什么样的能力建设，采取什么样的行政计划。一般来说，采取这种人力资源战略规划有以下 6 个步骤。

（1）分析企业战略背景与人力资源现状，在这个过程中，要建立一套定量化的人力资源评价体系，对本企业的人力资源现状进行科学的评价。

（2）根据企业战略分析和人力资源现状，确定人力资源愿景与战略目标。

（3）根据人力资源战略目标，通过人力资源盘点等手段，对企业的人力资源问题进行界定，明确企业在人力资源管理上存在哪些不足。

（4）按照人力资源战略目标及问题，制定人力资源核心策略与战略举措。

（5）确定重点任务与行动计划。

（6）建立人力资源战略规划保障机制。

3）基于企业核心竞争力的人力资源规划模式

该模式的基本逻辑是：企业战略的实现与升级，需要企业核心能力的支撑与驱动，企业核心能力的根本载体是核心人力资源，对核心人力资源进行识别、保有和提升就是获取、保持和提升企业核心能力，从而支撑企业战略的实现和升级，人力资源规划的过程是满足企业战略需要的核心人才队伍建设的过程。企业核心能力和人力资源核心能力的一体化，被称为能力的匹配，所以这种人力资源规划更多地涉及企业战略管理与人力资源管理能力的匹配关系。因此，通过打造核心人才队伍去支撑整个企业战略目标的模式，可以认为是基于核心能力。这种模式对高速成长的企业很有效，很多创新型企业只需要抓住核心人才，抓住几个主要的、关键性的人才，就可以支撑企业的发展。同时，以核心人才来带动所有人才发展，打造企业的竞争力，强调核心能力和核心人才一体化，实现企业核心能力与员工核心队伍及核心技能这两种核心之间的有效配置。这个适应企业核心竞争力，以及实现核心人才队伍建设与企业战略相适应的过程就是人力资源战略规划的过程。

3.1.5 人力资源规划的作用

人力资源规划在企业管理中的作用，具体表现在以下几个方面。

1. 确保组织在生存发展过程中对人力的需求

组织的生存和发展与人力资源的结构密切相关。在静态的组织条件下，人力资源的规划显得不必要。因为静态的组织意味着它的生产经营领域不变、所采用的技术不变、组织的规模不变，也就意味着人力资源的数量、质量和结构均不发生变化。显然这是不可能的。在动态的组织条件下，人力资源的需求和供给的平衡不可能自动实现，因此就要分析供求的差异，采取适当的手段调整差异。由此可见，预测供求差异并调整差异，就是人力资源规划的基本职能。

2. 人力资源规划是组织管理的重要依据

在大型和复杂结构的组织中，人力资源规划的作用特别明显。无论是确定人员的需求量、供给量、职务，还是人员及任务的调整，不通过一定的计划显然都难以实现。例如，什么时候需要补充人员、补充哪些层次的人员、如何避免各部门人员提升机会的不均等情况、如何组织多种需求的培训等。这些管理工作在没有人力资源规划的情况下，就避免不了"头痛医头、脚痛医脚"的混乱状况。因此，人力资源规划是组织管理的重要依据，它会为组织的录用、晋升、培训、人员调整及人工成本的控制等活动提供准确的信息和依据。

3. 控制人工成本

人力资源规划对预测中长期的人工成本有重要作用。人工成本中最大的支出是工资，而工资总额在很大程度上取决于组织中的人员分布状况。人员分布状况是指组织中的人员在不同职务、不同级别上的数量状况。当一个组织年轻的时候，处于低职务的人多，人工成本相对便宜，随着时间的推移，人员的职务等级水平上升，工资的成本也就增加。如果再考虑物价上涨的因素，人工成本就可能超过企业所能承担的能力。在没有人力资源规划的情况下，未来的人工成本是未知的，难免会发生成本上升、效益下降的趋势。因此，在预测未来企业发展的条件下，有计划地逐步调整人员的分布状况，把人工成本控制在合理的支付范围内是十分重要的。

4. 人事决策方面的功能

人力资源规划的信息往往是人事决策的基础，如采取什么样的晋升政策、制定什么样的报酬分配政策等。人事政策对管理的影响是非常大的，而且持续的时间长，调整起来也困难。为了避免人事决策的失误，准确的信息是至关重要的。例如，企业在未来某一时间缺乏某类有经验的员工，而这种经验的培养又不可能在短时间内实现，那么如何处理这一问题呢？如果从外部招聘，有可能找不到合适的人员，或者成本高，而且也不可能在短时间内适应工作。如果自己培养，就需要提前进行培训，同时还要考虑培训过程中人员的流失可能性等问题。显然，在没有确切信息的情况下，决策是难以客观的，而且可能根本考虑不到这些方面的问题。

5. 有助于调动员工的积极性

人力资源规划对调动员工的积极性也很重要。只有在人力资源规划的条件下，员工才可以看到自己的发展前景，从而去积极地努力争取。人力资源规划有助于引导员工职业生涯设计和职业生涯发展。

3.1.6 人力资源规划与企业计划的关系

企业人力资源规划作为企业人力资源管理的重要环节，与企业计划关系紧密，其关系如图 3-1 所示。要使人力资源规划真正奏效，就必须将它与不同层次的企业规划相联系。

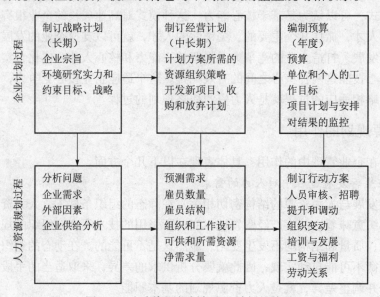

图 3-1 人力资源规划与企业计划的关系

企业计划分 3 个层次：战略计划、经营计划及年度计划。在战略层次上，人力资源规划涉及如下问题：预计企业未来总需求中管理人员的需求，企业外部因素（如人口发展趋势、未来退休年龄变动的可能性等）及估计未来企业内部雇员数量。其重点在于分析问题，不在于详细预测。在经营计划层次上，人力资源规划涉及对雇员供给量与未来需求量的详细预测。在年度计划层次上，人力资源规划涉及根据预测制订具体行动方案（包括具体的招聘、晋升、培训、调动等工作）。

3.2 人力资源规划的原则与步骤

3.2.1 制定人力资源规划的原则

1. 充分考虑内部、外部环境的变化

人力资源规划只有充分考虑了内外部环境的变化，才能适应需要，真正做到为企业发展的目标服务。内部变化主要是指销售的变化、开发的变化或者说企业发展战略的变化，还有公司员工的流动变化等；外部变化是指社会消费市场的变化、政府有关人力资源政策的变化、人才市场的变化等。为了更好地适应这些变化，在人力资源规划中，应该对可能出现的情况作出预测和风险变化，最好能有面对风险的应对策略。

2. 企业的人力资源保障

企业的人力资源保障是人力资源规划中应解决的核心问题，包括人员的流入预测、流出预测、人员的内部流动预测、社会人力资源供给状况分析、人员流动的损益分析等。只有有效地保证了对企业的人力资源供给，才可能去进行更深层次的人力资源管理与开发。

3. 使企业和员工都得到长期利益

人力资源规划不仅是面向企业的计划，也是面向员工的计划。企业的发展和员工的发展是相互依托、相互促进的关系。如果只考虑企业的发展需要，而忽视了员工的发展，则有损企业发展目标的达到。优秀的人力资源规划一定是能够使企业员工达到长期利益的计划，一定是能够使企业和员工共同发展的计划。

4. 与企业战略目标相适应

人力资源规划是企业整个发展规划的重要组成部分，其首要前提是服从企业整体经济效益的需要。人力资源规划涉及的范围很广，可以运用于整个企业，也可局限于某个部门或某个工作集体；可系统地制定，也可单独制定。在制定人力资源规划时，不管哪种规划，都必须与企业战略目标相适应，只有这样才能保证企业目标与企业资源的协调，保证人力资源规划的准确性和有效性。

5. 系统性

企业拥有同样数量的人，用不同的组织网络连接起来，形成不同的权责结构和协作关系，可以取得完全不同的效果。有效的人力资源规划能使不同的人才结合起来，形成一个有机的整体，有效地发挥整体功能大于个体功能之和的优势。这称为系统功能原理。

当企业的人员结构不合理时，易产生内部人员的力量相互抵消，不能形成合力，这就是常说的"1+1<2"现象，这是因为组织结构不合理而破坏了系统功能；当企业人员结构合理，企业内部人员的力量实现功能互补，则会产生"1+1>2"现象，这是因为合理的人力资源结构，既使个人可以充分发挥自身潜力，又使组织发挥了系统功能的作用。人力资源规划要反映出人力资源的结构，让各类不同的人才恰当地结合起来，优势互补，实现组织的系统功能。

6. 适度流动

企业的经营活动免不了人员的流动，好的人力资源队伍是与适度的人才流动联系在一起的，企业员工的流动率过低或过高，都是不正常现象。流动率过低，员工会厌倦过长时间的岗位，而不利于发挥他们的积极性和创造性；流动率过高，说明企业管理中存在问题，使企业花费较多成本培训员工而取得回报的时间较短。保持适度的人员流动率，可使人才充分发挥自身潜力，使企业人力资源得到有效的利用。

3.2.2 制定人力资源规划的步骤

如图3-2所示，人力资源规划可分为6个步骤。

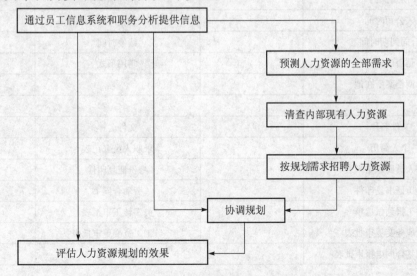

图 3-2　人力资源规划的制定步骤

第一步是要提供基本的人力资源信息，这一过程是后面各阶段的基础，因此十分关键。

第二步是进行人力资源全部需要的预测，即利用合适的技术和信息估计在某一目标时间内企业或组织所需要人员的数量。

第三步是要在全体员工和管理者的密切配合下，清查和记录企业或组织内部现有的人力资源情况。

第四步是确定招聘的人员数，即把全部需要的人员数减去内部可提供的人员数，其差就是需要向社会进行招聘的人数。企业或组织可通过人才市场招聘，可通过训练、开发及岗位培训等过程得到所需要的人才。

第五步是要把人力资源规划和企业的其他规划相协调。

第六步是对人力资源规划的实施结果进行评估，用评估的结果去指导下一次的人力资源规划。

人力资源规划的每一个步骤都依赖于第一步，即职工信息系统和职工基本记录提供的数据。下面将对这6个步骤加以详细说明。

1. 提供基本的人力资源信息

提供人力资源信息是人力资源规划的第一过程，它的质量如何对整个工作影响甚大，必须加以高度重视。人力资源信息包括的内容十分广泛，主要有人员调整情况；员工的经验、能力、知识、技能的要求；工资名单上的人员情况；员工的培训、教育等情况。这些信息和情况一般可以从员工的有关记录中查出，利用计算机进行管理的企业或组织可以十分方便地存储和利用这些信息。企业应建立自己的人力资源信息系统，随时提供人力资源结构分析所需的信息。企业可利用员工档案来收集员工的初步资料。表3-2所示说明了员工档案的主要内容。

表 3-2　员工档案

基本情况	姓名		性别		民族
	出生日期		身份证号码		
	政治面貌		婚姻状况		
	毕业学校		学历		
	毕业时间		参加工作时间		
	专业		户口所在地		
	籍贯		邮政编码		
	住址		联系电话		
	手机		电子邮箱		
备注					
入公司情况	所属部门		担任职务		
	入公司时间		转正时间		
	合同到期时间		续签时间		
	是否已调档		聘用形式		
	未调档案所在地				
备注					
档案所含资料	文件名称		文件名称		
	个人简历		求职人员登记表		
	应聘人员面试结果表		身份证复印件		
	学历证书复印件		劳动合同书		
	员工报到派遣单		员工转正审批表		
	员工职务变更审批表		员工工资变更审批表		
	员工续签合同申报审批表		其他资料		
备注					

在这一部分有一项重要的工作就是进行职务分析,并提供这方面的有关信息,为下一步工作打好基础。职务分析是收集与工作岗位有关信息的过程,应以此来确定工作的任务、内容及哪种人可以胜任。工作分析包括的信息如表3-3所示。

表3-3 工作分析包括的信息

工作行为
(1) 整体工作目标或任务
(2) 工作/操作流程或步骤
(3) 工作记录
(4) 个人职责
(5) 个人工作目标或任务
(6) 任职人员必须进行的与工作有关的活动
(7) 任职人员执行工作中每一项活动的步骤
(8) 执行这些活动的原因
(9) 执行这些活动的具体时间安排
工作中的个人行为
(1) 个体行为(包括认知、决策、体力活动、交流沟通等)
(2) 工作对承担工作的人的要求
工作中相关的实体与非实体
(1) 使用的机器、工具、设备和其他辅助作用工具
(2) 使用的原材料
(3) 生产的产品
(4) 提供的服务
(5) 接触这些实体与非实体时需运用的知识
工作绩效的标准
(1) 工作质量标准
(2) 工作数量标准
(3) 工作所消耗的原材料的标准
(4) 工作所耗时间的标准
(5) 允许的工作误差标准
(6) 其他方面的标准
工作背景
(1) 工作的物理环境(如工作场所的温度、噪声等)
(2) 工作计划(如工作作息表和工作日程表等)
(3) 组织情况(如组织背景、发展规划等)
(4) 相关的社会情况(如组织内的人际关系)
(5) 工作回报(包括经济的和非经济的激励)
工作要求
(1) 相关的知识要求
(2) 相关的技能要求
(3) 相关的能力要求
(4) 相关的其他要求

2. 预测人员需求

在预测过程中,选择做预测的人是十分关键的,因为预测的准确与否和预测者及他的管理判断力关系重大。一般来说，商业因素是影响员工需要类型、数量的重要变量，预测者会分离这些因素，并且要会收集历史资料去做预测的基础。例如，一个企业的产量和需要的员工数目之间常存在着直接关系，产量增加时，一般劳动力会成比例地增长。如果实际情况都像这个例子一样，只有产量的少数几个有限的商业因素影响人力需要的话，那么进行人力资源需要的预测是很简单的事情。可实际情况却往往不是如此，员工数量的增加并不单是由产量增加而引起的，改善技术、改进工作方法、改进管理等非商业因素都将增加效率，这时产量和劳动力之间的关系已经发生了变化。对此，预测者必须有清醒的认识。

从逻辑上讲，人力资源需要明显是产量、销售、税收等的函数，但对不同的企业或组织，每一因素的影响并不相同。预测者在选择影响因素、预测计算上要小心谨慎。

3. 清查和记录内部人力资源情况

搞清楚企业或组织内部现有的人力资源情况当然是十分重要的。对现有人员一定要尽量做到人尽其才、才尽其用，因此，管理者在管理工作中经常清查一下内部人员情况，对此做到心中有数，对不合适的人员加以调整是必要的。在这一阶段，需格外注意对内部人员有用性的了解，对可提升人员的鉴别及作出个人的发展培养计划。如表3-4所示，企业或组织每月都应进行一次内部人力资源情况的统计，以便及时调整企业或组织的用工情况。

在清查、记录企业或组织内部人员时，首先应该确认全体人员的合格性，对不合格的要进行培训，大材小用和小材大用的都要进行调整。对人员空缺的职位，可以由组织内部人员填充，也可以从外部招聘。

表3-4　月份员工统计表

单位 人数		总管理处	分营业一处	分营业二处	分营业三处	总厂								第一分厂	第二分厂	第三分厂	总计
						厂长室	厂务部	生产计划部	品质保证部	工程师室	零部件制造一部	零部件制造二部	零部件制造三部	零部件制造四部				
上月人数	职员																	
	工员																	
	合计																	
新进人数	职员																	
	工员																	
	合计																	
离职人数	职员																	
	工员																	
	合计																	
调动	调入人数 职员																	
	工员																	
	合计																	
	调出人数 职员																	
	工员																	
	合计																	

4. 确定招聘需要

预测得出的全部人力资源减去企业或组织内部可提供的人力资源，就等于需要向外部求助的招聘需要。在招聘过程中，一定要注意劳动力市场的信息，要统计劳动力的职业、年龄、受教育水平、种族、性别等数据。在比较了企业或组织的劳动力需要和劳动力市场的供给量以后，如果表明可供人力资源短缺时，企业或组织就必须加强人力资源的招聘。

在招聘中，眼光不仅要盯住外部的劳动力市场，也应该建立并注意企业或组织的内部劳动力市场。因为内部的劳动力市场对人力资源规划的影响更直接，许多公司都优先考虑为自己的雇员提供晋升、工作调动和职业改善的机会。公司应该在组织内部实行公开招聘，任何人均可应聘。在内部登广告数日后，再对外进行广告宣传。用这种方式给内部申请者以优惠，使员工增强对企业的认同感，提高他们的积极性。例如，柯达公司优先提拔自己人，柯达公司有一种"内部提拔法"，其表现在公司有空缺时，让员工在第一时间知道，应该说"内部提拔法"给员工的职业发展提供了更多途径。

5. 与其他规划协调

人力资源规划如果不与企业或组织中的其他规划协调，则必定失败。因为其他规划往往制约着人力资源规划。例如，其他部门的活动直接承担着人员需要的种类、数量、技能及工资水平。人力资源规划的目的往往是为其他规划服务的，只有和其他规划协调一致才会取得好的效果。如员工的工资往往取决于财务部门的预算；销售决定生产，生产决定员工的种类、数量和技能等。

6. 评估人力资源规划

人力资源规划的制定，一定要体现动态性的特点。评估人力资源规划即是对前期人力资源工作的总结，同时对以后人力资源规划的实施不无裨益。在实际工作中，评估人力资源规划一般采用与实际对比的方法。可以从企业人力资源饱和度、企业员工离失率、部门满意度等指标来评估人力资源规划。

3.3 人力资源规划环境分析

3.3.1 企业外部环境分析

人力资源管理得以发生的环境大多处于不断变化运动中。在相当广泛的领域内，企业所处的环境都在发生着迅速的变化，这些环境变化会对人力资源管理提出新的要求，制定人力资源规划时要反映这种要求。外部环境是指企业开展经营活动的外部因素。影响人力资源规划的外部因素可分为5类：经济因素、人口因素、科技因素、政治与法律因素、社会文化因素。

1. 经济因素

不同国家之间的经济制度会对全球化人力资源管理带来影响。西方发达国家普遍信奉的是自由竞争，追求的是效率和利润。这些因素都促使企业倾向于提高员工效率，压缩人手以节约人力资源成本。因而，裁员成为提高企业竞争力的一个有力手段。而在社会主义经济制度下，这种人力资源管理策略就不适用了。以我国为例，长期以来，在我国的国有企业中，利润最大化不是它们最重要的目标。其他因素，诸如社会稳定、收入分配等有力地左右着国有企业的人力资源策略。这些因素促使它们的人力资源管理倾向于减少失业，虽然这样做会以牺牲企业利润为代价。进入世界500强的几家国有大型企业，员工人均利润率只是欧美日企业员工的百分之几，沉重的人力包袱就是其中的关键原因之一。

不同经济制度下的政府对人力资源管理也有影响。在发达国家，政府很少对企业的裁员作出反应。而在我国，地方政府为了减少当地的失业数字，往往会以优惠政策去吸引外地企业到当地投资。当企业运作出现困难需要裁员时，政府也会出面帮助企业渡过难关，以避免出现企业大面积裁员的情况。

国家的经济运行情况也会影响企业的人力资源管理策略。国家经济运行良好，保持一定的增长率，失业率就平稳在一个较低的水平。对企业而言，无论是增员以图谋更大发展，还是裁员以节约成本都易于操作。因为即使裁员，被裁的员工还是比较容易找到另外一份工作的，企业面临的赔偿压力和社会压力都不大。而在经济低迷、失业率高的国家，裁员将会严峻地考验企业的勇气。尤其是跨国公司的裁员会加重市场的悲观气氛，而公司也将面临政府、社会舆论等各个方面的压力，甚至会背上不负责任、置员工生死于不顾的恶名。

2. 人口因素

人口环境尤其是企业所在地区的人口因素对企业获取人力资源有重要影响，主要包括以下几个方面。

1）人口规模及年龄结构

社会总人口的多少影响社会人力资源的供给。在考虑人口规模对人力资源规划的影响时，应考虑年龄对人力资源规划的影响。不同的年龄段有不同的追求，人们在收入、生理需要、价值观念、生活方式、社会活动等方面的差异性，决定了企业获取人力资源时需因人而异。

2）劳动力质量

企业在制定人力资源规划时，一定要考虑当地劳动力质量结构，才能在规划时做到心中有数。如北京的高科技企业较多，是因为企业看中了北京的科研机构较多、高级科研人员多。

3. 科技因素

科学技术对企业人力资源规划的影响是全面的，尤其是电子信息技术应用到人力资源规划中。如与人力资源规划有关的应用软件包括两个：一是职业更替软件；一是人力资源预测软件。人力资源规划软件有助于管理者对劳动力队伍的结构及动态进行分析，它可以提供企业及雇员全方位的信息。

4. 政治与法律因素

企业运行于一定的政治法律环境下，这种政治环境是由那些影响社会系统诸多方面行为的法律、政府机构、公众团体组成的。影响人力资源活动的政治法律环境因素包括：政治体制、经济管理体制、政府与企业关系、人才流动的法律法规、方针政策等。如招聘政府有关人员有最低工资的强制性规定、有现行的认识制度和社会保证制度等，这些因素都会对企业人力资源规划产生重要影响。我国的现行法律法规对高级人才的限制较少，对低层次劳动力的限制较多。

5. 社会文化因素

不同国家都有自己传统的、特定的文化，形式各异的文化背景为企业的全球化人力资源策略带来了挑战。所以，人力资源主管应懂得如何在各国不同的分支机构中因地制宜地实行不同的策略。文化差异无疑为企业的全球化人力资源政策带来了巨大的挑战，为了尽量降低文化因素对企业业绩的不利影响，企业越来越多地采用员工本土化策略，希望借此使企业员工尽可能地适应当地文化，减少不必要的损失。

3.3.2 企业内部环境分析

内部环境包括企业的经营战略、企业的组织环境和企业的人力资源结构。企业的经营战略是企业的整体计划，对所有的经营活动都有指导作用。企业的经营战略包括企业的目标、产品组合、经营范围、生产技术水平、竞争、财务及利润目标等。企业的组织环境包括现有的组织结构、管理体系、薪酬设计、企业文化等。了解现有组织结构，可以预测未来的组织结构。企业的人力资源结构就是现有的人力资源状况，包括人力资源数量、素质、年龄、职位等，有时还要涉及员工价值观、员工潜力等。只有对现有人力资源的充分了解与有效利用，人力资源规划才有意义。

1. 企业经营环境

不同的企业战略对应着不同的人力资源规划，而企业也会根据自身人力资源所具备的优势和劣势，根据企业人力资源规划不断修正和调整企业战略。人力资源规划与企业战略是相互影响、相互作用的。对企业而言，所选择的战略是多样的，它可根据所面临的外部环境的机会和威胁、自身所具备的优势和劣势来进行选择。美国管理学家弗雷德·R·戴维把企业战略概括为13类：前向一体化、后向一体化、横向一体化、市场渗透、市场开发、产品开发、集中化多元经营、混合式多元经营、横向多元经营、合资经营、收缩、剥离及清算式战略。企业各战略类型所对应的人力资源规划的特点见表3-5。

表 3-5　企业各战略类型所对应的人力资源规划的特点

战略		定义	人力资源规划的特点
一体化战略	前向一体化	获得分销商或零售商的所有权或对其加强控制	企业在人力资源规划上应充分利用原有的有效网络，发挥原有网络的人力资源应有的作用
	后向一体化	获得供方公司的所有权或对其加强控制	企业在人力资源规划时要围绕供应商企业所需要的人力资源体系展开，且保持企业现有人力资源体系的一致性，发挥整体功能
	横向一体化	获得竞争者的所有权或对其加强控制	企业在人力资源规划时要围绕更大的组织所需要的组织体系、人力资源体系来进行
加强型战略	市场渗透	通过更大的营销努力，提高现有产品或服务的市场份额	企业要采取招聘和培训更多销售人员的人力资源规划
	市场开发	将现有产品或服务打入新的地区市场	企业应制定开发和培训开辟新市场人才的人力资源规划
	产品开发	通过改造现有产品或服务，或开发新产品或服务而增加销售	企业应建立一支超强的研究和开发队伍
多元经营战略	集中化多元经营	增加新的、但与原业务相关的产品或服务	企业人力资源规划要围绕优秀的管理队伍展开
	混合式多元经营	增加新的、但与原业务不相关的产品或服务	企业要有一套致力于开发高素质管理人才的人力资源规划
	横向多元经营	为现有用户增加新的、与原业务相关的产品或服务	保持企业现有人力资源体系的特点，实行相应的人力资源规划，以保证战略的配套
防御性战略	合资经营	两家或更多的发起公司为合作目的组成独立企业	由企业文化融合度来考虑如何进行人力资源规划
	收缩	通过减少成本与资产对企业进行管理重组，以扭转销售额和盈利的下降	企业无论实行收缩、剥离还是清算战略，都要有相应的人力资源规划与之配套。企业人力资源规划应围绕如何保留具有竞争力的队伍的问题，以保证企业将来发展的需要
	剥离	将公司或组织的一部分出售	
	清算	为实现其有形资产价值而将公司资产全部分块出售	

2. 企业组织环境

美国人力资源管理专家詹姆斯·W·沃克从组织的复杂程度和组织变革的速度两方面把企业可选择的环境分为 4 种类型：制度型环境（Institutional）、灵活型环境（Flexible）、创业型环境（Entrepreneurial）和小生意型环境（Niche），如图 3-3 所示。

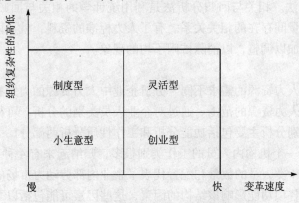

图 3-3　企业可选择的 4 种组织类型

1）制度型组织

制度型组织要求企业的组织复杂程度高，但企业变革的速度较缓慢。这时，企业缓慢的变革要求一个强调稳定、谨慎避免风险和细致管理行为的组织。在规定环境中运作的企业或在成熟的市场中经营成熟产品的企业，通常采取制度型管理，如供电企业、家电企业等。

2）创业型组织

创业型组织要求企业变化较快，组织结构相对比较简单。大多数企业开始时都是创业型企业，许多网络公司都属于这种类型。

3）小生意型组织

组织小而变化慢的环境称为小生意环境。没有发展起来的食品店和变化很小的手工艺品制作厂都是小生意型组织，我国大多数企业都属于这种类型。

4）灵活型组织

相对于复杂的企业来说，灵活型组织是最合适的组织形式。如果创业型组织得到成长，就会变成复杂但仍然快速变化的组织，如华为技术有限公司、联想集团等，都是典型的由创业型组织变成大而复杂、但仍然施行灵活管理的企业。

3. 人力资源结构分析

人力资源规划首先要进行人力资源结构分析。所谓人力资源结构分析，就是对企业现有人力资源的调查和审核。只有对企业现有人力资源有充分的了解和有效的运用，人力资源的各项计划才有意义。人力资源结构分析主要包括以下几个方面。

1）人力资源数量分析

人力资源规划对人力资源数量的分析，其重点在于探求现有的人力资源数量是否与企业机构的业务量相匹配，也就是检查现有的人力资源配置是否符合一个机构在一定业务量内的标准人力资源配置。在人力资源配置标准的方法运用上，通常有以下几种。

（1）动作时间研究法。动作时间研究法的原则与生产运作管理中对人的能力的测试一样，选择业务水平中等的工人进行一项操作，计算其花费的时间。动作时间分析应根据正常作业、疲劳、延误、工作环境配合、努力等因素定出标准时间，并按总工作量核算出所需员工数。

（2）业务审查法。业务审查法是通过审查过去工作量的经验结果来计算人力标准的方法。根据所依据的经验资料的来源不同，可分为最佳判断法和经验法两种。最佳判断法是通过运用各部门主管及人事、策划部门人员的经验，分析出各工作性质所需的工作时间，再判断出人力标准量。经验法是根据完成某项生产、计划或任务所消耗的人事记录来研究、分析每一部门的工作负荷，再利用统计学上的平均数、标准差等确定完成某项工作所需的人力标准量。

（3）工作抽样法。工作抽样又称工作抽查，是一种统计推论的方法。它是根据统计学的原理，以随机抽样的方法来测定一个部门在一定时间内，实际从事某项工作所占规定时间的百分率，以此百分率来测定人力通用的效率。该方法常用于无法以动作时间衡量的工作。

（4）相关与回归分析法。相关与回归分析法是利用统计学的相关与回归原理来测量计算和分析各单位的工作量与人力数量间存在的相关关系。有了人力标准的资料，就可以分析计算现有的人数是否合理，如不合理，应该加以调整，以消除忙闲不均的现象。

2）人员类别的分析

不同性质的企业，对人力资源的需求不同。分析企业中人力资源的类别有利于把握企业人力需求的大方向，缩小搜索外部人力资源的范围。通过对企业人员类别的分析，可得知一个机构业务的重心所在。企业中人力资源类别分析主要包括功能分析和工作性质分析两部分。

（1）工作功能分析。一个机构内人员的工作类别很多，归纳起来有4种：业务人员、技术人员、生产人员和管理人员。这4类人员的数量和配置代表了企业内部劳动力市场的结构。有了这项人力结构分析的资料，就可研究各项功能影响该结构的因素，这些因素可能包括以下几个方面：企业所处的市场环境、企业所使用的生产与管理技术、劳动力市场状况等。了解这些因素，有助于企业在影响因素变动时准确地预测未来的人力资源需求趋势。

(2) 工作性质分析。根据工作性质不同，企业内部工作人员可分为直接人员和间接人员两类。这两类人员的配置，也随企业性质不同而有所不同。在较大的企业中，存在间接人员增长较快的现象，这一问题在跨国、跨行业经营的企业中特别明显。最近的研究发现，一些组织中的间接人员往往不合理地膨胀，该类人数的增加与组织业务量增长并无联系，这种现象被称为"帕金森定律"（Paskinson's Law）。掌握企业现有的人力资源类别可以防止管理人员过于膨胀。

3）人员素质分析

人员素质分析就是分析现有工作人员受教育的程度及所受的培训状况。一般而言，受教育与培训程度的高低可显示工作知识和工作能力的高低，任何企业都希望能提高工作人员的素质，以期望人员能对组织作出更大的贡献。但事实上，人员受教育与培训程度的高低，应以满足工作需要为前提。因而，为了达到适才适用的目的，人员素质必须和企业的工作现状相匹配。管理层在提高人员素质的同时，也应该积极提高人员的工作效率，以人员创造工作，以工作发展人员，通过人与工作的发展，促进企业的壮大。

人员素质分析中，受教育与培训只是代表人员能力的一部分，一个企业及组织中，不难发现一部分人员的能力不足，而另一部分人员则能力有余，未能充分利用，即能力、素质与工作的需求不匹配。其解决方法有以下几种。

(1) 变更职务的工作内容。减少某一职务、职位的工作内容及责任，而转由别的职务人员来承接。

(2) 改变及提高现职人员。运用培训或协助方式来提高现职人员的工作能力。

(3) 变更现职人员的职位。如果上述两种方法仍无法达到期望时，表示现职人员不能胜任此职位，应予以调动。

以上3种解决方法究竟选用何种为宜，事先需要考虑以下几个因素。

(1) 加强培训能否使当事人有所进步。如果加强培训可使能力不足的员工有所进步时，则没有必要采取变动人员的措施。

(2) 担任该职位可能的时间长度。如果某员工任该职位已届退休或轮调期满或组织结构更迭，则可采用临时性调整。

(3) 是否情况紧急，非立即改善不可。如果该职务比较重要，足以影响组织目标的实施，则必须采取组织措施，否则应尽量不用组织措施解决。

(4) 是否影响组织士气。将某员工调职，是否会影响其他员工的情绪，使员工失去安全感，而有损组织的稳定。

(5) 有无适当的接替人选。如果短期内无法从内部或外部找到理想的接替人员，则应采取缓进的措施，以免损失更大。

(6) 此职位与其他职位相关性程度。如果此职位与上、下、平行多个其他职位的相关往来频度很高，则不应采取太突然的措施，以避免影响其他职位的效率和工作进展。

4）年龄结构分析

分析员工的年龄结构，在总的方面可按年龄段进行，统计全公司人员的年龄分布情况，进而求出全公司的平均年龄。了解年龄结构旨在了解下列情况：

(1) 组织人员是日益年轻化还是日趋老化；

(2) 组织人员吸收新知识、新技术的能力；

(3) 组织人员工作的体能负荷；

(4) 工作职位或职务的性质与年龄大小的可能匹配要求。

以上4种情况，均影响组织内人员的工作效率和组织效能。企业员工理想的年龄分布应呈三角形金字塔为宜。顶端代表50岁以上的高龄员工；中间部位次多，代表36～50岁的中龄员工；而底部人数最多，代表20～35岁的低龄员工。

5）职位结构分析

根据管理幅度原理，主管职位与非主管职位应有适当的比例。分析人力结构中主管职位与非主管职位，可以显示组织中管理幅度的大小及部门与层次的多少。如果一个组织中，主管职位太多，可能表示下列不当的结果：

(1) 组织结构不合理，管理控制幅度太狭窄，部门与层次太多；
(2) 工作程序繁杂，增加沟通协调的次数，浪费很多时间并容易导致误会和曲解；
(3) 由于本位主义，造成相互牵制，势必降低工作效率；
(4) 出现官僚作风，形成官样文章。

通常在公司的经营策略未确立前，资源如何分配对公司现在与未来的发展最有利，所有与公司经营有关的内外部资源均应列入考虑及检验。"人力资源结构分析"是人力资源部资源盘点的工作之一，是决策者制定策略的重要参考资料；在公司经营策略确立后，新的人力及技术需求自然会出现。因此，"人力资源结构分析"能帮助人力资源部门为公司做有效的整体人力规划。

3.4 人力资源需求预测

3.4.1 人力资源需求预测的含义

预测是指对未来环境的分析。人力资源预测是指在企业评估和预测的基础上，对未来一定时期内人力资源状况的假设。人力资源需求预测是指企业为实现既定目标而对未来所需要员工种类、数量和质量的估算。

企业环境变化会引起企业对人力资源需求的变化。例如，企业引进了新技术时会发现，企业在引进新技术之前与引进新技术之后对人力资源的需求是不同的，这种不同包括所需人员数量的不同、所需人员质量的不同、所需人员专业结构的不同等。

3.4.2 人力资源需求预测的步骤

人力资源需求预测分为现实人力资源需求预测、未来人力资源需求预测和未来流失人力资源需求预测3个部分。人力资源需求预测的典型步骤如下：

(1) 根据职位分析的结果来确定职位编制和人员配置；
(2) 进行人力资源盘点，统计出人员的缺编、超编及是否符合职位资格的要求；
(3) 将上述统计结论与部门管理者进行讨论，修正统计结论；
(4) 该统计结论为现实人力资源需求；
(5) 对预测期内退休的人员进行统计；
(6) 根据历史数据，对未来可能发生的离职情况进行预测；
(7) 将步骤（5）和步骤（6）的统计和预测结果进行汇总，得出未来流失人力资源；
(8) 根据企业发展规划，如引进新产品，确定各部门的工作量；
(9) 根据工作量的增长情况，确定各部门还需要增加的职位及人数，并进行汇总统计；
(10) 该统计结论为未来增加的人力资源需求；
(11) 将现有人力资源需求、未来流失人力资源和未来人力资源需求汇总，即得企业整体人力资源需求预测。

通过人力资源需求预测的典型步骤，就可以预测出企业的人力资源需求。在实际的操作中，应分别对企业的短期、中期和长期人力资源需求进行预测。预测的准确性，可以用预测结果与到时的实际结果对照，不断加以调整，使预测结果与实际结果相接近。

3.4.3 人力资源需求预测的定性方法

1. 现状规划法

人力资源现状规划法是一种最简单的预测方法，它是假设企业保持原有的生产规模和生产技术，企业的人力资源应处于相对稳定状态，即企业目前各种人员的配备比例和人员的总数将完全能适应预测规划期内人力资源的需求。在此预测方法中，人力资源规划人员所要做的工作就是预算出在规划期内有哪些人员或岗位上的人将得到晋升、降职、退休或调出本组织的情况，再准备调节人员去弥补就行了。这种方法适用于短期人力资源规划预测。

现状规划法是假定企业各岗位上需要的人员都为原来的人数，它要求企业较稳定，技术不变，规模不变。这一前提条件很难长期成立，对长期的预测效果很差，但能为长期预测提供一条简单易行的思路。

2. 经验预测法

经验预测法就是企业根据以往的经验对人力资源进行预测的方法。企业经常用这种方法来预测本组织对将来某段时间内对人力资源的需求。由于此方法是根据以往的经验来进行预测，预测的效果受经验的影响较大。因此，保持企业历史的档案，并采用多人集合的经验，可以减少误差。这种方法适用于技术较稳定的企业的中短期人力资源预测规划。

3. 分合性预测法

分合性预测法是一种比较常用的预测方法。首先，企业要求下属各个部门、单位根据各自的生产任务、技术设备等变化的情况，先对本单位将来对各种人员的需求进行预测；其次，在此基础上，把下属各部门的预测数进行综合平衡，从中预测出整个组织将来某一时期内对各种人员的需求总数。这种方法要求在人事部门或专职人力资源规划人员的指导下，下属各级管理人员能充分发挥在人力资源预测规划中的作用。

分合性预测法有很大的局限性，由于会受到各级管理人员的阅历、知识的限制，很难对长期作出准确预测，因此，这种方法比较适用于中短期的预测规划。

4. 德尔菲法

德尔菲（Delphi）法是一种简单、常用的主观判断预测方法，它起源于19世纪40年代的兰德公司。这种方法是由有经验的专家或管理人员对某些问题分析或管理决策进行直觉判断与预测，其精度取决于预测者的经验和判断能力，也称"专家咨询法"或"集体预测法"。专家包括企业外部和内部对所研究问题具有发言权的所有人员。德尔菲法的典型步骤如下。

1）预测准备

预测准备工作包括：

（1）确定预测的课题及各预测项目；

（2）设立负责预测工作的临时机构；

（3）在组织内部和外部，广泛选择研究人力资源问题领域的专家成立一个小组。

2）专家预测

专家预测工作包括：

（1）预测临时机构把包含预测项目的预测表及有关背景资料寄送给各位专家；

（2）要求专家在各种新发现、发展领域里，他们认为将发生什么情况及何时发生等问题以匿名方式作出预测。

3）收集反馈

收集反馈工作包括：

（1）收集各预测专家的观测结果；

（2）预测机构对各专家意见进行统计分析，综合第一次预测结果；

（3）把综合结果反馈给小组成员，再要求各专家对新预测表作出第二轮预测；

（4）收集反馈过程重复数次，其收集反馈模型如图3-4所示。

4）预测结果

在意见交流开始形成比较一致的看法时，这个结果成为可以接受的预测。在运用德尔菲法进行人力资源需求预测的过程中，企业应注意以下几个问题。

（1）提供充分且完备的信息，包括已收集的历史资料和有关的分析结果，使预测者能够作出准确的判断。

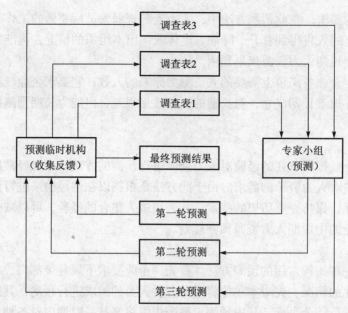

图 3-4 德尔菲法收集反馈模型

(2) 所提出的问题尽可能简单，以保证所有专家能够从相同角度理解有关概念。

(3) 所提出的问题应该是专家能够答复的，或其专业特长之内的问题。

(4) 问题的回答不需要太精确。例如，在人力资源需求预测时，可以不问人力需求的总体绝对数量，只问变动的百分比或某些专业人员的预计变动数量。预测者可以粗略估计数字，但要说明数字的可靠程度。

德尔菲法的难点在于如何提出简单明了的问题和如何将专家的意见归纳总结。对此，可采用名义小组讨论弥补不足，即请各位专家或有经验的现场管理人员组成一个小组，每人根据现有的信息与资料，列出一张问题清单，企业将所有的问题一一列出，请各位专家归纳。

5. 描述法

描述法是人力资源规划人员通过对本企业在未来一定时期有关因素的变化进行描述或假设，并从描述、假设、分析和综合中对将来人力资源的需求进行预测规划。由于这是假定性的描述，因此，人力资源需求就有几种备选方案，目的是适应和应付环境与因素的变化。例如，对某一企业今后 3 年情况变化的描述或假设有以下几种可能性：

(1) 同类产品可能稳定地增长，同行业中没有新的竞争对手出现，在同行业中技术也没有新的突破；

(2) 同行业中出现了几个新的竞争对手，同行业中技术方面也有较大的突破；

(3) 同类产品可能会跌入低谷、物价暴跌、市场疲软、生产停滞，但同行业中，在技术方面可能会有新的突破。

企业可以根据上述不同的描述和假设情况预测和制订出相应的人力资源需求备选方案。但是，这种方法由于是建立在对未来状况的假设、描述的基础上，而未来具有很大的不确定性，时间跨度越长，对环境变化的各种不确定性就越难进行描述和假设，因此，对于长期的预测有一定的困难。

3.4.4 人力资源需求预测的定量方法

1. 趋势预测法

趋势预测法是一种基于统计资料的定量预测方法，一般是利用过去 5 年左右时间里的员工雇用数据。

1) 简单模型法

该模型假设人力需求与企业产出水平（可用产量或劳动价值表示）成一定比例关系，即

$$M_t = M_0 \times \frac{Y_t}{Y_0}$$

当已知人员需求的实际 M_0 值及未来时间 t 的产出水平 Y_t 后，可计算出时间 t 内人员需求量的值 M_t，上式中，M_0 并非指现有人数，而是指现有条件及生产水平所对应的人员数，它通常是在现有人员数的基础上，根据管理人员意见或参考同行情况修正估算所得；Y_0 表示刚开始时的产出水平。使用此模型的前提是产出水平同人员需求量的比例已定。

2）简单的单变量预测模型（一元线性回归分析法）

简单的单变量预测模型仅考虑人力资源需求本身的发展情况，不考虑其他因素对人力资源需求量的影响，它以时间或产量等单个因素作为自变量，以人力数作为因变量，且假设过去人力的增减趋势保持不变，一切内外影响因素也保持不变。使用此模型的前提是产出水平同人员需求量的比例不一定。例如，某公司 12 年的产量和员工数量如表 3-6 所示。

表 3-6 某公司 12 年的产量和员工数量

年份	1	2	3	4	5	6	7	8	9	10	11	12
产量	10	13	14	15	18	13	12	11	13	19	20	21
员工数量	20	21	20	22	23	24	22	22	23	25	26	27

注：以时间作为自变量，也称为时间序列分析。

预测方程为

$$y = \alpha + \beta x + \xi$$

式中：y 为员工数量；x 为时间；α，β 为常数；ξ 为随机变量，其平均值为 0。

运用最小平方方法可推导出 α，β 的公式为

$$\alpha = \bar{y} - \beta \bar{x}$$

$$\beta = \frac{\sum (x_i - \bar{x})(y_i - \bar{y})}{\sum (x_i - \bar{x})^2}$$

将数据代入公式得

$$\sum x_i = 78; \quad \bar{x} = 6.5; \quad \sum y_i = 275; \quad \bar{y} = 22.92$$

$$\sum (x_i - \bar{x})^2 = 143; \quad \sum (x_i - \bar{x})(y_i - \bar{y}) = 78.5$$

$$\beta = \frac{78.5}{143} \approx 0.549; \quad \alpha = 22.92 - \frac{78.5}{143} \times 6.5 \approx 19.35$$

假定 $\xi = 0$，则 $y = 19.35 + 0.549 \times 13 = 26.5 \approx 27$（人）。

3）复杂的单变量预测模型

该模型是在人力需求当前值和以往值及产出水平变化值的基础上增加劳动生产率变量而建立的。由于考虑了劳动生产率的变化，更具有实用性。劳动生产率的变化一般与技术水平有关，因此，实际上考察的是技术水平变动情况下的人力资源需求变化。技术水平的变化比较容易预测，因为新技术从研究成功到运用一般总有一个时滞。公式表示为

$$M_t = \frac{M_0}{Y_0} Y_t + \left(\frac{M_0}{Y_0} - \frac{M_{-1}}{Y_{-1}} \right) \bar{Y}_t$$

式中：M_t——t 时刻人力资源需求预测值；

M_0——$t = 0$ 时的人员需求量；

Y_0——$t = 0$ 时的生产水平；

Y_t——t 时刻生产水平；

M_{-1}——基期前一期的劳动力数；

Y_{-1}——基期前一期的产出水平;

$\bar{Y}_t$——t 时刻生产水平预测值。

可以使用计算机应用软件如 Excel、SPSS、SAS 等统计工具来拟合预测方程,减少手工计算时的误差,提高计算速度。使用计算机可处理更多的历史资料,考虑更多的历史资料可增加数据结论的准确性。

2. 劳动生产率分析法

劳动生产率分析法是一种通过分析和预测劳动生产率,进而根据目标生产/服务量预测人力资源需求量的方法。这种方法的关键部分是如何预测劳动生产率。如果劳动生产率的增长比较稳定,预测就比较方便,使用效果也较佳。劳动生产率预测可直接用外推预测法;也可以对劳动生产率的增长率使用外推预测法,这种方法适用于短期预测。

3. 多元回归预测法

多元回归预测法同样是一种建立在统计技术上的人力资源需求预测方法。与趋势预测法不同的是,它不只考虑时间或产量等单个因素,还考虑了两个或两个以上因素对人力资源需求的影响。多元回归预测法不单纯依靠拟合方程、延长趋势线来进行预测,它更重视变量之间的因果关系。它运用事物之间的各种因果关系,根据多个自变量的变化来推测因变量的变化,而推测的有效性可通过一些指标来加以控制。

人力资源需求的变化总是与某个或某几个因素有关。通常都是通过考察这些因素来预测人力资源需求情况。首先,应找出与人力资源需求量有关的因素,将其作为变量,如销售量、生产水平、人力资源流动比率等,其次,找出历史资料中的有关数据及历史上的人力资源需求量,要求至少 20 个样本,以保证有效性。对这些因素利用 Excel、SPSS 等统计工具中的多元回归计算来拟合出方程,利用方程进行预测。在多元回归预测法中,使用计算机技术非常必要,多元回归计算比较复杂,手工计算耗时多,易出错,使用计算机可避免这些因素对准确性的影响。

4. 劳动定额法

劳动定额法是对劳动者在单位时间内完成工作量的规定,在已知企业计划任务总量及制定了科学合理的劳动定额的基础上,运用劳动定额法能较准确地预测企业人力资源需求量。公式表示为

$$N = \frac{W}{q(1+R)}$$

式中:N——人力资源需求量;

W——计划期任务总量;

q——企业现行定额;

R——部门计划期内生产率变动系数。且

$$R = R_1 + R_2 + R_3$$

式中:R_1——企业技术进步引起的劳动率提高系数;

R_2——由经验积累导致的劳动率提高系数;

R_3——由年龄增大及某些社会因素引起的生产率降低系数。

5. 趋势外推法

趋势外推法又称时间序列预测法。它是按已知的时间序列,用一定的方法向外延伸,以得到未来的发展趋势。具体又可分为直线延伸法、滑动平均法和指数平滑法 3 种。

1) 直线延伸法

直线延伸法只在企业人力资源需求量在时间上表现出的明显均等延伸趋势的情况下才运用。如图 3-5 所示,可由需求线 Z 直接延伸得出未来某一时点的企业人力资源需求量。

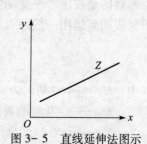

图 3-5 直线延伸法图示

2）滑动平均法

滑动平均法一般是在企业人力资源需求量的时间序列不规则、发展趋势不明确时，采用滑动平均数进行修正的一种趋势外推法。它假定现象的发展情况与较近一段时间的情况有关，而与较远时间的无关，故将近期内现象的已知值的平均值作为后一期的预测值。主要适用于短期预测。

3）指数平滑法

其计算公式为

$$\overline{X} = \alpha X_t + (1-\alpha) X_{t-1}$$

式中：$\overline{X}$——新平滑值；

α——平滑系数或平滑加权系数；

X_t——时间序列中新数据；

X_{t-1}——计算出的平滑值。

平滑系数 α 的选择，直接决定着预测的准确度。一般是选择几个 α 值，从而进行多方案分析。经验证明，α 值一般应为 0.3、0.2、0.1 或 0.05。

6. 生产函数模型法

最典型的生产函数模型是道格拉斯（Cobb-Douglas）生产函数为

$$y = A(t) L^\alpha C^\beta u$$

式中：y——总产出水平；

$A(t)$——总生产率系数（近似于常数）；

L——劳动力投入量；

C——资本投入量；

α、β——分别为劳动和资金产出弹性系数，且 $|\alpha| + |\beta| \leq 1$；

u——对数正态分布误差项。

一旦预测出企业在 t 时间的产出水平和资本总额，即可得到在 t 时刻企业人力资源需求量。但对企业来说，这是一个比较复杂的过程，因为 $A(t)$、α、β 的确定是一件比较困难的事，有条件的大公司可以考虑此方法。

7. 工作负荷法

工作负荷法又称比率分析法。它的考察对象是企业目标和完成目标所需人力资源数量间的关系，考虑的是每个人的工作负荷和企业目标间的比率。企业的目标一般是指生产量或者销售量等容易量化的目标。每个人的工作负荷则是指某一特定的工作时间内每个人的工作量。预测未来一段时间里企业要达到的目标，如要完成的产量或销售量折算出工作量，再结合每个人的工作负荷，就可以确定出企业未来所需的人员数量。

3.4.5 各种预测方法的对比

各种预测方法对比如表 3-7 所示。

表 3-7 各种预测方法对比表

技术分类	方法	使用条件	特点	应用范围
人力资源需求预测定性方法	现状规划法	企业各岗位上需要的人员都为原来的人数，它要求企业特别稳定，技术不变，规模也不变等	预测方法简单，比较容易操作	适用于短期人力资源规划预测
	经验预测法	保持企业历史的档案，并采用多人集合的经验，可以减少误差	预测的效果受经验影响较大	适用于技术较稳定企业的中、短期人力资源预测规划
	分合性预测法	该方法要求在人事部门或专职人力资源规划人员的指导下进行预测	采取先分后合的预测方法，有较大的局限性	比较适用于中、短期的预测规划

续表

技术分类	方法	使用条件	特点	应用范围
人力资源需求预测定性方法	德尔菲法	有经验的专家或管理人员对某些问题分析或管理决策进行直觉判断和预测；预测人员应具有提出简单明了的问题和如何将专家的意见归纳总结的能力	技术比较准确，在预测方法中享有一定的权威	常用来预测和规划因技术的变革带来的对各种人才的需求，适用于大企业中、长期的预测规划
人力资源需求预测定量方法	趋势外推法	企业比较稳定	对初步预测很有价值，但有很大的局限性	既适合对企业进行整体预测，也适合对企业的各个部门进行结构性预测，适合企业的短、中期预测
	一元线性回归分析方法	预测时一定要选取与人力资源需求量相关的变量；预测出的结果一定要检验	是比较精确的预测方法，但预测的准确程度与相关变量的选取有很大关系	适用于中、短期的预测
	多元回归分析方法	预测时一定要选取与人力资源需求量相关的变量；预测出的结果一定要检验	多个变量对人力资源需求有影响	该方法在企业预测中经常使用
	计算机模拟法	需要系统软件开发	方法复杂；相对预测结果准确；综合其他预测方法	适合大企业的中、长期人力资源规划

3.4.6 影响需求预测的关键因素

人力资源需求预测以组织的战略目标和发展计划、工作任务为依据，人力资源需求取决于组织的生产/服务需求及投入/产出之间的要素等。例如，扩大生产、增加产品和服务，人力资源需求量增加；自动化水平提高，需求量减少，而对员工的技能要求也随之变化。

1. 选择预测方法

从西方国家的情况来看，大企业在制定中、长期人力资源规划时，多采用较为复杂的德尔菲法和计算机模拟法；对较小的企业来说，多采用较为简单的预测规划法。在制定短期人力资源规划时，不管大、小企业组织，以采用简单的预测规划法较多。

人力资源规划的一个关键是劳动力的老化和员工离职情况。人员减少量是辞职人数、解雇人数、调离人数和退休人数的总和，可以使用趋势外推法来预测离职率。在预测员工离职规模时，还应区分不可避免的和可控制的两类情况，考虑随着时间推移各个不同工作岗位上员工正常的流动率。这种预测的精确度越高，劳动力供给的估计在将来的价值也越大。

2. 短期、长期预测中的关键因素

1）短期预测中的关键因素

一般来说，人力资源短期需求的数量可从工作负荷分析中得到。工作负荷分析包括销售预测、工作进程及确定生产单位所需员工数量等各种方法。通过工作负荷分析，可得到承担该项负荷的标准人力资源需求数量。此外，还应注意的是，企业工资册上的员工数量与企业实际可运用的人力资源数量并不一致。因此，对现有人力的出勤情况、辞职、退休及其他各种原因的离职，均要加以分析，以明确可以实际投入的人力。

2）长期预测中的关键因素

企业长期人力资源预测要比短期人力资源预测更加复杂和困难。两者的主要区别是前者所考虑的因素多，而且具有较高的不确定性。如企业确定长期的人力资源需求，不仅要考虑市场的变化趋势，还要了解技术进步和产业结构的调整方向；不仅要考虑企业组织变革的可能性，还要研究员工需求的变化等。

3. 人力资源的流动和周转

人力资源规划的一个关键因素是劳动力的老化和员工离职情况。人员减少量是辞职人数、解雇人数、调离人数和退休人数的总和。在预测员工离职规模时，还应区分不可避免的和可控制的两类情况，及工作岗位上员工正常的流动率。

人力资源流动是市场经济的特征之一。任何企业都会因人事变动、环境变化及企业业务量的增减等原因而出现退休、离职、辞退等人力资源的流动；企业也会随时启用新员工，以补充和满足企业对人力资源的需要。以企业人力资源的流动来维持员工队伍的新陈代谢，对保持企业组织的效率与活力具有重要意义。

人力资源的流动与周转，是企业人力资源管理和规划所必须充分考虑的因素。不同的企业或同一企业，在不同的形势下和自身发展的不同阶段，会有各不相同的人力资源流动率。人力资源流动率是一定时期内某种人力资源变动（离职或新进）与员工总数的比率。人力资源流动率通常是考察企业与员工队伍是否稳定的重要指标。适度的人力资源流动率是维持组织新陈代谢的条件，可作为选用方法和程序的重要依据。

由于人力资源流动率受多种因素的影响，因此，计算方法较多，常用方法有3种，即员工离职率、员工新进率、净人力资源流动率。

1）员工离职率

员工离职率是某一单位时间的离职人数（假设以月为单位）与工资册上的月平均人数的比率。公式为

$$离职率 = \frac{离职人数}{工资册平均人数} \times 100\%$$

离职人数包括辞职、免职、解职人数。离职率可用来测量人力资源的稳定程度，常以月为单位。

2）员工新进率

员工新进率是新进人员数与工资册平均人数的比率。公式为

$$新进率 = \frac{新进人数}{工资册平均人数} \times 100\%$$

3）净人力资源流动率

净人力资源流动率是补充人数（为补充离职人数而新雇的人数）与工资册平均人数的比率。公式为

$$净流动率 = \frac{补充人数}{工资册平均人数} \times 100\%$$

分析净人力资源流动率时，可与离职率和新进率相比较。对于成长发展的企业，一般净人力资源流动率等于离职率；对于采用紧缩型战略的企业，其净人力资源流动率等于新进率；对于常态下的企业，其净人力资源流动率、新进率、离职率三者相同。

人力资源流动率作为测量企业内部稳定程度的尺度，其大小与企业人力资源政策及劳资关系有着密切的关系。若流动率过大，一般可表明人事不稳定、劳资关系存在较严重的问题或企业的业务处于起伏波动状态。流动率过大，不仅增加了管理难度，而且导致企业生产效率降低，增加了企业挑选和培训新进人员的成本；反之，若流动率过小，又不利于企业人员在观念和技术方面的吐故纳新，很难通过竞争机制保持企业的活力。因此，人力资源不可没有变化，但变化又不宜过大。维持企业适当的人力资源流动率，才能保持企业的稳定和发展。

选择企业适当的人力资源流动率，应视企业的性质、人力资源政策、业务发展、企业历史及企业商誉等具体情况而定。一般的原则为：蓝领员工的流动率可以大一些，白领员工的流动率要小一些；企业高层人员的稳定周期易长些，基层人员可短些。西方发达国家的人力资源管理专家认为：年轻的专业技术人员能在一个企业维持较长的稳定性，能足以说明该企业的人事管理有过人之处，企业工作环境具有较强的吸引力。

3.5 人力资源供给预测

人力资源规划除了用到人力资源需求预测方法外，还要有人力资源供给预测方法作为保证。只有

在人员需求预测和人员供给预测两者都正确的基础上,才能知道企业各类人才需求和供给的实际情况,才能保证企业人力资源规划的正确性。

3.5.1 人力资源供给预测的含义

为了保证企业的人力资源供给,企业必须对内部和外部的人力资源供给情况进行估计和预测。通过人力资源供给预测的结果与人力资源需求预测的结果进行比较,找出差距,才可以制定相应的人力资源具体计划。

人力资源供给预测是指企业为了实现其既定目标,对未来一段时间内企业内部和外部各类人力资源补充来源情况的预测。

人力资源供给预测与人力资源需求预测有所不同,人力资源需求预测研究的只是组织内部对于人力资源的需求,而人力资源供给预测则需要研究组织内部的人力资源供给和组织外部的人力资源供给两个方面。

3.5.2 人力资源供给预测的步骤

人力资源供给预测是一个比较复杂的过程,预测的步骤也是多样化的,但典型的步骤如下:
(1) 对企业现有的人力资源进行盘点,了解企业员工状况;
(2) 分析企业的职位调整政策和历史员工调整数据,统计出员工调整的比例;
(3) 向各部门的人事决策者了解可能出现的人事调整情况;
(4) 将步骤(2)和步骤(3)的情况汇总,得出企业内部人力资源供给预测;
(5) 分析影响外部人力资源预测的地域性因素,包括:
① 企业所在地的人力资源整体状况;
② 企业所在地的有效人力资源的供求现状;
③ 企业所在地对人才的吸引程度;
④ 企业薪酬对所在地人才的吸引程度;
⑤ 企业所能提供的各种福利对当地人才的吸引程度;
⑥ 企业本身对人才的吸引程度。
(6) 分析影响外部人力资源供给的全国性因素,包括:
① 全国相关专业的大学生毕业人数及分配情况;
② 国家在就业方面的法规和政策;
③ 该行业全国范围的人才供需状况;
④ 全国范围内从业人员的薪酬范围和差异。
(7) 根据步骤(5)和步骤(6)的分析,得出企业外部人力资源供给预测;
(8) 将企业内部人力资源供给预测和企业外部人力资源供给预测汇总,得出企业人力资源供给预测。

这些步骤共同构成了人力资源供给预测,从图3-6中可以更为直观地看到人力资源供给预测的典型步骤。

3.5.3 人力资源内部供给预测

在人力资源供给预测中,为了预测的简便和准确,首先要考虑企业现有的人力资源存量,然后在假定人力资源管理政策不变的前提下,结合企业内外部条件,对未来的人力资源供给数量进行预测。下面介绍一些人力资源内部供给预测常用的方法。

1. 技能清单

技能清单是用来反映员工工作记录和工作能力特征的列表。这些能力特征包括:培训背景、以往的经历、持有的证书、已经通过的考试、主管的能力评价等。技能清单是对员工的实际能力的记录,可帮助人力资源规划人员估计现有员工调换工作岗位的可能性,以及确定哪些员工可以补充当前的岗位空缺。表3-8是一个技能清单的示例。

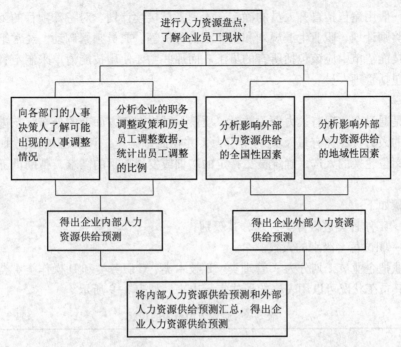

图 3-6 人力资源供给预测步骤

表 3-8 某企业管理人员的技能清单

填表日期：　年　月　日

姓名			部门		到职日期	
来源			出生年月		最高职称	
教育背景	类别	学位种类		毕业日期	学校	主修科目
	高中					
	大学					
	硕士					
	博士					
工作经历	工作单位		起止时间		担任何种工作	
培训背景	培训主题		培训时间		培训机构	
技能	技能种类				证书	
评价						
志向	是否愿意到其他部门工作			是		否
	是否愿意担任其他类型工作			是		否
	是否愿意接受工作轮换以丰富工作经验			是		否
	愿意承担哪种工作：					
需要何种培训	改善目前的技能和绩效：					
	提高晋升或需要的经验和能力：					
目前可晋升或流动至何岗位						

技能清单的一般用途包括晋升人员的确定、管理人员接续计划、对特殊项目的工作分配、工作调配、培训、薪资奖励计划、职业生涯规划和企业结构分析等。成员频繁调动、经常组建临时性团队或项目组的企业，技能清单中应该包括所有的员工。而那些主要使用技能清单来制定管理人员接续计划的企业，可以只包括管理人员。

2. 人员核查法

人员核查法是通过企业现有人力资源数量、质量、结构在各方面上的分布状态进行核查，从而掌握企业可供调配的人力资源拥有量及其利用潜力，并在此基础上，评价当前不同种类员工的供求状况，确定晋升和岗位轮换的人选，确定员工特定的培训或发展项目的需求，帮助员工确定职业开发计划与职业通路。

它的典型步骤如下：

（1）对组织的工作种类进行分类，划分其级别；

（2）确定每一职位每一级别的人数。

例如，某企业把企业员工划分为 A 管理类、B 技术类、C 服务类和 D 操作类 4 类职系，每类职系包括 4 个级别，其员工状况可以用表格的形式表示出来，如表 3-9 所示。

表 3-9 企业人力资源的现状

级 别	类 别			
	A	B	C	D
1	2	3	2	23
2	9	11	7	79
3	26	37	19	116
4	61	98	75	657

从表中可以看出，此企业的管理类员工的一级员工为 2 个，二级员工为 9 个，三级员工为 26 个，四级员工为 61 个，其他技术类、服务类和操作类员工与此完全一样。表中各类员工的分布状况相当明朗。

3. 管理人员替代法

管理人员替代法是通过一张管理人员替代图来预测企业内部的人力资源供给情况。在管理人员替代图中，要给出部门、职位全称、在职员工姓名、职位（层次）、员工绩效与潜力等各种信息（见图 3-7），依次来推算未来的人力资源变动趋势。

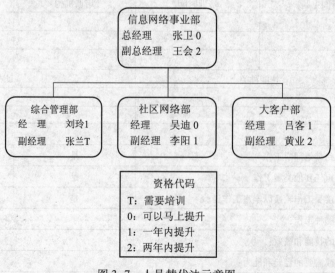

图 3-7 人员替代法示意图

它的典型步骤如下:
(1) 确定人力资源规划所涉及的工作职能范围;
(2) 确定每个关键职位上的接替人;
(3) 评价接替人选的工作情况和是否达到提升的要求;
(4) 了解接替人选的职业发展需要,并引导其将个人的职业目标与组织目标结合起来。

从上面的例子可以看出,针对某一部门具体管理人员的接替,用管理人员接替图的方法相当直观,接替图至少要包括两方面的信息:
(1) 对管理者工作绩效的评价;
(2) 提升的可能性。

4. 马尔科夫预测法

马尔科夫预测法是一种内部人力资源供给的统计预测方法。其基本思路是通过具体历史数据的收集,找出组织过去人事变动的规律,由此推测未来的人事变动趋势。马尔科夫预测方法实际上是一种转换概率矩阵,使用统计技术预测未来的人力资源变化。这种方法描述组织中员工流入、流出和内部流动的整体形式,可以作为预测内部劳动力供给的基础。

它的典型步骤如下:
(1) 根据组织的历史资料,计算每一类的每一员工流向另一类或另一级别的平均概率;
(2) 根据每一类员工的每一级别流向其他类或级别的概率,建立一个人员变动矩阵表;
(3) 根据组织年底的种类人数和步骤(2)中人员变动矩阵表预测第二年组织可供给的人数。

例如,某企业在1996—2000年的5年中,技术人员从第三级提升到第二级的人数分别为23人、19人、22人、21人和20人,而这五年中,技术人员第三级的人数分别为106人、103人、107人、104人和105人。那么这个企业技术人员从第三级提升到第二级的概率为

$$P = (23+19+22+21+20)/(106+103+107+104+105) = 0.2$$

同样,可以计算出其他每一类员工流向另一类员工的平均概率,再根据这些数据建立人员变动矩阵,如表3-10所示。

表3-10 人员变动概率 单位:%

工作级别		A_1	A_2	A_3	B_1	B_2	B_3	C_1	C_2	C_3	流出
起始时间	A_1	70									30
	A_2	15	65								20
	A_3	2	15	70							13
	B_1				70						30
	B_2				10	75					15
	B_3				1	20	70				9
	C_1							60			40
	C_2							10	70		20
	C_3							2	12	73	13

在上面的人员变动矩阵中,矩阵的列代表分析的起始时间,行代表分析的目的时间。其时间间隔取决于人力资源规划者进行供给预测时的选择,可以是月度,也可以是年度,甚至可以是商业周期,一般用年度的比较多。人员变动矩阵中单元格中的数字,表示在期初承担相应行所表示的职位的员工在期末承担相应行所表示的职位的概率或比率,对角线的数字代表在期末仍然承担原来职位的员工的比例。"流出"列中的数字描述的是各职位的员工在分析期间离开组织的比率。

矩阵中,A,B,C代表3个职位的类别,假设为管理类、技术类和操作类,其右下标的1,2,3

代表各职位类别的职位层次,如 B 代表技术类员工,B_1 代表高级技术员工,B_2 代表中级技术员工,B_3 代表初级技术员工。

从表中可以看出,B_3 即初级技术员工保留在原岗位的比率为70%,提升到 B_2 即初级技术员工的比率为20%,跨级提升到 B_1 即高级技术员工的比率为1%,流出企业的比率为9%。

运用人员变动矩阵图,对企业历史的员工流动情况一目了然,而且对熟悉高等数学知识的人员来说,运用矩阵来进行计算也特别方便。

在了解组织的人员变动矩阵后,可以根据企业起始时间的人力资源状况,预测目的时间的人力资源供给。

在上面的例子中,假设企业起始时间的人力资源状况如表 3-11 所示。

表 3-11 起始时间的人力资源状况

类别	A_1	A_2	A_3	B_1	B_2	B_3	C_1	C_2	C_3
人数	20	40	100	40	80	100	80	160	400

根据表 3-11,可以计算出目的时间各类职能上人员的供给情况。

A_1:$20\times0.70+40\times0.15+100\times0.02=20$

A_2:$40\times0.65+100\times0.15=41$

A_3:$100\times0.70=70$

B_1:$40\times0.70+80\times0.10+100\times0.01=37$

B_2:$80\times0.75+100\times0.20=80$

B_3:$100\times0.70=70$

C_1:$80\times0.60+160\times0.10+400\times0.02=72$

C_2:$160\times0.70+400\times0.12=72$

C_3:$400\times0.73=292$

以上的计算显得有些呆板,但如果读者掌握矩阵知识,运用矩阵原理来计算,过程会显得简单。用起始时间各种职位上员工的数量和转换矩阵相乘,就可以得到期末各种工作岗位上员工供给的预测值。

马尔科夫预测法可以用来进行多期分析,其方法是把目的期所提出的劳动力供给数据作为分析的起点,然后重复上述过程。

马尔科夫预测法不仅可以处理员工类别简单的组织中的人力资源供给预测问题,也可以解决员工类别复杂的大型组织中的内部人力资源供给预测。例如,职位类别特别多,可以通过建立人员变动矩阵,然后根据企业现有的人力资源状况预测组织未来的人力资源供给状况。值得注意的是,尽管马尔科夫预测法在一些大公司得到了广泛的应用,但关于这种方法的精确性和可行性还需要进一步研究。显然,转换矩阵中的概率和预测期的实际情况可能有差距,因此,使用这种方法得到的内部劳动力供给预测的结果也就可能不准确。在实际运用中,一般采用弹性化方法进行调节,即估计出几种概率矩阵,得出几种预测结果,然后对不同预测结果进行分析,寻找较合理的结果。

马尔科夫方法是一种定量预测方法,应用广泛,其最大的价值是为企业提供了一种理解人力资源流动形式的框架,但对其准确性和可行性尚存疑义。

3.5.4 人力资源内部供给预测方法比较

人力资源内部供给预测方法比较如表 3-12 所示。

表 3-12 企业内部供给预测方法比较

	特　　点	适用范围	不　　足
技能清单	预测员工的个人技能	一般应用在晋升人选的确定、管理人员接续计划、对特殊项目的工作分配等	不适合大范围、频繁调动的人力资源预测

续表

	特 点	适 用 范 围	不 足
人员核查法	是一种静态的人力资源预测方法，不反映组织未来人力资源的变化	对组织中现有的人力资源质量、数量、结构和在各职位上的分布状态进行核查	在大型企业的人力资源供给预测中，存在很大的局限性
管理人员替代法	直观、简单、有效	针对企业管理人员供给预测的方法	应根据企业的变动进行及时的调整
马尔科夫预测法	是一种转换概率矩阵，使用统计技术预测未来的人力资源变化。可作为预测内部劳动力供给的基础	不仅可以处理员工类别简单的组织中的人力资源供给问题，也可以解决员工类别复杂的大型组织中的内部人力资源供给预测	这种方法的准确性和可行性还需要进一步研究

3.5.5 人力资源外部供给预测

内部人力供给不足时，要考虑外部供给的可能性。外部人力资源供给预测主要是对劳动力市场的情况进行分析，对可能为组织提供各种人力资源的渠道进行分析，对与组织竞争相同人力资源的竞争性组织进行分析，从而得出企业可能获得的各种人力资源情况，获得这些人力资源可能的代价及可能出现的困难和危机。下面介绍人力资源外部供给预测的常用方法。

1. 查阅资料

企业可以通过互联网及国家和地区的统计部门、劳动和人事部门发布的一些统计数据及时了解人才市场信息。另外，也应该及时关注国家和地区的政策法律变化。

2. 直接调查相关信息

企业可以就自己所关注的人力资源信息进行调查。除了与猎头公司、人才中介机构保持长期、紧密的联系外，企业还可以与高校保持长期的合作关系，以便密切跟踪目标生源的情况，及时了解可能为企业提供的目标人才状况。

3. 对雇佣人员和应聘人员的分析

企业通过对应聘人员和已经雇佣的人员进行分析，也会得出未来人力资源供给状况的估计。

3.5.6 影响人力资源供给的因素

1. 人力资源供给的外部影响因素

1）影响外部人力资源供给的地域性因素

(1) 当时的住房、交通、生活条件；
(2) 公司所在地的就业水平和观念；
(3) 公司所在地的人力资源状况；
(4) 公司所在地的有效人力资源供求状况；
(5) 公司所在地对人才的吸引程度；
(6) 公司薪酬对所在地人才的吸引程度；
(7) 公司能够提供的各种福利对当地人才的吸引程度；
(8) 公司本身对人才的吸引程度。

2）影响外部人力资源供给的地域性因素

(1) 全国相关专业的大学生毕业人数及分配情况；
(2) 教育制度变革而产生的影响，如延长学制、改革教学内容等对供给的影响；
(3) 国家在就业方面的法规和政策；
(4) 该行业全国范围内的人才供需状况；
(5) 该行业全国从业人员的薪酬水平和差异。

2. 人力资源供给的内部影响因素
(1) 本企业的人力资源策略与相应的管理措施；
(2) 本企业员工的年龄和技能结构；
(3) 本企业的员工流动频率。

3.6 人力资源供需平衡与规划编制

3.6.1 人力资源供需平衡的概念

一般来说，人力资源需求与人力资源供给存在4种关系。
(1) 供求平衡：人力资源需求与人力资源供给相等。
(2) 供不应求：人力资源需求大于人力资源供给。
(3) 供过于求：人力资源需求小于人力资源供给。
(4) 结构失衡：某类人员供不应求，而另一类人员又供过于求。

一般而言，在整个企业的发展过程中，企业的人力资源状况始终不可能自然地处于人力资源供求平衡的状态。实际上，企业始终处于人力资源的供需失衡状态，大体有以下几种情况，见表3-13。

表3-13 企业发展过程中的人力资源供求状态

企业发展阶段	现象	人力资源状态
扩张时期	企业人力资源需求旺盛，人力资源供给不足	供不应求
稳定时期	企业人力资源在表面上可能会达到稳定，但企业局部仍然同时存在着退休、离职、晋升、降职、补充空缺、不胜任岗位、职位调整等	结构失衡
萧条时期	人力资源需求不足，供给变化不大	供过于求

人力资源供求平衡就是企业通过增员、减员和人员结构调整等措施，使企业人力资源供需不相等达到供需基本相等的状态。

人力资源供需平衡是企业人力资源规划的目的，人力资源需求预测和人力资源供给预测都是围绕着人力资源供需平衡展开的。通过人力资源的平衡过程，企业才能有效地提高人力资源利用率，降低企业人力资源成本，从而最终实现企业发展目标。

3.6.2 人力资源供求不平衡的调整

人力资源供求不平衡的不同状态有不同的调整方法，下面介绍一些常用的方法。

1. 供不应求的调整

当预测企业的人力资源需求大于供给时，企业通常采用下列措施以保证企业的人力资源供需平衡。

1) 外部招聘

外部招聘是最常用的人力资源供不应求的调整方法。当企业生产工人或技术工人供不应求时，从外部招聘可以比较快地得到熟悉的员工，以及时满足企业生产的要求。当然，如果从外部招聘管理人员，由于管理人员熟悉企业内部情况需要一段时间，见效比较慢。一般来说，企业有内部调整、内部晋升等计划，则应该优先考虑这些计划，再考虑外部招聘。

2) 内部招聘

内部招聘是指当企业出现职位空缺时，从企业内部调整员工到该职位，以弥补空缺的职位。内部招聘可以节约企业的招聘成本，丰富员工的工作，提高了员工的工作兴趣，但对于比较复杂的工作，内部招聘的员工可能需要一段时间的培训。

3) 聘用临时员工

聘用临时员工是企业从外部招聘员工的一种特殊形式。聘用临时员工可以减少企业的福利开支，而且临时工的用工形式比较灵活，企业在不需要员工时，可以随时与其解除劳动关系。企业产品季节性比较强或企业临时工进行专项调查采取临时招聘比较合适。

灵活的劳动力

这是今天的商业领域中发展最快的趋势之一。我们在谈论使用应急工人的问题——临时工、转包合同工、半日制工和租赁工。

我们很难准确估计应急劳动力大军的数目。但是，保守的估计大约是全部劳动力的25%。有趣的是，这些员工不仅是刻板印象中的文秘人员或临时就业机构提供的一般劳动者，临时员工越来越多地包括专业技术人员，如工程师、财务分析师、医生和律师等。

临时员工的魅力是显而易见的。在一个变革迅速且把握不定的商业环境中，管理者需要灵活性。他们不愿意在工资单上增加全日制和长期工人，因此转而寻求应急性的工人，以便降低劳动者成本。使用应急性工人，使得组织能够对市场条件的变化迅速作出反应。例如，通过使用临时工，苹果电脑公司能够针对市场条件的变化来调整自己的劳动力。另外，临时工使组织能够节省医疗和假期福利费用，避免退休和养老金的问题，减少触及法律问题的机会，因为目前几乎没有关于雇用临时工的规章制度。

我们可以预测，越来越多的雇主使用临时工。它使组织有灵活的劳动力，就像手风琴一样，可以随时拉开和压缩。

对这种趋势也有批评，特别是来自工会的指责，他们认为临时工不像长期工，他们没有福利、安全感和工作保障措施。这种指责是有道理的。但是，支持者们认为，雇主必须能够对瞬息万变的市场条件迅速作出反应。使用临时工有利于这一目标的实现。而且，人们往往忽视一个事实，大公司中长期工的概念只是最近的现象，20世纪初，一半的美国人是自我雇佣的。实质上，正在发生的事不过是回到早期的模式：员工是自由的商人，他们携带着自己的技能四处打工。

4）延长工作时间

延长工作时间也称为加班，在企业工作量临时增加时，可以考虑延长工人的工作时间。延长工作时间具备聘用临时工的优点，节约福利开支，减少招聘成本，而且可以保证工作质量。但长期采用延长工作时间，会降低员工的工作质量，而且工作时间也受到政府政策法规的限制。

5）内部晋升

当较高层次的职位出现空缺时，这时有外部招聘和内部晋升两种手段，企业一般优先考虑提拔企业的内部员工。在许多企业中，内部晋升是员工职业生涯规划的重要内容，对员工有较大的激励作用。而且，由于内部员工更加了解企业的情况，会比外部招聘人员更快地适应工作环境，提高了工作效率，同时节省了外部招聘的成本。但当企业缺乏生气或面临技术和市场的重大变化时，可以适当地考虑从外部招聘。

6）技能培训

对公司现有员工进行必要的技能培训，使之不仅能适应当前的工作，还能适应更高层次的工作，这样就为内部晋升政策的有效实施提供了保障。如果企业即将出现经营转型，企业应该及时向员工培训新的工作知识和工作技能，以保证企业在转型后，原有的员工能够符合职位任职资格的要求。这样做的最大好处是防止了企业的冗员现象。

7）调宽工作范围

当企业某类员工紧缺，在人才市场上又难以招聘到相应的员工时，可以通过修改职位说明书，调宽员工的工作范围或责任范围，从而达到增强企业工作量的目的。需要注意的是，调宽工作范围必须与提高待遇相对应，不然会造成员工的不满情绪，影响企业的生产活动，调宽工作范围可以与企业提高技术成分搭配使用。

通用电气公司的用人之道

美国通用电气公司在管理企业过程中也十分重视人的作用。他们认为：企业成功取决于人事经理办公室。人事部门根据公司的生产、工作情况制定各种部门人员编制。在定编定员时，要与各用人单位协商，方案由各集团的总经理认可后执行。

当公司缺员工时，人事部门首先在公司内部招聘。若内部不能招到合适人选，再向外部招聘。通用电气公司人事部门根据用人单位的要求，发出通知，张贴在公司布告栏上或刊登在内部刊物上，说明工作性质、工资待遇及对应聘人员的要求。报名者需填写申请表，介绍本人学历、工作经历、能力、健康状况等，还要附上原上司或他人的推荐信。人事部门在报名整理筛选后，通知本人来公司，与用人单位共同进行面谈，最后确定是否录用。受聘人如果是中级管理人员，要经人事部门经理批准。一般情况下，公司内部人员流动是不受阻碍的，也有的部门规定必须在本单位工作两年以上才能调换。

如果公司没有合适人选，则从外部招聘。通用电气公司从外部招收人员（这里仅指工程技术、业务与管理人员）主要通过3个途径。

（1）从劳务市场上招收人员。劳务市场相当于专业介绍所，那里掌握着失业人员的情况。通用电气公司与当地的劳务市场关系很密切，这部分人的录用标准主要是有无实际技能。程序由本人提出申请并附推荐信，经公司面授考核，重点考核他们从事工作的经历和实绩、贡献，学历一般只作为参考，但如果是名牌大学毕业生则优先予以考虑。有时可能给申请人试用机会，试用合格后再决定是否录用。

（2）从其他公司"挖"人。这部分人主要是关键技术人员或高级管理人员。美国不像欧洲那样，公司与职员之间有合同或协议的束缚，职员因各种原因，不愿继续在本公司工作的，可随时离开，只要提前一定时间通知公司即可，不受约束。各公司都利用这一点物色合适人选，设法挖过来。但一般通过中间人联络，成功后付一定的报酬。对于公司的关键人物，公司总是千方百计挽留，了解其走的原因，尽量解决他们的问题。公司深知这类人离开本公司不仅对目前工作有损失，更重要的是，很可能为本公司树立强劲的竞争对手。

（3）招收新大学生。每年大约有3.5万名美国优秀大学生申请到通用电气公司工作，其中约有2 000名被通用电气录用。平均成绩B以上的学生可以领到公司的简历表和招录简章，经公司严格面试考核通过后才录用。每年美国各大公司都去学校挑选学生，竞争十分激烈。通用电气每年派出100多人到全国各大学中挑选毕业生。

2. 供过于求的调整

当预测企业人力资源供给大于需求时，通常采用下列措施以保证企业的人力资源供求平衡。

1）提前退休

企业可以适当地放宽退休的年龄和条件限制，促使更多的员工提前退休。如果将退休的条件修改到足够有吸引力，会有更多员工愿意接受提前退休。提前退休使企业减少员工比较容易，但企业也会由此背上比较重的包袱，而且退休受到政府政策法规的限制。

2）减少人员补充

减少人员补充是人力资源供过于求最常用的方式，当企业出现员工退离职等情绪时，对空闲的岗位不进行人员补充，这样做可以通过不紧张的气氛减少企业内部的人员供给，从而达到人力资源供求平衡。但采取减少人员补充的方式往往数量有限，而且难以得到企业所需要的员工。

3）增加无薪假期

当企业出现短期人力资源过剩的情况时，采取增加无薪酬假期的方法比较合适，这样做可以使企业暂时减轻财政上的负担，而且可以避免企业需要员工时再从外部招聘员工。

4）裁员

裁员是一种没有办法的办法，但这种方式相当有效。在进行裁员时，要制定优厚的裁员政策，如为被裁员者发放优厚的失业金等。一般裁减那些主动希望离职的员工和工作考评成绩低下的员工。裁员会降低员工对企业的信心，挫伤员工的积极性，而且被裁员者有时会作出诋毁企业形象的行为，在采取裁员之前一定要慎重考虑。

3. 结构失衡的调整方法

人力资源结构失衡的调整方法通常是上述两种调整方法的综合使用。实际上，在制定人力资源平衡措施的过程中，不可能是单一的供不应求或供过于求，企业人力资源往往出现结构失衡，可能是高层次人员供不应求，而低层次人员供过于求。企业要根据企业的具体情况，对供不应求的某类员工采取供不应求的调整方法，对供过于求的一类员工采取供过于求的调整方法，制定出相应的人力资源部门或业务规划，使各部门人力资源在数量和结构等方面达到调整平衡。

这里有一点需要注意的是，如果企业不是欠缺生气，应以内部调整为主，把某类富余职工调整到需要人员的岗位上，需要培训的要制定培训计划。如果企业比较僵化，应招聘一些外部的员工，给企业带来一些新的生产技术、一些新的管理措施等，这时应以外部调整为主。

下面以某企业二级类别管理人员的供求预测平衡表情况来说明企业对人力资源供求的预测及调整。某企业2001年年初，二类级别的管理人员、技术人员和生产人员分别为40人、60人和320人，预测此3类人的晋升离岗数、晋升补缺数、解雇人数、辞职人数、退休人数分别如表3-14所示。

表3-14 某企业二级类别人力资源供求预测平衡表 单位：人

		2001年			2002年		
		管理人员	技术人员	生产人员	管理人员	技术人员	生产人员
人员需求	年初人数	40	60	320	42	63	338
	年内增加	2	3	18			
	年底需求数	42	63	338			
人员内部供给	年初人数	40	60	320			
	晋升离岗数	-4	-6	-30			
	晋升补缺数	3	4	12			
	解雇人数	-1	-2	-7			
	辞职人数	-3	-3	9			
	退休人数	-1	-2	-4			
	年底供给数	40	60	320	42	63	338
年底缺口或剩余数		-6	-12	-56			

综合统计2001年年底，此企业二类级别的管理人员、技术人员和生产人员的供给数分别为34人、51人和282人。根据预测，2001年年底此3类人员的需求量分别为42人、63人和338人，详细的情况可参照人力资源供需预测平衡表。人力资源供求预测平衡表给人一目了然的感觉，企业需要增加哪类员工，增加多少，或者减少哪类员工，减少多少，都相当清楚。在实际操作过程中，此类表应更详细，应包括每一类每一级别员工，如技术类工人分为初级技术人员、中级技术人员和高级技术人员。

3.6.3 人力资源规划的编制

一般来说，企业编写人力资源具体计划要经过以下几个过程，如图3-8所示。

1. 编写人员配置计划

根据企业发展规划，结合企业人力资源盘点报告，来制定人员配置计划。人员配置计划阐述了企业每个职务的人员数量、人员的职务变动、职务空缺数量的补救办法等。制定人员配置计划的目的是描述企业未来的人员数量和素质构成。

2. 配置人员需求

根据职务计划和人员配置计划，使用预测方法来进行人员需求预测。人员需求中，应阐明需求的职务名称、人员数量、希望到岗时间等。最好形成一个有标明人员数量、招聘成本、技能要求、工作类别及完成组织目标所需要的管理人员数量和层次的分列表。实际上，预测人员需求是整个人力资源

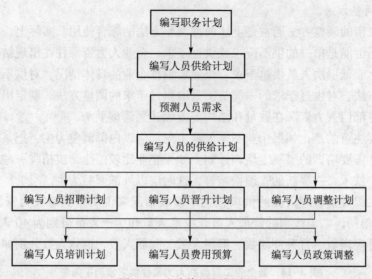

图 3-8 人力资源规划编写

规划中最困难和最重要的部分。因为它要求以富于创造性、高度参与的方法来处理未来经营和技术上的不确定性问题。

人员供给计划是人员需求的对策性计划。它是在人力需求预测和供给预测的基础上，平衡企业的人员需求和人员供给，选择人员的供给方式，如外部招聘、内部晋升等。人员供给计划主要包括招聘计划、人员晋升计划和人员内部调整计划等。

3. 制订培训计划

在选择人员供给方式的基础上，为了使员工适应工作岗位的需要，制定相应的工作计划，对员工进行培训是相当重要的。培训包括两种类型，其中一种是为了实现提升而进行的培训，如招聘进来的员工接受岗位技能培训。培训计划中包括培训政策、培训需求、培训内容、培训形式、培训考核等内容。

4. 编写人力资源费用的预算

人力资源规划的一个重要任务，就是控制人力资源成本，提高投入产出比例。为此，必须对人力资源费用进行预算管理。在实际工作中，应列入预算范围的人工费用很多，常见的有招聘费用、培训费用、调配费用、奖励费用及其他非员工直接待遇但与人力资源开发利用有关的费用。

5. 编写人力政策调整计划

人力资源政策调整计划，是对企业发展和企业人力资源管理之间的主动协调，目的是确保人力资源管理工作主动地适应企业发展的需要。其任务是明确计划期内人力资源政策的方向、范围、步骤及方式等。人力资源政策调整计划应明确计划期内的人力资源政策的调整原因、调整步骤和调整范围等。其中，包括招聘政策绩效考评政策、薪酬福利政策、职业生涯规划政策、员工管理政策等。

 本章小结

人力资源规划是根据企业的战略规划，通过对企业未来的人力资源的需要和人力资源供给状况的分析及预测，采取职位编制、员工招聘、测试选拔、培训开发、薪酬设计和员工重新配置等人力资源手段，使企业人力资源与企业发展相适应。

人力资源规划的主要目的是使企业在适当的时间、适当的岗位获得适当的人员，最终获得人力的有效配置。人力资源规划原则包括充分考虑环境变化、与企业战略目标相适应、系统性、适度流动等原则。

人力资源预测是指在企业的评估和预言的基础上，对未来一定时期内人力资源状况的假设。人力资源预测分为需求预测和供给预测。需求预测是指企业为实现既定目标而对未来所需要员工数量和种类的估算。人力资源需求预测分为现实人力资源需求预测、未来人力资源需求预测和未来流失人力资源需求预测。人力资源需求预测定性方法包括：现状规划法、经验预测法、分合性预测法、德菲尔法等。人力资源需求预测定量方法包括：趋势外推法、一元线性回归分析法、多元线性回归分析法、计算机模拟法等。人力资源供给预测是指企业为了实现其既定目标,对未来一段时间内企业内部和外部各类人力资源补充来源情况的预测。人力资源供给预测分为企业内部供给预测和企业外部供给预测。

人力资源供需平衡是指企业通过增员、减员和人员结构调整等措施,使企业人力资源供需不相等达到供需基本相等的状态。人力资源供需平衡是企业人力资源规划的目的,通过人力资源的平衡过程,企业才能有效地提高人力资源利用率,降低企业人力资源成本,从而最终实现企业发展目标。

本章案例

森龙集团的人力资源规划

在宏观调控下,房地产企业森龙集团抱着"不要把鸡蛋放在一个篮子"的想法,利用充裕的资金陆续进军旅游地产、养老地产等相关产业,甚至把触角延伸至酒店、矿产开发等非相关产业。

这些举措都有道理,却难为了人力资源总监周明丽。业务部门要人要得急,要不到人的部门开始埋怨人力资源部支持不力,要到人的部门埋怨人才不给力。周明丽开始针对新兴业务进行大范围的储备式招聘,并及时跟进了培训,不料企业战略一旦转向,招来的人就根本派不上用场,用人单位又埋怨浪费了人工成本和培训费。一句话,周明丽的人才供给和业务部门的人才需求总是在捉迷藏!更要命的是,由于供需不对口,人力资源效率持续下滑,仅从人工成本投入产出比这一项指标来看,几乎降到了历史的最低点。

一、人力资源规划的迷失

压力之下,周明丽对自己的套路进行了反思。走到这一尴尬境地,是业务部门对新兴业务不熟悉,在这种情况下,人力资源部也没有提供有效的支持,帮助它们筛选出真实需求。她也曾经动过要做全集团的人力资源规划的念头,但考虑到工程浩大,她一直下不了决心,但现在似乎是绕不过去了!

周明丽虽然是资深HR,但也害怕和数据打交道。专业的事情应让专业的人来做,于是,国内在人力资源规划方面颇有建树的菲力咨询公司被请进了森龙集团。

菲力咨询的项目经理张欣睿带领团队进入企业之后,立即兵分两路:一队走的是定量路线,即通过未来的经营目标进行"战略逆推",并结合人员增长历史规律进行趋势外推,同时参考外部的行业标杆数据,以确定各专业所需的人才数量;另一队走的是定性路线,即通过对战略的梳理和业务部门的反馈,演绎出所需的关键岗位和关键人才,这也是为了对定量路线中可能忽略的信息进行补充,例如,可能涉及对一些现在未设立的岗位进行预先布局。这是菲力咨询公司和张欣睿习惯的模式,在他们的逻辑中,两条路线的集合无疑可以挖掘出森龙集团"缺什么,缺多少"的信息。

不料,两队都传来了让张欣睿意外的消息。首先是定量路线,项目组希望按照森龙集团确定的未来的经营目标数据"逆推"未来各专业需要多少人才,但经营目标数据本来就是一个粗放的预测,战略部负责人私下回应:"我想把未来的经营目标做精准,但啥时宏观调控谁知道呀?对于主业,我就算不准了。而辅业现在才进入市场,能做到什么程度我也不知道!"项目组转向行业标杆,发现国内的房地产公司都是"乱劈柴",各玩各的多元化,根本找不到可以类比的。这条路线是彻底瘫痪了!再说定性路线,森龙集团虽有挂在墙上的"战略体系",却语焉不详。仔细阅读老总的讲话和公司内部文件,似乎又和战略有所冲突。例如,有的领导似乎倾向于相关多元化,即仅做地产;有的领导却倾向于非相关多元化,即强调扩张到其他业态;而对于多元业态之间的联动模式,更是众说纷纭;有的领导甚至提出"回归住宅地产主业"。一句话,高管层并没有统一思路!

没有交集,人力资源规划从何谈起?张欣睿有点急,于是反其道而行之,先从人力资源体系的优化开始,但周明丽并不买账。她提出了两个疑问:第一,森龙早就尝试过人力资源模块优化,但要推动谈何容易,以绩效管理为例,太多的利益纠葛令这项工作一直陷入僵局;第二,人力资源体系规划好比吃中药调理身体,见效太慢,而现在是要解决当下问题,要的是一剂西药!听着周明丽犀利的质疑,张欣睿的头皮有点儿发麻……

二、平台捕获柔性需求

不得已，张欣睿只得请来人力资源管理方面的专家霍尔博士，为项目提供独立意见。听了张欣睿的介绍，他启发道："你做这个项目是以传统的人力资源规划思路为蓝本的，也就是说，你们强调一种'自上而下'的'顶层设计'思路，但面对变化的需求，设计又怎么可能面面俱到？所以就像是在'捕风'！在无法预测需求时，你转向优化人力资源体系的思路没错，但这种优化不够直接，而森龙的需求又迫在眉睫。所以，这个项目需要引入的是一种新的人力资源规划思路——柔性规划，这种模式能够把'人才'、'培训开发工具'和'知识'都'云化'，以应对大集团范围内的各种需求。"

于是，在霍尔博士的指导下，张欣睿和团队开始调整项目的方向，而调整的思路就是"中心化"和"平台化"。霍尔博士解释说，"中心化"是一个相对封闭的概念，强调集中某些资源封闭运行，"平台化"则是一个相对开放的概念，强调将资源聚合并在组织内开放，方便规模分享，两者都是为了"造云"。

第一，锁定关键人才形成"专家发展中心"，即"智慧群落"。首先，放弃全面预测森龙集团人才需求的想法，转而聚焦企业现有的最为关键的人才。从相对包容的大战略框架出发，将这些"专家"分解到若干关键业务领域（专业）中，并随时为各业务部门提供顾问支持，这可在一定程度上缓解人才短缺矛盾。某些关键业务领域若缺乏人才，则从外部（高校、咨询公司）聘请外部专家。其次，陆续招聘一批潜质人才，将这些潜质人才也放入专家发展中心，形成若干关键业务领域的"人才池"。一方面，让潜质人才近距离接触专业标杆，通过与专家一同从事顾问工作来进行高效学习；另一方面，也可以根据业务部门的需求随时派往空缺岗位进行定岗。

在组织上，这些"专家"在各自的部门内向原有组织结构中的上级汇报，同时在中心里向专业负责人汇报，潜质人才则直接向专业负责人汇报。中心主任由周明丽兼任，培训经理带领团队进行日常管理，主要起到汇总业务部门的顾问需求、引导专家对潜质人才进行教导、跟踪潜质人才的发展情况、派遣潜质人才前往需求部门等方面的作用。当然，专家提供服务是会获得薪酬激励的。

第二，提炼组织知识形成"组织学习平台"，这是一个"知识立方"。"专家发展中心"中的专家除了为业务部门提供顾问服务之外，还有一项重要任务是构建企业内的知识构架，在此基础上，通过维基协作，提炼出"组织知识"，并为组织知识的片段之间建立联系。当然，这个"知识立方"的运行过程并非仅仅由专家和潜质人才完成，而是开放式的：对内，纳入了其他员工的贡献；对外，纳入了外部专家（未被聘任）的贡献。通过"知识立方"打造出"知识云"，业务部门就相当于获得了另外一批专家（除了专家发展中心中的专家之外）的强力支持，从这个意义上说，也缓解了人才短缺矛盾。

第三，聚合人才培训开发装置（资源），形成"人才专业化培训平台"和"人才胜任力开发平台"，这是两类"维基平台"。组织学习平台上形成的知识有两类，一类是专业知识，另一类是基于组织规则提炼的"高绩效习惯"，这些知识能够支持员工发展相对通用的胜任力。两类知识分别支持了人才专业化培训平台和人才胜任力开发平台的建立。前者主要通过授课式培训、行动学习、创新论坛等方式为潜质人才培训在组织学习平台上提炼的专业知识；后者则通过模拟组织情境，形成若干发展中心，利用"云测评"最大限度地为潜质人才培养胜任力。在两个平台上，专家发展中心的专家们都会充当培训师或教练。至于有什么潜质的人接受哪种平台上的哪种培训，一方面由人力资源部进行调控，另一方面可由业务部门提出定制需求。事实上，专家发展中心在为业务部提供顾问服务时，本身就创造了一个潜质人才和业务部门接触的界面，业务部门如果觉得某个潜质人才不错，就可以向人力资源部提出"人才预订"，并根据自己空缺岗位的需求给出人才培养建议。人力资源部基于对人才的观察和业务部门的培养建议就可以形成使用两个维基平台进行人才培养的完整方案。

人力资源柔性规划已不仅仅是一个局部的"人力资源云转型"现象，而是集合了智慧群落、维基平台、知识立方和云测评等"云模式"的一体化设计体系。换句话说，这几乎是"人力资源云范式"在实际应用中的全景图。

资料来源：穆胜. 捕获人力资源柔性需求. 商业评论，2012（8）. 本书采用时略有改动。

思考题
1. 森龙公司为什么要进行人力资源规划？
2. 在项目的第一阶段，张欣睿为什么没有成功？
3. 柔性捕获人力资源需求的"云范式"遵循了哪一种或哪几种人力资源规划的模式？为什么？

本章思考题

1. 什么是人力资源规划？
2. 怎样制定人力资源规划？
3. 什么是人力资源需求预测、人力资源供给预测？
4. 怎样运用德菲尔法预测企业的人力资源需求？
5. 运用马尔科夫法预测企业的人力资源供给？
6. 对于企业的人力资源需求和供给不平衡应怎样调整？

参 考 文 献

［1］彭剑峰．人力资源管理概论．上海：复旦大学出版社，2003.
［2］FISHER C D, SCHOENFELDT L F, SHAW J B. Human Resource Management. 3rd ed. Houghton Mifflin Company, 1995：191.
［3］曹亚克，王博，白晓鸽．最新人力资源规划、招聘及测评实务．北京：中国纺织出版社，2004.
［4］于桂兰，魏海燕．人力资源管理．北京：清华大学出版社，2004.
［5］张德．人力资源开发与管理．北京：清华大学出版社，2001.
［6］谌新民，唐东方．人力资源规划．广州：广东经济出版社，2002.
［7］吴琼恩．公共人力资源管理．北京：北京大学出版社，2006.

第4章

工作分析与工作设计

本章要点

- 工作分析的概念、意义和程序
- 工作分析常用的方法及工作说明书的编写
- 工作设计的概念、意义
- 工作设计的主要发展历程
- 工作设计的基本方法原理
- 工作设计的社会技术系统方法的主要内容
- 人员配备的概念和原则,定编定员的主要方法

开篇案例

华达公司的职位管理

华达公司是一家金属制品制造公司,8年前成立时只有18人、3个部门。随着公司的迅速发展,目前员工达到800余人。同时,许多问题特别是人力资源管理问题日益突出,主要表现在以下方面。

一、部门之间、员工之间责权不明

随着规模的扩大,公司的组织机构不断增加,在横向上主要是通过业务分离成立新部门,在纵向上主要是通过业务复制成立新的项目公司。从老部门分离成立新部门的基本原则是"业务跟人走",但部门快速增加、人员特别是部门负责人的流动加快,很多业务没有或不能完全转移,这些业务就同时有两个甚至更多的部门或人员负责;同时又产生了许多新业务,而大家都没有经验,也没有明确负责的部门或人员。这种部门之间、员工之间责权不明直接导致以下后果。

(1) 部门之间、职位之间扯皮推诿不断。部门之间、职位之间的职责与权限缺乏明确的界定,许多工作大家都负责也就导致谁都不负责,许多工作应有人负责但实际上没有人负责。

(2) 业务流程混乱。随着原有业务的不断细化,特别是大量新业务的产生,业务上下游之间的关系不明、流程不畅,造成效率低下。

(3) 部门之间、职位之间忙闲不均。业务划分不均、责任不明,有的部门和员工抱怨事情太多、任务不能按时保质保量完成,有的部门和员工则无事可做、人浮于事、效率低下,有的部门和员工即使该做的工作也不做。

二、人力资源管理水平低下

公司人力资源管理工作由行政部负责,属于辅助职能。其主要任务是被动应付公司的要求,完全不能适应公司发展的要求。

(1) 招聘员工的人数不清、标准不明。用人部门不清楚应做哪些事情、需要新增几个职位,也未明确新职位的职责、任职资格,给出的招聘标准往往笼统含糊。

(2) 员工所需培训的知识和技能不明。行政部和各个部门认为需要培训的内容太多,好像所有

方面都需要培训。为提高管理水平，行政部曾花费大量时间和资金组织了一些社会热门的培训。员工学的时候很高兴，但好像收获不大。之后，培训工作又回到了以前的状态，基本上不再开展活动。

（3）绩效标准难以确定。没有明确的职责和权力，没有明确的工作关系和业务流程，也就难有明确的绩效标准。虽然公司对绩效考核很重视，每月都考核，但考核的是员工的态度而不是工作成绩，考核的主观性和随意性大。

（4）薪酬激励不够。职位职责不明导致价值难以准确衡量，于是公司的薪酬水平根据行政级别确定，同一行政级别的薪酬水平相同，平均主义严重。加上绩效考核不能准确衡量员工的业绩，这部分薪酬的激励作用甚微。虽然公司总体薪酬水平在当地的同行业中处于较高水平，但激励效果不理想。

（5）员工职业发展路径不明。公司的快速发展、新部门的不断成立，的确给员工提供了很多发展机会，但同时，员工不知道公司可能会开展什么业务、自己需要具备哪些知识和技能，无法开展有效规划。由于本职工作职责不明，既不能明确业务所需知识和技能，也难以明确未来发展所需的知识和技能。职业发展只有行政级别的提升，通过专业和业务提升的路径不明。

责权不明和人力资源管理水平低下的直接后果是：许多员工不能胜任工作，许多部门人浮于事，员工满意度低，积极性和主动性严重受挫，造成效率低下，优秀员工大量流失。

面对严峻的形势，公司董事长决定将人力资源管理职能从行政部分离出来，成立人力资源部，着手进行人力资源管理的变革。不久，原行政部王副部长担任人力资源部部长。王部长原来是搞营销的，后来到行政部负责公司的薪酬、招聘、培训等人力资源管理工作，有较丰富的相关经验；同时他爱学习，平时也经常阅读人力资源管理相关书籍。他认识到，变革首先要从建立职位管理体系开始。但职位管理体系究竟如何构建、如何抓住其中的关键点，为公司本次组织变革提供有效的信息支持和基础保证，是摆在王部长面前的重要问题。

资料来源：彭剑锋. 人力资源管理概论. 上海：复旦大学出版社，2008.

4.1 工作分析

工作分析是确定完成各项工作所需技能、责任和知识的系统过程。它是一种重要而普遍的人力资源管理技术。工作分析，不仅是人力资源开发与管理工作的重要基础，同样也是人本管理的基础，是把以人为本的理念真正落实到同每一个员工紧密结合的工作岗位、工作任务、工作职责和工作评价上，即落实到合理而高效的工作设计与人员配备上。

4.1.1 工作分析的概念

工作分析（Job Analysis）又称职位分析、岗位分析，是指全面了解、获取与工作有关的详细信息的过程。具体来说，是对组织中某个特定岗位的工作内容和职务规范的描述和研究过程，即制定职务说明和职务规范的系统过程。

1. 工作分析的主要内容

工作分析涉及两个方面的工作：一是工作本身，即工作岗位的研究。要研究每一个工作岗位的目的、该岗位所承担的工作职责与工作任务，以及它与其他岗位之间的关系等。二是人员特征，即任职资格的研究。研究能胜任该项工作并完成目标的任职者必须具备的条件与资格，如工作经验、学历、能力特征等。

系统化的工作分析应当按照下列项目来进行：
(1) 要做什么事？（内容，What）
(2) 为什么做？（目的，Why）
(3) 什么时候做？（时间，When）
(4) 什么场所做？（地点，Where）
(5) 如何做？（方法，How）

(6) 需要什么技能？（技能，Skill）

上述项目通常被称为"工作分析公式（Job Analysis Formula）"①。

换言之，工作分析是一种在组织内所执行的管理活动，专注于收集、分析、整合与工作相关的信息，为组织的规划与设计、人力资源管理及其他管理职能提供基础。

2. 工作分析涉及的信息

一方面，为了进行有效的工作分析，人力资源管理人员通常需要获取许多基础信息；另一方面，通过工作分析，人力资源管理人员又能够更加准确、完整而充分地掌握有关组织是如何完成任务的有价值的信息。这些信息主要包括：

(1) 组织的工作活动——实际发生的工作活动、工序、记录、负责人及活动间的关系等；

(2) 这些工作活动的背景——组织的性质（类型）、使命、所处环境、规模、战略、文化、组织结构等；

(3) 这些工作活动涉及的人的工作行为——与工作有关的个人行为，如决策、沟通、撰写、运动等；

(4) 这些工作活动对人的要求——对人的工作行为在数量和质量方面的要求、与工作有关的知识、技能、经验、个性等方面的要求等；

(5) 工作中所使用的工具与材料——包括工作所需的设备、设施、物料、信息等支持；

(6) 工作的绩效标准——工作标准、偏差分析、各种度量和评估方法等；

(7) 工作的条件——工作环境、时间表、激励因素及其他组织和社会环境条件。

3. 工作分析是常规性工作

工作分析通常由人力资源管理专家（人力资源管理者、工作分析专家或咨询人员等）、组织的主管人员和普通员工通过共同努力和合作完成。一般由人力资源专家观察和分析正在进行的工作；然后编写出一份工作说明书和一份工作规范，员工及其直接上级参与此项工作，比如填写问卷、接受访谈等；最后由承担工作的员工及其上级主管来审查和修改工作分析人员所编写出的反映他们工作活动和职责的那些结论性描述。

工作分析，是人力资源管理的一项常规性工作，不是一劳永逸的事。通常在下列情况下，组织需要进行工作分析：

(1) 建立一个新的组织；

(2) 由于战略的调整，或业务的发展，使工作内容、工作性质发生了变化；

(3) 企业由于技术创新，劳动生产率提高，需重新进行定编定员；

(4) 管理体制发生变革或创新，导致组织结构、工作内容、岗位设置等发生了相应的变化。

4. 现代职位管理

现代职位管理是在信息时代和知识经济时代，组织外部环境、内部变革和职位等的变化成为常态时，对职位实施的管理。

(1) 现代职位管理的内容。现代职位管理在传统的职位分析和职位评价的基础上，增加了职位筹划的内容。职位筹划是指在战略与业务流程的基础上，根据职位的特点和性质，设计构建分层、分类的职位体系，实现职位设置、职位变更、职位升降等业务的系统化、规范化和制度化。

(2) 现代职位管理的原则。

① 基于业务流程的原则。现代职位管理体系基于战略与业务流程。根据业务流程对职位进行分类，对每一类职位进行分析和评价是职位管理的基础。

② 系统性原则。职位管理是人力资源管理的基本职能，既要考虑职位管理与组织战略、组织其他业务战略的匹配性，也要考虑与人力资源管理其他职能的匹配性，以及职位管理体系内部的协调性。

③ 动态性原则。职位的内容、职责、边界等随着组织战略、结构、业务与管理的变化而动态

---

① 有的学者认为还应增加"谁来做？（人员，who）"一项。

调整。

(3) 现代职位管理的特点。

① 职位管理的对象是一类职位而不是一个职位。以职位的类别为单位进行管理，而不是以单一的职位作为管理对象。

② 职位管理强调动态性。职位的动态性决定了职位管理的动态性。

4.1.2 工作分析的意义

工作分析不仅对于企业的人力资源管理职能具有基础性的意义，对于企业的经营管理也具有相当重要的基础性作用。

(1) 工作分析能够为人力资源规划及有关决策提供依据。工作分析为人力资源规划的制定提供了以下信息：员工的年龄结构、知识结构、能力结构、培训需求和工作安排。通过全面而深入的工作分析，可以使企业充分了解各项工作的具体内容及对员工的身心要求，为正确地制定人力资源管理决策提供科学依据。

(2) 工作分析可以帮助组织预测人力资源需求，并根据需求及时而合理地招聘与甄选人员，从而实现组织人力资源的合理配置。管理者可以通过工作分析来预测组织未来的人力需求，确定员工数量和某些职位的增减，以及对该岗位人员在知识、技能、经验等方面的要求。从人力资源需求出发，再根据工作分析得出的工作说明书，组织的人员招聘和甄选便有了清晰、明确和详细的依据和指导，为人员配备提供了统一的标准。通过工作分析，组织还可以依据员工的资历、经验、知识和技能为员工安排合适的工作，做到人尽其才、才尽其用。

(3) 工作分析有利于提高各部门和员工的工作绩效，使组织的人力资源得到更有效的利用。工作分析让组织的员工能清楚了解自己的工作范围和职责。同时，工作分析还可以明确反映各职位之间的关系，特别是分工协作关系，在此基础上设计出的组织结构会更加合理，同时，组织的运转也更加顺畅。好的工作分析，有助于各员工做好自己的本职工作，也有助于各部门完成好各自的任务，从而使组织的整体绩效得以提高。

(4) 工作分析能够辅助制定绩效考核指标，帮助管理者科学评价员工的绩效。工作分析中对各岗位要求和职责的准确说明为设计合理的绩效标准和考核指标提供了科学的依据。考核的过程就是将员工的实际工作业绩同考核指标进行比较，从而对员工的工作得出客观、全面评价的过程。管理者只需要将工作说明书上的要求与员工的实际表现进行比较，就可以评定出员工工作绩效的高低。以工作分析为依据的员工绩效考核相对来说比较公平合理。

(5) 工作分析为薪酬设计提供参考标准。工作分析的结果是生成职务说明书和工作规范，而职务说明书和工作规范又是制定和设计薪酬标准的重要依据，有助于企业公平合理地为员工支付薪酬，合理地"按劳分配"。

(6) 工作分析可以为组织开发其人力资源提供指导。工作分析得出的职位规范中明确规定了完成各项工作所需的特定知识、技能和经验；工作说明则描述了员工应完成的基本工作的内容。所以，工作分析为人力资源培训与开发指出了明确的方向。

(7) 工作分析还可以帮助组织有效地激励员工。组织可以在工作分析的基础上了解员工的工作情况及物质、精神需求，从而有针对性地激励员工。同时，工作分析还通过支持组织的绩效考评、薪酬管理和人力资源开发等工作，使对员工的激励更为全面和有效。

总之，工作分析是各项人力资源管理工作的起点，是建立人力资源管理制度的基础，也是各项人力资源管理活动必须参考的标准，如图 4-1 所示。

4.1.3 工作分析的程序

工作分析是一个对工作全面的描述、分析与评价的过程，这个过程可以分为 4 个阶段：准备阶段、调查阶段、分析阶段和应用阶段。这 4 个阶段的关系十分密切，它们相互联系、相互影响（图 4-2）。

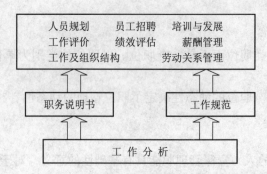

图 4-1 工作分析在各项人力资源管理活动中的基础性作用

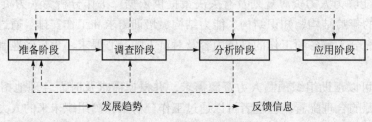

图 4-2 工作分析的阶段

1. 准备阶段

这是工作分析的第一个阶段,主要任务是了解情况,确定样本,组成工作小组。具体工作主要包括:

(1) 组成由工作分析专家、岗位在职人员、上级主管等成员构成的工作分析小组;

(2) 确定调查和分析对象的样本,同时考虑样本的代表性;

(3) 利用现有文件与资料(如岗位责任制、工作日记等),对工作的主要任务、主要责任、工作流程进行分析总结;

(4) 把各项工作分解成若干工作元素和环节,确定工作的重点、难点、大致周期与预算等;

(5) 找出原职务说明书中存在的问题,如不清楚、模棱两可的条款,不适应当前技术与管理要求的条款,需要说明而未说明的事项,以及新职务说明书拟解决的主要问题。

2. 调查阶段

调查阶段的主要任务是对整个工作过程、工作环境、工作内容和上述人员等方面做一个全面的调查,也是一个工作量大、耗时长的阶段。具体工作主要包括:

(1) 编制各种调查问卷和调查提纲;

(2) 到工作场地进行现场观察,观察工作流程,记录关键事件,调查工作必需的工具与设备,考察工作的物理环境与社会环境;

(3) 对主管人员、在职人员广泛进行问卷调查,并与主管人员、"典型"员工进行面谈,收集有关工作的特征及需要的各种信息,征求改进意见,同时注意做好面谈记录,并注意面谈的方式方法;

(4) 若有必要,职务分析人员可直接参与调查工作,或是通过实验的方法分析各因素对工作的影响。

3. 分析阶段

分析阶段的主要任务是对有关工作的特征和工作人员的特征的调查结果进行深入、全面的总结分析。具体工作主要包括:

(1) 仔细审核、整理获得的各种信息;

(2) 创造性地分析发现有关工作和工作人员的关键成分;

(3) 归纳、总结出职务分析的必需材料和要素。

4. 应用阶段

这是工作分析的最后阶段。前 3 个阶段的工作都以此阶段作为工作目标,此阶段的任务就是根据工作分析规范和信息编制"职务说明书"。具体工作主要包括：

（1）根据工作分析规范和经过分析处理的信息草拟"职务说明书"；

（2）将草拟的"职务说明书"与实际工作对比，并根据对比的结果决定是否需要进行再次调查研究；如果不需要，则直接跳到第（4）步；

（3）根据需要补充调研，并修正"职务说明书"；

（4）形成最终的"职务说明书"；

（5）一方面，将"职务说明书"应用于实际工作中，并注意收集应用的反馈信息，不断完善"职务说明书"；另一方面，对工作分析工作本身进行总结评估，将"职务说明书"归档保存，为今后的工作分析工作提供经验与信息基础。

4.1.4 工作分析的方法

根据组织的需要和进行工作分析所需资源的不同，工作分析以各种不同的方式进行。具体方法的选择依据的是使用信息的方式（工作评估、报酬提高、开发等）及该方法对组织是否最为可行。下面简要介绍8种常用的工作分析方法。

1. 资料分析法

为了降低工作分析的成本，应尽量利用现有资料。一些企业曾对工作进行过分析，那么，原有的职务说明书就是当前工作分析的重要基础材料。即使企业没有职务说明书等资料，也会有或多或少与工作任务及岗位规范等内容有关的资料，如岗位责任制文件、聘用合同、作业统计、人事档案等，可以提供与工作有关的各方面信息。在进行工作分析时，仅凭资料分析是不够的，但充分利用现有资料的确可以大大降低工作分析的工作量，缩短工作时间，提高工作效率。

2. 观察法

观察法是指工作分析人员在工作场所通过感觉器官或其他工具，观察员工的工作过程、行为、内容、特点、性质、工具、环境等，并用文字等形式记录下来，然后进行分析与归纳总结。这种方法主要用来收集强调员工技能的那些工作信息，如机器操作工的工作。它也可以帮助工作分析人员确定体力与脑力任务之间的相互关系。但是，在进行工作分析时，仅采用观察法通常是不够的，特别是在工作中脑力技能占主导地位时更是如此。例如，仅观察一名财务分析人员的工作并不能全面揭示这项工作的要求。

3. 问卷调查法

设计良好的工作分析问卷可以帮助工作分析人员获得大量信息，既快捷又经济。工作分析人员可以把结构化问卷发给员工，要求他们对各种工作行为、工作特征和工作人员特征进行描述、选择，或打分评级，然后对回收问卷进行统计与分析。问卷可以分为工作定向问卷和人员定向问卷。前者强调工作本身的条件和结果，后者则集中于了解员工本人的工作行为。问卷调查法在使用中也存在一定局限。例如，有时候会因为员工缺乏表达能力，使得这种方法效果不是很好；一些员工可能会夸大其任务的重要和自己的贡献。

4. 面谈法

面谈法是一种通过工作分析专家与员工，特别是管理岗位员工的面谈，以获得更为详细且精确的信息，并进而对某一岗位，特别是管理岗位的工作进行分析的方法。面谈法是工作分析中大量运用的一种方法，尽管它不如问卷调查法那样具有完善的结构，但由于它是面对面地双向沟通，可以对员工的工作动机、工作态度、工作满意度等有更深入的了解。通常，工作分析人员首先与员工就工作目标、工作内容、工作性质与范围、工作责任等内容进行面谈，帮助员工描述出他们履行的职责；然后再与其管理者接触，获得其他的信息，以检验从员工那里获得信息的准确性，并弄清某些问题。

5. 员工记录法

在某些情况下，工作分析信息可通过让员工以工作日记或工作笔记的形式记录其日常工作活动获得。这种方法如果运用得当，可以获得更为准确的、大量的信息。但是从员工的工作记录中获得的信息一般比较凌乱，难以组织；也需要克服员工有意夸大其工作重要性与自身贡献的倾向。而且，这种方法会加重员工的工作负担。因此，在企业的实际管理中，这种方法运用很少。

6. 关键事件记录法

关键事件是指使工作成功或失败的关键行为特征或事件。关键事件记录法要求管理人员、员工记录工作中的关键事件，主要记录以下几个方面的内容：导致事件发生的原因和背景；员工特别有效的行为、多余的行为；关键行为的后果；员工自己能否支配或控制上述因素。在大量收集上述信息之后，再对其进行分类与归纳，总结出与某项工作有关的关键特征和行为要求。关键事件记录法既能获得有关工作的静态信息，也能获得有关工作的动态信息，但不能获得有关工作的完整信息。

通常，一位工作分析人员并不仅仅使用一种方法，而会结合多种方法来进行工作分析，以获得更好的使用效果。例如，在分析事务性工作和管理工作时，工作分析人员可能会采用问卷调查法并辅之以面谈和有限的观察。在研究生产性工作时，可能采用面谈和广泛的工作观察法来获得必要的信息。基本上，工作分析人员都是把几种分析方法结合起来进行有效的工作分析。

从事工作分析的人员主要是收集与执行某项工作有关的资料。参加工作分析的人至少应该包括员工及其直接领导。规模大的组织可以有一个以上的工作分析人员；但在规模小的组织里，可能就由基层主管负责工作分析。缺乏专门人才的组织，还经常利用外部的顾问来从事工作分析工作。

7. 团队工作分析方法

团队自20世纪70年代以来在发达国家越来越受到重视，到90年代出现了以团队为单元的工作分析和设计。由于团队具有自我管理、由若干成员组成、成员技能互补、绩效考核复杂等特点，要建立高绩效、高满意度的团队，其设计应当考虑的内容如下。

(1) 团队职能。类似于职位职责，即确定团队所要承担的责任。
(2) 工作设计。包括自我管理、工作参与、任务多样性、任务重要性和任务完整性。
(3) 相互关联。包括任务的关联性、目标的关联性，以及绩效和奖励的关联性。
(4) 结构。包括团队成员的异质性、灵活性、团队规模和偏好。
(5) 环境。包括培训、管理支持、团队间的合作与交流。
(6) 过程。包括潜能、社会支持、工作分担、内部协作与沟通。
(7) 团队能力。包括团队成员的知识、经验、技能和能力。

团队工作分析模式下形成的是角色说明，而不是职位说明。角色说明对组织成员的职责范围的规定比较宽泛，工作内容较模糊，需要实施动态调整以适应环境，对组织成员的素质要求更多地集中在基本知识和能力上，不容易衡量。

8. 基于流程的职位分析方法

基于流程的职位分析方法是从面向市场的业务总体价值角度和业务衔接性角度，将整个业务的工作内容按照流程分配到各职位的分析方法。该方法能根据战略有效梳理业务流程，确定职位的重要任务节点及其责任，避免出现工作无人负责或职责重叠的情况。

基于流程的职位分析方法首先是对组织的业务流程进行梳理和描述，包括整体流程和各业务流程，尤其是关键业务流程；其次是确定业务流程的各个节点，确定各部门的职责边界，并编制和整理各部门的具体职责形成部门职责相关文件；接着把部门职责进一步分解到各个职位，同时明确相应的权利、绩效标准；最后确定职位的任职资格。

基于流程的职位分析的重点是明确各部门之间和各职位之间的职责边界，以突出各部门的主要职能、各职位的主要职责，确保工作内容、责任的合理分配及业务流程的顺畅。

4.1.5 工作说明书

工作说明书（又称职务说明书）是工作分析的直接成果，它包括两个部分：① 工作描述，又称工作说明，说明有关工作的特征；② 工作规范，又称任职说明，说明对从事工作的人的具体要求。职务说明书在企业管理中的地位极为重要，不但可以帮助任职人员了解其工作，明确其责任范围，还可以为管理者的某些重要决策提供参考。

职务说明书的编写并无固定的模式，需要根据职务分析的特点、目的与要求具体确定编写的条目。职务说明书一般包括以下内容：

（1）职务概要，概括本职务的特征及主要工作范围；

（2）责任范围及工作要求，任职人员须完成的任务、所使用的材料及最终产品、须承担的责任、与其他人的联系、所接受的监督及所施予的监督等；

（3）机器、设备及工具，列出工作中用到的所有机器、设备及辅助工具等；

（4）工作条件与环境，罗列有关的工作条件，如可能遇到的危险、工作场所布置等；

（5）任职条件，即任职说明，指出担任此职务的人员应具备的基本资格和条件，如所受教育水平、工作经验、相关培训、性别、年龄、身体状况、判断力、知识、技能等。

表4-1至表4-4是4个工作说明书的例子。

表4-1 人力资源部"人力资源总监"工作说明书

岗位名称	人力资源总监	岗位编号	ZT-HR-001
直属上级	CEO	所属部门	人力资源部
工资级别		直接管理人数	6
岗位目的	保障公司发展所需的人力资源，完善人力资源管理体系		

工作内容：

1. 制订并提交本部门年度工作计划、人员计划；
2. 负责本部门员工的考评、培训指导、选拔人才；
3. 编制公司人力资源战略规划，审核年度招聘计划并监督落实；
4. 健全公司人力资源管理制度并监督实施；
5. 组织对公司各部门的定岗定编工作；
6. 参加对应聘人员的面试并签署部门意见；
7. 指导各对外投资控股企业招聘计划的实施；
8. 建立公司内部人才的分类及梯队体系，制定员工职业生涯发展计划；
9. 负责公司紧缺人才的考察和引进工作；
10. 建立员工的综合考察体系，对员工的转正、定级、培养、任用和晋升提出建议；
11. 负责公司员工、控股企业经营班子成员和外派人员的年终绩效考评方案设计并组织实施；
12. 负责员工工资、公积金和加班费的审批，年终奖金的发放工作；
13. 审定公司的薪酬和福利保障制度；
14. 审核员工培训计划并监督落实；
15. 完成上级交办的其他工作。

工作职责：

1. 对公司人力资源规划的制定与实施负责；
2. 对公司人才储备和梯队建设的成效负责；
3. 对公司绩效考核方案的有效性负责；
4. 对公司薪酬方案实施成效负责；
5. 对公司年度招聘计划的落实负责。

与上级的沟通方式：接受总裁书面或口头指导。

同级沟通：与各部门经理及各控股企业经营班子成员的交流和沟通。

给予下级的指导：对本部门员工的业务指导，与公司其他部门员工的交流和沟通。

岗位资格要求：

- 教育背景：硕士及硕士以上学历（或同等学力），人力资源管理相关专业。
- 经验：8年以上工作经历，3年以上大中型企业人力资源管理相关工作经验。

岗位技能要求：

- 专业知识：掌握人力资源、心理学的相关知识，熟悉相关政策、法规，了解人力资源管理发展的趋势。
- 能力与技能：外向性格，优秀的沟通能力、亲和力，善于发现人才的眼光。

表 4-2 人力资源部"综合管理专员"工作说明书

岗位名称	综合管理专员	岗位编号	ZT-HR-002
直属上级	人力资源总监	所属部门	人力资源部
工资级别		直接管理人数	
岗位目的	协助人力资源总监工作,完善人力资源管理体系		

工作内容:
1. 草拟公司相关人事管理制度;
2. 负责员工劳动合同签订及人事档案管理;
3. 组织市场薪酬调查,掌握市场薪资水平的变化趋势;
4. 参与制订公司薪酬管理制度并负责具体实施;
5. 负责核定员工工资、公积金、加班费、年终奖金及公司工资总额;
6. 负责公司员工的社保、失业、工伤、生育、保险等福利保障制度的制定和贯彻落实;
7. 负责公司专业技术人员的职称评定、申报管理和聘任工作;
8. 负责处理公司的劳动争议和劳动纠纷;
9. 参加对公司员工的绩效考评工作;
10. 负责与外部人事组织、人才机构的协调联络;
11. 负责公司员工的日常考勤管理及其他事务性管理工作;
12. 完成上级交办的其他工作。

工作职责:
1. 对公司人事制度的完善和实施负责;
2. 对公司劳动合同的公平和合法性负责;
3. 对公司薪酬方案的编制和实施负责;
4. 对员工医疗、社保和公积金等事项的管理负责;
5. 对专业技术人员的职称等级的申报审查负责。

与上级的沟通方式:接受人力资源总监的书面或口头指导。
同级沟通:与各部门经理的协调沟通。
给予下级的指导:对本部门其他员工的业务指导。
岗位资格要求:
- 教育背景:大学本科及本科以上学历,人力资源管理相关专业。
- 经验:5 年以上工作经历,3 年以上大中型企业人力资源管理相关工作经验。

岗位技能要求:
- 专业知识:掌握人力资源的相关知识,熟悉国家及地方的有关政策法规,了解行业内人力资源管理状况。
- 能力与技能:良好的组织能力,优秀的沟通能力,较好的写作能力,熟练使用计算机。

表 4-3 人力资源部"招聘专员"工作说明书

岗位名称	招聘专员	岗位编号	ZT-HR-003
直属上级	人力资源总监	所属部门	人力资源部
工资级别		直接管理人数	
岗位目的	开发人力资源,满足公司对人力资源需求		

工作内容:
1. 参与分析、诊断公司人力资源状况,预测人力资源需求;
2. 分析人力资源市场相关动态,掌握相关市场信息;
3. 制订年度的人员招聘计划,组织公司的招聘活动;
4. 建立公司外部分类人才储备库,与人才中介公司建立合作关系;
5. 定期发布招聘信息,筛选合格人员入人才储备库,对于入库高素质人才定期更新个人状况;

续表

6. 设计应聘人员面试程序、笔试内容、面谈问卷及评测标准；
7. 组织对应聘人员的面试活动并出具部门意见；
8. 设立公司急聘人员的应急预案；
9. 负责本部门领导指派的事务性工作；
10. 完成上级交办的其他工作。

<u>工作职责：</u>

1. 对人力资源需求预测的准确性负责；
2. 对招聘方案和面试程序的有效性负责；
3. 对招聘计划的落实负责；
4. 对公司外部人才储备库的设立和维护负责。

<u>所受上级的指导：</u>接受人力资源总监的书面及口头指导。

<u>同级沟通：</u>与公司各部门领导保持良好的沟通。

<u>给予下级的指导：</u>

<u>岗位资格要求：</u>

- 教育背景：大学本科及本科以上学历，人力资源管理、心理学相关专业。
- 经验：3年以上工作经历，2年以上大中型企业或事业单位招聘岗位相关工作经验。

<u>岗位技能要求：</u>

- 专业知识：了解国家有关政策法令及国内人力资源动态，熟悉招聘流程。
- 能力与技能：有较强的沟通能力、心理判断能力，相当的文字表达能力，熟悉操作计算机。

表 4-4 人力资源部"培训专员"工作说明书

岗位名称	培训专员	岗位编号	ZT-HR-004
直属上级	人力资源总监	所属部门	人力资源部
工资级别		直接管理人数	
岗位目的	改善员工的知识结构和素质，提高员工的实际工作能力，满足公司对人力资源质量的要求			

<u>工作内容：</u>

1. 分析、诊断公司员工的知识结构和实践技能特点和水平；
2. 根据员工现职岗位的具体要求，判断员工在知识结构和实践技能方面的实际差距，明确员工的个性化培训需求；
3. 分析汇总培训需求，设计多样化的公司员工再教育和培训方案并组织实施；
4. 编制公司年度培训预算和确定培训人时数；
5. 负责推动公司各职能、业务部门向学习性团体的转化；
6. 负责设计员工实际能力发展方案，包括工作轮换、一对一教练式培养、现场锻炼等；
7. 协助制订公司员工职业发展计划并组织实施；
8. 负责本部门领导指派的事务性工作；
9. 完成上级交办的其他工作。

<u>工作职责：</u>

1. 对培训需求判断的准确性负责；
2. 对培训方案的设计及其有效性负责；
3. 对员工实际工作能力的提高负责。

<u>所受上级的指导：</u>接受人力资源总监的书面和口头指导。

<u>同级沟通：</u>与公司各相关部门、各控股企业领导保持沟通。

<u>给予下级的指导：</u>员工保持良好的沟通

<u>岗位资格要求：</u>

- 教育背景：大学本科及本科以上学历，人力资源管理、教育学相关专业。
- 经验：3年以上工作经历，2年以上大中型企业或高等院校人力资源培训相关工作经验。

<u>岗位技能要求：</u>

- 专业知识：熟悉国家有关政策法令，掌握国际人力资源管理模式，熟悉人力资源培训实务。
- 能力与技能：较强的组织和沟通能力，较高的文字和口头表达能力，熟练操作计算机。

4.2 工作设计

工作分析是假定工作已经存在,并且这些工作的构成和设置即使不是最好的,也是合理与令人满意的。然而,在当代社会,管理者经常会发现,事实并非如此。有时,他们需要增加或者减少员工的工作负荷;有时,他们需要取消某个岗位,因为机器已经把该岗位的工作都做了;有时,他们要增设某个全新的岗位,因为市场提出了新的需求或技术进步创造了新的业务领域……在这些情形下,管理者就会改变工作的设置方式,从而更加有效地完成工作。这就需要进行工作设计。

4.2.1 工作设计的概念

工作设计(Job Design)是指对工作完成的方式及完成一项工作所需要从事的任务进行界定的过程。为了更有效地进行工作设计,就必须通过工作分析全面地了解当前的工作现状,同时还需要运用工作流程分析来知晓它在整个工作流程中的位置。

工作设计问题主要是组织向其成员分配工作任务和职责的方式问题。工作设计是否得当,对于有效地实现组织目标,激发员工的工作积极性,提高工作绩效和增强员工的工作满意感都有重大的影响。换言之,工作设计直接关系着能否实现"事得其人、人尽其才"。

4.2.2 工作设计的意义

在开始做每件工作之前,总是要明确要做什么、要得到什么结果、要什么人来做、怎样才能得到预期的结果等问题,这是工作分析的成果。而工作设计则是在工作分析的前提下,来说明工作该怎样做才能最大限度地提高组织的效率和劳动生产率,怎样使工作者在工作中得到最大限度的满足,包括在工作中帮助员工个人成长和增加员工福利。显然,工作设计的目的是明确工作的内容和方法,明确能够满足技术上、组织上的要求及员工的社会和个人要求的工作之间的关系。所以,所谓工作设计是关于在组织内,如何实现组织运行目标和个人积极性相互适应的方法,以确保组织绩效指标的提高和组织最终目标的实现。

工作设计,不仅是人力资源管理工作的核心,同时也是人本管理的基础。以人为本的管理不是管理者们的说教与口号,它要真正落实到与员工相结合的工作岗位、工作任务、工作要求上。而要做到这一点,就必须对组织目标、工作职责、员工特性做分析、设计,只有这样,才能真正做到事得其人,人尽其才,人事相宜,才能真正体现出对员工的尊重和组织的高绩效。

工作设计问题主要是组织向其成员分配工作任务和职责的方式问题。工作设计是否得当,对于激发员工的工作积极性,增强员工的工作满意感及提高工作绩效都有重大的影响。在企业中,多数职位都是为提高效率而设的,工作的内容往往专业面窄、易学、重复性强。这常常导致了很多工作无聊乏味。

管理者应该认识到,没有一种工作本身是乏味的。工作能否吸引人,取决于它是否能充分发挥员工的能力。如果不能,它迟早会变得毫无滋味。真正能够激励人的工作,需要员工投入全部能力,有时甚至需要挖掘员工的潜能。好的工作设计能够收到如下成效。

1. 改善员工和工作之间的基本关系

工作设计打破了工作是不可改变的这个传统观念。它是建立在这样的假设基础上,即认为工作本身对员工的激励、满意和生产率有强烈的影响,工作的重新设计对于提高员工与工作之间的和谐意义非凡,它能够使员工在安全、健康、舒适的条件下从事生产劳动。

2. 有助于激励员工,不断提高生产效率

工作设计不是试图首先改变态度,而是假定在工作得到适当的设计后,积极的态度就会随之而来。而实践表明,设计良好的工作的确能够提高员工的工作积极性,从而提高其工作的效率、改善工作效果。

3. 重新赋予工作以乐趣，更好地满足员工的多方面需要

在工作设计过程中，特别的一点就是要充分考虑到员工个体的差异，强调工作设计应要求员工本人参加、表达意见，这样会激发员工的主人翁意识和兴趣，使其可以从工作中体会到更多源于自主意识的乐趣，进而使其多方面的需要得到更好的满足。

4.2.3 工作设计的发展

工作设计理论的发展，迄今为止经历了4个时期。由工作专业化到工作轮换和工作扩大化，再到当代的工作丰富化和工作特征再设计，直到社会技术系统方法时期。现代的工作设计运用的则是在系统理论的指导下进行的社会技术系统方法。

1. 工作专业化时期（从19世纪初到20世纪40年代）

这一时期的重点是提高工作的专业化程度。工作专业化的特点是：机械的节拍决定工人的工作速度；每个工人只完成每件工作任务中的某一项，工作简单重复，对每个工作所要求掌握的技术低，成为熟练工人的时间短；工人被固定在流水线上的某一岗位，限制了工人之间的交往；管理部门决定工作中采用什么设备和工作方法，工人处于被动服从地位。

2. 工作轮换和工作扩大化时期（从20世纪40年代到60年代）

这是一个为解决工人对工作的不满而采取一些临时性措施的时期。由于科学管理运动带来过分专业化，工人的工作越来越简单重复和单调乏味，导致大量的消极怠工对抗现象产生，缺勤和离职率居高不下。面对这种情况，管理当局采用了工作轮换和工作扩大化的方法。这两种方法强调的是工人在不同岗位之间的轮换和个人工作范围的扩大，对安抚工人的对抗情绪起到了暂时的缓和作用。

工作轮换指在不同的时间阶段，员工会在不同的岗位上进行工作。它给员工更多的发展机会，让员工感受到工作的新鲜感和工作的刺激；使员工掌握更多的技能；增进不同工作之间的员工的相互理解，提高协作效率。但它只能限于少部分的可轮换的工作轮换，大多数的工作是无法进行轮换的；另外，轮换后也可能会使职务效率降低。

工作扩大化是指工作范围的扩大，旨在向工人提供更多的工作，即让员工完成更多的工序。当员工对某项职务更加熟练时，提高他的工作量（相应地也提高待遇），会让员工感到更加充实。

3. 工作丰富化及工作特征再设计时期（从20世纪60年代到80年代）

这一时期的工作设计主要采取了降低工作专业化程度、改变工作内容、职能和反馈方式等提高工人的工作满意度，提高工作效率和工作效果。这个时期采用的主要方法是工作丰富化和工作特征再设计。

工作丰富化也叫充实工作内容，是指在工作内容和责任层次上的基本改变，并且使得员工对计划、组织、控制及个体评价承担更多的责任。充实工作内容主要是让员工更加完整、更加有责任心地去进行工作，使员工得到基于工作本身的激励和成就感。

工作（特征）再设计是将组织的战略、使命与员工对工作的满意度相结合。在工作再设计中，充分采纳员工对某些问题的改进建议，但是必须要求他们说明这些改变对实现组织的整体目标有哪些益处，是如何实现的。

4. 社会技术系统方法时期（从20世纪80年代至今）

它主要是在系统理论指导下，运用工作特征模型，借助信息技术对工作进行再设计。社会技术系统方法，通过全面完善的工作特征和营造良好的组织氛围来激发员工的工作积极性，它是对第三时期所采用方法的进一步扩展。

20世纪90年代以来，随着经济全球化和信息化浪潮的不断推进，企业的内外部环境都发生了巨大而快速的变化，变革已成为企业生存的方式。作为变革的重要方式之一的组织再造也被许多企业所采用。工作丰富化、工作特征再设计和社会技术系统方法是企业进行再造时进行工作再设计的主要方法。

4.2.4 工作设计的基本方法

工作设计过程中,至关重要的一个前提就是要明确工作的特征。所有工作的特征都可以通过运用4种基本方法中的任意一种得以确定。这4种基本方法是:激励型工作设计法、机械型工作设计法、生物型工作设计法和知觉运动型工作设计法。

1. 激励型工作设计法

激励型工作设计法所关注的是那些可能会对工作承担者的心理价值和可激发潜力产生影响的工作特征。这种方法把态度变量(如工作满意度、工作参与、出勤、绩效等行为变量)看成工作设计的最重要结果。激励型工作设计法的一个典型例子就是赫茨伯格的双因素理论。在这一理论中赫茨伯格指出,激励员工的关键并不在于金钱和物质方面的刺激,而在于通过工作的重新设计来使工作变得更加有意义。

2. 机械型工作设计法

机械型工作设计法的目的是寻找一种能够使效率最大化的方式来建构工作。这种方法强调按照任务的专门化、技能简单化及重复性的基本思路来进行工作设计。科学管理是一种出现最早也是最有名的机械型工作设计方法。科学管理首先要做的是找出完成工作的"一种最好方法",这通常需要进行时间—动作分析,以找到工人在工作时间内可以采用的最有效的操作方式。然后根据找到的"最佳工作方式"和工人所具有的工作能力进行工人的甄选,并按照这种最佳方式来培训工人。最后把工人配备到岗位上进行工作时,还应对工人进行物质方面的激励,以使其在工作中发挥出最大潜力。

3. 生物型工作设计法

生物型工作设计法,又称为人类工程学,它所关注的主要问题是个体心理特征与物理工作环境之间的相互作用。其目的在于以个体工作的方式为中心来对工作环境进行结构性安排,从而将工人的生理紧张程度降到最低水平。生物型工作设计法已经被应用到对体力要求较高的工作领域进行工作设计。很多生物型工作设计法还强调对机器和技术也要进行再设计,如调整机器操纵杆的位置、形状、材质等方面的设计,使工人能够很顺手地轻松把握和推动。

4. 知觉运动型工作设计法

知觉运动型工作设计法所注重的是人的心理能力和心理局限,这与关注身体能力和身体局限的生物型工作设计法不同。这种工作设计方法的目的在于通过降低工作对信息加工的要求来改善工作的可靠性、安全性及使用者的反应性,确保工作的要求不会超过人的心理能力和心理局限。在实施工作设计的过程中,工作设计人员首先观察能力最差的人所能够达到的工作能力水平,之后按照这种水平来确定工作的具体要求。

表4-5和表4-6对上述4种基本的工作设计方法的特点做了简要的概括。

表4-5 不同的工作设计方法对工作特征的不同描述

激励型工作设计法	机械型工作设计法
1. 自主性	1. 工作专门化
2. 内在工作反馈	2. 工具和程序的专门化
3. 外在工作反馈	3. 任务简单化
4. 社会互动	4. 单一性活动
5. 任务/目标清晰度	5. 工作简单化
6. 任务多样性	6. 重复性
7. 任务一致性	7. 空闲时间
8. 能力/技能水平要求	8. 自动化
9. 能力/技能多样性	
10. 任务重要性	
11. 成长/学习	

生物型工作设计法	知觉运动型工作设计法
1. 力量 2. 抬举力 3. 耐力 4. 座位设置 5. 体格差异 6. 手腕运动 7. 噪声 8. 气候 9. 工作间隔 10. 轮班工作	1. 照明 2. 显示 3. 程序 4. 其他设备 5. 打印式工作材料 6. 工作场所布局 7. 信息投入要求 8. 信息产出要求 9. 信息处理要求 10. 记忆要求 11. 压力 12. 厌烦

表 4-6 不同工作设计方法的结果总结

工作设计方法	积极的结果	消极的结果
激励型方法	更高的工作满意度 更高的激励性 更高的工作参与度 更高的工作绩效 更低的缺勤率	更多的培训时间 更低的利用率 更高的错误率 精神负担和压抑出现的更大可能性
机械型方法	更少的培训时间 更高的利用率 更低的差错率 精神负担和压力出现的可能性降低	更低的工作满意度 更低的激励性 更高的缺勤率
生物型方法	更少的体力付出 更低的身体疲劳度 更少的健康抱怨 更少的医疗性事故 更低的缺勤率 更高的工作满意度	由于设备或者工作环境的变化而带来更高的财务成本
知觉运动型方法	出现差错的可能性降低 发生事故的可能性降低 精神负担和压力出现的可能性降低 更少的培训时间 更高的利用率	较低的工作满意度 较低的激励性

资料来源：雷蒙德·A·诺伊，约翰·霍伦拜克，拜雷·格哈特，等. 人力资源管理：赢得竞争优势. 刘昕，译. 北京：中国人民大学出版社，2001：161.

4.2.5 组织变革与工作设计

为了不断适应内外部环境的快速变化，企业需要不断进行变革。而企业的每一项变革都将或多或少地影响到工作/岗位的设计。

1. 系统变革与工作设计

根据莱维特（Harold Leavitt）的系统模式，企业是个多变量的系统，它包含有导致并影响变革的相互作用的4个变量：结构、任务、人员和技术，它们相互作用，共同构成一个系统变革模型，如

图 4-3 所示。

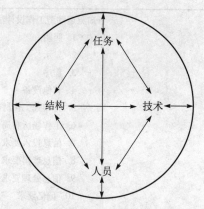

图 4-3 莱维特的系统变革模式

（1）结构指组织的权责体系、信息沟通、管理层次和幅度、工作流程等。

（2）任务指组织存在的意义、使命及工作的性质（简单和复杂、新的和重复的、标准化和独特性）。工作任务的性质能够影响组织内个体和部门之间的关系。

（3）人员指达到目标的个体、群体、领导人员，包括他们的工作态度、个性和激励等。

（4）技术指组织解决问题的方法、手段和技术装备。

这 4 个变量相互依赖，任何一个变量的改变都会引起其他一个或更多个变量的改变。同时，组织内的各项因素都与环境发生着相互作用，环境通过上述 4 个变量影响着组织的变革。组织变革可以引用单一变量或者结合多个变量，但是管理人员必须了解全部 4 个变量的相互作用，可以通过改变组织的工作任务、组织结构，改变人的态度和价值观念、人的行为和组织成员之间的沟通程序，改变解决问题的机制和方法及顺应环境的变化来进行组织变革。

2. 业务流程重组、企业信息化与工作设计

企业的业务流程是企业把一组输入转化为对顾客有价值输出的相互关联活动的集合。企业之所以能生存，正是因为它能够通过业务流程实现这种有价值的转化（或称为创造新价值的活动），那么业务流程效率的高低就直接决定着企业的效率。业务流程是由一系列相关的活动组成的，这些活动的不同组合便形成不同的岗位（或工作）；换言之，一组不同的工作组合而成流程。那么各个工作的设计及工作之间分工协作关系的设计（即组合的结构）便成了决定流程效率，乃至企业效率的关键。

流程重组（Business Process Reengineering，BPR）又被译为业务流程重组、企业过程重建、企业再造等，是 1990 年最先由美国前 MIT 教授迈克尔·哈默（Michael Hammer）在"Reengineering Work：Don't Automate，But Obliterate"一文中提出；1993 年哈默与詹姆士·钱皮（James Champy）出版了《公司重组：企业革命的宣言》。此后，BPR 作为一种新的管理思想，像一股风潮席卷了整个美国和其他工业化国家，并开始风靡世界。根据哈默与钱皮的定义，BPR 就是"对企业的业务流程（Process）进行根本性（Fundamental）再思考和彻底性（Radical）再设计，从而获得在成本、质量、服务和速度等方面业绩巨大的（Dramatic）提高"。

在业务流程重组浪潮兴起的同时，信息化浪潮也正以更加迅猛的态势席卷全球。20 世纪 80 年代以来，被大量引入的信息技术（Information Technology，IT），特别是 Internet、Intranet、EC（电子商务）等的介入，使工作的性质正在发生改变。工作设计出现了两种新的发展。第一是工作时间和非工作时间界限的模糊。携带手机和 PDA（个人数字助理）及拥有传真和上网能力的员工，都可能在非工作时间工作，而且他们一天中可能 24 小时"待命"。第二是工作场所与非工作场所界限的模糊，拥有现代通信工具的员工越来越多地远程工作。

在许多情况下，流程重组多多少少要涉及 IT 的应用，甚至管理信息系统（Management Information Systems，MIS）的引入。于是，流程重组和 IT 交织在一起，共同对企业的工作设计产生出复杂、广泛而深远的影响。例如：① 变职能管理为过程管理，删除不增值环节；② 变事后监督为事前管理，删除不必要的审核、检查、控制；③ 删除不必要的信息处理环节和冗余信息集；④ 变串行

和反馈控制为并行过程；⑤利用工作流系统实现过程自动化等。当原有的一些工作环节或活动由于不增值或不再必要而被删除后，当许多与信息采集、传输、存储、检索、分析等有关的处理环节或活动由人工交由 IT 系统来完成后，当一些工作环节或活动间的联系与协作方式①发生改变后，企业原有的工作设计及其有关规则就必然要进行相应的改变。

如果工作设计还仅仅是被动地跟在流程重组和 IT 应用的后面做"善后"工作，是不能充分发挥出良好的工作设计对于实现组织目标和满足员工需要的重要作用的。企业的人力资源部门应该主动地顺应信息化潮流，将工作设计与流程重组和 IT 应用结合在一起整体设计，从而更充分地发挥人与技术、活动与流程、分工与协作之间各自的优势，实现在新的技术条件和竞争环境中的新的协同效应。

因此，企业有必要改变以往工作设计的惯常思路，不能只侧重于企业内部分工协作效率和员工需要满足这两方面，却相对忽视流程的目的——流程的输出是为了提供顾客价值，实现顾客满意。这种只盯着内部的工作设计思路，将导致许多企业出现下级只对各自的上级负责，而无须对水平的整体流程负责的现象，当然作为流程终点——顾客就更加难以找到负责的人了。因此，工作设计的思路也应顺应时代的发展而进一步发展，在工作设计时要把眼光放远，延伸到企业之外，站在流程整体优化的角度进行工作设计。

3. 信息化背景下基于流程的工作设计思路

企业的工作设计应从提供顾客价值这一企业总体目标出发，先自上而下地制定出适宜的包含信息化战略在内的总体战略规划。根据战略规划及 IT 条件设计全新的流程，或对原有流程进行重组或改进，再按照流程及员工条件设计工作；接着再自下而上地根据工作设计构造适宜的组织结构，并制定出企业的运行规范与相关规章制度，或对原有的组织结构、规范与制度进行改革；最后，新的工作、结构、制度将在新的层面上更加高效地支持企业目标的实现，如图 4-4 所示②。

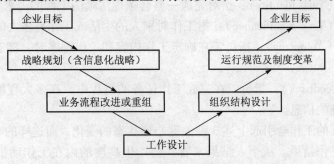

图 4-4 信息化背景下基于流程的工作设计模式

这样，基于流程的工作设计将在更大程度上体现出整体优化原则和顾客至上原则，信息化的效用也能更充分地发挥，并在更大程度上让处于流程中的人体会到自身工作所创造的价值和对顾客承担的责任，而不仅仅是做着某一件看不出多少最终成就的例行公事，也不仅仅只考虑本部门的事情和只追求让顶头上司满意。

4.2.6 工作设计的社会技术系统方法

社会技术系统方法主要是在系统理论指导下，运用由哈克曼（Hackman）和奥德海姆（Oldham）所创立的"工作特征模型"（Job Characteristic Model，JCM）（见图 4-5），借助信息技术对工作进行再设计，通过全面完善工作特征和营造良好的组织氛围来激发员工的工作积极性，从而更加有效地实现组织目标与满足员工需求。

在工作特征模型中，特别需要明确的是，员工的工作积极性取决于那些与工作有关的心理体验。哈克曼和奥德海姆提出了 3 个关键的心理状态。

---

① 例如，工作组支持系统（WSS）可以使身处不同地点的人员就同一任务实时地协同工作，专家系统（ES）能够支持员工更好地成为"通才"。

② 本思路的提出受到了 IBM 的 BSP（Business System Planning）方法的启示。

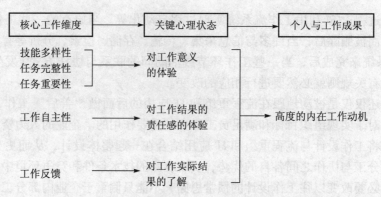

图 4-5 Hackman 和 Oldham（1980）的工作特征模型

（1）对工作意义的体验。如果员工能体验到工作的意义、重要性或者认为工作是值得做的，他就会有很高的工作热情。

（2）对工作结果的责任感的体验。如果员工能体验到自己对工作结果的责任感，他就会努力对自己的工作绩效负责。

（3）对工作实际结果的了解。如果员工能通过可靠的渠道随时掌握自己工作的阶段性结果，以及这样的结果是否令人满意，他就会更好地对自己的工作进行自我检查，并相应地调整自己的行为。

工作特征模型认为：任何工作都可以从 5 个方面，即 5 个核心任务维度来进行描述。

（1）技能多样性（Skill Variety）：表示工作对不同类型活动的需求程度，以及由此决定的员工所具备技艺和才干的要求的多样性程度。

（2）任务完整性（Task Identity）：指对完成一整套条理清晰的工作的需求程度。

（3）任务重要性（Task Significance）：指工作对别人的生活或工作有多大的影响。

（4）工作自主性（Autonomy）：指员工在确定工作内容和工作程序时，拥有多大的自由度、独立性及判断力。

（5）工作反馈（Feedback）：指员工在完成工作任务的过程中，在多大程度上可以获得有关自己工作绩效的直接而明确的信息。

具有上述 5 种特征的工作会引起上述 3 种关键心理状态的变化，而这样的心理状态的改变将会导致一定的个人结果和工作结果。从个人结果来看，会产生高度的内在工作动机和对工作的高度满意感，从而达到激励员工的目的。从工作结果来看，则会带来高质量的工作绩效，以及较低的缺勤率及离职率。

4.2.7 工作设计举例

工作设计的具体方法很多，不同的企业在不同的条件下，会选择不同的方法来进行工作设计。至于选择哪种或哪几种方法，既要看结果——设计好的工作是否有利于组织目标的实现和员工需要的满足，也要看工作设计人员是否熟悉并方便运用。下面通过 4 个例子来简要展现工作设计的实践活动。

1. 利用工作特征模型对各种职位的工作特征进行评分（表 4-7）

表 4-7 工作特征得分高低举例

技能多样性
    高分：小型汽车修理站的所有者兼经营者，其活动内容包括：进行电子维修、装配发动机、做一些体力活、与顾客接触等。
    低分：车身加工工人，他每天要做 8 小时的喷漆工作。
任务完整性
    高分：家具制造者，他自己设计图样、选料、制造产品及对产品加以完善。
    低分：家具工厂的锯木工人，其任务只是开动车床制作桌腿。
任务重要性

高分：医院危重病房的护理人员。
低分：医院中擦地板的人。
工作自主性
高分：电话安装员，他可以自主安排日程，在没有监督的情况下会见客户，并自由决定最有效的安装方式。
低分：负责处理按照例行程序打进来电话的电话接线员。
工作反馈
高分：电子工厂进行半导体安装，然后进行检验以了解其性能的工人。
低分：电子工厂负责半导体安装，然后交给检验员检试的工人。

2. 重新设计工作的实践指南

根据图4-6所示的简便实用的工作再设计指南，可以更加有效地对工作重新设计，以提高人力资源管理工作的绩效。一个实际的例子就是在一家大百货公司的应用——销售员的工作被重新设计，如表4-8所示。

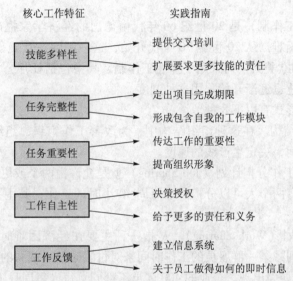

图4-6　为达到高效人力资源管理而进行工作重新设计的具体建议

表4-8　一家大型百货商店的销售员的工作被重新设计

1. 技能多样性
    销售员被要求努力想出和使用：
    （1）不同的销售方式；
    （2）新的货品展示方式；
    （3）记录销售和保存记录的更好方式。
2. 任务完整性
    销售员被要求：
    （1）按美元记录个人每天的销售量；
    （2）记录销售或顾客数量；
    （3）划出个人展示区域，个人对其负责，并使之完整、整洁。
3. 任务重要性
    销售员被提醒：
    （1）卖出产品是商店的整体基本目标；
    （2）展示区域的形象对销售很重要；
    （3）这是顾客的"商店"，殷勤与令人愉快的服务能建立商店的声誉并有助于将来的销售。
4. 工作自主性
    销售员被：
    （1）鼓励开发和利用他们各自独特的销售方式和风格；

(2) 容许他们选择自己的休息和午餐时间；
(3) 鼓励对所有政策和运行中的改革提出建议。

5. 来自工作本身的反馈

销售员被：
(1) 鼓励保持他们自己的销售额记录；
(2) 鼓励保持一个销售/顾客比率；
(3) 提醒与顾客建立良好的关系就是成功；如果潜在顾客带着对商店及其雇员的好感离开就是成功。

6. 来自中介的反馈

销售员被鼓励：
(1) 在销售技巧方面互相观察和帮助；
(2) 从他们的老板和相关部门找出关于他们工作各阶段的信息；
(3) 邀请顾客对产品、服务等给出反馈和想法。

3. 弹性工作计划

弹性工作计划（弹性工作制）是20世纪60年代由德国的经济学家提出的，当时主要是为了解决职工上下班交通拥挤的困难。从20世纪70年代开始，这一制度在欧美得到了稳定的发展。到20世纪90年代，大约40%的欧美大公司采用了弹性工作制，其中包括杜邦公司、惠普公司等著名的大公司。我国近年来许多企业也逐渐开始采用这种制度。

弹性工作计划常用的形式有以下8种。

(1) 建立自主型组织结构。在这种组织结构中，为改善工作组织，组织建立弹性工作制，让员工可以自主地决定工作时间，决定生产线的速度。

(2) 工作分担计划。工作分担计划（Job Sharing）就是允许由两个或更多的人来分担一个完整的全日制工作的概念。例如，两个人可以分担一个每周40小时的工作，其中一个人上午工作，另一个人下午工作。

(3) 临时工作分担计划（Work Sharing）。是指一种主要在经济困难时期使用的工作安排方式，在这种情况下，企业临时削减某一群雇员的工作时间来对付临时解雇威胁的出现。例如，为了防止不得不临时解雇30名雇员的局面出现，企业的400名员工都同意每人每周只工作35小时，同时也只能得到相对较低的工资。

(4) 弹性工作地点计划（Flexi-place）。弹性工作地点计划允许甚至鼓励员工在家里或在离家很近的附属办公室中完成自己的工作。通常，在家工作的员工家中都配备有相应的远程计算机系统，利用先进的信息技术及设备进行远程工作。

(5) 弹性工作时间计划（Flextime）。弹性工作时间计划有两种形式。一种是以核心工作时间（如上午11点到下午2点）为中心而设计的弹性工作时间计划，它允许雇员自行选择每天开始工作的时间及结束的时间。另一种以一定时期内（如1年）总工作时间为限，允许员工相对自由地安排各阶段的工作时间。例如，一个希望平均每个月工作110小时的员工，可以在一月份工作150小时，而在二月份只工作60小时，剩下的时间可以去处理个人事务或进修学习等。

(6) 核心时间与弹性时间结合。企业可以决定，一个工作日的工作时间由核心工作时间（通常为5个小时）和前后两头的弹性工作时间组成。核心工作时间是每天某几个小时所有员工必须上班的时间，弹性时间是员工可以自由选定上下班的时间。

(7) 工作任务中心制。公司对员工的工作只考核其是否完成了任务目标，不规定具体时间，只要在所要求的期限内按质量完成任务就支付薪酬。

(8) 紧缩工作时间制。在这种工作制度下，员工每周工作的天数减少，但每天的工作时间延长，这样，虽然总的工作时间没变，但工作日安排更为紧凑。例如，有的企业实行每周4天工作制，但每天工作10个小时，而不是通常的每天8个小时。员工可以将1周需完成的40小时工作紧缩在4天内完成，挤出1天多余的时间自己安排。

4. 柯达电子（上海）有限公司的流程重组与产品经理工作设计①

柯达电子（上海）有限公司是美国柯达公司（Kodak）在上海的全资子公司，主要负责柯达APS相机、CBIO相机与一次性相机等产品的生产。公司成立之初，采用了传统的以职能为取向的组织结构模式，如图4-7所示。

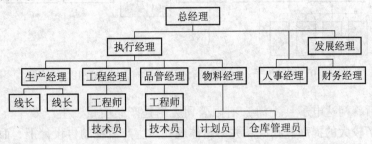

图4-7　柯达电子（上海）有限公司流程重组前的组织结构图

在这个组织结构中，整个公司生产运作由执行经理负责，其下属的生产部经理、工程部经理、品管部经理及物料部经理，分别负责相应的生产、工艺过程和成本控制、质量管理及物料管理的采购与库存。该公司产品的生产流程如图4-8所示。

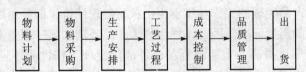

图4-8　柯达电子（上海）有限公司流程重组前的产品生产流程图

在原有的组织结构中，该流程被严重割裂。物料计划、生产安排由生产部经理负责；物料的采购与出货由物料部经理负责；工艺过程与成本控制由工程部经理负责；品质管理则由品管部经理负责。各产品生产流程的各环节分别由不同的部门经理负责，各部门负责人都以做好本身工作为己任，对其他部门的工作则漠不关心，他们都单个地对执行经理负责，执行经理再对总经理负责。各部门之间的矛盾由执行经理来协调，整个流程出现了问题同样由执行经理来处理解决。那么，对整个产品的生产流程负责的又是谁呢？在原有的组织结构中，对顾客满意度负责的似乎只有执行经理了。为了改变这一状况，公司对原有的组织结构和生产业务流程进行了改造重组。

重组后，"出货"不再是生产流程的终点，生产流程的终点定在"顾客满意"（图4-9），而且把以前由执行经理负责的顾客满意度的问题，交由各产品经理负责。看似简单的一个延伸，却体现出企业经营理念与管理重心的调整。为了使得流程能够顺利达到"顾客满意"，公司在组织结构上也进行了相应的变革。

图4-9　柯达电子（上海）有限公司流程重组后的产品生产流程图

重组后，执行经理下属的几大职能经理转变为产品经理，他们不再是管理某一职能部门，而是承担起某一产品从投入到产出，直到顾客满意的整个管理工作（见图4-10）。CBIO经理、CAMCO经理、一次性相机经理与APS经理均是对其产品的整个流程负责，并统一管理生产流程所涉及的各类专业人员。流程不再是片段化的碎片连接，而是一个完全的整体。"顾客"这个在以往的生产流程图中被忽视的对象，在新的流程图中十分显赫，在新的组织结构中也能找到明确的对其负责的人。

---

① 本案例资料来源：www.ppack.net. 柯达（电子）重组流程. 2003-2-24，转引自 http：//www.i-power.com.cn/ipower/erp/bpr/bpr010329005.htm. 笔者根据原文进行了改编。

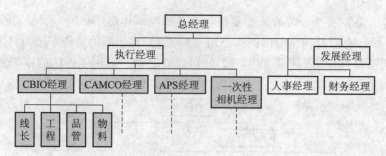

图 4-10　柯达电子（上海）有限公司流程重组后的组织结构图

经过重组流程后，柯达电子（上海）有限公司无论是产品质量、生产效率，还是企业形象及顾客满意度等都获得了较大的提高。其成功并不是体现在对生产流程的再设计上，而是体现在打破组织的藩篱，将生产流程中的人，由从属于不同的部门再造为同一个小组中，多数流程参与者们的工作也许并没有发生多大变化，但职能经理，或者说产品经理们的工作性质与工作内容却发生了巨大的变化。

（1）顾客成为第一服务对象。在重组流程前的组织结构中，各部门经理只关心本部门工作任务完成的情况，而对整个产品流程不关心；一心只想取悦于执行经理，而不关心、也无须关心顾客的满意程度。重组流程后，各产品经理的工作业绩不再由执行经理评价，而是由顾客满意度直接反映，顾客满意度成为其工作成效的衡量标准。因此，顾客成为产品经理的第一服务对象。

（2）责任扩大，工作强度提高。重组流程前，各部门经理工作性质不同，工作内容单调、忙闲不一，人浮于事的现象比比皆是。重组流程后，各产品经理的责任范围扩大了几倍，他们不仅要协调不同工种、不同专业的员工，还要对整个产品生产流程负责，对顾客的满意度负完全责任，工作内容也多样化，这导致其工作强度大大提高。

（3）权力扩大。重组流程前，各部门经理都只对执行经理负责，完成执行经理下达的工作任务和计划，决策权有限。而重组流程后，除了某些特殊情况外，各种有关问题的处理基本上由产品经理来决策。由此，他们的自主决策权大大增加。

（4）部门内协调有力，部门间摩擦减少。重组流程前，各部门经理管理的对象是工作性质相同的各专业人员，仅对整个生产流程的某一环节负责，注重本部门的利益，整个产品的统筹与协调由执行经理承担。但生产过程或产品出现问题时，各部门经理之间就相互"踢皮球"，推卸责任，执行经理也就整日忙于调和各部门经理之间的矛盾。重组后，各产品经理统筹安排整个产品生产的各环节，原来需要外部配合的活动"内部化"了，部门间的摩擦也随之大幅度减少，执行经理也可从日常的协调工作中解放出来，集中精力于战略性和全局性的工作。

更值得一提的是，虽然这些经理们经过流程重组后，工作强度成倍增强，工作时间普遍变长，但在工作报酬未变的情况下，他们的工作热情非但没减少，反而高涨。因为他们的工作满意度提高了，工作的成就感增强了。高素质的员工对工作有更多的期望和追求；通过有意义的工作来激励员工是为了满足员工的内在性需要，由此而产生的内在性激励会更持久、更经济、更有效。

通过本案例可以看出：当企业为了适应环境而进行流程重组的变革时，必须要影响和落实到相应工作的重新设计上，也就是说，需要以新的工作设计为保障。同时，新的工作设计如果做得好，又能够更好地促进组织目标的实现和员工需要的满足。

4.3　人员配备

人员配备是把工作设计的成果由"书面"转化为现实的必要一步，也是"事得其人"的必要一环。科学合理的人员配备是人力资源管理工作的重要内容。

4.3.1　人员配备的概念及作用

人员配备是根据组织目标和任务正确选择、合理使用、科学考评和培训人员，以合适的人员去完成组织结构中规定的各项任务,从而保证整个组织目标和各项任务完成的职能活动。也就是让合适的人去做合适的事。

要科学地组织生产,企业必须在生产过程中使劳动力、劳动手段和劳动对象得到最佳的结合。为保证现代企业顺畅运转,就应对各生产环节进行细致的了解,并对定员情况进行合理的配备,进而使劳动力得到最充分的运用。人员配备的作用是要使各个部门事事有人做、人人有事做、岗位不重复、工作无遗漏,实现管理的规范化、合理化和科学化,人尽其才、才尽其用,组织目标得以实现。

4.3.2 人员配备的原则

1. 以实现组织目标为中心,科学、合理地进行人员配备

人力资源管理的任何工作都应围绕着组织目标的实现来进行。对企业而言,人员配备应本着保证整个企业经营过程连续协调进行、劳动生产率得以提高的原则,科学、合理地进行。

所谓科学,就是要符合劳动管理的一般规律,做到"精简但又有效",即满负荷的工作精神,在保证生产和工作需要的前提下,与国家制定的部颁标准、行业标准或条件大体相同的企业所确立的标准相比较,要能体现出组织机构精干、用人相对较少、劳动生产率相对较高的特点。

所谓合理,就是要从企业的实际出发,实事求是地结合本企业技术装备水平、管理水平和员工素质,考虑到提高劳动生产率和挖掘员工潜力的可能性来确定定员数。在此基础上,如果能超出国家主管部门颁布的或行业颁布的定编定员标准,当然更好。但具体到某一个企业定员时,不能以达到部颁标准或行业标准为目的,重要的是考虑自己企业的实际情况,进行合理的定编定员。

2. 因事择人、量才使用

因事择人就是员工的选聘应以职位的空缺和实际工作的需要为出发点,以职位对人员的实际要求为标准,选拔、录用各类人员。量才使用就是根据每个人的能力大小而安排合适的岗位。人的个体差异是客观存在的,一个人只有处在最能发挥其才能的岗位上,才能干得最好。人员配备工作中要做到知人善任,关键不在于如何减少人的短处,而在于如何发挥人的长处,使人们各得其所,各遂其志,人尽其才,才尽其用。

3. 各类人员的比例关系要协调

要正确处理企业直接与非直接经营人员的比例关系、直接与非直接经营人员内部各种岗位之间的比例关系、管理人员与全部员工的比例关系,从而保证各类工作都能有序进行,将"忙闲不均"的现象减至最低。其中,管理人员占员工总数的比例与企业的业务类型、专业化程度、自动化程度、员工素质、企业文化及其他一些因素有关。

4. 以专家为主,走专业化、程序化、规范化道路

人员配备是一项专业性比较强、技术性比较强的工作,它涉及生产技术和经营管理的方方面面。对于从事这项工作的人,不仅应具备比较高的理论水平,同时还应具备丰富的生产管理经验。只有这样,才能保证其结果的科学性和合理性。同时,人员配备还必须遵循一定的标准和程序,对条件许可的岗位,应多采取公开竞争的方式来予以配备。只有严格按照规定的程序和标准办事,才能公平、公正地为组织的各岗位配备到称职的员工,保证人员配备工作在过程与结果两方面的质量。

4.3.3 定编定员

人员配备最重要的一项内容就是定编定员。所谓定编定员,是指在组织既定战略规划的指导下,进行组织结构设计及职能的分解,根据需要设置岗位,确定组织的编制,然后再确定具体岗位的任职员工的过程。定编定员工作不仅要从数量上解决好人力资源的配置,而且还要从质量上规定使用人员的标准,从素质结构上实现人力资源的合理配备。

定编定员是一种科学的用人标准。它要求根据企业当时的产品方向和生产规模,在一定的时间内和一定的技术条件下,本着精简机构、节约用人、提高工作效率的要求,规定各类人员必须配备的数量。它所要解决的问题是企业各工作岗位配备什么样的人员,以及配备多少人员。它通过对企业用人方面的数量规定,促进企业少用人,多办事,从而不断提高劳动生产率。

定编更多的是从"编制"这个角度进行分析，定员则更多的是从"人数"这个角度进行分析。本书将侧重从定员这个角度对定编定员进行阐述，并将定编定员的含义等同于定员。

企业定编定员的具体实例如表4-9所示。

表4-9 综合管理部岗位设置表

部门名称	综合管理部	编号	M-1003
本部门岗位设置总数（个）	6	本部门总人数（人）	10
岗位名称	职位人数	主要职责分工	
经理	1	略	
企划专员	2	略	
企管专员	2	略	
信息化专员	2	略	
公关专员	2	略	
合同法律专员	1	略	
备注			

由于企业内各类人员的工作性质不同，总的工作量和劳动效率不同，技术条件及管理水平不同，加上其他影响定员的因素，因而进行定员的具体方法也不同。常用的方法主要有：按劳动效率定员，按设备定员，按岗位定员，按比例定员，按组织机构、职责范围和业务分工定员等5种。在这5种基本定员方法中，按效率定员是基础。在企业定员工作中，可根据企业内各部门和各类人员的特点加以灵活运用，也可以将几种方法结合起来运用。任何企业都应从实际出发，结合国家、行业颁布的定员标准，采用适当的定编定员方法，并对比同类企业的情况，制订本企业的定员方案。

本章小结

工作分析与工作设计是人力资源管理工作中十分重要的部分，它是各项人力资源管理工作的起点，是建立人力资源管理制度的基础，也是各项人力资源管理活动必须参考的标准，对于整个组织的运行与管理也有着重要的基础性作用。

随着技术进步和社会发展的步伐越来越快，人力资源管理从理念到方法也在快速发展，企业在结构、任务、人员和技术等各个方面都在不断变化，从而导致企业不断地变革，企业内的工作也需要不断地予以重新的分析与设计，以保证企业能不断适应内外部环境的变化，使企业能有效、高效和经济（Effective, Efficient, Economical）地生存和发展。为此，企业需要通过适时的工作再设计和制定规范的工作说明书来从基础上保证企业实现自己的目标，同时也能有效地满足员工日益增强与变化着的多样化需求，把以人为本的管理理念落到实处。

本章案例

工作分析流程案例——万兴餐饮有限公司工作分析

一、公司简介

万兴餐饮有限公司建于2002年，是经过8年认真筹备组建的大型快餐公司，具有现代化产业集群的特征。在食品研究、连锁运营、管理咨询与营销策划方面汇集众多人才，钻研厨艺的优秀技师多名，凭借集团化、规模化、标准化发展优势，致力于现代中式快餐和特色餐饮的开发与运营，将原料加工、科研开发、教学培训、市场运营、品牌管理融为一体，为投资者提供周到的全程服务。公司注册资金300万元，至2005年末资产总额为632万元。公司拥有8个直营餐饮门店，各类员工总数为277人，年销售收入1 600万元。

二、公司岗位现状分析

公司初创时期，业务相对单一，管理层依靠指令和经验对企业进行管理，没有认识到工作分析的重要性，工作岗位根据不同时期的工作需要设置。近年来，随着公司员工不断增多，管理难度逐步增大，公司组织办公室人员，采取基层拿出意见、办公室修改汇总的办法，对相关制度进行了规范，完善了工作流程和岗位说明。由于没有系统分析，信息收集方法单一，编写人员理论知识欠缺，岗位管理问题较多：

（1）岗位设置不合理，同类岗位之间存在忙闲不均的现象；

（2）大部分岗位没有岗位说明书；

（3）岗位等级划分不科学，使工作价值不明确，造成薪酬的内部不公平，增加了员工间的不公平感，挫伤了员工的工作积极性。

不难看出，由于公司对人力资源管理的基础性工作——工作分析重视不够，没有完整的岗位分析体系，公司的岗位管理问题较多。随着公司规模日益扩大，人员不断增多，为顺利实现公司的战略目标，全面实施绩效管理和人岗匹配，当务之急应系统进行工作分析，形成一套规范的岗位说明书，阐明各种岗位的主要职责、评估标准、工作责任大小和任职资格。

三、工作分析的前期准备阶段

1. 建立工作分析项目小组

为确保工作分析的顺利实施，公司召开中层以上管理人员会议，研究工作分析项目小组组建问题，讨论和确定项目参与人员。经认真研究讨论，决定以总经理办公室为基础组建工作分析小组，明确具体人员及职责分工。

组长：冯×× （公司副总经理）

副组长：张×× （总经办主任）

协调员：黄×× （办公室职员）

成员（分析实施人员）：谭××、李××、刘××、赵××、张×、曹×、黄××

2. 对企业全体员工进行工作分析的教育动员

根据员工工作性质和特点，充分利用企业经理会议、业务会议和工作讲评等时机，分期分批地组织宣传教育，对工作分析的原因、目的和意义进行宣讲，引导全体员工站在讲效益、谋大局、图发展的高度，充分认清工作分析的必要性，以对企业高度负责的态度和求真务实的精神，积极支持、配合工作分析的开展。通过教育，全体员工对工作分析有了初步的认识，纷纷表示将积极支持工作分析活动的开展。

3. 确定工作分析的内容

根据万兴餐饮有限公司工作分析的应用范围，为解决人力资源管理中存在的问题，经研究，工作小组确定了工作分析的主要内容。

（1）工作的基本信息。包括职位名称、所属部门、直接上级、直接下属及人数等。

（2）主要工作任务。包括工作的中心任务、工作内容（明确体力劳动与脑力劳动的结合程度）、完成工作的方法与步骤、使用的设备等。

（3）工作关系。包括该工作的内部工作关系、外部工作关系，该岗位可提升或调换的职位。

（4）岗位目的及权限。包括编制该岗位的目的和意义，该岗位在公司中应发挥的作用与权限。

（5）任职资格。包括任职者应具备的教育背景、知识技能、经验和相关素质要求等。

4. 选择工作分析的方法

根据万兴餐饮有限公司服务业的工作特点和工作分析的可操作性，工作分析小组充分考虑各种分析方法的优缺点，决定采用调查问卷法、访谈法、工作日志法和现场观察法相结合实施工作分析。

（1）调查问卷法。由于调查问卷信息量大，涉及问题全面，小组将这种方法作为分析的主要方法，尽可能通过问卷反映更多的职位信息。

（2）访谈法。公司一线服务员整体文化素质不高，理解问题的能力不强，调查问卷难以深入了解这部分人员的真实想法，采取深入访谈法将有利于挖掘更深层次的工作内容与信息。

（3）工作日志法。万兴餐饮有限公司主要从事服务行业，部分岗位的工作内容差异不大，采取工作日志法，可最大限度地发现不同岗位之间的相同特点。

（4）现场观察法。公司员工工作位置相对集中，为现场观察法的实施提供了良好条件。

5. 确定待分析的岗位

根据公司现行的组织结构和岗位设置，本次工作分析共计11个岗位。其中，总经理1名，副总经理3名，采购人员20名，司机15名，主任1名，行政助理2名，人事助理1名，财务经理1名，主办会计1名，出纳9名，库管10名。

四、工作分析的调查设计阶段

根据工作分析小组研究确定的工作分析方法，结合工作分析所要收集的信息资料和员工的能力素质差异，小组充分运用人力资源管理的理论知识，精心设计了各种分析方法的组织形式和文字资料。

1. 编制工作分析调查问卷

调查问卷调查范围广，调查的信息量大，调查的结果可量化，是工作分析的主要依据之一。因此，为了充分了解员工的能力素质，设计员工调查问卷。

（1）为消除员工的疑虑和不安，让全体员工了解到工作分析的目的和意义，真实反映自己的想法，提高回收问卷的质量，撰写了"万兴餐饮有限公司工作分析及调查问卷说明"，作为调查问卷的附件部分，随同调查问卷一同发放员工。

（2）考虑到公司管理层和一线服务人员在文化素质、知识背景和能力素质等方面的差异，员工调查问卷既有开放式问题，又有选择式问题。

2. 确定访谈提纲及访谈形式

访谈法是调查问卷的有益补充。通过面对面交谈，可以留意工作者的工作态度与工作动机，从而对较深层次的内容有比较详细的了解，能够简单而迅速地收集多方面的工作分析资料。为提高访谈的成效，对访谈工作进行了深入细致的准备。

（1）设计访谈提纲。为确保访谈的效果，访谈提纲的设计紧紧围绕岗位说明书展开，多以开放式问题为主。同时，还规范了访谈的记录格式。

（2）确定访谈的形式。针对不同岗位访谈的需要，采取个别访谈法、群体访谈法和主管人员访谈法相结合的方式组织访谈。为提高访谈的效率，访谈前一天，提前把提纲发放给相关人员。

（3）访谈人员的选择。访谈工作对分析人员的素质要求较高，需要敏锐的洞察力和思辨能力，还应具备一定的理论知识。

3. 现场观察提纲的设计

万兴餐饮有限公司的一线服务员工作相对稳定，在一定的时间内，工作内容、程序及对工作人员的要求不会发生明显的变化，工作环境、使用的设备和体能要求等相对稳定，使用观察法分析这些职位，容易掌握其工作规律。

4. 工作日志填写规范

万兴餐饮有限公司的大部分岗位规律性较强，任职者按时间顺序详细记录自己的工作内容与工作过程，有利于分析工作职责、工作内容、工作关系、劳动强度等方面的信息。为提高工作日志法的效率，小组专门设计了万兴餐饮有限公司工作日志填写规范，对工作日志的填写方法进行了规范和明确。

五、工作分析的信息收集阶段

1. 收集公司现有书面资料

在工作分析的准备阶段，工作分析小组已收集到"公司组织结构"、"员工手册"、"工作流程"，以及近年来公司的内部文件、相关市场分析报告等相关资料。通过深入分析，对公司各项业务的工作特往、规章制度和运作流程有了初步了解，为后期的问卷调查、访谈、观察等指引了方向。

2. 与公司员工进行全面沟通

通过问卷调查、访谈、现场观察和工作日志记录等方式，与任职者和直接主管进行了有效沟通，了解员工对职位的认识，创造性地分析、发现有关工作描述和要求的相关信息。

1) 内部问卷调查

为了提高问卷调查回收的质量和数量，工作小组根据公司不同岗位员工的工作特点，采取自主填写和集中填写相结合的方式，组织全体员工对问卷调查进行了填写。由于管理人员工作内容相对复杂，需要独立思考的空间，工作小组采取集中发放、自主填写、分别回收的程序组织填写；一线服务人员工作时间、地点相对集中，便于统一组织，工作小组分早班和晚班两个批次，集中组织这部分员工填写了调查问卷。为了让员工准确理解问卷调查的内容，按调查的要求如实填写，每次问卷填写之前，小组先把"万兴餐饮管理有限公司工作分析及调查问卷说明"发至员工手中，由小组成员组织员工培训，详细阐述问卷调查的目的和意义，消除部分员工的疑虑，对问卷调查的每个项目的含义进行解释，规范每个问题的填写方法。在集中组织填写时，及时跟踪填写过程，为调查对象解决疑难问题，并给予及时的指导。调查问卷的收集工作在3天内完成，共发放问卷185份，有效回收181份。调查问卷回收完毕后，工作小组首先对问卷的信息进行审核，仔细审查调查问卷的各个项目是否填写完整，除2份自主填写的问卷回答目标不明确之外，其余179份问卷均为有效问卷。之后，对有效问卷所提供的信息进行归纳和分析，按照工作分析的目的进行分类，撰写调查问卷信息、汇总。分析过程中，项目组发现部分职位的信息若有不清晰的地方，则按其职位的项目分类记录下来，待访谈时进行核实。

2) 访谈

万兴餐饮有限公司工作分析涉及的岗位虽然较多，但很多岗位具有共通性，为提高访谈效率，小组根据调查问卷收集的信息，制定了访谈计划表，采取个别访谈和群体访谈相结合的方式，对部分岗位的员工进行了访谈。由于一线服务人员理解问题的能力相对较差，为增强访谈的效果，防止因访谈人员经验不足带来不利影响，工作分析小组采取先职能部门后服务部门、先主管后员工的顺序组织访谈。为使访谈的标准、尺度前后一致，提高访谈的质量，现场访谈由工作小组组长和副组长负责。每天访谈结束后，组长组织工作分析小组全体人员召开例会，对当天访谈的记录进行研究讨论，由组长根据讨论情况对结果进行分析、归纳和整理。

六、信息分析及结果形成阶段

根据工作分析的需要，为了便于岗位说明书的编写，工作分析小组对前期收集的信息进行了系统分析和审查。首先，按照岗位名称、工作内容、工作环境和任职者的必备条件4个方面，对前期收集的各种信息进行描述、分类、整理和转换，使之形成书面文字。重点就不同岗位的工作条件、工作过程、工作结果等进行归纳分类，形成各岗位的工作分析初审表。各岗位的信息整理完毕后，为提高信息的准确性，工作小组会同任职者和任职者的直接主管、部分下属，共同对工作分析初审表进行进一步审查和确认。一方面修正初步收集来的信息中的不准确之处，使岗位信息更为准确和完善；另一方面由于任职者及其直接主管是工作分析结果的主要使用者，请他们来审查和确认这些信息，有助于他们对工作分析结果的理解和认可，为今后的人力资源管理工作奠定基础。经过以上各阶段工作，工作分析小组进入工作分析结果形成阶段，即编写岗位说明书初稿，形成工作分析的结果——岗位说明书。编写完岗位说明书后，工作分析小组内部首先经过充分讨论，定稿后把它提交给本次工作分析项目实施小组组长、副组长和各部门主管领导进行再次审核。通过审核后，打印装订成册。

资料来源：颜爱民. 中国本土企业人力资源管理典型案例解析. 上海：复旦大学出版社，2011. 本书采用时略有改动。

思考题

1. 参照本案例，列出工作分析流程图，是否符合贵企业的实际情况，讨论它的适用条件。
2. 讨论在中国中小企业做工作分析可能遇到的难题，并提出解决方案。
3. 你所在企业哪些工作适合采用工作日志法？请你使用该方法收集其中某个工作的信息。

本章思考题

1. 什么是工作分析？工作分析的主要内容有哪些？
2. 工作分析需要收集和使用哪些信息？又会产生哪些新的信息？
3. 比较工作分析常用的几种方法的特点，并在此基础上分析它们各自的适用条件。
4. 什么是工作设计？它与工作分析有什么异同？
5. 工作设计的目的是什么？
6. 为什么工作设计对企业变革的成功具有重要意义？
7. 列举2～4种常用的工作设计方法，并举例说明其应用。
8. 什么是人员配备？什么是定编定员？
9. 人员配备应遵循什么基本原则？

参 考 文 献

[1] 郑晓明，吴志明．工作分析实务手册．北京：机械工业出版社，2002．
[2] 陈维政，余凯成，程文文．人力资源管理与开发高级教程．北京：高等教育出版社，2004．
[3] 孙健敏．组织与人力资源管理．北京：华夏出版社，2002．
[4] 诺伊．人力资源管理：赢得竞争优势．刘昕，译．北京：中国人民大学出版社，2001．
[5] LEAVITT, HAROLD J. Applied Organizational Change in Industry: Structural, Technological and Humanistic Approaches. in Handbook of Organizations. Chicago: Rand McNally, 1965: 1144-1170.
[6] HAMMER, MICHAEL, CHAMPY, et al. Reengineering the Corporation: A Manifesto for Business Revolution. Harper Collins Publishers Inc. 1993.
[7] HACKMAN J R, OLDHAM G R. Development of the job diagnostic survey. Journal of Applied Psychology, 1975 (60): 159-170.
[8] HACKMAN J R, OLDHAM G R. Motivation through the design of work: a test of a theory. Organizational Behavior and Human Performance, 1976 (16): 250-279.
[9] HACKMAN J R, OLDHAM G R. Work Redesign Reading. MA: Addison-Wesley, 1980.
[10] 罗宾斯．组织行为学．孙健敏，李原，译．7版．北京：中国人民大学出版社，1997．
[11] 鲁森斯．组织行为学．王垒，译．北京：人民邮电出版社，2003．
[12] 德鲁克．管理前沿．北京：机械工业出版社，2009．
[13] 乌尔里克．人力资源管理新政．北京：商务印书馆，2007．

第 5 章

人员素质测评

本章要点

- 人员素质测评的基本概念、分类及功用
- 人员测评原理、测评信度及效度分析
- 人员素质测评技术和工具
- 素质模型的设计和建立

谷歌员工是如何给上级打分的?

最成功的员工是那些对工作有强烈使命感，而且感到有很大的自主权的人

在人们的想象中，硅谷的创业明星应该是麻省理工学院（MIT），斯坦福或者哈佛大学这样顶级大学的毕业生，他们在技术上非常聪明，而且充满对未来的愿景。人们甚至一度认为没有顶级大学的学历，根本不可能在谷歌找到工作。但是，这些完全不是谷歌所认为的最为重要的东西。谷歌作为一个科技巨头，它最擅长的就是利用数据，去分析什么样的东西能够成就一名优秀的领导人，而这个分析的结果非常让人惊讶。

事实证明人们之前的想象完全错误。作为一名领导人最重要的不是他上的什么大学，也不是他智商的高低，而是他的预见能力，这个能力越强，工作上的表现就会越好。谷歌是全世界所有公司中，在人力资源工作方面，最为依赖数据分析技术的，通常来说 HR 大部分还是由人来决定。但是谷歌有整个一个团队，是专门致力于解决人才分析的，而这方面的工作标准跟搜索引擎方面没有任何的不同。这个团队的负责人 Kathryn Dekas 表示，谷歌把这个标准要求到了极致，所有与人事相关的工作都要以数据为基础。

通过数据分析的手段，而不是人为决定的方法，谷歌已经能够分析出传统方法中的问题，并生成一个新的团队建设的方法。比如每年两次，谷歌会要求所有的员工为自己的 Leader 打分，主要对 12～18 个因素打分；而谷歌已经积累了上万份的候选人的面试记录。对这些数据可以统一进行分析，看看面试的表现和入职后的工作表现到底有什么关系。将这些分析数据摆在一起，最终发现一个好的 leader 要有两个方面的特质。

首先，有预见性。有预见性的经理，可以主动把员工工作中可能会遇到的障碍去除掉，一般来说，每个经理都有自己的工作习惯，只有去除了这些障碍，员工们才不用担心经理们会突然跳出来干扰自己的工作，这样他们的思维空间就会更大，这样作出的工作成果自然会更好。

其次，要一致性。如果经理说的话及办事风格完全不一致，那么员工就不知道该如何是好了，就会感到受到了很多的约束，而行为一致的经理会让员工感到有一种无比的自由度，工作自然顺利。

谷歌的这些数据分析结论非常强大，甚至反驳和动摇了公司两位创始人 Larry Page 和 Sergey Brin 为公司定下的基本风格。两位创始人都是斯坦福的高分毕业生，当公司初创的时候，他们选择与自己有相同背景的毕业生。很长一段时间，分数是选人的必要因素。但是对于这些数据分析的结果，两位创始人也无法争辩。这甚至改变了公司的行为方式，现在面试的时候，候选人会被要求解决非常复杂的问题，通过这种方法来分析他们的能力。好的 leader 所能给予的自由是一种强大的力量，因为自主的控制能力是每个人提高效率的关键。

2004 年两位心理学家对某投资银行的几百名员工进行了调查，看看他们对自己工作的满意程度如何。结果显示对工作满意度最高的员工有一个共性，就是这些人的经理没有把自己当作经理，而只把自己当作普通的员工而已。也就是说其共性为那些能够给员工提供自主权和支持的经理。员工们从这样的经理那里，得到了认可、鼓励和指导，对工作自然满意。当然不只是心情愉快而已，这两位心理学家还发现，拥有自主权的员工也是工作绩效最好的员工；对于这个问题，谷歌公司的结论是一样的。

他们发现"最成功的员工是那些对工作有强烈使命感，而且感到有很大的自主权的人"。这些说法其实和纽约时报评出的畅销书 *Drive* 的观点一致，这本书认为人们驱动力的来源是对自主、卓越和目标的追求，当然这也是好的工作成果的来源。而那些徒有虚名的，被外在认可和回报吸引的人，并不能得到最好的结果，因为他们的心中缺少好奇心和对技艺的完美追求。

总之，伟大的领导力不在于你曾经上过的顶级学校，也不是你简历上的学历和证书。关键的问题在于你要能够为你的团队成员提供帮助，并且被当作和其他人一样的人，而不是身居高位的经理，同时要尽力做到更多的预见和一致。

资料来源：人力资源分享汇. 为什么谷歌最好的 leader 都不是高分学霸?. 中国人力资源开发网，2014-08-18. 本书采用时略有改动。

5.1 人员测评概述

5.1.1 基本概念

1. 素质

素质多见于心理学，指人的先天解剖生理特点，主要是感觉器官和神经系统方面的特点。不过在管理学领域，人员素质通常理解为：个体完成一定活动与任务所具备的基本条件和基本特点，是行为的基础与根本因素，包括生理素质与心理素质两个方面如图 5-1 所示，它对一个人的身心发展、工作潜力发展和工作成就的提高起着根本决定作用。

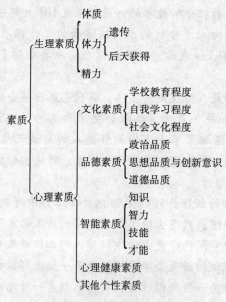

图 5-1 素质构成示意图

越来越多的研究发现，素质是驱动一个人产生优秀绩效的关键因素。例如，美国著名心理学家特尔曼曾对 800 名男性成人进行绩效考评与心理测验，发现在成就最大的 20% 与成就最小的 20% 两组人之间，最明显的差别是他们的品德素质差异。成就最大组，在兴趣、谨慎、自信、开拓进取、不屈不挠和坚持性方面，明显地高于成就最小组。因此，通常素质测评的重点在于品德素质测评。因此，在关注绩效和产出的今天，素质测评更多地与员工绩效联系起来。

2. 人员素质测评

人员素质测评也称为人员测评，它是现代人力资源管理中基础而新兴的一门学科。尽管我国古代在选人、用人方面已有"任人唯贤"、"尚贤任能"等朴素的测评思想，但真正系统化、理论化的研究是从 20 世纪 80 年代开始的。特别是随着人才市场的蓬勃发展，知识性员工的重要性提升，全面的、科学的素质测评体系越来越受到重视。

所谓人员素质测评，就是指综合运用心理学、测量学、统计学等学科的理论、技术与方法，收集被测者在主要活动领域中的表征信息，并用这些表征信息对特定素质标准体系进行量化或价值判断的过程。该过程能够为人力资源其他工作，如招聘、任职、考核、晋升及培训等，提供可靠的参考依据。

人员素质测评与人才素质测评有一定的区别。人员素质测评，是指对 16 岁以上具有正常劳动能力个体素质的测评；人才素质测评，是指对具有一定才能个体素质的测评，包括某些儿童测评、学生测评与人员素质测评。当然，部分人才也包含在人员当中，因此，二者的含义也有重叠和交叉。

5.1.2 素质测评的主要类型

按不同的标准，可以将人员素质测评划分为不同的类型。以测评的内容为标准，可划分为智力测评、人格测评、职业兴趣测评、动机测评和工作绩效测评等；以测评范围为标准，可划分为单项测评和综合测评；以测评主体为标准，可划分为自我测评、他人测评、个人测评、小组测评、上级测评、同级测评、下级测评等；以测评客体为标准，可划分为干部测评、管理人员测评、工人测评等；以测评时间为标准，可划分为日常测评、期中测评与期末测评、定期测评与不定期测评等；以测评所用方法为标准，可划分为标准化的纸笔测评、投射测评、行为模拟和观察类测评、工作模拟情景的综合类测评等。

除此之外，还可以按测评所用依据为标准，将人员测评分为无目标测评、常模参照性测评与效标参照性测评等。晋升测评一般属常模参照性测评，人员录用与招聘也多采用这种类型；而专业技术人员，如飞机师、驾驶员的录用测评则属于效标参照性测评。述职、小结与访谈等写实性测评，则属于无目标测评。

以下详细介绍按测评目的与用途将人员测评划分的几种类型。

1. 选拔性测评

选拔性测评是一种以选拔优秀人员为目的的素质测评。它是人力资源活动中经常要操作的一项活动。在现实情况中，往往会遇到多个候选人竞争同一职位的情况，这时招聘者或是人力资源管理者需要对这些候选人进行选拔性的素质测评（图 5-2）。

选拔性测评与其他测评方式相比，主要具有以下几个特点。

（1）高区分度的测评功能。为了在众多竞争者中选择最合适的人员，就必须将最适合的人员与一般候选人区分开来。它是一种相对性的测评，是候选人之间的相互比较而不是用固定标准去衡量的方法。

（2）刚性的测评标准。选拔性测评的目的是将最合适的任职者与一般候选人区分出来，这需要非常严格和精确的测评过程。因此，测评标准不论合理与否，一旦实施就不允许有丝毫的变动，否则选拔出的"优秀者"难以获得信任。

（3）客观的测评过程。选拔性测评准确的基础是候选人情况的客观反映，因此，选拔性测评的改革过程，就是不断提高测评信度的过程。

（4）选择性的指标。与其他测评类型相比，选拔性测评更具灵活性，它不仅从素质测评目标分解得来，还可以选择其他一些看似不相关的指标。

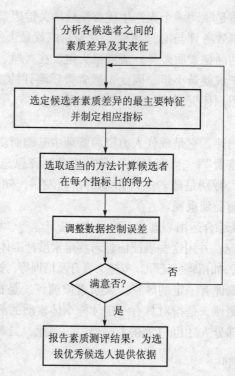

图 5-2 选拔性素质测评操作流程图

（5）等级化的测评结果。选拔性测评最后的结果通常用分数或等级表示，以便招聘者或人力资源管理者进行挑选。

实施选拔性测评的基本原则是：公平性、公正性、差异性、准确性和可比性。所谓公平性，是指对每个测评者，素质测评过程的有利性是相对平等的，这是保证选拔结果被公众接受的前提；公正性是指对每个测评者而言，测评过程是一致的，这是选拔结果有效的前提；差异性是指该素质测评能够准确地反映出候选人的素质；可比性是指素质测评的结果具有纵向的可比性，一般采用量化的形式便于与其他测评结果相加。

2. 配置性素质测评

除了针对人才选拔时需要进行人员素质测评外，人力资源管理的一项重要任务是人员与岗位的匹配。因为每种工作职位对其任职者都有一定的基本要求，当任职者现有素质符合职位要求时，个体的人力资源就能主动发挥，创造出高水平的绩效。所以，在人事配置中，经常需要运用配置性素质测评。

配置性素质测评操作与运用的流程图如图 5-3 所示。

配置性素质测评与其他类型的素质测评相比，有针对性、客观性、严格性、准备性等特点。

（1）针对性。配置性测评的目的是为某一特定职位挑选合适的人员，因此，整个测评活动紧紧围绕这个职位的任职要求来进行，所以针对甲职位的配置性测评结果不能运用到乙职位，除非两个职位的要求相同。

（2）客观性。岗位要求的客观性，决定了配置性测评的标准也是客观的。

（3）严格性与适切性相配合。测评的过程要严格，不能因为一时找不到合格的人员而降低任职要求；当然要求和标准也要切合实际，不是越高越好。

（4）准备性。配置性测评通常在人力资源管理过程的初始阶段进行，在整个工作系统流程中有准备工作的性质。依据配置性测评结果所做的人员配置，是保证工作效率的前提；随着工作要求与人员素质的变化，原先的人员配置也应做相应的调整。

3. 开发性测评

开发性测评，也称为勘探性测评，是一种以开发员工素质为目的的素质测评，主要目的是为人力资源开发提供科学性与可行性依据，如图 5-4 所示。人的素质具有潜在性和可塑性，针对没有外在化的潜在素质，需要进行开发性测试和潜能挖掘；同时针对具有不同素质特点的人员，进行不同的培

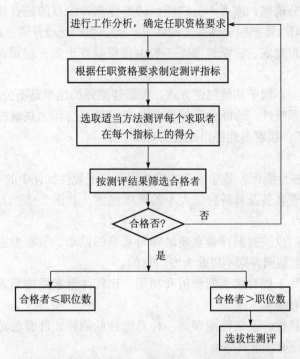

图 5-3 配置性素质测评操作与运用流程图

育策略，如"运用型"的人可以培养为"实干家"，而"革新型"的人则让他们接触更多的技术资料，培养为"专业人员"。

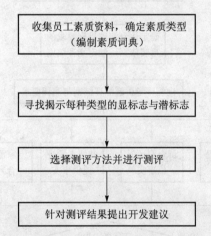

图 5-4 开发性素质测评操作与运用流程图

相对于其他素质测评，开发性测评具有勘探性、配合性、促进性等特点。

（1）勘探性。在进行开发性测评时，通常要了解个体的总体素质中，哪些是优势素质，哪些是短缺素质，哪些是显性素质，哪些是潜在素质，哪些素质值得开发等。因此，具有全面的调查性。

（2）配合性。开发性测评一般是与素质潜能开发或组织人力资源开发相配合而进行的，是为开发服务的。

（3）促进性。开发性素质测评的主要目的不在于评定哪种素质好，哪种素质不好，而是在于通过测评激励与促进各种素质的和谐发展与进一步提高。

4. 诊断性测评

诊断性测评的主要目的是了解员工现状或组织现状，以确定进一步的素质开发和员工管理方向。在组织管理中，经常会遇到这样或那样的问题，人力资源管理者需要通过素质诊断性测评查找原因。

诊断性测评主要有以下几个特点。

（1）测评内容或者十分精细，或者十分广泛。诊断性测评的目的是查找问题的原因，因此测评的内容应包括每个细节，同时要把握全体员工的状况，就必须广泛地开展测评。

（2）测评的过程是寻根究底。诊断性测评一般由现象观察出发，层层深入分析，步步综合，直至找到答案。

（3）测评结果不公开。不同于其他测评方式，诊断性测评的结果是不公开的，只供内部参考。

（4）测评具有较强的系统性。诊断性测评要求从表面特征与标志观察搜寻入手，继而深入分析问题与原因，诊断"症状"，接着由此提出改进的对策方案。

5. 鉴定性测评

鉴定性测评又称为考核性测评，是穿插于选拔性测评与配置性测评中的一种辅助手段。它是鉴定与验证某种（些）素质是否具备及具备程度大小的素质测评，如图5-5所示。与其他测评相比，鉴定性测评具有以下几个特点。

（1）鉴定性测评是专门反映被测评者素质结构与水平的活动，旨在为主持者提供被测评者的素质水平依据和证明。其他类型测评则不以此为专门目的。

（2）鉴定性测评更关注于现有素质的价值和功用，比较注重素质的当前差异，而不是素质发展的原有基础或者发展过程的差异。

（3）测评过程具有概括性。鉴定性测评是一种总结性的测评，涉及的范围比较广，包括素质表现的方方面面，而其他测评更注重具体性。

（4）测评结果要求有较高的信度和效度。鉴定性测评要求所做的评定结论有据可查，而且能够充分全面地说明要考察的问题，测评结果和评定结论相互一致。

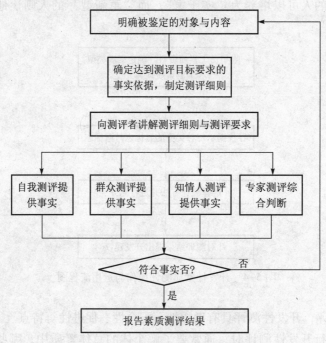

图5-5 鉴定性测评操作流程图

在进行鉴定性测评时，需注意以下几个原则。

（1）全面性原则。测评的范围要尽量包括个体素质形成的全过程及素质结果中的所有因素。

（2）充足性原则。每一个评价结论都要有充足的依据，是事实本身的反映而不是对事实的主观推论。这种充足性应体现在开展测评依据与测评信息的收集和确定上。

（3）可信性原则。测评结果必须令人信服，同时测评方法应科学客观，所用指标具有代表性。

（4）权威性原则。测评的主持者应具有一定的权威性和专业性，保证在测评过程中多一些有代表性的群众参加，从质和量上保证测评结果的有效性。

5.1.3 素质测评的主要功用

功用即功能和作用，素质测评的功能是其自身固有的一种稳定机制，而作用则是对外部的影响。同样的功能，有的情况下是其正向的作用，而在另外的情况下则可能产生反作用。相对于素质测评活动来说，功能是潜在的机制，而作用是外在的效应。

1. 评定

在人员测评活动中，最常用的就是把测评者的特征行为与某种标准进行比较，以确定其素质水平。用来比较的标准有两种：一种是与测评对象本身无关的客观要求，如"校标（Criterion）"，另一种是根据测评对象制定的"常模（Norm）"。校标是一个绝对标准，不会随受测群体的情况改变而改变；而常模则是一个相对标准，通常依照不同的受测群体的具体情况得到具体的标准。

素质测评评定功能的正向作用主要在于表现在以下几个方面。

（1）促进个体提高自我素质，形成统一规范，给人力资源管理带来积极效应。通过自我测评和群体测评，使一个人有了对他人与自己的行为标准。一个人的行为基本上是按这个标准进行调整与安排的。因此，通过测评可以把人力资源管理者的开发期望与被测评者的自我修养有机地结合起来，促进个体素质的进一步提高。

（2）对个体的激励和强化。每个人都有自我尊重与超越上进的愿望，希望自己在测评中取得好成绩。获得肯定评价的行为将会高频率地出现，而获得否定评价的行为将趋于低频率地出现。有效的人员测评将激发个体的内部动力，从而促进和提高个人素质。

（3）对员工自我修养和发展的导向。测评的实践表明，测评过程中哪种素质的权重或分值比例越大，哪种素质就备受人们重视。因此，在人力资源中应注意发挥人员素质测评的导向作用。

2. 诊断反馈

人员素质测评的功能之一是搜集广泛而科学的人员信息。由于要进行全面的员工信息收集，素质测评要对人力资源的全过程有比较详细的了解；加上测评是根据统一的标准按一定的方法来进行的，因此，这些信息将有效地帮助了解与掌握人力资源开发的进程和素质形成的情况。

首先，诊断反馈的正向作用表现在向人员管理提供咨询和参考依据上。在素质测评过程中，由于测评曾系统而全面地掌握了个体素质形成的过程，找到了一些问题的所在，明确了每个被测评者的优势，就能有的放矢地在众多的开发方案与开发工作计划中选择一个最为有效的方案，能抓住素质形成与发展的关键点进行优化开发。

其次，诊断反馈还可以对测评个体进行调节和控制。从控制论角度来看，根据人员测评结果进行的开发和培育实际上也是一个调节与优化个体思想和行为发展方向的过程。

3. 预测

人员测评的结果，尤其是心理素质测评的结果，是通过对个体现在及过去极具代表性的行为的概括和了解，判断个体心理、行为的特点和倾向。因此，人员素质测评的一个重要功能是为了预测个体的未来行为。当然，这种预测的有效性取决于所测特征的稳定性程度。

预测功能的正向作用表现在员工选拔方面。测评的预测功能使人事测评的结果具有一定的后效性。依据这一原理，可以根据各个被测评者目前的素质差异了解他将来的发展差异。

5.1.4 人员测评对人力资源管理的意义

1. 人员测评是人力资源开发的基础

人力资源开发的过程，包括对人力资源的勘探分析、目标计划、组织实施、效果评估等系统环节。人力资源开发的目的在于社会生产力的提高与劳动者的自身发展。在人力资源开发前期，进行人员测评有助于人力资源正确的勘探与分析，寻找到适当的人力资源开发点，制订科学可行的开发目标和计划，提高人力资源开发的针对性与综合性。在人力资源开发实践中进行人员测评，有助于提高开发的效率与效果。在人力资源开发告一定阶段之后进行人员测评，则有助于科学地评估人力资源开发所取得的效果。

2. 人员测评是人力资源开发的重要手段

测评实践表明，测评过程中素质的权重或分值越大的人就越受到人们的重视；反之亦然。因此，人员测评与选拔对人力资源开发的作用，表现为测评与开发相结合，以测评促改进，以测评促发展。

此外，人员测评本身就是一种人力资源开发的有效手段，如评价中心方法，既是一种对管理能力测评的手段，又是训练管理者技能的一种有效方法。

3. 人员测评是人力资源开发效果检验的"尺度"

从人力资源的构成上来看，人员素质是人力资源的内核与基底。因此，对于人力资源开发效果的检验，只能通过人员素质测评来衡量。现代企业管理要求"以人为本"，如果人力资源开发的结果仅表现为劳动能力的发展，而没有劳动者自身的发展与满足，那么这种人力资源开发形式必然是落后的。人员素质测评既有助于对劳动能力的测评，又有助于劳动者对自身发展的了解。

4. 建立促成性素质测评模式，可以提高人力资源开发效果

所谓促成性素质测评，是指人员素质测评实施的目的，不在于评定哪种素质好，哪种素质差，哪种素质有，哪种素质无，而在于通过测评活动激励与促进各种素质向既定的目标形成与发展。实际上这是一种以人力资源开发为目的、以素质测评为主导、联合各种管理活动为一体的综合开发模式。因此，它对人力资源开发的效率与效果必然大大高于一般人力资源开发形式。

5.2 人员素质测评的原理和基本程序

5.2.1 人员测评的基本原理

1. 人员测评的基本前提

1) 人的素质差异

人员测评的对象是人的素质，其最基本的假设就是个体的素质存在差别。个体素质的差别不仅体现在男女之间、年龄之间的差别，每一个人的智力、理解力、想象力及动作协调性都存在着差异。心理学、教育学、管理学的理论研究也从多个角度在验证着这样一个判断：不同人的素质是有差异的。

由于这种"人的素质差异"的客观存在，决定了人员测评的必要性和可行性。因为人与人之间的不同，必须判断哪些人适合哪种工作；同时正因为这种差异的存在，保证了人员测评可以有效地区分出不同类别的人。

2) 工作的差异

人员测评的另一个假设是：不同的职位具有差异性。工作任务的差异包括工作内容和权责的差异。社会分工是社会化大生产的特征，分工使得各个职位的内容出现差别，进而形成权责的差异。由于工作内容和责任的不同，对完成这些任务的人也有着不同的要求。所谓术业有专攻，人类知识的大量积累使一个有着有限精力的人只能在某些方面掌握高质量完成工作所需要的素质，不同的工作就要拥有相应素质的人来承担。

2. 人员测评的必要性和可行性

1) 必要性

人力资源管理的主要任务是将人员与工作匹配起来。由于人员之间存在素质差异，工作任务之间也存在差异，通过人员测评区分出人员差异，通过工作分析区分出工作差异，这样可以将满足工作任务要求的人员安排到合适的岗位，同样将既定任务给予能够高效率完成它的员工。

当然，如果将每个员工分别安排到每一岗位上，经过反复实验也可以作出有效的人员匹配。但一个组织的资源是有限的，这样做不只是资金和物资的消耗，更多是时间的浪费。为了节约组织资源，事先进行人员测评是必要的。

同时，人员素质测评还可以帮助员工更了解自己的职业倾向。硬性要求个人去从事一件不适合自己的工作，只能得到人员的反感和工作的低效。在"以人为本"的现代管理中，提高员工满意度是一个重要的任务，通过人员素质测评可以使员工找到自身的兴趣所在，从而影响员工的个人生活

质量。

2）可行性

人员测评的可行性表现在以下几个方面。

首先，测评对象的可测出性。近现代认知心理学的发展为人员测评理论的建立和发展提供了现实的理论基础。心理学的研究提出了两项原理。

（1）个体的每一个行为（先天性的条件反射行为除外）表现，都是其相应心理素质在特定环境中的特定表征。其简化公式为

$$B=f(Q,E)$$

其中，B 代表行为，f 表示表征方式与机制，Q 代表素质，E 代表环境。

（2）素质是一种相对稳定的组织系统，各个体不尽相同，它可以通过判断个体在不同环境刺激下所作出的行为，分析出素质的表征。用公式表示为

$$Q = \int B \, dE$$

其中，Q 表示素质，$\int$ 是积分符号，表示总和，B 表示行为，dE 表示不同环境下的环境刺激变量。

原理（2）在原理（1）的基础上更进一步说明个人的素质特征大部分是隐性的，要通过多方面的研究与观察才能把握其中真正影响行为的部分。

其次，人员素质的可行性还在于个体素质的可区分性。人员测评不在于得到人员素质的绝对标准，而是要判断人员间的素质差异，区分出适合不同工作的不同个体。由于在现代企业讨论的素质是与工作和任务相关的，因此，可以用与任务或工作相关指标来表征一个人的素质特征。在之前的假设之上，通过对工作任务完成的过程和结果的比较可以对个体的素质作出区分。

最后，人员素质测评的可行性还在于测评工具的有效性。对于人员的素质测评是有时间、空间和成本上的限制的。因此，人员素质测评的理论研究就要寻找开发具有较好信度和效度的工具来实施素质测评。在实践中，已经有多种测评工具，如日本对 GATB 修订后制定的《一般职业适应性检查》，美国的明尼苏达操作速度检测等，还有我国在进行公务员招考时的职业能力倾向测试等。

5.2.2 人员测评的基本程序

人员测评有 4 个步骤：准备阶段、测评数据获取阶段、测评结果分析阶段和测评结果应用和反馈阶段。

1. 准备阶段

准备阶段的工作内容和工作效果是整个测评工作的基础，它直接关系到整个测评工作的展开和纵深发展，所以，充分的准备工作将为下一阶段的工作创造便利的条件。准备阶段的主要工作包括以下几个方面。

1）确定测评目标

做任何人员测评都要目的明确，要预先确定本次人员测评在机构改革、人员配置和变动、员工激励、人力资源开发、制度建设等诸方面起到哪些具体作用，以使这个测评真正服务于人力资源管理的大目标。如果没有明确的人事测评目标或者目标定位错误，极易导致为测评而测评、舍本求末、缺乏针对性，不能做到统筹兼顾，而且很有可能产生负面效果。

2）收集必要的测评数据

因为人员测评是对员工的某些特性进行定性和定量相结合的测量评价，所以提前收集一些必要的测评数据和资料是很必要的，是实现人员测评定量化的前提，也是减少测评误差的一种手段。提前收集的测评数据包括测评对象基本信息，还有过去测得的信息或个体档案中可为当前测评提供参考的信息。

3）成立强有力的测评小组

建立强有力的领导班子，是人员测评工作顺利进行的重要保证。强有力的测评小组中有专业人员的参加，能具体负责人员测评中的技术工作。科学进行人员测评加以专业水平的指导，是进行人员测

评不可缺少的基础性条件。

4）制订测评方案

测评方案的制订是准备阶段中最关键的，测评工作的开展都必须围绕和依据测评方案来施行。测评方案要考虑以下几个方面。

（1）确定被测评范围。不同的被测评者要采用不同的测试方法和测评标准，因此首先要确定组织中有哪些人员类型，然后确定被测评者属于哪类人员。这样便于对测评进行统筹安排。

（2）设计测评标准体系。测评标准体系是人员素质测评的中心，一般从横向结构和纵向结构两个方面进行设计。横向结构主要是将需要测评的人员素质进行分解，列出相应的素质项目；纵向结构是将每一素质项目用规范化的行为特征或表征进行描述与规定，并按层次细分，如图5-6所示。目前在素质测评中，较科学也是较系统的方法为员工素质模型，这将在5.4节进行介绍。

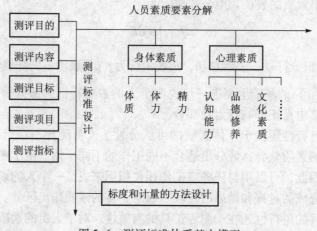

图5-6 测评标准体系基本模型

（3）选择测评人员。测评人员也称主持者，是测评工作的具体实施者，测评结果的好坏除了与测评项目结构、测评标准、测评方法及一些其他组织保证有关外，很大程度上还取决于广大主持测评的工作人员的质量和数量。确定测评人员的通用质量标准有：办事公正，坚持原则；有主见，善于独立思考；熟悉被测试的基本情况；有一定的实际工作经验；有一定的专业知识。而根据统计学原理，测评人数量越多，人为判断造成的主观误差就越小，判断出的结果就越客观。

（4）选择相应的测评方法和测评辅助工具。首先，不同的工作岗位要求人员测评选择合适的方法，使岗位的要求和测评方法相对应。其次，不同的测评对象或测评条件，要求测评方法有相应的改变。最后，还需要确定测评的辅助工具和物品，如答题卡、2B铅笔、录像录音设备、秒表、计算机等。

（5）培训测评人员。测评人员是实际测评的具体实施者，他们必须对施测的每个环节都非常熟悉，所以必须由专业人士对测评人员进行培训。培训内容包括测评纪律及其监控、测评的方法、测评的具体过程、测评的具体操作方法和程序步骤、突发事件的应付办法等。当然，如果请专门的机构做测评，则不需要这个环节。

2. 测评数据获取阶段

此阶段是实施测评的核心，是测评人员获取被测试人员测评数据的过程。测评的主要素材、评价的客观依据和数据基础都来源于此阶段，具体的工作内容可以分为3个部分。

1）测评前动员

测评前动员的目的是让所有被测试者明确测评的意义和目的，要求大家能以积极的态度来参加测评。测评前动员可在不影响日常工作的前提下进行，必须由各单位、各部门的领导亲自负责，以加强测评的权威性。

2）测评时间和测评环境的选择

人员测评是在一定时间和空间内完成的，所以，测评时间和环境的选择对测评结果有不同程度的影响。

测评时间应根据测评的不同内容来确定，如工作的绩效，它的变化频率要快于智力、能力等相对稳定的测量内容，因此，测评工作绩效的时间间隔可安排得短一些。而对测评环境的选择，主要是考虑测评现场是否适合被测试者完成所测任务事项，在这里，主持者的态度将极大地影响被测试者的发挥。

3）测量数据阶段

测量数据阶段是指主持者对被测试者进行实际测量，从测评开始到回收测评数据的过程。此阶段中要注意保持测量的标准化，让每个被测试者都在同等的条件下接受测评。作为测试实施阶段，要求主持者严格控制整个测量的实施过程，验证被测试者的身份、防止作弊、防止与测评无关因素的干扰，控制测试的进程，在允许的范围内回答被测试者的提问，做观察记录。总而言之，要尽量保证测试实施过程的标准化。

3. 测评结果分析阶段

1）数据分析

统一回收好测评数据之后，要对所获取的原始数据进行"加工"处理，通常数据的处理是通过计算机进行的。有专门的统计方法和标准，处理结果可用数字、图表等形式表示出来，然后对这些数字和图表进行综合分析。一般数据分析和处理技术包括：数据综合与内容分析。

（1）数据综合。是指把零散的项目（指标）分数综合为一个总分数。常见有以下几种方法。

① 累加法，即把各指标上的得分直接相加。

② 平均综合法，即把各项指标得分做平均运算求出总分。

③ 加权综合法，即根据各个指标间的差异，对每个指标得分适当扩大或缩小若干倍后再累加的一种方法。加权综合法是累加法的一种改进，它不仅综合了被测试者在各项上的得分，而且体现了各个指标在整体中的重要程度。

④ 连乘综合法。该法是直接相乘得到一个总分。这种方法的优点在于拉开档次，灵敏度高，但容易产生晕轮效应。

⑤ 指数连乘法。该法不但考虑了各个指标上的得分，还考虑了指标的相对重要性。其计算公式为

$$S = \prod_{i=1}^{n}(x_i)^{w_i} = (x_1)^{w_1} \cdot (x_2)^{w_2} \cdot \cdots \cdot (x_n)^{w_n}$$

若求导并取对数，则有

$$S' = \sum_{i=1}^{n} w_i x_i'$$

其中，$S' = \ln S$，$x_i' = \ln x_i$。显然，指数连乘法转化为加权综合法了。

（2）内容分析。测评后所获得的结果仅仅是个体性的，因此还需从整体上进行分析，以了解个体在总体中的真正位置，以及个体与个体间的相互关系。测评的内容分析即总体分析，包括整体分布分析、总体水平分析、差异情况分析等内容。

① 整体分布分析。一般运用频数分布表来进行整体分布分析，它是判断总体分布的一种方法。这种划分组别的表称为频数分布表，具体做法是：首先计算出全距，即总体测评分数中的得分最大值与最小值的差；然后确定组数与组距，一般采取等距的形式；再次确定每一组的上限和下限；最后，将个体数据归入相应的组内，每组内的人数总数就称为频数或次数。

② 总体水平分析。总体水平分析是通过众数或平均数分析，把握全部被测评者的一般水平。平均数是所有测评结果在理论上的代表值，它能反映该被测评总体的普遍状况。而众数，指最多人所具备的素质特征或分数等级，它代表整体水平结构自然群中最大的典型群水平。当剔除一个众数典型群后，可以找到第二个自然典型群，依此类推，可以找出所有整体中的水平结构自然群，从而得到整体的主要结构。

③ 差异情况分析。差异情况分析包括整体差异分析与个体差异分析。整体差异分析又包括：两

极差、平均差、标准差、方差与差异系数等不同形式。

2)测评报告

最后在实际的人员测评中,常常会形成一份"测评报告"。它是对测评数据分析的总结,是人员测评的最终结果。

按形式分,人员测评结果报告可分为分数报告、等级报告、评语报告。这3种形式并不是完全独立的,它们之间存在递进关系。一般来说,分数报告是等级报告的基础,而评语报告是综合考虑分数和等级报告而给出的。

(1)分数报告。所谓分数报告,是用分数的形式反馈测评结果。分数的形式有很多种,依据其形式可分为:目标参照性分数、常模参照性分数、原始分数和导出分数。目标参照性分数即按照测评指标本身要求而给出的分数;常模参照性分数是根据被测评总体的一般水平而给出的相对分数;原始分数是在测评活动中直接得到的分数;而导出分数是通过一定转换后得到的分数。下面介绍几种导出分数。

① 名次。名次是一种原始分数的转换形式,即根据被测评者得分的多少顺序排位的一种自然分数形式。其优点是简单直观,缺点是相邻名次间差距不一,悬殊较大。

② 百分位数。百分位数是一种标准分数,当两个测评团体总体水平结构相当但个体总数不等时,其个体的百分位数可以相应比较,而名次数做不到这一点。百分位数公式为

$$P_n = 100 - \frac{100R - 50}{N}$$

式中,N 为被测团体中个体的总数;R 为名次数。

③ Z 分数。Z 分数是一种标准分数,它是百分位数的一种转换分数,其转换公式为

$$Z = \frac{x - \bar{x}}{S}$$

式中,x 为原始分数;$\bar{x}$ 为所有原始分数的算术平均;S 为所有原始分数的标准差;$S = \sqrt{\frac{\sum(x-\bar{x})^2}{N}}$,其中 N 为原始分数的个数。

(2)等级报告。等级报告与分数报告在本质上是一致的,都是通过某种明确的形式反映被测评者在团体中的位置。很多时候,"等级"是直接根据测评的分数结果进行划分的。

不过二者之间也有差别。分数报告的优点是简洁、可加、可比性强,但非专业人士或日常管理者很难用其进行参考。而等级报告尽管不便于作数学运算,但它具有更明确的意义,与管理措施直接联系起来。不同的等级也许直接与薪酬水平、晋升机会和培训需求联系起来,一个员工也许不能明确了解分数报告代表的意义,但等级报告就能让他更清楚地知道自己的素质水平和相应的后果。

(3)评语报告。尽管分数报告和等级报告等能够清晰地反映被测评者素质的差异,但它们并不能直接对选拔、晋升及人员培训作出指导。因此,测评专家需要在测评报告中以书面语言的形式来表达和解释测评的结果。它的优点是信息详细准确,但可比性差,而且对测评报告人员的专业水平和经验有很高的要求。

在进行评语报告时要注意:首先,在使用多个指标来描述员工优缺点时,要对每一指标给出规范的文字说明。其次,对员工素质测评结果进行解释时,要注意综合员工过去的工作表现和记录,同时让员工积极地参与到结果解释过程中来,这样才能更真实地反映员工的实际水平。最后,测评只是工具,不是目的。不能仅依据测评结果就对员工下定论,应该把测评结果作为更好地了解员工的手段。

4. 测评结果应用和反馈阶段

测评结果作出后,将运用于人力资源管理的各个方面,如招聘、选拔晋升、人员培训、绩效考核及员工个人开发等。在应用人员素质测评时应避免以下几个问题。

(1)素质测评无用论。尽管现代人员测评的影响越来越大,但仍有一些组织机构认为,现代人员测评并不比传统选人办法高明,不用相对素质测评技术,企业照样能够很好地发展。这种看法是非常落后和愚昧的,在市场竞争日益激烈的今天,企业需要客观有效地选用人才,充分发挥员工的作

用，否则会处于越来越被动的位置。如果说在一定范围内对一般员工的误用还是可以弥补的话，那么对诸如关键技术人员和高级管理人员的误用将造成难以挽回的损失。

（2）以人员测评代替人力资源管理决策。正确的观点应该是：人员测评为人力资源管理决策提供参考信息，使得决策的正确率更高。但是，素质测评本身并不能取代人事决策。再先进的测评技术也只能提供一些决策支持信息，最终的决策还必须由管理者主观判断。

（3）对测评结果的准确性期望过高。许多组织对人员测评的测量准确性期望过高，以至于把测评的每句话都当成真理，或者不能容忍测评的偏差。但是，无论现代人员测评的技术多先进，也无法绝对地反应人的本质；更何况在测评的过程中，有许多的外界因素干扰最后的结果。因此，不能期望人员测评的准确性达到100%，它只是帮助我们尽量地减少失误，回避部分用人风险。

（4）把人员测评软件看作测评是否科学的标志。测评软件固然有利于减少计算工作量，提高测评效率，但它并不能决定测评工具是否科学。某些设计合理、测量效果好的测评工具，即使没有编成软件，也是科学的素质测评工具，特别是当前比较先进的情景模拟测验，对测量管理人员素质就非常有效，但却很难编成软件。判断一个测评工具是否科学有效，不应看它是不是一个软件，而应检查它的设计是否合理，各种测评质量指标（如信度、效度）是否达到，以及实际上是否有效果。

（5）注意及时将测评结果反馈给被测评者，使之了解自身，促进成长。如果被测评者对结果一无所知，可能会对测评产生不信任感。反之，及时反馈测评结果，将有助于员工接受管理决策，还可以对自己具有更明确的认识，便于自我开发和管理。

除了将结果运用于各管理任务外，一个成熟的人员测评方案通常需要经过多次反复的校正和修订。因此测评结束后，还需通过一些反馈途径来检查测评的效果。主要的途径有：

① 通过跟踪被测者的工作绩效，即根据事后与事实的符合度来对证测评的结论；

② 计算测评分数和绩效之间的相关度，用来判断测评的预测效度，并可以据此对测评结果进行校正；

③ 测评结果的准确度通过专家及群众来评判；

④ 测评结果的反馈可以采用员工满意度作为指标。

5.2.3 测评活动信度和效度的分析

当完成一次人员测评后，人们不禁要问，这次人员测评做得到底好不好？是否有效？是否可靠？这涉及的就是人员测评的质量问题。以下将对测评的可靠性、有效性及测评项目质量分析等问题进行阐述。

1. 人员测评信度分析

1）信度的概念

信度是对测量一致性程度的估计；人员测评的信度则指对人员测量的可靠性和一致性程度。

信度是用来检验人员测评质量的重要指标，从测评体系的制定到测评的整个实施过程，始终都要考虑可靠性即测评的信度问题。

按照衡量测评信度的方法不同，信度可分为再测信度、复本信度、内在一致性信度和评分者信度等。

（1）再测信度：指以同样的测评工具，按照同样的方法，对于相同的对象再次进行测评，所得先后结果间的一致性程度。它是一种跨时间的一致性。

（2）复本信度：指测评结果与另一个等值测评结果的一致性。所谓等值，是指在测评内容、效度、要求、形式上都与原测评一样，其中一个测评可以看作另一个测评的近似复写，即复本。

（3）内在一致性信度：指所测素质相同的各测评项目分数间的一致性程度。若被测者被测得在某一类项目上的所得分数均普遍高于他人，而该类项目所测评的是同一素质，那么有理由认为测评结果较可靠。内在一致性信度是通过分析同一测评中各测评项目之间的一致性来分析测评信度的，它实质上是一种跨测评项目的一致性。

（4）评分信度：指多个测评者给同一组被测评样组进行评分的一致性程度。测评结果的差异程度来自两个方面：一是被测评者自身，二是测评者及其测评。信度主要是对后者的度量，测评者及其测评的无关差异越小，测评结果就越可靠。

2）信度系数的估计

信度系数是衡量信度大小的指标，信度系数越大，说明信度越高，亦即测评的可靠程度越高。

按照信度的分类，信度系数可分为：稳定系数、等值系数、内在一致性系数、评分者系数等。

（1）稳定系数。稳定系数是用来估计再测信度前后两次测评结果的一致性程度，通常采用级差相关系数求得。计算公式为

$$\gamma = \frac{N\sum xy - \sum x \cdot \sum y}{\sqrt{[N\sum x^2 - (\sum x)^2][N\sum y^2 - (\sum y)^2]}}$$

式中，γ 为稳定系数，N 为测评结果数据的个数，x 为被分析的测评结果数据，y 为重复测评结果数据。

γ 越接近 1，说明测评结果可靠程度越高；反之，测评结果可靠程度越低。

（2）等值系数。等值系数是用来估计复本信度两次等值测评结果的一致性程度，它的计算与稳定系数相似，通过计算两次测评数据之间的相关系数求得等值系数。当测评结果是分数形式时，用积差相关法计算；当测评结果为等级或名次时，用等级相关法计算。其公式为

$$\gamma = 1 - \frac{6\sum D^2}{N \cdot (N^2 - 1)}$$

式中，γ 为等值系数，N 为测评结果个数（被测人数），D 为同一被测者两次评定等级之差。

（3）内在一致性系数。内在一致性系数是用来估计不同测评项目测评数据的一致性程度，且这些项目都是测评同一种素质。内在一致性系数的估计方法通常有两种。

一种是项目折半分析。所谓项目折半分析，是把一个测评分成等值的两半，得到两组测评分数，计算两组之间的相关系数，再代入斯皮尔曼·布朗公式 $\gamma_t = \frac{2\gamma}{1+\gamma}$。式中，$\gamma$ 为两半项目分数的相关系数，γ_t 越大，说明测评结果越可靠。采用这种方法的关键是将一个测评分为尽量等值的两半，通常的做法是把题号为奇数的作为一半，而把题号为偶数的作为另一半。

当一次测评无法分成对等的两半时，折半信度不宜使用。此时可考虑通过 α 系数分析信度，α 系数分析是目前计算信度较常用的方法。它是通过克朗巴赫提出的公式计算的。其公式为

$$\alpha = \left(\frac{K}{K-1}\right)\left(1 - \frac{\sum \sigma_i^2}{\sigma_T^2}\right)$$

式中，α 为测评项目数据信度系数，σ_T^2 为测评结果方差，σ_i^2 为第 i 个项目测评结果的方差。

（4）评分者信度系数。当评分者为两人时，评分者信度是通过两个评分者对同一组被测评分数之间的相关系数来鉴定的，可使用积差相关或等级相关来计算相关系数。当评分者为两人以上，并用等级记分时（其他形式的分数要转化为等级），则用肯德尔和谐系数来分析，其计算公式为

$$W = \left[\sum R_i^2 - \frac{(\sum R_i)^2}{N}\right] \bigg/ \left[\frac{1}{12}K^2(N^2 - N)\right]$$

式中，W 为评分者信度系数，K 为评分者人数，N 为被测评的对象数（被测评人数或答卷数），R_i 为第 i 个被测对象等级之和或分数之和。W 越大，说明评分者信度越高，测评结果越可靠。

2. 人员测评效度分析

1）测评效度的概念

所谓测评效度，是指测评结果对所测评素质真实的反映程度，亦即实际测评结果所能够达到测评对象的实际程度有多少。

（1）效度是个相对的概念。任何一个人员测评方案都是为特定的测评目的而设计的，不存在一种对任何目的都有效的测评方案。如对技能素质有高效度的测评项目，相对的对品德素质的测评就不

一定有前者的高效度。

（2）效度是个程度的概念。任何一种素质测评的效度都不是"全有"或"全无"，只是程度上的差别而已。评价某项素质测评活动是"有效"或"无效"是不妥的，用"高效度""中等效度""低效度"才是合适的。

（3）效度是测评误差的综合反映。测评的随机误差影响测评信度，而测评的系统误差与随机误差均影响测评效度。测评过程中只要存在误差，无论是哪种，都必定影响测评效度。

2）测评效度的分类和分析

（1）内容效度。内容效度是指实际测评到的内容与期望测评的内容的一致性程度。内容效度的分析，主要是对包括在测评范围之内的所有被测评行为样本（测评项目）是否具有代表性进行分析。具体地，可以从以下两个方面进行分析。

① 是否包括欲测评素质中的各种成分；
② 测评范围内的行为样本的比例结构是否与工作分析的结果一致。

内容效度的鉴定，目前主要采用定性分析的方法，有蓝图对照分析法与专家比较判断法。

蓝图对照分析法是将测评内容与设计蓝图对照，把上述具体两个方面亦即内容范围的内涵和结构与蓝图逐一对比检查，再作出分析判断。例如，对知识测评的效度鉴定是把试题涵盖的知识内容、各部分内容在试卷中的比例、测评目标层次结构等与试卷蓝图或双向细目表逐一对照检查，从而鉴定测评效度。

专家比较判断法，是由一组独立的专家组成专家评定组，对测评量表内容取样的充分性、必要性、适合性进行评定；对实际测评到的内容与所要测评素质特征的符号程度作出判断。专家评定组可由测评专家、测评单位领导、主管测评人员、被测评人员等组成。内容效度实际是一种内在的经验效度，由各方面专家相结合鉴定效度是目前一种较为有效的方法。

（2）结构效度。结构效度又称为构想效度、构思效度、建构效度等，是人们最为关注的一种测评效度。它是实际所测得的结果与所想测评素质的同构程度，它表明了多大程度上，实际的测评结果能够被看作是所要测评的素质在结构上的替代物。如对"善良"这一素质，我们无法直接进行测评，只能用抽象的素质构建具体的行为，如"在公交车上为老弱病残让座"，或是"持续为希望工程捐款"，用这些行为来推断是否具有"善良"的品质。

结构效度分析的方法有以下两种。

① 对抽象素质的结构模式下一具体操作化定义。素质测评的目标体系实际上就是所测评行为的一个行为建构模型，它由项目、指标、权重、标准等组成。建构一个素质结构模型，主要从3个方面着手：首先，进行工作分析，确定各种素质结构成分及其代表行为；其次，将工作分析得到的素质因素及其特征行为相互对应，并用图表形式表示；最后，进一步说明该模型图表与其他容易混淆的模型图表之间的区别。

② 根据事实资料评判结构效度。结构效度的分析鉴定，一般采用实证法。即找到足够的事实证据，证明测评的结构模型是所测评素质结构的一个很好的替代物。因此，收集事实资料是必要和关键的，然后再用定性或定量的方法评判所建结构是否能够替代真实素质结构。

（3）关联效度。所谓关联效度，是指测评结构与效标的一致性程度。效标是一种用来衡量测评有效性的外在参照标准，它可以是一种测评的结果，也可以是标准测评的分数。

根据效标是否与测评结果同时获得，可将关联效度分成同时效度与预测效度。作为效标的结果与测评结果同时获得，如采用两种不同的方式观察行为但同时获得测评结果，这种效度称为同时效度；当作为效标的结果是从后来测评中获得，如人员选拔或调配后的实际工作成效，这种效度称为预测效度。

关联效度的分析是通过效度系数进行的。效度系数是测评结构与标准结构的相关系数。相关系数越高，表明关联效度越高。同时效度是两种测评结构的相关系数来估计；对于预测效度，因效标的结果是后来获得的，因此，预测效度的鉴定要在测评结束一段时间后才能进行。

关联效度的分析，对效标的选择是至关重要且有一定难度的。效标选择不当，将导致错误的效度鉴定。效标作为衡量测评结果有效性的参照标准，必须是可直接测评到且独立于所分析的素质测评的行为结果。效标可分为概念效标与行为效标，概念效标必须进行具体化、操作化定义，最终转化为行为效标，这与前面所讨论的结果效度中的抽象素质的具体化、操作化定义相类似。行为效标的选择是以客观实用为准则，常见的行为效标有：学术成就、特殊训练成绩、工作业绩、评定评比结果、综合性标准等。

在测评效度的评价问题上，仍有许多方面需要讨论，目前各家说法不一，并没有一个统一的标准。效度高低的评价应视测评的性质和目的及所采用的分析方法而定。国内的专家学者对效度的评价问题做过较深入的研究，得出以下可参考标准。

高效度——效度系数应高于 0.7，或 $\alpha \leq 0.01$；

中等效度——效度系数为 $0.30 \sim 0.70$，或 α 为 $0.01 \sim 0.10$；

低效度——效度系数低于 0.30，或 $\alpha > 0.10$。

5.3 人员素质测评的方法和技术

5.3.1 心理测验方法

人员测评的主要内容就是确定人员的素质情况，而心理素质是个体素质结构中的一个重要内容，是个体发展和事业成功的关键因素。

"心理测验实质上是行为样组的客观的和标准化的测量"（A. Anastasi）。据此定义，心理测验有5个要素：行为样组、标准化、难度客观测量、信度、效度。

其一，行为样组。行为样组要典型，具有代表性。每个心理测验都有一组或多组测验题目，由这些测验题目引起被测评者的行为反应，根据被测评者的行为反应来推论被测评者的心理特征。要正确、可靠地推论被测评者的某个心理特征，必须有典型且能代表这一心理特性的行为样组。测验题目的性质和数量要有代表性、能获得所要预测的心理行为。

其二，标准化。测验的编制、实施过程、记分、对测验结果的解释都要有严格的标准，必须一致，要保证测验的条件对所有被测评者相同、公正；还要建立常模，给测验分数提供比较的标准，从而对测验分数进行解释。

其三，难度客观测量。测验题目乃至整个测验的难度水平决定必须客观。目前的心理测验一般都经过试测，从试测中通过项目的人数多少来确定难度。通过的人数多，题目就是容易的；通过的人数少，题目就是较难的。把太容易和太难的题目删除，以保证测验的区分度。

其四，信度。测验要可靠，同一组被测评者使用同一测验施测两次后得到的分数应一致，或者同一组被测评者经过一次测验后再用一个等同形式的测验再测一次，两次所得的分数一致。一致性程度越大，信度就越高。

其五，效度。测验是有效的，测验应该确实能测量到它所要测量的东西。要保证效度，必须严格按照测量目标选择测验材料，测验的内容要丰富，难度要适当，要排除无关因素的影响。

1. 心理测验一般原理

1）差异性

个体之间存在差异是进行人员测评的前提，而心理测验也起源于实验心理学对个别差异的研究。从心理学的角度，个体之间的差异可以归纳为互相联系的两个方面。其一是个体的倾向差异，包括兴趣、爱好、需要、动机、信念、理想、认知模式等方面的差异，其二是个性心理特征差异，包括能力、气质与性格3个因素及其组合的差异。

2）可测性

心理学认为，人的心理特征是可以测量的。虽然心理特征是无形的内在，可是通过对外显行为的测量可以实现对心理特征的客观反映，这些要测量的行为不是单个行为，而是一组有代表性的行为；同时，它们不一定是真实的行为，往往是概括化了的模拟行为。对于个体不同的行为表现，可以按照一定的法则，指派不同的数字，使各行为特点均可通过不同的数字表示出来，再根据行为与心理特征的对应关系得出要测的心理特征。因此，根据这一原理，心理测验是对人的心理特征进行测量的一种有效方法，而且心理测验已发展到相当科学和规范的水平。

3）结构性

心理学认为，人的心理品质的各个方面在每个人的身上都不是任意堆积的，而是一个依据一定结构组合而成的有机整体。要全面、准确地了解一个人的素质，就必须以心理学的理论为依据，从个性心理品质的结构入手，来确定所要考察的内容及其表现形式。人员测评中的评定、智力、能力和绩效等几个结构，就是以个性心理品质的几个组成部分为依据来确定的。例如，在人员测评中，依据个性心理品质中的个性心理倾向和性格特征两个部分，确定了品德测评结构中所含的内容及其表现形式，如事业心、纪律性、工作作风等；依据个性心理品质中能力特征的两个方面：一般能力和特殊能力，分别确定了测评结构中的智力结构和能力结构的内容及其表现形式；在品德结构、智力结构和能力结构等心理素质的基础上，确定了表现其各项心理素质发挥水平的绩效结构。这样，就可以以心理学的理论结构为依据，对心理测验和相关的人员测评进行科学的总体设计。

2. 心理测验的编制和修订

心理测验有一套科学的编制方法。许多专业的人员测评机构，都有自己的心理测评专家从事专业的心理测验的编制工作，而且对已有的心理测验不断地进行修订。因此，要在人员测评中应用心理测验，需要了解心理测验编制的原则和方法，而且能借鉴心理测验编制的方法和原则来进行设计和实施人员测评。测验的编制方法和步骤，依据测验的性质和内容不同而异。下面只介绍编制心理测验的一般程序。

（1）确定测验目的，分解量化目标。在测验编制开始前，首先要明确测量对象、测量内容，并将测量目标转化成可操作的概念，之后要明确编出的测验是要对被测评者进行描述、诊断，还是选拔和预测。测验的目的确定后，再分解测量的目标。如欲测量视知觉速度，可以将视知觉划分为对文字、数字、图像、立体、运动的知觉等因素。

（2）选择测验材料，制订编题计划。根据各个测验的分目标，选择符合目标的测验材料，以保证测验材料的有效性。不同内容的测验，其材料的选择原则和方法都不一样。如测量体能和专业知识的测验，选择的原则和方法就大相径庭。选择好材料后，还要事先设计编制题目的蓝图——编题计划。编题计划通常是一张双向细目表，指出测验所包含的内容和要测定的各种技能，以及对每一个内容、技能的相对重视程度。

（3）编制测验题目。根据编题计划编制测验题目，即命题。这是最关键的一步。要讲究命题的方法和技术。一般来说，命题要遵循几个原则：一是测题的取样要有代表性；二是测题的难度要有一定的分布范围，以保证能鉴别被测评者的水平高低；三是文字叙述要严密，力求简洁明了；四是各测题相互独立，不彼此影响；五是测题答案要确切，无异议；六是题目的数量要比最后需要的数目多出一倍以上，以备以后淘汰。具体的编制过程要经历写出、编辑、预试、修改等一系列的步骤。

（4）题目的试测和分析。将初步选出的项目结合成一种或几种预备测验，经过实际的试测来获得客观性的材料，然后对项目的难度、区分度进行统计分析，判断出每个项目的性能优劣，从而进一步筛选题目。

（5）编排和合成测验。根据项目分析的结构，选择鉴别力较高的、符合难度分布要求的题目，再结合测验的目的、性质和性能，最终选择出合适的项目来组合成测验。在项目的编排上，通常有两种方式：一是并列直进式，即将测验按试题材料的中心分成若干份测验，同一份测验中的测题按其难度由易到难排列；二是混合螺旋式，这种方式是将测题依难度分为若干不同的层次，再将不同中心的测题予以组合，做交叉排列，其难度渐次升进。

（6）测验的标准化。严格说明如何控制与得分步骤有关的各个要素，以尽量减少无关因素对测验目的的影响，减少误差。具体包括测验内容、指导语、测验时限、施测过程、评分过程和制定常模。

（7）对测验的鉴定。测验编好后，必须对其测量的可靠性和有效性进行考验，为此要搜集信度和效度资料。

(8) 编写测验说明书。为保证测验的正确使用，每个测验必须配上相应的说明书，其内容包括测验的目的、功用，编制测验的理论和实践根据，测验的实施方法、时限及主要实现，测验的标准答案和评定方法，常模资料，测验的信度、效度，关于如何应用测验的提示等。

3. 常用心理测验

(1) 智力测验。智力测验是通过测验来衡量人的智力水平的一种科学方法。由于人们常把智力看成各种基本能力的综合，所以智力测验又可称为普通能力测验。目前企业中常用的智力测验方法有以下几种。

① 韦克斯勒智力测验。该测验是由美国心理学家大卫·韦克斯勒研制的成套智力测验。这套测验包括1949年发表的韦氏儿童智力量表（WISC），适用于测试6～16岁的儿童智力；1955年发表的韦氏成人智力量表（WAIS），适用于测试16岁以上的成年人智力；1967年发表的韦氏幼儿智力量表（WWPSI），适用于评定4～6岁的幼儿智力。编制的依据是韦氏独特的智力概念：智力是人合理的思考，有目的的行动，有效地应付环境聚合成的整体能力。

② 瑞文推理测验。瑞文推理测验（Raven's Standard Progressive Matrices，SPM）是由英国心理学家瑞文（J. C. Raven）设计的一套非文字型智力测验。这套测验包括3个测验：一个是1998年初步的标准推理测验，它适用于测试5岁半以上的儿童及成人；另外两个测验编制于1947年，一个是适用于年龄更小的儿童与智力落后者的彩色推理测验（CPS）；另一个是高于高智力水平者的高级推理测验（APM）。其中，标准推理测验应用最广泛。该测验的编制在理论上依据了斯皮尔曼的智力二因素论，主要测量智力的一般因素中的引发能力，即那种超越已知条件，应用敏锐的创造力和洞察力、触类旁通地解决问题的能力。瑞文测验自从有了中国常模后就成为我国智力测验中的常用工具。

(2) 能力倾向性测验。能力倾向性测验是测验人们在某些方面特长和技能的表现，同时，许多职位对任职者是否具有某些方面的特殊能力都有一定的要求，能力倾向性测验也为这类选拔提供了依据。其中，普通能力成套测验（GATB）是较有代表性且常用的能力测验，我国20世纪90年代初从日本引进了GATB测验，由华东师范大学戴忠衡教授和其他研究人员对其进行了修订，编制了中国常模，对初、高中学生的就业辅导及企事业单位的人员选拔和安置工作有较好的指导作用。

(3) 人格测验，也称个性测验，主要用于测量个人在一定条件下经常表现出来的、相对稳定的性格特征，如兴趣、态度、价值观等。常用的人格测验有：艾森克个性测验、卡特尔16种人格测验、麦耶斯·布瑞格斯类型指标。

(4) 心理健康测验。现代企业已经越来越关注员工的心理健康状况，这不仅是企业正常运行的一个重要保证，而且关系到企业的长远发展。常用的心理测验有心理健康测验（UPI）、焦虑自评表和心理健康临床症状自评测验（SCL-90）。

4. 心理测验在人员测评中的正确应用

心理测验应用于人员测评，可增进测评的科学性和公正性，提高测评的效率。要达到这样的效果有一个前提，即正确地使用心理测验。心理测验像其他科学工具一样，必须加以适当的应用才能发挥良好的功能。如果被不够资格的人员实施、解释，或被滥用，会引起不良的后果。因此，在人员测评中，使用心理测验要注意以下几点。

(1) 只有够资格的心理测验工作者才能使用心理测验。心理测验是专业技术性很强的工作，无论是测验的选择，还是具体的实施、记分、对结果的解释，只有训练有素的心理测验工作者才能胜任。像人格测验、心理健康测验的使用，必须具有心理测验的专业理论，并经过实践的训练才能胜任，没有经过一年以上的专门训练是不行的；即使是专业的心理测验工作者，也还得慎重，不要随便使用自己不熟悉的心理测评量表。

(2) 慎重选择具体的心理测验工具。一方面要根据人员测评的目的和已确定的人员测评指标选择符合人员测评的心理测验量表；另一方面，要从各个心理测验量表的信度、效度、常模的代表性等来考虑，选择信度和效度高的量表，并选择适合的常模。

(3) 测验要保密。测验的内容不能泄露，测验评价的结果不能给无关的人员阅读和了解。

(4) 要慎重对待测验结果。任何心理测验都有误差，而且人的心理水平是会变化的，因此，不能把测验结果看得很绝对化。同时，不能仅仅依据心理测验结果来评判，而要参照其他考核标准和评价方法来共同评价。

(5) 认真做好测验的准备、实施、结果解释等工作，要对被测评者在测验中的反应和行为做详细和切实的记录，注意测试情景、测验中的某些细小环节等因素对被测评者成绩的影响，尽量使测验标准化，使测验对每个被测评者都公平，使测验能衡量被测评者的真实水平。

5.3.2 面试方法

面试在我国有着悠久的历史，但作为一种科学方法运用于人员素质测评却是近几年的事。所谓面试，是一种要求被测评者用口头语言来回答主试提问，以便了解被测评者心理素质和潜在能力的测评方法。面试的基础是面对面进行口头信息沟通，效度主要取决于主试者的经验，如果主试者的经验比较缺乏，信度和效度就会很低。

1. 面试的类型

(1) 非结构化面试。在结构化面试中，主试者可以问随机想起的问题。面试不用遵循特别的形式，谈话可以向各个方向展开。

(2) 结构化面试。在结构化面试中，主试者使用结构化的面试表，按预先确定的问题次序提问。

(3) 情景面试。情景面试包含一系列工作关联问题，这些问题有预先确定的明确答案，主试者对所有被测评者询问同样的问题。

(4) 系列式面试。多数企业要求在作出录用决定前，必须由不同的几个人先后对求职者进行面试，称为系列式面试。每一位主试者从自己的角度观察被测评者，提不同的问题，并形成对被测评者的独立评价意见。

(5) 小组面试。小组面试是一群（或组）主试者对被测评者进行的面试。

(6) 压力面试。在压力面试中，主试者提出一系列直率（通常是不礼貌）的问题，置被测评者于防御境地，确定被测评者将如何对工作上的压力作出反应。

2. 面试的特点

面试具有与其他测评方式不同的特点，发挥的作用也是其他测评方式不能比拟的。

1) 全面性

传统笔试只限用纸笔作答，以考察被测评者掌握的知识及其思维为主，使考察范围受到限制，而面试大大突破了笔试的局限性，通过多种多样的反映，可以对被测评者的口头表达能力、为人处世能力、操作能力、独立处理问题的能力及举止仪表、气质风度、兴趣爱好、脾气秉性、道德品质作出比较全面的考察。因此，面试是一种综合性考试。

2) 直观性

笔试对人的观察往往是间接的，人的很多特点是笔试所不能反映的，如对人的仪表仪态，笔试就无能为力。面试的特点首先在于它的直接性，主试者可以面对面地与被测评者进行交谈，通过交谈能够比较直接地判断被测评者的个性、动机及态度。

3) 有效性

面试可以通过实际操作直接考察被测评者的专业能力和技术水平，提高人员素质测评的有效性。面试还可以根据不同的求职者有针对性地提出各种不同的问题，使考察更全面、更具体。

4) 主观性

由于面试是主试者通过对被测评者的言谈举止的观察而判断其内在素质，因此，带有较强的主观性，它将受到主试者的经验、爱好和价值观念的制约。

从以上特点可以看出，面试具有灵活性、互动性，能多渠道了解被测评者的情况，但它也有一些缺点，如时间较长、主观性强和结果不易量化等问题。

3. 面试基本技巧

面试的方法与技巧，是指面试实践中解决某些主要问题与难点问题的技术与方法，它是面试操作经验的积累。显然，每个人所累积与掌握的技巧不尽相同，但仍有一些基本的、公认的技巧和方法。

1) 面试中的提问

（1）创造和谐的气氛。提问时，主试者要力求引导被测评者进入一种自然、亲切、几乎聊天式的氛围，不能因主试者自身因素给被测评者带来不必要的压力。

（2）问题必须简明易懂。提问的方式要力求通俗、简明、有深度，切换主题不能不着边际。

（3）提问的形式要多样。提出问题的形式可以是多种多样的，既可以是假设式的，又可以是连串式的，还可以是引导式的等。在提问中注意掌握主动，诱导被测评者，使交流更深入。

（4）提问要先易后难，由浅入深。问题的提出要作出较周密的安排，先易后难，循序渐进。

（5）主试者要掌握问答过程的主动权。在提问的过程中，主试者可以根据被测评者的回答，把握机会恰到好处地转换、收敛、结束与扩展话题。

（6）提问应适当给予压力，方能区别水平。在面试中还可以采取声东击西、旁敲侧击的手法。有时被测评者不太愿意暴露自己的观点，主试者就不能强人所难，较委婉地提问，使被测评者能较轻松地、不知不觉地表达自己的观点。

（7）面试中应给被测评者弥补缺憾的机会。在面试中，被测评者是处于被动地位的。在面试结束前，主试者应给被测评者一个机会，让他自由地谈几句想法，补充自己的意思和想法。在某种程度上，这个机会也是被测评者调整自己形象的机会，在一定程度上表现出自己的素质。

2) 面试中的倾听

（1）要善于发挥主试者身体语言的作用。在面试中，主试者要集中精神去倾听被测评者回答问题，绝不应去做其他事情。人的眼睛不仅仅能观察事物，还可以通过眼神的变化来表达某种倾向。因此，在倾听被测评者回答问题时，不能斜视、俯视、直视地听，从而使其感到不自在甚至有不平等感，影响被测评者的正常发挥。同时在倾听时，主试者要适当地通过点头来认同被测评者的回答，使其轻松自如。

（2）主试者要善于把握和调节被测评者的情绪。一般来讲，被测评者在面试中往往会有紧张情绪。主试者应根据面试进行情况，适当把握机会，甚至谈些无关主题的事来使被测评者情绪放松，自然地表露其素质水平。

（3）要注意被测评者的身体语言。面试中，主试者还应注意从言辞、音色、音质、音量、语调及回答问题时的身体语言来区别被测评者的内在素质。

（4）注意倾听，不要随意打断被测评者。

（5）主试者要表现出优良的教养和修养。

3) 面试中的观察

（1）谨防观察失误，不能以貌取人。

（2）在观察中要全面地考察，坚持目的性、客观性、全面性与典型性相结合的原则。

（3）在面谈中要充分发挥感官的综合效应和直觉效应。

4) 面试后的评价

（1）在面试过程中有某种程度上的评价，这种评价要把被测评者的反应过程和回答的结果有机地综合起来。

（2）综合评价要选择适当的标准形式，包括评价项目、评价指标、评价标度等。

（3）面试评价中不能忽视印象测评。面试与其他测评方式的不同，就是采用直接面对面的形式。因此，综合评价时要注意把分项测评与综合印象测评相结合，提高面试效果。

4. 提高面试质量的方法

面试从设计、组织、实施到最后的评价，是一个系统的工程，要提高面试的质量，除了按规范的程序进行面试外，还要做好以下几方面的工作。

1) 主试者的选择与培训

面试是一种对主试者素质依赖性比较强的测评形式，主试者素质高低、经验丰富与否直接决定着整个面试的质量。主试者的素质主要由3个方面组成：一是有正派的品德作风；二是熟悉被测评者将从事或正从事的岗位要求；三是对面试理论和实践有一定的掌握，有丰富的操作经验。

面试除了对主试者个体素质有较高的要求，对整个主试群体还要求结构合理，各有侧重。统计结果表明，最常见的主试小组有 5～7 人，由部门主管、人力资源部专员、面试技术专家等多方面的人员组成。

主试者无论有无经验，面试正式开始前均应接受培训。培训的目的是要统一标准尺度与操作方式，培训的内容包括面试方法、技能、标准要求等。

2) 被测评者的筛选

面试与其他测评形式相比，将花费更多的时间与人力。因此，应根据测评的目的及拟测评职位的要求，先进行一次筛选，以减少面试人数，从而提高面试的效率与效果。筛选的方法很多，比较可行的方法是资格审查、体检、笔试。

3) 面试场地的选择与设置

面试场地尽可能选择宽敞明亮、安静通风的地方，布置应活泼一些，可以考虑放些盆景。安排座位时应注意，主试者不要坐在背对光源处，这样会使主试者形象放大，对被测评者造成不利影响。同时，被测评者不宜离主试者过远，这样会产生一种疏离感；当然也不能太近，一般 2 米左右距离为宜。

5.3.3 评价中心技术

评价中心（Assessment Center or Development Center）是第二次世界大战后迅速发展起来的一种人员素质测评的新方法，它是综合应用现代心理学、管理学、计算机科学等相关学科得出的研究成果，通过心理测验、能力、个性和情景测试对人员进行测量，并根据工作岗位要求及企业组织特性进行评价，从而实现对人员个性、动机和能力等的把握，做到人职匹配，确保人员达到最佳工作绩效。

1. 评价中心概述

评价中心是近几十年来西方企业中流行的一种选拔和评估管理人员尤其是中高层管理人员的人才测评方法。它是现代人才测评方法综合发展的最高体现。在国外许多大的组织机构中，评价中心技术被认为是考察管理潜能的最有效方法之一。

评价中心的主要特点是综合利用多种测评技术手段，把受评者置于一系列模拟的工作情景中，让他们进行某些规定的活动，从而考察受评者是否胜任某项拟委任的工作，并预测其各项能力或潜能。

评价中心最主要的特点之一就是它的情景性。它是通过多种情景模拟测评形式来观察受评者特定行为的方法。除此以外，评价中心还具有以下几个特点。

（1）综合性。与其他素质测评方法相比，评价中心最突出的特点之一就是它是对其他多种测评技术与手段的综合兼容。

（2）动态性。评价中心的第二个显著特点，是它表现形式的运动变化性。与问卷测验、观察评定、面试相比，评价中心的被测评者处于最兴奋状态。在该种测试中，被测评者将接受一系列活动安排，随时处于压力刺激之下，因此，很容易表现出自身的潜在素质。

（3）标准化。尽管评价中心技术形式多样，持续时间较长，但每个活动都是按统一的测评需要进行设计的。其基础是工作说明书，因此，具有规范性和量化性。

（4）整体互动。在评价中心测评活动中，通常是多个被测评者共同参与的。因此在群体活动中，更容易获得被测评者在人际互动关系中的实际表现，更能真实反映普通工作环境中的工作状态。

（5）行为性。测评中要求被测评者表现的是行为，主试者观察评定的也是行为。这与笔试和面试截然不同，它更能直接地判断被测评者的工作表现。

综上所述，评价中心有以下几个优点：一是由于综合利用多种测评技术，所以评价效果比较好，这是任何其他单一的测评手段所无法比拟的；二是评价中心总是强调在动态中考察受评者的能力，从而使受评人的积极性和主动性得到充分的发挥，使测评过程能得到受评者的配合和支持；三是评价中心得到的信息非常丰富，通常包括受评者有关方面的详尽情况。

但评价中心仍然有一定的局限：评价中心技术过分依赖于测评专家，从评价中心的设计到实施都需要专家投入大量的精力。由于技术构成复杂、技术要求高，一般人很难掌握。人们只对比较重要的工作种类（如管理）和较高的职位（如中高层管理者）才应用这一技术。

2. 评价中心技术操作程序

1）明确目标岗位的素质要求

所谓目标岗位，是指将要招聘和选拔的人才安置在什么岗位上。在组织中测量的素质必然直接与个体的工作绩效表现紧密相关。如果忽略这一环节，即使在测评上投入再多的精力也是无的放矢，甚至是南辕北辙。所以，测评之前要针对具体企业的目标岗位进行工作分析，确定该岗位的能力、知识和动机等素质要求（胜任力），并界定素质维度定义，作为测评的标准。比如，销售人员的素质要求（胜任力）可以是人际敏感性、说服力、客户服务意识、分析能力、成就动机等。

2）精心设计测试方案

首先，选择和完善测试练习和工具。针对目标岗位的素质维度（胜任力），选择合适的测试练习和工具。选择测试练习和工具的原则：① 每个练习必须与测评的素质维度（胜任力）标准直接相关；② 每个练习的难度适中、内容丰富，具备与岗位相关的情景，并保证该测试练习和工具经过专家的精心设计，具有合理的信度和效度；③ 针对客户的组织特点和时间、费用要求，对测试工具进行修正。

其次，设计素质评价矩阵。评价矩阵包括测试工具和素质维度（胜任力）两部分内容，每个素质维度必须通过多种测试手段进行观察，以保证测试的效度。如"影响力"，该素质可通过无领导小组讨论、面试和演讲3种不同的测试工具进行评估。

最后，制订评价行动计划，包括确认评价目标，设计测评流程和测试的时间进度表，并将测试时间表提供给每位测评师，测试应按时间进度进行，确保每位候选人在公平一致的条件下进行测试。

3）测评师培训

测试效果的好坏在一定程度上依赖于测评师的技术水平，测评师要从专业人士中挑选，具有丰富的测评实践经验。即使是最优秀的测评专家，在测试前也要接受有针对性的培训，包括：① 熟悉测评的素质维度（胜任力）和测试工具，了解特殊测验的一些细节内容；② 测试过程中行为观察、归类和行为评估技巧；③ 统一评价的标准和尺度，提高测评师评价的一致性。

4）测试评估

测试结束后，每位测评师要将观察记录进行归类、评估，写出评语，然后一起对每位候选人在不同测试练习中的表现分析整合，逐一对每一项素质维度（胜任力）出具分数，并按照严格的格式撰写测评报告，即对候选人的管理能力和素质有何劣势、候选人的潜在能力和发展趋势怎样、候选人是否还需要什么样的能力和经验方能满足岗位所明确的条件、要采取何种培训弥补候选人经验和能力的不足等方面作出评价。

3. 评价中心使用的主要技术

在评价中心所利用的具体测评技术手段主要有文件筐作业、无领导小组讨论、角色扮演、案例分析、管理游戏等。这些评价技术通常是在团体中进行的，评价基层管理者往往只需要一天时间，而评价中高层管理者则需要2～3天。

1）文件筐作业（In-Basket）

文件筐作业是评价中心中用得最多的一种测评形式，它也是被认为最有效的一种形式。在这种测评活动中，被测试者假定为接替或顶替某个管理人员的工作，在其办公室的桌上堆积着一大堆亟待处理的文件，包括信函、电话记录、报告和备忘录等。它们分别是来自上级和下级、组织内部和组织外部的各种典型问题和指示、日常琐事和重要事件。所有这些文件要求在2～3小时内完成，还要求被测试者填写行为理由问卷，说明自己为什么这样处理。

通过以上一系列活动，主试人观察被测试者对文件的处理是否有轻重缓急之分，是否有条不紊，由此测评被测试者的组织、计划、分析、判断、决策、分派任务的能力和对工作环境的理解与敏感。

2）无领导小组讨论（Group Discussion）

在无领导小组讨论方式中，被测试者将被划分为不同的小组，每组人数4～8人不等，不指定负责人，大家地位平等，要求就某些争议大的问题，如额外补助金的分配、任务分担、干部提拔等问题进行讨论，最后要求形成一致意见，并以书面形式汇报。

主试人一般坐在讨论室隔壁的暗室中通过玻璃洞或电视屏观察整个讨论情形，通过扩音器倾听组员们的讨论内容（当然也可以用录像机、录音机录制），看谁善于驾驭汇集，集中正确意见，并说服他人，达到一致决议。同时，主试人还可适当增加情景压力，以观察在压力和冲突下各个被测试者的不同表现，以判断被测试者在真实工作环境中的行为表现。

在无领导小组讨论中，主试人评分的标准有：发言次数的多少，是否善于提出新的见解和方案，敢于发表不同意见，坚持自己的正确意见；是否善于消除紧张气氛，说服别人，调节争议问题，创造一个使不大开口的人发言的机会，把众人的意见引向一致；是否有语言表达能力、分析问题的能力和是否有尊重他人的态度。

3）管理游戏（Management Games）

在这种活动中，小组成员被分配一定的任务，必须合作才能较好地完成，如购买、供应、装配或搬运等。有时引入一些竞争因素，如三四个小组同时进行销售或进行市场占领，以分出优劣。有些管理游戏中，包括劳动力组织与划分、动态环境相互作用及更为复杂的决策过程。通过被测试者在完成任务中所表现出的行为判断被测试者的工作能力。

4）角色扮演（Individual Presentations）

角色扮演是一种用以测评人际关系处理能力的情景模拟活动。在这种活动中，主试人设置一系列尖锐的人际矛盾与人际冲突，要求被测试者扮演某一角色并进入角色情景去处理各种问题和矛盾。主试人通过对被测试者在不同角色情景中表现出来的行为测评其人际关系处理能力。

4. 情景设计关键

在评价中心技术的运用上，情景的设计关系到整个测评活动是否能成功。情景设计要注意以下几点。

（1）相似性。要求所设计的情景要与目标岗位的工作实际具有相似性。具体表现在素质、内容和条件3个方面。素质相似，指模拟中所测评的素质要与实际工作岗位要求素质相似；内容相似是指情景模拟中被测试者所要求完成的任务和活动，与现实中工作的内容相似；条件相似则模拟测评与现实工作有相似的工作环境。

（2）典型性。包括两方面的含义：一是所模拟的情景是被测试者正在从事或将要从事的工作中最主要、最关键的内容；二是所设计的情景，不是直接截取一段现实工作流程，而是要把握最具代表性的核心工作内容，或将工作内容的特点和性质归纳、总结、提炼出来。

（3）逼真性。设计情景时，要在环境布置、气氛渲染与评价要求等方面都与实际相仿，创造出逼真的真实环境。

（4）主题突出。整个情景设计应该使被测试者的行为活动围绕一个中心进行，突出表现所需要测评的素质，不要让一些不必要的活动和细节浪费测评时间。

（5）立意高，开口小，挖掘深，难度适当。这要求所设计的情景，立意要从大处着眼，从素质的宏观结构与深层内涵出发，使整个情景模拟有根有据，可以考察较复杂的素质。问题设计则可以具体些，使被测试者能从小处着手解决问题。问题的设计也要有弹性，能够区分出被测试者的优、良、中、差。

5.4 员工素质模型

5.4.1 素质模型概述

1. 定义

素质模型（Competency Model），又称特征胜任模型，是用行为方式来定义和描述员工完成工作需要具备的知识、技巧、品质和工作能力，通过对不同层次的定义和相应层次的具体行为的描述，确定核心能力的组合和完成特定工作所要求的熟练程度。这些行为和技能必须是可衡量、可观察、可指导的，并对员工的个人绩效及企业的成功产生关键影响。

素质模型的形式非常简单易懂，通常由 4～6 项素质要素构成，并且是那些与工作绩效最密切相关的内容。通过员工素质模型的构建，可以帮助管理者判断并发现员工绩效好坏差异的关键驱动因素，从而成为指导员工改进并提高绩效的基点。

2. 素质模型与人员素质测评

（1）素质模型是近年来较流行的一种人员测评方法，不过与一般的人员素质测评方法不同，它更加综合和系统。首先，素质模型建立时必须编制素质词典，它包括所有目标岗位所需的素质指标，是一个综合性的指标体系；其次，它的建立过程是以企业战略和工作说明为基础的，与目标岗位有机地结合在一起，保证了模型的适应性；再次，素质模型无论是构建的过程，还是测评技术的运用，与传统人员测评相比更具有系统性；最后，它作为人力职业管理系统的一大基础（另一个是工作分析），其产生的信息将被其他各个人力资源模块利用。

（2）素质模型所测量的素质包含多个方面，它所建立的模型，致力于从多个方面说明高绩效行为与潜在素质特征的联系，以达到通过验证人员是否具备高绩效素质特征，便能判断工作绩效高低的目的。首先，它更强调素质与高绩效的联系。美国学者莱尔·M·斯潘赛博士（Lyle M. Spencer）和赛尼·M·斯潘赛（Signe M. Spencer）在所著的《才能评鉴法——建立卓越的绩效模式》一书中指出，素质是在工作或情景中，产生高效率或高绩效所必需的人的潜在特征，同时只有当这种特征能够在现实中带来可衡量的成果时，才能称为素质。

其次，素质模型中所研究的素质构成因素更具有潜在性。美国著名人力资源咨询公司合意公司（Hay Group）在斯潘赛博士的素质冰山模型如图 5-7 所示基础上进行研究发现：冰山三面显露的部分即知识与技能，很难解释绩优者的成功；而冰山下潜在的部分即社会角色、自我形象、品质与动机等，则往往是决定一个人成功的关键。这在对管理者进行测评时显得尤为突出。

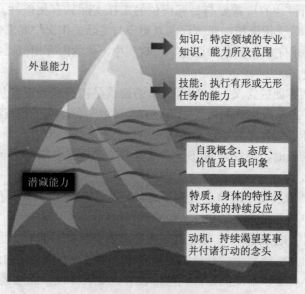

图 5-7 素质冰山模型

（3）素质模型的建立和运用必须依靠人员测评理论基础，必须利用人员测评相关工具。首先，素质模型建立的前提假设仍然是"人素质的差异"和"工作的差异"；同时，素质词典的编制也要考量信度和效度。其次，素质模型建立的主要方法是"关键事件访谈法"，也必须运用心理学和面试的技术，必须得到一系列人员测评工具的支持。

素质模型为长期地进行人员素质测评提供了基础，同时也将人员测评活动有机地纳入到人力资源管理系统。随着人力资源管理角色从"职能服务者"到"战略伙伴"的转变,素质模型在组织中的运用是一个趋势和必然。

5.4.2 素质词典

素质词典（Competency Dictionary）是素质模型对素质构成要项的说明,是素质模型建立的基础。自 1989 年起,美国心理学家麦克莱兰就开始对 200 多项工作所涉及的素质进行研究（通过观察从事某工作的绩优人员的行为及结果,发掘导致绩优的明显特征）,经过逐步完善与发展,总共提炼了 21 项通用素质要项,构成了素质词典。这 21 项素质要项主要概括了任职者在日常工作与行为中,特别是从事某些关键事件时所表现出来的动机、个性特征、自我认知与技能等特点。作为基本构成单元与衡量标尺,这些素质要项的组合成就了企业内特定职位的素质模型。

1. 基本素质族

麦克莱兰将 21 项素质要项划分为 6 个基本素质族,并依据素质族中对行为与绩效差异产生影响的显著程度划分为 2～5 项具体的素质如图 5-8 所示。

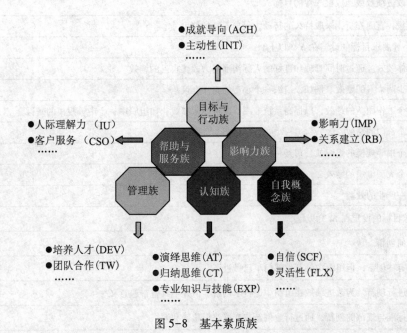

图 5-8　基本素质族

2. 素质级别

除了将素质要项划分为 6 个族群之外,麦克莱兰还从 3 个维度来衡量每一项具体的素质。

(1) 行为强度与完整性。这是描述素质定义与级别的核心维度,它展现了素质对于驱动绩效目标实现的强度,以及为实现目标而采取行为的完整性。在素质词典中常用"A"来表示。

(2) 影响范围的大小。影响范围表示该素质影响的人的数量与层级及规模的大小。例如,"影响力"素质可能会设计一个人、一个工作团队、部门、组织,甚至国际的大型组织。另外,影响范围还可以通过描述对一个问题的重要程度来体现。例如,范围小到影响一个人的部分工作绩效,大到影响一个企业的经营方式等。在素质词典中,该纬度常记为"B"。

(3) 主动程度。包括行动的复杂程度与行为人主观的努力程度,即为达到某一目标而花费的人力、物力、信息与资源及投入额外的精力或时间多少等。例如,描述"自信"这一素质在"主动程度"纬度上,反映的是人们如何面对挫折,保持良好的心态。该纬度在素质词典中记为"C"。

有了基本素质族和 3 个衡量纬度后,相对于每一项具体的素质可以作出一个具体的释义与至少 1～5 级的级别说明,并附以典型的行为表现或事例（表 5-1）,这样便形成了一个一般的素质词典。

表 5-1 成就导向的级别定义

级别	行为描述
A. 行为强度与完整性	
A.-1	没有优秀工作的标准。对工作没有特别的兴趣，只关注自己分内的事情
A.0	关注工作任务本身。工作很辛苦，但绩效并不显著
A.1	要把工作做好。试图把工作做好、做正确，但由于工作缺乏效率导致绩效改进并不明显
A.2	设法达成他人设定的标准。例如，管理层设定的各种标准（实现预算等）
A.3	形成自己关于"绩优"的标准，但是这类标准通常不具有挑战性
A.4	绩效改进。虽然没有设定具体的目标，但对整个系统或工作方法、工作流程实施了具体的变化或革新，以提高绩效
A.5	设定具有挑战性的目标，设定并努力达成挑战性的目标
A.6	进行成本-收益分析。基于投入和产出分析作出资源配置、目标选择等方面的决策
A.7	敢于承担一定的风险。面对未来的不确定性，在采取行动使风险最小化的情况下，敢于集中一定的资源或时间进行创新、改进绩效或达成挑战性的目标
A.8	坚忍不拔，直面挫折，采取持久的行动，付出不断的努力
B. 影响范围的大小（要求目标的设定在 A.3 以上）	
B.1	影响个体绩效。通过时间管理和良好的人际沟通努力改善自己的绩效
B.2	影响至少两个人的绩效。例如，组织一个小型的工作会议
B.3	影响一个工作团队的绩效，以提高系统效率，改进团队绩效，如组织中一个中等规模的研讨会
B.4	影响一个部门的绩效
B.5	影响一个中等规模的组织或公司某一部门
B.6	影响一个大型组织的绩效
B.7	影响某一产业的效益
C. 主动程度（要求目标的设定在 A.3 以上）	
C.0	没有任何创新
C.1	对工作有些创新，但组织中的其他部门早已做过了
C.2	对组织进行创新。为改进绩效在组织中进行了创新，但并不具备普遍意义
C.3	对行业标准与规范的创新，通过行业创新与变革获得超额利润
C.4	引发行业巨大变迁与革命的创新活动

5.4.3 员工素质模型的建立

一般来说，员工素质模型的建立应包括以下 5 个具体步骤。

1. 明确定义绩效标准

绩效标准简单地说，就是能够鉴别工作表现优秀的员工的指标或者规定，一般采用工作分析和专家小组讨论法来确定。即采用工作分析的各种专用工具与方法，明确工作岗位的具体要求，提炼出鉴别绩效优秀的员工与绩效一般的员工的标准。专家小组讨论法则是由优秀的领导者、人力资源管理层和研究人员组成的专家小组，就此岗位的任务、责任和绩效标准及期望优秀领导表现的胜任特征行为和特点进行讨论，得出最终的结论。如果客观绩效指标不容易获得或经费不允许，也可以采用较为简单的"上级提名"的方法，即由上级领导直接给出的绩效标准。该种方法虽然主观性较强，但对于那些富于实践经验、水平较高、业绩优秀的领导层来说，这种方法不但简便易行，而且也能保证较高的效度。

2. 选取分析效标样本

根据工作岗位要求，在从事该岗位工作的员工中，分别从绩效优秀和绩效普通的员工中随机抽取一定数量的员工进行调查。

3. 获取胜任特征数据

获取效标样本有关胜任特征的数据，可采用行为事件访谈法、专家小组访谈者列出他们在管理工作中发生的关键事例，包括成功事件、不成功事件或负面事件各2～3项，并且让被访者详尽地描述整个事件的起因、过程、结果、时间、相关人物、涉及的范围及影响层面等。同时，也要求被访者描述自己当时的想法或感想，如说明是什么原因使被访者产生类似的想法、被访者又是如何去实现自己目标的等。在行为事件访谈结束时，最好让被访谈者自己总结概括一下事件成功或不成功的原因。行为事件访谈一般采用问卷和面谈相结合的方式。访谈者预先设计好一个提问的提纲，并以此把握面谈的方向与节奏。为了提高访谈的有效性，项目的组织者事先不对被访谈者进行分组，每个访谈者事先也不知道被访谈对象属于哪一类人员（优秀组或一般组），以避免和减少"先入为主"的偏误。访谈者在访谈时，应尽量让访谈对象用自己的话详尽地描述他们成功或失败的工作经历、他们是如何做的、感想又如何等。由于访谈的时间较长，一般需要1～3小时，所以访谈者在征得被访者同意后，应采用录音设备把内容记录下来，以便按照统一的格式整理出详尽的访谈报告。最后，行为事件访谈对访谈者的访谈技巧要求较高，要求访谈者能够引导被访谈者自然而然地说出他们真实的想法与感受。所以在实施行为访谈以前，应当预先对访谈者进行系统深入的相关培训，检验访谈者的访谈能力，减小因访谈不力所带来的误差。

4. 分析数据建立模型

首先，通过行为访谈报告提炼出岗位的各种胜任特征，对行为事件访谈报告的文字记录进行内容分析，记录各种胜任特征在报告中出现的频次；然后，对优秀组和普通组的要素指标发生频次和相关的程度统计指标进行比较，找出两组的共性与差异特征；最后，研究人员对照素质词典关于特定素质的解释，并根据频次的集中程度，将信息整理并归类编码，提炼出相关的素质内容。

5. 验证素质模型

验证胜任特征模型可以采用回归法或其他相关的验证方法，采用已有的优秀与一般的有关标准或数据进行检验，关键在于企业选取什么样的绩效标准进行验证。

同时，通过素质模型的实践运用，还可以进一步对素质模型的有效性进行检验。例如，将素质模型与企业的培训职能相结合，预测以素质模型为基础开展的人力资源活动是否能帮助员工产生高绩效。

以某电器营销公司的销售经理胜任特征模型的研究过程为例，可以进一步说明模型建立的基本程序和方法。

首先选取该公司不同地区的经营部经理岗位，进行全面的工作岗位分析，明确经理岗位的工作内容和要求，并结合该公司的实际情况，确立对经理们的绩效考核指标。在该公司现有的优秀绩效表现与一般绩效表现经理当中随机挑选45名经理，分别采用"一对一"的方式，对经理们进行行为事件的访谈。访谈主要包括以下3个部分的内容：一是被访谈对象的基本资料；二是被访谈者列举自己3件成功事件及3件不成功的事件；三是对访谈者的综合评价。在实施行为访谈的过程中，同时对经理人进行管理素质测评及管理知识测评，用来验证胜任特征模型的有效性。根据对每个经营部经理的访谈报告，归纳整理出经理胜任特征频次表，并以此构建经营部经理岗位的胜任特征模型。根据该胜任特征模型，不但明确了合格的营销经理应该具备哪些基本品质和素质，而且也为该公司的经营部经理量体裁衣，设计出一套满足公司发展要求的职业经理人的培训开发体系。

 本章小结

人员素质测评是指运用先进的科学方法，对社会各类人员的知识水平、能力及其倾向、工作技能、个性特征和发展潜力，实施测量和评鉴的人事管理活动。它是一门融现代心理学、测量学、社会学、统计学、行为科学及计算机技术于一体的综合性科学。人员测评是人力资源管理的基础环节，科学评价人员是一切人事工作的起点。

人员测评方法,采用定性与定量相结合的方法,具体方法的操作程序、内容、技术、步骤、条件、规则等是规范化、标准化的,克服了主观随意性。现代人员测评方法,特别注重考查人的综合素质、能力、实际工作经验、职业倾向素质。通过结构化面试、演讲、答辩、创造力测验、情景模拟、无领导小组讨论等方法,对其综合管理能力倾向素质进行测评。

随着社会的进步,人员素质测评已被广泛地应用到各个领域。20世纪五六十年代以来,西方人才测评思想和方法日新月异,开发了名目繁多,内容丰富的测评技术,特别是"素质模型"(特征胜任模型)的建立和运用,将现代人员测评技术推向了一个新的发展时代。国内企业的人员测评尽管还处于从简单的人事测评向人员素质测评转变的阶段,但随着现代企业制度和人力资源管理系统的建立,建立科学的、规范的人员测评体系是必然趋势。

 **本章案例**

公文模拟测试案例——湖南省某厅办公室文秘招聘方案

一、部门简介

湖南省某厅现有干部职工共 8 000 余人。其中干部 1 900 多人(国家公务员 220 人,专业技术干部 1 600 多人)。该厅设 11 个内设机构,其中办公室主要负责文电、会务、机要、档案等机关日常运转工作;承担信息、安全、保密和信访工作;承担新闻发布和政务公开工作;承担重大突发事件应急综合管理和行政审批综合办公有关工作;负责统筹厅系统和农业行业安全生产等工作。

二、部门招聘存在的问题

某厅对办公室文秘岗位的招聘以每年公务员考试的成绩为基本参考标准,当年公务员考试成绩达到最低分数线且符合文秘岗位基本要求者,均可在网上报名,报名后按 5:1 的比例确定笔试人员。笔试题主要是写通知、文电、新闻稿等。面试环节由几名办公室副主任担任主要面试官,以面试官的主观感觉为评价标准。

从近几年的招聘情况来看,以主观评价标准为主的招聘方法,甄选出的文秘基本不能胜任岗位要求,撰写的公文质量不过关。尤其是 2008 年,还没到年度招聘的时间,办公室的文秘人员辞退、辞职现象就很严重,影响了某厅的日常工作。因此,办公室急需对文秘岗位设计科学合理的招聘方案。结合文秘岗位的工作特点,某厅选用现代评价中心技术中的公文模拟测试进行选拔。

三、招聘方案

公文模拟测试分为准备、操作、测评和评分4个阶段。准备阶段的主要任务是确定测评指标,明确评分标准。操作阶段的主要任务是收集所需文件,确定测试样题。测评阶段的主要任务是实施测评。评分阶段的主要任务是进行评分记录和作出评价。

1. 确定测评指标

某厅办公室招聘的岗位为文秘,通过笔试的筛选,确定参加此次公文模拟测试的应聘者为20人。根据部门现有文秘的情况,参照胜任能力素质要求,把招聘岗位的测评指标确定为工作条理性、计划能力、预测能力、决策能力和沟通能力。

2. 明确评分标准

此次公文模拟测试主要考察文秘人员5个维度的能力,根据文秘岗位胜任能力要求和维度对岗位的重要程度,确定各维度权重。

1) 工作条理性

理论分值区间:0~15分。设计一定的任务情境和角色情境,要求应聘者判断所给材料的优先等级。得分高的应聘者能有条不紊地处理各种公文和信息材料,能根据信息的性质和轻重缓急进行准确分类,能注意到不同信息间的关系,有效地利用人、财、物等信息资源,并有计划地安排工作。

2）计划能力

理论分值区间：0~30分。得分高的应聘者能非常有效地针对工作中存在的问题，提出切实可行的方案，主要表现在能事先系统地安排和分配工作，识别问题并注意不同信息间的关系，根据信息的不同性质和紧迫性，对工作的细节、策略、方法作出合理的规划。评价应聘者计划能力时，要考虑其是否关注行为的后果。

3）预测能力

理论分值区间：0~15分。得分高的应聘者能全面系统地考虑环境中各种不同的相关因素，对各种因素作出恰当的分析，并作出合乎逻辑的预测，同时对预测提出行之有效的实施方案。该维度主要考察3部分内容：预测的质量、所依据的因素、可行性分析。评价预测时，要考察应聘者为了作出预测而利用公文模拟材料的程度，即是否综合利用各种因素作出分析。

4）决策能力

理论分值区间：0~15分。该维度得分高的应聘者对复杂的问题能进行审慎的剖析，能灵活地搜索各种解决问题的途径，并作出合理的评估，对各种方案的结果有清醒的判断，从而提出高质量的决策意见。该维度主要考察3部分内容：决策的质量、实施的方案、影响因素。评价决策时，要细察决策背后的理性成分，考察应聘者是否考虑了短期和长期的后果，是否考虑了各种备选方案的优缺点。

5）沟通能力

理论分值区间：0~25分。要求应聘者设计公文，撰写文件或报告，用书面形式有效地表达自己的思想和意见。根据评估内容，考察应聘者的思路清晰度、意见连贯性、措辞恰当性及文体相应性。得分高的文章要求语言非常流畅，文体风格与情境相适应，能根据不同信息的重要性来分别处理，结构性很强，考虑问题很全面，能提出有针对性的论点，熟悉业务的各个领域。

3. 搜集所需文件

文件素材从文秘的实际工作出发，通过访谈绩效较好的文秘和其直接上级，记录工作中印象深刻的事情作为素材。为了使获得的事件符合考察主旨，将测评要素及其内涵告知访谈对象，让他们围绕此测评要素进行回忆，至于征集多少关键事件，则要根据所需文件的数量决定，根据搜集文件得出公文实例。

4. 实施测评

对20名应聘者各实施两次公文模拟测试，每次测试由一名主考官主持，两名助手协助发放材料。测试时，发给应聘者每人一套测试材料，通过主考官的讲解和描述将应聘者带入模拟的情境，然后由应聘者对公文作出全权处理，并简要地写出处理的理由。同时，应聘者对每一份公文的重要性和紧迫性给出高、中、低的判断，最后填上完成测试所花的时间。

5. 评分及选拔录用

经过公文模拟测验，某厅办公室按照评分由高到低筛选出8名文秘，最高得分为88.76分，最低得分为73.19分，经评委讨论这8名优胜者均较符合岗位标准，进入招聘的下一环节，经过薪资洽谈、资格审查和体检等环节，最终录用6名文秘。经过跟踪调查，这6名文秘均与岗位工作契合度较高，在工作岗位中表现良好，其中4名表现出色，在其所在岗位作出了较突出的贡献。

资料来源：颜爱民. 中国本土企业人力资源管理典型案例解析. 上海：复旦大学出版社，2011：150-154. 本书采用时略有改动。

思考题

1. 公文模拟测试适用于哪些招聘岗位和哪些能力要素？

2. 简述公文模拟测试题的设计程序。请在所在公司选取一个适合此测试方法的岗位设计一份测试文件。

3. 如果将本案例中的岗位换为财务部长，如何进行公文模拟测试，该岗位与文秘岗位测试的主要差异是什么？

本章思考题

1. 设计一套针对某类行政人员（如秘书）招聘的素质测评体系，并验证其信度及效度。
2. 进行素质测评可选用多种技术，阐述不同条件下应选择哪种工具更合适。
3. 素质模型是近年来比较流行的人员测评工具，但它仍有其局限性。请思考其局限所在，并说明在哪些情况下素质模型不可行。

参 考 文 献

[1] 雷骅宇. 人才测评：企业手中的双刃剑. 职业, 2005 (9).
[2] 萧鸣政. 人员测评与选拔. 上海：复旦大学出版社，2005.
[3] 唐玉宁. 人事测评理论与方法. 大连：东北财经大学出版社，2002.
[4] 杨体仁，祁光华. 劳动与人力资源管理总览. 北京：中国人民大学出版社，1999.
[5] 唐玉宁. 人事测评理论与方法. 大连：东北财经大学出版社，2002.
[6] 袁卫. 统计学. 2版. 北京：高等教育出版社，2005.
[7] 萧鸣政. 人员测评理论与方法. 北京：中国劳动社会保障出版社，2004.
[8] 柯惠新. 调查统计研究方法. 北京：北京广播电视学院出版社，2002.
[9] 戴海崎. 心理与教育测量. 广州：暨南大学出版社，1999.
[10] 肖鸣政，MARK COOK. 人员素质测评. 北京：高等教育出版社，2003.
[11] 彭剑锋，荆小娟. 员工素质模型设计. 北京：中国人民大学出版社，2003.
[12] 史班瑟. 才能评鉴法. 魏金梅，译. 汕头：汕头法学出版社，2003.
[13] 肖慧. 人员测评在美岛的实施与应用. 管理现代化，2004(4).
[14] 克雷曼. 人力资源管理：获取竞争优势的工具. 北京：机械工业出版社，2009.
[15] 诺伊. 人力资源管理赢得竞争优势. 5版. 北京：中国人民大学出版社，2005.

第 6 章

员工招聘与甄选

本章要点
- 招聘的含义与流程
- 招募渠道
- 甄选技术与方法
- 员工录用
- 招聘评估

欧莱雅的战略性招聘

欧莱雅是《财富》"全球最受赞赏的 50 家公司"和"欧洲十佳雇主"之一，重视及渴求人才是其高速发展的重要原因，欧莱雅素以推行"战略性招聘"而闻名。

从校园企划大赛到全球在线商业策略竞赛，再到校园工业大赛，欧莱雅的人力资源招聘目标直指世界各地大学中的优秀学子。

校园企划大赛始于 1993 年，参赛者通过逼真的品牌管理与营销模式，有机会体会到如何做一名真正的品牌经理。企划大赛每年一次，在挑选完简历后，把人员自由组合，面试前两三天告知成员名单，让他们自己去沟通，以考验团队精神。欧莱雅的品牌经理作为入围学生的指导老师，先给参赛小组开会介绍项目，搭建出 3 个月的工作框架。整个过程分为市场调研、设计研发过程和市场可行性测试（再调研）3 个阶段。欧莱雅希望通过比赛发现和招募到具有创造力的品牌经理人选。

针对营销及相关专业本科高年级学生的校园企划大赛的成功，让欧莱雅又开始尝试针对全球顶尖商学院 MBA 学生的全球在线商业策略竞赛。全球在线商业策略竞赛模拟一个非常逼真的商业环境，为选手提供将商业管理理念和技能付诸实践的机会，检验选手的商业管理和全方位决策才能，也为世界各地的学生搭建了互相交流和比较的良好平台。2004 年，欧莱雅扩大了在线商业策略大赛的参赛对象，允许本科生组队参赛。

欧莱雅还在中国创造性地开展其他内容的比赛，校园工业大赛就是一个发端于中国的项目。每年比赛都会围绕不同的工业项目，来自同一学校的理工科学生以小组为单位参加，欧莱雅公司的一名经理担任"教练"，指导参赛小组进行了取材、论证、规划、预算直到形成完整的实施方案。由于比赛效果良好，此项比赛已于 2004 年走出国门。

欧莱雅持续不断地从在校学生中寻找有潜力的人员，从高管到销售经理再到工厂设计者。欧莱雅为在校学生提供了实战平台，也为自己获取优秀人才创造了先机。

资料来源：宋联可，杨东涛. 高效人力资源管理案例 MBA 提升捷径. 北京：中国经济出版社，2009. 本书采用时略有改动。

6.1 员工招聘概述

人力资源管理的鼻祖达夫·沃尔里奇（Dave Ulrich）曾经说过，什么样的公司能赢？不是靠产品特色，也不是靠成本领先，在这个不断变化着的高科技驱使下的商业环境中，发现和留住人才将成为竞争的重点。正如体育团体积极网罗最佳人才而展开激烈竞争的那样，成功的商家将是那些善于吸引、发展和保留具备必要技能和经验的人才的人。

6.1.1 招聘的含义

所谓员工招聘，是指企业采取一些科学的方法，寻找、吸引具备资格的个人到本企业来任职，从而选出适宜人员予以录用的管理过程。企业招聘人员的原因，一般来讲，有以下几种情况：

（1）新组建一个企业，为了满足企业的目标、技术、生产、经营需要招聘合适的员工；
（2）原有企业由于业务发展而人手不够；
（3）现有岗位人员不称职；
（4）职工队伍结构不合理，在裁减多余人员的同时，需要及时补充短缺的专业人才；
（5）企业内部由于原有员工调任、离职、退休或升迁等原因而产生的职位空缺。

总之，人力资源部门需要不断吸收新生力量，为组织不断适应市场需要提供可靠的人力资源保障。所以，企业招聘工作是企业人力资源管理中最基本的日常管理活动，它在人力资源管理中有着重要的意义。

6.1.2 招聘的意义

招聘工作对企业的意义主要表现在以下几个方面。

（1）招聘工作满足了企业发展对人员的需要。企业在发展的任何时期，都会需要不同类型、不同数目的人才，这是企业持续发展的保证。即使在企业生命的成熟期或衰退期，也要调整人力资源的结构，以保证人力、物力和财力的最佳结合。

（2）招聘工作是确保较高的职员素质的基础。招聘过程有很多步骤，每一步实际上都有选择，经过层层的选拔，最后被录用的总是企业满意的人员。这些人员的文化水平、所掌握的技能等都是企业需要的。因此，招聘可以保证职工队伍的基本素质应保持在所期望的水平上。

（3）招聘还可以在一定程度上保证职工队伍的稳定。每一个企业都不希望自己所招聘的人员经常出现"跳槽"行为，所以在招聘过程中，招聘人员一般都会注意审查申请人的背景和经历，以断定他们不会很快离开并给企业造成损失。因此，招聘工作从一开始就有可能部分地消除不稳定因素。

（4）招聘工作也是一项树立企业形象的对外公关活动。招聘，尤其是外部招聘，从一开始就要准备招聘材料，这些材料包括企业的基本情况介绍、发展方向、政策方针等。同时，通过各种广告形式将这些内容扩散出去，除了申请应聘的人员以外，其他的人也会注意到招聘的内容，有意无意地会使许多人了解企业的情况，从而使招聘成为向公众宣传企业的大好时机。

6.1.3 招聘的原则

1. 因事择人的原则

企业的招聘应根据企业的人力资源规划和工作说明书进行。人力资源规划决定了未来一段时间内需要招聘的职位和部门、数量、时限、类型等；工作说明书为空缺职位提供了详细的人员录用资格标准，同时也为应聘者提供了该工作的详细信息，它们是人员招聘的主要依据。对于用人单位来说，无论是多招了人还是招错了人，都会给企业带来很大的负面作用。除了由此造成的人力成本、培训成本的增加及低效率和错误决策带来的损失外，由此导致的人浮于事还会在不知不觉中对企业的文化造成不良影响，并降低企业的整体效率。

2. 公开公正的原则

人员招聘首先必须公开，必须遵守国家有关方面的法令、法规和政策，公示招聘信息、招聘方法。一方面将录用工作置于公开监督之下，以防止不正之风，杜绝任何以权谋私、假公济私和任人唯亲的现象；另一方面，可吸引大批应聘者。其次，在人员招聘过程中，要努力做到公平公正，以严格的标准、科学的方法，对候选人进行全面考核，公开考核结果，择优录取。要真正体现公正与公平，还要消除就业歧视的思想和做法。在现实的人员招聘中，性别歧视、年龄歧视、人为制造各种不平等的限制、凭领导直觉、印象选人等现象并不少见。因此，不仅要铲除偏见，掌握所需的完整、真实的信息，还必须学会遵法守法，避免一切与国家有关法规相抵触的活动。

3. 人事相宜的原则

在选聘人员时，要做到人事相宜，必须根据企业的人力资源规划的用人需求及工作分析得出的任职资格要求，运用科学的招聘方法和程序开展招聘工作，并坚持能位相配和群体相容的原则。简单地说，就是要根据企业中各个职务岗位的性质选聘相关的人员，而且要求工作群体内部保持最高的相容度，形成群体成员之间心理素质、能力、技能的互补关系，形成群体优势。

坚持人事相宜原则，必须克服两种倾向。一是在选聘人员时，不顾职位的资格要求，降低标准选人，造成人与岗位的不适合，也给员工带来很大压力，给企业造成不必要的损失。另一种是一味追求素质最高、质量最好，超出岗位资格要求的人才。

企业招聘到最优的人才并不是最终的目的，而只是手段，最终的目的是每个岗位上用的都是最合适的人员，并用其所长、人尽其才，从而达到组织整体效益的最优化。

4. 效率优先原则

不管组织采用何种方法招聘，都是要支付费用的，这就是雇佣成本。雇佣成本主要包括招聘广告的费用，对应聘者进行审查、评价和考核的费用等。一个好的招聘系统，表现在效益上就是用最少的雇佣成本招聘到适合职位的最佳人选的过程，符合效率优先原则。

5. 内部优先原则

当企业中的工作出现空缺时，应当首先考虑提拔或调动原有的内部职工。如果从外部招聘员工担任现有工作，往往会引起很多不满的情绪。因为企业内许多人的升迁希望破灭，往往会提高企业的辞职率，或者在工作中宣泄不满，人为制造矛盾，从而产生不利的影响。另外，如果从企业内部招聘员工，便于他们利用自己的经验迅速适应工作，开拓新局面，这样既可以降低招聘成本，又可以调动员工的积极性。但是也应该关注其可能产生的消极性。如果大部分主要工作岗位都以内部优先招聘的话，那么必然会导致人际关系复杂化，人际矛盾加剧，经营思想保守，墨守成规的后果。所以招聘工作要内部优先，同时对一些部门要实行内外兼顾的原则。

6.1.4 招聘工作的职责分工

在招聘过程中，起决定性作用的是用人部门，而非人力资源部门。用人部门直接参与整个招聘过程，并在其中拥有计划、初选与面试、录用、人员安置与绩效评估等决策权，完全处于主动的地位。人力资源部门只在招聘过程中起到组织和服务的功能。表6-1是关于招聘过程中用人部门与人力资源部门的工作职责分工。

表6-1 招聘过程中用人部门与人力资源部门的工作职责分工

用人部门	人力资源部门
1. 招聘计划的制定与审批	1. 招聘信息的发布
2. 招聘岗位工作说明书及录用标准	2. 应聘者申请登记，资格审查
3. 应聘者初选，确定参加面试的人员名单	3. 通知参加面试人员
4. 负责面试、笔试工作	4. 面试、笔试工作的组织
5. 录用人员名单、人员工作安排及试用期间待遇的确定	5. 个人资料的核实、人员体检
6. 正式录用决策	6. 试用合同的签订

续表

用人部门	人力资源部门
7. 员工培训决策	7. 试用人员报到及生活方面安置
8. 录用员工的绩效评估与招聘评估	8. 正式合同的签订
9. 人力资源规划修订	9. 员工培训服务
	10. 录用员工的绩效评估与招聘评估
	11. 人力资源规划修订

注：表中数据表示招聘过程中各项工作的顺序。

6.1.5 招聘流程

招聘流程是指从组织内出现空缺到候选人正式进入组织工作的整个过程。这是一个系统而连续的程序化操作过程，同时涉及人力资源部门及企业内部各个用人部门及相关环节。为了使人员招聘工作科学化、规范化，应当严格按一定程序组织招聘工作，这对招聘人数较多或招聘任务较重的企业尤其重要。

从广义上讲，人员招聘包括招聘准备、招聘实施和招聘评估3个阶段。狭义的招聘即指招聘的实施阶段，其间主要包括招募、选择、录用3个步骤。如图6-1所示。

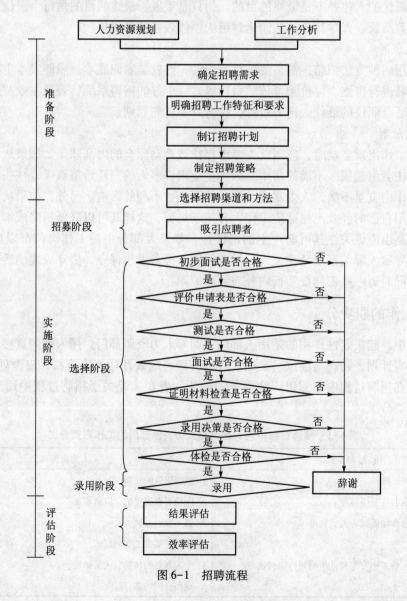

图6-1 招聘流程

1. 准备阶段

准备阶段的主要任务包括确定招聘需求，明确招聘工作特征和要求，制定招聘计划和招聘策略等。

确定招聘需求工作就是要准确地把握有关组织对各类人员的需求信息，确定人员招聘的种类和数量。具体步骤为：首先，由公司统一的人力资源规划或由各部门根据长期或短期的实际工作需要提出人力需求。然后，由人力资源部门填写"人员需求表"。每个企业可根据具体情况的不同制定不同的人员需求表，但必须依据工作描述或工作说明书制定。一般说来，人员需求表可包括以下内容：

(1) 所需人员的部门、职位；
(2) 工作内容、责任、权限；
(3) 所需人数及何种录用方式；
(4) 人员基本情况（年龄、性别等）；
(5) 要求的学历、经验；
(6) 希望的技能、专长；
(7) 其他需要说明的内容。

最后，由人力资源部审核，对人力需求及资料进行审定和综合平衡，对有关费用进行评估，提出是否受理的具体建议，报送主管部门审批。

经批准确定的人员需求就要求人力资源部制定招聘工作计划。制定人员招聘录用计划为组织人力资源管理提供了一个基本的框架，尤其为人员招聘录用工作提供了客观的依据、科学的规范和实用的方法，能够避免人员招聘录用过程的盲目性和随意性的发生。有效的招聘计划，离不开对招聘环境实施分析，包括对企业外部环境因素的分析，如对经济环境、劳动力市场及法律法规等的研究，还包括对企业内部环境的分析，如企业的战略规划和发展计划、财务预算、组织文化、管理风格等。招聘计划一般包括：人员需求清单、招聘信息发布的时间和渠道、招聘人选、招聘者的选择方案、招聘的截止日期、新员工的上岗时间、招聘费用预算、招聘工作时间表等。

招聘策略是招聘计划的具体体现，是为实现招聘计划而采取的具体策略。在招聘中，必须结合本组织的实际情况和招聘对象的特点，给招聘计划注入有活力的东西，这就是招聘策略。招聘策略包括：招聘地点策略、招聘时间策略、招聘渠道策略及招聘中的组织宣传策略等。

2. 实施阶段

招聘工作的实施是整个招聘活动的核心，也是最关键的一环，先后经历招募、选择、录用 3 个步骤。

1) 招募阶段

根据招聘计划确定的策略及单位需求所确定的用人条件和标准进行决策，采用适宜的招聘渠道和相应的招聘方法，吸引合格的应聘者，以达到适当的效果。一般来说，每一类人员均有自己习惯的生活空间、喜欢的传播媒介，单位想要吸引符合标准的人员，就必须选择该类人员喜欢的招聘途径。

2) 选择阶段

选择是指组织从人、事两个方面出发，使用恰当的方法，从众多的候选人中挑选出最适合职位的人员的过程。在人员比较选择的过程中，不能仅仅进行定性比较，应尽量以工作岗位职责为依据，以科学、具体、定量的客观指标为准绳。常用的人员选拔方法有：初步筛选、笔试、面试、心理测验、评价中心等。需要强调的是，这些方法之间经常相互交织在一起并且相互结合使用。

3) 录用阶段

录用是依据选择的结果作出录用决策并进行安置的活动，主要包括录用决策、发录用通知、办理录用手续、员工的初始安置、试用、正式录用等内容。在这个阶段，招聘者和求职者都要作出自己的决策，以便达成个人和工作的最终匹配。一旦有求职者接受了组织的聘用条件，劳动关系就算正式建立起来了。

3. 评估阶段

对招聘活动的评估主要包括两个方面：一是对照招聘计划对实际招聘录用的结果（数量和质量

两个方面）进行评价总结；二是对招聘工作的效率进行评估，主要是对时间效率和经济效率（招聘费用）进行招聘评估，以便及时发现问题，分析原因，寻找解决的对策，及时调整有关计划，并为下次招聘总结经验教训。

6.2 招募渠道

招募工作就是通过各种途径和方法获取候选人的过程。招募的途径主要有两条，即内部选拔和外部招募，且每一种招聘途径又有多种形式。企业可以根据以往的经验来确定一些基本的准则，规定哪些人员主要从内部选拔，哪些人员主要从外部招募，并制定清晰的流程来指导企业开展招聘工作。一般来说，招募渠道与方式的选择，取决于企业所在地的劳动力市场的拟招聘职位的性质、企业的规模、企业的管理政策等一系列因素。

6.2.1 内部招募

1. 工作公告

通过将岗位空缺信息张贴在公告牌上、公司时事通信上或张贴在公司的内联网上等方式，许多岗位空缺会被填补。工作公告（Job-Posting）的目的在于使企业中全体员工都了解到哪些职务空缺，需要补充人员，使员工感觉到企业在招聘人员方面的透明度与公平性，并有利于提高员工士气。

位于内华达州拉斯维加斯的百乐吉娱乐与度假所（Bellagio Casino and Resort）要求尽可能依靠内部来源填补所有职位空缺。为了实现这一目标，该公司使用了工作公告。当管理人员通知人力资源部门出现职位空缺时，工作说明书会被张贴在工作告示牌上并保留7天。对该工作感兴趣并且能够胜任的每位雇员填写一张工作兴趣卡并交给人力资源部门，人力资源部门将所有对该工作感兴趣的人员的工作经历和成绩进行排队，7天之后出现职位空缺的管理人员察看这一求职者队列并根据该工作的资格要求拒绝或接受求职者的申请。管理人员只有在面试并拒绝了所有被初步接受的求职者之后才能考察来自外部的候选人。这一政策帮助百乐吉公司留住了合格的雇员，并使该公司的人员流动率成为该行业最低的公司之一。

一般来说，工作公告经常用于非管理层人员的招聘，特别适合于普通职员的招聘。其优点在于让企业更为广泛的人员了解到此类信息，为企业员工职业生涯的发展提供更多的机会，可以使员工脱离原来不满意的工作环境，也促使主管们更加有效地管理员工，以防本部门员工的流失。

尽管工作公告是一种高效的招聘方法，但同时也存在一系列问题。例如，如果某个雇员认为他（她）比得到该工作的同事更胜任该工作，工作公告就会引发冲突。此外，让雇员们为工作岗位而竞争会将上司置于一个压力非常大的处境之中。花费时间较长，可能导致岗位较长时间的空缺，影响企业的正常运营，也可能导致员工盲目地变换工作而丧失原来的工作机会。

2. 主管推荐

主管推荐在内部招聘中是一种很常用的手段。当企业发生职务空缺时，由本单位的主管人员根据员工的工作表现及能力素质推荐填充新职位的人选，上级部门和人力资源管理部门对被推荐员工进行分析，选择可以胜任这项工作的优秀人员。

一般来说，主管一般比较了解潜在候选人的能力，具有一定的可靠性，而且主管们觉得他们具有对所辖岗位的用人决策权，满意度也会比较高。这种方式一般用于员工晋升，给予员工以升职的机会，会使员工感到有希望、有发展的机会，对于激励员工非常有利。从另一方面来讲，推荐的人员对本单位的业务工作比较熟悉，能够较快适应新的工作。主管推荐法的缺点在于比较主观，容易受个人因素的影响，主管们提拔的往往是自己的亲信而不是一个胜任的人选。而且有时候，主管们并不希望自己手下很得力的下属调到其他部门，这样会影响本部门的实力。

3. 档案法

员工档案的内容包括雇员姓名、教育水平、培训、当前岗位、工作经验、相关工作技能等能力，以及其他资格证明。利用这些信息，可以帮助人力资源管理部门获得有关职位应聘者的情况，发现那些具备了相应资格但由于种种原因没有申请的合格应聘者，通过企业内的人员信息查找，在企业与员工达成一致意见的前提下，选择合适的员工来担任空缺或新增的岗位。

档案法的优点是可以在整个组织内发掘合适的候选人，同时档案可以作为人力资源信息系统的一部分。如果经过适当的准备，且档案包含的信息比较全面，采用这种方法比较便宜和省时。

6.2.2 外部招募

1. 报纸和杂志广告

报纸和杂志广告招聘是一种较为传统的招聘方式。尽管网络招聘等新渠道越来越受到企业的青睐，但报纸和杂志招聘广告目前仍然是企业发布招聘信息的首选。在决定信息的内容时，一个公司必须对它想要树立的企业形象作出抉择。很明显，公司应该给未来的员工一个准确的工作或组织说明，同时公司应尽力吸引那些注重自身利益的未来员工，以强调工作的唯一特性。广告还必须告诉潜在的员工他们为什么要对那个特殊的工作或组织感兴趣。信息内容也应表明一个求职者应怎样申请：亲自申请、电话申请还是提供简历。广告最明显的优势在于宣传的范围广，阅读这些广告的不仅有工作申请人，还有潜在的工作申请人及客户和一般大众，因为企业的招聘广告代表着企业的形象，因此需要认真实施。报纸的"人才专版"或"招聘专版"中的招聘"普通职员"的广告一般效果尚可，绝大多数招聘"骨干员工"的广告的效果是不理想的。

文字表达清晰、限定明确的广告会吸引合格的求职者，使不合格者自我淘汰并放弃申请，而且会使得招聘过程更有效率。一份专业化的报纸和杂志招聘广告，要包括以下几方面的内容。

（1）在显眼位置标明单位标志和广告性质：报纸的方形广告中，最显眼的位置应该是左上角，其次是左边，称为"金角"、"银边"。在"金角"、"银边"的位置，应该印上招聘单位的名称和企业标志，并且以大号字体注明"诚聘"或"聘"的字样。

（2）公司简介：招聘广告的第一段应该写公司简介，以便让应聘者对你的公司有一个初步的了解。但也应避免文字过多、喧宾夺主，应该用非常简约的语言将有关公司最吸引求职者的信息表达出来。

（3）主要职责和任职要求。"主要职责"告诉应聘者这个职位要求做什么，"任职要求"告诉应聘者应聘该职位要具备什么条件。当然，求职者不一定完全遵照该职位的"工作说明书"中的相关条款，但至少可以提供一定参考。

（4）申请资料要求和联系方式。最后一段要告诉求职者投寄申请资料的要求及联系方式。如："有意申请者请于某月某日前将详细的学习和工作简历、有关学历证书和身份证复印件、免冠近照、要求薪金、联络地址和电话寄至……"这里特别要注意的是，要让应聘者自己提出要求薪金，这是一个有关求职者的重要信息，不应遗漏。

报纸和杂志广告招聘的特点是信息传播范围广、速度快，应聘人员数量大、层次丰富，企业的选择余地大，同时有广泛的宣传效果，可以展示企业实力，树立企业形象。但广告招聘有时候表现为低效，因为它们不能传达到最适合的候选人——目前并不正在寻找新工作的优秀人士。此外，广告费用不菲，且由于应聘者较多，招聘费用也随之增加。

2. 网络招聘

随着互联网技术在我国的迅速发展，网上求职日渐成为时尚。越来越多的求职者，纷纷加入到这一行列中来。网络招聘已成为人力资源管理者改变工作方式、提高工作效率、把握时代脉搏的一种具体方式。我国网络招聘产业一直在往前走，多年来的积累也造就了网络招聘产业近年来的红火，51job 在纳斯达克上市，中华英才网也以股权置换的方式获得了全球排名第一的招聘网站 Monster 5 000 万美元的巨额投资。

根据有关资料显示，2008 年上半年，前程无忧网（www.51job.com）以 28.5%的份额排名第一，每月新增值为 3 000 个，有效职位 7 万个，空缺职位总数 30 万个。中华英才网（www.china-hr.com）以 24.2%位列第二，每周新增职位 2 000 个，现有职位近 19 万个，每月新增个人求职简历 3 000 余份，人才库总数 10 万余人。网上人才市场迅速发展，网络成为人才招聘的重要渠道（石宝丽，

2003)。在国内,网上求职者的数量已由 2002 年的 119 万上升到 2008 年的 500 多万。CBIResearch 近期推出的《2008 年上半年中国网络招聘市场监测报告》显示,2008 年上半年中国网络招聘行业收入达到 5.7 亿元,环比增长 11.8%,同比增长 21.3%。

一般来说,网络招聘的实现渠道有以下 3 种。

(1) 注册成为专业人才网站的会员。在人才网站上发布招聘信息,收集求职者的资料,查询合适的人才信息。这是目前大多数企业在网上进行招聘的方式。由于人才网站上资料库的容量大,日访问量高,所以企业往往能较快招聘到合适的人才。我国专业人才网站市场第一阵营为具有全国性影响力的大型综合人才网站;第二阵营为具有区域或行业影响力的人才网站,包括南方人才网、卓博等立足地方向外拓展的人才网站,以及地方和行业人才网站的代表——浙江人才网和英才网联旗下的建筑英才网;其他人才网站可列入第三阵营,影响力较弱或限于某一城市。而值得注意的是,一些新模式的网络招聘网站已经开始崭露头角,如垂直职业搜索和 Web 2.0 架构的网站,基本上国内和国外在同步发展,而国外这些网站已经获得了总计数千万美元的投资,这些新的模式将冲击现有格局,但短期内不会有大的改变。我国专业人才网站细分市场格局如图 6-2 所示。

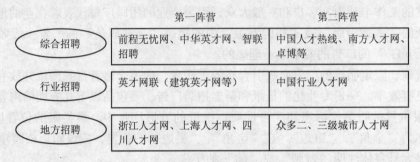

图 6-2 我国人才网站细分市场格局

(2) 在自己公司的主页或网站上发布招聘信息,并建立相应的链接。世界企业 500 强中,有很多公司经常在自己的站点上发布招聘信息。这种方式既达到了广告宣传的目的,又能使来访问的求职人员在了解企业的实际状况后有针对性地选择应聘岗位。除了大型知名企业,一些中小企业也纷纷建立自己的网站,并发布招聘信息。为了让更多求职者获得企业的招聘信息,很多企业往往同时在专业人才网及自己公司的网站上发布信息。

(3) 在一些浏览量很大的网站发布招聘广告,如新浪网(www.sina.com),搜狐网(www.sohu.com),网易(www.163.com),中华网(www.china.com)等。在这些网站上发布招聘广告,不仅会有很大的信息反馈量,而且也会对公司产生一定的广告效应。

网络招聘依赖互联网技术搭建的先进的信息平台,极大地提高了应聘者和招聘单位的工作效率并降低了成本。其优势表现在如下几个方面。

(1) 覆盖面广。在互联网上,同一地区和不同地区、不同国家的信息沟通是实时、双向、互动的,网络信息的这一特点使得招聘单位有可能在世界上任一互联网的终端找到其潜在的合适人选,往往达到传统招聘方式无法获得的效果。2000 年,IBM 公司通过网络招聘的消息只在全国 7 个城市的 14 所学校张贴了海报,而且没有在校园里进行任何宣传活动,却收到了来自包括英、美、日、澳等地留学生在内的 13 000 多份简历,学校数目也远远超过了 14 所,招聘活动的影响范围是公司自己都始料未及的。

(2) 成本低。网络招聘在节约费用上有很大的优势。对于求职者来说,通过轻点鼠标即可完成个人简历的传递,原本要花大量时间才能完成的信息整理、发布工作,现在可能只要半天就能够完成,既节约了复印、打印费用,还省却了一番鞍马劳顿。对用人单位来讲,网络招聘的成本更低。在北京,一般为期两天的招聘会,每个摊位要 1 800~4 000 元,而在中华英才网,交 4 000 元的年费,就可以在一年内无限制地从 30 多万份简历里任意挑选(沈士仓,2002)。如果是跨地域的招聘工作,通过网络完成,还可以节省大量的差旅费用。据统计,用人单位通过传统的招聘会方式招收一名应届毕业生的费用是 2 000 元到 8 000 元不等,相对而言,通过网络招聘应届毕业生的短期成本几乎为零。

(3) 时间投入少。在各种招聘方式中，只有人才猎取这种方法不需要投入大量时间，但它却是以高费用为代价的。其他传统的招聘方式一般都需要投入大量的时间对应聘者简历进行筛选，但网络招聘却可以省掉很多时间。一方面通过电子邮件邮寄简历要比传统的通信方式更加迅速、高效，求职者也可以通过邮件与用人单位交流。但更为明显的好处是工作人员可以从筛选简历这样繁杂的工作中解脱出来。比如，51job网站推出的"网才"招聘软件，它如同一个虚拟的招聘员，提供包括求职者信息登记、初步筛选、来信回复和信息分档存储等一揽子解决方案，它允许人事经理建立自己的筛选标准，对求职者进行初步过滤，并对退、留邮件设置不同标记，自动回复和存档；将处理简历的速度由原来的每天三四十个迅速提升到每天二三百个。

(4) 效果明显。企业招聘渠道的选择是招聘效果好坏的关键，传统的招聘方式都有一定的局限，有的适合招聘高级人才，有的适合招聘中级人才。而网络招聘适用面很广，上到高层管理人员，下到一般的办公室职员都可以招到，并且它不受时空、地域限制，从而更有利于选拔到优秀人才。从招聘的成功率来看，网络招聘也更胜一筹。利用洽谈会招聘人才往往会出现这种情况：一连参加了十几场招聘会，花费了大量的人力、物力、财力，却没有一个合适的人选。这是因为合适的求职者与用人单位之间信息闭塞造成的，在招聘会上，有限的求职者无法满足用人单位对高级人才的需求，越来越多的人事经理将目光投向了网络招聘。

网络招聘就像一把"双刃剑"，在越来越受到企业和应聘者喜爱的同时，也暴露出一些问题，需要引起关注。

(1) 信息处理难度大。招聘信息发布后，往往就引来了大量的应聘者，其中有些求职者是不适合此项工作的，但他们也抱着侥幸的心理填写简历应聘，这样不仅影响了正常的招聘工作，而且大大增加了招聘筛选的难度和强度。

(2) 虚假信息大量存在（张兴国，2004）。从求职者的角度来说，在浏览招聘单位的信息后，有足够的时间和机会对自身进行包装，甚至可能会针对应聘单位的需求加工个人简历，使招聘者看到的简历描述的全是履历丰富、业绩出众、综合素质高，令人雾里看花难辨真伪；从企业的角度来说，由于我国法律和政策及管理上的漏洞，许多企业乱发招聘信息，包括虚假信息。这样不仅增加了应聘者的求职障碍，而且扰乱了正常的社会经济秩序。

此外，网络求职还涉及隐私权问题，个人或企业在网络上输入的信息有可能被他人窃取、利用，从而造成损失。

3. 猎头公司

在国外，"猎头公司"早已成为企业求取高级人才和高级人才流动的主要渠道之一。在我国，由于目前私人就业机构在经营上尚存在一些待规范的问题，限制了其发展。但是，随着市场经济的发展，猎头公司开始在招聘高级管理人才方面扮演着越来越重要的角色。对一个企业来说，高级管理人才和尖端技术人才的作用十分重要，用传统的渠道往往很难获得，而猎头公司拥有专业的人才搜寻手段和渠道，建有优质高层人才库，实施专业管理并不断更新，因此，猎头公司能为企业推荐高素质的人才。与高素质候选人才相伴的，是昂贵的服务费。猎头公司向用人单位而不是人才收取服务费，通常达到所推荐人才年薪的25%～35%。有人认为猎头公司收费过高，其实猎头公司推荐成功一个人相当不容易，他们完成一个"订单"需要经过多道复杂程序。如果企业把自己招聘人才的所有成本、人才素质的差异等隐性成本计算进来，猎头服务或许不失为一种经济、高效的方式。

借助猎头公司招募人才时，应坚持以下几个原则。

(1) 首先向猎头公司说明自己需要哪种人才及其理由。

(2) 确信你所找到的这家机构能够自始至终完成整个招募过程，要求会见猎头公司中直接负责本企业业务的人，确保他有能力完成招募任务。

(3) 选择一家信得过的猎头公司。为本企业搜寻人才的机构不仅应了解本企业的优势，而且应会发现你企业的不足。所以一定要选择一个能为本企业保守秘密的机构。

(4) 事先确定服务费用的水平和支付方式。

(5) 向这家猎头公司以前的客户了解该公司业务的实际效果。

为了切实理解客户的需要，有的猎头公司甚至派人去客户公司工作一段时间，亲自了解和体会其文化、员工关系、组织结构等。企业在使用猎头公司服务时，也要注意确保猎头公司准确理解自己的需要，否则，耽误了时间，企业将比猎头公司遭受更大的损失。典型的步骤分为以下几步。

（1）分析客户需要。猎头公司顾问会与委托人沟通企业的背景、候选人的要求等信息，对理想的候选人的技能、经验和个性进行深入的了解。能否找到最为贴近组织需求的人才，则取决于猎头公司对这种需要的了解程度。

（2）搜寻目标候选人。猎头公司一般拥有自己的人才数据库。通常，他们在接受客户委托后，会根据委托人的要求在数据中搜索，或者经过分析找出目标候选人。但人才库的作用也是有限的，需要猎头公司主动去发现和寻找人才。

（3）对目标候选人进行接触和测评。猎头公司主动接触候选人，对候选人进行面谈或其他形式的测评，然后提交给委托人一份具体的描述该候选人素质的报告。衡量高级人才的一个重要依据就是其过去的工作经历。专业的猎头公司一般都必须做背景调查工作，即向候选人以前工作单位的上司、同事了解有关情况。有些公司还会提供人才素质测评，除了考察候选人的能力之外，着重考察候选人的个性特点、工作风格是否与用人公司文化相适应，其职业兴趣与动机是否与岗位的需要相吻合。

（4）提交候选人的评价报告。委托方得到猎头公司提名的候选人评价报告，如果认为有必要，可以直接与候选人接触，并作出决策。有时候，出色的候选人往往已经有一份不错的工作，并且往往是同时面临着好几个机遇待决定，而委托方又不愿意接受一个折中的候选人。在这种情况下，猎头公司会在谈判中起到积极作用，帮助双方达成一项都能接受的最终解决方案。

（5）跟踪与替换。在委托方与候选人达成雇佣意向后，猎头公司会对候选人进行跟进，以确保其进入新公司的平稳过渡。通常，猎头公司会在4～6个星期内，制定一个全面的候选人名单，并免费替换在保证期内离开的候选人。

当然，猎头公司也存在不足，比如西方国家的公司中就常出现"跳槽秀"现象，猎头公司就在其中扮演重要角色。

4. 校园招募

当组织在初级岗位上有空缺或拥有自己的内部培训计划时，从高校招聘员工是一个经常被采用的战略方法。最常用的招募方式是一年一度或一年两次的高校人才供需洽谈会，供需双方直接见面，双向选择。另外随着网络的发展，许多企业的校园招聘也借助网络平台发布信息，如中华英才网的校园招聘板块、高校就业信息网和BBS，以及企业网站的校园招聘专栏等。越来越多的企业采取自己在学校召开招聘会，举行宣讲会，张贴、散发招聘广告，在网上公布就业信息，委托毕业生办公室推荐等方式。有的则通过定向培养、委托培养等直接从学校获得所需要的人才。校园招募常被作为获得管理人才、技术专家和科技人员的主要来源。大学招聘的成本会很高，因此，人力资源管理者应该首先确认在空缺岗位上表现出良好的工作绩效需要具有大学学历。一般来说，专家（例如，工程师和人力资源管理者）是从全国范围内招聘的，而更倾向于技术性、低层次的工作岗位在地区或当地招聘。

校园招募决策包括确定从哪一所或几所大学招聘、招聘时间、招聘流程等。许多企业只从特定的几所大学招聘。限定学校数目的理由（除了限制时间和费用之外）包括：只从名校招聘来提高组织的声誉，从那些受到该组织资助的学校招聘，或者从那些以往招聘到合格雇员的学校招聘。只集中在少数几所学校的另外一个理由是为了能够在该学校建立一定的曝光率。校园招聘已经变得竞争激烈，对于一些热门专业，学生的供应依然无法满足需求。尽管有些专业的毕业生数目较大，企业希望能够招到最优秀最合适的人才。一般来说，每年10月份左右，企业就纷纷开始实施校园招聘计划。

企业校园招聘的首要环节是制定校园宣讲计划，主要目的是推广宣传，吸引更多的毕业生去了解企业，应聘该企业的职位。宣讲会由企业招聘负责人主持，内容包括播放招聘专题片，详细介绍公司情况，招聘负责人解答学生提问，发放招聘宣传材料，并介绍招聘流程等。企业往往从多所高校招聘所需要的人才，因此，需要对宣讲会时间、地点等具体事宜作出安排，并在高校就业网、BBS、中华英才网等招聘网站上公布，或直接通知高校就业处，让更多学生获得信息，准时参加宣讲会。表6-2为微软（中国）2006校园宣讲会安排。

表 6-2　微软（中国）2006 校园宣讲会安排

10 月 15 日	上海	复旦大学相辉堂
10 月 18 日	杭州	世贸中心大饭店世贸厅
10 月 20 日	南京	南京大学科技馆报告厅
10 月 22 日	北京	清华大学就业指导中心多功能厅
10 月 25 日	北京	北京大学英杰交流中心阳光大厅

在众多企业的校园招聘计划中，宝洁公司的校园招聘最具有代表性。宝洁公司完善的选拔制度得到商界人士的首肯。在 2003 年中华英才网"英才大学生心目中最佳雇主企业"评选活动中，宝洁名列综合排名的第 5 位和快速消费品行业的第 1 位。曾经有一位宝洁的员工这样形容宝洁的校园招聘："由于宝洁的招聘实在做得太好，即便在求职这个对学生比较困难的关口，自己第一次感觉自己被人当作人来看，就是在这种感觉的驱使下，我应该说是有些带着理想主义来到了宝洁。"表 6-3 是宝洁 2006 成都地区校园招聘流程表。

表 6-3　宝洁 2006 成都地区校园招聘流程表

宝洁 2006 成都地区校园招聘流程

欢迎大家参加宝洁公司成都招聘。

本次招聘的是管理培训生 Management Trainee（面向应届毕业生）和暑期实习生 Summer Intern（面向本科三年级，研究生二年级学生）。本次招聘的部门有客户生意发展部、产品供应部、市场研究部、市场部、人力资源部、财务部。我们的招聘分 4 个程序：网上申请 Management Trainee/Summer Intern 的职位，英才见面会，笔试，面试，最后一轮面试。以下是具体安排：

1. 网上申请：

    时间：现在到 10 月 10 日

    网址：http://www.pg.com.cn

    注意事项：

    当您申请了职位 24 小时后会通过电子邮件的形式收到一份详细的申请表。请您根据自己实际情况认真填写。

    截止时间是 10 月 10 日晚 12 点［请大家务必在此之前提交网上的申请表（12 页）］

2. 参加英才见面会：

    时间：10 月 18 日

    通过网上测试的同学我们将会电话通知具体时间和地点。

    我们会向大家详细介绍各个部门，如何申请部门。

3. 参加解难测试笔试并申请部门：

    笔试是一种 P&G 考核解难能力测试，题目是中文的，无须事先准备。

    笔试前填写您所感兴趣的部门。

    笔试注意事项：

    1. 时间为 65 分钟
    2. 请携带身份证、铅笔、橡皮、计算器
    3. 提前 30 分钟进场

4. 参加英语笔试：

    英语笔试注意事项：

    1. 时间为 150 分钟
    2. 请携带身份证、铅笔、橡皮
    3. 提前 30 分钟进场

5. 参加第一轮面试：

    时间：10 月底

    请带上学生证，在我们通知你面试时间前 15 分钟提前到达面试地点。

6. 参加最后一轮面试：

    具体时间及地点将依所报部门的不同而不同，届时我们会具体通知大家。

7. 最终录取结果我们将单独通知你们本人，并与校方联系有关毕业分配之事宜。
8. 我们将不招收代培生、大专生、定向生及无法毕业或受到过学校处分的学生。
9. 通过最后一轮面试的同学还需通过体检才能成为宝洁正式员工。

宝洁成都招聘组
2005 年 9 月

校园招聘有许多优势：学生的可塑性强，选择余地大，候选人专业多样化，可满足企业多方面的需求；招聘成本低，有助于宣传企业形象等。但校园招聘也有其明显不足之处，通常只用来选拔工程、财务、会计、计算机、法律及管理等领域的专业化初级水平人员，而且，许多毕业生在校园招聘中有脚踏几只船的问题，又由于学生缺乏实际的工作经历，对工作和职位容易产生不现实的期望，因此，通过校园招聘来的员工在前5年里有比较高的流失率，士气也比较低。

5. 公共就业机构

公共就业机构覆盖着我国每一个大的经济区域，包括人才交流中心、职业介绍所、劳动力就业服务中心等。这些机构承担着双重角色：既为企业选人，也为求职者择业，并常年为企业服务。

这些机构每年都要举办多场招聘洽谈会。在确定招聘洽谈会的时间和地点后，就业机构会在人才网或报纸、杂志等媒体上公布，并向企业发出邀请函。表6-4是四川省人才交流中心2006年4月份综合招聘会邀请函。企业在收到或下载邀请函后，需向就业机构回执。在招聘洽谈会举行的前几天，就业机构会公布参会单位名单，供求职者参考。在洽谈会中，单位和应聘者可以直接进行洽谈和交流，节省了单位和应聘者的时间。随着人才交流市场的完善，洽谈会呈现出向专业化方向发展的趋势。有中高级人才洽谈会、应届生双向选择会、信息技术人才交流会等。通过参加招聘洽谈会，单位招聘人员不仅可以了解当地人力资源素质和走向，还可以了解同行业其他单位的人力资源政策和人力需求情况。

表6-4　四川省人才交流中心2006年4月份综合招聘会邀请函

四川省人才交流中心（省人才市场）
2006年4月份综合招聘会邀请函

尊敬的用人单位：

为了满足企业快速发展对人才的迫切需求，充分发挥各类人才的作用，四川省人才市场隆重推出2006年4月份综合招聘会，热诚欢迎贵单位参加，现将有关事项函告如下：

一、主办单位：四川省人才交流中心　四川省人才市场

二、大会地点：成都市小南街99号省人才市场（人民公园西门斜对面）

三、会期安排：

4月7日（周五）4月14日（周五）收费标准：每展位200元/天

4月21日（周五）4月28日（周五）收费标准：每展位200元/天

四、参会办法：

参会单位提供营业执照副本复印件（复印件需加盖公章）或其他法定文本原件或复印件提前预订展位，招聘单位提供的资料须真实、有效，不得向求职者收取任何费用。

五、宣传及服务：

1. 每个展位配电子显示屏1个、桌子1张、椅子2把、电源插座。
2. 每个展位提供两人午餐及饮用水、1袋办公用品（文件袋、笔、回形针）。
3. 免费书写一张招聘启事（100字以内，不含单位简介），参会单位可按长1.2 m，宽1 m的规格自己制作软质招聘启事。
4. 免费为报名的单位在四川人才网站 www.scrc168.com 上刊登招聘信息。
5. 招聘会现场大电子显示屏滚动播放招聘单位需求信息，摊位上方电子显示屏显示招聘单位名称。

六、其他

1. 为提高招聘效果，敬请单位提前办理手续；
2. 参会单位请于当天9：00到会，10：00以后不再预留摊位；
3. 展位一经确认，概不退换。

七、参加4月份综合招聘会的用人单位，免费享受以下惊喜超值服务：

※ 免费为参加现场招聘会的单位在省人才市场"信息栏"发布当天未招聘到所需人员信息一周（单独办理张挂展板收费标准：100元/月）；

※ 参加现场招聘会未招聘到所需人员的单位，当天可免费到"四川省人才网"挑选10人以内求职资料（单独办理电脑选才提档收费标准：50元/10人以内）

※ 免费为参加现场招聘会单位在四川省人才网 www.scrc168.com 上刊登当天未招聘到所需人员信息一周（单独办理网上发布文字最新招聘收费标准：100元/两周）。

（招聘单位需要享受超值服务请在当天招聘会结束后，到省人才中心市场部登记）

联系电话：028-86127052　86139595　联系人：廖小姐　江小姐　易先生

传真：86139595　86127052　邮箱：scrc168@gmail.com　网址：www.scrc168.com

四川省人才交流中心　四川省人才市场
二〇〇六年四月一日

采用公共就业机构方法，由于应聘者比较集中，招聘单位的选择余地较大，但要想采用这种方法招聘高级人才仍较为困难。

6. 熟人推荐法

通过单位的员工、客户、合作伙伴等熟人推荐人选，也是企业招募人员的重要来源。其优点是：对候选人的了解比较准确；候选人一旦被录用，顾及介绍人的关系，工作也会更加努力；招募成本也很低。问题在于可能在单位内形成小团体。

在国外，一些著名公司如思科、微软等采取鼓励措施，鼓励员工积极推荐适合公司需要的人才加入公司，如设立奖金、奖励旅游等，这些公司相当一部分的员工是通过熟人推荐获得的。

7. 雇主品牌的概念

"雇主品牌"（employer brand）这一概念是由英国资深管理专家赛蒙·巴洛（Simon Barrow），伦敦商学院教授提姆·安博拉（Tim Ambler）于1990年提出的。他们将营销学中"产品品牌"概念应用到人力资源管理领域，号召企业运用市场学的方法，在人力资源市场上找到定位，在目标群体中建立独特的雇主形象，从而更好地吸引、激励和挽留最优秀的人才。在巴洛和安博拉看来，雇主品牌是由雇用关系产生的，并与雇主联系在一起的功能、经济和心理利益的组合。功能利益是指雇主向员工提供的有利于职业发展或其他活动的机会，经济利益是指雇主向员工提供的薪酬，心理利益是指员工在工作中产生的归属、方向、成就等方面的体验。

简而言之，雇主品牌建设是指能够为雇主在劳动力市场带来一定溢价、增值的无形资产，也可以指作为雇主一方在劳动力市场中被认可的程度。也就是说，它以雇主为主体，以核心员工为载体，以为员工提供优质与特色服务为基础，旨在建立良好的雇主形象，提高雇主在市场的知名度与美誉度。

8. 全球招聘的背景

在全球人才竞争日益激烈的背景下，全球招聘已经成为世界各国各类组织网罗尖端人才的重要策略。应该说，全球招聘不是一种具体的招聘方法或技术，它是在知识经济背景下，各类组织从自身的人才需求出发，将其招募人才的视野提升到全球水平，力图从全球范围寻求最优秀人才的招聘策略。这一策略是组织应对人才危机甚至生存危机的策略，它本身并不关注采用哪种具体的招聘方法和甄选技术。

实际上，在国家层面从全球网罗优秀人力资源的活动始于20世纪的美国。1921年美国实施《移民配额法令》大幅增加技术移民比例，1951年的《新移民法》规定，凡是著名学者、高级人才和专业人才，不考虑其国籍、资历和年龄，一律允许入境，实际上就是把在世界范围内争夺人才作为基本国策。据学者统计，全世界约40%的科技移民到了美国，外国科学家和工程师约占全美科技人员总数的20%；而在美国重要的大公司中，外国科学家和工程师占全部科技人员总数的一半以上；在集中了美国半导体产业的硅谷，绝大部分技术人员来自中国和印度；在硅谷的20万名工程技术人员中有6万名中国人。目前，全球招聘作为一种重要的人员招聘策略被各类组织应用。

在中国，全球招聘起步相对较晚。最初进行全球招聘的是在华的外资企业，随后扩展到中国本土企业及事业单位，尤其是各大高等院校、医院等。近几年，随着中国深化改革的步伐加快，部分央企也开始尝试全球招聘，并将此举作为应对国企改革老大难问题的策略。2008年底，中国首次面向全球公开招聘中央管理的国有重要骨干企业总经理，实现了历史性的突破。

对组织而言，采用全球招聘策略一方面是为了迎接外部挑战，如经济全球化引发的产品、人才等争夺战；另一方面是为了应对组织内部的生存危机。例如，遭遇多次返航事件的中国东方航空公司（以下简称东航）到2008年底负债总额超过资产总额约110.65亿元，严重资不抵债。为了扭转危机，东航期望打造世界一流的信息服务平台，提升旅客服务质量，通过技术升级带动管理升级来摆脱困境。由于总信息师在信息化管理中十分重要，对人才的要求极高，于是东航面向全球招聘总信息师。

与此同时，随着中国企业的发展壮大，越来越多的企业走出国门，到国外开疆拓土，而国内的人才难以适应企业国际化的需要，因此在全球范围内进行招聘成为不可或缺的渠道。

目前，国内组织的全球招聘活动呈现以下特点。

（1）范围广，包括各类性质的组织。全球招聘的范围已经从外资企业和事业单位扩展到民营企业、国有企业甚至部分央企，而且仍在扩大。

（2）力度大。起初的全球招聘带有尝试性质，招聘方一般只是拿出几个岗位进行试点。现在的全球招聘力度大，提供的招聘岗位数量多，而且多为关键岗位。

（3）目标多为高学历、经验丰富的高科技人才及经营管理人才。2009年，北京面向全球发布"海聚工程英雄帖"，高层次"海归"进京创业奖励百万元。2010年，由北京市委组织部主办的"北京人才发展高端论坛"透露，已引入的海外高端人才多有国际顶级科研机构工作经历，可完成现有人才难以胜任的工作。2010年7月，金蝶软件再次升级招募行动，启动人才招募"S"计划，目标直指高端人才，面向全球招聘首席科学家、行业领军人才、首席行业专家及首席架构师等精英人才。

（4）基于这些人才的稀缺性和价值性，招聘方往往提供优厚的薪酬福利，并努力为其创造良好的工作环境，提供充足的物质和精神支持。金蝶软件公司认为，高端人才往往已经拥有房子和车子，薪酬对他们来说很重要，但不是最重要的，尊重人才和给予良好的职业发展通道才是他们最看重的。比如，金蝶软件公司提出以创新中国管理模式、帮助中国企业管理升级的愿景来吸引"志同道合"的人才。金蝶软件公司努力为这些高端人才提供宽松的工作环境，没有家长式的文化氛围，也没有天花板和围墙束缚的平台，并打造2+1职业发展通道，帮助他们实现财富、事业和价值的多方位提升。

（5）起步虽晚，但发展速度较快。作为一种重要的人才招聘策略，全球招聘对组织的优势在于：一是开拓企业的国际化视野，提升组织参与全球竞争的实力；二是有利于选拔到适合本组织的最优秀人才。

但是，全球招聘也对组织的现有规则提出了挑战，具体体现在：一是如何解决"空降兵"和"地面部队"协同作战的问题，即如何充分发挥引进人才和现有人员的力量；二是如何应对文化差异带来的跨文化管理问题。一般来说，跨国人才融入陌生文化，都会遇到文化方面的冲击，需要适应本土的文化。因为本国文化不仅会影响引进人才的工作环境和管理方式，而且会影响其日常生活。

6.2.3 招聘渠道的选择

现在越来越多的企业重视内部招聘，空缺职位在对外公布之前，都首先在内部公布，视内部员工为企业内部晋升、转换岗位的重要来源。内部晋升的可能性经常会增强员工的士气和动机。研究表明，晋升机会能导致流动率的下降、高涨的工作满意度及更好的工作绩效。事实上，无论是内部招聘还是外部招聘，都各有优缺点，且在一定程度上是互补的。

1. 内部招募的优缺点

1）内部招聘的优点

（1）得到升迁的员工会认为自己的才干得到组织的承认，因此，他的工作积极性和绩效都会得到提高。

（2）内部员工比较了解组织的情况，为胜任新的工作岗位所需要的指导和训练机会比较少，离职的可能性比较小。

（3）提拔内部员工可以提高所有员工对组织的忠诚度，使他们在制定管理决策时，能有比较长远的考虑。

（4）许多组织对人力资源的投资很大，充分利用现有员工的能力能够提高组织的投资回报。

（5）员工招聘费用低。

2）内部招聘的缺点

（1）"近亲繁殖"。在所有管理层成员都是从内部晋升上来的情况下，很可能会出现"照章办事"和维持现状的倾向，不利于创新和新政策的贯彻执行。

（2）那些没有得到提拔的应征者可能会不满，因此，需要做解释和鼓励的工作。

（3）当新主管从同级的员工中产生时，工作集体可能会有抵触情绪，这使得新主管不容易建立领导声望。

（4）许多企业都要求管理人员将职位空缺情况公布出来，而且要同所有的内部候选人进行面谈，而管理人员往往早有中意人选，因而，要同一大串并不看好的内部候选人面谈无疑是浪费时间。

(5) 如果组织已经有了内部补充的惯例，当组织出现创新需要而急需从外部招聘人才时，就可能遭到现行员工的抵制，损害员工的积极性。

但是，内部招聘已经成为建立员工忠诚度的一种有效的方法。它的不足之处可以通过细致的工作来弥补和消除。如更广泛地通知，使有关信息传达到企业的每一个角落，人力资源部门做更细致的工作，提高服务质量等。

2．外部招募的优缺点

1）外部招募的优点

（1）人才来源广，挑选余地大，有可能招聘到许多优秀人才，尤其是一些较为稀缺的复合型人才，这样还可以节省内部培养和业务培训的费用。

（2）可以利用外部候选人的能力与经验为企业补充"新鲜血液"，并能够给企业带来多元化的局面，避免很多人都用同样的思维方式思考问题。

（3）企业还可以借助招聘中与外界交流的机会树立良好的公众形象。

（4）产生"鲇鱼效应"。外聘人才的进入无形地给原有员工带来压力，造成危机感，可激发他们的斗志和潜能。

（5）避免"近亲繁殖"。

（6）有时可缓解内部竞争者之间的紧张关系。由于空缺职位有限，企业内可能有几个候选人，他们之间的不良竞争可能导致钩心斗角、相互拆台等问题发生。一旦某员工被提升，其他候选人可能会出现不满情绪，消极懈怠，不服管理。外部招聘可以使内部竞争者得到某种心理平衡，避免组织内部成员间的不团结。

2）外部招募的缺点

（1）由于信息不对称，往往造成筛选难度大、成本高，容易被应聘者的表面现象如学历、资历等所蒙蔽，而无法清楚了解其真实能力。

（2）外聘员工需要花费较长时间来适应企业文化，进行培训和定位，可能会影响组织的整体绩效；外聘人员有可能出现"水土不服"的现象，无法接受企业文化。

（3）从外部招聘的"空降兵"可能会影响企业内部一些员工的士气：若组织内部有胜任能力的人未被选用，从外部招聘会使他感到不公平，容易产生与外聘者不合作的态度。

（4）有可能给竞争对手提供窥视商业秘密的机会。

（5）招聘企业可能成为外聘员工的培训基地、中转站。

3．招募决策

企业在选择人员招募来源时，往往会考虑以下几个因素。

（1）企业经营战略。当企业处在发展阶段，根据未来发展战略和业务拓展要求，需要大批量人才，此时内部选聘已不能满足需求，应采取外部招聘的方式获得人才。若企业采取的是维持战略，出现空缺职位时，从外部招聘可能会增加人工成本，如内部有较合适的人选，可采用内部选聘。

（2）企业现有人力资源状况。当空缺职位比较重要，现有人员中又没有合适人选，且无可以培养的对象；或者有培养对象，但培养成本较高时，可从外部招聘。现有人员中有可培养的对象，且培养的成本不高，则可内部选聘填补空缺。

（3）招聘的目的。当招聘不仅仅是为了找到较合适的人来填补空缺，更重要的是出于管理考虑时，通过增加新鲜血液带来新思想、新观点，激发现有员工队伍活力，转变经营观念和工作方式，则可采用外部招聘方式。

（4）人工成本。当空缺职位是高级职位时，外聘人才可能要价很高，若企业从长远发展角度及外聘人员的贡献与作用来看，还是外聘较好；但若企业规模较小，短期内担负不起这种高人工成本时，则宜从内部考虑。

（5）企业的用人风格。企业领导的用人风格对企业招聘渠道的选择起决定作用。有些企业领导人喜欢从外部引进，而有的企业领导人则对内部培养感兴趣。

（6）企业所处的外部环境。主要包括人才市场建立与完善状况、行业薪资水平、就业政策与保障法规、区域人才供给状况、人才信用状况等。这些环境因素决定了企业能否从外部招聘到合适的人选。若企业所处区域的人才市场发达、政策与法规健全、有充足的人才供给、人才信用良好,在不考虑其他因素的情况下,外部招聘不仅能获得理想人选,且方便快捷;若企业外部环境与上述相反,则宜采用内部选拔培养,这样既可节约招聘成本,又可避免招聘风险。

6.3 甄选技术与方法

招聘中的员工甄选是指综合利用心理学、管理学和人才学等学科的理论、方法和技术,对候选人的任职资格和对工作的胜任程度进行系统地、客观地测量、评价和判断,从而作出录用决策。候选人的任职资格和对工作的胜任程度主要包括与工作相关的知识和技能、能力水平及倾向、个性特点和行为特征、职业发展取向及工作经验等。

6.3.1 员工甄选的内容

传统的甄选过程是一种集中于对应聘者所缺乏的才能的测验,而服务于企业战略的员工甄选过程则应与员工未来的工作表现相结合,集中于对应聘者可以被开发的才能的测验上。不是关心应聘者哪些方面不行,而是要发现应聘者的潜能。

人员甄选不应只是以学历、经历等表面文章为依据,而应关注于应聘者是否具有岗位和企业发展所需要的能力,能否在企业实现长远的发展。候选者的任职资格和对工作的胜任程度主要取决于他所掌握的与工作相关的知识、技能,本人的个性特点、行为特征和个人价值观取向等因素。因此,人员甄选主要是对候选者的以下几个方面进行测量和评价。

(1) 知识。知识是系统化的信息,可分为普通知识和专业知识。普通知识也就是我们所说的常识,而专业知识是指特定职位所要求的特定的知识。在员工甄选过程中,专业知识通常占主要地位。应聘者所拥有的文凭和一些专业证书可以证明他所掌握的专业知识的广度和深度,如计算机等级证书、英语等级证书、法律执业资格证等。知识的掌握可分为记忆、理解和应用3个不同的层次,会应用所学的知识才是企业真正需要的。所以,人员甄选时不能仅以文凭为依据判断候选者掌握知识的程度,还应通过笔试、测试等多种方式进行考察。

(2) 能力。能力是引起个体绩效差异的持久性的个人心理特征。例如,是否具有良好的语言表达能力是导致教师工作绩效差异的重要原因。通常将能力分为一般能力与特殊能力。一般能力是指在不同活动中表现出来的一些共通能力,如记忆能力、想象能力、观察能力、注意能力、思维能力、操作能力等。这些能力是完成任何一种工作都不可缺少的能力。特殊能力是指在某些特殊工作中所表现出来的能力。例如,设计师需要具有良好的空间知觉能力及色彩辨别力,管理者就要有较强的人际能力、分析能力等,也就是人们常说的专业技能。

对应聘者一般能力的测试可以使用一些专门设计的量表,如智商测试量表等。专业技能的测试常采用实际操作的方法,如招聘文秘可以请应聘者打字、速记、起草公文等。也可采用评价中心的方法测试应聘者的专业技能。

(3) 个性。每个人为人处事总有自己独特的风格,这就是个性的体现。个性是指个人相对稳定的特征,这些特征决定着特定的个人在各种不同情况下的行为表现。个性与工作绩效密切相关。例如,性格急躁的人不适合做需要耐心的精细工作,而性格内向、不擅长与人打交道的人不适合做公关工作。个性特征常采用自陈式量表或投射测量方式来衡量。

(4) 动力因素。员工要取得良好的工作绩效,不仅取决于他的知识、能力水平,还取决于他做好这项工作的意愿是否强烈,即是否有足够的动力促使员工努力工作。员工的工作动力来自于企业的激励系统,但这套系统是否起作用,最终取决于员工的需求结构。不同的个体,需求结构是不相同的。在动力因素中,最重要的是价值观,即人们关于目标和信仰的观念。具有不同价值观的员工对不同企业文化的相融程度不一样,企业的激励系统对他们的作用效果也不一样。所以,企业在招聘员工时,有必要对应聘者的价值观等动力因素进行鉴别测试。通常采用问卷测量的方法。

人员甄选一般包括以下一些程序。

（1）初步筛选。通过求职者填写的申请表掌握其初步信息，筛选出可参加测试者。申请表、推荐检测是企业筛选过程中最初级的筛选，侧重于考察申请人的背景、工作及学习经历。

（2）初次面试。人事主管对求职者做初步面试，决定下一轮的候选者。

（3）笔试。

（4）各种测试。主要包括智力测试、专业能力测试、工作样本测试、可塑性测试、个性测试、职业倾向测试。这些测试可采用笔试、面试、在工作现场或模拟情景中测试，甚至可以委托专业的人才测评机构完成。

（5）深入面试。由人事部主持，由有关各方组成招聘专家组，了解求职者的更多信息，如求职者的激励程度、个人理想与抱负、与人合作的精神等。

（6）员工需求部门的上司面试。

6.3.2 员工甄选的意义

1. 降低人员招聘的风险

通过各种人员测评方法对候选人进行甄选，可以了解一个人的能力、个性特点、工作风格等与工作相关的各方面素质，得出一些诊断性的信息，从而分析该候选人是否能够胜任工作。通过甄选，可以找到适合职位要求的人，有效地避免不符合任职资格的人，也就降低了由于雇用不胜任的人员而带来的风险。

2. 有利于人员的安置和管理

通过员工甄选可以得出一个人在素质的各方面指标上的高低，可以知道一个人在哪些方面比较强，在哪些方面比较弱，这样在安置的时候就可以取长补短、扬长避短，按照每个人的特点，将其安置在适合的工作岗位上，有助于将个人的特点与特定的职业要求结合起来，从而做到人职匹配，人尽其才。另外，主管人员在录用员工之前就了解员工的特点，有助于在今后的管理过程中针对员工的特点实施管理。

3. 为员工的预测与发展奠定基础

企业招聘一个员工，不仅仅要看到他目前的特点与职位相适应的情况，由于人和环境都在不断发生变化，还需要预测一个人未来发展可能性。员工甄选不仅可以使企业了解候选人当前的素质状况，为目前的人职匹配提供信息，而且还可以为企业提供人的未来发展可能性的信息。了解了员工未来发展的潜能，一方面可以为其制定职业发展规划，另一方面可以为其提供适当的培训与提升的机会。

6.3.3 员工甄选技术与方法

员工甄选方法众多，包括初步筛选、笔试、心理测试、实践操作测试、面试、评价中心法等。企业一般不只采用一种方法，而是多种方法搭配使用，筛选出最适合的人才。

1. 初步筛选

对求职者进行的最初筛选是通过简历或让求职者填写一份申请表来完成的。由于不同求职者制作的简历存在差异，不利于筛选和比较。因此，越来越多的企业都会制作一份申请表，让求职者填写，不仅能够得到企业所需要的信息，还可以提高筛选效率。

招聘申请表内容的设计要以拟招聘岗位工作说明书为依据，每一栏目均有一定的目的，着眼于对应聘者的初步了解。不同的单位在招聘中使用的申请表的项目是不同的，而且不同职位的申请表内容的设计也有一定的区别。此外，申请表的设计还要注意遵守有关法律和政策。

不管何种形式的招聘申请表（表6-5），一般来说都应能反映以下一些信息。

（1）应聘者个人基本情况：姓名、年龄、性别、住处、通信地址、电话、婚姻状况、身体状况等。

（2）求职岗位情况：求职岗位、求职要求（收入待遇、时间、住房等）。

（3）工作经历和经验：目前的任职状况、职务、工资、以往工作简历及离职原因。

（4）教育与培训情况：学历、所获学位、所接受过的培训等。

（5）生活、家庭及个人健康情况：家庭成员姓名及关系、兴趣、个性、健康状况等。

表6-5 华欧国际职位申请表

申请职位：	□ 投资银行项目助理	□ 投资银行项目经理		
申请人 Applicant：	性别 Gender：		出生地 Place of Birth：	照片粘贴位置
手机： Cellular：	电子邮箱： E-mail：			
联系电话 Telephone：	地址 Address：			

1. 教育背景 Academic background	
本科学校 Undergraduate：	硕研学校 Graduate：
专业 Major：	专业 Major：
毕业时间 Year of Graduation：	毕业时间 Year of Graduation：
GPA/（Scale）：	GPA/（Scale）：
Ranking（e.g. Top10%）：	Ranking（e.g. Top10%）：

2. 荣誉成就/奖项/奖学金
　　Honors/Awards/Scholarships

获奖日期 Date Attained	授奖机构 Awarding Body	奖项/奖学金名称及等级 Title and Grade of Award / Scholarship

3. 工作经验（全职、兼职或实习，按照年月顺序）
　　Working Experience（Details of permanent, temporary or summer jobs in chronological order）

工作单位 Employer	职位 Position	时间： Duration：From（mm/yy）to（mm/yy）	类型：□ Full Time □ Part Time　□ Intern
工作内容（Responsibilities, Achievement, etc）			
工作单位 Employer	职位 Position	时间： Duration：From（mm/yy）to（mm/yy）	类型：□ Full Time □ Part Time　□ Intern
工作内容（Responsibilities, Achievement, etc）			
工作单位 Employer	职位 Position	时间： Duration：From（mm/yy）to（mm/yy）	类型：□ Full Time □ Part Time　□ Intern
工作内容（Responsibilities, Achievement, etc）			

4. 其他资料 Other Skills
计算机技能 Computer Skills
软件应用 Software Applications
曾获专业资格 Professional Qualifications

外语语言能力（请以很好、好、一般、不会表示程度） Foreign Language Abilities（Please indicate your competency as Excellent, Good, Fair）	水平 Proficiency Level		
	说 Speaking	读 Reading	写 Writing

续表

5. 请回答如下问题： Please answer the following questions in your own words（50~100 words）				
1）你的职业目标是什么？打算如何实现它？ What are your career goals and how to plan to achieve them?				
2）为什么从 CESL 开始工作将有助于你的职业生涯？ Why do you think you will benefit from a career with CESL?				
3）请具体描述你本人（优点和缺点），你有什么特殊品质能使你胜任投行工作？ Please give a detailed description of yourself（strengths and weaknesses），What qualities do you have that especially qualify you for Investment Banking?				
6. 证明人（请列举两位能证明你学业或工作经验的人，公司在需要时，可以咨询他们以进一步了解你的情况） References（Provide 2 persons who can supply a reference）				
1）姓名 Name	职业 Occupation	单位 Organization	关系 Relationship	电话 Telephone No.
2）姓名 Name	职业 Occupation	单位 Organization	关系 Relationship	电话 Telephone No.
7. 附加信息（可选） Additional information（Optional）				
请写下你认为对你申请职位有帮助的其他内容（限 200 字） Please write down any additional information that you regards as helpful to better evaluate your application（200 word limit）				

初步筛选的过程中要注意以下几个问题。

（1）判断应聘者的态度。在筛选申请表时，首先要筛选掉那些应聘不认真的表格，即那些填写申请表不完整和字迹难以辨认的材料。如果简历中存在虚假信息，也直接将这些简历筛选掉。

（2）关注与职业相关的问题。在审查申请表时，要估算背景材料的可信程度，要注意应聘者以往经历中所任职务、技能、知识与应聘岗位之间的联系。如应聘者是否标明了过去单位的名称、过去的工作经历与现在申请的工作是否相符，工作经历和教育背景是否符合申请条件，是否经常变换工作而这种变化却缺少合理的解释等。在筛选时，要注意分析其离职的原因、求职的动机，对那些频繁离职人员加以关注。

值得注意的是，由于个人资料和招聘申请表所反映的信息不够全面，决策人员往往凭个人的经验与主观臆断来决定参加复试的人选，带有一定的盲目性，经常产生漏选的现象。因此，初选工作在费用和时间允许的情况下应坚持面广的原则，应尽量让更多的人员参加复试。

2. 笔试

笔试主要用于测量人的基本知识、专业知识、管理知识、相关知识及综合分析能力、文字表达能力等素质及能力要素。它是一种最古老而又最基本的员工甄选方法，至今仍是企业组织经常采用的选拔人才的重要方法。

笔试的优点是一次考试能提出十几道乃至上百道试题，由于考试题目较多，可以增加对应聘者知识、技能和能力的考察信度与效度；可以对大规模的应聘者同时进行筛选，花较少的时间达到高效率；对应聘者来说，心理压力较小，容易发挥正常水平；同时，成绩评定也比较客观，且易于保存笔试试卷。

笔试的缺点是，不能全面考察应聘者的工作态度、品德修养及企业管理能力、口头表达能力和操作能力等。因此，还需要采用其他方法进行补充。一般来说，在人员招聘中，笔试往往作为应聘者的初次竞争，成绩合格者才能继续参加面试或下轮的选择。

笔试最薄弱的环节是命题技术，主要表现为命题的主观随意性，试题质量不高。因此，笔试一定要有命题计划，即根据工作分析得出的有关岗位工作人员所需的知识结构，设计出具体的测试内容、范围、题量、题型等。此外，试题要有明确的记分标准，各个考题的分值应与其考核内容的重要性及难度成比例。阅卷时，阅卷人要客观、公平、不徇私情。

3. 心理测试

1) IQ 测试

国内企业运用最多的是 IQ 测试或类 IQ 测试。类 IQ 测试是指对数量分析、逻辑推理等基本能力的测试，有人认为这类测试属于能力测试，但国外 IQ 测试已基本上将这些测试形式包括进去。国外有许多成熟的 IQ 量表，用于测量人的智商，如比奈量表、瑞文图形推理等。

2) 能力测试

能力测试是用于测定从事某项特殊工作所具备的某种潜在能力的一种心理测试。由于这种测试可以有效地测量人的某种潜能，从而预测他在某职业领域中成功和适应的可能性，或判断哪项工作适合他。这种预测作用体现在：什么样的职业适合某人；什么样的人胜任某职位。因此，它对人员招聘与配置都具有重要意义。

3) 人格测试

所谓人格，由多种人格特质构成，大致包括以下几个方面：个性倾向性，如需要、动机、价值观、态度等；个性心理特征，如气质、能力、性格等；体格与生理特质。人格对工作成就的影响是极为重要的，不同气质、性格的人适合不同种类的工作。对于一些重要的工作岗位如主要领导岗位，为选择合适的人才，需进行人格测试。因为领导者失败的原因，往往不在于智力、能力和经验不足，而在于人格的不成熟。

在过去的 10 多年中，人们对于 5 种人格特征的关注日益显著，这 5 种人格特征即 5 大个性维度。5 大个性维度包括情绪稳定型（镇静、乐观）、外向型（善于交际、健谈）、开发型（富于想象、好奇心强）、愉悦型（信任他人、有合作精神）及责任心型（坚定可靠）。有多种测度 5 大个性维度的方法可以采用。一种可用的测试是"个性特征测试"。这种测试要求被测试者指出他们与行为描述的一致程度。设计用来测度 5 大个性维度的其他测试包括 NEO 个性测量表和霍根人格测试等。

4) 职业兴趣测试

职业兴趣测试的目的在于揭示人们想做什么和他们喜欢做什么，从中可以发现应聘者最感兴趣并从中得到最大满足的是什么。霍兰德的职业兴趣测试把人的兴趣分为 6 种类型：实际型、研究型、社交型、传统型、企业型、艺术型。

4. 实践操作测试

1) 工作样本测试

工作样本测试也称为绩效测试，它测度的是做某件事情的能力，而不是了解某件事情的能力。这种测试可能测度运动技能或语言技能。运动技能包括实际操作与工作相关的各种设备；语言技能包括处理问题的技巧和说话的技巧。工作样本测试应该测试工作中的重要方面。因为求职者要实际完成工作的一小部分内容，所以要在这种测试中"作假"是很困难的。

设计工作样本测试最有效的方法之一是使用工作分析的结果。因为工作分析的结果指出了哪个任务最关键及成功完成这项任务需要哪些技能，所以这样就很容易确定需要测试完成哪项工作的能力。只要执行成本不是很高，令工作样本与实际工作保持一致是挑选工作最佳人选的好方法。

2) 可塑性测试

对于那些由于求职者的技术水平、工作具有易变的属性，从而必须进行培训的工作，可塑性测试非常有用。具体说来，测试的目标是确定候选人的可塑性。在这个过程中，首先由培训者示范如何完成一项特定的任务。然后要求求职者来完成，在这一阶段培训者会对他或她进行几次指导以帮助完成。最后，候选人要独立完成任务。培训者仔细观察候选人的完成情况、记录所发生的错误，从而确定求职者的整体可塑性如何。

许多管理人员和求职者更喜欢这种类型的测试而不是认知能力和素质测试，因为工作样本测试和可塑性测试的表面效度较高（也就是说，管理人员和求职者认为这种测试预测未来工作绩效的效度较高）。实际上，通过实际履行某一工作或工作的一部分，求职者更容易理解自己为什么适合或不适合某一工作。

5. 面试

面试兴起于20世纪50年代的美国，是指通过测试者与被试者双方面对面的观察、交谈，收集有关信息，从而了解被试者的素质状况、能力特征及动机的一种人事测量方法。可以说，面试是人事管理领域应用最普遍的一种测量形式，企业组织在招聘中几乎都会用到面试。

1）结构化面试与非结构化面试

面试按其形式的不同，可以分为结构性面试和非结构性面试。所谓结构性面试，就是指依照预先确定的内容、程序、分值结构进行的面试形式。或者说，是对同类应聘者，用同样的语气和措辞、按同样的顺序、问同样的问题，按同样的标准评分。且问题的结构就是招聘岗位所需要的人员素质结构，有时还会预先分析这些问题的可能的回答，并针对不同的答案划分评价标准，以帮助主试人进行评定。具有规范性、客观性、相对准确性、便于掌握评分尺度等优点。对考官要求较低，信度与效度较高，受到人们的普遍青睐。缺点是过于僵化，难以随机应变，收集信息的范围受到限制。

结构化面试强调一致性和公平性（金美兰，2006）。所谓一致性就是对每一位应聘者的问题的一致性；公平性是对每一位应聘者公平地对待，避免主考官出现近期效应和晕轮效应。并且有些主考官总会选择和自己各个方面都相似的人，因为他会认为对方和自己一样具有这方面的能力，有相当大的主观性。因此要对整个面试的内容、程序和评价进行结构化的设计，排除主观因素，使招聘企业能够对应聘者作出客观的评价，进而选择适合企业的人才。结构性面试取得成功的关键在于事先的准备，尤其是对工作技能的分析。这种面谈方式适宜于招聘除中高层管理人员之外的所有员工。

非结构性面试是指面试的内容、程序等都没有明确的规定，评价者提问的内容和顺序都取决于测试者的兴趣和现场被试者的回答，不同的被试者所回答的问题可能不同。此方法一般用于企业中高层管理人员的招聘、选拔测试中。由于非结构性面试是一种难以掌握的方法，因此，对主试人员的素质要求较高，一般都聘请专业人员参与主考。

2）面试步骤

下面的面试步骤主要针对结构化面试。一般来说，面试可以分为5个步骤。

（1）职位分析，确定招聘职位所需要的知识、技能和能力。这是面试的基础。要由所需求职位的直接领导人根据岗位分析、职位分析表和所在部门的实际情况来确定所缺职位的工作职责、知识、技能和能力，将所需要的素质都一一列出，依据20/80原则，20%的关键因素决定80%的结果，运用ABC分类法或主成分分析的方法分析少数的关键因素。

（2）问题的设定。主管人员确定所需要的人员的关键素质后，人力资源部门就要根据所要求的素质来设计问题。每一个关键素质一般设置1～3个问题，问题的设置以情景问题和过去经历问题为主，避免一些"闭门"问题，使应聘者回答在什么时间、什么地点、遇到了什么问题，应聘者是怎么解决的。这些开放性问题，一方面可以让应聘者充分地展示处理实际问题的能力和一定的表达能力，另一方面可以使企业更好地了解应聘者对知识掌握的灵活性，最终达到适合的人做适合的事。表6-6总结了企业在招聘面试中常见的一些问题，但并不是说所有面试都要问到这些问题。企业在招聘具体某职位的员工时，应该有所侧重，如招聘市场营销人员，应侧重考察候选人的人际关系能力和应变能力等，而招聘技术人员，应侧重技术知识和能力等，并根据企业和职位的具体要求，提出具体的问题。

表 6-6 人员甄选问题列表

类别	问题
个人基本情况	请简单介绍你自己？ 你家庭情况怎样？ 你有男朋友/女朋友了吗？ 你有什么兴趣爱好？
单位情况	你了解我们单位吗？ 你为什么喜欢这种工作？ 你找工作首先考虑的因素是什么？ 到本单位上岗之前，让你先到基层锻炼两年，你愿意吗？
专业知识和技能	你为什么选择读此专业？ 你学过的科目与我们的工作有什么关系？ 你最喜欢或最不喜欢什么课程？为什么？
工作经验和能力	你的适应能力如何？ 你从事过哪些相关工作？ 担任过哪些职位？ 获得哪些成功？经历过哪些失败？
人际关系能力	你喜欢与什么样的人交往？ 你喜欢独立工作还是与别人合作？ 你喜欢什么样的领导？
关于工作态度	怎样对待面前的困难？ 如果为了某事你受到批评怎么办？ 你想怎样取得成功？
行为描述问题	请你举1个具体的例子，说明你是如何设定1个目标然后达到它。 请举例说明你在1项团队活动中如何采取主动性，并且起到领导者的作用，最终获得你所希望的结果。 请你描述1种情形，在这种情形中你必须去寻找相关的信息，发现关键的问题并且自己决定依照一些步骤来获得期望的结果。 请你举1个例子说明你是怎样通过事实来履行你对他人的承诺的。 请你举1个例子，说明在完成1项重要任务时，你是怎样和他人进行有效合作的。 请你举1个例子，说明你的1个有创意的建议曾经对1项计划的成功起到了重要的作用。 请你举1个具体的例子，说明你是怎样对你所处的环境进行1个评估，并且能将注意力集中于最重要的事情上以便获得你所期望的结果。 请你举1个具体的例子，说明你是怎样学习1门技术并且怎样将它用于实际工作中。 （资料来源：www.pg.com.cn）
假设性问题	假设有顾客不满意你的服务，并要投诉你，你会如何处理？ 假设由于你的失误而使工作出现问题，但你的上司并不知情，你会怎样处理？ 距你出发去上班还有一个小时。你的配偶和两个十几岁的孩子因流感卧病在床，你会怎么做？ 你是一名女士服装的导购员。一位男性顾客在你负责的区域内已经待了足足有15分钟。他看上去困惑而沮丧。你会怎样做？
其他	你看了最近的政府工作报告了吗？你有什么想法？ 你认为最近政府的哪些措施会对本行业发展有重要影响？ 你主要注意哪些方面的媒体报道？

（3）面试基准答案的设定。为每一个问题制定一个五分制或十分制答案评定量表，并规定最佳的答案（5分或10分）的具体答案是什么；最低可接受的答案（3分或7分）的具体答案是什么；以及最差的答案（1分或3分）的具体答案是什么。

（4）面试的过程。在部门经理和人力资源部门做了上述的准备之后就进入到面试的过程。在面试中，主考官可以根据应聘者的回答给予评分，并且要详细记录每一位应聘者的回答的要点，以备同其他应聘者比较。

宝洁的面试过程

第一，相互介绍并创造轻松交流气氛，为面试的实质阶段进行铺垫。

第二，交流信息。这是面试中的核心部分。一般面试人会按照既定8个问题提问，要求每一位应试者能够对他们所提出的问题作出一个实例的分析，而实例必须是在过去亲自经历过的。这8个题由宝洁公司的高级人力资源专家设计，无论您如实或编造回答，都能反映您某一方面的能力。

第三，讨论的问题逐步减少或合适的时间一到，面试就引向结尾。这时面试官会给应聘者一定时间，由应聘者向主考人员提几个自己关心的问题。

第四，面试评价。面试结束后，面试人立即整理记录，根据求职者回答问题的情况及总体印象作评定。

除了问题列表，很多企业还制定面试评价表，如表6-7所示。面试评价表反映的内容更抽象，体现面试者更本质的一些要素。综合问题列表和面试评价表，能更全面地反映面试者的综合素质，从而降低员工甄选决策的偏差。

表6-7 面试评价表

评价项目	分值	得分
求职者的仪表和姿态	5	
求职者的自我表现能力（包括表情、语言、自信）	5	
求职者的气质、性格类型	5	
求职者的工作意愿	5	
求职者的专业知识	10	
求职者对压力的需求	10	
求职者的工作经验和表现	10	
求职者的口头表达能力	10	
求职者的综合分析能力	10	
求职者的随机应变能力	10	
求职者的想象力和创造力	10	
求职者的工作热情和事业心	10	
综合评语及录用建议：		

主考官签字：

（5）面试结束后，对评价表进行整理和对比，评选出最适合的人员。这是面试工作的最后一个环节，也是最重要的环节。在众多应聘者中选择最适合企业的人员，这也是整个招聘工作的关键所在。

3）提高面试效果的对策

（1）提问时紧紧围绕面试的目的，着重了解工作要求的知识、技术、能力和其他特性。

（2）对参与面试的经理、主管或人事专员实施培训，使受训者在实践中得到指导和锻炼。

（3）确保面试前向面试官或面试小组成员提供所需的资料（即岗位规范、岗位描述、应聘者填好的申请表或简历），使他们在面试前有充足时间掌握有关情况。

（4）注意非语言行为的影响。

（5）应选择合适的地点作为面试场所，办公用品应适当摆放。

（6）面试时间应合理安排，一个被试者一般面试时间最多不超过半小时，并使每位应试者的受试时间基本相同。

（7）如果条件允许，应要求应试者回答一些开放性的与岗位有关的问题。

（8）在正式提问后，应给应试者一些时间，让他们问些问题，并自由发表言论，保持良好的双向沟通。

（9）把心理测试和证明人的信息（最好是书面的）与面试结果结合在一起进行考虑。

（10）小组面试与一对一面试相比，可以降低因面试官的个人偏见产生的不准确性，而且也能比一对一更全面、从容地掌握信息。一般来说，3～5人的规模比较正常。

（11）面试的气氛要保持和谐，以缓解应聘者的紧张情绪。

6. 评价中心

评价中心（Assessment Center）是近几十年来西方企业中流行的一种选拔和评价高级人才，尤其是中高层管理人员的一种综合性人才测评技术。评价中心技术自20世纪80年代初开始介绍到我国，并在我国企业和国家机关的人员招聘与选拔中有了一定程度的应用。

评价中心起源于情景模拟与角色扮演，是根据被试者可能担任的职位，编制一套与该职位实际情况相似的测试项目，将被试者安排在模拟的、逼真的工作环境中，要求被试者处理可能出现的各种问题，用多种方法来测试其心理素质、实际工作能力、潜在能力的一系列方法。评价中心中的评价者由企业或其他招聘单位内部的高级管理人员和组织外部的测评专家共同组成。

评价中心涉及的范围主要有个人的背景调查、心理测评、管理能力和行为评价。评价中心是以评价管理者素质为中心的测评活动，其表现形式多种多样。从测评的主要方式来看，有投射测验、面谈、情景模拟、能力测验等。但从评价中心活动的内容来看，主要有公文筐测试、无领导小组讨论、角色扮演、演讲、案例分析、事实判断等形式。

1）公文筐测试

公文筐测试，也称为公文处理，是评价中心技术中使用最多的、也被认为是最有效的一种形式。在该方法中，将被试者置于一个特定的职位或管理岗位的模拟情景中，由主试者提供一批岗位经常需要处理的文件，文件是随机排列的，包括电话记录、请示报告、上级主管的指示、待审批的文件、各种函件、建议等，它们分别来自上级和下级、组织内部与外部，包括日常琐事和重要大事。这些文件都要求在一定的时间和规定的条件下处理完毕。被试者还要以口头或书面的形式解释说明处理的原因。主试者根据被试者处理的质量、效率、轻重缓急的判断，以及处理公文中被试者表现出来的分析判断能力、组织与统筹能力、决策能力、心理承受能力和自控能力等进行评价。

2）无领导小组讨论

无领导小组讨论是指运用松散群体讨论的行为，快速诱发人们的特定行为，并通过对这些行为的定性描述、定量分析及人际比较来判断被评价者素质特征的人事测评方法。它起源于第一次世界大战德国间谍的选拔试验，由于效果较好，后来得到广泛的使用。战后，退役军官将这种方法从军队带出来，并应用到企业的人才选拔上，取得的效果也非常理想。

无领导小组讨论过程中，一般会给被评价者一个待解决的问题，给他们大约一个小时的时间，让他们在既定的背景下或围绕给定的问题展开讨论并解决这个问题。被评价者的最佳数量一般是6～8人。所谓"无领导"，就是说参加讨论的这一组被评价者，他们在讨论问题情景中的地位是平等的，而且也没有指定哪一个人充当小组的领导者。目的就在于考察被评价者的表现，尤其是看谁会从中脱颖而出，成为自发的领导者。评价者不参与讨论过程，他们只是在讨论之前向被评价者介绍一下要讨论的问题，给他们规定所要达到的目标及时间限制等，至于怎样解决问题则完全由被评价者自己来决定。评价者一般通过现场观察或者通过录像观察对被评价者进行评定。

无领导小组讨论的一个优点是它提供给被评价者一个平等相互作用的机会。在相互作用的过程中，被评价者的特点会得到更加淋漓尽致的表现，同时也给评价者提供了在与其他被评价者进行对照比较的背景下对某个被评价者进行评价的机会，从而给予更加全面、合理的评价。同时，无领导小组讨论具有主动的人际互动效应，通过被评价者的交叉讨论、频繁互动，能看到许多纸、笔测验乃至面试所不能检测的能力或者素质，如被评价者在讨论中会无意中显示自己的能力、素质、个性特点等，有利于捕捉被评价者的人际技能和领导风格，提高被评价者在真实团队中行为表现的预测效度。

3）角色扮演

在角色扮演的情景模拟中，测评者设置了一系列尖锐的人际矛盾与人际冲突，要求几个应试者分别扮演不同的角色，去处理各种问题的矛盾。测评者通过对应试者在扮演不同角色时表现出来的行为进行观察和记录，测试应试者的素质或潜能。一般来说，对角色扮演的评价主要放在角色把握能力、人际关系技能和对突发事件的应变能力等方面。

6.4 员工录用

6.4.1 录用决策

企业根据岗位的要求，并运用面试、心理测验和情景性测评方法等多种对职位候选人进行甄选评价之后，就得到了关于他们的胜任表现的信息，根据这些信息，可以作出初步的录用决策。

在作出录用决策时，要系统化地对候选人的胜任能力进行评估和比较。如果缺乏系统性的方法，招聘者在做决策时往往只看到了候选人表现得比较突出的几个方面，而没有全面地关注候选人的所有胜任特征。同时，录用标准不要设得太高。有些招聘者总是希望能够招聘到最好的人，他们会对一群应聘者进行比较，选出其中最好的，或者总是不作出决策，总是说"再等等吧，也许后面还有更好的"。其实，这种想法往往是不现实的。

在录用决策中还应注意：招聘的指导思想应该是招聘最合适的而不是最优秀最全面的员工；录用标准应根据岗位的要求有所侧重，不同的项目应有不同的权重，突出重点；初步录用的人选名单要多于实际录用的人数。因为在随后的背景调查、健康检查、人员试用过程中，可能会有一些候选者不能满足企业的要求，或是有些人有了更理想的选择而放弃这次就业机会。

在确定录用名单后，要及时通知被录用人员。同时，也要通知未被录用者。很多招聘者往往注意在那些将要被录用的候选人身上做工作，而忽视了对那些未被录用的应聘者的答复。答复未被录用者是企业形象树立的一个重要途径。一般采用书面方式通知，并注意拒绝信的内容和措辞。在发给未被录用者的拒绝信中，首先要表达对应聘者关注本公司的感谢，其次要告诉应聘者未被录用只是一种暂时的情况，并且要把不能录用的原因归结为公司目前没有合适岗位。表6-8为TNT的拒绝信。

表6-8 TNT拒绝信

Dear Candidate

　　Your application has been reviewed along with other applicants. While we are impressed with your resume, we can not offer you the seat for test due to the limitation. Please understand that this is not a negative evaluation of your accomplishment, but rather a reflection of our unique hiring needs.

　　Thank you very much for your interest with TNT China.

　　Wish you every success in the future.

Human Resources Department

TNT China

6.4.2 背景调查和体检

1. 背景调查

通常指企业通过第三者对应聘者的情况进行了解和验证。这里的"第三者"，主要是应聘者原来的雇主、同事及其他了解应聘者的人员。背景调查的方法包括打电话访谈、要求提供推荐信等。背景调查也可以聘请调查代理机构进行。

背景调查的主要内容包括以下几个方面。

(1) 学历学位。在应聘中，最常见的一种撒谎方式就是在受教育程度上作假。因为在很多招聘的职位中都会对学历提出要求，所以有些没有达到学历要求的应聘者就有可能对此进行伪装。

(2) 工作经验。除了招聘应届毕业生之外，企业往往把应聘者的工作经验看成一个非常重要的指标。过去工作经验调查侧重了解的是受聘时间、职位和职责、离职原因、薪酬等问题。了解工作经验最好的方式就是向过去的雇主了解，还可以向过去的同事、客户了解情况。

(3) 过去的不良记录。主要调查应聘者过去是否有违法犯罪或者违纪等不良行为。

企业对应聘者进行背景调查时，需注意以下问题：

(1) 通过多种渠道多方面了解情况；
(2) 只调查与工作有关的情况，并以书面形式记录；
(3) 重视客观内容的调查核实；
(4) 慎重选择"第三者"，要求对方尽可能使用公开记录来评价员工情况，避免偏见影响；
(5) 估计调查材料的可靠程度。

2. 体格检查

体检一般委托医院进行。体检的主要目的是确定应聘者的身体状况是否能够适应工作的要求，特别是能否满足工作对应聘者身体素质的特殊要求，还可以降低缺勤率和事故，发现员工可能不知道的传染病。通常放在所有选择方法使用之后进行，主要是节约费用。

6.4.3 员工入职

员工入职包括建立员工个人档案和签订劳动合同。在建立员工档案之前，由新员工填写个人档案登记表。人力资源部门根据员工的基本信息建立起员工档案，以便需要时查询有关信息。员工个人档案登记表的内容包括个人基本资料、教育背景、工作经验和资格证书等情况。在未来工作的过程中，人力资源部还要不断地对员工的人事信息加以更新。

劳动合同是企业与员工建立劳动关系的保障。企业在签订劳动合同时，不仅要考虑企业及相关职位的具体情况，还要符合《中华人民共和国劳动法》。企业和应聘者双方签字后，合同方生效。在履行合同的过程中，只要一方出现违背合同的行为，另一方面就可以通过法律保障其利益。

6.5 招聘评估

招聘评估是企业招聘的最后一个环节，也是必不可少的一个环节。招聘评估是通过对录用员工质量的评估，检验招聘结果和招聘方法的成效，从而改进整个招聘活动。传统的招聘评估方法以定性为主，如职位填补的及时性、新员工对招聘过程服务的满意度、新员工所在职位的部门负责人对此次招聘工作的满意度、新员工对所在单位的满意度等（储冰凌，2002）。然而，随着人力资源市场竞争日趋激烈，为了更精确地评估招聘渠道的吸引力和有效性，改进招聘的筛选方法，降低招聘成本，从而提高招聘工作绩效，提高新聘员工的质量，企业越来越关注招聘定量评估。招聘定量评估包括招聘结果的成效评估和招聘方法的成效评估。其中，招聘结果的成效评估是指评估招聘成本与效益、录用投入与雇用质量等；招聘方法的成效评估主要评估招聘方法的信度和效度。

6.5.1 招聘结果的成效评估

招聘成本效益评估是指对招聘中的费用进行调查、核实，并对照预算进行评价的过程，它是鉴定招聘效率的一个重要指标。

1. 招聘成本与效益评估

(1) 招聘成本。招聘成本分为总成本与招聘单位成本。

招聘总成本即是人力资源的获取成本，它由直接成本和间接成本两个部分组成。

直接成本＝招募费用＋选拔费用＋录用员工的家庭安置费用＋工作安置费用＋其他费用

间接成本＝内部提升费用＋工作流动费用

招聘单位成本是招聘总成本与实际录用人数之比。如果招聘实际费用少,录用人数多,意味着招聘单位成本低;反之,则意味着招聘单位成本高。

(2) 成本效用评估。成本效用评估是对招聘成本所产生的效果进行分析。它主要包括:招聘总成本效用分析、招募成本效用分析、人员选拔成本效用分析、人员录用成本效用分析等。计算方法是:

$$总成本效用=录用人数/招聘总成本$$
$$招募成本效用=应聘人数/招募期间的费用$$
$$选拔成本效用=被选中人数/选拔期间的费用$$
$$人员录用效用=正式录用的人数/录用期间的费用$$

(3) 招聘收益-成本比。招聘收益-成本比既是一项经济评价指标,同时也是对招聘工作的有效性进行考核的一项指标。招聘收益-成本比越高,则说明招聘工作越有效。

$$招聘收益-成本比=所有员工为组织创造的新价值/招聘总成本$$

2. 录用的投入-产出率,即录用比例

$$录用比例=正式录用人数/有效简历数量$$

投入是指求职者投到公司的有效简历数量,产出的意义为招聘结束后最终被录用的人数。

3. 雇用质量

$$QH=(PR+HP+HR)/N$$

其中:QH 表示被聘用的新员工的质量;PR 表示工作绩效的百分比,如以 100 为满分,该员工的绩效分值为 85,则 PR 为 85%;HP 表示新聘员工在一年内晋升的人数占所有当期新员工人数的比率,如 25%;HR 表示年后还留在企业工作的员工占原招聘的新员工数量的百分比,如 60%;N 为指标的个数。

QH 的数值并不能完全反映新员工的质量,因为绩效率和晋升率有时不是新员工可简单控制的。一个优秀的员工也许会因为缺乏晋升机会而离开,或者不公平/不公正的绩效评价指标和企业的文化环境都会影响员工的质量考评结果。但 QH 指标多少都会部分反映新招聘的员工的质量。

6.5.2 招聘方法的成效评估

招聘方法的成效可以从效度和信度两个方面来评估。效度与信度也是对招聘方法的基本要求,只有效度与信度达到一定水平的测试,其结果才适合于作为录用决策的依据。

1. 效度评估

在员工甄选的过程中,有效的测试,必须使得实际测到应聘者的有关特征与想要测的特征的符合程度高,即甄选结果与应聘者的实际工作绩效密切相关。两者之间的相关系数称为效度系数,系数越大,测试越有效。一般来说,效度有 3 种:预测效度、内容效度、同测效度。

(1) 预测效度。预测效度是指测试用来测试将来行为的有效性。在人员选拔过程中,预测效度是考察选拔方法有效的一个常用指标。可以把应聘者在选拔中得到的分数与他们被录用后的绩效分数相比较,两者的相关性越大,则说明所选的测试方法、选拔方法越有效,以后可根据此法来评估、预测应聘者的潜力。

(2) 内容效度。内容效度是指测试是否代表了工作绩效的某些重要因素。考虑内容效度时,主要考虑所用的方法是否与想测试的特性有关。多应用于知识测试与实际操作测试,而不适用于对能力和潜力的测试。

(3) 同测效度。同测效度是指对现在员工实施某种测试,然后将测试结果与员工的实际工作绩效考核得分进行比较,若两者的相关系数很大,则说明此测试效度就很高。这种测试效度的特点是省时,可以尽快检验某测试方法的效度,但若将其应用到人员选拔测试时,难免会受到其他因素的干扰而无法准确地预测应聘者未来的工作潜力。

2. 信度评估

信度主要是指测试结果的可靠性或一致性。也就是说,应聘者多次接受同一测试或有关测试时,其得分应该是相同或相近的。测试信度的高低主要以对一人所进行的几次测试结果之间的相关系数来表示。可信的测试，其信度系数大多在0.85以上。信度可分为：稳定信度、对等信度和分半信度。

（1）稳定信度。稳定信度是指用同一种测试方法对一组应聘者在两个不同时间进行测试的结果的一致性。此法不适用于受熟练程度影响较大的测试，因为被测试者在第一次测试中可能记住某些测试题目的答案从而提高了第二次测试的成绩。

（2）对等信度。对等信度是对同一应聘者使用两种对等的、内容相当的测试的结果之间的一致性。这种方法减少了稳定信度中前一次测试对下一次测试的影响，但两次测试之间的相互作用仍然存在。

（3）半分信度。半分信度是指把同一（组）应聘者进行的同一测试分为两部分加以考察，每个部分所得结果之间的一致性。这可用各部分结果之间的相关系数来判别。

对应聘者进行甄选测试时，尽量做到可信又有效。可信的测试未必有效，但有效的测试一定可信。

本章小结

员工招聘和甄选是人力资源管理的重要内容之一，是制约企业人力资源管理工作效率的瓶颈所在。同时，招聘和甄选也是人力资源管理中培训、绩效评估、薪酬、激励、劳动关系、人员流动等管理环节的基础。如何按照企业的经营目标与业务要求，在人力资源规划的指导下，根据职务说明书，把优秀的人才、所需要的人力在合适的时候放在合适的岗位，是企业成败的关键之一。招聘和甄选既要满足组织对人员的需要，也要满足工作候选人的需要，这样才能吸引职工较长时间地为组织工作。本章介绍了人员招聘的含义、意义、原则与流程、招募途径及员工甄选方法与技术，以及员工录用和招聘评估等。

本章案例

上海通用汽车的招聘策略

上海通用汽车有限公司（SGM）是上海汽车工业（集团）总公司和美国通用汽车公司合资建立的轿车生产企业，是迄今为止我国最大的中美合资企业之一。

SGM的目标是成为国内领先、国际上具有竞争力的汽车公司。因此，如何建设一支高素质的员工队伍，是中美合作双方都十分关心的首要问题。同时SGM的发展愿景和目标定位也注定其对员工素质的高要求：不仅具备优良的技能和管理能力，而且还要具备出众的自我激励、自我学习能力、适应能力、沟通能力和团队合作精神。要在一段很短的时间里，客观公正地招聘选拔出高素质的员工来配置到各个岗位，对SGM来说无疑是一项重大的挑战。

一、"以人为本"的公开招聘策略

"不是控制，而是提供服务"，这是SGM人力资源部职能的特点，也是与传统人事部门职能的显著区别。

第一，根据公司发展的战略和宗旨，确立把传递"以人为本"的理念作为招聘的指导思想。SGM在招聘员工的过程中，在坚持双向选择的前提下，还特别注意应聘者和公司双向需求的吻合。应聘者必须认同公司的宗旨和5项核心价值：以客户为中心、安全、团队合作、诚信正直、不断改进与创新。同时，公司也充分考虑应聘者自我发展与自我实现的高层次价值实现的需求，尽量为员工的发展提供良好的机会和条件。

第二，根据公司的发展计划和生产建设进度，制订拉动式招聘员工计划，从公司的组织结构、各部门岗位的实际需求出发，分层次、有步骤地实施招聘。1997年7月至1998年6月实施面向高级管理人员、部门经理、骨干工程师、行政部门管理人员和各专业工程师、工段长的第一层次的招聘计划；1998年底到1999年10月实施对班组长、一班制操作工人和维修工、工程师第二层次招聘计划，二班制和三班制生产人员的招聘工作与拉动式生产计划同步进行。

第三，根据"一流企业，需要一流员工队伍"的公司发展目标，确立面向全国广泛选拔人才的员工招聘方针。并根据岗位的层次和性质，有针对性地选择不同新闻媒体发布招聘信息，采取利用媒体和人才市场为主的自行招聘与委托招募相结合的方式。

第四，为确保招聘工作的信度和效度，建立人员评估中心，确立规范化、程序化、科学化的人员评估原则。并出资几十万元聘请国外知名的咨询公司对评估人员进行培训，借鉴美国GM公司及其子公司已有"精益生产"样板模式，设计出具有SGM特点的"人员评估方案"；明确各类岗位对人员素质的要求。

第五，建立人才信息库，统一设计岗位描述表、应聘登记表、人员评估表、员工预算计划表及目标跟踪管理表等。

两年来，公司先后收到5万多封应聘者的来信，最多一天曾收到700多封信，收发室只能用箩筐收集。这些信来自全国各地，有的还来自大洋洲和欧洲等国家的外籍人士。为了准确、及时处理这些信件，SGM建立了人才信息系统，并开通了应聘查询热线。成千上万的应聘者，成筐的应聘者来信，这些都是对SGM人员招聘策略成功与否的最好检验。

二、严格规范的评估录用程序

1998年2月7日，到上海科学会堂参加SGM招聘专场的人士无不感慨："上海通用招聘人才门槛高"！那天，凡是进入会场的应聘者必须在大厅接受12名评估员岗位最低要求的应聘资格初筛，合格者才能进入二楼的面试台，由用人部门同应聘者进行初次双向见面，若有意向，再由人力资源部安排专门的评估时间。在进入科学会堂的2 800人中，经初步面试合格后进入评估的仅有100余人，最后正式录用的只有几十人。

1. 录用人员必须经过评估

这是SGM招聘工作流程中最重要的一个环节，也是SGM招聘选择员工方式的一大特点。公司为了确保自己能招聘选拔到满足一流企业、一流产品需要的高素质员工，借鉴通用公司在德国和美国的一些工厂采用人员评估中心来招聘员工的经验，结合中国的文化和人事政策，建立了专门的人员评估中心，作为人力资源部的重要组织机构之一。整个评估中心设有接待室、面试室、情景模拟室、信息处理室，中心人员也都接受过专门培训，评估中心的建立确保了录用工作的客观公正性。

2. 标准化、程序化的评估模式

SGM的整个评估活动完全按标准化、程序化的模式进行。凡被录用者，须经填表、筛选、笔试、目标面试、情景模拟、专业面试、体检、背景调查和审批录用9个程序和环节。每个程序和测试都有标准化的运作规范和科学化的选拔方法，其中笔试主要测试应聘者的专业知识、相关知识、特殊能力和倾向目标。面试则由受过国际专业咨询机构培训的评估人员与应聘者进行面对面的问答式讨论，验证其登记表中已有的信息，并进一步获取信息，其中专业面试则由用人部门完成；情景模拟是根据应聘者可能担任的职务，编制一套与该职务实际情况相仿的测试项目，将被测试者安排在模拟的、逼真的工作环境中，要求被试者处理可能出现的各种问题，用多种方法来测试其心理素质、潜在能力的一系列方法。如通过无领导的两小组合作完成练习，观察应聘管理岗位的应聘者的领导能力、领导欲望、组织能力、主动性、说服能力、口头表达能力、自信程度、沟通能力、人际交往能力等。SGM还把情景模拟推广到了对技术工人的选拔上，如通过齿轮的装配练习，来评估应聘者的动作灵巧性、质量意识、操作的条理性及行为习惯。在实际操作过程中，观察应聘者的各种行为能力，孰优孰劣。

3. 两个关系的权衡

SGM的人员甄选模式，特别是其理论依据与一般的面试，以及包括智商、能力、性格在内的心理测验相比，更注重以下两个关系的比较与权衡。

（1）个性品质与工作技能的关系。公司认为，高素质的员工必须具备优秀的个性品质与良好的工作技能。前者是经过长期教育、环境熏陶和遗传因素影响的结果，它包含了一个人的学习能力、行为习惯、适应性、工作主动性等。后者是通过职业培训、经验积累而获得的，如专项工作技能、管理能力、沟通能力等，两者互为因果。因此，在甄选录用员工时，既要看其工作能力，又要关注其个性品质。

（2）过去经历与将来发展的关系。无数事实证明：一个人在以往经历中，如何对待成功与失败的态度和行为，对其将来的成就具有或正或负的影响。因此，分析其过去经历中所表现出的行为，能够预测和判断其未来的发展。

SGM正是依据上述两个简明实用的理论、经验和岗位要求，来选择科学的评估方法，确定评估的主要行为指标，对应聘者进行取舍的。如在一次员工招聘中，有一位应聘者已进入第八道程序，经背景调查却发现其隐瞒了过去曾在学校因打架而受处分的事，当对其进行再次询问时，他仍对此事加以隐瞒。对此公司认为，虽然人的一生难免有过失，但隐瞒过错却属于个人品质问题，个人品质问题会影响其今后的发展，最后经大家共同讨论一致决定对其不予录用。

4. 坚持"宁缺毋滥"的原则

为了招聘一个店长，人力资源部的招聘人员在查阅了上海市人才服务中心的所有人才信息后，发现符合该职位要求的具有初步资格者只有6人，但经评估，遗憾的是一个人都不合格。对此，中外双方部门经理肯定地说："对这一岗位决不放宽录用要求，宁可暂时空缺，也不要让不合适的人占据。"评估中心曾对1997年10月到1998年4月这段时间内录用的200名员工随机抽样调查了其中的75名员工，将其招聘评估结果与半年的绩效评估结果做了一个比较分析，发现当时的评估结果与现实考核结果基本一致的占84%左右，这证明人员评估中心的评估有着较高的信度和效度。

招聘关系到企业的生存发展，可以想象，如果没有一群结构合理、对企业忠心耿耿、充满工作热情的员工队伍，那么，高层领导人纵使有三头六臂，也难以维持一个企业的正常发展，一个普通员工的选聘，也可能会关系到企业的生死存亡，这并不是危言耸听。大家也许对巴林银行倒闭案还有印象，其始作俑者就是一个曾经毫不起眼的普通雇员。

有很多的企业招聘到了各方面知识、经验都非常合适的员工，但他们在实际的工作中却出现了各种各样的问题，不是不能适应企业文化的要求，就是在工作中和企业的老员工出现了各种抵触的情况。这是因为：一方面企业只关心员工的专业技能、知识，忽视员工的心理素质、处理人际关系的能力；另一方面，招聘后的评估也不够完善。

通用汽车在世界汽车市场占有霸主般的地位，可谓第一流的企业。而一流的企业需要一流的员工队伍。上海通用要成为国内领先、国际上具有竞争力的公司，就必须招聘一流的人才。因此，采用如此严格的招聘程序就可以理解了。

资料来源：张岩松，李健. 人力资源管理案例精选精析. 北京：经济管理出版社，2005：74-77.

思考题
1. 上海通用招聘新员工的策略有哪些创新之处？
2. 你认为上海通用采用如此严格的招聘适合其他企业效仿吗？
3. 如何对上海通用汽车的招聘方式进行效度评估？

本章思考题

1. 什么是员工招聘？员工招聘有什么意义？
2. 企业招聘人员的一般程序是什么？
3. 内部招募和外部招募各有哪些渠道？
4. 什么是猎头公司？猎头公司的工作程序是怎样的？

5. 网络招聘的实现渠道有哪些？网络招聘的优势和劣势体现在哪些方面？
6. 内部招聘和外部招聘各有何利弊？企业在选择招聘渠道时受到哪些因素的影响？
7. 员工甄选的方法有哪些？
8. 面试有哪些步骤？企业该如何提高面试效果？
9. 如何评估企业招聘活动？

参 考 文 献

[1] http：//www.chinahrd.com/.
[2] http：//www.pg.com.cn/.
[3] http：//www.scrc168.com/.
[4] http：//www.cesl.com.cn.
[5] http：//www.pg.com.cn.
[6] http：//www.edu.cn.
[7] http：//www.chinahrd.net.
[8] 德斯勒. 人力资源管理. 12版. 北京：中国人民大学出版社，2012.
[9] 梅洛. 战略人力资源管理. 北京：中国劳动社会保障出版社，2005.

附：微软面试题总结如下。

一、最基本题型

1. 烧一根不均匀的绳，从头烧到尾总共需要1 h。现在有若干条材质相同的绳子，问如何用烧绳的方法来计时一个小时十五分钟呢？
2. 你有一桶果冻，其中有黄色、绿色、红色3种，闭上眼睛抓取同种颜色的两个。抓取多少个就可以确定你肯定有两个同一颜色的果冻？（5 s～1 min）
3. 如果你有无穷多的水，一个3 L的提桶，一个5 L的提桶，两只提桶形状上下都不均匀，问你如何才能准确称出4 L的水？（40 s～3 min）
4. 一个岔路口分别通向诚实国和说谎国。来了两个人，已知一个是诚实国的，另一个是说谎国的。诚实国永远说实话，说谎国永远说谎话。现在你要去说谎国，但不知道应该走哪条路，需要问这两个人。请问应该怎么问？（20 s～2 min）
5. 12个球一个天平，现知道只有一个和其他的重量不同，问怎样称才能用3次就找到那个球。13个呢？（注意此题并未说明那个球的重量是轻是重，所以需要仔细考虑）（5 min～1 h）
6. 在9个点上画10条直线，要求每条直线上至少有3个点？（3 min～20 min）
7. 在一天的24 h之中，时钟的时针、分针和秒针完全重合在一起的时候有几次？都分别是什么时间？你是怎样算出来的？

二、没有答案型

1. 为什么下水道的盖子是圆的？
2. 中国有多少辆汽车？
3. 将汽车钥匙插入车门，向哪个方向旋转就可以打开车锁？
4. 如果你要去掉中国的34个省（含自治区、直辖市和港、澳特区及台湾省）中的任何一个，你会去掉哪一个？为什么？
5. 多少个加油站才能满足中国的所有汽车？
6. 想象你站在镜子前，请问，为什么镜子中的影像可以颠倒左右，却不能颠倒上下？
7. 为什么在任何旅馆里，你打开热水，热水都会瞬间倾泻而出？
8. 你怎样将Excel的用法解释给你的奶奶听？

9. 你怎样重新改进和设计一个 ATM 银行自动取款机？

10. 如果你不得不重新学习一种新的计算机语言，你打算怎样着手来开始？

11. 如果你的生涯规划中打算在 5 年内受到奖励，那获取该项奖励的动机是什么？观众是谁？

12. 如果微软告诉你，我们打算投资五百万美元来启动你的投资计划，你将开始什么样商业计划？为什么？

13. 如果你能够将全世界的计算机厂商集合在一个办公室里，然后告诉他们将被强迫做一件事，那件事将是什么？

三、难题

1. 你让工人为你工作 7 天，回报是一根金条，这个金条平分成相连的 7 段，你必须在每天结束的时候给他们一段金条。如果只允许你两次把金条弄断，你如何给你的工人付费？

2. 有一辆火车以每小时 15 km 的速度离开北京直奔广州，同时另一辆火车以每小时 20 km 的速度从广州开往北京。如果有一只鸟，以 30 km 每小时的速度和两辆火车同时启动，从北京出发，碰到另一辆车后就向相反的方向返回去飞，就这样依次在两辆火车之间来回地飞，直到两辆火车相遇。请问，这只鸟共飞行了多长的距离？

3. 你有 4 个装药丸的罐子，每个药丸都有一定的重量，被污染的药丸是没被污染的药丸的重量+1。只称量一次，如何判断哪个罐子的药被污染了？

4. 门外 3 个开关分别对应室内 3 盏灯，线路良好，在门外控制开关时候不能看到室内灯的情况，现在只允许进门一次，如何确定开关和灯的对应关系？

5. 人民币为什么只有 1、2、5、10 的面值？

6. 你有两个罐子及 50 个红色弹球和 50 个蓝色弹球，随机选出一个罐子，随机选出一个弹球放入罐子，怎么给出红色弹球最大的选中机会？在你的计划里，得到红球的概率是多少？

四、超难题

1. 5 个海盗抢到 100 颗宝石，每一颗都一样大小和价值连城。他们决定这么分：抽签决定自己的号码（1、2、3、4、5）。

首先，由 1 号提出分配方案，然后大家表决，当且仅当超过半数的人同意时，按照他的方案进行分配，否则将被扔进大海喂鲨鱼。

如果 1 号死后，再由 2 号提出分配方案，然后剩下的 4 人进行表决，当且仅当超过半数的人同意时，按照他的方案进行分配，否则将被扔入大海喂鲨鱼，依此类推。

条件：每个海盗都是很聪明的人，都能很理智地作出判断，从而作出选择。

问题：第一个海盗提出怎样的分配方案才能使自己的收益最大？

2. 一道关于飞机加油的问题，已知：每个飞机只有一个油箱，飞机之间可以相互加油（注意是相互，没有加油机）。一箱油可供一架飞机绕地球飞半圈，问题：为使至少一架飞机绕地球一圈回到起飞时的飞机场，至少需要出动几架飞机？（所有飞机从同一机场起飞，而且必须安全返回机场，不允许中途降落，中间没有飞机场。）

五、主观

1. 某手机厂家由于设计失误，有可能造成电池寿命比原来设计的寿命短一半（不是充放电时间），解决方案就是免费更换电池或给 50 元购买该厂家新手机的折换券。请给所有已购买的用户写信告诉解决方案。

2. 一高层领导在参观某博物馆时，向博物馆馆员小王要了一块明代的城砖作为纪念，按国家规定，任何人不得将博物馆收藏品变为私有。博物馆馆长需要如何写信给这位领导，将城砖取回。

3. 营业员小姐由于工作失误，将 2 万元的笔记本电脑以 1.2 万元错卖给李先生，王小姐的经理怎么写信给李先生试图将钱要回来？

六、算法题
1. 链表和数组的区别在哪里？
2. 编写实现链表排序的一种算法。说明为什么你会选择用这样的方法？
3. 编写实现数组排序的一种算法。说明为什么你会选择用这样的方法？
4. 请编写能直接实现 strstr( ) 函数功能的代码。
5. 编写反转字符串的程序，要求优化速度、优化空间。
6. 在链表里如何发现循环链接？
7. 给出洗牌的一个算法，并将洗好的牌存储在一个整型数组里。
8. 写一个函数，检查字符是否是整数，如果是，返回其整数值。（或者：怎样只用 4 行代码编写出一个从字符串到长整型的函数？）
9. 给出一个函数来输出一个字符串的所有排列。
10. 请编写实现 malloc( ) 内存分配函数功能一样的代码。
11. 给出一个函数来复制两个字符串 A 和 B。字符串 A 的后几个字节和字符串 B 的前几个字节重叠。
12. 怎样编写一个程序，把一个有序整数数组放到二叉树中？
13. 怎样从顶部开始逐层打印二叉树结点数据？请编程。
14. 怎样把一个链表掉个顺序（也就是反序，注意链表的边界条件并考虑空链表）？

资料来源：http://www.hiall.com.cn.

第 7 章

员工培训与发展

本章要点

- 培训的基本含义、目的、员工培训的重要意义
- 培训的原则、分类、形式及培训方法
- 工作分析与员工培训的关系
- 培训的理论基础
- 企业员工培训工作的流程
- 管理人员培训与开发的特点、内容及形式
- 培训中的控制管理、培训师的选择和培训、培训的成本管理、培训效果评估

王经理的困惑

某国有企业新上任的人力资源部经理王先生,在一次研讨会上获得了一些他自认为不错的其他企业的培训经验,于是兴致勃勃地向公司提交了一份全员培训计划书,以展示人力资源部的新面貌。不久,该计划书获得批准。王经理便踌躇满志地对公司全体人(上至总经理,下至一线生产员工)进行为期一周的脱产计算机培训。为此,公司还专门下拨了十几万元的培训费。可培训一周后,大家议论最多的却是对培训效果不满。除办公室的几名工作人员和 45 岁以上的几名中层干部觉得有收获外,其他员工要么觉得收效甚微,要么觉得学而无用,大多数人认为十几万元的培训费用只买来了一时的"轰动效应"。有的员工觉得这次培训是新官上任点的一把火,是花单位的钱往自己脸上贴金。听到种种议论的王经理感觉到非常委屈:在一个有着传统意识的老国企,给员工灌输一些新知识怎么效果不理想呢?他百思不得其解:在当今竞争激烈的环境下,每个人学点新知识应该是很有用的呀!怎么不受欢迎呢?

王经理的出发点是好的,但是为什么最终落得个吃力不讨好的下场呢?该公司的培训为什么没取得所期待的效果?问题的根源究竟在哪里?

王经理盲目照搬别的企业的经验,没有了解员工的现实需求进行培训分析,从而造成培训与需求严重脱节。对素质参差不齐、岗位不一、培训需求各异的员工,开了同一个"药方",效果不佳也就不足为奇了。

资料来源:彭剑锋. 战略人力资源管理理论、实践与前沿. 北京:中国人民大学出版社,2014:484.

7.1 员工培训概述

7.1.1 培训的基本含义及目的

1. 培训的定义

培训指各组织为适应业务及培育人才的需要,采用补习、进修、考察等方式,进行有计划的培养和训练,使其适应新的要求不断更新知识,更能胜任现职工作及将来能担任更重要职务,适应新技术革命所带来的知识结构、技术结构、管理结构等方面的深刻变化。

2. 培训的目的

企业进行培训主要有以下几个方面的目的。

1)入职培训

主要是介绍企业的企业文化、企业历史及概要、企业的传统、企业的组织结构、企业的方针和理想、基本管理制度、企业的业务范围及经营状况;介绍所在部门的工作职责、工作岗位职责和要求、部门管理规定,以及工作中的业务知识和技能的培训。入职培训主要是让员工对新的工作环境、企业的管理制度、企业行为规范和工作内容有基本的了解,为以后的工作做好准备。

2)晋升培训

主要是针对新的岗位的要求,结合员工目前的能力、个人素质状况,根据其中的差距进行培训,培训的目的是为了提高受训者的理论水平和业务水平,增强受训者的能力和才干,丰富受训者的工作经验,以适应新的岗位需求。

3)绩效改善培训

主要是根据绩效考核的结果,对比绩效考核合约,针对员工实现绩效目标的缺陷进行相应的培训,目的是提高员工技能和能力,提高员工绩效。

4)转岗培训

由于企业经营规模与方向的调整,或生产技术进步,或机构调整,或由于员工对原来的工作的不胜任,或某方面的才能或特长受到重视而上升到新的岗位进行的培训。转岗培训是为了适应新岗位的工作需要而开展的培训。

5)岗位资格培训

由于国家执业许可证的推广和企业岗位的需要,强化岗位技能和岗位规范而实行的岗位资格培训。培训是为了掌握某一个岗位所需要的特殊技能,并获得相应的资格证书。

总之,企业培训的目的主要有4项:育道德、传知识、培能力、学企业文化。其中,传知识、培能力是企业培训的重点。

7.1.2 员工培训的重要意义

员工培训是现代组织人力资源管理的重要组成部分。组织发展最基本、最核心的制约因素是人力资源。人是现代企业中最重要、最活跃的生产要素。适应外部环境变化的能力是组织具有生命力与否的重要标志。要增强组织的应变能力,关键是不断地提高人员的素质,不断地培训、开发人力资源。员工培训的重要性体现在以下几个方面。

1. 培训是员工迎接新技术革命挑战的需要

从本质上说,新技术革命在改变社会劳动力的成分,不断增加对专业技术人员新的需求。对员工进行培训,是避免由于工作能力较低而不适应新兴产业需要引起的"结构性失业"的有效途径。知识经济时代的社会,知识不断更新,新技术迅速地大量涌现,只有对员工适时开展培训,才能使员工适应新技术的更新。

2. 培训是员工个人发展的需要,是使员工的潜在能力外在化的手段

目前人类智能的利用程度仅为10%左右,绝大部分没有动用起来。可见,通过有效的人才培养,

可以不断地挖掘人类潜力巨大的智能宝藏。通过培训，一方面使员工具有担任现职工作所需的学识技能；另一方面，希望员工事先储备将来担任更重要职务所需的学识技能，以便一旦高级职务出现空缺即可预见以升补，避免延误时间与业务。员工的很多潜能通过培训得到发现和开发，也为企业的业务拓展打下人力资源的基础。同时，员工的职业生涯规划目标的实现也需要企业结合员工的工作内容开展相应的培训。

3. 培训是解决学能差距的需要

学能差距是指工作中所需要的学识技能与员工所具有的学识技能二者之间的差距，即岗位现任规范与实际工作能力间的差距。培训开发可以弥补员工工作中的学能差距，同时提高企业和员工的绩效水平。

4. 培训是激励员工的重要方式

对员工而言，培训永远没有结束的时候。给员工提供培训，本身就是最好的激励方式，这种培训并不一定是花钱由外部提供的，可以由经理人员讲授或是内部员工交流式培训。参加外部培训是员工最为喜欢的一项奖励。利用外部培训，作为团队内一两个人的竞赛奖励，可起到非常明显的激励效果。

5. 培训是避免员工知识与年龄同步老化的需要

现代社会知识更新加速，如果员工不及时接受新知识、新技术的培训，知识老化很快，将随着年龄老化的同时知识也老化，落后于时代。

7.1.3 培训的原则

员工培训是企业生产经营活动中的重要内容，对企业的生存和发展有着至关重要的意义。为了高效率地开展培训工作，必须使培训工作同企业的发展目标、管理方法、生产特点密切结合，必须遵循以下基本原则。

1. 战略原则

人力资源战略是企业总战略的分解和落实，它应该为企业战略的实现服务。企业员工培训既要满足当前生产经营的迫切需要，又要具有战略眼光，做到未雨绸缪，为企业的未来发展做好人力资源方面的战略储备。企业的培训要服务于企业的整体发展战略，培训工作要从战略的高度考虑，要以战略的眼光去组织员工培训工作，不能只局限于某一个培训项目或某一项培训需求，不能为培训而培训。在制订培训计划时，既要满足企业目前的工作需求，更要符合企业整体发展的需要，为企业的长远发展做好人才储备。这种计划既要立足眼前，又要照顾长远，既要有针对性，又要保持连续性。

2. 经济性原则

传统人事管理把员工培训看成一种资源消费，培训费用当成费用。而现代人力资源观念把员工培训看成企业的一种投资行为。1968年T. W. 舒尔茨认为：在人力资本投资与人的经济价值不断提高之间，存在很强的关联性。人力资本不是一般的商品，而是一种投资商品，人力资本的投资作为一种对人的投资，包括教育、培训、健康、迁移等方面，是未来满足和未来收益的源泉。所以培训也讲究经济性原则，也要考虑投资的产出效益、近期效益问题。所有培训都是有费用的，无论是有计划的培训还是无计划的培训。培训材料、有形的协助手段和培训师费用是培训的直接投资。间接费用包括主管和受训者的时间、纠正错误和培训期间的生产损失。只有企业认为培训能够从短期、长期给企业的生产效益、企业服务质量等方面带来提高，并产生高于费用的效益时，才会进行培训。而且企业在制订培训计划时，也把经济性原则作为首先考虑的一个重要方面。

3. 按需施教、学以致用的原则

企业员工培训具有强烈的针对性，一定要从本企业实际出发，根据企业的实际需要组织培训，使培训与生产经营实际紧密结合。企业进行员工培训的目的在于通过培训让员工掌握必要的知识技能，提高工作效率，完成规定的工作任务，最终提高部门和企业的整体经济效益。如果培训不能按需培训，培训与实际工作脱节，既浪费企业的财力、物力、人力，又使培训失去意义，员工也会失去培训的动力。

4. 点、面结合的原则

企业在进行员工培训时，应该将全员教育培训和重点培训提高相结合，点和面都要兼顾。企业要有计划、有步骤地对所有员工进行教育和训练，提高企业员工的整体素质。但同时也要分清主次先后、轻重缓急，制定规划，分散进行不同内容、不同形式的教育培训。在进行全员培训的同时，要重点抓好企业的领导人才、管理人才和工作骨干的培训，优先教育培训企业急需的人才，要在核心员工的培训和开发上制订短期、中长期计划和实施方案，并由公司高层领导亲自负责抓。这样，企业的生产经营和长远发展才有人力资源基石。

5. 主动性原则

企业员工培训要提高培训质量和效果，并将培训内容与工作实际紧密结合起来，要发挥员工的主动性，让员工积极参与到企业的培训中。企业人力资源部和部门主管应该定期调查员工的培训需求状况，让员工根据自己的岗位工作对技能的要求、自己的技能状况，结合行业的发展趋势，提出培训需求；企业人力资源部和部门主管综合员工培训需求，制订相应的培训计划和培训方案。主动性是员工培训取得成功的一个重要基础，只有结合了员工的工作需求，调动了员工的主动性，员工就会克服工作、生活中的各种困难，积极参与到培训中来，从而提高培训的质量和效果。

6. 考核与奖惩相结合的原则

考核是对培训的一种事后监督。严格考核是保证培训质量的必要措施，也是对培训质量的重要检测方法。同时，考核要与激励相结合，可以根据考核结果设置相应的奖项，并把培训结果计入员工档案中，在以后的晋升、评优中体现。也可以对考核优秀者给予适当的物质奖励，而对考核不合格者再培训和物质方面的惩罚。

7. 长期性原则

培训工作是企业的一项长期的工作，不能一蹴而就。由于员工的流动，员工的入职培训需要经常开展；而经营环境的变化、员工技能的提高和绩效的改善也为员工的培训提供支持；而且员工的职业生涯规划的实施更需要企业给予指导，需要企业开展相应的培训活动。这也要求企业的培训制订一个短期、中长期的培训计划，综合考虑各个方面的因素。

7.1.4 培训的分类

培训可以根据不同的标准进行分类，分类标准不同，培训的分类结果就不同。

1. 按培训对象分类

根据培训对象的分类，企业培训可以分为普通员工培训、班组长培训、管理人员培训、技术人员培训、决策者培训等。

1) 普通员工培训

普通员工培训重点在技能和技巧的提高、行为规范的调整，是为受训者当前工作所需的知识与技能设计的。培训内容主要包括：知识更新、技能开发、观念转变、思维方式、心理训练等。普通员工培训可以采用现场培训和讲授法培训相结合。

2) 班组长培训

班组长是企业最基层的管理人员，承担着部门工作的分配、监督、协调职责，同时他们又参加实际工作，与普通员工的工作接触紧密。对他们的培训主要是先进的生产技术、各种基本的管理原理和方法、沟通技巧、时间管理和协调艺术。旨在提高工作能力的同时提高基层的管理能力。培训方式主要以讲授法培训为主，现场培训为辅。

3) 管理人员培训

管理人员的培训主要针对中层以下的各类管理人员所进行的培训活动。培训在于提高他们的管理能力与技巧、洞察力、人际协调能力、团队管理、工作计划能力。管理人员培训可以采取集中聘请商学院的教授进行讲授的方式或参加在职高级研修班的形式。

开发重点在管理能力的提高，主要内容包括：战略管理、领导艺术、高效团队、时间管理、人力资源管理、财务管理等管理能力和技巧的培训。

2. 按培训与工作岗位关系分类

根据培训活动与员工岗位关系来划分，员工培训可分为岗前培训、在岗培训及外派培训等3种。

1）岗前培训

岗前培训指组织对新进员工分配工作前进行的培训，又可分为一般性的职前培训和专业性的职前培训。

（1）一般性的职前培训。主要目的是使新员工了解本组织的一般情况，如企业组织结构及各部门的职权、企业文化、企业的历史、企业的主要经营和服务内容、主要管理制度、企业发展规划及员工的权利义务与责任、企业的行为规范等，以增强员工对本组织的了解与信心。

（2）专业性的职前培训。主要目的是使新进员工切实掌握处理业务的原则、技术、程序与方法，以便在培训结束后即能胜任新的业务工作。主要内容有业务知识、工作技能和管理实务等。

2）在岗培训

在岗培训是一种常见的培训方式，在员工培训中占的比例最大，员工在培训期间多为带薪培训。

在岗培训按照培训对象的不同，又可分为共同性培训与专业性培训。在岗培训按其性质和目的的不同，又可分为以下几类。

（1）人际关系培训。指企业为让新员工尽快了解企业内部的人际关系，增强员工相互间的合作、团结及和谐所进行的培训。培训内容包含人际关系培训、意见沟通及领导统御培训等。

（2）补充差距培训。指员工在完成工作任务的过程中，发现自己的技能技巧、业务知识等方面的不足，从而通过培训补充员工完成现任工作所需知识、技能技巧中的不足部分。培训的目的在于提高员工的知识、技能技巧以胜任现职，增进效率，提高工作绩效。依其培训内容不同，又可分为技能技巧培训、知识培训及行政管理培训等。培训可由有经验的员工或技术主管担任指导，或举办特定培训班聘请企业外面的培训师进行培训。

（3）思维能力拓展培训。指企业为解决生产、经营中的难题而召集部分资深员工，激励参加的员工高度运用智慧与思考，群策群力，提出解决问题的策略、程序与方法，以协助领导解决问题。这种培训又可分为解决问题培训、创造力培训、激荡脑力培训、模拟培训、激发意愿与发挥潜能培训等。

（4）拓展训练。随着培训手段的多元化，拓展培训也越来越普遍。受训员工（主要是管理人员）到拓展培训公司的专门训练场地利用典型场景和活动方式，通过挑战性的课程（非常态下），经历考验参与解决问题和挑战，达到磨炼意志力、培养健康心理、完善人格、增强团队意识、建立积极进取心态的目的。拓展训练具备培训手段新颖、生动活泼、印象深刻等优点。它不是单纯的"体育+娱乐"，是正统教育的全面提炼和补充。

3）外派培训

外派培训是指组织的员工暂时离开现职，脱产到有关学术机构或别的组织参加为期较长的培训。外派培训按培训的时间长短可以分为：短期培训和长期培训。前者如参加短训班学习、参加学术研讨会；后者如出国进修、脱产参加 MBA 学习等。按参加培训的目的，分为取得资格证书、学历证书培训和更新知识、提高技能的培训。

3. 按培训方式分类

企业培训按培训方式可以分为在职培训、脱产培训、半脱产培训、替补培训、短期培训、合作培训、出国培训和挂职锻炼。该分类的具体情况就不再详细讨论。

7.1.5 培训的形式

目前，培训的形式非常丰富。根据受训者在培训活动中是否处于主体地位和培训进行的地点，可以分为课堂讲授培训、现场培训和自学。

1. 课堂讲授法

课堂讲授法是人类历史上历史最悠久的培训方式，也是使用最普遍的培训方式。它又可以分为：教师讲授法、研讨法、案例分析法。

1）教师讲授法

教师讲授法有 4 种形式：完全灌输式、启发式、重点式、开放式讲授。

（1）完全灌输式。由培训老师在讲台上根据自己事先准备的培训稿讲解，员工听讲、做笔记。

这种培训方式信息传递是单向的，从培训老师流向受训员工。优点是培训老师能够很好控制培训秩序和培训进程，单位时间内信息传递量大，适合于众多受训者在短时间内对机械的、简单知识的培训；缺点是培训老师与受训人员之间缺乏信息交流，培训效果不一定理想，容易使员工对培训感到枯燥。

（2）启发式培训。启发式培训有员工的参与，是信息的双向交流，员工有机会发表自己的体会，所以员工对此种培训比完全灌输方式下的培训更有兴趣，效果也好一些。

（3）重点式培训。培训老师在培训前将培训内容打印出来发放给受训员工，员工提前预习，培训时授课老师对培训内容中的重点进行讲解，并针对受训员工的问题进行回答。重点式培训在员工有所准备的情况下进行，有的放矢，培训效果比较理想；而且员工在对培训内容准备时也学习了很多知识。但是它要求员工投入的时间多，而且也需要培训老师对受训员工的准备情况进行检查，否则员工没有准备，培训效果也不一定理想。

（4）开放式讲授。是通过培训员工参与活动完成培训目标。受训员工首先就培训目标和测评标准达成一致；然后培训老师将大家确定的目标进行任务分解，设计出一定的培训活动，让受训员工完成这些任务。在参与活动中达到培训目的，受训员工是活动的主体，培训老师制定规则、提供帮助、检查完成情况。

讲授法的优点：① 操作容易。因为在确定培训内容后，只需要寻找授课老师和培训地点，培训工作容易开展。而且授课老师根据自己的安排进行培训，培训工作组织容易。② 费用低效率高。由于是很多受训员工同时接受培训，人均费用就很低，效率也比较高。

讲授法的缺点：① 缺乏实际的直观体会。由于讲授法是通过语言进行的，都为理论讲授，与工作现场有一定的距离，培训缺乏实际工作的效果。② 培训缺乏针对性。由于接受培训的员工很多，培训老师一般是根据自己对培训工作的理解和领导的安排确定培训内容，没有针对培训受众的个体的兴趣、爱好、知识状况、技能状况，所以培训针对性不是很强。

2）研讨法

研讨法是培训老师为了让培训员工加深对某一问题的理解，或讨论员工对某一问题的看法，提出问题，组织受训员工进行讨论。根据研讨组织的形式，可以将研讨法分为集体讨论、小组讨论、辩论讨论、系列研讨等几种形式。

（1）集体讨论。由培训老师确定一个讨论的话题后，培训员工自由讨论，讨论结束后，培训老师让部分培训员工发表看法。

（2）小组讨论。培训老师将受训员工分成人数基本相等的小组，由小组进行讨论，然后由小组派出小组代表就小组观点进行发言。

（3）辩论讨论。培训老师将受训员工分成观点对立的双方，小组成员对自己的小组观点寻找论据，并尽量驳斥对方的观点，讨论结束后双方开展辩论。辩论讨论的双方无胜负之分，只需对双方的辩论情况（本方论据的充分性、对对方的驳斥是否充分）进行点评。

（4）系列研讨。针对某一专门领域的系列问题或信息，持续数日、数周、数月、数年召开，逐一对这些问题进行研讨。这类培训一般是大型科研机构进行的培训方式，持续时间比较长，培训的内容层次深，受训员工多在某一方面有较深的造诣。

研讨法可以用于知识的学习、员工能力的开发、心理素质的训练。研讨法的优点如下。① 信息交流充分。在讨论过程中，培训员工积极参与讨论，员工与员工之间、培训老师与员工之间的信息交流充分，是多向式的交流，各自的知识、经验相互交流、相互启发，智慧的火花碰撞，开阔了视野，提高了能力。② 培训员工参与积极，培训效果理想。在讨论过程中，员工要求对讨论的话题进行充分的准备，在准备过程中，员工进行资料查阅、思考；在讨论时，员工也需要进行积极的思考和辩论，在这些过程中，员工的积极性被充分调动，分析问题、解决问题的能力得到提高，达到了理想的培训效果。

研讨法的缺点：研讨法的话题准备和讨论现场控制对培训老师要求高。讨论话题既要能够结合员工的工作现状、知识水平、联系实际，又要是员工感兴趣的，要求培训老师对受训员工有深入的了解，阅历比较丰富、对社会热点问题有一定的研究。另外，要求培训老师对讨论现场有较强的控制力,既要调动培训现场的气氛,又不变成一盘散沙,或者现场冷清,才能顺利进行讨论、达到培训的目的。

3) 管理案例法

自20世纪20年代起,哈佛商学院首先把案例用于管理教学,称为案例教学法。随着 MBA 教育在中国的兴起,案例分析法成了企业培训的一种重要培训方法。案例分析法是培训员工针对培训老师提供的一个以实际为依据编写的典型案例进行结合培训内容、个人的知识和经验进行分析和讨论,找出解决问题的方案,或点评案例中的某个方面。案例分析法提供给员工的是生动的具体案例,要求受训员工在特定的环境下进行分析和总结,解决问题,通过独立研究和相互讨论的方式提高受训员工分析问题、解决问题的能力,开阔了视野。但由于培训的需要,在编写案例时,对现实进行了一定的加工,案例中的情景不能完全等同于实际工作,所以员工不能完全照搬案例的解决方案,可以把它作为一种参考;而且案例中提供的情景是全方位的,人们可以从多个角度思考,案例本身没有一个标准答案。

管理案例法可以分为以下几种。

（1）高结构性问题解决型案例。案例篇幅短,言简意赅,可以根据一些现成的公式或模型提出解决问题的办法。这类案例编写的结构性强,问题解决办法有一定的规律。

（2）短篇结构性小品案例。案例篇幅小,提出的问题不局限于某一学科,不能根据一定的公式或模型得到问题的答案,需要受训员工充分调动自己各方面的知识分析问题、解决问题。

（3）长篇无结构案例。案例篇幅长,材料组织没有一定的规律,各种信息穿插其中。这类案例与社会和工作更接近,需要受训员工排除无关信息的干扰,诊断式地考虑问题,抓住问题的关键,寻找问题的解决方案。

（4）启发开拓性案例。案例的内容对受训员工和培训老师而言是新的领域,需要双方共同研究、发挥各自的知识和经验寻找案例的解决方法。这类案例的难度相对较大。

2. 现场培训

现场培训是指受训员工在工作场地边工作、边学习或锻炼。受训员工一般是新招聘的学校毕业生、有经验但以前从事的工作与现在从事的工作完全不同、绩效需要改善的员工和可能晋升到高职位的后备人才。培训的内容主要有从事具体岗位所应具备的专业知识、能力、技能;管理实务;服务礼仪等。

1) 现场培训的对象

现场培训受训员工有:① 学校毕业的新员工。这类员工大多具备理论知识,但缺乏相应的工作经验、工作技能。通过现场培训,让他们把理论与实际工作相结合,提高自己的实际操作能力。② 具备一定的工作经验,但以前的工作内容与新的工作内容有较大的差距。这类员工的实际工作经验相对丰富一些,需要对新岗位要求的技能、技巧进行学习,熟悉新的工作流程和工作要求。③ 企业的后备人才。为了企业长远的发展储备人才,企业经常对这类员工进行企业各部门相关知识的培训,使他们掌握整个企业的经营状况和部门管理特点。④ 绩效需要改善的员工。这类员工主要由于技能、技巧的欠缺,绩效不理想,需要进行与工作有关的技能、技巧的培训,特别是操作类员工。

2) 现场培训的工作程序

现场培训一般按照如图7-1所示的流程进行。

图7-1 现场培训流程图

3) 现场培训的特点

现场培训的优点:① 现场培训是在员工工作现场边工作、边学习或锻炼,所以培训接近工作实际情况，员工参与性强，培训效果理想；② 培训是利用实际工作中的设备，省去了专门的培训场所和设备，降低了培训成本；③ 培训针对性强。现场培训的内容与员工工作内容密切相关，具有很强的针对性；④ 培训的效果比较容易观察，通过员工实际操作就可以反映员工培训的效果；如果不理想，可以立即进行再培训，不像有些培训方式那样不好评估培训成果。

现场培训的缺点：① 培训内容受限。现场培训主要适合机器设备操作技能、技巧的培训或工作流程的培训，而不适合于理论的培训。② 受训员工数量有限制。由于培训场地的限制，现场培训不适合很多受训员工同时培训，受训员工数量一般在 30 人以内。

3. 自学

自学是员工培训的重要形式，比较灵活、费用低。自学适用于知识、技能的学习。它既可用于岗前培训，也可在岗后培训中广泛应用。

1）自学的特点

自学的优点：① 费用低。由于自学只需准备培训书本，与讲授培训方式比较，不需要支付培训老师费用、不需要购买教学设备，员工也不需要脱离工作岗位，所以培训的费用很少。② 对工作影响小。由于自学是员工利用工作之余进行的，而且多数情况下是员工根据工作中感觉到的不足进行弥补，所以自学不但不影响工作，而且对工作还有促进。③ 自学的自主性强。集中培训需要考虑培训的时间、地点、进度、内容，制定培训计划；而自学只需考虑一个人的情况，根据自己知识、能力状况和现在工作中缺乏的技巧、技能，有重点地选择学习内容，学习的针对性强。④ 培养员工的自学能力。要完成自学任务，没有坚强的毅力和很强的自我约束能力，是不可能的。而且自学需要受训员工掌握一定的学习方法，才能提高学习效果。所以自学在员工掌握知识的过程中，也提高了员工的自学能力。

自学的缺点：① 学习的内容有局限。自学是受训员工独自学习，而某些需要进行交流、演练才能掌握的东西不适合自学学习的方式。② 受训员工容易感到单调乏味。集体培训中，培训老师经常采用各种方式调动受训员工的积极性，学习气氛比较活跃。而自学显得单调乏味，员工容易产生疲劳感。③ 缺乏信息的及时交流。在集中培训时，员工的问题能够得到老师和其他受训员工的指点，员工和老师的信息交流将促进受训员工对自学内容的理解；而在自学时，员工的问题无法进行信息的交流，学习中的问题和困惑不能够得到讲授的解决。如果受训员工没有养成良好的学习习惯，随着时间的流逝，这些问题就不了了之。

2）自学的组织方式

为了提高自学的效果，达到员工学习的目的，人力资源部或培训组织者必须对自学进行有效的组织。组织方式有：指定学习资料和网上学习。

（1）指定学习资料。根据培训目的，指定自学资料，如员工管理手册、岗位规范等文字材料，以及有关的声像资料。受训员工在规定的时间完成对学习资料的学习，培训组织部门进行考试，或要求员工写学习心得，或组织自学交流会。

（2）网上学习。随着网络的日益普及，网上学习也成为企业培训的重要方式。很多企业设计、建立了自己的网站。企业可以开发各种培训课程，将培训内容和资料挂在网上，员工根据自己的需求学习相应的内容。网上学习有很多优点，如：费用低廉、不受时间和空间的约束、信息量大、员工选择自由、网络培训可以同时为多人提供不同的培训资料、培训员工可以根据自己的学习情况掌握自学的进度、高效地完成培训管理任务等。但另一方面，网上学习也有些不足，如：缺乏相应的监督，员工依靠自觉性约束自己，特别是目前网上的 QQ 聊天、各种游戏、电影、小说等娱乐内容多，受训员工容易受到影响；在培训内容上，也只适合知识方面的培训，技能、技巧等依靠动手才能掌握的东西很难实现。

7.1.6 培训方法

培训的方法有很多，常用的有管理案例法、课堂讲授法、研讨法、模拟法、实践法、游戏法等。其中前 3 种方法已经讨论过，现讨论其他的培训方法。

1. 模拟法

模拟法是以工作中的实际情况为基础，将实际工作中可利用的资源、约束条件和工作过程模型化，学员在假定的工作情景中参与活动，学习从事特定工作的行为和技能，提高分析问题、解决问题的能力。

1) 角色扮演法

角色扮演法就是提供一组模拟情景，让受训员工来担任各个角色并出场表演，通过表演体验他人的感情、心理活动，或体验他人在特定的环境中的反应和行为。其余受训员工观看表演，注意与培训目标有关的行为和表情。角色扮演法在人际关系、决策、管理技能等培训中广泛使用。这种培训方法规定了人们的角色、行为要求、环境和背景等。角色扮演法与管理案例法相比，要求受训员工更自发地投入，更认真地参与，能使人了解和体验别人的处境、难处及考虑方式，学会设身处地，从交往对手的角度思考问题。

2) 仿真模拟法

模拟是指可以让受训员工在一个人造的、没有风险的环境下明白自己的决策对工作的影响。仿真模拟法可以用来对生产和加工技能、管理和人际关系技能的培训。培训中可以使用工作中所使用的实际设备的复制品。这样受训员工可以学到实际操作技能，同时又能避免在实际岗位中培训带来的危险、材料浪费、劳动生产率降低的问题，减少因设备用于培训而不能正常生产造成的损失。还有一种仿真模拟法，如部队中的沙盘推演一样，利用计算机进行培训。人根据模型提供的各种信息进行决策；计算机按设计的模型，处理数据、分析资料、提供决策结果。后一种仿真模拟培训法，相对脱离实际，工作、决策环境比较理想，是一种标准状态下的结果。

2. 实践法

实践法是让受训员工在实际工作岗位或实际工作环境中，亲身操作、体验，掌握工作所需的知识、技能、技巧的培训方法。这种培训方法的优点是经济实用、高效。将工作与培训内容紧密结合在一起，受训员工边干边学，不需要准备额外的培训实施；而且受训员工是在实际工作中接受培训，培训效果及时通过工作反映出来，没有学会的地方能够得到及时的纠正。常用的实践法有：导师制、轮岗法、特别任务法等。

1) 导师制

(1) 什么是导师制？导师的指导方法其实很长时间以来都存在，但正式的导师制的建立却是新近的发展。导师制的起源是传统的师傅带徒弟的现场指导，在我国有着悠久的历史。这种师傅带徒弟的方法，在生产规模小、技术独特的场合中使用有效。有些师傅通过自己一生的努力积累了一些特殊的技能、知识、技巧，这些独特的经验难于用抽象的概念、文字进行叙述，只有在共同的工作中才能传授。但是这种传统的师傅带徒弟法的效率相对低，而且有些师傅的经验并不是最优的，是需要改进的。导师制是对传统的师傅带徒弟法的发展。企业中的导师制是指由富有经验的、有良好管理技能的资深管理者和操作熟练的技术人员组成导师组与经验不足但有发展潜力的员工建立的支持性关系。导师组由一个人任培训小组组长，负责协调和安排培训工作；其他成员完成自己领域的培训任务。在一个好的导师组的指导下，学习主要集中在职业标准的建立、职业发展的规划与潜能的发挥等方面。

(2) 导师制的作用。大量的研究表明，导师对于被指导者的指导功能主要可以分为两个方面：职业支持功能与心理支持功能。职业支持包括培养、保护、安排有挑战性的工作机会，使得被指导者有机会在工作与行动中得到训练；心理支持则包括充当一个朋友的角色，为被指导者提供积极的关心与认可，并创造一种能让被指导者说出自己心中的焦虑与担心的渠道。这种指导关系的获益往往是双方的，被指导人往往可以从中学习到知识，并得到拓展人际关系方面的训练，导师则可以从指导过程中获得一些学科最新发展的信息，并且激发工作的创造力。

正式的指导关系源于组织的期望，经公司的安排建立，指导关系是结构化、合约化的，一般持续时间比较短，更加集中于培养被指导人的核心胜任力和动态的能力。大多数的正式导师制计划专注于两个维度：关键技能、管理系统知识。而全面、科学的导师制计划内容应包括3个方面：技术技能、管理系统知识及组织规范、价值观和组织文化。导师制对员工的工作、学习及社会生活都将产生积极的重大影响。这种培训方式是集体智慧进行传递的有益渠道。

(3) 导师制的工作程序。导师制一般按照如图7-2所示的顺序进行。

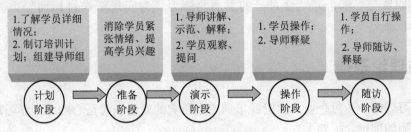

图7-2 导师制工作程序

2) 轮岗法

轮岗法是让受训员工在一定时期内到不同的岗位任职，使其获得不同的岗位工作经验。受训员工一般实际参与所在部门的工作，或观察部门员工的工作，了解所在部门的业务，获得对整个企业各个环节工作的了解。这种方法能够较大地丰富受训者的工作经验，增加对企业的了解；进一步了解自己的优势和劣势，同时改善部门之间的合作；拓宽员工的技能、技巧范围，丰富员工的工作内容，为员工的职业生涯发展奠定基础；还能在企业业务繁忙时，充分发挥现有的人力资源，完成企业的经营目标。企业实行轮岗法培训的前提是企业建立了比较完善的员工档案，对员工的技能、技巧特长和教育培训状况有详尽的记录；另一方面，员工平时注重自己各方面技能、技巧的培养和积累，做一个有准备的人。

3) 特别任务法

特别任务法是企业通过为某些员工分配特别任务对其进行培训，培训内容多为管理能力的培训。常用的形式有初级董事会、行动学习等。

(1) 初级董事会，是为来自各个部门的部门经理或主管提供分析全公司范围问题经验的培训方法。受训者针对公司高层次的管理问题，如组织结构、高层管理人员的薪酬制定、销售网络的管理、人力资源管理等提出建议，将这些建议提交董事会。受训员工仍参加部门工作。这种培训方法主要是培训中层管理人员从全局的观点考虑问题、作出决策。

(2) 行动学习，是让受训者将全部时间用于分析、解决其他部门而非本部门的问题，定期开会，就研究进展和结果进行讨论。该培训方式的受训员工完全脱离工作，能集中精力分析问题、解决问题，对管理能力的提高非常有益。

3. 游戏法

游戏培训法是由两个或更多的受训员工在游戏规则的约束下，相互竞争达到某种目标的培训方法。游戏法能够激发受训员工的学习兴趣，使员工在不知不觉中学习、巩固所学的知识、技能，开拓思路，提高解决问题的能力。培训的目的和对象不同，游戏内容不同，现在专门的培训公司开发出了很多游戏供培训中使用。主要有团队建设类、沟通技巧类、领导力与管理技能类、创造力和解决问题类、激励类等游戏。游戏培训法一是穿插在讲授培训法中，二是与拓展训练结合，通过活动达到培训目的，常见的游戏活动如：沙漠遇险、孤岛求援、红黑游戏、海上沉船、钻死亡电网等。

7.1.7 工作分析与员工培训的关系

工作分析是对组织中某个特定工作职务的目的、任务或职责、权力、隶属关系、工作条件、任职资格等相关信息进行收集与分析，以便对该职务的工作作出明确的规定，并确定完成该工作所需要的行为、条件、人员数量的过程。工作分析的结果是工作描述和任职说明。

工作分析与员工培训的关系：工作分析的结果是员工培训的客观依据，工作分析是进行员工培训的重要准备工作。通过工作分析，明确了从事某项工作所应具备的技能、知识、技巧和其他各种素质条件。而部分员工并未达到这些条件和要求，需要企业通过不断的培训和开发提高员工的素质。因此，企业员工的培训可以根据工作分析的结果，设计和制订培训方案，并根据实际工作需要和接受培训员工的技能、技巧状况的区别，有针对性地安排培训内容和选择培训方法，提高员工的工作技能、技巧，达到工作分析中的任职要求。另一方面，通过工作分析，可以使每个员工明确其工作职责与要求，并结合自己的素质与能力，为实现工作目标而努力。所以，工作分析是员工培训的前提。

7.2 培训的理论基础

在众多的学习理论中，对企业人力资源培训产生影响的理论主要是心理学的学习理论，本书对有代表性和广泛影响的理论介绍如下。

7.2.1 刺激—反应理论

刺激—反应理论的代表人物是新行为主义心理学家斯金纳（B. F. Skinner）。他认为人是通过两类行为或反应进行学习的：① 应答性行为，又称经典性条件反射，即由已知的刺激引起的行为；② 操作性行为，又称操作性条件反射，即由未知的刺激引起的自发反应。在学习过程中，后者尤为重要。这一理论的基本假设是：行为是有规律的和被决定的，一旦发现了能激发人的行为的条件，便有可能预见，并在某种程度上决定人的行为。斯金纳强调操作性条件反射，该理论的主要特征：

(1) 强调反射是刺激和反应的函数相关；
(2) 注重反应的强化刺激；
(3) 自身的反应，可以通过外部强化和自我强化机制控制；
(4) 具有可变的、适应环境的特性是发展的。

斯金纳的这一理论强调的内容塑造、强化、消退对人员的培训有积极意义，成为企业培训的理论基础。但该理论对人的内部过程关心很少，把人与环境之间的关系看成机械的过程，环境对人的影响居支配地位。从 20 世纪 50 年代开始，斯金纳及其追随者通过大量的研究揭示了人类学习的规律，设计出程序教学的方案。程序教学的基本思想是逐步通过极为复杂的行为模式，并且每个阶段保持行为强度。在任何领域，现成能力的全过程必须分为许多小步骤，必须步步依靠强化。由于尽可能地采取连续的小步骤，所以强化的频率可以提高到最大限度，同时可能发生的错误率也可降至最小。

7.2.2 尝试—错误理论

尝试—错误理论是美国教育心理学家桑代克（E. L. Thorndike）提出的。他认为，"学习即联结，心即是一个人的联结系统"；"这些系统，下自 26 个字母，上至科学或哲学，其本身是联结造成的"；"人之所以善于学习，即因他养成这许多结合"。桑代克的学习理论又称"联结说"。所谓联结，是指情景与反应的联结，而这种情景与反应的联结则是通过尝试—错误的方式形成和巩固的。他认为，动物和人类的学习都是通过这种尝试—错误的方式而形成各种各样情景与反应的联结。

桑代克在对动物和人类进行实验的基础上，提出了学习定律，即练习定律和效果定律。练习定律是指通过尝试—错误形成的环境与反应的联结，须经反复练习才能加强。如果不进行练习，荒废停止，这种联结就会削弱。效果定律是指通过尝试—错误形成的联结受到奖励，就会得到加强；如果联结的结果受到惩罚就会减弱。桑代克还提出了学习的 5 条辅助定律：

(1) 学习者解决问题时必须灵活改变方法，直至通过尝试—错误取得成功；
(2) 学习者的态度对于取得成功有重要意义；
(3) 学习者对要解决的问题必须选择主要的而舍弃不必要的枝节；
(4) 学习者必须从已有的经验中抽取其中的因素用于新的环境；
(5) 学习者在环境改变时，可使反应从一种环境迁移到另一种情景。

桑代克认为这 5 条辅助定律是人和动物所共有的，也是人类学习的基础。

7.2.3 社会学习理论

社会学习理论又称模仿理论，创始人是美国社会心理学家班杜拉（A. Bandura）。班杜拉反对把动物学习实验得到的规律随意生搬硬套到人类的学习上。他认为斯金纳的强化方法并不足以形成新反应，只不过使原有的反应经过强化得以显露和加强而已。班杜拉认为，人是通过观察模仿行为而学会新的行为的。人可以通过个人的直接经验模仿榜样的行为，但人更多的是模仿别人的榜样行为，从而通过模仿学会新的行为模式。

总之，人可以通过观察别人的榜样行为而获得新反应。但这并不完全否认强化（奖励）在形成新反应、新行为中的作用。强化的作用在于使通过模仿获得的新行为得以巩固和加强。反之，如果通过模仿获得的新行为不是受到奖励，而是受到惩罚，则这种新行为就难以巩固，甚至会消失。

班杜拉的社会学习理论指出，人的学习活动是受3个相互联系的系统调节的。第一个系统是行为结果的反馈。在这一系统中，最主要的是别人的榜样行为。第二个系统是行为结果的反馈。如果模仿的行为结果得到奖励，这种行为就会保持和加强；如果模仿的行为结果受到惩罚，则具有放弃行为的倾向。第三个系统是认知系统。班杜拉认为，认知系统在通过观察进行学习时对行为的调节起着非常重要的作用。人所学到的新行为并非总是可以从外部影响（即刺激物和行为结果的反馈）预见的。在有些情况下，学到的行为并没有表现出来，通过模仿而学到的行为最初具有"符号"的形式（即观念认知的形式），而在遇到适当的情景时，这种内隐的行为就转化为外显的行为。内隐行为是否会保持及是否转化为外显行为，同样也受到行为结果反馈，即奖励或惩罚的影响。这3个系统虽然是相互联系的，但班杜拉认为前两个系统是主要的，认知系统受前两个系统的控制和支配。

班杜拉提出模仿在学习中的作用问题是从一个新的方面对学习理论的重大贡献，这一理论对教育的实践也有重要意义。但该理论有一定的片面性，因为模仿只是学习的方式之一，不能把一切学习都归结于模仿。

7.2.4 认知学习理论

认知学习理论认为学习是人类倾向或才能的一种变化，这种变化要持续一段时间，而且不能够把这种变化简单地归之为成长过程。它包括3层含义：

（1）变化的时间是相当长的，而不是一时的；

（2）变化的内容是记忆之中知识的内容和结构的变化，以及学习者行为的变化；

（3）变化的原因是学习者环境中的经验，而不是动机、疲倦、药物、生理条件或环境条件等原因。

由此可见，认知学习理论对学习的定义强调知识的变化。因此，认知学习理论认为，学习的效果只能够间接地确定，即在学习者行为的基础上作出判断。学习结果与行为操作不是一回事，学习到什么不能单指外部行为操作，应包括大脑中认知结构的变化和心理、态度的变化。学习的结果是头脑中认知结构的变化、认知方式的变化，即认知策略的变化，当然也会表现为相应的行为操作上的变化。学习的过程，不是消极地接受强化的过程和尝试错误的过程，而是积极主动地去理解（或对反馈信息加以解释）的过程。认知理论致力于研究教学操纵如何影响内部的认知过程。如注意、编码、记忆、回忆；这些内部认知过程如何导致新知识的获得及认知结构的改变；新学来的知识或新产生的认知结构如何影响操作。由此可见，认知心理学把教和学有机地结合在一起，更重视学的作用；既注意学习的外部条件，又重视学习的内部条件。

7.2.5 建构主义学习理论

建构主义学习理论是行为主义发展到认知主义以后的进一步发展。该理论认为人们通过个人的经历和图式不断地建构个体对世界的认识，建构主义学习理论强调培养受训者在真实的情景中进行问题的解决。

建构主义对学习的理解：学习是获取知识的过程，知识不是通过教师传授得到的，而是受训者在一定的情景即社会文化背景下，借助其他人（包括教师和学习伙伴）的帮助，利用必要的学习资料，通过意义建构的方式而获得的。

认知主义学习理论进一步发展为建构主义的这种变化远比从行为主义到认知主义的转化更具有革

命性意义。因为建构主义认为世界虽然是客观的，但是对于世界的理解和赋予意义却是由每个人自己决定的。所以建构主义提倡创设一个更开放的学习环境，在这个环境中，学习的方法和结果不容易被测量出来，而且每个受训者的学习方法和结果也可能不同。

虽然建构主义学习理论和认知主义学习理论是完全不同的两个理论，但是建构主义学习理论同认知主义学习理论却有着相似的观点。比如，它们都将人类的思维过程和计算机对信息的加工处理进行类比；它们都支持图式理论，并都认为将超媒体、多媒体用于教学会收到较好的效果。

当今建构主义者主张：受训者是以自己的经验为基础来建构现实，或者至少说是在解释现实，受训者个人的经验世界是用他自己的头脑创建的，由于受训者的经验及对经验的信念不同，于是受训者对外部世界的理解也是不同的。因而，他们更关注如何以原有的经验、心理结构和信念为基础构建知识。他们强调学习的主动性、社会性和情景性。

7.3 企业员工培训工作的流程

企业培训工作流程是一个培训环，主要由培训需求分析、培训计划与设计、培训方法的确定、培训资料的开发、培训实施和培训工作的评估几个环节构成。这几个环节的关系如图7-3所示。企业员工培训工作的流程就是围绕这几个环节展开的。

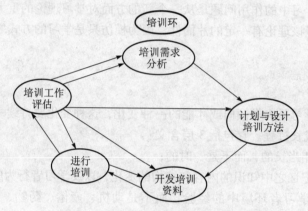

图7-3 企业员工培训工作培训环

7.3.1 培训需求分析

1. 培训需求分析的定义

培训需求分析是指在规划和设计每个培训活动之前，由培训部门和部门主管等采用一定的方法与技术，对组织和员工的目标、任务、知识、技能和工作态度等进行系统的鉴别与分析，以确定是否需要培训和培训内容的过程。培训需求分析是实施培训管理的首要环节，是确定培训目标和制订培训计划的前提，同时也是进行培训评估的重要依据。

2. 培训需求分析的层次

培训需求分析应该从3个层面进行，才能够得到比较准确的分析结果，制订科学、有效的培训计划和实施方案。培训需求分析的3个层次是：个人层面、组织层面、战略层面。

1）个人层面的培训需求分析

培训需求分析的第一个层面是个人层面。员工个人是企业组成的最基本细胞，企业的培训也要落实到每个员工。培训需求分析时，首先应该分析员工的知识结构、员工的专业与专长、员工的年龄结构、员工的兴趣和爱好、员工的工作能力、员工的工作现状和不足之处、员工的职业生涯规划，并考虑员工的工作性质与特征、工作的饱和程度、工作内容、形式及其变化。培训部门、部门主管和岗位任职人员通过这些分析，确定受训人员和培训内容。

2）组织层面的培训需求分析

进行组织层面的培训需求分析时，从客观的角度分析，确认组织短期、中长期的发展目标，结合企业的组织目标、组织资源、组织特征、组织环境、企业整体人力资源存量现状，设计企业员工的培训计划。

3）战略层面的培训需求分析

企业有各种层次、各种内容的战略，培训战略是企业诸多战略中的一部分，是对企业战略的重要支撑。培训需求分析时，需要结合企业发展的战略，预测未来对人才种类的需求，以及企业发展需求的员工的知识、技能和能力。如：未来需要多少和什么类型的工作人员？现有人力资源中有多少人员通过培训能够满足企业发展的需要？通过战略层面的分析，使企业的培训具有持续性、前瞻性。

3. 培训需求分析的方法

培训需求分析包括两个基本的环节：一是搜集培训需求信息，二是汇总、整理和分析这些信息，从而最终确定企业的培训需求。

1）培训需求信息的收集方法

培训需求信息收集方法有：面谈法、重点团队分析法、工作任务分析法、观察法、调查问卷、专家指导法等。

（1）面谈法。面谈法是指培训部门为了了解员工在哪些方面需要培训，就受训对象对工作或对自己的态度，或者是否有什么具体的计划，并且由此而产生相关的工作技能、知识、态度或价值观等方面的需求而进行面谈的方法。

面谈法有个人面谈法和集体会谈法两种。个人面谈法是分别和每一个参加培训的对象进行一对一的交流。集体会谈法是以集体会谈的方式，培训者和受训员工在会议室集体参加讨论，探讨培训需求的问题。面谈法了解培训需求时，培训者和受训员工面对面地交流，可以充分了解相关方面的信息，可以促进双方的了解，建立彼此的信任关系；但面谈的成功要求培训者有较高的面谈技巧，而且一般员工不是很愿意将自己的个人发展计划轻易告诉别人，面谈的效果可能不理想。

（2）重点团队分析法。重点团队分析法是指培训者从受训员工中选出一批熟悉问题的员工为代表参加讨论，来调查培训需求信息。重点团队分析法比面谈法花费的时间和费用少，但组织面谈的难度相对大一些，而且要求参加讨论的员工对所代表的全体对象有比较深的了解。

（3）工作任务分析法。工作任务分析法以工作说明书、工作规范或工作任务分析记录表作为确定员工达到要求所必须掌握的知识、技能和态度的依据，将其和员工的工作表现比较，找到差距，从而得到培训的需求。工作任务分析法是一种比较准确的调查方法，只是对时间和费用要求多一些。该方法也是很多企业调查培训需求的常用方法。

（4）观察法。观察法是指培训组织部门通过对受训员工的工作技能、工作态度的观察，了解其在工作中的困难和渴望解决的问题。它是一种最原始、最基本的调查方法，对生产作业和服务性工作人员比较适合，而对技术人员和脑力类工作的培训需求调查效果不好。最好是配合问卷调查的方法使用。

（5）问卷调查。问卷调查法是培训组织部门将与培训、员工的工作现状有关的系列问题编制成问卷，发放给受训员工填写后再收回，从而进行分析的方法。问卷调查法可节省培训组织部门和受训员工的时间，调查成本也比较低，资料来源广泛；不足之处是问卷中提供的信息的真实性不易确定，而且问卷的设计难度较大。

（6）专家指导法。专家指导法主要是利用外部专家的专长对员工培训需求进行调查。常用的专家指导法有：委托外界专家进行项目调查；利用外界提供的才能评鉴中心（Assessment Center）对员工的能力、特长的测评和鉴定，找到员工差距；利用标杆学习（Bench Marking）。专家指导法得到的需求信息需要企业根据企业员工情况进行再确认，以免出现外部专家因不是十分了解企业员工状况得到的调查信息的准确度不高。

2）培训需求分析法

培训需求分析方法很多，在此从宏观的角度介绍3种培训需求分析的方法：必要性分析方法、整体性分析方法、绩效差距分析方法。

（1）必要性分析方法。培训需求必要性分析方法是指通过收集、分析信息或者资料，以确定是否通过培训来解决员工个人或组织存在的问题。具体的方法有访谈法、问卷法、观察法等。

（2）整体性分析方法。培训需求整体性分析方法是通过对企业及其员工进行全面、系统的调查，以确定理想状况与现实状况的差距，从面向企业未来发展和市场变化的角度确定企业的培训需求和培训内容的方法。具体的分析方法有 Delphi 法、头脑风暴法、趋势预测法等。

（3）绩效差距分析方法。培训需求绩效差距分析方法是通过对员工和组织绩效目标与现实的差距，寻找需要进行培训的缺口，从而确定培训需求。其特点是分析时针对工作行为的结果而非问题，也不是组织系统方面。该方法是一种广泛采用、非常有效的培训需求分析方法。

7.3.2 制订培训计划、设计培训实施方案

培训计划是根据企业的短期、中长期的发展目标，通过对企业员工培训需求的分析和预测，然后制订培训活动方案的系统过程。培训计划应在公司的整体发展计划的指导下，充分考虑到员工个人的发展要求，在有关部门的共同努力下制订出来。培训计划是一个系统过程，包括确定企业发展目标、分析现阶段差距、确定培训范围和培训对象、确定培训内容、选择培训方式、确认培训时间和地点、培训计划的调整方式和组织管理等工作。

1. 企业培训计划的类型

1）长期培训计划

长期培训计划为 5～10 年，主要考虑企业长远战略发展对人才种类（特别是管理人才）、人才的技能、技巧的需求。是宏观的、粗略的培训计划，侧重于培训的方向规划。

2）年度培训计划

年度培训计划是对长期培训计划的具体化，是对企业各部门该年度应该完成的培训任务的详细安排，包括培训时间安排、培训内容确定、培训完成和协助部门、经费预算。公司的年度培训计划应由人事部经与各部门充分沟通后负责制订。

3）项目/课程培训计划

该计划是更具体的培训计划，是企业为了某一个具体的培训目的而开展的培训项目/课程。要落实到具体培训日期、培训内容、受训员工姓名、组织部门、授课老师、经费的落实、培训程序、培训地点、培训考核、培训评估等内容。

2. 拟制培训计划的流程

企业培训是人力资源部门的重要工作内容，培训计划的制订关系到培训工作的成败，因为它将对培训工作的各个方面进行考虑并作出相应的安排。同时，培训计划也是对培训进行评估的一个重要依据。培训计划一般按照如图 7-4 所示的流程制订。

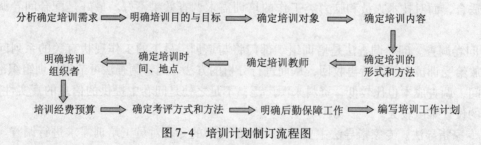

图 7-4 培训计划制订流程图

1）分析确定培训需求

培训需求是培训计划制订的根据，通过分析培训需求，才能使培训工作有的放矢，有针对性。培训需求是真正有效地实施培训的前提条件，是培训工作实现准确、及时和有效的重要保证，也是进行培训评估的基础。通过培训需求的分析，找到企业经营管理要求与现实或者企业发展的需求与企业现实的差距，确定培训的方向、内容。

2）确定培训目的与目标

确定了培训目标和目的，才能很好地确定培训对象、培训内容和培训形式、培训方法。培训目标的确定要考虑培训时间的长短、经费的多少、企业生产经营状况，一次培训目标不能定得太高，必须结合实际情况。培训目标是考核培训效果的标准。

3）确定培训对象

准确地确定培训对象，有助于控制企业培训成本，强化培训的目的，真正提高企业的绩效。企业可以运用绩效分析方法确定培训对象，也可以运用工作任务与能力分析方法，或根据组织发展需要并结合员工职业生涯的发展的方法确定培训对象。在选择培训对象时，要坚持以下原则：在最需要的时间选最需要培训的人进行培训、针对具体的岗位或职位及其在组织营运中的重要程度选择、充分体现员工个人发展愿望与组织需要的结合等原则。

4）确定培训内容

培训内容与培训对象是相辅相成的，选择了什么样的培训对象，就要进行相应内容的培训。培训可以针对员工的操作技巧、技能培训，也可以针对人际关系、沟通能力、管理能力、企业文化等方面进行培训。

5）确定培训的形式和方法

培训形式和方法主要是根据培训内容、培训目的、企业培训资源和受训员工的特点确定，恰当的培训形式和方法将提高培训的效果。

6）确定培训教师

培训效果的好坏与培训教师的水平有很大的联系，主要是考虑培训教师的专业和工作经验，并要在培训经费范围内。

7）确定培训时间和地点

培训时间选择得及时合理，就能保证企业目标和岗位目标的实现，提高劳动生产率。培训时间的选择要考虑员工的工作状况、培训时间的长短、培训方法的运用。培训地点主要结合培训方法的选择、培训时间的长短、经费的预算进行考虑。

8）明确培训组织者

明确培训组织者，即明确培训的责任人。只有确定了培训组织者，培训的各项准备工作、培训期间的协调工作、培训后勤保障工作、培训后期的评估等工作才能全面、顺利地开展。人力资源部一般是企业日常培训工作的组织者。

9）培训经费预算

培训费用是培训工作得以开展的经济基础，包含两个部分：整体计划的执行费用；每一个培训项目的执行或实施费用。培训经费预算包括培训成本预算和培训收益分析两个方面。培训成本有直接成本和间接成本，如：培训教师费用、交通费用、培训项目管理费用、培训对象受训期间的工资福利、培训中的各项支出。培训收益分析多为潜在收益，如通过培训对生产成本的降低、员工生产效率的提高等方面。

10）确定考评方式和方法

为了提高培训的效果，每次培训必须进行适当形式的考评或考试。考评形式有笔试、面试、操作；笔试又分为开卷、闭卷；面试和笔试的题型有开放式和封闭式两种。企业要规定相应的培训激励方式，将培训考评或考核结果充分利用到员工日常的奖金发放、职位的晋升、优秀和先进的评选等工作中。

11）明确后勤保障工作

后勤保障也是培训工作顺利开展的物质基础，明确了后勤保障工作，有利于培训部门与后勤保障部门工作的协调，保证培训工作按时、按量、高质量地完成。

12）编写培训的计划

在以上工作全部落实后，一份培训计划的基本内容也就确定了，接着编写培训计划，经主管领导签字后实施。培训计划应该让相关部门都保留一份，以便工作的安排和协调。

3. 制订年度培训计划的步骤

（1）制订初步计划。

（2）管理者对培训需求、培训方式、培训预算等进行审批。

（3）培训部门组织安排企业内部培训过程，确定培训教师和教材，或联系外派培训工作。

（4）后勤部门对内部培训过程的场地、设备工具、食宿交通予以落实。

（5）培训部门根据确认的培训时间编制培训次序表，并告知相关部门和单位。

4. 企业培训计划的内容

培训计划是企业开展培训工作的工作手册，一份完整的培训计划包含以下几个方面的内容。

（1）培训目的，即培训工作要解决的问题或者要达到的目标。

（2）培训原则，即制定和实施培训时要遵循的原则。

（3）培训需求，在企业经营和管理过程中，与现实存在的差距，需要通过培训进行提高、弥补的方面。

（4）培训的具体目标，即培训工作需要达到的具体目标、结果。

（5）培训对象，即接受培训的具体员工或什么岗位的任职人员，以及受训员工的教育水平、学历、实际工作经验、技能状况、工作绩效状况等。

（6）培训内容，即培训中培训老师讲授、讲解、说明的客体，也是受训员工需要操练、熟悉、掌握的部分。

（7）培训时间，培训时间指3个方面的内容：① 培训计划的有效期为多长；② 计划中的每个培训项目的培训时间；③ 培训计划中每个培训项目的培训周期。

（8）培训地点，即培训工作实际开展的地方。

（9）培训形式和方法，即培训计划中每个培训项目所采用的培训形式和培训方法。如：是岗前培训还是在职培训，或者外派培训；是采用讲授法，还是采用管理案例法等。培训形式和方法的选择是培训工作取得成功的关键因素之一。

（10）培训师资，即培训计划中授课老师的选择是企业内部的高级管理人员或技术专家，还是外聘的专家教授或行业专家。企业培训师资一般选择理论和实践都比较丰富的授课老师。培训师资可以外部聘请，也可以内部培养。

（11）培训组织者，即培训计划的执行人和培训计划中每一个培训项目执行人或责任人。企业中，人力资源部常常是培训组织者之一。

（12）培训后的考评方式，指每个培训项目完成后，如何开展对受训员工的培训效果的考核和检测。考评方式有：笔试、面试、操作。笔试又分为开卷和闭卷。考评方式主要由培训内容和培训目的确定。以技能、技巧为培训主要内容的，常采用操作的考核方式；知识性培训，常采用笔试的考核方式。

（13）培训经费预算，包括两个部分：一是整体计划的执行费用；二是每一个培训项目的实施费用。企业应该每年从收入中提取固定比例的费用作为员工培训经费，以提高员工的素质和能力。

（14）计划变更与调整方式，指计划变更或者调整的程序及权限范围。

（15）计划审批或签发人，即培训计划的审批人或签发人。

7.3.3 培训计划的实施

培训计划的实施是指把培训计划付诸实践的过程，是达到培训目的和目标的基本途径与手段。它是整个培训工作中的一个实质性阶段。分前期准备阶段、培训实施阶段、培训工作回顾和评价等几个阶段。

1. 培训准备阶段

1）确认并通知受训员工

在培训正式开始前，培训组织者需要事先对受训员工的资格进行审核，看是否有变化或不属于受训范围的员工，确认后一般应该在培训开始前一周通知受训员工，以便受训员工对自己的工作作出相应的安排和调整，并进行一定的培训准备工作。

2）确认培训后勤准备

确认培训后勤准备工作是否到位，如培训场地、培训设施与设备、培训经费、培训教材和培训资料、受训员工就餐和住宿（外出培训）、交通工具的准备等。确认培训场地是否适合培训方式，确认培训教材和培训资料是否到位、签到表是否准备齐全、受训员工花名册是否完整、培训证书的印制是否准确，检查培训设备是否运行正常等。

3）确认培训时间

确认培训的时间安排是按培训计划进行，并保证培训工作的顺利开展。主要是两个方面：培训日期安排和培训长度安排。

4）培训资料和设备的准备

确认培训教材、检查培训设备是否运行正常、签到表是否准备齐全、受训员工花名册是否完整、培训证书的印制是否准确等。

5）培训教师的安排

培训正式开始前三四天，提前与培训老师确认培训时间，联系培训教师的交通、住宿、就餐等问题。

2. 培训实施阶段

1）培训上课前的准备工作

培训前工作有：① 培训现场的路标布置；② 培训现场的布置；③ 准备茶水、播放背景音乐；④ 学员签到；⑤ 培训资料的发放；⑥ 课程及教师介绍；⑦ 宣布培训课堂纪律。

2）培训开始的介绍工作

培训开始前的介绍内容有：① 培训主题；② 培训教师的介绍；③ 介绍后勤安排；④ 培训课程的介绍；⑤ 培训目标和日程安排；⑥ 学员的自我介绍。

3）知识或技能的传授

培训老师通过讲授、有组织的讨论、非正式的讨论、提问和问答等方式和方法对受训员工进行培训。

4）培训器材的维护、保管

培训过程中，要爱护培训器材和设备。同时，培训组织者要做好培训协调工作，及时了解培训学员的反映，及时与培训教师沟通；协助上课、休息时间的管理；做好录音、摄像工作。

3. 培训考核或考评

培训结束后，应该进行一定形式的考核或考评，并将考核或考评情况进行公布。对于不合格者，应该按企业的培训管理制度进行补训，并给予相应的处罚；而考核或考评优秀者，给予相应的表彰和物质奖励。

4. 培训的回顾与评价

在培训工作即将结束时，培训组织者要对培训的内容和学员学习情况进行总结，提出希望。培训后的工作有：① 向授课老师致谢；② 培训效果问卷调查；③ 培训证书的颁发；④ 培训设备、仪器的清理、检查；⑤ 培训成果的评估。

7.3.4 培训工作的评估

1. 培训评估的步骤

（1）进行需求分析，暂定评估目标；

（2）如果可能，要建立基本的数据库；

（3）选择评估方法；

（4）决定评估策略；

（5）最后确定评估项目所要达到的目标；

（6）估算开发和实施培训项目的成本/收益；

(7) 设计评估手段和工具；
(8) 在适当的阶段收集评估数据；
(9) 对数据进行分析和解释；
(10) 根据评估分析结果调整培训项目；
(11) 计算投资回报率；
(12) 对培训项目的结果进行沟通。

2. 培训评估的层次和方法

(1) 反映评估。通过交流或问卷调查了解受训员工对培训的反映情况。
(2) 学习评估。以考卷或实际操作来测试，以评估受训员工究竟学习或掌握了多少知识、技巧。
(3) 行为评估。通过受训员工部门主管或同事的反映，培训组织部门对受训员工工作行为的观察，评估受训员工的工作行为发生的变化。
(4) 结果评估。培训组织部门通过对受训员工的工作效率的测算及工作绩效变化的比较，评估培训在工作结果上的提高。

3. 常见的培训评估模型

1) 柯克帕特里克的4级评估方法

柯克帕特里克的4级评估方法如表7-1所示。

表7-1 柯克帕特里克的4级评估

级 别	问 题
1. 反应	学员对培训项目的哪些方面感到满意？
2. 学习	学员从培训项目中学到了什么？
3. 行为	通过培训，学员的行为是否发生了变化？
4. 结果	行为的变化是否对组织产生了积极的影响？

2) 考夫曼的5级评估方法

考夫曼的5级评估方法如表7-2所示。

表7-2 考夫曼的5级评估

级 别	评 估
5. 社会效益	社会和客户的反映、结果和报偿情况
4. 组织效益	组织的贡献和报偿情况
3. 应用	在组织中个人和小组的应用情况
2. 掌握	个人和小组的掌握能力情况
1b. 反应	方法、手段和程度的接受情况和效用情况
1a. 可能性	人力、财力和物力的有效性、可用性和质量

3) CIRO评估方法

该方法有4种基本的评估级别，分别由4个单词的首字母组成：① 情景评估（Context Evaluation）、② 输入评估（Input Evaluation）、③ 反应评估（Reaction Evaluation）、④ 输出评估（Output Evaluation）。

该评估方法可以对3个层次的目标进行评估。

(1) 最终目标：培训项目将消除或克服组织内部的特殊缺陷。
(2) 中间目标：为达到培训最终目标而必不可少的使员工行为的改变。
(3) 直接目标：员工必须具备的新知识、新技能和观念，以达到行为的变化和目标的实现。

4) CIPP评估方法

CIPP 评估方法如表 7-3 所示。

表 7-3 CIPP 评估

级别	解释
情景	确定相关环境，鉴别需求机会，并对特殊问题进行诊断
输入	输入所需要的信息资料，用来确定如何最有效地使用现有资源才能达到培训目标
过程	为负责实施培训项目的人们提供信息反馈
成果	对目标结果进行衡量和解释

5）菲力普司的 5 级投资回报率评估方法

菲力普司的 5 级投资回报率评估方法如表 7-4 所示。

表 7-4 菲力普司的 5 级投资回报率

级别	解释
1. 反映和既定的活动	评估学员对培训项目的反映及略述实施的明确计划
2. 学习	评估技能、知识或观念的变化
3. 在工作中的应用	评估工作中行为的变化及对培训资料的确切应用
4. 业务结果	评估培训项目对业务的影响
5. 投资回报率	评估培训效果的货币价值及培训项目的成本

4. 对培训各个阶段评估的作用及其评估内容

1）培训前评估的作用和评估内容

（1）作用。培训前评估的作用有：① 保证培训需求确认的科学性；② 确保培训计划与实际需求的合理衔接；③ 帮助实现培训资源的合理配置；④ 保证培训效果测定的科学性。

（2）评估内容。培训前评估的内容包括：① 培训需求整体评估；② 培训对象知识、技能和工作态度评估；③ 培训对象工作成效及行为评估；④ 培训计划评估。

2）培训中评估的作用和主要内容

（1）作用。培训中评估的作用有：① 保证培训活动按照计划进行；② 培训执行情况的反馈和培训计划的调整；③ 过程监测和评估有助于科学解释培训的实际效果。

（2）评估内容。培训中评估的内容包括：① 培训活动参与状况监测；② 培训内容监测；③ 培训进度与中间效果监测评估；④ 培训环境监测评估；⑤ 培训机构和培训人员监测评估。

3）培训效果评估的作用和主要内容

（1）作用。培训效果评估的作用有：① 效果评估有助于树立结果为本的意识；② 效果评估有助于扭转目标错位的现象；③ 效果评估是提高培训质量的有效途径。

（2）评估内容。培训效果评估的内容包括：① 培训目标达成情况评估；② 培训效果效益综合评估；③ 培训工作者的工作绩效评估。

4）企业培训评估结果的应用

（1）总结经验教训，改进培训工作。"失败乃成功之母"，通过对过去培训工作的总结，发扬优点，吸取教训，为以后的培训工作质量的提高打下基础。

（2）反馈培训结果，提高组织绩效。通过培训评估，可以总结培训取得的成果，进一步提高组织的绩效。

（3）宣传培训成果，争取更多支持。培训工作需要得到企业高层领导的支持，通过培训评估，特别是成绩的取得，可以进一步得到企业高层领导对培训工作的认同、支持，为以后培训经费的获得奠定基础。

7.4 管理人员的培训与开发

7.4.1 管理人员培训与开发的特点

1. 重要性、效果的潜在性

目前，很多企业对管理人员的培训不是很重视，迷信个人经验，把管理当科学，认为一个有几年的实际管理经验或基础工作经验的管理人员的经验放之四海而皆准，可以凭个人经验正确行事。而真正管理人员要胜任管理工作，必须开发出他的决策能力、组织协调能力、人事能力、沟通能力、洞察能力等。这些能力的开发必须接受专业人员、专业机构提供的专业培训。"管理出效益"。管理人员的培训和开发对企业带来的效益是深远的和持久的，只是效果具有潜在性，可能在短时间内不会明显地表现出来。

2. 重点突出理论和理念

管理人员的开发与培训同普通员工相比，在培训内容上更突出对管理理论和理念的传输，使管理人员在管理方式和方法上得到提高。学习课程有管理与组织发展、经济分析与决策、市场管理、决策学、战略计划等，以提高管理人员的业务能力；也可以学习社会心理学和行为科学等课程。作为管理人员，除了提高管理能力外，还得做好人事工作，懂得如何激发下级的积极性，懂得如何处理好上下级的关系。

3. 培训时间有长有短，办学形式灵活多样

由于管理人员工作繁忙，很难抽出时间进行长时间的集中学习，企业管理人员的学习时间长短不一，机动灵活，短则数日、数周，长则数月、一年或两年。一般说来，期限较长的中、高级管理人员培训，学习内容与战略问题有关，期限较短的基层管理人员学习重点是解决一两个技术性问题。

4. 管理人员培训与开发是企业整个培训工作中的一个重要组成部分

管理人员的培训与开发是整个培训工作的有机组成部分。企业在培训需求调查和制订培训计划时，既要考虑基层员工的培训，也要考虑管理人员的培训与开发，而且要把它放在一个比较重要的地位。

7.4.2 管理人员培训与开发的内容

针对不同层次的管理人员，培训与开发内容不同。

（1）基层管理人员培训与开发内容包括：生产管理、沟通技巧、协调技巧、时间管理、计划的制订和实施等。

（2）中层管理干部培训与开发内容包括：人力资源管理、市场营销、沟通技巧、时间管理、执行力培训、协调技巧等。

（3）高层管理人员培训内容包括：宏观战略管理、组织行为学、领导科学、财务管理等。

7.4.3 管理人员培训与开发的形式

管理人员培训与开发的形式有如下几种。

1. 在职开发

大多数管理人员的培训与开发是在工作中进行的。提高实际工作能力，熟悉企业的基本情况，积累管理经验，独立地展示自己的才能，也对下级进行实际的考察。这种方式的优点是不会使替补训练的人产生不切实际的想法，也不会打击那些未被晋升的人的积极性。缺点是开发和培训的系统性不足，不全面，不严格；培训和开发昂贵、费时、效率低；只局限于企业内部，对外界的新知识、新思维、新方法吸收不够。这种方式一般不单独使用。

2. 替补训练

替补训练是将每一名管理人员指定为替补训练者，在完成原有责任外，还要求熟悉本部门上级的

工作。通过熟悉上级的工作，了解管理工作，从而锻炼管理能力。这种培训与开发方式的优点是有利于管理的连续性，并且训练周密，管理人员在预订接替的工作环境和职位上工作，为管理人员指明了一条明确的晋升路线，有利于管理人员职业生涯的规划和发展；不会出现因上级管理人员离职而无人管理的现象。缺点是将打击未被指定替补人员的积极性，引发员工内部的不当竞争，也使部分上级因害怕被替代而不愿意对替补训练者进行培养；也容易导致培训开发只局限于企业内部，对外界的新知识、新思维、新方法吸收不够；培训与开发比较分散。

3. 短期理论学习

短期理论学习是提高管理人员管理水平和理论水平的一种主要方法。它有助于提高受训员工的理论水平，了解某些理论的最新发展动态，并在实践中及时运用一些最新的管理理论和方法。主要方式是把管理人员集中数天、数周，按照明确的管理培训课程进行集中培训与开发。短期学习经常是委托专业培训机构、商学院进行的。优点是管理人员能够在短时间里集中精力学习，短时间内提升快，学习内容集中，学习有针对性；缺点是管理人员需要脱离工作一段时间，而且学习内容与工作联系不是很紧密。这种培训与开发方式适合于专项学习。

4. 职务轮换

职务轮换是受训管理人员在不同部门的不同主管岗位或非主管岗位上轮流工作，使其全面了解整个企业的不同岗位的工作内容，获得不同的工作经验，为以后晋升高层次管理岗位做准备。职位轮换有3种情况：非主管工作的轮换、主管职位间轮换、事先未规定的主管职位间轮换。

1）非主管工作的轮换

即管理人员在企业的基层第一线进行轮岗。通过这种轮换，使受训员工了解企业最基层的各类业务活动、工作流程；了解基层非主管人员的工作情况和精神状况。优点是受训管理人员能够了解企业的各种业务活动、工作流程，密切与基层员工的关系。不足是时间不好控制，时间长了费用太大，也会影响受训者的积极性；时间短了，不容易了解和把握各类业务活动的实质，达不到培训的目的。这种培训与开发方式在中国企业使用较多。

2）事先未规定的主管职位间轮换

这种培训与开发方式，事先未规定受训管理人员到哪个主管岗位轮换和轮换时间，根据受训主管人员的具体情况，来确定轮换岗位和时间长短。这种轮换方式需要培训主管部门制订一个计划和监控措施，经常对受训人员的情况进行评估，调整轮换岗位。不足之处是受训管理人员对培训工作无明确的时间划分，有时候影响工作安排。

3）主管岗位间轮换

即受训人员在同一层次的各个不同部门的主管岗位上轮换。目的是使受训管理人员在不同的岗位上根据各个部门的不同特点，学习实际管理经验，积累不同部门的管理经验，全面提高管理技能。优点是可以开阔受训管理人员的视野，培养全面管理能力；缺点是轮换可能会影响到各个部门的相对稳定性，各个部门轮换时间也不好控制；轮换中的管理人员缺乏管理权限，不承担真正进行管理工作时所负的责任，不能完全考察出受训人员的管理能力。

岗位轮换的目的有：使管理人员学会按照管理的原则从全局而不是从岗位方面来思考问题；培养管理人员全面管理的能力和技巧。

5. 决策训练

决策训练即"解决问题和处理问题的方法训练"，让受训管理人员正确地掌握决策的步骤，如提出问题、提出假设、收集数据、制订方案、分析方案、选择方案、测定结果。这种培训与开发方法重在逻辑推理、数学模型、计算机和创造力分析等方面进行探索，目的是提高决策的有效性，使受训管理人员形成科学的决策思维习惯和模式。缺点是模型下的决策相对理想化，在实际操作中需要结合企业和行业的实际情况，进行相应的校正。

6. 决策竞赛

培训中模拟出企业管理中常常发生的各种事件，让参加者作出决策。决策竞赛经常由许多人分成小组，由小组作出决策，各组之间展开比赛，看谁的决策效果最佳。提高决策竞赛培养受训人员的思维能力、决策能力。

目前，国际上流行一种决策竞赛是GMC（国际企业管理挑战赛）。竞赛的规则是：首先假定当前的经济条件、市场状况、生产设备、人员和资金情况，在指定的时间内，要求参赛者就销售、研发、人事、生产设备、服务等方面如何运用资金作出决策。决策被记录在专门的表格上并提交给裁判，由裁判输入计算机，计算机经过模拟运行后输出结果，包括新的市场供求状况、各小组（公司）的股价变化情况。结果反馈给参赛者，让他们作出新的决策。如此循环，一般经过30轮左右的比赛确定胜负，整个比赛持续一年左右的时间。通过比赛，受训员工培养了在多种变化情况下的决策能力、协调能力、沟通能力等。

7. 角色扮演

角色扮演是管理人员培训与开发中常用的方法。角色扮演前，先要构造出一个类似于日常管理工作的特定情景，受训者被要求将自己假设为该特定情景中的一个角色，然后受训者在角色扮演中扮演和发展这个角色的行为，常应用于商业沟通、企业伦理、战略管理、多方谈判、环境问题管理、跨文化沟通等内容的培训。角色扮演是主动学习方法，通过让受训者扮演某一特定情景下的角色，营造出使受训者主动参与的学习环境，能促使受训者在特定情景的模拟中主动地投入学习活动，有助于受训者理解在解决或评价管理问题时所遇到的各种人际关系。角色扮演适合于学习和探索组织的人际心理因素的作用，通过角色扮演可以到达3种目的：一是使初学者获取其职业发展所需要的人际沟通技能与经验；二是探索现代组织中人际关系因素的相互作用；三是探索企业或组织机构制定决策的过程及其规律。角色扮演要成功，需要指导教师具备较强的指导与控制能力。

8. 敏感性训练

敏感性训练是直接训练管理人员对其他人的敏感性。因为管理人员必须通过他人来完成任务，要想工作上取得成功，就必须重视自己的上级、下级、同事的情感、态度和需求。敏感性训练经常准备有成套的边听边看的课程，并设计一些活动，让学员在相互影响的实践中，亲自体验相互影响是怎样进行的。敏感性训练强调的不是训练的内容，而是训练的过程；不是思想的训练，而是感情上的体验。这种培训方式需要受训人员认真体会，从内心深处产生共鸣，使自己以后在工作中利用正确的方式调动周围人员的积极性，共同完成生产、经营目标。

9. 跨文化管理训练

跨文化管理训练主要是跨国公司管理人员培训的重要内容，随着经济全球化进程的加快，这是企业跨国经营、发展的需要。培训的目的是让受训人员了解并尊重各国不同的文化、价值观念，使员工树立一种观念"各种文化没有好坏之分，只是各不相同，我们必须理解和尊重各自的文化"，在日常的管理工作中，与各国员工和平共处、顺利沟通、充分合作，共同完成企业的经营目标和发展。培训的方式有授课、讨论、观看录像，有条件的出国亲身体验。

10. 企业大学

企业大学又称公司大学，是指企业出资，以高级管理人员、一流商学院教授及专业培训师为师资，通过实战模拟、案例研讨、互动教学等实效性教育手段，对内部员工或外部合作伙伴进行企业文化培训、战略宣导、知识更新及工作能力开发，满足员工终身学习需要的一种新型教育、培训体系。企业大学是公司为了应对不断变化的内外部环境，增强竞争优势而采取的战略，在国际上比较流行。据统计，世界500强企业中已有80%以上建立了自己的企业大学。一系列实践证明，企业大学是创建学习型组织十分有效的手段，有助于企业提升管理效益。

企业大学的雏形是1972年通用汽车创建的GM学院，20世纪90年代得到快速发展。中国的企业大学建设起步较晚，到20世纪90年代由摩托罗拉、西门子等外资企业引入这一全新的培训理念和形式。随着经济实力的增强及全球化竞争压力的增大，很多企业效仿跨国公司建立了自己的企业大学。据统计，中国企业建立的企业大学已超过1 000所。

纵观中外企业大学，根据不同的标准有不同的分类方法。下面按照两种维度进行分类。

（1）根据企业运营的内在特点和企业大学教学的主导内容，可分为① 生产技能型；② 服务沟通型；③ 科技创新型。

(2) 按照创建模式分类，可分为：① 自主创建型；② 校企合作型；③ IT 导入型。其特点包括：大学性、企业性、针对性、虚拟性和合作性。

7.5 培训的组织管理工作

7.5.1 培训中的控制管理

管理控制是为了预防可能发生的组织、管理、实施过程中出现偏差，保证管理工作的效果和质量。而培训中的控制管理是保证培训工作按计划顺利进行，实现培训目的，提高和改善培训效果的保证。为了减少培训所造成的损失，及时纠正错误，培训中的控制管理采用阶段性控制和主动控制，在培训工作的各个阶段引进控制管理，以保证培训工作的顺利开展。具体来讲，就是在培训需求确定、培训目标确定、培训实施、培训的考核和评估等 4 个阶段实施控制管理。

1. 培训需求确定阶段的控制

是否准确地确定培训需求直接影响着培训成本和效果，也是培训工作开展的第一个环节。在对培训需求进行确定时，应该进行控制管理，要求与培训工作有关的各个方面人员共同确定培训需求，即人力资源部培训主管、培训组织部门的组织者及其直接上级、岗位任职人员、直接主管上级、各级领导都参与培训需求的工作中，共同确定培训需求，从而准确地确定培训需求，预测培训需求，制订培训计划。

2. 培训目标的确定和控制

在准确地确定了培训需求后，接着需要正确地确定培训的目标。在确定培训目标时，也需要进行控制管理。也要求与培训工作有关的各个方面人员共同确定培训目标，即人力资源部培训主管、培训组织部门的组织者及其直接上级、岗位任职人员、直接主管上级、各级领导都认真确定培训目标，既要考虑员工的培训需求、员工的工作现状，同时需要结合培训的方式和方法、培训经费的预算，确定合理的培训目标，切忌目标过高或过于理想化。

3. 培训实施过程的控制

培训计划和培训目标都是通过具体的培训工作来实现的，在培训实施过程中，需要依据培训计划对培训的开展进行控制。控制内容主要有：培训完成质量的控制、培训时间的控制、问题和反馈控制、受训员工出席培训课程的状况的控制、培训费用的控制等方面。

4. 培训考核和评估的控制

对培训考核和评估的控制是事后控制，虽然对本次培训过程没有实用价值，但对以后培训工作的提高具有重要意义，而且也可以对人力资源的其他相关工作提供有用的信息。培训考核和评估的控制主要是严格按培训计划中的考核方式和方法进行考核、认真收集培训的有关信息、认真地进行考核评估、正式渠道公布培训考核结果并实施适当的奖惩办法。企业应该重视对培训考核和评估的控制工作，形成对培训考核和评估重视的氛围，以便在以后的培训工作中，受训员工和相关领导积极、严格地按培训要求参与培训工作，增强培训效果。

7.5.2 培训师的选择和培训

培训计划的落实由培训师通过各种活动组织完成，培训师的知识面、业务熟悉程度、培训技能和技巧、个人魅力等方面影响着培训效果的好坏，所以对培训师的选择和培训是培训工作的重要内容。

1. 培训师的来源

培训师主要有两大来源：企业外部聘请和内部培训。这两种来源各有利弊，培训组织者应根据企业的实际情况，确定适当的内部培训师和外部培训师的比例，增强培训效果。

1) 外部聘请培训师

企业外部聘请培训师主要是高等学校的专业教师、专门培训结构的培训教师和其他企业的行业专家。这类培训师理论水平高；擅长组织培训活动、幽默风趣；培训师能给企业带来许多新的理念；企业选择范围大；对受训对象有一定的吸引力。缺点是培训费用较高，而企业对这类培训师了解不是很全面。

2）内部培训师

内部培训师主要是人力资源部培训主管、企业的管理人员和业务专家。他们对企业文化、企业环境、培训需求、企业员工现状比较了解，能为受训员工带来大量的第一手的经验和知识；培训费用也比较低（多数费用包含在工资中），而且培训时间好安排；培训相对易于控制。缺点是培训业务技巧可能比外部聘请培训师要差一些；企业对培训师的选择有限；培训师看问题有一定的局限性。

2. 培训师的选择标准

培训师必须具有较高的素质，才能适应培训教学的需要。企业在选择培训师时，虽然不能面面俱到，但可以参照以下标准进行。

（1）拥有培训热情和教学愿望，对培训有热情和兴趣；具有培训授课经验和技巧；能够熟练运用培训中的培训教材与工具。

（2）具有良好的交流与沟通能力、组织能力、互动能力、表演能力、场面控制能力，能很好地组织培训活动。

（3）善于在课堂上分析问题、解决问题，帮助学员解决工作中的难题；具有引导学员自我学习的能力和启发学员进行思维的能力。

（4）对培训内容所涉及的问题应有实际工作经验；积累与培训内容相关的案例与资料，充分挖掘学员工作中的案例。

（5）具备经济类、管理类和培训内容方面的专业理论知识，全面熟悉企业人力资源管理的相关内容。

（6）了解、熟悉、掌握培训内容所涉及的一些相关前沿问题，具有敏锐的洞察力、较强的学习能力和创新能力；充分了解当前国内外的宏观经济形势。

3. 培训师的培训

1）培训培训师的意义

基于培训师对培训工作圆满完成的重要性，企业应该培训培训师。培训培训师有如下作用。

（1）给知识：传授知识，传授经验。

（2）给系统观念：新观念是旧元素的新组合，价值在于给出系统化的新思路。

（3）给思想：思想方法决定行为方式，培训师的行为包含着自己独特的思想理念，传达给学员。

（4）给体验：互动交流中，把自己的心得体会带给学员，共同创新。

2）培训培训师的内容

（1）培训授课基本技巧。授课的基本技巧包括：语言的使用技巧、体态、教材的编写、教学环境的布置、时间掌控技巧、授课进度的掌控技巧、课堂氛围的营造技巧、课间游戏设计和使用、授课的开头与结尾、课间提问技巧和答问技巧等内容。

（2）教学工具的使用培训。对培训工作中经常使用的投影仪、幻灯机、录像机、摄像机等工具操作使用的培训。

（3）培训内容的培训。针对不同来源的培训师进行相应培训内容的培训。对外部聘请的培训师进行企业的实际情况如企业文化、规章制度、工作流程等内容培训；对内部培训师进行专业的理论新动向或新技术等知识的培训。

（4）其他与培训工作有关的专业知识培训。为了让培训师正常开展工作，可以对培训师进行如企业内部战略规划、企业内部对象层次划分、培训管理等专业方面的培训。

（5）培训师职业道德的培训，如：职业信条、职业操守、培训师的主要职责、历史使命等。

3）培训师培训的方法

对培训师的培训可以参照前面谈到的培训方法进行，如：脱产培训（参加人力资源管理方向的脱产学习）、在职培训（利用业余时间参加培训）、自学（直接主管指定学习资料，培训师自我学习）等。

7.5.3 培训的成本管理

1. 培训成本预算

培训成本预算就是对培训项目进行成本—收益分析，主要是利用会计方法决定培训项目的经济收益的过程，从成本和收益两个方面进行考虑。

培训成本有直接成本和间接成本。主要有培训师费用、交通费用、培训项目管理费用、培训对象受训期间工资福利、培训中的各种开支、员工因参加培训代替他们工作的临时工的成本或产生的损失。

企业在进行成本预算时，要考虑如下因素：

(1) 参加培训员工的数量和层次；
(2) 每期有多少员工同时离岗培训？离岗时间多长？
(3) 员工离开岗位，部门主管安排其他同事代替是否要额外支付报酬？整个培训项目中总共多少？
(4) 培训师与受训员工的最佳比例是多少？最多可以容纳多少员工受训但不影响培训效果？
(5) 参加培训计划的人员成本、设施费用、培训地点费用等；
(6) 培训从计划设计、安排、协调、实施到培训评估所需要的时间、人力、物力；
(7) 培训在哪些方面会产生直接和间接的效益，直接效益的计算方法；
(8) 培训成本分担期限的界定及人数或成本中心的计算方式应合理确定；
(9) 培训计划是企业自己设计还是参加企业外部专门培训结构的培训，或购买现成的训练套装，与培训人数、次数、培训目的、培训目标有关。

2. 计算培训成本

培训成本的计算有很多方法，目前比较常用的是资源需求模型计算法和会计计算法。

1) 资源需求模型计算法

该方法是通过对培训各个阶段（培训需求调查、培训项目设计、实施、培训评估）所需的设备、设施、人员和材料的成本的计算，得到整个培训总成本。该方法有助于明确不同培训项目成本的总体差异，以及不同阶段的成本。也可以利用该数据对培训的不同阶段进行调整。

2) 会计计算法

该方法是对培训过程中的各种成本利用会计方法进行计算，从而确定培训成本。计算的成本有：培训项目开发或购买成本、向培训师和受训员工提供的培训材料成本、培训设备和硬件成本、设施成本、交通及住宿和用餐成本、受训员工及辅助人员工资、员工参加培训而损失的生产效益等。会计计算法计算培训成本浅显易懂，也便于掌握和操作，是运用比较多的计算方法。

3. 培训收益的估算

培训的收益有些是显性的，但大部分是隐性的、长远的。主要有时间效益（培训使员工任务完成的单位工作时间缩短）、质量效益（完成任务的质量的提高）、成本效益（因培训而减少受训员工的师傅及岗位领导辅导其工作期间的工资、奖金、补贴的减少）、经济效益（因培训提高了生产率、生产量、销售量而产生的经济效益的提高）、战略效益（培训为企业中远期的发展打下了智力基础，提高了员工的素质，增加了企业的整体工作效益和质量，增强了企业的生产竞争力和核心能力）等。培训收益的确定方法有：

(1) 运用技术、科学研究及实践证实与特定培训计划有关的收益；
(2) 在企业大规模投入资源之前通过试验性培训，评价一小部分受训者所获得的收益，从而推算整个培训的收益；
(3) 通过对成功工作者的观察，帮助企业确定成功与不成功的工作者的绩效差异，从而判断培训产生的收益。

培训收益多数情况下是定性的收益，定量的收益相对少一些。

7.5.4 培训效果评估

1. 培训效果评估机制的建立

培训效果的评估是所有培训工作的难点，从战术角度而言，问题常源自于培训效果的测试难度。因此，建立科学的效果评估机制必须从以下两个方面入手。

1）合理的评价指标体系

企业可以建立全面、科学的三级评价指标体系。一级评价的对象包括员工个人，该级指标主要包括员工参加培训的态度、考试或考核的成绩等，评价的结果应与员工的晋级及绩效工资直接挂钩。二级评价的对象是职能部门或分公司，该级指标主要包括各职能部门或分公司对培训的参与、支持程度及参训人员在培训中的表现及所得到的评价等，该级的评价结果则与部门的绩效奖金、部门领导的绩效评价相挂钩。三级评价的对象是整个公司，该级指标是公司整体培训效果。评价时应把定性评价与定量评价、短期评价与长期评价结合起来，同时采用联席评价会议的方式进行。该级评估结果仅作为公司的下一步培训改进借鉴之用，并作为公司档案保存，而不与任何单位、部门与个人的利益相挂钩。

2）评估方式的正确选择

采用的评估方式主要有 4 种：后测、前后测、后测加对照组、前后测加对照组等。评估方式的选择不是任意的，应根据企业进行评估的目的选择。若评估目的是为了比较两个项目的效率或判断员工培训前后技能的变化，则采用相对严谨但费用较大的前后测加对照组；若为了测试培训成果转化后的职业行为是否达到绩效水平，则只需选择较便捷和节省费用的后测方案即可。总之，应尽量考虑到效果与效率。

2. 培训效果有关的信息种类

进行培训效果的评价，必须进行培训效果相关信息的收集，一般收集下面这些信息：

（1）培训及时性方面的信息，即培训的实施与需求在时间上是否相对应；

（2）培训目的和目标设置方面的信息，即培训目的和目标是否能真正满足培训需求；

（3）培训内容设计方面的信息，即培训内容是否能达到培训目的，适合受训员工的培训需求；

（4）培训教材选用与编写方面的信息，即培训教材是否符合培训的需求，教材内容的深度和细致程度能否被受训员工接受，培训资料的印刷质量是否符合要求；

（5）培训师选配的信息，即培训师能否有能力完成培训工作，对受训员工基本情况、企业所在的行业情况和企业的基本情况是否熟悉，是否具有教学组织能力；

（6）培训时间的安排信息，即培训时机的选择是否得当、培训的具体时间安排和培训时间的长度是否合适；

（7）培训场地选择的信息，即培训场地是否适合培训的内容、形式、方法和经费预算；

（8）受训对象确定的信息，即受训对象是否是真正需要培训的员工，受训对象的层次选择是否恰当；

（9）培训形式选择方面的信息，即培训形式是否与培训内容、经费预算相符；

（10）培训的组织和管理方面的信息，即培训的后勤服务、培训整个组织和协调工作情况。

3. 培训效果信息的收集方法

确定了培训效果收集的信息后，就需要采用恰当的方法对培训效果信息进行收集。不同的培训，评估信息收集的渠道和收集的方法不同。经常采用的培训效果信息的收集方法有以下几种。

1）资料收集法

常用的资料包括：① 培训方案；② 有关培训方案的领导批示；③ 培训的录音、录像；④ 培训需求的调查问卷、原始资料、统计分析资料；⑤ 培训实施人员写的会议纪要、现场记录；⑥ 培训教材和辅导资料；⑦ 培训考核或考评资料；⑧ 受训员工对培训的反馈意见。

2）观察法

观察内容包括：① 培训组织准备工作观察；② 培训实施现场观察；③ 受训员工出勤情况观察；

④ 培训后受训员工工作效率、工作流程等的观察。

3）访谈法

访谈对象包括：① 受训员工；② 培训师；③ 培训组织者；④ 受训员工的领导和下属。访谈内容包括：① 培训需求定位是否正确？② 培训时间、地点、长度、内容是否合理？③ 受训对象是否合理？④ 培训过程中后勤工作的优点和不足；⑤ 员工对培训工作的建议。

4）调查法

调查内容包括：① 培训需求；② 培训组织情况；③ 培训内容和形式；④ 培训师的培训情况；⑤ 培训效果。

4. 企业培训效果评估结果的应用

企业对培训效果评估的结果可以用于以下几个方面：

(1) 总结经验教训，改进培训工作；

(2) 反馈培训结果，提高组织绩效；

(3) 宣传培训成果，争取更多支持。

本章小结

员工培训是现代组织人力资源管理的重要组成部分，人是现代企业中最重要、最活跃的生产要素。培训是一项长期性的工作，要配合企业战略的落实，按需施教、学以致用，将考核与奖惩相结合，兼顾培训工作的经济性。培训可以按培训对象、培训与工作岗位关系及培训方式进行分类。根据受训者在培训活动中是否处于主体地位和培训进行的地点可以将培训分为课堂讲授培训、现场培训、自学，各种形式又有很多具体的方式。培训的方法有很多，常用的有管理案例法、课堂讲授法、研讨法、模拟法、实践法、游戏法等。

要完成一次培训工作，要经过培训需求分析、培训方法设计、培训资料开发、培训实施、培训工作评估等几个步骤。培训管理主要从培训中的控制管理、培训师的选择和培训、成本管理、效果评估几个方面进行。

管理人员的培训是企业员工培训中的重点内容之一，主要分基层管理人员、中层管理人员、高层管理人员培训，各个层次培训内容不同。常用的培训方法有：在职开发、替补训练、短期理论学习、职务轮换、决策训练、决策竞赛、角色扮演、敏感性训练、跨文化管理训练等。

本章案例

京东怎样培训6万员工？

京东商城，拥有6万员工，其中8成是基层蓝领员工，如何培训这样的员工群体？在移动互联网时代，该如何利用互联网思维开创人才培养的新模式？

有两组数据可以印证京东的变化：过去用60%或更多的时间为管理者服务，开发他们喜欢的课程；如今对管理者的服务可能只需要20%的精力，而把更多的时间、精力和力量放到了员工身上。

这就要求公司对员工的服务必须接地气，否则员工不买账，工作就会没有价值。京东目前有6万多名员工，有上千名的中高层，仅培训800名经理层就用了4个月的时间，费时又费力，而这个定式现在要被颠覆，需要重新思考：第一，是不是一定要培养人？第二，一定要开发课程吗？第三，一定要上课培训吗？第四，如何让学习变得简单、快乐？

互联网思维其实就是一种工具，能让人用新的思维方式来反思和工作。传统企业的培训效果是"高大上，听不懂"，而互联网企业追求的却是"接地气、讲干货、说人话"。互联网思维催生了种种堪称简单粗暴的方式，却往往能直击用户内心深处。

一、京东培训的三种思维能力

谈到互联网思维,实际上就是要解决"三个点"和"三大能力"的问题。

互联网思维的三个点,其实就是痛点、尖叫点、引爆点。痛点指的是用户思维能力,你对用户有没有读懂;尖叫点指的是产品思维的能力,你能不能够作出令人尖叫的产品,像微信就是这样的产品;引爆点需要有市场思维能力,也就是你的产品和服务能不能够引爆,让粉丝誓死追随。

那么,如何将这三种思维模式应用到人力资源的培训中?过去,培训的三大能力是讲课的能力、开发课程的能力和班级运营的能力。如今有新三样,第一是社群运营能力,你会不会让粉丝玩起来;第二是多媒体制作能力,让你想培训的内容成为可听、可视的声光电合一的产品;第三是爆点营销,你会不会引爆一个问题,比如"爆款"就能招人气,让客流量上来,之后让人不自觉地去传播。现在有一句话叫"饭前不拍照,臣妾做不到",不是只有来吃饭的才叫用户,真正的用户是还没吃呢,就先把照片传出去了。圈里一百个人觉得这个店挺好,下回也要去,一个带一百,这种用户才是真正的用户。如果你能够用学习产品创造出这种引爆点,让大家能够帮着你传播,并且他还不觉得是在替你干活,这背后就是功夫。

二、做"有用"的培训

互联网培训的特点是什么?核心是做产品。什么叫产品?如果这门课程只能这个老师讲,不叫产品。产品是任何一个人去讲,质量都不会下降太多,它的传播范围很广大。而互联网思维,给培训带来了无限的想象空间:我们是不是能用一半的费用,一半的时间,而得到的效果却不减?对此,我们有四个做法:第一个是有用,第二个是少花钱,第三个是少花时间,第四个是心甘情愿。

先说说有用。最关键是你的客户(学员)和客户的领导觉得是否有用。如何评判他们的满意度?比如感谢信,包括具体哪里好、对自己及部门有哪些帮助,以及是否有后续的行动计划等。

在对其进行内部调研时发现,公司很多专业级人才中,有50%的人职业梦想是成为管理者。但作为要靠技术驱动未来的京东,需要更多的安心做技术的人才。问到为什么要成为管理者,回答通常是:"成为管理者,才有更多的话语权。"再问:"你们愿意做审批吗?愿意开各种会议吗?""不愿意,我就想让别人听我的。"这就太简单了,这就是痛点。于是,对其培训可以围绕他们做一些尖叫的产品,其实就两点:给他们更大的舞台和更多展现的机会;让领导和员工都认识他,让他说话有人听。

京东围绕这一块做了两个产品,一个叫京东TALK,一个叫京东TV。京东TALK就是模仿美国的演讲秀模式,一个铺着红地毯的舞台和两块显示屏,一块显示倒计时(共18 min),还有一块用来放PPT。而这个舞台只允许专业人士上来,管理者一律免来。京东第一次请了一个曾经是研究无人机的博士程序员,他讲了自己的工作,叫"虚拟试衣"。讲完这个程序之后,他立刻就火了,很短时间内就成了公司的名人。

三、做让人尖叫的培训产品

在设计领导力培训时,京东发现公司缺干部,管理者又抽不出时间上课。怎么使产品令人尖叫、不花时间又能达到效果?公司发现有一个一对一的情景测试很有用。以往是小组测试,很多人都可以滥竽充数,而这个要一对一面试、考试,谁都逃不过去的"以考代培"的培训方式,的确很具挑战性。而怎么让大家接受这个方式,引爆他们的热情?考试谁都不喜欢,但公司在培训中灌输了一个观点:管理者是磨出来的,而能够过关,说明你是一个好的管理者。

对于京东内部近5万的蓝领员工(配送员近两万名,其余是仓储、分拣、客服等),这些一线员工的痛点到底在哪儿?

调研后发现了四大痛点。第一个痛点是学历低,大部分人都是高中学历,流失率高;第二是没有空调,他们的工作环境、学习环境较差;第三个是没有时间,工作压力大;第四个是没有茶歇,基层员工看到总部培训中有茶歇、有服装,而自己啥都没有。

据此,怎么做尖叫的产品?京东尝试用开放大学的模式,让他们变成大专和本科学历,有机会鲤鱼跳龙门;进行硬件设施改善,现在在每个仓库配一个教室,改善学习环境;开发微信产品,让他们在手机上随时能进行碎片化的学习;统一标配,总部和一线员工同样标准,每天课程配备人均8元的茶歇。

引爆点两个：第一个产品叫"我和东哥做校友"，第二个产品叫"我在京东上大学"。"我在京东上大学"是一个平台性的产品，京东跟北航等几所大学合作，开设了电商本科和大专的学历教育，鼓励学员自费来学。京东管理者在动员会上特意说：很多人借钱结婚，借钱买房，甚至借钱生娃，能不能借钱读一个本科，让自己鲤鱼跳龙门？现在，已有400多名员工报名。而其激励方式是与校方谈好了折扣价，员工两年半后拿到学历，会给他奖励，如果学习期间晋升了一级，减免1/3学费，晋升两级减免1/2，晋升三级整个课程全免费。用这样的产品，去激励大家靠自我的动力来学习。

四、"少花钱"也能做培训

培训一定要大投入吗？少花钱并不等于质量不好，最关键在于你相不相信内部的资源比外部资源更有价值。京东曾在618店庆大促销时做过一个知识分享活动，活动为时1 h。

第一步：员工间交换题目，形成联盟。共有35个题目，随机发给大家；与其他人交换主题，寻找自己擅长的主题；找到能够相互支撑的朋友，形成7～8人的联盟。

第二步：活动开始安静地创作，也叫迪斯尼转盘。版主在问题旁写上自己的名字，认真填写第一帖；将自己的问题卡传递给左边的同事；阅读前面同事的回复，写上自己认为更有价值的信息；不断传递，补充进去最有价值的信息。

第三步：能量集市。所有人起立，拿着自己的主题，选择一张白板纸，将自己的问题和已经收集到的回复张贴到白板纸上；分享自己的成功经验和处理方法，而每人回帖不少于8个；版主最后选出3个最佳回帖，贴上红点，任务就算完成了。

活动结束后，还有一项工作，就是编辑把贴红点的答案往前放，其他参考答案往后放，这就形成了解决关键问题的小册子了。这对于对618了解不多的员工，是一个非常好的项目式培训。

所以说，少花钱背后最关键的逻辑叫推手，在于你能不能推动公司内部专家帮你干活。京东的梦想就是让这些专家们白天给公司干活，晚上给京东大学干活。而且，他们是心甘情愿帮你干。

五、"心甘情愿"的攻心术

京东有一个产品叫"专业脱口秀"。某京东管理者在内部找了个能言善道的85后员工，让他围绕业务条线，以脱口秀的形式每周推出一档节目，介绍几种业务的趋势和公司内部的变化，要讲得有趣，就像现在的相声，几乎是几十秒钟就抖一个包袱，因为客户已经越来越重口味。因此，他可以找编辑，也可以自编自演，京东每月给他一定的课程开发费。用这样的方式，可更快速地推动公司内部知识的传递。

再比如"京东TV"，是一个内部视频传播的培训方式，源起"老刘有话说"。京东将刘强东的演讲视频，按主题切分成10 min左右的若干个片段播出，反响很好。这些内容能不能由全员来创造？京东于是尝试做一个项目叫"快手酷拍"。发现许多配送员不喜欢培训，他们都是按单计酬，培训会占用时间。于是京东鼓励配送员用闲暇时间，用手机把他们工作中的重点记录下来，自编自演自传，通过海报邮件造势，再加之超值大奖激励，通过拉票赚人气和围观投票，最终有58个视频脱颖而出，有5 000多张选票，数千条评论。最后，问这些人要什么奖品，原本打算奖励iPhone三件套，结果员工说："不要小的，要50寸以上的大彩电，并且直接京东配送到我的老家去。"这就是引爆点。

过去培训就是要改变A（态度）和S（技能），但这个逻辑要有新的调整，现在关注knowledge是更加符合互联网的模式。现在的假设都已经改变了，人才的储备率远高于10年前，同时"80后"、"90后"的知识学习转化能力明显强于"70后"。学习是一种开启后自发延续并完成的过程，大量的知识会推动每个人的自我成长。比如说满血复活的项目，它非常难做。很多课程都是让大家痛哭流涕，自我更新，更新完之后继续折磨自己和折磨别人。能不能用简单的办法在两三个小时里解决实际问题。最近，据说快餐时代的人不需要用很复杂的方式去满血，可以尝试用5 min吃一个葡萄干，闻一闻，看一看，捏一捏，嚼一口，感觉它在身体里吸收的过程。5 min吃一个葡萄干，如果能体验好，其实能达到旅游一个月的目的。现在的社会需要用更短的时间解决同样高质量的问题。事实上，解决情绪压力要大于培训内容本身。

六、培训的终极目的是绩效

为什么个体和组织都能心甘情愿地投入培训。通过建立一种学习生态系统，让学员自动自发地学习，以知识习得为方法，而目的是为了提升能力。京东设计了"京东年级"这样的能力等级项目，用一种显性且易操控的方式，鉴别员工的成长与价值。"京东年级"能体现出员工的学习任务、知识贡献等，同时用各个年龄层都喜欢的语言表达和宣传形式，来引爆员工的热情。

京东尝试搭建了一个灯笼模型的方式，底座叫小的 E-Learning，京东把它做成每个岗位、每个层级必修课程的平台，且考试都包含在这里；中间灯笼身是大的动态知识库，包括京东 TV，京东论坛，包括各部门的知识库，把它变成共享平台；灯笼帽是挖掘，往往是京东大学内或者行业专家，基于业务部门需要，从灯笼身里列出来叫知识列表，当知识列表出来之后，其实就形成了课程开发初步的蓝本。如果没有这个素材库，很多课程开发就都是原创，有了这些积累就是二次开发，更简单，时间更快，这样就变成搜集、挖掘和应用的循环过程。

现在的智能终端设备越来越多，会推动培训越来越快地从学习领域到绩效领域。培训能不能帮到绩效，有没有像顾问一样去帮助它，能不能做到用智能的系统去做推送，使人更轻松地工作，将决定人力资源工作的价值。

资料来源：京东怎样培训 6 万员工. 中国人力资源开发网. 2014-08-18. 本书采用时略有改动。

思考题

1. 京东的员工培训思想体现了哪些特点？
2. 借鉴京东的员工培训理念和经验，分析如何选择培训内容、培训方式和培训师。
3. 有人说"计划不如变化"，年度培训方案设计后，在运行过程中面临很多新变化和新问题，讨论如何解决年度培训方案的有效实施问题。

本章思考题

1. 一份完整的培训计划包括哪些内容？
2. 如何进行培训工作的管理？
3. 常用的培训方法有哪些？各有什么特点？

参考文献

[1] 李春苗，林泽炎. 企业培训设计与管理. 广州：广东经济出版社，2002.
[2] 郭京生，张立兴，潘立. 人员培训实务手册. 北京：机械工业出版社，2002.
[3] 余凯成，程文文，陈维政. 人力资源管理. 大连：大连理工大学出版社，2002.
[4] 李春苗，林泽炎，裴丽芳. 企业培训设计与管理. 广州：广东经济出版社，2002.
[5] 于桂兰，魏海燕. 人力资源管理. 北京：清华大学出版社，2004.
[6] 劳动和社会保障部，中国就业培训技术指导中心. 中国企业人力资源管理人员：人力资源管理师、高级人力资源管理师工作要求. 北京：劳动社会保障出版社，2002.
[7] 贝尔德维尔. 人力资源管理现代管理方法. 北京：经济管理出版社，2008.
[8] 彭剑锋. 战略人力资源管理理论、实践与前沿. 北京：中国人民大学出版社，2014.

第 8 章

员工职业生涯管理

本章要点

1. 职业生涯管理的理论与方法
2. 职业生涯路径选择
3. 影响职业生涯变化的主要因素
4. 职业生涯发展模式
5. 职业生涯管理与组织竞争优势

开篇案例

微软的知识型员工职业生涯规划——给员工足够多的机会

微软亚洲工程院对知识型员工的职业生涯管理的成功经验值得借鉴。他们把知识型员工分为两种类型：一种是遵循某种线形的发展轨迹发展的员工，这群人目标明确，他们渴望征服、渴望超越、渴望挑战更高……针对此类需求，为员工们提供了没有天花板的上升空间，只要员工在某一个职位上表现出了超越平凡的实力，他们便会被提拔和重用；另一种员工总是希望尝试开拓新的职业领域，例如，软件设计和开发人员想从事产品经理的工作，此时他们便可向管理者提出要求，而管理者则会安排他们做一些本属产品经理职能范围内的事，尊重员工转换角色的愿望，并为他们提供"角色平移"的美妙机遇……微软亚洲工程院院长张宏江在总结有效管理知识型员工的时候提出了5条法则：

法则1，要招聘到合适的人，管理便成功了一半；

法则2，根据员工个人的兴趣和追求，帮助他们实现职业梦想；

法则3，为员工设立能力不断提升的"梯级"；

法则4，构建出"独一无二"的企业文化；

法则5，当员工选择离开公司，追寻更远大的理想时，我们所能做的是理解、接受和祝福。

作为全球软件霸主，全球60 000多名员工，基本都是纯正的知识型员工，相信在知识型员工管理方面，微软有自己的独到之处，这5条法则也被国内众多IT企业捧为管理知识型员工的金科玉律而加以效仿。

这5条法则基本上就是对知识型员工职业发展路径的一个完整的描述：从招聘时选择合适的员工构建职业发展规划的基础，到根据员工兴趣和追求设定不断提升的职业发展"梯级"，直到员工离开公司给予祝福，那也是员工职业规划的另一个起点……

杰克·韦尔奇曾说："确保组织在未来的成功关键在于有合适的人去解决最重要的业务问题，无论他处在企业的哪一个等级和组织的何种职位，也无论他处在世界上的哪个角落。"这句话值得每个企业在管理知识型员工的过程中好好体会……

资料来源：林彬. 有效激励知识型员工的达·芬奇密码. 人力资本，2006（10）. 本书采用时略有改动。

8.1 职业生涯管理的理论与方法

8.1.1 职业生涯的基本概念

1. 职业生涯、职业生涯规划与职业管理

1) 职业生涯

所谓职业生涯（Career），是指一个人在一生中所经历的与工作、生活、学习有关的过程、经历和经验。该定义包含了与职业生涯关系密切的3个重要要素。第一是与工作有关的因素，包括不同的工作岗位、不同的管理职位的过程、经历和经验。比如在组织中职位的变换、职务的升迁或工作内容的变化。第二是生活方面的因素，这主要是指随着社会经济的发展、物质生活水平的提高、个人阅历的丰富所带来的个人需求层次的变化对个人职业发展规划的影响。这些个人生活方面的因素往往会影响和改变个人的职业选择。第三是学习方面的因素。个人职业的发展总是与个人的学习努力紧密联系在一起的，个人学习的动机和愿望在很大程度上会影响甚至左右个人职业生涯的选择。在这3个要素中，与工作有关的因素是最重要的，这是因为职业生涯主要是与工作联系在一起的。因此，对职业生涯的研究与组织的需求联系起来，这是研究有组织的员工职业生涯的基础。

2) 职业生涯规划

职业生涯规划（Career Planning）是指将员工个人的职业发展目标与组织的人力资源需求相联系的一套制度安排和实践。它包括两个层面的内容，一是对个体而言，即指个人根据自己的兴趣、爱好、专业等方面的情况，对自己未来的工作和职业所做的选择或者安排。二是对组织而言，特指有组织的员工职业生涯规划。从职业规划的发展历史看，早期的职业发展主要针对的是员工个人，随着企业间竞争的加剧，竞争的源泉逐渐由财力和物力资源的竞争向人力资源的竞争转变，有组织的职业开发活动和发展规划成为主流，并成为战略性人力资源管理的重要内容。加里·德斯勒认为，筛选、培训、绩效评价等人力资源管理活动在企业中扮演着两种角色，从传统的意义上讲，这些职能的作用在于为企业物色合适的工作人员，另外一个角色则是为确保员工的长期兴趣受到企业的保护，强调鼓励员工不断成长，使他们能够发挥出全部潜力。将传统的人事或人事管理称为人力资源管理的目的就是为了反映这种角色。企业之所以进行人力资源管理，一个基本的假设就是，企业有义务最大限度地利用员工的能力，并为其提供一个不断成长及挖掘个人最大潜力和建立成功职业的机会。企业所有的人力资源管理和开发活动的出发点都是基于在满足企业需要的同时满足员工个人的需要。一方面，企业从具有创新和献身精神的员工所带来的绩效贡献中获利，员工则从工作内容更具有挑战性的职业中获得利益。正是基于这个原因，员工职业生涯问题已逐渐引起企业的极大关注，并成为企业重要的竞争手段。

3) 职业生涯管理

职业生涯管理（Career Management）是建立在有组织的员工职业生涯规划和发展基础之上的，通过对职业生涯的管理，一方面能够正确识别员工的能力和技能，引导员工的职业发展，加强和提高企业进行人力资源管理和开发活动的准确性，增强员工在商场、职场和官场的适应能力和竞争能力。另一方面，有效的员工职业生涯开发活动又能通过员工的努力提高企业的获利能力和水平。最终的结果是达到组织和员工的双赢。

2. 传统职业生涯与现代职业生涯的异同

早期的或传统的职业生涯主要关注的是员工个人方面的问题，重视的是个人的发展及实现自己的理想和目标，以及为组织的长远发展培养接班人，因此，它重点强调的是某种职业中的一系列职位或组织内工作的历程，如政府部门中副科长、科长、副处长、处长、副局长、局长等行政序列；企业中副经理、经理、副总经理、总经理等职务序列。现代意义上的职业生涯则指经常改变的职业生涯，即由于人的兴趣、知识、能力、价值观及工作环境的变化而导致人的职业生涯也经常发生改变。在传统职业生涯的概念中，特别强调在组织中管理层级的升迁，并将其作为判断个人成功的唯一标准。而现代意义上的职业生涯概念在继续关注这一点的同时，一方面将重点开始向培养那些具有潜力的基层主管转移，包括项目管理人员、负责具体技术事务方面的专家或人士，因为组织的成功既需要卓越的领导者，同时也需要在各个专业领域内出类拔萃的员工。另一方面，现代意义上的职业生涯将个人的心理成就和自我价值实现作为判断个人职业成功的重要标准。之所以会出现这些变化，有两个主要原因：一是组织成员都了解管理岗位的稀缺性，二是随着社会经济的发展和需求层次的提高，新的职业不断出现，新的职业标准也将陆续不断颁布。这些为劳动者的工作选择提供了更多的机会，劳动者可以根据自己的兴趣、爱好，选择一个最适合自己的职业和工作，并在此基础上实现和满足自我的价值。

8.1.2 职业生涯理论综述

1. 约翰·霍兰德的人业互择理论

约翰·霍兰德是美国霍普金斯大学心理学教授和著名的职业指导专家。他于1959年提出了具有广泛社会影响的"人业互择"理论。他根据自己对职业性向测试的研究，即根据劳动者的心理素质和对职业的选择倾向，发现了6种基本的人格类型或性向，在此基础上将相应的职业也划分为6种类型，即现实型、研究型、社会型、传统型（常规型）、事业型、艺术型。

（1）实际型：这种类型的基本特征是愿意从事那些包含体力活动并需要一定技巧、力量和协调性的职业，愿意使用工具从事操作性强的工作，动手能力强，做事手脚灵活，动作协调，不善言辞，不善交际。这一类的职业主要包括各类技术工人及农场主等。

（2）研究型：这种类型的基本特征是抽象思维能力和求知欲强，喜欢独立和富有创造性的工作，知识渊博，有学识才能，不善于领导他人。因此，主要会从事那些包含较多的思考、组织、理解等认知活动的职业，而不是那些以感觉、反应或人际沟通及情感等主要以感知活动为中心的职业。这一类的职业主要有自然和社会科学家、研究人员、大学教授、工程师等。

（3）社会型：具有社会性向的人的主要特点是喜欢为他人服务，喜欢参与解决人们共同关心的社会问题，重视社会义务和社会责任，因此，容易被吸引从事那些包含着大量人际交往内容的职业，而不会是那些需要大量智力活动和体力要求的职业。这一类的职业包括教师、医务人员、外交人员、社会工作者等。

（4）常规型：具有这种特征的人一般喜欢结构性且规则较为固定的职业，喜欢按部就班地工作，喜欢接受他人的领导，个人的需要往往要服从组织的需要。这类职业主要包括银行及其他公司职员，以及档案、图书、统计、会计、出纳、统计、审计等方面的工作。

（5）事业型：这种类型的基本特征是自信、善交际、具有领导才能；喜欢竞争和敢冒风险，容易被吸引去从事那些组织与影响他人共同完成组织目标的工作。这一类型的职业包括领导者、企业家、管理人员、律师等。

（6）艺术型：具有艺术型特征的人通常会被吸引去从事那些包含大量自我表现、艺术创作、情感表达及个性化活动的职业，如艺术家、演员、音乐家、主持人等。

约翰·霍兰德的人格性向的意义在于提供了一个劳动者与职业的相互选择和适应的方法，劳动者如果能与职业互相结合，便能达到理想的工作和适应状态，这样就使劳动者能够充分发挥自己的主观能动性，提高工作的满意度，使其才能与积极性得到充分的发挥。

以上对人格性向的划分并不是绝对的，在现实中，大多数人都具有多种性向。约翰·霍兰德指出，这些性向越相似，则一个人在选择职业时所面临的内在冲突和犹豫就会越少。为了进一步说明这种情况，他建议将这6种性向分别放在一个正六角形的每一个角上，每一个角代表一个职业性向。图中的某两种性向越接近，则它们的相容性就越高。如果某人的两种性向是紧挨着的话，那么他或她将会很容易选定一种职业。如果此人的性向是相互对立的话，那么他或她在选择职业时就会面临两难的境地。

2. 埃德加·施恩的职业锚

职业锚（Career Anchor）的概念是由美国学者埃德加·施恩提出来的。所谓职业锚，是指当一个人在进行职业选择时，无论如何都不会放弃的至关重要的东西或价值观。埃德加·施恩认为，一个人的职业选择和规划实际上就是一个持续不断的探索过程。在这一过程中,每个人都在根据自己的天资、能力、动机、需要、态度和价值观等逐渐地形成较为清晰的与职业有关的概念和思路。随着一个人的阅历和工作经验的丰富,对自己的了解就越多,在此基础上就会逐渐形成一个明确的或占主导地位的职业选择倾向。因此,职业锚的确立是一个较长的过程,要想预测它是非常困难的。施恩根据自己对麻省理工学院毕业生的研究,提出了以下5种职业锚。

1) 管理型职业锚

具有这种职业倾向的人往往表现出很强的管理他人的动机和信心,担任较高的管理职位是他们的最终目标。施恩的研究发现,这些人之所以具有这种动机和信心,是因为他们认为自己具备3种重要的能力:一是分析能力,即在信息不充分及不确定的情况下发现、分析和解决问题的能力;二是人际沟通能力,即在各个层次上影响、监督、领导、操纵及控制他人的能力;三是情感能力,即在情感和人际危机面前只会受到激励而不会受其困扰的能力,以及在较高的责任压力下不会变得无所作为的能力。

2) 技术性职业锚

具有这种职业倾向的人一般总是倾向于从事那些能够保证自己在既定的技术领域不断发展的职业,一般不太愿意从事管理他人的工作。

3) 创造型职业锚

施恩的研究发现,麻省理工学院的毕业生之所以后来能够成为成功的企业家,一个重要的原因就在于他们具有一种创新的欲望,即自己能够创造一种完全属于自己的东西——如一件署有他们名字的产品或工艺、一家他们自己的公司或一批反映他们成就的个人财富等。

4) 自主与独立型职业锚

具有这种职业倾向的人在选择职业时一般具有一种自己决定自己命运的需要,他们不愿意在一种依赖其他人管理或控制的环境中工作,这些人中很多具有技术型的职业倾向,但他们的目标并不是到一个大企业去实现自己的抱负,而往往是选择独立工作的形式,如大学教授、咨询专家或作为一个小型企业的合伙人。

5) 安全型职业锚

具有这种职业倾向的人比较看重长期的职业稳定和工作保障,比如做政府公务员等。

8.2 职业生涯路径选择

8.2.1 职业生涯发展路径

所谓职业生涯发展路径,是指员工个人根据自己的专业、兴趣、爱好、职业动机及组织能够提供的机会等因素,在管理人员的指导下,所提出或制定的对员工个人未来职业发展的策划及安排。

1. 传统的职业生涯发展路径

传统的职业生涯发展途径主要有行政途径和专家型发展模式两个方面的内容。行政途径主要是指员工在工作中所经历的不同阶段和不同职务的经历或过程,如党政机关、事业单位的行政级别、企业中的管理层级等。行政途径的共同特点是追求职务的晋升,以及建立在职务晋升基础上的薪资的增加,并将此作为职业开发成功的标志。专家型发展模式是指主要依靠专业技术获得专业技术职务的晋升,如医生、律师、会计师、建筑师等,并将此作为一种专业的终身承诺和职业开发成功的标志。之所以称其为"传统",主要是指这种职业路径的单一性,而且这种职业发展路径带有"一岗一薪"、"薪酬歧视"的特点。所谓"薪酬歧视"是指一个员工虽然业绩优秀,贡献很大,但由于其没有管理职务,其薪酬始终被限制在一个相对较低的水平上,在这种情况下,当员工感到付出与回报不成比例时,可能就会导致员工业绩水平的下降或离职。

2. 现代职业发展路径

现代职业发展路径的一个重要特点是重视员工的兴趣、爱好、专业水平,并将此与组织的发展有机地结合起来，具体表现为跨专业和跨职能的螺旋型发展模式。与传统的职业发展路径相比，现代职业发展路径在继续关注管理者和接班人培养的同时，更加注重员工岗位胜任能力的培养，同时根据各自的工作性质和特点，为员工提供更加丰富化的工作内容，在此基础上培养和提高员工的工作满意度。

1）横向职业发展路径

所谓横向职业发展路径，主要是指通过在组织内部的工作或岗位轮换，考察员工能力、发现员工特长、培养不同工作岗位上的工作经验的一种方法。通过向员工提供横向职业发展路径的选择，可以更进一步地解决人岗匹配和员工工作满意度的问题。要做好横向的职业流动，需要企业建立一套完善的职位信息系统，定期或不定期地公开发布职位需求信息。

除了组织内部的岗位轮换外，在不同的组织之间，也可以进行具有相同性质的外部工作轮换。目前在一些省、市的政府机关中就开展了这项工作，这有点类似于挂职锻炼。比如，省厅一级的干部到对口的市一级单位或到上一级的主管部门挂职，市局一级的干部到省一级或县一级单位挂职等，都具有外部轮换的性质。企业界的轮岗就更普遍。这种轮换的优点在于将轮换者或受训者置身于不同于自己组织的特定环境，通过实际的工作体验，在感性认识的基础上进行更深层次的挖掘和反思，以总结或提炼出适合自己企业的人力资源发展思路或框架。

2）双（多）重职业路径途径

双（多）重职业发展途径是指为员工提供管理发展路径和技术（专业）发展路径两项选择。管理路径即指企业管理人员的继承计划或接班人的培养制度，特别是对于那些既具备管理才能、又具备技术背景的员工，企业要给予更多的关注，根据组织和个人双方的选择决定他们的职业发展路径。这是企业经营管理工作的一项重要内容。技术（专业）发展路径主要是为那些技术出众而不愿从事管理工作、或技术优秀但不具备管理背景、或具备管理背景但企业暂时没有空缺职位的员工设计的。在这种职业发展模式中，员工可以根据自己的能力、兴趣、爱好及组织所能提供的机会，选择适合自己的职业发展路径。比如，对于那些只关心技术不愿管理他人的人，着重培养其在技术方面的发展潜力。其中，根据技术人员专业水平的高低，还可以进行技术人员职业阶梯系列的设计。

3）组织晋升

组织晋升即指前述管理路径的内容。对于任何一个组织来讲，要获得长期稳定的发展，不同管理层级的接班人培养制度是非常重要的，也是有组织的员工职业生涯规划的重要内容。我们经常听到或看到的"管理者继承计划"、"接班人制度"、"第三梯队"等都是指这些内容。

4）员工绩效能力评估及提升

根据组织发展需要对员工的能力和技能进行评估，提出改进和提升其价值创造能力，不仅是组织绩效管理的重要任务，同时也是有组织的员工职业规划的重要内容。搞好员工绩效能力评估的关键取决于组织是否建立有完善的人力资源管理开发系统，以及随时根据组织发展的要求对员工的工作胜任能力进行跟踪和评估。其中，员工绩效信息反馈是非常重要的一个环节，只有掌握了这些信息，才能够有针对性地通过培训、开发、轮岗等多种形式提升员工的价值创造能力。

5）岗位需求信息发布

岗位需求信息发布是一套完整、有机的系统，它兼顾了组织、管理者和员工个人的需求，从而为公司在发现人才和提供个人职业生涯机遇等方面的工作提供了明确的指导，同时员工也能够定期或不定期地通过这套系统获得组织内部职务、职位的空缺和需求信息，并能够在符合总体原则的情况下根据自己的情况选择更加适合他们的岗位。

6）各种类型的职业发展研讨会

职业发展研讨会的主要目的是组织的管理者或聘请的职业指导专家与组织成员共同讨论职业发展问题。并不是每一个组织成员都了解什么是自己最擅长的领域、最适合做什么工作、个人性格与工作之间的关系及影响职业成功的因素，或者是虽然了解自己的优势，但却不知道如何与组织的要求相匹配。职业发展研讨会就是为组织及其成员提供一种如何解决这些问题，制定职业发展规划的信息交流和沟通的管道。研讨会这种形式体现了组织对其成员的关爱和负责任的态度，因而成为一种有效的职业指导和职业发展的工具。

8.2.2 双重职业发展途径的特点及目的

1. 双重职业发展途径

如前所述，双重职业发展途径主要适用于技术人员和非管理人员。对于技术人员来讲，有很多人并不擅长搞管理工作，而非管理人员虽然没有管理职务，但很可能他们从事的工作非常重要，对企业的贡献很大，但由于歧视性的薪酬政策，导致他们的薪酬低于管理人员。由于这部分人在企业的人数较多，他们的工作表现和业绩对企业的影响也较大，因此对企业来讲，应该找到一条能够激发他们工作激情的方法来调动其积极性。双重职业发展路径的提出，无疑是解决这一问题的有效方法。在"双通道"职业路径中，管理人员的职业发展是建立在管理和指导责任的加重，获得升迁基础之上的，技术人员则以专业技术的贡献大小获得专业技术类职务的升迁。技术人员可以在两条职业路径上进行选择。既可以选择管理序列（如果具备管理能力），也可以选择技术序列。其次，为了解决导致技术人员流失的歧视性的薪资政策问题，双重职业发展路径打破了传统职业发展路径中的"薪酬歧视"的局限，即处在同一个层次或等级上的管理人员和专业技术人员的薪酬可以是相同的，在企业中的地位也是平等的。这样，通过构建双重职业发展路径，强调专业技术知识和管理技能同等的重要性，鼓励不同专业、职位的人员通过利用他们的专业知识和技术为企业的发展作出贡献，并得到应有的报酬和综合发展，作为其职业生涯成功的标准，而不必一定要成为管理者，特别是不能要求企业从合格的技术专家中选拔和培养不合格的管理者。这样就能在相当程度上保证企业照顾到高绩效的管理者和高绩效的技术专业人员的利益，从而留住能够为企业创造良好绩效的业务骨干和优秀员工。

要做好双重职业发展途径的工作，需要企业进一步提高人力资源管理开发的水平，一是要了解和掌握员工的职业倾向，对于那些具有较强的管理型职业倾向的人，根据组织的需要和机会向其提供管理发展路径的选择；二是建立完善的指导、培训和开发体系，这是建立和实施员工的职业生涯规划的基础条件；三是对组织的薪酬体系进行调整和改革，以配合不同职业发展通道的需要。

2. 多重职业发展途径

多重职业发展路径是在双重职业发展路径的基础上产生的，即将从事技术、营销、开发等工作的非管理人员，按照不同的专业进行大类划分，每一个专业按照不同的水准再划分为不同的等级，比如，技术人员可以划分为一般技术人员通道、技术带头人通道、技术管理人员通道（即前述管理通道）。其中，又可按照技术等级水平将技术人员分为专家级技术员、核心技术员、一级技术员，或专家级工程师、核心工程师、一级工程师等。同样，销售人员可以分为一般销售通道、销售带头人通道、销售管理人员通道，按照销售能力和业绩水平，销售人员又可分为专家级销售岗位、核心销售岗位、一级销售岗位。对于非技术员工来讲，同样可以做类似的划分，如专家级员工、核心员工、一级业务员等。

战略性人力资源管理强调人力资源管理各职能之间的系统性和互相支持，在员工职业生涯规划上也同样如此。这种系统性和相互支持体现在多重职业发展通道中，包括了对"专家"、"核心"等级别的界定、建立能力模型及相应的激励支持等方面的内容。首先是界定资格，这不仅涉及利益关系问题，而且与绩效导向和组织的稳定性有关。而要做好界定工作，必须有严格的工作分析和岗位描述，在此基础上对"专家"、"核心"级别应具有的要求进行准确定义，以使其具有较强的科学性、合理性和可操作性；其次，根据岗位描述建立各等级的员工基本能力模型；最后，设计灵活的薪酬体系，以体现员工的价值。

8.2.3 评价

双重或多重职业发展通道的设计，从本质上讲是通过分权，在不同专业和层次上形成较多的具有挑战性的职位，或者通过"化大为小"，即组织职务的分解，将较大的部门划分为尽可能小的更有效率的小型工作单位，同时提供这些小型单位的管理者职位。这样不仅能够调动员工的积极性，而且通过分权和职务分解，能够在一定程度上改善和提高企业的效率。另一方面，在双重和多重职业路径实施的过程中，与之配套的薪酬体系支持是非常重要的因素，但由于企业的薪酬总额总是会有一定的上限，因此，在确定"专家"、"核心"等类别员工时，也要注意数量的限制。如果这类员工数量过多，就失去了本来具有的激励影响，同时也不利于薪酬总量的控制和管理。

8.3 影响职业生涯变化的主要因素

个人的职业生涯是一个漫长和充满曲折的过程。在这个过程中，有很多因素会影响个人职业的发展。8.3 节列举的 7 个方面的因素，可以说是影响个人职业发展最重要的方面，其中有的因素还未得到应有的重视，比如人际关系等方面的问题。研究职业生涯规划问题，需要从两个角度或两种不同的身份去思考：一是从组织的角度或以管理者的身份去考虑，因为对这些问题的认识和做法，将会影响到组织人力资源管理开发的质量和水平；二是从个人的角度或以被管理者的身份去考虑，在漫长的人生旅途中，应该如何规划和实现职业目标。希望通过对这些问题的讨论，引起在职场中拼搏的人们的高度重视和关注，以便为自己的职业发展奠定一个良好的基础。

8.3.1 环境、战略和组织结构的变化

环境、战略和结构是一组相互联系、相互影响的要素，这些要素将影响个人职业生涯的变化。当组织面临的环境发生了变化，组织战略也要进行调整，为了适应组织结构和人员的调整也在所难免。比如，当你经过多年的努力奋斗，成了你所在公司的一名高层管理者，丰厚的薪酬、良好的待遇、极佳的办公条件，众人都对你投来羡慕的目光。你也踌躇满志，对你的未来充满信心。你仍然努力工作，希望在这个岗位上继续实现你的价值和抱负。但突然有一天，你所在的公司被兼并或重组了，你的命运就可能因此而发生改变。或者因为新的老板不喜欢你或不喜欢你的风格，或者因为你所处的岗位很重要（尽管你很能干），但老板要用他所信赖的人，这样你就会被取代。这一天终于来临了，新的老板将你叫到办公室，开始时对你大肆赞扬，最后告诉你，由于工作需要，你将有新的工作安排。不论你是否接受这种安排，都意味着你的职业发展前途发生了变化或者改变。尤其是当你不愿意接受这种安排而选择离开这家你曾为之奋斗多年的公司时，你就必须重新设计自己今后的发展道路。

8.3.2 心理契约的变化

心理契约是指员工与企业双方彼此对对方的一种期待。在旧的体制下，员工希望通过努力工作和保持对企业的忠诚，换来企业对其工作的报酬和对未来工作的保障的承诺。企业则作出相应的承诺。而随着商业竞争的加剧、公司竞争压力的增加、工作岗位的丰富化、新的职业的增加、员工追求个人价值实现等方面的原因，原来的心理契约和游戏规则开始发生变化。对企业来讲，仍然要为员工提供成长和发展的机会，比如通过有效的培训和开发项目，提高员工的岗位胜任能力，通过绩效评定和激励措施来调动员工的工作积极性和敬业精神，但却不再承诺长期工作保障。以美国为例，根据效能组织中心 2002 年对《财富》1 000 强公司的调查，组织中的雇佣保障承诺报酬使用的普遍程度从 1987—1996 年开始出现大规模下降，只有 6% 的公司仍然对所有员工提供就业保障。而且拥有任何一种类型就业保障的组织，只是保障其所雇佣劳动力中较少的一部分人。因为企业也越来越认识到，长期拥有一些核心员工，对组织的长期成功尤其重要，因此他们也值得要求更稳定的就业承诺。在我国的台湾省，根据其"劳工委员会"的调查，台湾所有企业的平均寿命不超过 13 年。中国人民大学劳动人事学院完成的中关村人力资源规划研究，发现中关村的企业平均寿命只有 3.9 年。企业生命周期的缩短，使员工不再可能像 10 年或 20 年前那样永远忠诚于一个企业。现在和今后，员工对职业的忠诚会超过对某一个特定企业的忠诚。而对于员工来讲，由于工作岗位的丰富化和新的职业的不断增加，员工可以根据自己的兴趣、爱好和专业特点，选择自己最喜欢和最擅长的职业或工作。在这种情况下，员工的忠诚自然会从原来对某一企业的忠诚转变为对职业或专业的忠诚，这就导致员工对工作氛围、学习、培训及提高自身技能水平的要求日益高涨，以不断改进和建立自己在专业方面的优势地位，争取进入组织所依赖的核心员工队伍。如果这一要求得不到满足，员工就会寻求新的出路。如果

二者之间的要求在组织内部能够得到重视和平衡，就会形成对双方都有制约作用的新心理契约，双方就会在新的规则下继续合作。

8.3.3 企业文化和价值观

关于文化的定义有很多，但就其内容看，大多都是大同小异，这表明对文化本质和特征认识的一致性。Stephen P. Robbins（1994）认为，文化是指组织成员的共同价值观体系，它使组织独具特色，区别于其他组织。他特别强调文化的差异性，即文化是不同组织之间的分水岭和对组织进行鉴别的一个重要手段和工具。R. Richard Ritti 和 Steve Levy（2003）指出，文化是对构成相应的理念、态度和动机的一个普遍接受的含义和共同看法的一个系统。Richard L. Dafth 和 Raymond A. Noe（2001）认为，文化是关于公司如何行事的一套共同认识。归纳上述观点，可以将组织文化定义为决定组织中的人们行为方式的价值规范，它代表了一个组织内由员工所认同及接受的信念、期望、理想、价值观、态度、行为及思想方法和办事准则等。组织文化最基本或最核心的内容是彰示正确与错误、先进与落后、成功与失败的标准，提倡和树立在组织中应当做什么，不应当做什么，什么是对的，什么是错的，以指导员工在实现组织目标过程中的行为和行动。因此，文化和价值观包括渗透于组织日常决策中的思想、观念、方法、制度等一系列的内容。说到底，文化是不同组织之间的标志和分界线。从总体上来讲，无正确与错误之分。在一个组织中是正确的事情，放在另一个组织中可能就是不适用的，因此，可以把文化看作一个组织的个性特征。

Robbins 认为，文化首先是一种知觉，这种知觉存在于组织中而不是个人中。组织中具有不同背景或不同等级的人，都试图以相似的语言来描绘组织的文化，这表明文化对组织中所有人的共同影响。其次，组织文化是一个描述性语言而不是评价性语言，它与组织成员如何看待组织有关，而无论他们是否喜欢他们的组织。由于文化不是一朝一夕形成的，因此，表现出相对稳定和长期性的特征。正因如此，文化成为影响员工职业生涯规划的重要因素。对于组织成员来讲，要想改变组织的文化是非常困难的，重要的是了解和适应而不是改变它。组织中的个体要在一个组织中生存并获得较好的职业发展机会，首先应尽可能准确地识别组织文化的特征，然后与自我价值观进行比较，在此基础上再进行选择。由于文化会影响甚至制约管理者的决策选择，因此，员工在决定自己的职业生涯规划方面的问题时，必须考虑组织文化和价值观的影响。一般来说，员工个人的职业发展与组织文化和价值的认同之间是一种正相关的关系，也就是说，对组织文化和价值观的态度将决定员工的前途。要想有一个好的发展机会，首先要做的一件事就是调整自己的价值观，适应组织的文化，而不是相反。比如，一个思想活跃、具有创新思维、敢想敢干的员工，如果他或她所在的组织对冲突的宽容度、风险承受度小，强调严格的管理和控制，他可能就很难有一个好的发展机会。再比如，当一个组织的文化是建立在对员工不信任基础之上时，就意味着该组织的管理模式可能倾向于专制的、集权的而非民主的，该员工的任何创新思维可能都不会得到鼓励，当然也不会容忍他对组织的任何批评。在这种情况下，如果该员工选择继续在组织中工作，就必须适应组织文化的要求，这意味着他可能必须调整甚至舍弃自己的思想、观点、看法。如果该员工不愿放弃自己的主张或见解，那就只有两条路可以选择：要么离职，要么在既定的文化氛围下永远做一个默默无闻的人。

8.3.4 人际关系

所谓人际关系，是指组织中的人们建立在非正式关系基础之上的彼此互相依赖、帮助和交往，并以此获得安全感、所需资源或权利的一种社会关系。在一个人的一生中，这种社会关系是一种非常重要的资源和事业成功的保障。因此，建立并保持一个广泛而良好的人际关系网络便成为一个人在其职业发展规划中应当做得最有风险，同时也最有价值的投资。一个人一生会变换多种工作，但是一个精心维持的人际关系网络却不会变；不同的工作又接触和认识了更多的人，这意味着人际关系网络在不断扩大。如果能够对所建立起来的这一网络进行精心的维护，将会让你终身受益。黄光国（1987）指出，在重视人情和人际关系的中国社会，一个人所拥有的社会关系往往是决定一个人社会地位的重要因素。在这种以社会关系为价值导向的社会中，人们不仅根据个人本身的属性和他能支配的资源来判断其权利的大小,而且还会进一步考虑他所拥有的关系网络。一个人的社会关系越广,就意味着他的影响越大,其成功的几率也就越大。

8.3.5 性格特征及爱好

在影响职业生涯发展的若干因素中,人的个性特征和爱好也起着非常重要的作用。因此,无论是组织还是个人,对这个问题都应予以高度的关注和重视。在这方面,组织行为学的研究成果为了解和掌握这些问题提供了重要的资料。一方面,组织行为学为组织了解和掌握人们的性格特征并在此基础上进行科学合理的筛选及预测人们的行为提供了依据,同时也为个人在职业生涯的选择方面如何根据自己的性格特征进行决策创造了条件。由于人的个性特征太多而且太复杂,为了了解组织中个性特征与行为之间的关系,人们对其中的 6 个方面给予了重点关注,即控制点、权威主义、马基雅维利主义、自尊、自我监控和冒险倾向。

1. 控制点

这一观点主要将人的行为控制方式分为两种。一种是内控型,即认为自己能够掌握自己的命运。这类人的特点是:有强烈的自我控制意识,对工作比较满意,能够迅速地适应工作环境,工作的投入度高,在遇到困难时能够从自身寻找不良绩效的原因。吉姆·柯林斯在其《从优秀到卓越》一书中提出的"第五级经理人",就具有这种自我反思的品质。与之相对应的是外控型,这类人认为自己的命运主要受外部力量的控制,自己无能为力。他们对工作不满意,工作的投入度低,总是将自己不良的绩效水平归于管理者的偏见和歧视,将自己的不成功归于同事或自己无法控制的因素。不同的控制类型对职业发展的影响主要表现在:内控型的人可能具有较强的主观能动性,因而更容易获得职业的成功;而外控型的人则因为其推卸责任,因而难以得到组织中大多数人的认同,在职业发展的过程中可能更容易自暴自弃。

2. 自尊

所谓自尊,是指人们喜爱或不喜爱自己的程度,或自己对自己尊重的程度。研究表明,自尊与成功的预期之间存在正相关的关系,即高自尊者容易取得成功。在自尊与工作满意度之间的关系方面,高自尊者比低自尊者对工作更为满意,更相信自己拥有成功所必需的大部分能力,而且往往选择更具冒险性的工作和非传统性的工作。高自尊者之所以具有这些特征,一个主要的原因可能在于他们所具有的专业技术优势和良好的人际关系能力。在竞争日趋激烈的现代社会中,这两方面的优势已成为一种重要的战略性资源。而低自尊者对外界反应更为敏感,善于取悦他人,需要得到别人的赞赏,倾向于人云亦云,按照自己尊敬的人的信念和行为做事。他们之所以会这样,可能是存在某些方面的能力或技能缺陷,因而显得自信心不足,随时希望有人特别是主管对其工作提出正面的评价。

3. 自我监控

自我监控意指人们根据外部环境因素的变化调整自己行为的能力。同样可以将人分为两类,具有高自我监控个体的特征主要表现在以下方面:一是调整和适应能力强,即能够根据环境要素调整自己的能力和适应的能力强;二是灵活性强,能够根据不同情况扮演不同角色,在不同的对象面前表现出不同的态度,并能够使公开的角色与私人的自我之间表现出极大的差异;三是他们更关注他人的活动,在管理岗位上可能更成功。这里需要注意的是,面临着越来越激烈的市场竞争环境,不仅组织需要加强适应能力和提高灵活性,同时也需要组织中的员工同样具备这种能力。但员工的这种灵活性应该建立在符合组织规范和管理要求的基础之上。因此,组织对具有高自我监控意识的员工也要有相应的监控手段,即要注意原则性和灵活性的统一,如果灵活性超过一定限度,甚至演变成为一种不良的政治行为,就会违背或破坏原则。低自我监控个体的特征与之相反,他们的适应能力和根据环境变化调整自己的能力较弱,灵活性较差,而且在各种情况下都表现出自己真实的性情和态度,不能够根据不同的对象扮演不同的角色,在他们是谁及他们做什么之间存在着高度的行为一致性。但这也并非意味着这种特征就完全不合适,还需要结合工作性质等方面的情况做具体的判断。

4. 马基雅维利主义

马基雅维利主义得名于尼柯洛·马基雅维利(1469—1527),作为意大利文艺复兴运动时期著名的思想家，因写作和出版《君王论》而出名。该书问世以来，对全世界的政治思想和学术研究都产生了十分重要的影响，然而时至今日，对这本书及其作者的评价却大多毁多于誉，贬多于褒。在这本被认为是描写"如何获得和操弄权术"的专著中，一个中心的思想是强调目的最终会证明手段的正当性，君主为达到自己的目的可以不择手段。在西方，《君王论》被称为"影响世界的十大名著之一"，是人类有史以来对政治斗争技巧最独到、最精辟、最诚实的"验尸"报告。学者们将马基雅维利的基本观点用于对人的性格特征的研究，提出组织中存在所谓的高马基雅维利个体和低马基雅维利个体。前者与后者相比，讲究实际和实用，认为结果能够证明手段的正确性，对人保持情感上的距离。至于高马基雅维利主义的员工是否会是好员工，主要取决于工作的类型及是否在业绩评估时考虑其中的道德内涵。比如，对于需要谈判技能的工作及由于工作的成功能带来实质效益的工作，高马基雅维利主义的员工可能会干得非常出色。而对于那些结果不能为手段辩护或工作绩效缺乏绝对标准的工作，他们则很难取得良好的绩效。

5. 权威主义

权威主义是指在组织中人与人之间应具有的地位和权利差异的认识和信念。高权威主义的特征是：对他人主观判断，对上司毕恭毕敬，对下级剥削利用，不信任他人和抵制变革。专家指出，很少有人具有全部这些极端的特征，因此在评价时一定要慎重。但有些假设仍然具有合理性，如高权威主义个性可能不适合要求注重他人感情、圆滑机智、能够适应复杂变化环境的工作，如果从事这种工作，则他们与工作绩效之间可能是一种负相关的关系。但如果他们从事那些具有高度结构化的工作或有严格规章制度指导的工作，则可能做得很好。

6. 冒险性

所谓冒险性，是指组织中的人们对风险的接受、认可，或规避、否定的态度和倾向性。研究表明，具有高冒险的管理者比低冒险管理者决策更迅速，在作出选择时使用的信息量也最少。一般来讲，组织中的管理人员大多都对冒险持谨慎态度，属于冒险厌恶型，但也存在个体差异，比如，从事股票投资的人可能具有高冒险性，而企业财务人员则最好是低冒险型。

人们还会发现在某些特征之间似乎有一种内在的联系，虽然目前还少有这方面的研究的证据支撑，但在现实工作中，它们之间的确存在一些共同的特点，这些共同的方面凭人们的经历和经验就可以感受到。比如，具有内控型特征的人在某种程度上也具有高自我监控的特点，因为他们在调整自己和适应环境方面有共同点；高自尊个体在某些时候或情况下也具有较高的冒险倾向，由于他们对自己所从事的工作和具备的能力有充足的把握，因而可能选择更具冒险性而非传统性的工作，而这正是高冒险个体的特征。了解掌握以上6种主要的性格特征及相互之间可能具有的联系，有助于帮助组织在决定人员选拔和任用及个人在职业或工作选择等方面发挥重要作用。

8.3.6 职业动机

每一个人在选择自己要从事的职业或工作时，总是基于一定的想法或考虑的，这种想法和考虑反映了人们择业的心理倾向，这种心理倾向和采用的方法就是职业动机。

职业动机主要包括3个方面的内容：一是职业弹性，它反映人的认知能力的大小，主要包括表达能力、运用数字的能力及逻辑推理判断的能力。由于认知能力是大多数职业或工作都需要的最基本、也是最重要的能力，因此总的来讲，一个人的职业弹性越大，就意味着他或她在选择职业或工作时，就有较大的余地，或者说选择的范围就越大。如果他或她已在组织中工作，就意味着他或她具有从事不同工作的基础和条件。二是对职业的洞察力，职业洞察力主要反映员工对自身优势和不足的认识，以及在此基础上所作出的与所在组织的目标相联系或匹配的程度。三是职业认同感，它表示员工对自己所从事工作的认可程度或满意程度。一般来讲，三者之间存在一种正相关的关系，即具有高职业弹性和高度职业洞察力的员工，同时也具有较高的职业认同感。具有"三高"特征的员工一般对组织的目标有较高的承诺，事业心很强，并且有较强的适应能力，能够通过学习和实践不断吸收有利于组织发展和个人进步的新的知识和技能，对自己的职业发展目标有清醒的认识和强烈的实现愿望。按照"二八原理"，具有"三高"特征的员工应该构成组织重要的人力资源，他们是组织的中坚和骨干力量，是激励和培养的重要对象，应引起组织的高度关注。

8.3.7 企业家精神

什么是企业家？企业家精神如何影响职业选择？要回答这些问题，首先要弄清楚企业家的含义。

Robbins将企业家定义为个人追求机会，通过创新满足需要、而不顾手中现有资源的活动过程。德鲁克则认为企业家型的管理者是那种对自己的能力充满信心、不放过创新的机会，不仅追求新奇而且要使创新资本化的管理者。Elizabeth Chell（2001）认为，企业家往往是风险的承担者、离经叛道者，他们需要有很高的成就感，具有很高的内控能力及对不确定性事件的忍耐力。典型企业家的特征包括：对企业的机会十分敏感，寻求机遇而不管现有的资源是否满足条件，勇于冒险，不断涌出新的思想，不安于现状，注意树立良好形象，具有前瞻性，不断变化，采用宽松的财务政策，以及寻求信息、观察环境、识别和创造机会等。英特尔公司创始人、董事会主席安迪·格罗夫在其自传体《只有偏执狂才能生存》一书的前言中曾讲：我常笃信"只有偏执狂才能生存"这句格言。并认为只要涉及企业管理，我就相信偏执万岁。IBM前掌舵人郭士纳"谁说大象不能跳舞"的名言，也反映了杰出企业家所具有的创新与不满足的精神。这些观点及企业家们的成功实践，都包含了有关创新、冒险和偏执的内容，反映了企业家独特的和与众不同的特质。Robbins进一步总结了企业家个性特征最重要的3种要素：对成就的高度欲望、对把握自己命运的强烈自信及对冒风险的适度节制；同时提出了对企业家特征的一般性认识，包括：倾向于独自解决问题、设定目标和依靠自己的努力实现目标的责任；崇尚独立和特别不喜欢被别人控制；不怕承担风险但绝不盲目冒险，更愿意冒那些他们认为能够控制结局的风险。从某种程度上讲，分析企业家精神的目的，是要找出他们所具有的个性特征和行为模式，帮助人们在选择职业时少走弯路。如果一个人具有企业家的精神或潜质，那他就可能不适合在政府机构和大型组织中工作，因为大公司或政府机构具有很强的复杂性，协调非常困难，因此，要求高度的正规化、集权化的控制，而这显然不利于企业家精神的树立和企业家的培养。因此，具有企业家精神或特征的个人，应在详尽仔细的自我评价的基础上，选择适合自己个性特征的事业和工作方式。比如，创办自己的企业，这对愿意冒风险和掌握自己命运的人有很大的吸引力，或者选择从事那些不需要太多规章制度和严格约束的工作，如独立撰稿人、导演、教师、科研人员等。

8.4 职业生涯发展模式

Ichak Adizes（1989）指出，企业成长与老化的本质在于灵活性与可控性这两个要素之间的表现及力量对比。如同生物体一样，企业的成长与老化主要是通过灵活性与可控性这两大因素之间的关系来表现的。创立时期的企业充满了灵活性，但控制力却不一定很强；盛年期的企业，同时具备了年轻和成熟的优势，既具灵活性，又具控制力；老年期的企业则可控性增加，但灵活性减少。在初期，由于"年轻"，因此，企业作出变革调整相对容易，但由于控制水平比较低，其行为一般难以预测。而"老"则意味着企业对行为的控制力比较强，但缺乏灵活性和变革的意向。人的一生也可以划分为不同的阶段，这种灵活性和可控性在不同的阶段也都表现出不同的作用。本章将结合企业生命周期理论对个人职业发展阶段进行分析与评价。

孔子讲："吾十有五而志于学，三十而立，四十而不惑，五十而知天命，六十而耳顺，七十而从心所欲，不逾矩。"（《论语·为政》）孔子之所以能够在70岁时说话、做事都随心所欲而不会超过规矩，达到人生的最高境界，关键就在于他从15岁开始学习，奠定基础，有了这个基础，才能够30岁时说话做事符合礼节并有所建树，40岁能够看清并明白世上的各种道理，50岁懂得天命，60岁时一听别人的话便能辨其主旨。这一段话告诉我们，在人生的不同阶段，奠定基础是非常重要的。随着阅历和经验的不断丰富，年龄的增长和知识的积累，人们在每一阶段中职业选择的目标、任务、活动及关系都会发生变化，人们所具有的特征和能力也有所不同。这也就是了解和掌握职业发展不同阶段特点的重要性。

总的来讲，一个人的职业生涯发展大致可以分为5个阶段，即：职业准备阶段、职业探索阶段、立业阶段、维持阶段和离职阶段。

8.4.1 职业发展模式

1. 职业准备阶段

1) 年龄特征

职业准备阶段大体上可以界定为从初中到大学毕业，即12～22岁这一年龄段。

2) 特征

这一阶段是个人人生观、价值观及职业倾向形成的重要阶段，对于那些即将进入劳动力市场的年轻人来讲，在这个阶段已经开始逐步形成了对自己能力和兴趣的一些基本观点和看法，特别是那些能够接受高等教育的年轻人尤其如此。对他们来讲，大学（或大专）阶段的学习和实践锻炼是进入职场前最重要的时期。

3) 目标及任务

这一阶段中的主要任务包括两个方面：一方面是努力学习，掌握必需的工作和劳动技能，这也是这一年龄段的人们所能够拥有的最重要的资源；另一方面，在保证学业的基础上，尽可能多地参与一些社会实践活动，在社会实践中去检验自己的能力和兴趣。此外，还可以通过担任学生会干部、兼职等方式，锻炼自己的人际交往和沟通能力，增加社会体验，以便为今后的发展做好准备。

2. 职业探索阶段

1) 年龄特征

这是人们进入职场的第一个阶段，年龄大致是从开始参加工作到25岁左右，工作年限在5年以内。

2) 就业趋向及特征

初入职场的年轻人往往对自己的能力、专业知识过于自信，却往往忽略自己的弱点和不足。由于刚刚参加工作，对于什么是自己真正喜欢的事情和最适合自己的工作还缺乏十分明确的认识和判断，因此在职业目标的选择上，表现出盲目性和单一性的特点。盲目性主要表现为很多人认为能够很容易地在工作中获得成功，单一性则表现为追求较高的薪资待遇。加上现实与预期的差距，是导致在这一阶段求职者高跳槽比例的主要原因。根据专家的研究，在美国，18～25岁之间已工作的人已经开始评估自己对所从事工作的满意程度，并开始考虑第一份工作以外的选择。18～32岁之间的美国工作者平均换过8.6份工作。根据一项调查的统计，40%的美国人认为，只要有机会，他们就会立即更换工作，有50%的美国人到2010年将会选择自主经营的方式。我国的一些调查也表明，刚刚参加工作1～3年的人的离职率是最高的，即使在外资企业也同样如此。有人对1996—2003年间外资企业在北京地区的员工离职情况进行了调查，发现本科学历的离职率最高，其次为硕士学历；在年龄结构上，26～30岁之间的离职率最高，在公司任期1年以下的员工离职率最高。出现这种状况的原因不外乎两个方面：一方面是个人的原因，另一方面是组织的原因。在个人原因方面，刚刚参加工作的年轻人虽然善于思考，不拘常规，敢想敢干，具有较强的灵活性；另一方面，由于年轻，因而缺乏经验，工作有盲目性，加上过高估计自己的能力及对未来过高的预期等原因，在遇到困难或未能实现自己的预期目标时，很容易产生畏难抵触情绪，承受挫折和自我控制的能力较差。Gary Dessler（1994）将这种状况称之为"现实冲击"。这是刚刚开始参加工作的新员工都可能面临的一种阶段性结果，具体表现为新员工较高的工作预期面对的却是枯燥无味和毫无挑战性可言的工作现实。加上组织内部错综复杂的人际关系和政治行为的影响，这种落差往往会导致新员工的离职。从组织的角度看，则可能由于缺乏规范的工作要求及建立在此基础上的绩效指标体系和激励措施，都会造成员工的角色模糊和工作满意度降低。

3) 目标及任务

要解决这一阶段可能发生的问题，同样需要从个人和组织两个方面着手。个人方面，首先要做的工作是检验在职业准备阶段初步形成的对自己能力和兴趣的观点和看法的准确性，以及个人的兴趣、技能、所学知识与工作岗位要求之间的适应性，以提高自己的控制能力。如在组织的安排下参加各种脱产或在职学习，掌握现有工作的知识和技能。其次，在明确了自己的目标后，初步建立起自己的资源和权利优势，以便为今后的发展奠定基础。其中，除了专业和技术方面的优势外，更重要的是，适应工作环境和建立良好的人际关系，包括熟悉本职工作，在部门建立良好的个人信誉，与部门主管和同事发展关系等。这是在这一阶段最重要的一项工作。作为新人，这一阶段的主要任务是"播种"而不是"收获"，因此，一定要牢记8个字，即"多做、多听、多看、少说"，这是初入职场者必须遵守的基本处世原则。从组织的角度看，除了要建立完善规范的工作要求及建立在此基础上的绩效指标体系和激励措施外，还要针对组织成员存在的问题，创造良好的工作氛围，提供必要的培训，帮助其尽快适应组织的环境，提高组织成员的自信心。

3. 立业阶段

1）年龄特征

这一阶段的年龄大致是25~45岁，工作年限在20年左右。

2）就业趋向及特征

这一阶段是人生中最重要的一个阶段，因为在这个阶段中，人们开始由"播种"进入了"收获"的季节，实现或调整自己的职业目标成为这一阶段最重要的工作，并不断尝试与自己最初的职业选择所不同的各种能力和理想。在这个阶段中，人们的灵活性和控制能力达到了一个较高的水平，具体表现为人们对自己所需要的及如何实现目标有了更清醒的认识。Gary Dessler 将这一阶段划分为3个子阶段，即尝试子阶段、稳定子阶段和职业中期危机阶段。尝试子阶段的年龄大致在25~30岁，在这个时期，人们会进一步审视自己当初的职业或目标选择。稳定子阶段的年龄在30~40岁，这时人们已经有了比较清晰和坚定的职业目标选择，在为组织作出贡献的同时，开始在组织中寻求自己的位置。形成了较明确的发展思路，开始做相应的准备。在职业中期危机阶段，人们会根据自己已经取得的成就重新评价原来制定的职业目标，尽管这一阶段已经是"不惑"的年龄，但并不意味着人们就会安分守己。至少有3种情况会影响人们的决策：一是没有实现自己原来制定的目标，或当自己的计划或想法与组织的考虑或组织提供的机会有冲突时，仍然可能作出新的选择；二是虽然实现了自己的目标，但却发现已有的成就可能并不是自己最需要或者最看重的；三是不满足现状和迎接新的挑战的欲望使其难以"安分守己"。由于这些原因，在这个年龄段仍然有较高的跳槽记录。Chell（2001）指出，对于那些具有较强的成就动机、追求自我价值实现及希望自己创业的人，还有4个原因会影响他们作出自我就业的选择：不喜欢自己的老板、认为自己在其他地方会干得更好、愿意为自己工作及喜欢下达指示而不是接受命令。无论是以上哪一种情况，都可能促使人们调整甚至改变自己原来的目标和职业选择。

3）目标及任务

经过职业探索阶段对自己兴趣和能力的检验，人们已经具备了比较清晰的职业发展目标并开始为之奋斗。进入立业阶段后，收获自己工作成果和实现职业目标就成为一项最重要的工作。在这个阶段，主要的任务包括：一是体现出自己的能力。要取得一个良好的职业发展开端，就需要在工作中表现出较高的工作胜任能力和良好的绩效水平，如果在立业阶段的前期能够取得一些阶段性的成果，或利用自己的知识、能力及资源条件，为组织办成几件有影响的工作，对今后的发展往往具有决定性的影响。即使今后跳槽，也有一个良好的工作履历和业绩证明。二是使自己的业绩得到认可。要使自己的业绩得到承认，就必须改变所谓"谦让"、"只干不说"的传统思维习惯，要通过适当的机会，采用恰当的方法，使组织认识到你的价值，在此基础上建立起自己的专业和技术优势，同时表现出良好的人际关系能力，提高自己的资源和权利影响，增强和提高自己的不可替代性。三是要将个人的发展与组织的要求相匹配，任何一个人的职业发展都是在具体的组织环境中进行的，因此，个人的职业发展计划一定要体现组织发展战略的要求，并与组织经营管理要求的能力及可能提供的机会相吻合，在这个基础上制定的实现职业目标的计划才具有可行性。为了做到这一点，需要投入大量的时间和精力，以及有针对性地加强组织可能提供的机会所需要的新的知识和技能的培训，通过知识、技能的更新，发展和巩固自己的资源和权利基础。第四，对自己所从事的工作进行满意度分析，如果满意度较高，则继续实施自己的职业计划，反之则需要考虑调换工作的可能性和必要性。如果有调换工作的可能性，在可能的情况下，应根据组织的主要业务特点及其发展趋势，选择到关键部门或具有重要性的部门去工作，这样就有可能成为影响主要业务或控制事态发展的关键人物。

从组织的角度讲，对处于这个阶段的员工要保持高度的关注，由于他们在组织中有较长的工作经历，因而具有丰富的工作经验和较高的工作技能，其中的很多人也曾为组织创造过良好的效益，因此，组织的一个重要任务是要从这部分人中分辨出高绩效员工，以及能够成为接班人培养对象的人群，并制定有效的培养和开发方法，如轮岗、职务轮换等，保证他们能够按照组织的要求逐步成长为能够承担重任和打硬仗的管理和业务骨干。在这一点上，中国很多成功的企业都有明确的规定。如华为公司在其《华为基本法》第四章第七十二条就规定：对中高级主管实行职务轮换政策。没有周边工作经验的人，不能担任部门主管。没有基层工作经验的人，不能担任科以上干部。正是由于这些政策，有效地保证了公司的经营和管理工作始终保持在一个较高的水平，为公司的可持续发展奠定了坚实的基础。

4. 维持阶段

1）年龄特征

处于维持阶段的年龄在 45～60 岁，工作年限 20 年左右。

2）就业趋向及特征

这一阶段是人一生中最成熟的时期，即"知天命"和"耳顺"的阶段，无论是工作经验、阅历，还是业绩或成就，都达到了个人职业生涯的高峰，要么获得了提升，要么成为某一个专业领域的专家，或者在自己的本职工作中维持着一个较高的效率和效益水平，或者由于其具备良好的人际关系而受到人们的尊敬。不论从哪个角度看，他们都属于"功成名就"的一代。随着年龄的增长，他们愈发老练和稳重，控制能力进一步提高，但另一方面，维持已有的成就或地位成为他们首要考虑的问题，因此，创新精神和灵活性都呈现降低的趋势。

处于这一年龄段的人群中，仍然有一些不甘寂寞，不满足现状的人，不断迎接新的挑战已成为他们全部工作和生活的中心。这一类人具有的共同特征是：在原来的组织中一般都具有较高的地位，如高层管理团队的一员，或者在专业技术方面非常优秀，从而具备了跳槽以另谋高就的本钱。如果他们不满意组织的工作氛围，或与某些同样具有较大权利的管理者的人际关系紧张，或由于"天花板"的限制使其不能晋升到组织的更高层，或者出于积极的职业性格需要接受新的挑战，都可能促使他们作出新的职业选择。

3）目标及任务

对于处于维持阶段的人来讲，最主要的职业目标和任务是：在自己的工作岗位上继续作出应有的贡献。作为领导者和管理者，为组织挑选和培养接班人是这一阶段的一个重要工作，以教练、导师的身份向自己的下属传授一个合格的领导人和管理者应具备的知识、能力和技能，并对新员工进行辅导。其次，做好本职工作，巩固、提高和运用已有的知识、技能，以维持已有的地位和荣誉，保障现有职业的稳定性，同时考虑家庭的幸福和自身的身体健康。最后，如有可能，也可以重新选择一份具有挑战性的工作。

鉴于处于维持阶段的人群即将面临退休等一系列的问题，作为组织来讲，首先要考虑的就是接班人的培养和选拔，包括管理者的接替和专业技术人员的接替两个方面。而要完成这项任务，就要求组织应该建立一个比较完善的培训开发体系和接班人培养制度，并将这些制度落实到各级管理者的绩效考评指标体系中去，使之成为一项日常性的工作。如华为公司的《华为基本法》第六章第一百零一条就规定：进贤与尽力是领袖与模范的区别。只有进贤和不断培养接班人的人，才能成为领袖，成为公司各级职务的接班人。高、中级干部任职资格的最重要一条，是能否举荐和培养出合格的接班人。不能培养接班人的领导，在下一轮任期时应该主动引退。仅仅使自己优秀是不够的，还必须使自己的接班人更优秀。

5. 离职阶段

1) 年龄特征

处于离职阶段的年龄大都在60岁以上。

2) 职业目标

到这个阶段，就意味着人生已经到了一个历史的转折点，退休或再次工作，发挥余热，成为处于这一阶段中的人们的主要任务和目标。首先，组织应做好工作移交的准备，包括明确接替人、提前告知退休人的退休时间、部门主管和高层管理者与退休者的沟通和交流，以表达对其所做工作或贡献的感谢、对有杰出贡献的员工授予荣誉称号、与退休人员就退休后的福利待遇问题进行沟通等。对于组织来讲，如果能够正确妥善地处理这些问题，就会创造一个彰显先进、鼓舞士气和提高凝聚力的大好时机。对于那些组织所需要的、具有一技之长的核心员工，在征求其同意的基础上，可以考虑推迟退休，但要有严格的制度规定。对于退休者个人来讲，首要的工作是根据退休后的意向制定个人的退休计划，包括心态的调整、工作的移交、了解自己退休后的福利待遇等问题。其中最重要的是心态的调整，因为退休意味着原有权利和责任的减少，原来很多由下属完成的工作，现在则不得不由自己来做。此外，如果身体条件允许，自己所掌握的专业知识仍有用武之地，也可以考虑延迟自己的退休时间。

8.4.2 个人职业生涯规划与组织生命周期的适应性

个人职业发展规划与组织的发展要求是密切联系在一起的，组织在不同的发展阶段，对人的能力也有不同的要求。因此，从有组织的员工职业发展的角度出发，一方面组织应明确对组织成员的要求，另一方面，组织成员应随着组织的成长而成长，因此，了解组织在不同发展阶段的特点和要求，并根据这些特点学习和掌握所需要的知识和技能，才能够为自己的职业发展奠定基础。

1. 企业创业阶段人才需求特征

1) 企业创业阶段的特征

Ichak Adizesrw (1989) 指出，在创业阶段，企业在经营管理方面具有以下典型的特征：由于创业期的企业面临现金流出大于流入及生存的压力，因此，行动导向和机会驱动的压力成为企业一切工作的指导方针。这时的企业还处于"埋个地雷、端个炮楼"的工作方法，一旦有机会，就会不顾一切去获取现金。在这种情况下，严格的规章制度和政策往往会成为限制企业灵活性和抓住机会的障碍。所以企业缺乏明确的规章制度和正规的办事程序；由于对自己的优势和缺陷没有明确的认识，不清楚企业的产品或服务是否真正能够为市场和消费者接受，因而缺乏长远的计划和目标，还在摸索什么才是自己或者企业真正应当做的事情；由于缺乏经验和资源，必须依靠企业创业者的洞察力、想象力及直觉，如果授权，企业就会失去控制，因此，权力高度集中在一个人手中。创业期的企业所有的这些"坏习惯"，代价不大，但却收益不小。总的来讲，这一阶段的企业正处于试验和寻求成功含义的过程，一旦明确了什么是成功，才会通过规章制度和政策来保证今后能够取得同样的成功。在用人方面，强调以工作为重，但对人员的招聘、选拔和使用并没有明确的要求和严格的标准，也没有规范的工作分工，那种拼命工作、反应敏捷、对其他事不闻不问的人往往成为企业选择的对象。

2) 个人目标

创业阶段企业所具有的特征也就决定了对其所需人员的要求。首先，如果选择到一个创业期的企业工作，或自己与他人共同创业，最重要的一点就是需要具备艰苦奋斗、同甘共苦及奉献精神。成为企业的创业者实在是一件很幸运的事情，并不是每个人都有这种机会和运气。因此，不要过分短视，立足未来，将自己的职业发展建立在一个长远的规划上，可能会是一个正确和唯一的选择。因为凡是能够在企业创业阶段坚持下来的人，所得到的不仅仅是创业者的地位和影响，而且还有创业经验的积累，对自己今后的发展将会产生重要影响。其次，在创业期的企业工作需要具备较强的综合素质、适应能力及灵活性。因为在这一时期，往往会出现一人多岗或身兼数职的现象，专业知识的重要性有时显得并不重要，所干的工作与专业或想象的工作之间往往存在巨大的差距，有时甚至是风马牛不相及。因此，如果一个MBA或其他受过正规高等教育的毕业生在这类企业工作，首先要表现出来的并不是所具有的专业知识和技能，而是一种能够迅速适应复杂环境及处理和解决各种非专业问题的能力。第三，业绩导向是创业期企业的一个重要特点。由于创业期的企业人数少，因而政治活动和政治行为相对也较少。因此，业绩水平往往成为影响个人职业发展的非常重要的因素。如果能够在这一阶段初步完成自己能力、业绩和人际关系的"原始积累"，再充分利用身兼数职积累的工作经验和客户资源，就能够建立起自己的权力和影响力，当企业度过创业期而进入成长阶段后，获得提拔、晋升或成为企业中举足轻重的人物就成为一件很正常的事情。

2. 企业成长阶段人才需求特征

1）企业成长阶段的特征

如果企业能够克服创业期的各种困难，就获得了成长的空间。但企业在成长阶段面临的困难会更大。华为公司总裁任正非在评价华为时就讲到：华为还没有成功，只是在成长。华为是一群从青纱帐里出来的土八路，还习惯于埋个地雷、端个炮楼的工作方法。还不习惯于职业化、表格化、模板化、规范化的管理。重复劳动、重叠的管理还十分多，这就是效率不高的根源。公司初创时期处于饥寒交迫，等米下锅。初期十分重视研发、营销以快速适应市场的做法是正确的。活不下去，哪来的科学管理。但是，随着创业初期的过去，这种偏向并没有向科学合理转变，因为晋升到高层的干部多来自研发、营销等部门，他们在处理问题、价值评价时，有不自觉的习惯倾向，以使强的部门更强，弱的部门更弱，形成瓶颈。职业化、规范化、表格化、模板化的管理还十分欠缺。任正非讲到的这些情况并非仅仅存在于华为公司，绝大多数处于成长期的公司大多都具有这些特征。

企业进入成长阶段后，一个最典型的特征就是面临着因业务和组织扩张带来的管理和人力资源瓶颈，以及市场竞争压力带来的规范的要求。所谓成长，意味着企业的产品或服务逐渐得到了市场和消费者的认同，初步有了一个比较稳定的市场份额和顾客群。这时，企业在创业阶段的特征开始发生变化，其中一个重要的方面就是由原来主要关注企业的外部环境逐渐将注意力转向企业内部，这就导致原来能够有效发挥作用的做法逐渐地不适应形势发展的要求。第一，进入成长期的企业，目标逐渐明晰，计划性不断增强，战略制定和规范管理的重要性提上了议事日程。第二，由于成长期的企业人员大大增加，为了有效地划分权力，明确责任和义务，专业化分工的重要性日益显现出来，创业者个人作用的重要性逐渐让位于科学规范的管理。企业开始强调对成功经验的总结，并注重系统化、规范化和制度化的要求。第三，开始探索授权、组织架构设计和岗位设置安排等问题。原来一个人身兼数职、从事不同工作的情况开始被职能部室和不同的专业岗位代替，受过专业训练和有经验的职业经理人开始进入企业并发挥重要作用。企业的绩效标准也开始由主要关注业绩指标而逐渐向业绩与管理能力并重转移。但从另外一个角度看，成长期的企业也存在明显的弱点，如控制力还处于一个相对较低的水平，往往经受不起市场的诱惑，具体表现就是存在较明显的多元化冲动，特别是那些成长得比较快的企业，总认为没有什么是自己干不了的事情，因此四面出击，希望在所涉及的各个领域都能获得成功，其结果往往造成企业的资源分散使用，不仅未能达到目标，甚至累及核心业务，甚至发生资金流断裂，造成企业的危机。其次，成长期的企业的组织机构也处于扩张状态，对各级管理人员有较大的需求，为了争取这些职位，人们会采用各种方法和手段，以获得权力和影响。因此窝里斗的现象比较普遍。

2）个人目标

机会始终青睐那些有准备的人。在这一阶段，职场人士如果对处于成长期的企业特征有正确的认识，并做好相应的准备，就能保证自己的工作和职业目标不至于偏离方向。在这个阶段中，个人的目标也要由主要关注企业外部向内部转移，规章制度、组织、协调、沟通及领导能力是这一阶段中企业最需要和最重要的素质和能力。因此，对于经历了企业创业阶段的人来讲，应当做好以下几方面的工作：第一是适应变化，调整风格。要能够敏锐地识别企业发展阶段的变化，并根据这种变化重新对自己的能力和管理风格进行评价，看看是否存在在创业期形成的不良习惯和倾向。如果发现这类问题，就应立即进行纠正。第二是展示自我，发挥人际关系影响。这一阶段正值企业用人之机，同时也是个人人际关系发挥作用和影响的重要阶段。在这个阶段中，应充分利用已建立的人际关系，同时在各种场合和机会展示自己的经验、资源、业绩及管理的能力和水平，巩固自己已有的地位和影响，并争取得到企业高层管理人员的重视，避免成为权力斗争的牺牲品。第三是帮助企业解决几个重要或关键问题。如果在这一时期能够敏锐地发现企业存在的问题，抓住机会并通过创造性的工作成功地予以解决，将会对职业发展产生重要影响，获得晋升也是迟早的事情。第四是由技术导向到管理导向的转变。对于那些技术和销售出身的管理者或从事这方面工作的人来讲，要保证自己职业的顺利发展，就必须适应企业战略调整的变化。在创业阶段，依靠自己的技术就能够有一个好的发展机会，但进入成长期后，由于企业面临的环境日益复杂，工作的重心开始发生变化，因此，再仅仅依靠或保持自己的技术专业优势就远远不够了，还必须具备管理方面的专业背景。要获得这一方面的能力，一方面是在工作中积累经验，争取成为企业领导人和管理人员的朋友，另一方面，需要通过参加正式的学习和培训，以便系统地掌握现代企业管理的知识和技能。第五，对于那些接受过 MBA 正规教育并将进入企业的新人来讲，首先需要对自己是否具备这一阶段企业所要求的管理能力进行评价，如果具备了基本的要求，这时可能正是体现其专业能力和专业水平的大好时机。与企业创业阶段人员招聘和使用的情况不同，这时企业人员的招聘、选拔和使用的目的是比较明确的，有详细的工作分析，对任职资格和应达到的绩效目标也有明确要求。如果新人们的能力与企业的要求能够匹配，并迅速地适应企业的工作氛围，同时按照工作职责的要求高质量地完成自己的工作，就能够比较快地得到企业的认同。此外，新人如果要想尽快地使自己的成绩得到企业领导人或管理人员的认同，就不能放过任何能够引起别人注意的机会，比如，在有关会议上主动发言、献计献策等。

3. 企业成熟阶段人才需求特征

1）企业成熟阶段的特征

如果能够顺利成长，下一个阶段就进入了成熟阶段。与成长期的企业相比，成熟期的企业在经营管理工作中已经有了质的飞跃，控制能力和灵活性达到了理想的均衡状态，具体表现在以下几方面。第一，企业的制度建设和组织结构日趋完善，管理和决策的科学化、程序化达到了较高的水平，分工也更加明确。对于较大型的企业来讲，随着产品和服务种类的增加，经营范围的扩大，人员也大大增加，组织结构日趋庞大，并呈现高度规范化、集权化和复杂性的特征。第二，企业的产品和服务项目逐渐形成体系，质量更加可靠，得到了市场和消费者的广泛认同，并获得了稳定的市场份额和顾客群体。这既增强了企业进一步发展的信心和基础，同时也带来了更大的压力和挑战，因为众多的竞争对手对市场虎视眈眈，企业要保持和巩固自己的市场份额，就必须具备胜人一筹的决策能力、领先能力和创新精神。因此在这一阶段中，企业对领导力和管理水平的关注达到了空前的阶段。第三，企业的控制能力增强，知道自己能够做什么和不能够做什么，成长阶段所具有的那种冲动已经逐渐消失，未来的战略规划也非常明确，特别注重核心业务的巩固和加强。这一阶段企业存在的问题主要表现在：由于已经取得相当的成就，因此，企业的变革和创新精神开始下降，自满情绪开始滋生和蔓延。第四，由于没有了创业阶段的艰辛和成长阶段的压力，工作上的冲突开始减少，人们有了更多的时间巩固和发展自己的关系网络，公司政治活动开始增加。

2）个人目标

如前所述，人们在企业的成熟阶段最容易出现的问题是失去进取心，"辛苦了这么久，终于可以歇口气了"的想法在企业中蔓延，这种自满情绪如果不能够得到控制，很容易产生惰性，进而为危机的出现埋下伏笔。当出现销售人员不再关心消费者的想法、研发人员不再有新的创意、企业不再有新的产品和服务满足市场需求、管理者不再关心员工的学习与成长、企业领导人沉浸在过去的成就等情况时，就意味着企业离危机已经不远了。因此，当企业进入成熟阶段后，同时也就意味着企业进入了一个最危险的阶段。如果盲目地自豪和以井底之蛙的眼光看世界，不仅是年轻、幼稚和不成熟的表现，而且最终会导致企业冬天的提前来临。

具备创新的观念、变革的思维和可持续发展的能力，是处于成熟期的企业对人的素质和能力最重要的要求。因此，个人的职业目标就是要体现出倡导与实施变革和创新的能力。对于职场人士来讲，在这个阶段要表现出高度的冷静，体现出"众人皆醉我独醒"的气质和胸怀，并找到变革的动力和方法。如果具备了这种要求，并通过各种有效的途径帮助企业保持持续的增长，其职业生涯就能够上一个新的台阶。其次，职场人士对企业的发展战略和规划的了解和预测程度也是影响其职业发展的重要方面。由于成熟期的企业在自己主要的业务领域达到了鼎盛时期,为了保证持续的增长,往往会进行某些战略的调整,比如通过外部扩张的方式进入新的领域,这就给人们提供了新的机会。如果能够事先做好充分的准备,或者具备了相应的能力和业绩水平,仍然可能进入事业的春天。

4. 企业衰退期的特征及人才需求特征

如果企业能够克服和纠正存在的问题,重新找回创业阶段那种无拘无束、敢想敢干的感觉和创新精神,就能够保持持续和稳定的增长,反之则可能进入衰退和老化阶段。在这一阶段中,企业存在的问题突出表现在进取心逐渐丧失,可控性和灵活性的平衡被打破,尤其是灵活性大大降低,对外界的反映越来越迟钝,处理和解决问题的能力也不断下降,产品销售一路下滑,成本居高不下,资金枯竭等。在人员方面,员工士气受到打击,凝聚力下降,人们更多考虑的是自己的出路而不是企业的生存和发展。

企业存在的这些问题并非就意味着不可救药,如果能够及时地进行改革和重组,仍有可能获得新生的机会,这时的企业就进入了新一轮的创新阶段。在这种情况下,职场人士有两种选择,第一是离开企业,寻求新的发展机会和发展空间。从对个人职业发展负责的角度讲,这种选择无可厚非,特别是当企业的衰败是源于战略决策失误的情况下,作为个人更是没有理由承担实质性的责任。第二是留下来,成为新一代的创业者。作出这样的选择对职场人士来说需要勇气和魄力,因为这意味着一次职业的冒险,当然同样也可能是一次非常值得的冒险。要达到这个目的,就需要积极地参与企业的改革和重组,对存在的问题进行深入仔细的分析,找到问题的症结所在,通过创造性的工作,寻求解决问题的突破口。如果能够帮助企业起死回生,并有所贡献,将会对职业发展产生积极影响。

8.5 职业生涯管理与开发规划系统的设计和实施步骤

8.5.1 确定志向和选择职业

古人云:志不立,天下无可成之事。一个人要取得职业生涯的成功,首先必须要有一个明确的目标。在职业生涯的早期,需要考虑两个最基本的问题:一是自己的志向与所要从事的工作之间的关系;二是如何建立自己的竞争优势或不可替代性,这两方面都是建立个人权利影响和资源优势的重要基础。其中,性格特征及爱好、职业动机取向、发展空间、薪酬待遇、社会资源等都是要重点考虑的因素。

吉姆·科林斯在其《从优秀到卓越》一书中,曾以衣赛亚·伯林的《刺猬与狐狸》中两种人的划分为例,提出了"刺猬理念的三环图",并以此作为区分实现从优秀到卓越的公司的标准。吉姆·科林斯认为,那些能够成功实现从优秀到卓越的公司,都是把战略建立在对3个方面的深刻理解,以及将这种理解转化为一个简单明确的理念来指导所有工作的公司,这就是"刺猬理念"。这3个方面是:

(1) 你能够在哪方面成为世界最优秀的?你不能在哪方面成为世界最优秀的?永远做你擅长的事情和你有潜能比其他公司做得更好的事;

(2) 什么是驱动你的经济引擎?

(3) 你对什么充满热情?

"刺猬理念"同样可以作为个人职业生涯设计的基本思路并加以应用。吉姆·科林斯指出,刺猬理念并不是一个要成为最优秀的目标、一种要成为最优秀的策略、一种要成为最优秀的意图或者一个要成为最优秀的计划,而是对你能够在哪些方面成为最优秀的一种理解。在进行个人职业生涯设计时,也需要具备这种理解力。首先,要认真思考"我是谁?"的问题。比如,"我具有哪些与生俱来的天赋和能力?"、"我现在所从事的工作是不是我能够做得最好的工作?"等。通过这些思考,发现自己的优势和不足,在此基础上决定做自己最擅长的事情和有潜能比其他人做得更好的事情。GE公司前CEO杰克·韦尔奇在自己的自传中讲,他在自己职业发展的早期就已经可以肯定什么是他最喜欢和最想做的,什么是自己不擅长的。他对自己的评价是:既然不能够成为最出色的科学家,因此,一份既涉及技术又涉及商业的工作是最适合的。这一定位对他的职业发展的影响无疑是相当重要的。其次，要认真思考"我工作的动力是什么？"的问题，在现代社会，自己所从事的工作是否能够得到相应的回报仍然是决定和影响人们工作动机的一个重要原因。这种回报既包括物质的或经济的，如与其绩效水平相当的薪酬福利，也包括精神的和非经济的，如良好的工作氛围和人际关系。第三，要考虑是否喜欢自己所从事的工作，这主要反映的是职业认同感和工作满意度的问题。如果对这3个方面的问题有比较明确的认识和答案，就能够为职业的发展奠定一个比较扎实的基础。

在确定职业目标时，个性特征是一个必须要考虑的问题。人们可以根据对自己"胆"（企业家精神）和"识"（专业能力或技能）的判断来确定自己的定位及职业目标的选择，同时组织也可以据此进行人员的合理搭配。比如，那些有"胆"有"识"的人，通常比较适合做领导人，或者通过自己创业来实现自己的职业目标。对于那些"识"多但"胆"小的人来讲，一方面比较适合做财务、保密或管理人员的工作，另一方面，可以作为辅佐那些"胆"大但"识"少的人。

8.5.2 自我评价

个人职业生涯规划设计的第二个步骤是进行自我评价。在"刺猬理念"的相关论述中已经涉及了其中的部分内容。当人们能够对什么是自己最喜欢的和最擅长的、工作的动力及工作的热情有比较清醒的认识后，下一步就要对你现在所从事的工作与下列目标之间的关系进行更为微观和细致的评价，这些目标包括：对企业的产品和服务等方面知识的掌握情况、对工作氛围和工作关系的认可度和满意度、工作履历和绩效记录、薪酬福利待遇、人际关系状况、个人在组织和团体中的信誉等。在进行自我评价时，要注意不要高估自己的能力和水平，特别是在职业生涯的初期，目标一定不能太高，因为不高的目标才容易实现，而这种成功的鼓励对初入职场者来讲是非常重要的。其次，对自己在不同阶段所具备的优势和劣势进行分析评估，在此基础上制定有针对性的应对措施和培训开发计划。随着环境的变化、个人阅历和经验的增加及不断的学习，人们在不同时期所具有的优势和存在的不足处于一个相对变化的状态当中。在前一个时期行之有效的经验和方法，在下一个阶段可能就不合时宜了。因此在进行自我评价时，一定要结合具体的环境及所在组织的具体情况和要求进行，这样才不至于脱离实际，并能够有针对性地培养和加强自己的竞争优势。

8.5.3 组织评价

在个人职业发展规划中，个人评价只是反映个人对自己能力和水平情况的一种判断，这种判断是否能够得到组织的认可，还需要组织作出评价。组织评价反映的是组织对其成员的要求，个人的知识、能力和技能只有为组织所需要时，这种评价才有意义。因此，对于职场人士来说，当完成了自己的某个时期的个人评价后，还要通过各种途径征求所在单位的意见。Richard M. Hodgetts（2002）认为，组织评价主要包括两方面的内容，即正式的评价和非正式的评价。正式的评价主要是以员工个人的绩效水平为依据，而且绝大多数正式评价都有可以量化的标准，包括岗位工作胜任能力、绩效和业绩水平、人际关系和协作精神、发展前途等，这些构成了组织对成员进行评价的最基本和最重要的部分。如果希望在组织中得到好的发展机会或获得晋升，就必须达到和超过规定的绩效目标。非正式评价则很难被准确地描述，包括对工作的兴趣、与同事合作的态度等，这些评价大多都取决于你的上级主管的判断。因此专家们建议，迎接这些挑战的最佳办法就是观察那些在你的部门或团队中最成功的人，并仿效他们的做法。在了解和听取组织评价时，要充分听取部门同事、上级主管及与其工作有关的各业务单位的意见，尽可能地做到全面和公正。为了争取得到一个比较客观和公正的组织评价，除了要表现出自己的能力和业绩水平外，与组织中的高层人物建立良好的关系并得到他们的支持是一个非常重要的因素。二是组织要为其成员的发展创造条件并提供资源支持，具体包括各级管理者的评价、培训、开发支持、组织提供的机会、评价结果反馈等。

8.5.4 职业生涯路径选择及目标设定

在完成自我评价和组织评价后，下一步要做的工作就是在此基础上选择职业生涯路径和设定目标。路径选择主要是指确定自己的专业志向，这需要考虑以下3个方面的问题：第一，自己希望向哪一个领域或方向发展？比如，是希望做一个成功的管理者或经理人，还是专注于成为一个在自己的专业技术领域的带头人。它强调的是对自己志向的评价和判断。第二，能够向哪一个方向发展？要成为一个成功的经理人或技术带头人，自己具有哪些优势和不足？这是在上一步的基础上对自己能力的评价和判断。第三，可以向哪个方向发展？仅仅有个人的意愿是不够的，还必须考虑个人目标与组织目标的适应性，以及组织是否有足够的位置和是否能够提供相应的资源支持。以上3个方面的内容反映了有组织的员工职业生涯规划的基本要求，即强调组织的要求和员工的条件相互吻合，以及相互之间需要的彼此满足。

在进行职业路径选择后，还需要进行目标的设定。设定目标时要注意两个问题：一是目标的高低，二是目标的长短。首先，在确定目标的高低时，需要考虑实现目标的可能性。在职业生涯的初期，目标与实现目标的可能性之间往往存在反比的关系。即目标设定越高，实现目标的可能性越低。反之，设定的目标越低，实现目标的可能性越大。考虑到在职业生涯初期建立个人影响力的重要性和所取得成就的激励作用，制定一个不太高的目标是比较合适的。其次，在确定实现目标的时间时要考虑环境的变化和影响。随着竞争的加剧，企业的生命周期越来越短，企业适应环境变化进行调整的频率也越来越快，这些都大大增加了实现目标的难度，因此，制定一个适度的短期目标可能是比较明智的。

8.5.5 制订行动规划及时间表

在路径和目标确定后，就需要制订一个具体的行动规划和时间表。行动规划是指在综合个人评价和组织评价结果的基础上，为提高个人竞争能力和达到职业目标所要采取的措施，包括：工作体验、培训、轮岗、申请空缺职位等。通过这些方式，可以弥补个人的能力缺陷，同时增进对不同工作岗位的体验。行动规划制订以后，还需要有一个实现职业目标的时间表，比如，用两年的时间取得相应的技术职称，在3～5年的时间成为某项技术开发项目的带头人等。

8.5.6 评估与回馈

任何一个人的职业发展都不可能是一帆风顺的，即使为自己制定了一个非常完善的规划，也会受到环境和组织条件等因素的影响而不得不随时进行调整。在现代社会，这种调整的频率会随着组织间竞争的加剧而越来越快。因此，在实施规划的过程中，要随时注意对各种影响要素进行评估，并在此基础上有针对性地调整自己职业规划的目标。其次，要随时把握组织业务调整的动向，对能够得到的职位、职务信息及选择机会进行评估，看看是否符合自己的职业目标，是否符合个人发展需要，以及自己是否有能力做好。第三，如果明显感觉在组织中难以获得上升空间或发展的机会，在时机成熟时可以考虑变换工作单位，在这种情况下，就需要重新考虑职业的选择和目标的确定，并制定相应的实施措施与计划。

8.6 职业生涯管理中的现代问题

8.6.1 工作与家庭冲突

工作和家庭是人们最重要的两个活动领域，在平衡家庭和工作方面，很多员工深深感受到两种角色的冲突，比如时间冲突、精力卷入冲突、情绪转换冲突等。工作场所竞争的加剧，迫使人们在工作上投入更多的时间，但是随着双职工家庭增多，夫妻双方忙于工作的现象越来越普遍，难有余力去照顾家庭，于是产生了"周末父母"、"留守儿童"、"拼养孩子"等现象。工作与家庭冲突的加剧严重影响了员工的心理健康和家庭的稳定，继而对员工工作产出造成影响，这在不同年龄段和不同性别的员工身上的表现不同。

8.6.2 工作压力

压力的主要表现有：工作头绪多，期限要求紧，学习负担重，家务较多，时间紧张。这种压力在生理和心理上的反应为：精神紧张，容易疲劳，偶尔发生莫名的头痛，腰背经常酸痛，情绪低落，容易生气，感到生活枯燥，缺乏情趣和快乐，甚至对未来感到迷茫。

工作压力的管理重在预防，防治并举。一方面，要减少压力来源，创造积极、健康的工作环境，如改善人事政策，营造支持性的组织氛围，使员工有机会参与决策，尤其是与自身利益相关政策的决策；提供舒适的工作场所、合理的办公布局；对工作进行再设计，丰富工作内容，减少枯燥感，从而提高工作积极性。另一方面，要减少工作压力带来的不良后果，如了解管理方案，关注员工身体健康，促进不良情绪的及时排解；对于有需求的员工，公司将从外部请心理辅导专家讲座与单独辅导相结合，提供帮助；与上级的沟通可以有效疏导压力，调节情绪，改善不适的压力症状。

8.6.3 新生代员工的职业生涯管理

在80后、90后新生代员工慢慢占据劳动力主体地位的过程中，原来的适用于老辈员工的强制性管理理念及方式已经失效，可能被新生代员工拒绝。对于新生代员工的职业生涯管理，应结合其特点展开。

1. 新生代员工的特点

新生代员工生活在中国社会剧变的年代，由于经济的转型、西方文化的影响、独生子女政策的出台、对手机和计算机等通信手段的日益依赖、生活水平的逐渐提高等各方面的冲击，使得他们与父辈相比，从思维模式到行为特点都大大不同，因而从家庭、学校走向社会会出现更多的问题，应给予更多的关注。新生代员工的主要特点有：自我意识强、团队合作能力较弱、抗压能力相对较差、具有更开放的文化与价值观、知识储备与潜力巨大。

2. 新生代员工的职业生涯管理措施

由于新生代员工不善沟通，却渴望以平等、受人尊重的身份参与对话，同时一直生活在家庭和社会的关爱下，经历的挫折比较少，面对全新的工作环境往往不知所措。对于他们的社会化过程，采用指导人计划尤为合适。指导人计划是一种基于人际互动的"结对子"式的社会化方式，指导人给予新员工生活和工作的建议，并且提供心理上的支持，促使员工学习和成长，并且增强员工对于公司的忠诚度和认同感。另外，鉴于新生代员工与老辈员工在多方面存在较大差异，所以不应是新生代员工向老辈靠拢的单向的社会化，而要发挥相互的影响作用，把压力转移分散。比如通用电气的反指导模式，不仅指导人辅导新员工，新员工也可以利用自身优势把先进技术和理念教给指导人，达到共同进步的目的。

本章小结

有组织的员工职业生涯规划是组织人力资源管理与开发的一项重要内容。本章对有组织的员工职业生涯规划的理论与实践进行了较为系统和全面的阐述。8.1节对职业生涯管理的基本概念及有关的理论和方法做了介绍，重点强调了传统职业生涯与现代职业生涯的异同。8.2节的主要内容是职业发展路径的选择问题，提出了6种职业开发的模式和方法，重点介绍了双（多）重职业路径的内容和特点。8.3节论述了影响职业生涯变化的主要因素，其中特别强调了人际关系对职业发展的影响。8.4节根据企业生命周期理论，提出了职业生涯的发展模式，指出了组织和个人在4个阶段中的目标和任务，特别强调了个人职业发展与组织要求相适应的问题。8.5节主要介绍了职业生涯管理与开发规划系统的设计和实施步骤。

本章案例

有效激励知识型员工的达·芬奇密码——职业规划

一、引言：我的未来在何方？

王雷是中关村一家软件企业的程序员，最近不断在往"前程无忧"等招聘网站上发送自己的简历，偶尔还会出现在北京各种招聘会上，目的是想换一家公司。

1998年王雷毕业于北京航空航天大学计算机专业，对编程有着浓厚的兴趣，本科毕业后就进了国内某大型软件集团下属一家公司从事软件开发工作，做了两年，因为和主管不和选择了辞职。科班出身再加上有丰富的编程经验，他离职第二天就去了另外一家大型的软件公司。

然而，他没想到的是，此后每年6月份他就会换工作，有时候是因为薪水不够理想，有时候是觉得工作氛围太压抑……但是最近两次他是在没有具体原因的情况下选择了离职。同事和朋友都觉得很奇怪，干着自己喜欢的专业，拿着不菲的薪水，怎么还经常跳槽？实际上，他自己也没想明白，只是感觉自己的职业方向越来越不清晰，对未来越来越茫然……

二、困惑："不安分"的知识型员工

在北京及全国各地，和王雷一样面临职业发展困惑的"三无人员"（无职业规划、无实现手段、无信心保障）很多，他们往往拥有较高的学历，也有扎实的专业技能，在很多人眼里，是典型的知识型员工，然而这些知识型员工却是最不安分的。

美国《财富》杂志在一次调查中发现，有一半以上的大公司经历过失去大量有才干的人员，甚至有些公司的年人员流失率竟高达30%。这些极具天赋的工程师、设计师、业务主管及掌握核心技术或商业机密的关键员工的离职，带给企业的将是极大的损失，尤其是当这些知识型员工跳槽到竞争对手企业或另起炉灶时，企业将面临严峻的竞争压力。为此，不少公司不得不发放大笔奖金以期留住现有人才，然而光花钱并未真正奏效。为寻求答案，《财富》在近年来被评为美国工作环境最佳的100家公司的骨干员工中做了一次"为什么你留在现在的公司？"的调查，令人吃惊的是没有任何人提到"钱"这个因素。

彼得·德鲁克认为，知识型员工属于那种"掌握和运用符号和概念，利用知识或信息工作的人。"企业当中高层经理、管理者和专业技术人员都属于知识型员工，他们比从事物质生产的员工更注重追求自主性、个性化、多样化和创新精神，比从事物质生产的员工更注重自己的尊严和自我实现的价值。

企业的发展和创新要依靠知识型员工，而知识型员工往往是企业中最难管理的一群人。他们拥有自己深刻的见解和想法，并且往往不容易被说服。关于如何管理他们，是一个具有挑战性的问题。

那么应该如何对知识型员工进行激励呢？知识管理专家玛汉·坦姆仆或许可以给我们一些启发。经过一项长期研究，他把激励知识型员工的前4个因素划分为：个体成长（约占总量的34%）、工作自主（约占31%）、业务成就（约占28%）、金钱财富（约占7%）。

与其他类型的员工相比，知识型员工重视自身价值的实现，重视自身知识的获取与提高。知识型员工更重视具有挑战性的工作，他们看重一定的自主权并喜欢按自己认为有效的方式去工作，获得一份与自己贡献相当的报酬并能分享自己创造的财富。他们追求终身就业能力而非终身就业饭碗，为了更新知识，他们渴望获得教育和培训机会，因此他们希望到更多更优秀的企业学习新的知识，通过流动实现增值。另一方面，知识型员工由于占有特殊生产要素，即隐含于他们头脑中的知识，而且他们有能力接受新工作、新任务的挑战，因而拥有远远高于传统工人的职业选择权。一旦现有工作没有足够的吸引力，或缺乏充分的个人成长机会和发展空间，他们会很容易地转向其他公司，寻求新的职业机会。

然而，国内企业对知识型员工的职业发展规划并没有得到足够的重视。《2004中国"工作倦怠指数"调查结果》表明，世界范围内普遍存在的工作倦怠（又称"职业枯竭"）现象正在袭扰中国。

调查显示,技术人员的工作倦怠比例高达45%。近期一份"中国软件人才生存状况大调查"结果显示很多软件工作人员到了30岁左右就会出现职业发展危机,不能"三十而立",反倒"三十而慌"。

资深职业规划专家白玲曾经为国内许多30岁左右的IT人才进行过职业规划设计咨询,她认为这个人群有一个普遍的心理是:从职业本身看,一方面他们会觉得做管理者更有面子;但另一方面,他们又认为做技术可能更实在,也更靠得住,对于到底哪条路更适合自己,他们往往感到很困惑,价值趋向的冲突更加深了他们的迷茫。

三、探索:知识型员工的成长路径

那么,知识型员工到底该如何选择自己的发展路径呢?

首先,可以按照管理能力和技术能力高低两个维度把知识型员工分为4类:①"麻雀"型:这类知识型员工具备一定的技术能力,基本没有什么管理能力,从事一些简单的基层技术工作,从数量上来讲,是知识型员工的主体,从职业发展角度来看,这是知识型员工职业发展的起点。②"鸿雁"型:这类知识型员工具备一定的管理意识和技能,相对而言,平时关注管理提升而忽略技术方面的提升,习惯于团队合作而非个人拼搏,从一名技术人员逐步转变成为一名管理人员。③"山鹰"型:这类知识型员工属于典型的技术专才,对技术有着非常浓厚的兴趣,甚至是狂热,对管理则是漠然处之,甚至有点桀骜不驯,在外人看来,很不好相处。④"大鹏"型:这类知识型员工集技术和管理于一身,不仅能独自攻克技术难题,更能带领手下攻城略地,成为企业领军人物,从职业发展角度来看,这是知识型员工的最佳职业发展归宿。

根据分类可以看到,知识型员工的职业发展可以有以下4条路径。

路径一:麻雀→鸿雁。这种路径是很多知识型员工选择的职业发展路径,从技术人员做到管理人员,遵循了中国传统知识人员较为普遍的"学而优则仕,技而优则仕"的职业路径选择。

路径二:麻雀→山鹰。这也是很多知识型员工喜欢选择的职业路径,这部分知识型员工一般对技术具有天生的迷恋,对技术矢志不移,不关心"仕途",不为周边环境所影响,对技术的追求贯穿其一生,最终在技术方面实现自己的人生价值。

路径三:麻雀→鸿雁→大鹏。大部分成功的职业经理人走的都是这种职业发展路径,这些人一般都有良好的管理基础,他们一开始就发现自己在管理方面的潜力要明显优于自己在技术方面的潜力,同时也会尽可能更新自己的技术储备,但是在每一个职业选择的十字路口,都会毫不犹豫地选择管理作为自己的职业发展生命线,最终以卓越的管理价值达到自己的事业巅峰。

路径四:麻雀→山鹰→大鹏。在现实职场中,我们可以发现一些这样的身影:这些人在技术方面的禀赋超人,在很长一段时间内都恪守自己的技术梦想,希望凭借自己的技术造诣来改变周围的世界,但是他们也不排斥管理,而且当遇见技术职业发展通道的天花板时,能迅速提升自己的管理技能,来拓宽自己的职业发展通道,从而实现自己的事业巅峰。实际上,能沿着这条路径顺利走向事业巅峰者实在是寥寥无几。通常技术方面的天才,往往对于管理很难有热情,忽视管理对自我价值的实现,甚至会排斥管理,认为管理会限制技术方面的创新,最终在自己的职业发展生涯中遭受管理能力不足所带来的负面影响。

在知识型员工的职业发展中,有一个基本的出发点,那就是从实际出发尊重员工自己的选择。西谚云:"山鹰或许能够被人驯服,但是一旦被驯服,山鹰就失去了它的野性,再也无法海阔天空地自由飞翔了。"具体来讲,企业有两方面的工作要做。首先是基于公司人力资源规划来设计员工的职业发展序列。在设计职业发展序列时,既要考虑到员工纵向的职业发展通道,又要考虑到职位序列横向发展的通道。总之,只要具备必要的禀赋,只要自己持续的努力,在公司的职业发展通道上没有天花板,任何一只"小麻雀"都有可能成长为"大鹏鸟"。

除了做好职业发展序列之外,在具体的职业发展规划实施中,企业可以通过采取一些积极措施来帮助知识型员工实现职业发展目标。一方面,企业可以通过加强职业培训来提高知识型员工的综合能力,拓宽这些员工的职业发展通道。技术专家与管理者身份的融合将成为企业对人才需求的新趋向,企业在发挥知识型员工作用的同时,需要加强对他们的全面培养,使之与企业的发展同步成长,从单纯的技术岗位和局部性工作,转向承担更具综合性、全局性的管理和领导工作。欧莱雅中国公司将对综合型、未来型人才的培养视为企业的生命。优秀的大学毕业生进入公司后，先不分配具体的工作，而是要接受 3～6 个月的培训，接受公司的文化和价值观；然后到全国各地的不同分支机构实习，感受公司的运营状况。实习期结束，新员工会根据个人兴趣选择工作。在以后的工作中，一方面，员工还会不断得到长期或短期培训机会，大学生进入企业数年后就能胜任经理工作。另一方面，为员工选择职业发展方向提供机会，鼓励员工在职业发展方面去尝试和锻炼。比如，可以通过实行工作轮换，帮助员工消除对单调乏味工作的厌烦情绪，通过内部公开招聘，使愿意尝试新工作或愿意从事更具挑战性、重要性工作的知识型员工有机会获得新的职位，从而满足其自我职业发展的需要。如 SONY 公司定期公布职位的空缺情况，员工可以不通过本部门主管直接去应聘，如果应聘成功，则可以得到新工作；如果应聘不上，则仍从事原工作，同时等待下一次机会，而且不必担心会受到原主管的偏见，因为整个应聘过程是保密的。

资料来源：林彬. 有效激励知识型员工的达·芬奇密码. 人力资本，2006（10）. 本书采用时略有改动。

思考题
1. 知识型员工的职业生涯开发有什么特点？
2. 如何对"90 后"知识型员工进行职业生涯规划？

本章思考题

1. 什么是职业生涯规划？
2. 简述传统和现代意义的职业生涯的异同。
3. 影响职业生涯规划的因素有哪些？
4. 个人职业规划如何与组织发展不同阶段的要求相适应？
5. 如何设计自己的职业规划？

参 考 文 献

[1] 格特里奇，莱博维茨，肖尔. 有组织的职业生涯开发. 李元明，吕峰，译. 天津：南开大学出版社，2001.
[2] 德斯勒. 人力资源管理. 刘昕，吴雯芳，译. 6 版. 北京：中国人民大学出版社，1999.
[3] 罗勒. 美国的薪酬潮流. 企业管理，2004(6).
[4] 陈基国. 用心做员工关系. 人力资源开发与管理，2003(3).
[5] 罗宾斯. 管理学. 黄卫伟，译. 4 版. 北京：中国人民大学出版社，1996.
[6] 瑞提，利维. 公司政治. 北京：中信出版社，2003.
[7] 达夫特，诺依. 组织行为学. 北京：机械工业出版社，2004.
[8] 黄光国. 人情与面子：中国人的权利游戏. 北京：中国人民大学出版社，2004.
[9] 马基雅维利. 君王论. 徐继业，译. 北京：光明日报出版社，2001.
[10] 切尔. 企业家精神：全球化、创新与发展. 北京：中信出版社，2004.
[11] 麦迪恩. 企业生命周期. 北京：中国社会科学出版社，1997.
[12] 库姆博，雷纳，腊夫. 成功人士职业生涯完全手册：职场冒险家生存指南. 广州：广东经济出版社，2003.
[13] 王艾华，陈景秋. 外资企业员工离职调查. 人力资源开发与管理，2005(4).

[14] 21世纪经济报道.2005-11-23(电子版).
[15] 科林斯.从优秀到卓越.北京:中信出版社,2002.
[16] 霍杰茨.现代工作中的人际关系.北京:中信出版社,2005.
[17] 彭剑锋.战略人力资源管理理论、实践与前沿.北京:中国人民大学出版社,2014.
[18] 克雷曼.人力资源管理:获取竞争优势的工具.北京:机械工业出版社,2009.
[19] 诺伊.人力资源管理赢得竞争优势.5版.北京:中国人民大学出版社,2005.

第 9 章

绩 效 管 理

本章要点

- 绩效的含义、性质和特点
- 绩效管理的含义
- 绩效管理在人力资源管理中的地位和作用
- 绩效管理与绩效考核的关系
- 绩效考核的方法
- 绩效管理流程
- 绩效管理中的问题
- 绩效管理系统有效的条件

开篇案例

TB 公司绩效考核的困惑

TB 公司成立于 1988 年,并于 1997 年上市,主要业务为输变电、新能源和新材料。凭借创始人的果敢敏锐及创业者和员工们的共同努力,经历了不同时期的曲折,TB 公司成长为一个综合性的企业集团。到 2012 年,拥有员工 1 万余人,销售收入 200 多亿元。TB 公司发展很快,建立了相对比较完备的管理体系,包括绩效考核体系。TB 公司的员工考核分为年度考核、年中考核和月度考核。而且将普通员工和管理者分开进行考核,并根据考核结果发放绩效工资,也相应地设计了一系列表格来支持考核体系的实现。

在执行的过程中,管理者和员工都对绩效考核体系不满意。员工认为管理者根据主观印象甚至私人关系打分,不公平公正;抱怨要填写大量的表格,影响了工作。管理者觉得下属总是在应付,同时感觉要给出一个准确的分数很难。双方对填表都感到很头疼,在分数这个敏感问题上也都不愿意多谈。当然,最终的考核分数打出来了,也与奖金挂钩了,但是对于很多管理者和员工来说,绩效考核变成了周期性的、繁重的、形式主义的工作。之所以不得不做,是因为发放绩效工资和人员晋升还需要以此为依据。绩效考核的目的是激励大家。但现实是明显影响了大家的情绪,需要分析其中的原因。

TB 公司经过系统分析后发现,重要的问题有以下几个方面:第一,考核指标未结合公司战略或经营计划,并经常增加或变更;第二,对于指标完成情况没有清晰的评价标准,比较模糊和笼统;第三,为完成任务而走形式,为考核而考核;第四,考核结果集中趋势明显,以区分绩效高低;第五,沟通反馈机制缺失,管理者不愿意甚至害怕和员工就考核结果进行沟通;第六,员工和管理者缺乏相应的知识和技能。

资料来源:彭剑锋. 战略人力资源管理理论、实践与前沿. 北京:中国人民大学出版社,2014:312.

9.1 绩效管理概述

9.1.1 绩效管理的意义

1. 绩效的含义

绩效指组织的员工通过努力所达到的工作目标或完成的工作任务,包括工作效率、行为,以及这些行为对组织战略目标实现的影响程度。

1) 员工绩效

关于员工绩效的定义,有两种观点,即产出/结果概念和行为概念。以产出为导向的绩效概念,倾向于把工作看成各种待完成任务的集合,用以满足所定义的目标;以行为为导向的绩效概念,认为绩效是个人或体系的所作所为。本书认为,员工绩效是行为和产出的综合,不可将二者完全分割。管理员工的行为是促进产出的合理实现,行为是产出的保证,是产出的必经过程;管理员工的产出旨在形成目标,是产生企业期望的行为结果。员工绩效是员工对组织在工作结果方面的承诺,相应地,组织在薪酬福利方面对员工作出对等的承诺。从员工层次讲,绩效是人们所做的同组织目标相关的、可观测的、具有可评价要素的行为。

2) 部门绩效

部门绩效是指为了达成组织的目标,通过持续开放的沟通过程,将组织目标分解到各个部门,形成各个部门有利于组织目标达成的预期的利益和产出。作为公司和员工之间绩效管理承上启下的关键层面,部门绩效管理已成为企业培育竞争优势、获取核心竞争力的战略性举措。部门绩效目标就是各部门对企业整体目标分解所得到的任务,是该部门全体员工奋斗的共同目标。要实现部门绩效,部门员工必须认真履行自己的职责,在完成个人绩效的同时,互相协调、相互配合,共同完成部门绩效任务。其实,正确处理部门、员工绩效的关系的关键是对员工绩效、部门绩效的关系的协调。

3) 组织绩效

由于组织绩效是多方面的,因此,对组织绩效的定义也可以从多个角度来进行。英国学者布雷德拉普认为,组织绩效应当包括3个方面,即有效性、效率和可变性。有效性是指满足顾客需求的程度,效率是指组织使用资源的节约程度,可变性是指组织适应未来变化的能力。组织绩效的多面性,使人们可以从多方面、采用多重指标来衡量绩效,如近年来欧美企业广泛应用的卡普兰和诺顿提出的平衡计分法,即从财务、顾客、企业内部业务流程、学习与成长能力4个方面,全面地评价企业的绩效。

2. 绩效的多角度理解

绩效可以从不同的角度分为任务绩效、管理绩效和周边绩效。

1) 任务绩效

任务绩效是指按照工作职责去完成工作任务的那些有助于核心流程和目标的实现的活动。如生产产品、销售产品、收取存货、管理下属或传递服务(Motowidlo 和 Schmit,1999)。简言之,是直接产品生产和技术维持活动。它是与工作任务密切相关的内容,同时也是和个体的能力、完成任务的熟练程度和工作知识密切相关的绩效。主要根据各考核周期被考核者签订的绩效计划书进行考核。

2) 管理绩效

管理绩效主要针对管理人员,体现管理人员对部门工作管理的结果。考核内容有:沟通效果、工作分配、下属发展、管理力度等。

3) 周边绩效

周边绩效是指那些支持组织、社会和心理环境的活动。Borman 和 Motowidlo(1997)将周边绩效分为5大类型:① 主动地执行不属于本职工作的任务;② 在工作时表现出超常的工作热情;③ 工作时帮助别人并与别人合作工作;④ 坚持严格执行组织的规章制度;⑤ 履行、支持和维护组织目标。

周边绩效的特点为：① 周边绩效是工作情景中的绩效；② 周边绩效行为能够促进群体与组织绩效；③ 周边绩效是一种过程导向与行为导向的绩效。主要考核内容包括：主动性、响应时间、解决问题时间、信息反馈及时、服务质量。

3. 绩效的性质和特点

绩效具有3个显著的性质：多因性、多维性、动态性。

1）绩效的多因性

绩效的多因性是指绩效的优劣不是取决于单一因素，而要受主、客观的多种因素影响。多因性要求在进行员工绩效分析时，应从多个因素着手。绩效主要取决于员工的技能、机会、激励和环境4个方面，其中技能和激励属于员工自身的、主观性的影响要素，而机会和环境属于外界的、客观的要素。绩效与这4个要素的关系可以用下面的函数式表达

$$P=f(S, M, E, O)$$

其中，P指Performance，绩效；S指Skills，技能；M指Motivations，激励；E指Environment，环境；O指Opportunities，机会。

（1）技能：是指员工的工作技巧与工作能力。影响员工技能的因素有天赋、智力水平、个人经历、教育水平、培训状况。组织为了提高内部员工的技能整体水平，可以在员工招聘时，根据各岗位的岗位说明书进行严格的甄选；而且可以对员工开展各种技能培训或鼓励员工进行自我学习。

（2）激励：指激发员工的工作积极性和创造性。激励与员工的个人需要结构、个性、感知、教育、价值观有关。根据需要层次理论，员工在生存、安全和稳定、友谊、尊重与荣誉、自主、自我价值的实现等方面有着不同的需求，企业应该根据员工的不同需求，采用不同的激励手段和方式。

（3）环境：指影响员工绩效的组织外部客观环境和组织内部客观环境。组织外部客观环境包括：社会政治、经济状况、市场竞争强度等。组织内部客观环境包括：工作设计的质量、工作任务的性质、管理人员的管理作风和管理方式、组织的组织结构、工资薪酬福利制度、培训机会、企业文化、劳动场所的布局与物理条件等。

（4）机会：指的是一种偶然性。对员工而言，被分配到什么样的工作岗位在客观必然性外还带有一定的偶然性。在特定的情况下，员工如果能够得到机会去完成特定的工作任务，则可能达到在原有岗位上无法实现的工作绩效。但机会是随机的，是不能建立在各种假设的基础上的。

2）绩效的多维性

绩效的多维性是指绩效需从多个角度或多个方面去分析与考核，如：工作业绩、工作能力、工作态度等。各个企业的绩效考核纬度不同；而且在绩效考核时，不同岗位的考核的各个纬度的权重不同。

3）绩效的动态性

绩效的动态性是指员工绩效随着时间的推移会发生变化，绩效差的可能改进提高，绩效好的也可能退步变差。动态性要求发展地看待员工绩效，在进行绩效考核和绩效管理时要注意周期性。在确定绩效考核和绩效管理周期时，要考虑到绩效的动态性，恰当地确定绩效周期。

9.1.2 绩效管理的含义

1. 绩效管理的含义

理论界对绩效管理的理解有以下3种观点。

1）绩效管理是管理组织绩效的系统

该观点将绩效理解为组织绩效。强调通过对组织结构、生产工艺、业务流程等的调整实施组织的战略目标。

2）绩效管理是管理员工绩效的系统

该观点将绩效理解为员工个体的绩效，强调以员工为核心的绩效管理。

3）绩效管理是综合管理组织绩效和员工绩效的系统

该观点认为绩效管理的中心目标是发挥员工的积极性和创造力，挖掘员工的潜力，并将组织战略

目标的实现与员工个体职业生涯发展有机结合起来，提高组织绩效的同时实现员工的个人发展和价值。

1994年，阿姆斯拉尼（Michael Armsrany）提出，绩效管理是通过员工与管理者之间达成关于目标、标准和所需要的能力等方面的协议，实现组织、群体和个人目标的过程。本书认为，绩效管理是指为了实现组织的发展战略和目标，采用科学的方法，通过对员工个人和群体的行为表现、劳动态度和工作业绩，以及综合素质的全面监测、分析、考核，充分调动员工的积极性、主动性、创造性，不断改善员工和组织的行为，提高员工和组织的整体素质，挖掘其潜力，最终实现员工个体价值和组织战略目标的活动过程。它是贯穿于企业生产、经营整个过程的活动，将组织与部门、员工个人目标紧密地联系在一起，运用科学的绩效考核方法，从事前策划到过程监控，从事后考核到绩效改进的动态过程。在企业里，绩效管理有组织绩效管理、部门绩效管理和员工绩效管理3个层次。

2. 绩效管理的特点

1）绩效管理是防止员工绩效不佳，提高员工绩效、部门绩效和组织绩效的有力工具

绩效管理的各个环节都是围绕着提高这3个层次的绩效而展开的。因此，绩效管理不仅要针对工作中存在问题的员工，更要重视如何提高现有绩效水平，并且要确保3个层面的绩效管理方向和步调一致，从而使组织的目标得以实现。

2）绩效管理强调绩效沟通和员工能力的提高

绩效管理目标的实现必须依赖绩效沟通，通过沟通使各级管理人员认同绩效管理系统；通过沟通达成员工的绩效合约；通过沟通及时发现绩效实施过程中员工的问题和需要得到直接主管帮助的地方；通过沟通开展绩效考核，并对绩效考核结果进行沟通，达成绩效改进的措施。绩效管理非常强调各级管理人员的人力资源管理责任，在实际工作中，各级管理人员都是人力资源管理的执行者，只是与人力资源部门的分工不同。

3）绩效管理是一个过程

绩效管理由多个相互依存、又相互独立的环节构成；绩效管理不仅强调绩效的结果，更重视绩效目标的实现。

9.1.3 绩效管理在人力资源管理中的地位和作用

绩效管理是人力资源管理的重要内容，是现代人力资源管理的核心之一。人力资源管理体系是由人力资源战略与规划、员工招聘、员工的培训与发展、绩效管理、薪酬设计与管理、劳动关系管理、员工职业生涯规划与管理等一系列环节形成的有机整体。绩效管理在这个体系中占据核心的地位，起到非常重要的作用，其作用、地位如图9-1所示。

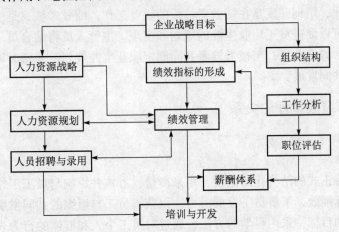

图9-1 绩效管理在人力资源管理中的地位

人力资源管理是企业获得竞争优势的重要工具，是一项落实企业战略的重要管理活动。在人力资源管理过程中，绩效管理具体落实企业的战略目标。绩效管理将企业的战略目标分解到各个部门，各

部门再根据员工的能力和工作分工将目标分解到员工个人。因此，对每个员工的绩效进行管理、改进和提高会提高企业整体的绩效，实现企业的经营目标和发展。在进行绩效管理过程中，应该结合人力资源管理其他方面的工作，绩效管理才能取得良好的效果。绩效管理与人力资源管理的其他环节的关系见图9-2。

1. 与人力资源规划的关系

企业在做人力资源规划时，必须考虑员工和企业平时绩效管理的现状，考虑员工绩效提升的空间。如果员工绩效提升的空间大，人力资源内部供给充足，人力资源空缺就相对小；反之，人力资源空缺就大。

2. 与员工招聘、录用的关系

企业在进行员工招聘和录用的过程中，采用各种测评手段对员工的"潜质"部分进行测评，侧重考察员工的一些潜在能力或性格与行为特征，从而推断员工在未来的工作中可能表现出来的行为特征。而绩效管理中的绩效考核是对员工"显质"的考核，侧重考察员工表现出来的业绩和行为，是对员工过去的业绩、能力和态度的考核。绩效管理的考核结果是对员工招聘、录用的有效性的一种检验。而员工招聘、录用的准确测评也是对员工未来的良好绩效表现的一种预测。

3. 与工作分析的关系

工作分析是绩效管理的重要基础，为绩效管理提供了基本依据。通过工作分析，明确了一个岗位的工作职责及工作产出，并据此制定对该岗位进行绩效考核的关键指标。按照这些关键绩效指标确定对该岗位任职者考核的绩效标准。工作分析所产生的工作说明书是绩效考核指标的重要来源。

4. 与薪酬体系的关系

目前企业流行的3P薪酬模型，是以职位价值决定薪酬（Pay for Position）、以绩效决定薪酬（Pay for Performance）、以任职者胜任力决定薪酬（Pay for Person）的有机组合。绩效是决定员工薪酬的重要付酬因素。一般地，职位价值决定了薪酬中的固定工资部分，而绩效考核结果决定薪酬中浮动工资部分，如绩效工资等。

5. 与员工提升晋级的关系

绩效管理是员工提升和晋级的重要依据。通过绩效管理活动，可以掌握员工各种相关的工作信息，如工作态度、工作成就、知识和技能的运用情况，从而为人力资源部门的人事决策（如员工提升、晋职、降职、降级等）提供依据。

6. 与培训开发和员工职业生涯规划与管理的关系

绩效考核的结果是培训开发和人力资源规划的依据。绩效管理信息的重要用途，是对员工提供反馈，让他们了解自己的工作情况，从而改进工作中因个人原因产生的缺陷和不足，同时为员工的培训提供可靠的依据。因此，培训开发是在绩效考核后的重要工作，绩效考核只是手段，绩效改进才是目的。同时，绩效管理可以促进员工职业生涯的规划和实现。主管人员将结合员工的绩效现状和员工的发展愿望、兴趣爱好、教育背景，与被考核者共同制定职业生涯规划，并随时调整职业生涯规划，从而实现企业和员工的共同发展。

9.1.4 绩效考核与绩效管理的关系

1. 绩效管理与绩效考核的区别

1) 在定义上不同

绩效考核是指一套正式的结构化的制度，用来衡量、考核并影响与员工工作有关的特性、行为和结果，考核员工的实际绩效，了解员工发展潜力，以获得员工与组织的共同发展。绩效管理是指为了实现组织的发展战略和目标，采用科学的方法，通过对员工个人和群体的行为表现、劳动态度和工作业绩，以及综合素质的全面监测、分析、考核，充分调动员工的积极性、主动性、创造性，不断改善员工和组织的行为，提高员工和组织的整体素质，挖掘其潜力的管理活动。

2) 绩效管理与绩效考核出现的阶段和侧重点不同

二者具体区别见表9-1。

表 9-1 绩效管理与绩效考核的差异

区别点 比较对象	过程的完整性	侧重点	关注的核心	包含的内容	出现的阶段
绩效管理	一个完整的管理过程	侧重于信息沟通与绩效提高，强调事先沟通与承诺	关注过去绩效	绩效计划的制定、绩效实施与管理、绩效考核、绩效反馈、绩效考核结果的运用	伴随着管理活动的全过程
绩效考核	管理过程中的局部和手段	侧重于判断和考核，强调事后的评价	关注未来绩效	考核原则、方法、步骤、考核主体、考核的纬度和周期、考核评分	只出现在特定时期

2. 绩效管理与绩效考核的联系

绩效考核是绩效管理的核心环节，绩效管理包含绩效考核。绩效考核成功与否不仅与考核本身有关，而且在很大程度上与考核相关联的整个绩效管理过程有关。绩效考核是绩效管理的重要支撑点，它从制度上明确地规定了企业员工和部门绩效考核的具体程序、步骤、考核主体、考核周期和方法，为绩效管理的运行与实施提供了前提和基础。

9.2 绩效考核的方法

绩效考核是绩效管理的最重要环节之一，绩效管理目标的实现，必须依靠一定的绩效考核方法。人们经过多年的管理实践，探索并通过管理理论工作者的改进，提出了很多绩效考核的方法。这些方法有各自的优点、缺点和适用的条件。下面介绍几种常用的绩效考核方法。

9.2.1 民意测验法

民意测验法是由被考核者的同事、直接下级（管理人员）、其他部门工作有联系的人、组织外的顾客对被考核者进行评价，得到被考核人员的绩效考核结果。

民意测验法在我国很多国有企业和事业单位、政府部门运用较多。民意测验法的优点：有很强的民主性、群众性，能够了解到广大员工的意见，特别是与被考核员工工作有直接联系的人员对被考核者的意见。民意测验法的缺点：缺乏由上而下，且受群众素质影响，特别是当被考核者的工作影响了很多人的眼前利益时，考核结果的真实性将受到影响；对民意测验的人数的确定需要科学方法来确定，且参与测验的群众应该有代表性。

民意测验法适用对进行群众工作的干部的考核，如企业中的工会干部、党群工作干部等。

9.2.2 绩效比较法

绩效比较法是指通过对考核对象之间的相互比较，来确定其工作绩效的水平。

1. 绩效比较法的特点

（1）绩效比较法的优点：考核结果一目了然，考核方法使用方便。

（2）绩效比较法的缺点：① 不适合将考核结果用来给员工提供建议、反馈、辅导和用于薪酬计算和发放。因为比较法考核的基础是对员工的整体印象，没有具体的考核标准，考核者很难找到有力的证据，所以考核结果容易受到员工的质疑。② 比较法容易对员工造成心理压力，在感情上接受比较困难。

绩效比较法经常与描述法、量表法结合使用，以提高绩效考核结果的真实性、公正性、准确性。

2. 绩效比较法分类

绩效比较法可以分为：排序法、强制分布法。

1）排序法（Ranking Method）

排序法是指考核主体将被考核对象进行相互比较，按工作绩效从好到坏的顺序进行排序，得到他们工作绩效的相对水平的考核方法。排序法又有3种：直接排序法、交替排序法、成对排序法。

（1）直接排序法（Simple Ranking Method）。考核主体根据平时对被考核对象的工作能力、工作态度等方面的总体印象，把对被考核对象的工作绩效从高到低进行排序。表9-2是直接排序法绩效考核的例子。直接排序法的缺点：当被考核对象的业绩水平接近时难以排序；被考核对象的人数不能太多；不能具体反映被考核对象的工作业绩状况；与薪酬制度挂钩困难。

表9-2 直接排序法

考核人姓名		考核人职务		考核人所在部门	
被考核部门			考核日期		
排序结果		等级		员工姓名	
1		最好		赵××	
2		较好		钱××	
3		一般		孙××	
4		较差		李××	
5		最差		王××	

考核人签名： 日期：

（2）交替排序法（Alternation Ranking Method）。列出被考核对象的名单，利用类似表9-3中的表格来评价被考核对象在某个考核要素上，哪个员工的表现最好，哪个员工最差。然后在剩下的员工中再评价最好、最差的。按该步骤多次对为评价的员工绩效评价，直到所有的员工都被排序为止。交替排序法的缺点：容易对员工造成心理上的压力，员工接受比较困难。

表9-3 交替法员工绩效考核表

考核人姓名		考核人职务		考核人所在部门	
被考核部门			考核日期		

考核要素：

列出被考核员工的名单，根据考核要素，将工作绩效最好的员工姓名填在第1行，将工作绩效最差的员工姓名填在第20行；然后将次最好的员工姓名填在第2行，将工作绩效次最差的员工姓名填在第19行。直到所有的员工都被排序列出。

等级评价结果：

1. _____ 11. _____
2. _____ 12. _____
3. _____ 13. _____
4. _____ 14. _____
5. _____ 15. _____
6. _____ 16. _____
7. _____ 17. _____
8. _____ 18. _____
9. _____ 19. _____
10. _____ 20. _____

考核人签名： 日期：

（3）成对比较法（Paired Ranking Method）。考核主体根据考核要素（工作质量、工作能力、工作态度、创造性等），将所有的被考核对象一一配对比较，根据比较结果排列出他们的名次。表9-4是利用成对比较法对员工进行的考核结果。表中的"0"表明差一些，"1"表明要好一些。最后将每位员工的"1"相加排序，得到考核结果。

通过表9-4可以知道考核结果，考核得分从低到高依次是：庚、己、戊、丁、丙、乙、甲；他们的排序结果的顺序刚好相反。

成对比较法的优点：① 能够有效地避免考核主体出现的宽大化倾向、趋中效应、严格化倾向等心理弊病；② 考核方法简单，使用方便。

成对比较法的缺点：① 无明确的指标或没有对考核要素进行明确的尺度规定，主要依靠考核主体对被考核对象的整体印象进行考核，考核的主观性强；② 只适用于被考核对象较少的考核，当被考核对象多而且彼此之间的差异不大时，该考核方法使用比较困难。

表9-4 成对比较法

考核人姓名			职务			所在部门			
被考核人部门			考核日期			考核要素		工作态度	
被考核对象	甲	乙	丙	丁	戊	己	庚	合计	排序结果
甲		1	1	1	1	1	1	6	1
乙	0		1	1	1	1	1	5	2
丙	0	0		1	1	1	1	4	3
丁	0	0	0		1	1	1	3	4
戊	0	0	0	0		1	1	2	5
己	0	0	0	0	0		1	1	6
庚	0	0	0	0	0	0		0	7
考核人签名：					日期：				

2）强制分布法（Forced Distribution Method）

考核主体将被考核对象分成几类（优、良、中、较差、不合格），每一类确定一个百分比；然后根据员工的绩效情况将他们归入到某一类。表9-5是利用强制分布法对被考核对象进行考核的情况。

表9-5 强制分布法绩效考核

等级	优	良	中	较差	不合格
比例	10%	20%	40%	20%	10%
被考核对象	李××	赵××	孙××	张××	胡××
		王××	曾××	伍××	
			孔××		
			刘××		

强制分布法的优点：① 能够有效地避免考核主体出现的宽大化倾向、趋中效应、严格化倾向等心理弊病；② 考核方法简单，使用方便。

强制分布法的缺点：① 主观性强；② 无法与组织战略目标联系；③ 当考核对象太少时就不适用；或当部门的绩效都优秀时，该方法不利于考核的公正性。

所以，在使用强制分布法时，应根据部门绩效状况决定部门员工的绩效等级分配比例，不能平均分配给每个部门相同的比例，以保证绩效考核的公正性、公平性。

9.2.3 图评价尺度法

表9-6是某公司利用图评价尺度法（Graphic Rating Scale Method）进行绩效考核，在其中所列举

的每一要素都要根据一个评价尺度来进行等级评价。考核者一次只考核一位员工，然后从中圈出一个与员工实际特性程度最为相符的分数，将各种要素所得分数求和，就得到了该员工的绩效结果。图评价尺度法既可以为考核提供大量的不同点数，也可以给考核者提供一种具有连续性的点数，考核者只要在这个连续段上作出一个复选标记即可。

表 9-6　图评价尺度法举例

考核日期：　　年　　月　　日

考核主体姓名：　　　　　　职务：　　　　　　所在部门：
被考核员工姓名：　　　　　岗位：　　　　　　所在部门：

考核要素 绩效维度	评价尺度				
	优异	优秀	值得赞扬	合理	较差
知识	5	4	3	2	1
沟通能力	5	4	3	2	1
判断力	5	4	3	2	1
管理技能	5	4	3	2	1
质量绩效	5	4	3	2	1
团队合作	5	4	3	2	1
人际关系能力	5	4	3	2	1
主动性	5	4	3	2	1
创造性	5	4	3	2	1
解决问题能力	5	4	3	2	1
总分					

图评价尺度法除了上面的形式外，还有以下形式。

形式 1　沟通能力：

形式 2　沟通能力： 1　2　3　4　5　6　7

形式 3　沟通能力：

分数	1 2 3 4	5 6 7 8	9 10 11 12	13 14 15 16	17 18 19 20
等级	差	较差	中等	良	优
考核结果					

9.2.4　关键事件法

关键事件法（Critical Incident Method）是通过对员工日常工作中那些会对部门的整体工作绩效产生积极或消极影响的重大事件的考核来确定员工绩效的方法。关键事件法中的关键事件包括有效行为和无效行为，是考核主体对被考核者日常工作的记录结果。

1. 关键事件法的特点

1) 关键事件法的优点

（1）能够把企业的战略目标和它所期望的行为结合起来。

（2）员工参与性强，考核结果能够得到被考核者的认同。

（3）能够向员工提供工作指导和信息反馈，以便员工有针对性地改进工作绩效。

（4）设计成本低，操作比较容易。

2) 关键事件法的缺点

（1）主要适用于行为要求比较稳定、不太复杂的工作，特别是体力类工作；对脑力劳动类的工作不很适合。

（2）对关键事件的判断受员工个体差异性的影响；而且对关键事件的记录比较费时间，有时影响工作的顺利开展。

（3）考核结果无法在员工之间进行比较，不能对部门整体员工的绩效考核进行排序，考核结果也不能用在薪酬的计算和调整上。

2. 关键事件法的分类

关键事件法分为3种：年度报告法、关键事件清单法、行为定位评价量表法。

1）年度报告法

年度报告法是由考核主体对被考核者在考核期内的工作行为进行连续记录，然后在考核期结束后选择特别好或特别差的事件报告每个员工的绩效表现。在考核期没有或很少记录的员工的绩效是平均或标准绩效水平。

年度报告法的优点：报告内容与工作联系性强。

年度报告法的缺点：① 很难保证考核主体对员工表现的记录的准确性；② 缺乏对员工的比较数据，很难在员工之间进行绩效的比较。

2）关键事件清单法

关键事件清单法是通过开发一个与员工绩效相联系的关键行为的清单，考核者对员工在这些关键行为的表现进行评估，得到员工的绩效考核结果的方法。操作方法：给每个员工的工作设计一份关键事件清单（20～30个），考核者根据员工在工作中是否表现出色，在清单上作上记号，最后将每个员工所得的记号求和，就得到这些员工的数量型的考核结果。设计清单时，经常给不同的项目以不同的权重。

关键事件清单法的优点：能够根据员工考核得到的数量型考核结果进行员工之间的绩效比较。缺点：设计一份清单比较费时；而且对一些突发性事件的考核比较困难。

3）行为定位评级量表法

行为定位评级量表法将行为考核与评级量表结合起来，用量表对绩效进行评级，然后利用量表值对关键行为事件进行定位。行为定位评级量表法的优点：能够提供数量型的考核结果，能够进行员工之间的绩效比较；考核与员工工作行为联系紧密，有利于促进员工绩效的改善。

9.2.5 行为锚定等级法

行为锚定等级法（Behaviorally Anchored Rating Methods，BARM）是根据关键事件法中记录的关键行为设计考核的量表，它实际上是将量表评价法与关键事件法结合起来，使其兼具两者之长。

1. 建立行为锚定评价量表的步骤

建立行为锚定评价量表要经历以下几个步骤。

（1）获取关键事件。利用工作分析的关键事件技术来得到员工工作行为中的一系列有效和无效的关键事件。

（2）关键事件归类、定义。将关键事件分类为员工个体行为大致能表征的工作纬度或工作绩效考核指标，并给出指标的定义。在确定关键事件和工作绩效考核指标时，可能要反复进行，直到找到真正的关键事件和考核指标为止。

（3）建立绩效考核等级。根据各关键事件本身的复杂程度和等级划分的难易状况，确定各关键事件的等级（一般是七点或九点的尺度，尺度可能是连续的，也可能是非连续的），即确定了每个考核要素的"锚定物"。

（4）建立最终的工作绩效考核体系。给每个考核要素构建一个考核量表，量表中列出考核要素的名称、等级及其定义。图9-2所示为行为锚定等级法的一个例子。

2. 行为锚定等级法的特点

1）行为锚定等级法的优点

（1）工作绩效的计量比较精确。

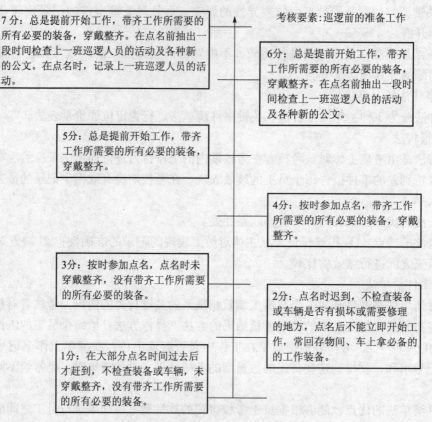

图 9-2 行为锚定等级法的例子

(2) 工作绩效的考核标准更为明确。锚定评价量表中对各种锚定物的确定使考核主体更容易理解"非常好"和"一般"等各种绩效等级上的工作绩效方面的差异，使考核结果更加公正。

(3) 具有良好的反馈功能。绩效考核主体在绩效实施过程中对关键事件的记录，能够向员工提供比较详细的信息反馈，指导员工绩效的改进，并将员工的绩效行为与企业战略紧密联系起来。

(4) 各种绩效指标之间的独立性较高。行为锚定等级法将众多的关键事件归类为5～6种绩效要素，因此，各种绩效要素之间的相对独立性很强。

(5) 考核结果具有较好的效度和信度。因为锚定评价量表中对各种绩效指标的各种等级进行了描述，不同考核主体进行绩效考核时的结果基本上一致，可信度比较高。

(6) 考核结果容易被接受。因为该方法需要大量员工参与，所以考核结果容易得到员工和部门主管的接受。

2) 行为锚定等级法的缺点

(1) 考核主体在考核时从锚定评价量表中选择一种代表某员工绩效水平的行为时会有困难，特别是当员工的行为表现出现在量表的两端时，考核主体更难选择。

(2) 对锚定评价量表的设计比较负责，考核主体花费的时间可能更多一些。

9.2.6 要素评定法

要素评定法是先确定绩效考核的要素，并按各要素在员工工作中的重要性确定权重，然后将一定的分数分配到各个考核要素，根据被考核者的实际表现对各考核要素评分，最后汇总得到员工考核成绩。

要素评定法得到的是数量型考核结果，便于员工之间绩效状况的比较，也可以与薪酬计算、发放挂钩；操作比较简单。该方法的难点是对各要素的权重的确定。

例如，对人力资源部主管设定以下3个方面的考核指标，利用要素考核法划分权重并制定如下标准，并以此为基础进行考核。

（1）绩效维度，占总分的60%，分为上、中、下3个等级。系统性好，积极主动工作，安全生产、完成任务目标的评为上；任务完成不好的评为中；再差的评为下。在工作、生产中出现重大错误，给企业造成较大损失的或出现安全、质量事故的，扣除40%；情况特别严重的，不得分。如果有1个月未完成任务的扣30%。

（2）能力维度，占总分的30%，分为上、中、下3个等级。技术高、能独立工作、完成任务好、胜任本职工作的评为上；技术中等、大多数时间能独立完成工作、基本上胜任本职工作，偶尔出现工作失误的评为中；技术水平差、不能独立完成工作、经常完成不了工作任务的评为下。

（3）态度维度，占总分的10%，分为上、中、下3个等级。工作积极、协作性强、责任心强、有很好的纪律性、能团结同志，评为上；否则评为中或下。严重违反公司规章制度或被客户投诉的得0分。

在实际考核时，上、中、下等级的比例分别控制在25%、65%、10%范围内。

9.2.7 情景模拟法

情景模拟法是一种模拟工作考核法，要求被考核者在考核主体面前，完成类似于实际工作可能遇到的活动，考核主体根据被考核者完成情况对工作能力进行评价。情境模拟法主要适用于操作性的工作考核，对脑力劳动类工作考核不适用；而且当员工的工作内容多且复杂时，模拟的难度较大；考核的结果受被考核员工模拟能力的影响；考核结果不是数量型的，不便于进行员工之间的比较。情景模拟法考核结果便于员工绩效的反馈，该方法必须与其他考核方法结合使用。

9.2.8 目标管理法

目标管理法（Management By Objective，MBO）始于管理大师彼得·得鲁克在1954年的《管理实践》中提出的目标管理思想。目标是在一定时期内对组织、部门及个体活动成果的期望，是组织使命在一定时期内的具体化，是衡量组织、部门及个体活动有效性的标准。而目标管理是根据组织的战略规划，运用系统化的管理方式，把各项管理事务展开为有主次的、可控的、有效和高效的管理活动，同时，激励员工共同参与，以实现组织和个人目标而努力工作的过程。

目标管理系统有3个共通性的组成部分。其一，它要求确定具体的、有一定难度的、客观的目标。其二，目标管理系统中所使用的目标通常不是由管理层单方面确定的，而是由管理者及其下属人员共同参与制定的。其三，管理者在整个评价期间通过提供客观反馈的方式来监控雇员达到目标的进展过程。目标管理法对于组织的绩效水平有着积极的效果；目标管理法能将员工个人的绩效与公司的战略目标紧密联系在一起。

1. 目标管理法考核的步骤

1）确定组织目标

组织目标由组织高层领导根据组织的使命，在制定整个组织下一个绩效考核周期的工作计划的基础上确定。

2）确定部门目标

各部门管理者与部门的主管领导分解组织目标，共同制定本部门的绩效目标，经常以年度目标任务责任书的形式体现。

3）确定员工个人绩效目标

部门主管组织员工讨论部门目标，结合员工个体的工作岗位和工作职责，制定个人的绩效计划，明确个人的绩效目标。个人目标经常以绩效合约的形式体现。

员工的绩效目标的要求：目标的制订必须符合SMART原则。

（1）目标必须是具体的（Specific）和富有挑战性的：目标具体明确，有利于员工的实施；目标的挑战性对员工有很大的激励作用，只有当员工付出较大的努力才能实现。

（2）目标必须是可衡量的（Measurable）：目标必须有质量和数量的要求，有具体的绩效标准，能够很好地进行测量。如果目标不能进行衡量，对员工的考核就难以开展。

（3）目标必须是可以达到的（Attainable）：是指绩效目标在付出努力的情况下可以实现，避免设立过高或过低的目标水平。

（4）目标之间必须是相关的（Relevant）：目标之间必须是相关的，必须是组织目标、部门目标的具体分解。

（5）目标必须是有时效的（Time-based）：在绩效目标中要使用一定的时间单位，即设定完成这些绩效指标的期限。

4）绩效考核

在绩效周期结束后，部门主管通过对员工的实际绩效与绩效目标的比较，得到绩效结果。

5）绩效反馈

考核结束后，考核主体或考核主体与人力资源部门有关人员一起，与被考核主体就考核的结果进行充分的沟通，指出目标完成的好的方面，找到员工的不足之处，并就绩效改善达成一致。

2. 目标管理法的要求

为了保证目标管理的成功，目标管理应做到：确立目标的程序必须准确、严格，以达成目标管理项目的成功推行和完成；目标管理应该与预算计划、绩效考核、工资、人力资源计划和发展系统结合起来；要弄清绩效管理与薪酬管理的关系，找出这种关系之间的动力因素；要把明确的管理方式和程序与频繁的反馈相联系；绩效考核的效果大小取决于上层管理者在这方面所付出的努力程度，以及他对下层管理者在人际关系和沟通的技巧水平；下一步的目标管理计划准备工作是在目前目标管理实施的末期之前完成，年度的绩效考评作为最后参数输入预算之中。

3. 目标管理法的特点

1）目标管理法的优点

（1）目标管理有助于理清组织结构中的责、权、利。在进行目标确定时，要求将组织目标的成果和职责清楚地划分到具体的部门和岗位，因此，在完成目标的同时可以进一步分清组织结构中的责、权、利关系，理顺组织内部的关系。

（2）充分实现绩效考核中的公平、公正。目标管理中目标的确定是由主管与员工（或部门负责人）通过充分的讨论制定的；而且绩效考核是通过把员工的实际工作业绩与目标合约进行比较来完成的，以事实为依据，考核结果比较公平、公正。

（3）有较高的有效性。由于目标管理法中员工对自己的工作目标非常明确，工作有的放矢，员工可以把时间和精力完全投入到能最大限度地实现目标的行为中去，绩效的效果比较理想；另外，目标管理充分调动了员工的积极性、主动性和创造性，员工完成目标的动力比较大，所以绩效目标完成比较好。

（4）费用低，操作简单。实行目标管理法时，只需对组织、部门目标进行分解，制定相应的考核指标，必要的信息由员工填写，不需要开发专门的考核工具。

（5）容易促进员工与主管之间的沟通和交流，改善组织内部的人际关系。目标管理法强调员工的参与，在员工的参与过程中，主管与员工对绩效考核中的有关事项进行充分的沟通，从而改善了组织内部员工之间的关系，形成比较好的工作氛围。

2）目标管理法的缺点

任何事物都有两面性，目标管理法也有自己的不足之处。

（1）管理成本可能比较高。由于进行目标商定需要上下沟通、统一思想，这些工作的完成需要较多的时间。在具体目标的确定时，每个部门、员工都很容易只关注自身目标的完成，可能忽略相互之间的协作，滋生本位主义、急功近利的倾向，管理成本可能较高。这需要组织建立一种倡导协作的企业文化。

（2）缺乏必要的"行为指导"。目标管理法确定了员工奋斗的目标，但没有明确要实现绩效目标的具体行为，这对一些不很熟悉工作的员工，如新招聘的员工而言，完成目标的难度较大。

（3）容易产生忽略组织长远发展目标的现象。由于目标管理法倾向于注重短期目标、年度目标的实现和考核，员工可能为了达到短期目标，牺牲组织发展的长远目标。所以在制定绩效考核的具体目标指标时，要将短期目标和长期目标结合起来。

（4）没有提供员工之间绩效比较的基础。由于员工的绩效标准不同，绩效考核结果较难用于进行员工之间的比较。

9.2.9 平衡计分卡法

平衡计分卡法（Balanced Score Card，BSC）是从财务、顾客、内部业务过程、学习与成长4个方面来衡量绩效。平衡计分卡是由卡普兰（Robert S. Kaplan）和诺顿（David P. Norton）通过对绩效测评方面领先的12家公司进行了一年的研究开发出来的。平衡计分卡法一方面考核企业的产出（上期的结果），另一方面考核企业未来成长的潜力（下期的预测）；再从顾客角度和从内部业务角度两方面考核企业的运营状况参数，充分把公司的长期战略与公司的短期行动联系起来，把远景目标转化为一套系统的绩效考核指标。

1. 平衡计分卡法的核心思想

平衡计分卡法的核心思想是通过财务、内部业务流程、顾客度、学习与成长4个方面指标之间的相互驱动的因果关系，来实现企业的目标（具体关系见图9-3）。

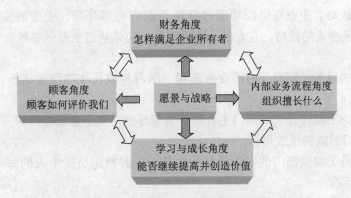

图9-3 平衡计分卡法的基本框架

1）财务角度

财务指标是传统绩效考核的唯一指标，也是平衡计分卡法的重要指标。企业必须以赢利为生存和发展的基础，而且必须使企业所有者的投资得到回报。财务指标主要从财务收益状况、资产营运状况、债务偿还、发展能力等几个方面进行衡量。

2）内部业务流程角度

内部业务流程角度即确定组织擅长什么，这是平衡计分卡法区别于传统绩效考核方法的特征之一。平衡计分卡法从满足企业投资人和客户需要的角度出发，并从价值链上针对内部业务流程进行分析，提出了4种绩效性质的考核指标：质量导向的考核、基于时间的考核、柔性导向考核、成本指标考核。

3）学习与发展角度

学习与发展角度关注企业能否继续提高并创造价值，平衡计分卡法强调未来投资的重要性，注重企业内部员工系统和业务流程的投资，强调通过员工的学习提高自身素质，提高企业的创新能力和发展核心力，持续创造价值。考核指标有：新产品开发循环周期、新产品销售比率、流程改进效率等。

4）顾客角度

顾客角度关注企业的顾客如何评价企业，顾客对企业提供的产品品牌、质量、价格、服务、产品的更新等方面是否满足他们需要的心理期望。考核指标有：市场份额、客户保有率、客户获得率、客户满意度等。

2. 平衡计分卡法的操作步骤

平衡计分卡法的实行步骤见图9-4。

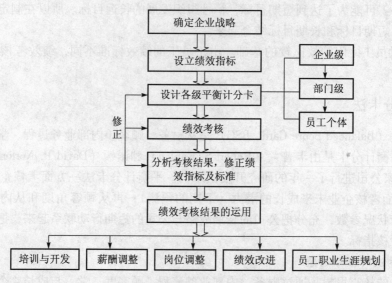

图 9-4 平衡计分卡法实施步骤

(1) 确定企业的战略。企业高层领导通过分析企业内外部环境、企业的资金资源、人力资源、技术优势和劣势，确定企业的战略。企业的战略确定后，应该通过企业的各种宣传渠道向员工进行大力宣传。

(2) 建立公司级的财务、顾客、内部业务流程、学习与成长4类绩效指标，并确定4类指标有意义的绩效考核指标。

(3) 开发各部门的平衡计分卡。部门主管与分管领导通过对企业战略的深入讨论，结合企业的4类绩效指标，确定部门对应的绩效指标。

(4) 部门主管与员工根据部门的平衡计分卡内容，一起制定员工个人的每年、每季度、每月的各指标的具体数字或标准。

(5) 实施平衡计分卡，部门主管在实施过程中，根据员工的平衡计分卡内容进行月度、季度、年度监测和反馈。

(6) 根据公司绩效管理的规定，由考核主体对员工进行绩效考核。

(7) 进行绩效反馈，分析绩效考核结果，修正绩效考核指标和标准。

(8) 将绩效考核结果运用到人力资源管理中。

3. 平衡计分卡法的特点

1) 平衡计分卡法的优点

(1) 对员工绩效的考核更加公正、公平。平衡计分卡法改变了传统绩效考核方法中以财务指标为唯一考核指标的现象，采用财务、内部业务流程、顾客、学习与成长4个方面指标，考核得更全面，绩效考核的结果更能够反映员工的真实绩效水平。

(2) 更能够反映企业的战略，发展和强化了战略管理系统。平衡计分卡法是一个基于战略的绩效考核系统，在设立绩效指标、制定各级平衡计分卡的过程中，员工与管理人员一起充分理解了企业的战略，把企业的战略分解为部门的指标，然后再细分为员工个体的指标，所以企业的战略被逐层分解，得到了具体的落实，使企业的发展与员工的绩效提高形成一股合力。

(3) 提供了数量型的绩效考核结果，便于员工之间的绩效比较，也容易把绩效考核结果运用到薪酬的计算和发放上。

(4) 平衡计分卡法减少了次优化行为的发生。由于平衡计分卡法的指标是从财务、内部业务流程、顾客、学习与成长4个方面对企业、部门、员工的绩效进行衡量，各级管理人员在进行管理时要从整个绩效的提高考虑，避免出现某一方面的绩效提高是以牺牲另一方面的绩效为基础的现象发生。

(5) 平衡计分卡法将企业的考核系统与控制系统完美地结合起来。平衡计分卡法在制定绩效目标、实施绩效、绩效反馈的过程中，全面地实现了企业的管理控制，使企业的绩效考核系统与控制系统协调一致（见图9-5）。

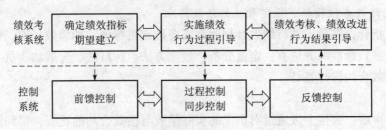

图9-5　绩效考核系统与控制系统的结合

2）平衡计分卡法的缺点

（1）平衡计分卡法的开发难度比较大。

（2）平衡计分卡法的有些绩效指标采集比较困难，如员工的学习与成长类指标，管理成本较高。

（3）对企业的管理水平要求高，要求日常工作中对各类进行数据记录、整理。

9.2.10　关键绩效指标考核法

关键绩效指标（Key Performance Indicator，KPI）考核法是通过对工作绩效特征的分析，提炼出的最能代表绩效的若干关键指标体系，并以此为基础进行绩效考核的方法。KPI必须是衡量企业战略实施效果的关键指标，其目的是建立一种机制，将企业战略转化为企业的内部过程和活动，以不断增强企业的核心竞争力和持续地取得高效益。

关键绩效指标主要有4种类型：数量、质量、成本和时限。关键绩效指标首先来源于员工岗位的工作岗位责任，是对其中少数关键职责的确认和描述；其次来源于组织或部门总目标，体现出该工作岗位的人对公司战略目标的增值份额；最后来源于业务流程最终目标，指标要反映出该工作岗位的人对流程终点的支持或服务价值。

关键绩效指标考核法的考核程序如下。

1. 设计绩效指标

根据公司的发展目标，将发展目标转变成为具体的绩效指标。绩效指标设计的基本步骤如下。

（1）确定影响公司战略目标的关键因素。

（2）确定关键的成功因素与业务流程之间的关系。通过将关键成功因素与内部业务流程联系起来，可以清晰地看到各流程对关键成功因素及关键利益相关方的影响，以及在实现整体公司策略中所扮演的角色。

（3）确定各流程的关键控制点和控制内容。为实现流程的顺利进行，就必然要有对应各个流程节点相应的绩效指标。流程由3部分组成：投入、过程和结果，而流程本身主要可以控制的部分包括过程和结果。因此要想让流程合理、高效并达到目的，除了对其结果进行控制之外，还需要对其过程中所经历的时间、所花费的成本、所可能产生的风险进行控制，才能保证流程最终促成企业的关键成功因素的实现。因此，在对各主要业务流程进行分析时，主要从时间、成本、风险、结果4个方面考虑是否需要对这些因素进行控制。

（4）根据对每个流程关键控制点和相关的控制点的分析，设定初步的绩效指标。

（5）对指标进行测试和修正、筛选。对初步选定的绩效指标按指标筛选决策模型中的8项原则进行测试，对不完全符合原则的指标进行修改或淘汰，筛选出最合适的指标。

（6）确定关键绩效指标体。将指标和流程分配给具体的部门或岗位以后，就形成了每个岗位的绩效指标体。

2. 确定绩效指标权重

岗位的多重目标决定了必须根据目标之间重要性的差别对指标赋予不同的权重，这样才能对员工的工作作出明确的评价。一般而言，对公司战略重要性高的指标权重高；对被考核人影响直接且影响显著的指标权重高；权重分配在同级别、同类型岗位之间应具有一致性，又兼顾每个岗位的独特性。可以通过专家法或层次法（AHP）确定员工各绩效指标的权重。

3. 针对不同的绩效考核指标，设定相应的绩效标准

对于关键绩效指标，在员工进行绩效计划时都需要设定目标值，即绩效标准，作为衡量员工工作好坏的标准。设定绩效标准的方法有：定量分析、预测方法、标杆法、分解法。员工的绩效考核指标及其权重常通过绩效合约进行签订。

4. 绩效考核

在绩效周期结束后，直接上级通过对员工的实际绩效与绩效合约的比较，得到绩效结果。

5. 绩效反馈和绩效考核结果的运用

考核结束后，考核主体或考核主体与人力资源部门有关人员一起，与被考核主体就考核的结果进行充分的沟通，指出目标完成的好的方面，找到员工的不足之处，并就绩效改善达成一致。人力资源部将绩效考核结果运用到有关人事决策中。

9.2.11 360度绩效反馈法

有很多人将360度绩效反馈法（360°Feedback）考核称为具体的考核方法，本书认为它其实应该是一种考核思想，明确地提出了确定考核主体的方法。360度考核思想又称全视角反馈，是被考核人的上级、同级、下级、自我和服务的客户等对其进行考核，通过考核得到绩效结果，并清楚自己的长处和短处。360度考核常和KPI、平衡计分卡法等方法结合进行。表9-7是某公司采用360度考核思想考核时各考核主体的权重。

表9-7 某公司利用360度考核法各岗位考核主体权重关系表

被考核对象	考核主体	上级	同级	下级	自我
管理人员	高层管理人员	75%	10%	10%	5%
	中层管理人员	60%	15%	20%	5%
	一般管理人员	80%	15%	0	5%
生产技术人员	班组长	80%	10%	5%	5%
	组员	90%	5%	0	5%
销售人员	主管	80%	10%	5%	5%
	组员	90%	5%	0	5%

360度考核的优点：① 考核比较公平、公正。360度考核思想中的考核主体有被考核人的上级、同级、下级、自我和服务的客户等，考核比较全面，而且再根据各考核主体与被考核者工作联系的紧密程度赋予各考核主体评分结果一定的权重，能够比较真实地反映被考核者的业绩水平，所以考核结果比较公平、公正，考核结果能够得到员工的认同，人力资源部门根据考核结果作出的相关人事决策也容易得到支持和实施。② 加强了部门之间的沟通和协调。由于该考核方法的考核程序包含员工直接主管介绍员工岗位职责和部门工作的内容、特点、业绩和困难，以及员工为克服工作中的困难所付出的努力，这些介绍增进了部门之间的彼此了解，从而加强了部门之间的协调和沟通。

9.2.12 绩效考核方法的选择

不同绩效考核方法各有自己的特征和适用对象，不同绩效考核方法强调的重点也不同：关键绩效指标考核法强调利用企业运营中能够有效量化的指标进行考核，提高了绩效考核的可操作性与客观性；目标管理将企业目标通过层层分解下达到部门及个人，强化了企业监控与可执行性；平衡计分卡法是从企业战略出发，不仅考核现在，还考核未来；不仅考核结果，还考核过程，适应了企业战略与长远发展的要求，将企业的发展战略与部门、员工的绩效考核紧密联系起来，但不适应对于初创公司和小的企业的绩效考核；360度绩效反馈法克服了单一考核主体的局限，充分调动了员工参与绩效考核的积极性，但需要有一种开放的、公平公正、彼此信任的企业文化的支持。

每一种绩效考核方法都反映了一种具体的管理思想和原理，都具有一定的科学性和合理性，同时，不同的方法又都有自己的局限性与适用条件、范围。

1. 在绩效考核的文化背景方面

绩效考核的精神就是要体现客观、公正、公平。对中国文化背景的大企业而言，人际关系复杂，老好人现象特别突出，造成绩效考核流于形式，使企业失去活力。KPI讲求量化的管理，一切用数字说话，能够有效抑制这种文化的影响。360度考核在中国实施不理想，也是因为受中国文化的影响。而中小企业的人际关系相对简单，在考核模式与方法的选择上比较灵活。

2. 在绩效考核方法的特性方面

KPI与平衡计分卡法都强调绩效考核的战略导向，并以此将企业战略发展内化为企业及员工的具体行动，适应了大企业更重视管理的策略需要。而中小企业一般更重视市场的开发，目标管理通过目标的层层传递，重在实现目标所期望的结果，比较适应中小企业追求成长的策略要求。大企业对主管的要求是要具备更高的管理能力，360度反馈法作为一种有效的能力开发手段，同时这种考核评估可以常同平衡计分卡法、KPI结合起来使用。

对于中小企业而言，更重要的是其推动创新的能力，360度反馈法不一定十分有效。在绩效考核方法的应用上，许多大企业由于组织与人员庞大需要激活组织人员，保持组织活力，因此，可选择强制等级分布或排名法，一些大企业采用的5%淘汰和末位淘汰制，但末位淘汰制还需要考虑企业淘汰的岗位人员的及时补充问题。而对于本身就具有创新动力的中小企业而言，这种方法的意义不是很大，可以选择目标或标准评价来进行。

3. 在绩效考核体系运作的成本方面

绩效考核体系的价值在于绩效考核所产生的经济收益高于投入的成本。一般而言，绩效考核的成本包括管理运作成本、组织成本及考核信息收集与管理的成本。企业规模的大小，直接影响绩效考核的成本。如收集信息成本，一般而言，量化评价的考核方法的成本要高于定性评价的考核方法的成本，但定性评价又会因为信息传递过程中的失真较大而增加成本。一般情况下，企业规模越大，绩效考核信息传递的失真会越大，甚至会超过量化的成本，因此，大企业倾向于采用量化的考核形式。量化考核可以结合KPI与平衡计分卡法来发展，采用等级评定和排名的绩效考核方法来实施。当然，为了提高绩效考核的效率和有效性，企业内部建立有效的信息系统作为支持也是必要的。中小企业组织扁平化，管理层次少，信息传递失真小，在绩效考核中可以考核更多的信息，因此，可以采用目标管理的方式。

总之，根据管理的艺术性原则，绩效考核方法的选择是一个权变且灵活的过程，适合的就是最好的。企业应该根据自己的企业规模、管理水平、员工素质状况、资金状况等，选择适合企业本身的绩效考核方法。对一般企业而言，可以以平衡记分卡法思想为基础，分解开发KPI体系，通过目标管理方法加以有效落实和贯彻。绩效考核以直线主管考核为主，借鉴360度反馈方法，增强全体员工对绩效考核的参与。

9.3 绩效管理流程

9.3.1 绩效管理实施步骤

绩效管理是一个动态的控制体系，通过建立绩效标准，加强对绩效实施的管理，进行绩效考核和绩效反馈等活动的循环，不断提高员工绩效，进而提高整个组织的绩效。绩效管理由绩效计划、绩效实施、绩效考核、绩效反馈、绩效考核结果的运用等几个不断循环的环节组成。图9-6反映了绩效管理的步骤。

1. 绩效计划阶段

绩效计划是绩效管理流程中的第一个步骤，出现在新的考核周期的开始阶段。在该阶段，员工和

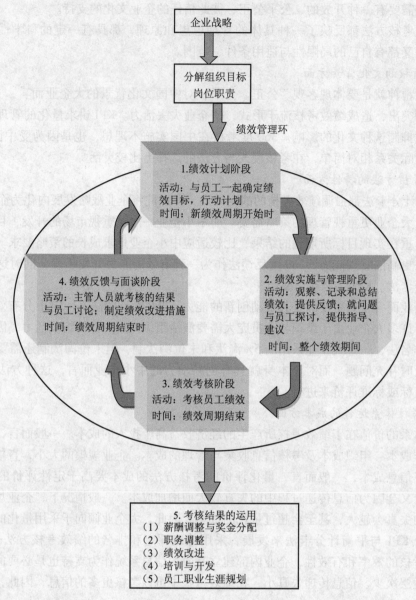

图 9-6 绩效管理步骤

直接主管之间需要在对被管理者绩效的期望问题上达成共识。在这个环节中，重点解决"考核什么"的问题，即员工的绩效考核指标有哪些，绩效目标值是多少，各项指标的权重是多少，考核周期有多长。员工和直接主管常通过签订绩效合约来确定绩效考核的各项指标的具体内容。

2. 绩效实施与管理阶段

制定了绩效计划后，员工开始按计划开展工作。在工作的过程中，直接主管要对员工的工作进行指导和过程控制，并对员工的绩效情况做好相应的记录；对发现的问题及时予以解决，并对绩效计划进行调整。在该阶段重点解决"如何有效激励"的问题。

3. 绩效考核阶段

在绩效考核周期结束时，依据绩效计划，考核主体按企业绩效考核程序对被考核对象的绩效目标完成情况进行考核。考核的依据就是在绩效管理开始时双方达成一致意见的绩效合约；同时，在绩效实施与管理过程中，所收集到的能够说明被考核者绩效表现的数据和事实。该阶段重点解决"谁来考核"和"用什么方法考核"的问题。

4. 绩效反馈阶段

绩效考核结束后，直接主管就考核结果与员工讨论。通过绩效反馈面谈，员工能够了解直接主管对自己的期望和自己的绩效状况，认识自己有待改进的方面；同时，员工也可以提出自己在完成绩效目标中遇到的困难，请求主管的指导和帮助。该阶段重点解决"有什么差距"和"什么原因引起的差距"的问题。

5. 绩效改进和导入

绩效改进是绩效管理过程中的一个重要步骤。员工能力的不断提高及绩效的持续改进和发展是绩效管理的根本目的。所以，绩效改进工作的成功与否，是绩效管理过程是否发挥效用的关键。绩效导入是根据绩效考核的结果分析来对员工进行量身定制的培训。通过绩效考核发现员工技能和知识的缺陷后，企业应该有针对性地安排一些培训项目，及时弥补员工能力的不足，以便提高员工和企业的绩效。该环节要重点解决"如何改进绩效"的问题。

6. 考核结果的应用阶段

绩效考核的结果主要用在以下几个方面：薪酬的计算和发放、职务调整、绩效改进、员工培训、员工职业生涯规划等方面。该环节要重点解决"考核结果如何应用"的问题。

9.3.2 绩效计划

绩效计划是一个确定组织对员工的绩效期望并得到员工认同，确定员工绩效指标和标准的过程。绩效计划必须说清楚期望员工达到的结果、行为要求和技能要求，是关于工作目标和标准的契约。绩效计划的制定是由人力资源部门、直接主管、员工共同完成的，这个过程是一个自下而上的目标确定过程，是一个双向沟通的过程，将组织目标、部门目标与员工的个人目标有机地结合起来。

1. 制订绩效计划的原则

在制订绩效计划时，必须明确员工绩效的工作标准。制定工作标准有以下几个原则。

1）战略相关性

绩效管理不仅仅是一个衡量体系，还可以利用这个衡量体系来传播企业的战略。企业通过绩效管理，可以提供一种手段和途径，使企业的战略决策不断地由设想变为现实；绩效管理可以保障高效地把事情做对、做好。所以绩效计划中的工作标准必须是对企业战略的层层分解而得到的指标，与企业的战略紧密相关。

2）可衡量性

工作标准必须便于以后绩效考核时进行测量；如果不能进行测量，该标准不具有可操作性。

2. 绩效计划的内容

在绩效计划中，主管与员工就以下内容达成一致，在绩效合约中得到体现。

(1) 员工在绩效周期内需要达到的工作目标是什么？（量化的和定性的）

(2) 各项工作目标的权重如何？哪些是最重要的，哪些是次重要的？

(3) 完成工作目标的结果是什么？这些结果可以从哪些方面去衡量？评判的标准是什么？

(4) 绩效周期是从何月何日到何月何日？员工何时完成各项绩效目标？

(5) 员工完成绩效目标的过程中，可能遇到哪些困难和障碍？主管能够提供哪些支持和帮助？

(6) 员工在完成绩效目标时有哪些权利？可以获得的资源有哪些？

(7) 员工在绩效周期内，需要接受哪些技术方面和技能方面的培训？

(8) 绩效周期内，主管如何与员工进行沟通？沟通的频率是多久？

(9) 在什么情况下，需要对绩效目标进行变更？变更的程序是怎样的？

(10) 从何处获得关于员工工作结果的信息？谁来收集相关信息？信息收集的要求是什么？

3. 制订绩效计划的步骤

在每年年底，公司最高管理层确立下一年度公司的整体绩效目标，并与各部门负责人协商本部门的年度绩效目标，部门主管与员工充分沟通制定绩效计划。主管与员工制定绩效考核计划有以下几个步骤。

1）准备工作

在制定绩效计划前，需要完成如下的准备工作。

（1）双方对企业战略目标和发展规划的回顾。绩效计划是对企业战略目标和发展规划的具体落实，制定绩效计划时要紧密结合企业的战略目标和发展规划。

（2）熟悉年度的公司经营计划。主管和员工要熟悉公司年度经营计划，部门、个人的绩效计划是公司年度经营计划的分解。

（3）熟悉部门年度经营目标。在熟悉年度的公司经营计划基础上，进一步明确部门年度经营目标。

（4）回顾个人的工作职责。个人的工作职责描述规定了员工应该完成的工作任务，而绩效计划进一步明确了这些任务应该达到的标准。

（5）回顾员工上一个绩效考核期间的绩效考核结果。主管需要根据员工上一个绩效考核周期的绩效完成情况，确定员工绩效目标的标准。如果员工上一个绩效周期，绩效目标完成比较好，新的绩效周期的目标就需要相对提高；如果员工上一个绩效周期，通过很大的努力，绩效目标都没有完成或全部没有完成的话，需要把上次未完成的任务加入新的绩效目标中，新的绩效任务就相应地减少。

2）双方进行绩效考核计划沟通

双方在相对平等、轻松的环境中，就员工绩效考核计划进行充分沟通，沟通中主管应更多地发挥员工的主动性，多听取员工的意见，与员工一起就绩效考核计划作出决定。

沟通的方式有：定期员工情况通报会；定期召开小组会议，由员工汇报任务和工作的完成情况，遇到的困难和希望主管提供帮助的地方；员工定期的工作书面汇报。

沟通的原则有：① 平等的原则。主管与员工在绩效沟通中是一种平等的关系，都是为了完成部门、公司的战略目标共同制定绩效计划。② 发挥员工主动性的原则。因为员工最清楚自己的工作，在制定绩效计划时，应该发挥员工的主动性，多听取员工的意见，充分考虑完成绩效目标过程中的各种情况。③ 共同决定的原则。绩效计划是以后绩效考核的标准，以此为基础的绩效考核结果将影响员工的薪酬、职位升降、培训、职业生涯规划等各个方面，所以绩效计划需要员工和主管共同决定，主管不能越俎代庖，而且这样也能保证绩效计划得到员工的认同和遵守。

3）绩效计划的审定和确认

经过沟通后，双方就讨论中提出的绩效目标进行审定和确认。审定和确认的标准是：① 员工的工作目标是否与公司、部门的目标紧密相连；② 员工的工作职责和描述是否体现在绩效考核目标中；③ 双方是否就员工的主要工作任务、各项工作任务的权重、完成标准、员工的权限达成一致；是否明确主管在绩效实施过程中能提供的帮助。每个绩效考核周期开始，部门主管与员工在充分沟通后，签订一份绩效合约。合约内容包括：员工的工作目标、实现目标的主要工作成果、衡量工作结果的指标和标准、各项目标的权重、双方在合约上的签字。

9.3.3 绩效实施与管理

绩效实施是落实绩效目标的具体过程，该过程的成功与否将决定公司、部门绩效目标的完成情况。绩效实施主要包括以下两方面内容：持续的绩效沟通和绩效信息的记录和收集。

1. 持续的绩效沟通

持续的绩效沟通就是管理者和员工共同沟通，以分享有关信息的过程。绩效沟通是连接绩效计划和绩效考核的中间环节，是实现绩效改进和绩效目标的重要手段。

1）持续绩效沟通的意义

通过持续沟通，主管和员工可以适时根据环境的变化对绩效计划进行调整，使之更加适应环境的需要；通过持续沟通，员工可以不断地得到关于自己绩效的反馈信息，并及时得到解决工作中困难的帮助；管理者可以通过持续沟通，及时掌握员工工作进展情况，了解员工在工作中的表现和困难，并及时提供帮助；当下属员工工作中出现各种问题时，主管能够及时地掌握情况，以避免不必要的浪费和麻烦，也便于向自己的上级及时汇报工作。

2）绩效沟通的方式

沟通方式主要分为正式和非正式的沟通，沟通形式取决于绩效沟通的内容和沟通双方的时间。

(1) 正式的绩效沟通。正式的绩效沟通是指根据企业管理规章制度进行的各种定期的沟通。正式的绩效沟通内容比较全面，但容易使气氛过于呆板，而且不够及时，影响沟通效果。正式的绩效沟通有书面报告、会议、主管与员工之间的一对一的正式会谈、主管组织的员工团队会谈等形式。

书面报告主要有：工作日志、工作周报、工作月报、工作季报、工作年报等形式。书面报告的特点如表9-8所示。

表9-8 书面报告的特点

优 点	缺 点
(1) 节约了主管的时间 (2) 可以培养员工理性、系统地考虑问题，提高工作方法中的逻辑性 (3) 能够在很短时间内收集到大量的关于员工工作状况的信息 (4) 解决了主管与员工不在同一个地点的问题 (5) 能够培养员工的表达能力	(1) 信息是从员工到主管的单向流动，缺乏信息交流 (2) 容易使绩效沟通流于形式 (3) 不适用于以团队为工作基础的企业的绩效沟通，员工之间的信息不能共享 (4) 撰写书面报告要占用员工的时间，容易引起员工的反感

会议沟通：通过会议对员工的绩效状况进行沟通。会议沟通的特点如表9-9所示。

表9-9 会议绩效沟通的特点

优 点	缺 点
员工与主管之间能够面对面地交流，员工容易接受	(1) 会议的组织要花费一定的时间和精力 (2) 有些个体的问题不适合于在会议上讨论 (3) 对主管的沟通技巧要求高 (4) 员工和主管都离开岗位，成本比较高 (5) 容易出现流于形式的问题

主管与员工之间的一对一的正式会谈：主管与员工就员工的绩效状况进行一对一的面谈。该方式能够直接地得到员工绩效状况的信息，但是信息不能在员工之间共享，主管在员工会谈上需要花费大量的时间。

主管组织的员工团队会谈：由主管组织召开关于员工绩效的团队会议，每个员工就自己的绩效状况、遇到的困难、需要的帮助进行发言。该形式的特点如表9-10所示。

表9-10 团队会谈的特点

优 点	缺 点
(1) 缩短了信息中间传递的时间、环节 (2) 有利于团队内部信息的沟通和共享	(1) 会议的组织要花费一定的时间和精力 (2) 有些个体的问题不适合于在会议上讨论 (3) 对主管的会谈组织能力和沟通技巧要求高 (4) 容易出现流于形式的问题

(2) 非正式的绩效沟通。非正式的绩效沟通是指主管与员工在工作过程中进行的非定期的、形式灵活的沟通。非正式的绩效沟通没有固定的模式，可以利用工作间歇在小会议室里或在员工的工作岗位旁进行，或以联欢会形式进行。主管要提高非正式绩效沟通的效果，要注意学习沟通方面的技巧，认真听取员工在工作方面的意见，平等地与员工进行讨论，并对沟通过程中所作出的承诺做好书面记录，以防忘记。另外，随着企业信息化的普及，企业内部局域网也成为员工和主管进行沟通的非正式渠道，员工和主管可以通过网上留言进行沟通。非正式绩效沟通的特点见表9-11。

表 9-11 非正式绩效沟通的特点

优　点	缺　点
（1）形式多样、时间和地点比较灵活 （2）能够及时解决员工绩效实施过程中的问题，促进绩效目标的按时完成 （3）员工容易接受，沟通效果比较理想 （4）形成管理人员与员工之间融洽的关系，提高绩效管理的效果	适用性受限，不是所有的绩效沟通都适合非正式沟通

3）持续绩效沟通的内容

主管和员工通过绩效实施过程中持续的绩效沟通是为了共同找到与达到目标有关的一些问题的答案。主管和员工进行绩效沟通的内容有：

（1）目前工作进展情况如何？
（2）员工和部门是否在正确的达到目标和绩效标准的轨道上前进？
（3）如果发生了偏离，应该采取什么措施？
（4）哪些方面工作做得好？工作中碰到了什么困难和障碍？如何克服？
（5）针对目前的情况，需要对工作目标和达成工作目标的行动计划进行怎样的调整？
（6）员工需要主管提供什么帮助和支持？

在绩效沟通过程中，员工由于外界环境的变化不能够完成预定的绩效目标，可以与主管协商同意进行绩效指标的变更。

2. 绩效信息的记录和收集

通过绩效信息的记录和收集可以为绩效考核提供事实依据，也可作为晋升、加薪等人事决策的依据；同时记录和收集的事实是主管向员工说明其目前的差距和需要改进、提高的方面的依据，也可以通过这些事实依据发现绩效问题和优秀绩效的原因，以便对症下药，改进绩效。

记录和收集的内容主要是与绩效有关的信息，结合绩效考核的绩效指标进行记录和收集。如目标和标准达成（或未达成）的情况、证明工作绩效突出或低下的具体证据、有利于员工找出问题（或成绩）原因的数据、绩效沟通时的谈话记录等。记录和收集事实有主管人员直接观察员工在工作中的表现所做的记录，也包含员工对工作目标完成过程的记录和员工为他人提供服务的对象或发生关系的对象反馈的信息。绩效信息的记录和收集要充分发挥员工的积极性，让员工参与绩效数据收集的过程，但要非常明确地告诉员工收集哪些信息，并尽量采用结构化的方式进行。

企业在绩效实施过程中，收集信息主要采用的方法是观察法、工作记录法和他人反馈法。观察法是主管直接观察员工在工作中的表现并将之记录下来的收集方法。该方法主要适用于一些操作性的、体力型的简单工作，对脑力劳动、复杂的工作比较困难，而且花费时间比较多。工作记录法是员工和主管将员工工作表现和结果记录下来的收集方法。该方法收集的信息比较全面；但需要员工花费大量的时间记录工作有关的内容，也容易打断员工工作的连续性，容易引起员工的反感。他人反馈法是主管通过其他与员工工作关系密切的员工的汇报、反映来获得员工工作绩效的信息的收集方法。该方法要求企业有相互信任的企业文化，主管能够辨别他人反馈信息的真伪。信息收集时需要多种方法的综合使用，获得比较全面的信息。

9.3.4 绩效考核结果的反馈

绩效管理的目的是通过绩效考核提高员工、部门、公司整体的绩效表现。因此，绩效反馈是绩效考核后非常重要的一环。通过绩效反馈面谈，使员工明确自己的绩效现状，了解主管对自己的期望，找到自己有待改进的方面；提出自己在完成绩效目标中遇到的困难，寻求上级帮助；并协商下一个绩效周期的绩效目标，制定新的绩效合约。

1. 绩效反馈的时间、地点、方式、主体的确定

1）绩效反馈的时间

大多数企业要求绩效反馈在绩效考核结束后的一定时间（如 5~10 日）内完成。绩效反馈要求

选在双方都有空闲的时间进行，并避免接近下班时间，以免影响绩效反馈的效果。同时，主管要计划好绩效反馈需要花费多长时间，以便双方把握好绩效反馈的进度和安排好自己的工作。

2）绩效反馈地点

反馈地点建议选择在氛围比较轻松的地方，如：公司的小型会议室或员工的工作台附近（有条件的公司也可以在咖啡厅）。绩效反馈时，尽量不在主管的人力资源部，因为在人力资源部会经常因为电话的影响、来访人员的影响等原因，影响到绩效反馈的效果。

3）绩效反馈方式

绩效反馈多数采用面谈的形式，也可以采用书面的形式。绩效反馈时，双方可以采用圆桌会议或双方呈一定的角度而坐的方桌会议形式，避免双方目光过于直射，从而缓和心理紧张，避免心理冲突。

4）绩效反馈的主体

绩效反馈分3种情况：一般员工的绩效考核结果由直接主管进行反馈；中层管理人员实行直接主管和人力资源部负责人一起进行绩效反馈；高层管理人员由董事会进行反馈。

2. 绩效反馈面谈的原则

为了提高绩效反馈面谈的效果，主管人员与员工的绩效反馈时必须遵循如下原则：

（1）建立和维护双方的信任；

（2）清楚地向员工说明绩效面谈的目的；

（3）尽量少批评，避免出现对立和冲突；

（4）鼓励下属说话，多问少讲、认真倾听员工意见；

（5）集中在绩效，而不是员工个体的性格特征；

（6）集中于未来而非过去，重点放在解决问题上；

（7）通过赞扬肯定员工有效业绩，优点和缺点并重；

（8）反馈要具体，制定具体的绩效改善目标，确定绩效改进检查的日期和方法；

（9）绩效反馈经常化，而不要只在年底绩效考核后进行；

（10）以积极的方式结束绩效面谈。

3. 绩效反馈的主要内容

绩效反馈时，双方主要就以下内容进行沟通：

（1）本次绩效考核的目的和考核标准；

（2）员工的工作表现及考核结果；

（3）主管就员工的每一项工作目标达成情况的意见及对员工绩效的期望，员工谈是否有不同的看法；

（4）员工在绩效期间内工作表现的优点和有待进一步改进的地方；

（5）员工绩效改进措施；

（6）新一绩效考核周期内企业和主管对员工绩效的期望，讨论新的绩效考核标准，以及员工希望主管提供的帮助。

4. 绩效反馈的程序

由于绩效反馈的时间有限，要达到较好的绩效反馈效果，主管要根据员工的性格特征，结合绩效状况对绩效反馈程序做好计划工作。绩效反馈可以参照下面的程序进行。

1）绩效反馈面谈开场白

反馈的开场白有很多种形式，采用什么方式要根据具体的谈话内容、对象和情景而定。如果员工对绩效反馈面谈比较紧张，可以以轻松的话题开始，如天气、运动等。如果员工比较理解绩效反馈的目的，而且能够冷静地正确对待绩效考核结果，主管可以直截了当地进入主题。

2）绩效反馈面谈过程

绩效反馈面谈过程中先谈什么，后谈什么，也有多种形式，主管可以灵活掌握。具体有以下一些方法。

(1) 员工自己先谈对绩效考核目的和考核指标标准的认识，主管进行相应的补充和说明。

(2) 员工先谈自己的工作表现及其评价，主管再说明自己相同和不同的看法。

(3) 先与员工就本次考核的目的和考核标准进行沟通，达成一致后再讨论员工的具体考核分数和考核结果。

(4) 直接就考核表格中的各项内容逐一与员工沟通。如果认识一致就进入下一项讨论；如果认识有分歧，就通过讨论力争达成一致。对于不能达成一致的地方，事后再沟通或者请主管的直接上级进行仲裁。

(5) 先讨论员工工作中的优点和成绩，再讨论不足和有待改进的地方。

(6) 主管先谈对员工绩效考核的看法，然后请员工谈意见。

3) 绩效反馈结束

在双方对绩效考核中的各项意见达成一致后，就可以结束面谈。如果对某些意见不能达成一致，双方可以回去思考，下一次沟通时再进一步讨论。

9.3.5 绩效考核结果的应用

绩效考核结果的应用直接关系到绩效考核的成功与否，也对绩效管理的效果有很大的影响。传统的绩效考核结果主要是在奖金的分配和工资的晋升上。而现代管理中，员工绩效考核结果主要应用于薪资调整、职位等级调整、制定绩效改进计划、制定培训计划、制定员工发展规划、检验员工选拔和培训的有效性等方面。

1. 薪酬调整

薪酬调整是绩效考核结果最直接的运用之一。主要是在两个方面得到运用：一是运用到薪酬的计算中。很多企业为了激励员工改善自己的绩效状况，努力工作，将薪酬与绩效考核结果挂钩。不同岗位的挂钩比例不同：销售人员、生产人员的薪酬中较大比重是由绩效决定的；而行政、后勤人员薪酬中有一小部分由绩效决定。二是运用到员工岗位薪酬等级调整中。如：对于绩效考核连续两年内考核结果累计一"优"一"良"或以上者，以及连续3年考核结果为"良"或绩效考核结果为"优"的员工晋升一级工资，但一年内晋升工资次数不能超过一次；而当年考核结果为"不合格"或连续两年考核结果为"基本合格"的员工降一级工资，但一年内降工资次数不能超过一次。

2. 职位调整

根据绩效考核的结果，对员工的职位进行调整。员工在某方面的绩效突出，就让其在此方面承担更多的责任；如果绩效不理想，对其岗位作出相应的调整。例如，有些企业规定：对于连续两次绩效考核结果为"优"的员工，纳入公司人才库，并作为重点人才培养，在内部职位空缺时，优先考虑其职位晋升；而对于绩效考核结果为"不合格"的员工，由主管对其重点面谈，年内职务不予晋升；如果连续两次"不合格"，则视为不能胜任本职位工作，由公司进行待岗培训；如果连续三次"不合格"，由公司辞退。

3. 绩效改进

绩效管理最直接的目的是提高员工、部门、组织整体的绩效。所以绩效考核结果的最直接的运用是用在绩效改进中，绩效考核的结果是绩效改进计划制定、实施、衡量的依据。主管在绩效反馈时，要与员工应及时针对考核中未达到绩效标准的项目分析原因，制定相应的改进措施。绩效改进计划主要包括以下方面的内容。

(1) 员工基本情况、主管的基本情况、绩效改进计划的制定时间和实施时间、绩效计划的考核时间。

(2) 根据绩效考核结果和绩效反馈结果，确定员工在工作中的问题。这些问题包括：需要改进的工作方法、需要提高的工作能力和技巧、需要改善的工作态度等。

(3) 针对绩效考核中存在的问题，提出针对性的改进意见。包括：工作方法改进措施、工作能力和技巧提高的措施（如需要参加的培训类型、时间等）、工作态度方面的培训等。

(4) 确定绩效改进后要达到的目标和检查方法、检查时间。

在多种绩效改进措施中，最常用的方法是主管指导员工制定个人发展计划。个人发展计划（IDP）是指根据员工有待发展提高的方面所制定的一定时期内完成的有关工作绩效和工作能力改进和提高的体系计划。员工在主管的帮助下，根据绩效考核结果和员工的兴趣爱好、教育状况制定个人发展计划，从而改善绩效现状。个人发展计划通常包括的内容有：

(1) 有待发展的项目；
(2) 发展这些项目的原因；
(3) 有待发展的项目的现有水平和期望达到的水平；
(4) 发展这些项目的现有条件及发展的方式、方法；
(5) 达到个人发展目标的期限；
(6) 实现该个人发展计划的检查措施。

4. 制定培训计划

培训是提高员工绩效的最直接手段。企业应该根据员工考核结果在绩效上表现比较差的方面并结合员工的知识结构、专长和专业、员工的个性为员工提供相应的培训。培训后，企业需要对员工的绩效收集信息，比较培训前后绩效的变化情况。如果绩效提高且提高显著，说明培训有效；否则，需要进一步对培训作出调整。此外，公司也应根据员工的个人发展计划提供有关方面的培训，员工培训应该纳入企业的日常工作内容。

5. 制订员工职业发展规划

员工绩效考核结果记入员工职业发展档案，主管和员工根据目前的绩效水平和过去绩效提高过程，协商制定员工的长远工作绩效和工作能力改进提高的体系计划，以及在企业中的未来发展规划。员工职业生涯发展规划是促进员工绩效不断提高的内在动力，也是激励员工的重要手段。

6. 检验对员工选拔和培训的有效性

绩效考核的结果可以用来衡量招聘选拔和培训的有效性。如果选拔出来的优秀员工实际的绩效考核结果确实优秀，说明员工选拔是有效的；反之，就说明选拔不够有效，或者绩效考核的方法、结果有问题。培训的效果可以通过培训之后一段时期内的绩效表现出来。如果员工绩效提高了或变化很显著，说明培训确实有效；反之，说明培训没有达到应有的效果。

7. 劳动关系管理

绩效考核结果是解决员工与企业发生有关因绩效考核而引发的劳动争议的依据。如果因员工绩效目标未完成，对员工的薪酬、岗位作出调整；或者在员工经培训、调岗后，仍然不能达到绩效考核目标，当企业与员工终止劳动合同关系引起劳动争议时，绩效考核结果成为解决劳动争议的事实依据。

9.3.6 绩效管理中的问题

解决问题首先必须很好地分析问题，找到问题的症结所在，才能对症下药，从而有效地解决问题。目前在企业的绩效管理中，主要应该注意以下几个方面的问题。

1. 绩效指标和标准方面

1) 从完成工作的结果出发制定绩效指标和标准

对于很多企业而言，对员工绩效行为的监控需要耗费大量的时间和精力，管理成本高，并且对于到底什么行为是企业希望的行为存在分歧；而对于绩效结果的判断比较容易，且分歧小。所以绩效指标和标准的制定尽量从完成工作的结果来制定将更容易一些。

2) 尽量不使用完美无缺的绩效标准

对于大多数工作而言，"零缺陷"几乎是不可能的，而且"零缺陷"无法区分好绩效者和优异绩效者，所以制定绩效标准时，尽量不使用完美无缺的绩效标准。只有少数的工作要求不出任何差错才使用"零缺陷"标准，如飞机驾驶、汽车驾驶等。

3) 使用一些以客户为中心或强调团队精神的绩效指标，形成积极向上的、协作的绩效文化

如果企业在绩效考核中，只强调员工个体的绩效指标而忽略团队的绩效指标，会导致企业中缺乏合作、协作的精神，不利于企业整体绩效目标的完成。使用一些以客户为中心或强调团队精神的绩效

指标，促进员工之间的合作，共同关心部门、企业的整体目标的完成。

4）"量化"不是设定绩效指标的标准，"可验证"才是真正的目标

人们在绩效管理中，总是追求将所有的绩效指标"量化"，这是不可能的，也是没有必要的。有些指标定性的描述也可以，但是这些描述必须能够通过某种途径验证。所以不追求所有的指标的定量，但是所有的指标必须可以验证。

5）利用客户关系图的方法确定工作的产出

确定工作产出是绩效管理中的基础工作，客户关系图的方法可以有效地确定工作产出。客户关系图的方法以被考核者为核心，列出该员工或团体对哪些组织内部和外部的客户提供的工作产出分别是什么。该方法有利于全面、准确地得到被考核者的工作产出，以便确定绩效考核指标和标准。

2. 绩效管理技术方面

1）现场的绩效管理技术指导有助于绩效管理的全面实施

当引入新的绩效管理系统时，特别是以前没有实施全面绩效管理的企业，需要熟悉该技术的技术专家到各个部门中对主管和员工进行帮助和指导，解决绩效管理实施过程中出现的问题，以正确地完成绩效管理工作。这类人一般是人力资源部的专业人士和外请的技术顾问。

2）绩效实施过程中进行阶段性的绩效回顾和沟通非常必要和重要

绩效管理的目的是提高员工、部门和企业的整体绩效，那么在绩效实施过程中，主管应该进行阶段性的绩效回顾和沟通，及时了解员工绩效实施过程中出现的问题，协商解决办法，并及时地向员工提供完成绩效目标所必需的帮助。如果只在绩效考核周期结束后进行绩效回顾和沟通，将给企业带来很大的损失，无助于绩效目标的实现，而且会受到员工的抵触和抱怨。

3）绩效管理系统与员工的职业生涯要紧密相连

绩效管理系统中的绩效考核结果为员工和主管对员工的职业生涯规划提供了依据。当一个员工不能达到期望的绩效标准时，需要知道自己下一步该怎样做，如何提高自己的绩效。如果经常出现通过自己的努力不能完成目标的情况，员工可能要考虑自己目前的工作是否适合自己的职业发展道路。对于绩效好的员工，也需要了解自己继续努力的方向。

4）发挥员工的积极性，收集自己的绩效信息

在绩效实施过程中，需要收集员工的绩效信息。主管要充分发挥员工的积极性，让员工收集自己的绩效信息。这样做可以节约管理人员的时间和精力，也使员工信任绩效信息的真实性，也可能提高绩效反馈的效果。

5）加强绩效管理知识培训，转变观念，强调全员绩效管理的意识

在我国的大部分企业中，管理观念比较落后，管理层对管理重要性的认识比较浮浅，不能自愿接受新的管理理念和管理方法，视绩效管理为负担。因此，要使绩效管理得到有效的实施，必须强调全员的绩效意识，改变管理层的思维。另一方面，企业需要加强绩效管理方面基础知识的培训，使管理人员和员工树立绩效意识，真正理解绩效管理的真实含义。因为现在很多企业没有正确区分绩效考核和绩效管理，把绩效考核等同于绩效管理；甚至认为绩效管理只是人力资源部的事情；有的人认为绩效管理就是年底填写几张绩效考核表，且是一种烦人的事情，不愿意参加到绩效管理过程中去。这些错误的认识需要通过相关的培训来纠正。

6）大力争取高层管理层的支持，高层领导要积极支持绩效管理工作的开展

在绩效管理上，很多高层领导只是给予了一般的关注和支持，只是听听汇报和做一下指示，没有真正地把绩效管理当作一件重要的工作来抓，绩效管理缺乏高层领导的大力支持。其实，绩效管理是企业管理改革的大事，是企业全体员工的事情，因此，企业的高层领导应该积极站到前面，积极参与其中，给人力资源经理充分的领导和支持，领导员工和管理人员积极参与绩效管理中来，以提高绩效管理的效果。

3. 绩效管理系统方面

1）根据绩效考核结果计算员工的薪酬时，必须保证绩效管理系统可靠

企业在进行绩效管理时，在薪酬体系中，对绩效考核结果的应用是企业管理一个很重要的方面。

这时，就要保证绩效管理系统的有效性和可靠性，以避免引起矛盾和冲突，从而影响绩效管理的效果。

2）组织内部的透明和公开化有助于绩效管理系统的实施

企业的透明、公开、相互信任的企业文化，有助于绩效管理的实施。通过绩效管理信息的公开，让员工充分了解企业绩效管理的流程、绩效管理进行的现状、企业对员工绩效的期望、员工努力的方向。

3）绩效管理系统的效益需要一定的时间才能体现出来

绩效管理是一个复杂的工程，在建立初期需要做大量的准备工作，如建立指标体系和指标标准。这些工作使人感觉枯燥、乏味，而绩效管理的效果需要一个绩效周期后才有所体现，而且如果企业管理基础较差的话，效果可能不是那么明显，需要一个较长的时间才能反映出来。

4）切忌绩效系统建立后一劳永逸

绩效管理系统不是一成不变的静止、僵化的体系。建立了绩效管理体系不等于绩效管理工作一劳永逸。随着企业战略发展任务的变化、企业经营目标的调整、员工工作岗位的变化，绩效指标和标准也需要做相应的调整。除了管理体系，尤其是绩效管理工具自身内在的缺点，外部变化的经济、政治、技术、社会环境对企业的绩效管理不断提出新的要求，也带来新的机遇。同时，绩效管理的理论不断在创新，绩效管理的实践不断在演化。从泰勒的科学管理理论、霍商试验，一直到管理大师德鲁克提出的目标管理、关键业绩指标和近年来风靡全球的经济增加值和平衡计分卡法，西方的管理学者和企业管理的实践家们从来没有停止过绩效管理的探索和改进。因此，一种绩效管理实践是否适合本企业，在管理实践中需要针对本企业特殊的文化作出何种修订，如何博采各种绩效管理工具之长为本企业所用，都是企业管理人员，特别是高层管理者们所必须思考并不断解决的问题。

9.3.7 绩效管理系统有效的条件

绩效管理系统有助于企业实现战略发展目标和管理目的。绩效管理系统的有效运作需要其他管理体系的支持与合作，与绩效管理系统密切相关的其他企业管理体系如图9-7所示。

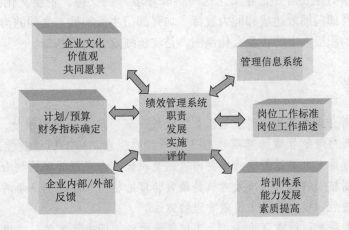

图9-7 绩效管理配套体系

1. 建立科学合理的岗位工作标准体系

工作标准是保证绩效目标顺利实现的基础，没有工作标准，就难以对员工绩效进行衡量。制定工作标准的前提是进行准确的工作岗位描述。

2. 建立科学的计划/预算管理体系

计划/预算管理体系主要与财务评估指标的设定有关。各级管理人员所承担的收入指标、成本费用指标、利润指标、资金指标、资产指标及上述指标的各项构成往往都是在企业的年度经营计划及预算中确定的。而且，财务指标目前仍然是个人绩效评估指标中最为重要的一类指标。

因此，个人绩效指标的合理性和细化程度将主要取决于相关经营计划和预算的合理性及其细化程度。所以,完善的计划/预算管理体系将是个人绩效管理体系的实施基础,员工个体绩效指标中的财务类指标是对企业计划/预算指标的分解。

3. 建立完整、畅通的企业内外部反馈体系

在部门/个人绩效指标中,一些指标需要根据内外部的反馈意见进行考核。为了使绩效评估工作更为客观、公平、公正、透明,就需要建立必要的内外部信息反馈和收集机制。这些工作可以借助于外部机构进行,如通过市场调查公司对客户进行满意度调查、通过人力资源咨询公司对内部员工进行满意度调查,或者通过企业内部有关职能部门完成。

4. 建立完整配套的培训体系

培训体系是企业绩效管理系统的支撑。在员工绩效目标确定后,为了完成绩效目标,需要确定员工是否参加相应的培训;如果需要,企业应该给员工提供相应的培训活动。在绩效周期结束后,对员工进行绩效考核,对于未完成绩效目标的员工如果是由于工作能力、技巧方面的原因,员工也需要接受相应的培训。同时,为了员工职业生涯发展的需要,企业的培训体系将提供大力的支持。如果没有企业的培训体系支持,绩效管理目的很难达到。

5. 建立高效的管理信息系统

绩效管理系统涉及大量的数据统计、记录、汇总和对比分析工作,如个人绩效指标中的财务指标部分就需要借助于财务管理信息系统的支持。因此,如果能够在绩效管理系统方面引入适当的计算机信息管理系统,将有助于个人绩效完成情况的记录、跟踪、反馈和评估工作,既可以提高工作效率,也可以确保数据计算的准确性和可追踪性。

6. 建立企业的文化体系

企业文化是企业在经营活动中形成的经营理念、经营方针、价值观念、经营形象等的总和,是企业生存、竞争、发展的灵魂。企业文化对绩效管理具有决定性的作用,是影响员工绩效的关键性的环境因素,为绩效管理提供支持。企业文化是决定企业可持续发展的精神力量,塑造基于能力和绩效的企业文化将更有利于企业在激烈的市场竞争中生存和可持续发展。实施绩效管理的前提是企业具有与之相适应的企业文化和员工素质,沟通顺畅、积极向上的企业文化有助于组织和个人实现优秀的业绩。企业绩效管理体系的建立需要企业文化这一"软环境"的支持,企业文化必须体现这样一种精神,即重视员工个人及部门绩效达成和能力发挥。加强部门主管和员工之间的沟通,营造有导向、激励、凝聚、规范作用的积极向上的企业文化氛围,是实施绩效管理的基础。

本章小结

绩效管理日益受到企业的关注,绩效包括员工绩效、部门绩效和组织绩效,相对于不同的对象,绩效有不同的含义;而对绩效管理的理解也有3种不同的观点。员工的绩效性质有:多因性、多维性、动态性。绩效管理是人力资源管理的重要内容,是现代人力资源管理的核心之一,绩效管理在人力资源管理体系中占据核心的地位。绩效考核是绩效管理的核心,在人们多年的管理实践探索并经过管理理论工作者的改进后,提出了很多绩效管理的方法。

主要的绩效考核方法有:民意测验法、员工绩效比较法、图表尺度法、关键事件法、行为锚定等级法、要素评定法、情景模拟法、目标管理法、平衡记分卡法、关键绩效指标、360度考核法等。这些方法有各自的优点、缺点和适用的条件。具体绩效考核方法的选择主要从绩效考核的文化背景、绩效考核方法的特性、运作的成本等几个方面考虑。

绩效管理是一个动态的控制体系,绩效管理由绩效计划、绩效实施、绩效考核、绩效反馈、绩效考核结果的运用等几个不断循环的环节组成。企业的绩效管理中有3个方面的问题要引起注意:绩效指标和标准方面、绩效管理技术方面、绩效管理系统方面。

本章案例

绩效管理：朗讯3×3绩效考核

朗讯为了提高公司的业绩，制定了非常周密的绩效管理办法，通过一个3×3绩效考核表来告诉每位员工自己的业绩情况。在人力资源管理中，业绩考核是最为核心的部分，由于其关系到职位的升降、薪资的高低等重要的问题，因而绩效考核也是人力资源管理中最为敏感的部分。

一、3×3绩效考核理念

朗讯公司按业绩提供报酬，全公司每年都要进行非常周密的业绩考评。朗讯通过一个3×3的矩阵给员工打分，告诉每位员工自己的业绩情况。每个人的报酬增长情况最终的决定权在业务部门，业务部门要真正知道谁是他们的业务骨干。

评估每一天，朗讯公司的业绩评估系统是一个闭环反馈系统，这个系统有一个形象的模型就是一个3×3的矩阵，员工在工作业绩的最后评定，会通过这个矩阵形象地表达出来，这就像一个矩阵形的"跳竹竿"游戏，如果跳得好就不会被夹脚出局，而且会升迁涨工资。朗讯的员工每年要"跳矩阵"一次，但是评估过程从目标制定之日起就已经开始了，可以说是做到评估每一天。

二、年度目标制定

朗讯的业绩评估系统每年年初，员工都要和经理一起制定这一年的目标，经理要和更高层经理制定自己的目标。这个目标包括员工的业务目标（Business Objective）、GROWS 行为目标和发展目标（Development Objective）。在业务目标里，一个员工要描叙未来一年里的职责是什么，具体要干一些什么；如果你是一名主管（Supervisor），还要制定对下属的帮助（Coaching）目标。在 GROWS 目标里，员工必须根据朗讯的 GROWS 文化分别指出自己在 G、R、O、W、S 上该怎么做。在发展目标里，则可以明确提出自己在哪些方面需要培训。当然并不是自己想学习什么就能得到什么培训，这个要求需要得到主管的同意。下属的每一个目标的制定，都是在主管的参与下进行的。主管会根据你的业绩目标、GROWS 行为方面的差距、自己能力不足3个方面提出最切实的发展参考意见，因为主管在工作中与下属有最密切的联系。

（1）业务目标制定：员工在制定自己的业务目标时，他必须知道谁是自己企业内部和企业外部的客户，客户对自己的期望是什么。如果是主管，还应知道下属对自己的期望是什么。员工可以通过客户、团队成员和主管的意见，来让自己的业务目标尽可能和朗讯的战略目标紧密结合。员工要在业务目标中明确定义自己的关键目标。一个主管还要制定指导员工和发展员工的计划，建立和强化团队的责任感。

（2）GROWS 目标制定：每个员工通过制定 GROWS 行为目标，来强化对朗讯文化的把握和具体执行。

（3）发展目标制定：从员工的职责描述、业务目标和主管那里来定义自己必需的技能和知识，评估自己当前具备的技能和知识。参考以前的业绩评估结果，通过多种途径的反馈和主管对你的参考意见，能够帮助自己全面正确地评估自己的能力现状，这个评估结果对自己的发展非常重要。

三、年度目标执行

在主管的协助下，将这三大目标制定完毕，员工和主管双方在目标表上签字，员工主管各保留一份，在将来的一年中员工随时可以以此参照自己的行为，履行自己的计划。在制定了目标后的1年里，每个员工在执行目标时会有来自3个方面的互动影响，一种是 Feedback（反馈），一种是 Coaching（指导），还有一种是 Recognition（认可）。

Feedback 通常是在员工与员工，员工与主管，主管和员工之间常用的一种沟通方式；朗讯的每位员工在工作中都有可能充当教师的角色，Coaching 主要指主管对员工的激励和指导的反馈；Recognition 是一种特别的反馈，用来表示对你工作成绩的认可。这3种方式是员工和主管沟通的3种常见方式，每位员工有义务通过这3种方式履行自己的目标的日常行为。朗讯将员工的评估，通过这些方式，细化到每天的工作中。每位员工要收集好别人给你的反馈，记录下一些重要的反馈这种类似于批评和自我批评，不断提高自己的效率和沟通技巧的工作方式，将业绩评估贯彻到日常工作中的每一天。

对于有培养员工职责的主管来说，他还必须执行好 Coaching 职责，这个职责简单来说由英文缩写 S、M、A、R、T 来概括。S 即 Specific，即指出对员工行为的看法；M 即 Measurable，量化员工工作的一些指标；A 即 Agree upon，是指员工与经理要协商一致；R 即 Realistic，指出员工能够实现的效率；T 即 Timely，要及时给员工提出反馈信息。每个主管都要记录自己在 Coaching 上所做的事，这些是其年终评估的一项。

认可（Recogniton）是一种良好的文化，无论是员工与员工之间，还是主管和员工之间都存在工作的认可，认可甚至越过公司内部，延伸到客户中。朗讯鼓励用一些简单的认可方式来鼓励员工，这些认可可能是一封感谢信，一张表扬奖状，或者一个停车位，订一份杂志，甚至还有送电影票戏票。这种相互鼓舞的机制可以让他们分享新的思想，也能鼓励不同的观点，共享信息，减少官僚作风，为作重大决策打基础。业绩评估是整个系统中最关键的一环，因为它使以前大家所做的一切有一个"说法"。朗讯的评估过程非常精细和严谨，目的是使这个评估尽可能地公平，尽可能体现每一位员工和主管在过去一年里的作为。

四、执行结果评估

评估围绕3个方面进行：第一个是当前的业务结果，这是针对当初的业务目标进行的，通过比较每位员工自己设定的目标和完成的目标，以决定他这一项的效果如何。第二个评估内容是GROWS，朗讯的文化行为模式；第三个是员工在发展自己的知识和技能方面做得如何。每位员工一年中有两次评估，一次是年中评估，这个时间在半个财政年度执行，主要看目标的执行情况；财政年度的评估则是看达到了目标没有。评估过程分准备评估、写评估和执行评估3个阶段。

（1）准备评估：在评估阶段，员工的直接主管要做的准备是收集，知道有哪些人给了员工反馈，给员工反馈的这些人可能是团队成员，也可能是供应商，还有可能是别的主管。第二是看客户给员工的信件。第三是看员工最近的工作成绩。第四是收集和认证这些反馈。这时候员工和主管会坐在一起讨论员工所做的一些成绩和收到的一些反馈，这一步是双方了解评估材料，获得彼此在评估这件事上的沟通。双方都来确认在履约的1年里所获得的评估材料。朗讯的评估对员工来说非常透明，因为评估不恰当带来的伤害是双方和直接的。有许多公司的评估是暗箱操作状态，像下一道行政命令，甚至员工根本不知道自己为什么会被解雇。员工对自己的权益有知道的权力，评估体系表现出的科学性问题，本质上体现一种尊重。

（2）写评估：主管对员工进行总结性评估时，必须参考一些材料，这些包括：非正式的员工文件；以前主管参加过对该员工的目标设定的文件和上一财政年度评估的文件等。主管通过对员工各方面的材料的掌握，在评估表格上记录下员工在各评估项目上的结果和评估意见，而且会提出一些评语，指出在哪方面做得不错，哪方面欠缺，并在矩阵中填下评估结果。写完评估，主管至少在小组评估会议的前一天将这个结果给这位员工一份。

（3）执行评估：因为评估结果不是评估的唯一目的，在评估过程中会反映员工在工作中的不足，所以主持一个评估会能够充分交流这一年员工在工作中的得失，而且评估一定是交互的，员工和主管对评估的每一步骤必须达成一致，如果不一致，可以沟通，直到双方认可为止。评估的环境非常重要，大家最好离开日常工作的办公室，到一个开放的环境，使气氛轻松起来，同时要消除外界的干扰，将电话设置为转接。主持评估的主管必须事先将整个评估过程都告诉大家。评估的目的、时间表、会议长度，都要告诉员工，而且要先给员工阅读主管给自己的评估。如果员工对一些评估有异议，这时候就要着重讨论有异议的地方。鼓励员工对自己的评估有异议的地方提出问题，认真听员工的解释。通过这种公开的对话式的评估，双方取得对异议的一致性。最后，如果一切都已经决定，要将这些评估信息和员工分享，告诉他在矩阵图中的位置，如果员工没有异议，评估的最关键一步就结束了。当然，就算员工有异议，最后的决定权还是在主管手里。

当然，评估结果并不完全会让该员工满意，无论评估好坏，员工必须在评估结果上签字。员工签字表明员工已阅读评估并与主管讨论过，并不一定代表完全同意主管的意见。主管也要在评估表上签名，注明日期，给你上一级的主管评价并签名。然后将这些文件拷贝给各有关方存档，将双方签字的评估结果给员工一份，主管保留一份，人力资源部保留一份。业绩评估主管必须保留6年。

评估完毕，员工又要和主管制定新一财年的目标，有的人可能不用再制定目标了，因为他在矩阵中的位置落到了解雇的区域，需要找适合自己发展的地方了。

资料来源：绩效管理：朗讯3×3绩效考核．中国人力资源开发网．本书采用时略有改动。

思考题
1. 朗讯3×3绩效考核理念有何优势？
2. 绩效考核的结果在企业人力资源管理中有哪些用途？
3. 朗讯3×3绩效考核在实际操作中会出现哪些问题，能否进行考核模式的复制？

本章思考题

1. 员工的绩效性质有哪些？
2. 绩效管理在人力资源管理体系中处于什么地位和作用？与人力资源管理的其他环节有什么联系？
3. 绩效考核的常用方法有哪些？各自有什么优点和缺点？
4. 企业如何选择绩效考核方法？
5. 绩效管理由哪些环节组成？
6. 企业在绩效管理过程中要注意哪些方面的问题？

参 考 文 献

[1] 陈维政，余凯成，程文文．人力资源管理与开发高级教程．北京：高等教育出版社，2003．
[2] 武欣．绩效管理实务手册．北京：机械工业出版社，2002．
[3] 陈凌芹．绩效管理．北京：中国纺织出版社，2004．
[4] 劳动和社会保障部．从业人力资源管理人员．北京：中国劳动社会保障出版社，2002．
[5] 付亚和，许玉林．绩效管理．上海：复旦大学出版社，2003．
[6] 方振邦．绩效管理．北京：中国人民大学出版社，2003．
[7] 贝尔德维尔．人力资源管理现代管理方法．北京：经济管理出版社，2008．
[8] 郑绍廉．人力资源开发与管理．上海：复旦大学出版社，1998．
[9] 陈天祥．公共部门人力资源管理及案例教程．北京：中国人民大学出版社，2014．

第 10 章

薪酬管理

本章要点

- 薪酬的含义和类型
- 我国企业的工资制度和福利制度
- 薪酬管理的理论基础
- 薪酬管理的目标与原则
- 薪酬体系设计流程

开 篇 案 例

联科公司的薪酬激励计划

联科公司是一家从事通信技术研发与销售的公司,主要产品有手机、对讲机、无线通信设备等。联科公司在本行业具有良好的口碑,这与公司有一套独特的薪酬激励机制分不开。

公司员工的薪金一般由4部分组成:基本工资、奖金、补贴和福利。联科公司的基本工资保持与行业水平一致,如果与竞争对手的工资率不匹配将导致现有员工的满意度下降。另外,公司考虑到还可以通过独特的奖金及福利计划来吸引更多的优秀员工,所以由此确定基本工资采取跟随型薪酬政策。

奖金分为两类:一般人员奖金和销售人员奖金。有一些关键职员还会得到一定的期股权,公司用期股权对他们进行长期的激励,这些都是根据绩效评估的结果进行奖励,而不是以职务高低论行赏。

在联科公司,奖金与绩效联系紧密。如果员工的业绩优秀,那么奖金也就会相应的比较多。奖金一般可以达到员工工资的40%,对于成绩显著的员工还有其他的额外奖励。比如在公司的重要会议上,公司总裁会亲自颁发最佳员工奖、突出贡献奖给这些员工,特别优异的员工还享有住房补贴、带薪休假的福利。

针对福利计划,公司在每年的薪资福利调整前,都对市场价格因素及相关的、有代表性企业的薪资福利状况进行调查比较,以便使公司在制定薪酬福利时,与其他企业相比能保持优势和具有竞争力。联科员工享受政府规定的医疗、养老、失业等保障。公司考虑到各个年龄阶段的员工对福利的偏好不一样,公司还制订了弹性的福利计划,根据员工所在的岗位与所承担的责任,制定一系列可供选择的福利套餐,此项计划深受员工的喜爱,员工也美其名曰"自助式套餐计划"。

员工养老金计划,也是联科公司的一种重要的激励办法。养老金计划很适合我国现在的国情,比较能稳住员工的心。员工每年从自己的工资中按比例抽出一部分作为养老金,企业在此数额的一定倍数上增加金额,将这些资金一同存起来,等到员工退休时取用。在联科工作不超过10年就离开的员工不享受养老金待遇,退回他个人工资抽出的部分,不发放企业增发部分;相反,在企业工作越久,得到的养老金就越多。员工养老金计划不受股市变化的影响,比较稳定,这很适合中国人求安稳的心理，所以受到员工的欢迎，能很好地发挥激励作用。

资料来源：刘大卫. 人力资源管理案例精选从入门到精通. 上海：上海交通大学出版社，2011：140-141.

10.1 薪酬概述

从组织的角度看，员工薪酬是推动企业战略目标实现的一个强有力的工具。首先，薪酬对于员工的态度和行为有着重要的影响。它不仅会影响到哪些种类的员工会被企业吸引进来并被企业留住，而且还能够成为一种使当前员工的个人利益与更为广泛的企业利益一致起来的有力工具。其次，员工薪酬还是一个企业的重要成本项目，因此，需要对其给予特别仔细的关注。从员工的角度看，与薪酬有关的政策对于他们的总收入乃至生活水平有着极大的影响。无论是绝对的薪酬水平还是与他人相比的公平性，对于员工来说都十分重要。薪酬往往还被看作地位和成功的标志。薪酬管理构成了企业人力资源管理的一个重要内容。

10.1.1 薪酬的含义

薪酬是组织对其员工为组织所做的工作或贡献，包括他们实现的绩效、付出的努力、时间、学识、技能、经验与创造所付给的相应的回报。其实质是一种公平的交易或交换关系，是员工在向所在单位让渡其劳动或劳务使用权后获得的报偿。

薪酬的表现形式是多种多样的，主要包括工资、奖金、津贴、福利和股权等具体形式。

1. 工资

工资有狭义和广义之分，狭义的工资是指支付给从事体力劳动的员工的货币形式的报酬。这里包括两个方面的含义：一是接受报酬的主体是体力劳动者；二是报酬的客观表现形式是货币。如果接受报酬的主体是脑力劳动者，则人们常把报酬称之为薪水；如果报酬的客观表现形式是实物而非货币，人们则常称之为福利。广义的工资从内涵上讲，包括货币形式和非货币形式的报酬；从外延上讲，包括支付给体力劳动者和脑力劳动者的报酬。

目前企业中广泛运用的主要工资形式包括计时工资、计件工资、浮动工资、提成工资，其中计时工资和计件工资是基本的工资形式。

1) 计时工资

(1) 计时工资的含义。计时工资是根据员工的计时工资标准和工作时间来计算工资并支付给员工劳动报酬的形式，职工的工资收入是用职工的工作时间乘以工资标准得出来的。计算公式为：计时工资=工资标准×实际工作时间。

按照计算的时间单位不同，我国常用的有3种具体形式：一是月工资，即按月计发的工资。不论大月、小月，一律按工资标准计发工资。实行月工资标准的职工遇有加班或请假需要加发或减发工资时，一般是按日工资标准处理，即以本人月工资标准除以平均每月法定工作天数（为20.92天）求得。二是日工资，即根据工人的日工资标准和实际工作日数来计发的工资。三是小时工资，即根据工人的小时工资标准和实际工作小时数来计付的工资（小时工资标准=日工资标准/8）。小时工资制适用于非全日制工作或需要按小时计付工资的工作。

目前，我国计时工资一般是以月工资率为基准。西方发达国家一般以小时工资率为基准，对高级管理人员实行年薪制。

(2) 计时工资的特点。计时工资有以下几个方面的特点。① 计算工资的基础是按照一定质量（即达到某种劳动等级标准）劳动的直接的持续时间支付工资，工资数额的多少取决于职工的工资等级标准的高低和劳动时间的长短。因此，这一特点决定了计时工资在实行中表现出两点鼓励作用：一是能够鼓励和促进劳动者从物质上关心自己业务技术水平的提高，二是能够鼓励和促使职工提高出勤率。② 由于时间是劳动的天然尺度，各种劳动都可以直接用时间来计算，并且计算简便，所以计时工资简单易行、适应性强、适用范围广。③ 计时工资并不鼓励职工把注意力仅仅集中在提高产品的数量上，更比较注意产品的质量。④ 计时工资容易被广大职工所接受，职工的收入较为稳定。而且，职工不至于追求产量而过于工作紧张，有益于身心健康。

正因为计时工资有以上优点，因此，目前计时工资是我国企业中普遍采用的一种工资形式，如实习员工的实习工资、管理人员的职务工资、生产操作人员的岗位技能工资、专业技术人员的专业技术职务工资等都是计时工资。

但是计时工资也有明显的局限性：① 计时工资侧重以劳动的外延量计算工资，至于劳动的内含量即劳动强度则不能准确反映；② 就劳动者本人来说，计时工资难以准确反映其实际提供的劳动数量与质量，工资与劳动量之间往往存在着不相当的矛盾；③ 就同等级的各个劳动者来说，付出的劳动量有多有少，劳动质量也有高低之别，而计时工资不能反映这种差别，容易出现干多干少、干好干坏一个样的现象。因此，实行计时工资对激励劳动者的积极性不利。还有，计算单位产品的直接人工成本也不如计件工资容易。

（3）计时工资的类型。计时工资按单位时间内应得工资额的确定方法不同，主要分为日薪和月薪两种类型。日薪是指按日计算的应付工资，月薪是指按月计算的应付工资，它们都是根据职工的劳动时间作为劳动报酬的计算标准。

2）计件工资

（1）计件工资的含义。计件工资是根据劳动者生产的合格产品的数量或完成的作业量，按预先规定的计件单价支付给劳动者劳动报酬的一种工资形式。它包括 3 种形式：一是实行超额累进计件、直接无限计件、限额计件、超定额计件等，按劳动部门或主管部门批准的定额和计件单价支付给个人的工资；二是按工作任务包干方法支付给个人的工资；三是按营业额提成或利润提成办法支付给个人的工资。

计件工资的计算公式为

$$工资数额 = 计件单价 \times 合格产品数量$$

与计时工资相比，计件工资的特点在于它与计时工资计量劳动的方式不同。在实行计时工资的情况下，劳动由直接的持续时间来计量；在实行计件工资的情况下，则由在一定时间内劳动所凝结成的产品的数量来计量。因此，从这个意义上说，计时工资是计件工资的一种转化形式。

（2）计件工资的特点。计件工资的特点表现在以下几个方面：① 能够从劳动成果上准确反映出劳动者实际付出的劳动量，并按体现劳动量的劳动成果计酬，不但激励性强，而且使人们感到公平。② 同计时工资相比，它不仅能反映不同等级的工人之间的劳动差别，而且能够反映同等级工人之间的劳动差别。即使同等级的工人，由于所生产合格产品的数量、质量不同，所得到的工资收入也就有所不同，从而促使劳动者关心自己的劳动成果，激发劳动积极性，促进劳动生产率的提高。③ 由于产量与工资直接相连，所以能够促进工人经常改进工作方法，提高技术水平和劳动熟练程度，提高工时利用率，增加产品数量。④ 易于计算单位产品直接人工成本，并可减少管理人员及其工资支出。⑤ 促进企业改善管理制度，提高管理水平。

但是计件工资也有其不可克服的局限性：① 实行计件工资容易出现片面追求产品数量，而忽视产品质量、消耗定额、安全和不注意爱护机器设备的倾向，如只求质量保持合格品的下限，在消耗定额内还有节约的潜力不去挖掘，超出其负荷进行掠夺性的生产等；② 因管理或技术改造而使生产效率增加时，提高定额会遇到困难。如不提高定额，会增加产品成本，如提高定额，会引起不满；③ 因追求收入会使工人工作过度紧张，有碍健康；④ 在企业以利润最大化为目标时，容易导致对计件制的滥用，使"计时工资成了延长劳动时间和降低工资的手段"；⑤ 计件工资本身不能反映物价的变化。在物价上涨时期，如没有其他措施对物价进行补偿，尽管劳动生产率没有提高，也必须调整计件单价。

2. 奖金

1）奖金的含义

奖金是单位对员工超额劳动部分或劳动绩效突出部分所支付的奖励性报酬，是单位为鼓励员工提高劳动效率和工作质量而付给员工的货币奖励。按照国家统计局1990年颁布《关于工资总额组成的规定》，奖金是指支付给员工的超额劳动报酬和增收节支的劳动报酬。不管是哪个定义，都表明奖金是对员工超额劳动部分的一种补偿，是贯彻按劳分配原则的一种劳动报酬形式，是基本工资制度的一种辅助形式。奖金的支付客体是正常劳动以外的超额劳动，随劳动绩效而变动，支付给那些符合奖励条件的单位员工。奖金的表现形式包括红利、利润分享及通常所说的奖金等。

2）奖金的特点

奖金具有多种多样的特点，能够较为灵活地反映员工的实际劳动差别，可以弥补计时、计件工资的不足，特别是对员工在生产过程中提高质量，节约材料、经费，革新技术等方面所作的贡献，用奖金作为补充显得尤为重要。奖金的特点具体表现在以下几个方面。

（1）单一性。工资是反映员工在企业中的综合性表现，包括年资、技能、业绩等。奖金在报酬上则只反映员工某方面的实际劳动效果的差别，比如员工在收旧利废中，为企业节约资金5万元，企业立即给予1 000元的奖金。

（2）灵活性。奖金的形式灵活多样，奖励的对象、数额、计获奖人数均可随生产的变化而变化。工资一般以规范的形式制定出来，每一个提供了正常劳动的员工都可以按公司章程的规定获取报酬。奖金则不一样，它只授予提供了超额劳动和有突出业绩的员工。

（3）及时性。奖金的使用不受工资发放的限制，能及时反映劳动者向社会提供劳动量的变化情况。奖金一般在员工提供了超额劳动或者取得突出业绩以后立即予以兑现，它体现的是即时激励的作用。

（4）荣誉性。奖金不仅是对员工的物质奖励，还有精神鼓励的作用。员工获得奖金是企业对员工超额劳动的承认或认可，这本身就是一种奖赏。另外，获得奖金的员工会得到周围员工的称颂，使其获得一种精神上的满足。

3）奖金的类型

奖金的形式多种多样，根据不同的标准，奖金可分为不同的类别，其中有的相互交叉。

（1）根据奖金的周期划分，可划分为月度奖、季度奖和年度奖。

（2）根据在一定时期内（一般指一个经济核算年度）发奖次数划分，有经常性奖金和一次性奖金。

（3）根据奖金的来源划分，可分为由工资基金中支付的奖金和非工资基金中支付的奖金。

（4）根据奖励范围来划分，有个人奖和集体奖。

（5）从奖励的条件区分，有综合奖和单项奖。

3．津贴

1）津贴的含义

津贴是指为了补偿职工特殊或额外的劳动消耗和因其他特殊原因支付给职工劳动报酬的一种工资形式，包括补偿职工特殊或额外劳动消耗的津贴、保健性津贴、技术性津贴、年功性津贴及其他津贴。

习惯上，人们一般把属于生产性质的称为津贴，属于生活性质的称为补贴。津贴、补贴的种类、发放范围和标准等，一般由国家统一规定。对国家没有统一规定的，用人单位也可以根据生产工作需要，在政策允许的范围内，自行设立一些津贴、补贴项目。

津贴在统计上又分为工资性津贴和非工资性津贴。工资性津贴是指列入工资总额的津贴项目。非工资性津贴是指不计入工资总额支付的津贴项目。工资性津贴的划分标志不是看开支来源如何，而是看它是不是属于工资总额的统计范围。

2）津贴的特点

津贴是职工工资的一种补充形式，具有以下几个特点。

（1）津贴是一种补偿性的劳动报酬。多数津贴所体现的不是劳动本身，即劳动数量和质量的差别，而是劳动所处的环境和条件的差别，从而调解地区、行业、工种之间在这方面的工资关系。

（2）具有单一性，多数津贴是根据某一特定条件，为某一特定目的而制定的，往往一事一贴。

（3）有较大的灵活性，可以随工作环境、劳动条件的变化而变化，可增可减，可减可免等。

3）津贴的类型

我国的津贴制度项目繁多，按其补偿性质和目的不同，主要可分为以下几种类型：

（1）具有补偿职工在特殊劳动条件下的劳动消耗性质的津贴；

（2）兼具补偿职工的特殊劳动消耗和额外生活支出双重性质的津贴；

（3）具有维护职工在有毒有害作业中身体健康的保健性津贴；

（4）属于补偿职工在本职工作以外承担较多任务所付出的劳动消耗的津贴；

（5）具有补偿职工因物价的差异或变动而增加生活费支出性质的津贴；

（6）属于鼓励职工提高科学技术水平和奖励优秀工作者的津贴；

（7）具有生活福利性质的津贴。

4. 福利

在企业薪酬体系中，工资、奖金和福利是3个不可或缺的组成部分，分别发挥着不同的作用。工资具有基本的保障功能，奖金具有明显而直接的激励作用，福利的作用则是间接而深远的。

1）福利的含义

一般说来，福利有3个层次：第一是由政府主管、以全体国民为对象的社会福利；第二是由企业主管、以企业全体员工为对象的企业福利；第三是由工会等劳动组织主管、以会员为对象的部分劳动者福利。因而，广义的员工福利包括国家、地方政府和企业、劳动组织提供的文化、教育、卫生、各种社会保障、集体公益服务事业和福利待遇等；狭义的员工福利仅指企业为满足员工的生活需要，在工资收入之外，向员工本人及其家属提供的货币、实物及一些服务形式。

2）福利的功能

从管理者的角度看，福利具有如下一些功能：改善和优化劳动及生活条件，从而协助吸引员工、留住员工；能提高企业在员工和其他企业心目中的形象；能协调人际关系和劳资关系，使员工之间及员工与管理层之间的关系融洽，使员工在企业工作具有安全感和归属感；能提高员工对职务的满意度。

与员工的工资收入不同，福利一般不需要纳税。由于这一原因，相对于等量的现金支付，福利在某种意义上对员工就具有更大的价值。因此，福利管理同工资管理等人力资源管理项目有着密切的关系，并补充其不足，起到提高人力资源管理综合效果的作用。

3）福利的主要内容

企业员工福利可以分为集体福利和个人福利两种基本形式。

集体福利是企业举办或通过社会服务机构举办的、供员工集体享用的福利性设施和服务。包括：① 住宅；② 集体生活设施和服务，如托儿所、幼儿园、浴室、食堂、卫生及医疗保健设施、文娱体育设施、集体交通工具等；③ 休假、旅游待遇。

个人福利是以货币形式直接支付给员工个人的福利补贴，目的是为了减轻员工因特殊需要而增加的额外经济负担，如员工探亲假期、工资补贴和旅费补贴、上下班交通补贴、防寒补贴、防暑降温补贴、生活困难补贴、婚丧假等。

集体福利和个人福利的内容丰富，各企业规定不尽相同。一般说来，大型的效益比较好的企业比较重视员工的福利待遇，费用支出比较高；小型的或效益比较差的企业，员工福利待遇相对较差。

5. 股权

1）股权的含义

以企业的股权作为对员工的薪酬，即让员工持有企业的股票，使之成为企业股东，将员工的个人利益与企业利益联系在一起，以激发员工通过提升企业长期价值来增加自己的财富。

2）股权薪酬的作用

作为一种长期激励的手段，在企业中采用股权这种薪酬形式，能够让员工为企业长期利润最大化而努力。股权的作用主要表现为以下几个方面。

(1) 有利于减少代理成本。股权薪酬使员工成为企业股东,使所有权和经营权在一定程度上得到融合,从而在一定程度上缓解了代理问题,有利于减少委托人的监督支出和剩余损失,从而减少代理成本。

(2) 有利于减少企业中的短期化行为,提高长期效益。股权薪酬使员工获得企业业绩不断增长的长期收益,促使员工兼顾企业短期和长期目标。由于股权收益可能远大于年薪,也促使员工更注重长期目标,从而有效减少员工的短期化行为和虚增短期利润的行为。

(3) 有利于吸引和留住人才。一方面,在企业效益不断增长的情况下,股权薪酬能给员工带来丰厚收益,从而成为一种吸引人才的激励方式。另一方面,由于股权薪酬往往同时伴有股票持有期的约束条件,如果提前离去,员工可能会失去全部股权收益,因而大大增加了员工的退出成本,留住了优秀的人才。

10.1.2 薪酬的功能

通常认为,薪酬具有经济保障、社会信号功能和调节、心理激励三大功能。

1. 经济保障功能

劳动是员工脑力和体力的支出,员工作为企业劳动力要素的提供者,企业只有给予足够的补偿,才能使其不断投入新的劳动力。从经济学的角度来说,薪酬实际上就是劳动力的价格,其作用就在于通过市场将劳动力配置到各种不同的用途上。在市场经济条件下,薪酬收入是绝大部分劳动者的主要收入来源,它对于劳动者及其家庭的保障作用是其他任何保障手段无法替代的。薪酬对于员工的保障不仅体现在它要满足员工的吃、穿、住、用等方面的基本生存需要,同时还体现在它要满足员工的娱乐、教育、培训等方面的发展需要。总之,员工薪酬水平的高低对于员工及其家庭的生存状态和生活方式所产生的影响是非常大的。

2. 社会信号功能和调节功能

调节功能主要是从宏观角度解释薪酬在调节社会人力资源方面发挥的作用。这是因为,在现代社会中,由于人员在企业之间甚至在地区之间频繁流动,因此,在相对稳定的传统社会中用来确定一个人的社会地位的那些信号,如年龄、家族势力等,逐渐变得衰弱,而薪酬作为流动社会中的一种市场信号则很好地说明了一个人在社会上所处的位置。换言之,员工所获得的薪酬水平高低除了其所具有的经济功能以外,实际上还在向其他人传递着一种信号,人们可以根据这种信号来判定员工的家庭、朋友、职业、受教育程度、生活状况甚至宗教信仰及价值取向等。不仅如此,在一个企业内部,员工的相对薪酬水平高低往往也代表了员工在企业内部的地位和层次,从而成为对员工的个人价值和成功进行识别的一种信号。因此,员工对这种信号的关注实际上反映了员工对于自身在社会及企业内部的价值的关注。从这方面来说,薪酬的社会信号功能也是不可忽视的。实际上,习惯和传统的力量之所以能在薪酬决策中占据一席之地,其主要原因也是在于地位问题。

3. 心理激励功能

从人力资源管理的角度看,薪酬应主要体现和发挥其激励功能。所谓激励功能,是指企业用来激励员工按照其旨意行事而并能加以控制的功能。在市场经济条件下,对员工的激励除了精神激励(员工自我价值的实现)外,主要是物质利益的激励。现实生活中,员工一方面要追求自身的价值、主人翁感和认同感;另一方面,更重视追求实在的利益,而劳动则是员工获取收入以提高自己生活水平的基本手段。在这种情况下,企业通过各种具体工资(包括奖金)形式,把收入与员工对企业提供的劳动贡献联系起来,劳动收入(包括工资收入)就能发挥激励功能。正如美国著名经济学家埃冈纽伯格所指出的:"不管采用什么样的激励结构,这种结构有效,就必须同所要影响的当事人的目标函数相一致。"

10.1.3 薪酬的分类

薪酬是相当复杂的社会经济现象,理论界对薪酬的分类也是众说纷纭。依照薪酬是否取得直接的货币形式,可将薪酬分为货币性和非货币性两类;以薪酬量界定为基本依据,可将薪酬分为计时、计件和业绩薪酬;依据薪酬的发生机制,可将薪酬分为外在薪酬和内在薪酬。对于前两类薪酬,在前面已有所涉及,在此不再赘述。下面着重阐述内在薪酬和外在薪酬的有关内容。

1. 外在薪酬

外在薪酬是指单位针对员工所做的贡献而支付给员工的各种形式的收入,包括工资/薪水、奖金、福利、津贴、股票期权及各种间接货币形式支付的福利等。

对外在薪酬作进一步划分,可将外在薪酬划分为货币性薪酬、福利性薪酬和非财务性薪酬。对绝大多数薪酬接受者来说,货币性薪酬实际上只是一种间接性薪酬。员工最终的需求,可能是为了得到商品和劳务、社会的认同或尊重、进入上流社会、获得友情和爱情等。因此,要较为充分地发挥薪酬的激励杠杆作用,就不仅要了解薪酬接受者对货币的需求,还有必要了解薪酬接受者追求的最终需求。福利性薪酬有货币性的,也有非货币性的,但以非货币性为主。福利通常不考虑薪酬接受者的绩效,组织内员工人人有份,但福利仍然是一种相当重要的激励因子。其激励的基本取向,是强化组织的凝聚力,强化员工的团队建设。非财务性薪酬包括:① 终生雇佣的承诺;② 安全舒适的办公条件;③ 较有兴趣的工作;④ 主管的鼓励和对成绩的肯定;⑤ 引人注目的头衔;⑥ 良好的工作氛围;⑦ 良好的人际关系;⑧ 业务用的名片;⑨ 私人秘书等。外在薪酬相对于内在薪酬来说,比较容易定性及进行定量分析,在不同个人、公众和组织之间进行比较也较好操作。对于那些从事重复性劳动的员工来说,如果对内在薪酬产生不满,可以通过增加工资来解决。

2. 内在薪酬

内在薪酬是指由于自己努力工作而受到晋升、表扬或受到重视等,从而产生的工作的荣誉感、成就感、责任感。

内在薪酬包括:① 参与决策的权利;② 能够发挥潜力的工作机会;③ 自主且自由地安排自己的工作时间;④ 较多的职权;⑤ 较有兴趣的工作;⑥ 个人发展的机会;⑦ 多元化的活动等。内在薪酬的特点是难以进行清晰的定义,不易进行定量分析和比较,没有固定的标准,操作难度比较大,需要较高水平的管理艺术。管理人员或专业技术人员对于内在薪酬的不满难以通过提薪获得圆满解决。

10.1.4 我国企业的工资制度

企业工资制度是关于企业定额劳动、标准报酬的制度,它是企业内部多种分配的基础,是确定和调整企业内部各类人员工资关系的主要依据,也是企业制定内部工资计划的重要参考。在我国现代企业中,常见的主要有以下几种工资制度。

1. 结构工资制

结构工资制是指基于工资的不同功能,划分为若干个相对独立的工资单元,各单元又规定不同的结构系数,组成有质的区分和量的比例关系的工资结构。结构工资制的构成一般包括6个部分:一是基础工资,二是岗位工资,三是技能工资,四是效益工资,五是浮动工资,六是年功工资。图10-1所示为某企业员工结构工资体系。

结构工资制有4大优点:一是工资结构反映劳动差别的诸多要素,即与劳动结构相对应,并紧密联系成因果关系。劳动结构有几个部分,工资结构就有几个相对应的部分,并随前者的变动而变动。二是结构工资制的各个组成部分各有各的职能,并分别计酬,可从劳动的不同侧面和角度反映劳动者的贡献大小,发挥工资的各种职能作用,具有比较灵活的调节功能。三是有利于实行工资的分级管理,从而克服"一刀切"的弊病,为改革工资分配制度开辟了道路。四是能够适应各行各业的特点。

但是,结构工资制也有缺点:一是合理确定和保持各工资单元比重的难度较大,二是由于工资单元多且各自独立运行,工资管理工作较复杂。

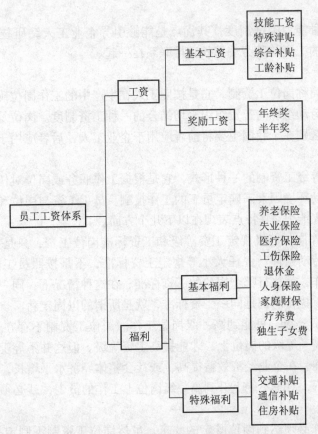

图 10-1 某企业员工结构工资体系

2. 岗位技能工资制

岗位技能工资制是以按劳分配为原则，以劳动技能、劳动责任、劳动强度和劳动条件等基本劳动要素评价为基础，以岗位和技能工资为主要内容的企业基本工资制度。从本质上说，岗位技能工资制也是结构工资制中更为规范化的一种具体形式。与其他结构工资制形式相比，岗位技能工资制是建立在岗位评价的基础上，充分突出了工资中岗位与技能这两个结构单元的特点。它更有利于贯彻按劳分配的原则，更能够调动员工努力提高技术业务水平的积极性。

岗位技能工资制的适用范围：岗位技能工资具有极强的适用性，各种企业，不论大小，均可采用岗位技能工资制，特别是对生产性企业和技术含量较高的企业，采用岗位技能工资制更能显示其优越性。

3. 岗位薪点工资制

岗位薪点工资制是在岗位劳动评价四要素（岗位责任、岗位技能、工作强度、工作条件）的基础上，用点数和点值来确定员工实际劳动报酬的一种工资制度。员工的点数通过一系列量化考核指标来确定，点值与企业和专业厂、部门效益实绩挂钩。其主要特点是：工资标准不是以金额表示，而是以薪点数表示；点值取决于经济效益。

薪点工资制的适用范围：薪点工资制是我国企业在工资制度改革实践中创造的一种工资模式，其内涵和基本操作过程类似于岗位工资，但在实际操作过程中更为灵活。因此，这种新工资制度刚一出现就广受企业青睐。目前，在上海及东南沿海一些地区的许多企业都实行了薪点工资制。

4. 技术等级工资制

技术等级工资是工人工资等级制度的一种形式，其主要作用是区分技术工种之间和工种内部的劳动差别和工资差别。

技术等级工资制是按照工人所达到的技术等级标准确定工资等级，并按照确定的等级工资标准计付劳动报酬的一种制度。这种工资制度适用于技术复杂程度比较高，工人劳动差别较大，分工较粗及工作物不固定的工种。

技术等级工资是一种能力工资制度，其优点是能够引导企业工人钻研技术，提高个人的技术水平，缺陷是不能把员工的工资与其劳动绩效直接联系在一起。

5. 岗位等级工资制

岗位等级工资制，简称岗位工资制，它是按照工人在生产中的工作岗位确定工资等级和工资标准的一种工资制度。它是劳动组织与工资组织密切结合的一种工资制度。岗位等级工资制与职务等级工资制的性质基本相同，区别在于我国主要将前者应用于企业工人，后者应用于行政管理人员和专业技术人员。

岗位等级工资制是等级工资制的一种形式，它是根据工作职务或岗位对任职人员在知识、技能和体力等方面的要求及劳动环境因素来确定员工的工作报酬。员工工资与岗位和职务要求挂钩，不考虑超出岗位要求之外的个人能力。其特点表现在以下几个方面。

（1）按照员工的工作岗位等级规定工资等级和工资标准岗位工资，只是按照各工作岗位的技术复杂程度、劳动强度、劳动条件、责任大小等规定工资标准，不是按照员工的技术能力规定工资标准。员工在哪个岗位工作，就执行哪个岗位的工资标准。在这种情况下，同一岗位上的员工，尽管能力与资历可能有所差别，执行的都是同一工资标准，就是所谓的以岗定薪。

（2）员工要提高工资等级，只能到高一级岗位工作。岗位工资制不存在升级问题，员工只有变动工作岗位，即只有到高一等级的岗位上，才能提高工资等级。但这并不等于说，一个员工不变动岗位，就不能提高工资标准。在企业经济效益提高，或社会整体经济水平增长，以及物价上涨过快而工资等级数目不变的情况下，对于不能上升到高一级岗位上工作的员工，就必须通过提高岗位工资标准的手段来提高工资。

（3）员工要上岗工作必须达到岗位既定的要求。虽然岗位工资制不制定技术标准，但各工作岗位规定有明确的职责范围、技术要求和操作规程，员工只有达到岗位的要求时才能上岗工作。如果在未达到岗位的要求时就上岗工作，只能视为熟练期间，领取熟练期的工资。

6. 职能等级工资制

职能等级工资制是根据职工所具备的与完成某一特定职位等级工作所相应要求的工作能力等级确定工资等级的一种工资制度。其特点表现在以下几个方面。

（1）决定个人工资等级的最主要因素是个人相关技能和工作能力，即使不从事某一职位等级的工作，但经考核评定其具备担任某一职位等级工作的能力，仍可执行与其能力等级相应的工资等级，即职位与工资并不直接挂钩。

（2）职能等级及与其相应的工资等级数目较少。其原因是对上下相邻不同的职位等级来说，各职位等级所要求的知识和技能的差别不是很明显。所以，可以把相邻职位等级按照职位对工作能力的要求列为同一职能等级。这样制定出来的职能等级一般只有职位等级的一半甚至更少。

（3）要有严格的考核制度配套。由于决定工资等级的是个人能力等级，所以要确定一个员工的工资等级，首先要确定其职能等级。这就需要制定一套客观、科学而完整的职位等级标准和职能等级标准，并按照标准对个人进行客观、准确的考核与评定。否则，职能等级就很容易只按照资历确定。另一方面，由于员工的能力是不断提升的，但速度是不一致的。所以需建立长期的考核制度，定期对员工的职能等级进行考核。

（4）人员调整灵活，有很强的适应性。这是由第一个特点决定的。由于职能工资等级不随员工职位等级的变动而变动，因而有利于人员的变换工作和调整，能够适应企业内部组织机构随市场变化而做相应调整的要求。

7. 提成工资制

提成工资制是企业实际销售收入减去成本开支和应缴纳的各种税费以后，剩余部分在企业和职工之间按不同比例分成的一种工资制度。它有创值提成、除本分成、"保本开支，见利分成"等形式，在饮食服务业多有采用。

实行此制度的三要素是：①确定适当的提成指标。②确定恰当的提成方式，主要有全额提成和超额提成两种形式。全额提成即职工全部工资都随营业额浮动，而不再有基本工资；超额提成即保留基本工资并相应规定需完成的营业额，超额完成的部分再按一定的比例提取工资。从实行提成工资的层次上划分，有个人提成和集体提成。③ 确定合理的提成比例。有固定提成比例和分档累进或累退的提成率两种比例方式。

8. 年薪工资制

年薪工资制又称年工资收入制度，是指以企业会计年度为时间单位，根据经营者的业绩好坏而计发工资的一种薪酬制度。主要用于公司经理、企业高级职员的收入发放，称为经营者年薪制。实行年薪制后，经营者的收入主要由基薪和风险收入两部分构成，其实际收入主要根据其经营成果以年度为单位考核浮动发放。

年薪制有如下几个重要特点：

(1) 以企业的一个生产经营周期为单位，一般为1年；
(2) 年薪制是一种高风险的薪酬制度，依靠的是约束和激励相互制衡的机制；
(3) 年薪制将企业经营管理者的业绩与其薪酬直接联系起来。

1994年，我国劳动部与国家经贸委、财政部制定了《国有企业经营者年薪制试行办法》，其中对年薪制的确定原则、支付范围和方法等作了说明。

(1) 关于基薪的确定。年薪制的原则是"主要根据企业经济效益水平（同行业比较）和生产经营规模，并考虑地区和本企业职工平均收入水平确定"。其中，地区和本企业职工平均收入是主要的确定因素，其他是调节因素。为了保证这一原则的贯彻，并合理地限定基薪最高不超过本地区、本企业职工综合平均工资的3倍（由于大型企业职工平均工资较高，实际上其经营者基薪一般约相当于本企业职工工资的2倍左右）。在各项评价指标中，经济效益水平反映企业的生产经营成果，生产经营规模反映企业的经营难度。

基薪计算公式为

$$I = (a \cdot W_1 + b \cdot W_2) \times 3 \times (C+D)$$

式中：I 为经营者年基薪；W_1 为上年度地区职工平均工资；W_2 为上年度本企业职工平均工资；C 为上年度企业经济效益水平评价得分；D 为企业生产经营规模评价得分；$0.5 \leq C+D \leq 1$；a、b 为调节系数，$a+b=1$，且 $0 \leq b \leq 0.4$。

公式中，a、b 值由年薪确定部门根据具体情况灵活确定，C、D 值可以由年薪确定部门设计评分表确定，也可以由劳动部门设计评分表，规定得分档次，但得分标准由年薪确定部门根据具体情况确定，不管评分表由谁设计，都必须保证（$C+D$）的值为 0.5～1，以确保经营者基薪最高不超过本地区、本企业职工综合平均工资的3倍。

(2) 关于风险收入的确定。风险收入主要依据企业完成生产经营指标情况确定，因此，必须以科学、严格的考核为基础，建立完善的考核指标体系。考虑到各地区、行业的具体情况不同，考核指标主要由地区确定，同时《国有企业经营者年薪制试行办法》中也规定一些重要的普遍适用的指标，共同构成考核指标体系。风险收入共分为4档，最低为零，最高为基薪的1倍。企业经营者的风险收入以基薪为基础，根据本企业完成的经济效益情况、生产经营的责任轻重、风险程度等因素确定。企业经济效益考核主要通过资本金利润率（资本金＝资产－负债）、销售利润率、国有资产增值率和劳动生产率、工资利润率等项指标进行。同时要把企业是否严格按照国家有关规定合理调整职工工资作为确定经营者风险收入的依据之一。

① 完成年度任务指标（包括经济效益指标），经营者年薪收入可按核定的基薪确定。全面完成企业年度各项任务指标，考核的经济效益指标达到省（部门）内同行业先进水平或超过本企业历史最高水平的，经营者的年风险收入一般可按核定的基薪的30%予以确定。

② 全面完成企业年度各项任务指标，考核的经济效益指标居国内同行业领先地位的，经营者的年风险收入可按核定的基薪的50%予以确定。

③ 全面完成年度各项任务指标，考核的经济效益指标居国内同行业领先地位，并达到国际先进水平的，经营者年风险收入可按核定的基薪的100%予以确定。

④ 对亏损企业（特别是政策性亏损企业）的经营者，可视其扭亏、减亏幅度，在核定的基薪基础上适当增加其风险收入。

（3）年薪制范围。年薪制主要适用于公司经理、企业高级职员的收入发放。

（4）年薪制的支付。年薪收入的支付采取按基薪分月预付，根据当年考核情况，年终统一结算的办法。对超过应得年薪而预支的部分应当退回。经营者所得年薪收入按月平均超过个人收入所得税起征标准的部分，应照章纳税。

（5）年薪收入的管理。对经营者年薪收入实行分级管理体制，由企业主管部门根据有关规定负责组织对经营者的实绩进行考核，并提出对经营者年薪收入水平的明确建议，报同级劳动部门审核同意后，按照经营者任免管理权限审批。其中，国务院所属的总公司、计划单列企业集团经营者的年薪收入在劳动部、财政部或有关中介机构对各项经济指标完成情况进行审核的基础上，由劳动部提出建议并审核，再按照经营者任免管理权限审批。国家控股的股份制企业的经营者年薪收入由董事会确定。

虽然年薪制在我国推行较晚，但目前已有相当多的企业开始实行年薪制。在我国推行年薪制，不仅仅是分配机制的改革，更是责任机制的改革。实行年薪制能更加有效地激励经营者，也能通过较长时间周期获得对经营业绩客观公正的评价。

9. 谈判工资制

谈判工资制是一种灵活反映企业经营状况和劳务市场供求状况并对员工的工资收入实行保密的一种工资制度。

职工的工资额由企业根据操作的技术复杂程度与员工当面谈判协商确定，其工资额的高低取决于劳务市场的供求状况和企业经营状况。当某一工种人员紧缺或企业经营状况较好时，工资额就上升，反之就下降。企业对生产需要的专业技术水平高的员工愿意支付较高的报酬。如果企业不需要该等级的专业技术员工，就可能降级使用或支付较低的报酬。只有当企业和职工双方就工资额达成一致，工资关系才能建立。企业和员工都必须对工资收入严格保密，不得向他人泄露。

谈判工资制的优点是有利于减少员工之间工资上的攀比现象，减少矛盾。工资是由企业和员工共同谈判确定的，双方都可以接受，一般都比较满意，有利于调动职工的积极性。

谈判工资制的弊端在于这种工资制度与劳资双方的谈判能力、人际关系等有关，弹性较大，容易出现同工不同酬。在国有企业实行这种制度，由于制度、仲裁机构和监督机构不健全，容易使以权谋私者从中舞弊，产生亲者工资高、疏者工资低等不合理现象。

10.1.5 我国员工的福利制度

福利作为一种间接的经济报酬，其作用已得到广泛的承认。根据我国劳动法的有关规定，员工福利可分为社会保险福利和用人单位集体福利两大类。社会保险福利是指为了保障员工的合法权利，而由政府统一管理的福利和措施。它主要包括社会养老保险、社会失业保险、社会医疗保险、工伤保险等。用人单位集体福利是指用人单位为了吸引人才或稳定员工而自行为员工采取的福利措施，如工作餐、工作服等。用人单位集体福利根据员工享受的范围不同，可分为全员性福利和特殊群体福利两类。全员性福利是全体员工可以享受的福利，而特殊群体福利只能由某些对企业作出过特殊贡献的技术专家、管理专家等特殊群体享受。

1. 我国员工的福利形式

福利的构成有不同的分类，就目前我国企业对员工提供的福利项目来看，大致可分为如下几种。

（1）常规福利。包括：① 非工作时间报酬，包括假日、节日、带薪休假、事假及探亲假等；② 津贴，包括交通津贴、洗理津贴、服装津贴、节日津贴或实物、住房津贴、购物补助及子女入托补助等；③ 服务，包括班车、工作服、免费食品供应、体育锻炼设施、娱乐设施、集体旅游、礼物馈赠、食堂与卫生设施及节日慰问等。

（2）保险福利制度。包括：① 安全与健康保险，包括人寿保险、意外死亡、伤残保险、医疗保险、职业病疗养及保健计划和组织；② 失业保险和遣资；③ 家庭财产保险。

在保险福利制度的设计上,许多企业采取了以下方式:① 由公司与个人共同出资,进行员工医疗自我保险;② 通过制定灵活的福利计划,鼓励员工自愿选择紧缩的医疗保险,如对自愿放弃某种投保计划的员工发放特别补贴等;③ 与员工明确约定,公司只承担部分费用;④ 变动承担比例,视员工业绩情况而采取不同的比例,如40%～90%,每年评定一次,同时调整一次。

(3) 退休制度。退休制度是广义福利制度的一环。退休制度在人力管理方面的作用,是为了吸引青年员工留在企业中安心工作和促使老年员工顺利退出企业。退休制度具体包括:① 职务年龄限制和任职年龄调整制度;② 晋升年龄限制和晋升年龄调整制度;③ 提薪年龄调整制度;④ 弹性退休制度。

在我国企业中,目前常见的就是返聘制度,即根据本人的能力、健康等情况,有条件地对退休后的员工作为临时工或合同工予以雇用。

(4) 养老金计划。养老金是定期支付给一个已从公司退休并有资格享受这种待遇的员工的款项。养老金有两种基本形式:一是参加国家或地方保险公司养老保险;一是由公司为支付员工养老金而逐年积蓄起来的钱。由公司积蓄起来的养老保险金,一般存入银行专用账户或进行无风险的政府债券投资,即便公司倒闭,退休员工仍然享受养老保险。

养老金确定的基本方法是用退休前5年平均工资额的1.5%乘以员工受聘年限。如果这项保险金与社会保险金合并在一起的话,可达到最终平均工资的50%以上。还有一种被称为"固定计划"的养老金计划,目前许多公司向此种计划发展。该计划包括股票奖金计划、储蓄计划、利润分成计划及各种类型的员工股票所有制计划。这样,养老金与员工的贡献相联系。由于这项基金的投资性质,员工无法精确知道他们的实际退休金是多少。根据这种趋势来看,员工将对自己所能领取的养老金负更多的责任。

(5) 弹性福利制度。弹性福利制又称为"自助餐式的福利",即员工可以从企业所提供的一份列有各种福利项目的菜单中自由选择其所需要的福利。这是一种有别于传统固定式福利的新员工福利制度。弹性福利制强调让员工依照自己的需求从企业所提供的福利项目中来选择组合属于自己的一套福利"套餐"。每一个员工都有自己"专属的"福利组合。另外,弹性福利制非常强调员工参与的过程。

实施弹性福利制的企业,并不会让员工毫无限制地挑选福利措施,通常公司都会根据员工的薪水、年资或家眷等因素来设定每一个员工所拥有的福利限额。而在福利清单上所列出的福利项目都会附一个金额,员工只能在自己的限额内认购喜欢的福利。目前,在我国的少数企业中,这种新型的弹性福利制度正处于试运行阶段。

(6) 福利基金。福利基金是企业依法筹集的、专门用于员工福利支出的资金,是员工福利事业的财力基础。在不同的国家和地区,员工福利基金的来源不一,但基本上有3个渠道:一是按法律规定从企业财产和收入中提取;二是企业自筹;三是向员工个人征收等。

员工福利基金不同于一般企业财产,与全体员工的基本利益密切相关,受到法律的特别保护。我国法律中就有如下特别保护措施:任何部门不得没收员工福利基金;员工福利基金有优先受偿权,企业宣告破产时,尚未依法提取的福利基金,应尽先依法足额提取;不提取或少提取员工福利基金的企业将受到行政和经济处罚,侵占和贪污员工福利基金的,从重追究其刑事责任等。

2. 我国企业的福利管理及其创新

企业为员工提供的各种福利设施和福利待遇形成了员工间接薪酬,福利管理作为员工薪酬管理的有机组成部分,对实现企业目标和企业人力资源的开发具有重要意义。但是,随着福利类型的增多和福利支出的增加,在员工福利管理中也普遍存在一些令人担忧的问题,例如,福利开支加大了企业的成本,许多经营状况不佳的企业已经实施成本抑制计划,其中一项重要措施就是削减福利开支。一些企业因为没有对福利进行科学的管理,造成福利成本上升、效率低下的现象。为此,现代企业在福利管理上正在进行不断的改革和创新,主要采取了以下一些做法。

(1) 创建一揽子薪酬福利计划。许多企业不再将薪酬与福利管理分成互不搭界的两项管理工作,而是成为一个有机的组成部分,两种手段互相配合,共同围绕企业的目标运转。有的企业实行完全工资制度,即将各类补贴、津贴和福利都计入工资之内,根据每个员工的责任大小、工作繁简、技能高低和贡献大小,以及劳动力市场供求状况确定工资标准。这种工资制度一方面避免了不同企业之间福利的模糊性和差异性,另一方面改变了福利的均等性质,将福利与员工的业绩结合起来,有利于更好地发挥福利的激励功能。

(2) 灵活的福利提供方式。灵活方式也即采用弹性福利制度,在法定福利之外,员工可以在企业自愿提供的多种福利项目中根据自身的需要进行选择。例如,单身员工可以不选择儿童保健而选择附加养老金福利项目;夫妻双方可以一方选择子女保健,另一方选择住房或休假等。

(3) 降低福利成本,提高效率。为了提高福利服务效率、减少浪费,许多企业也进行了一些改革。如为了严格控制保健福利开支,可以采取这样一些措施:兴办员工合作医疗,弥补健康保险的不足;通过其他福利计划引导员工降低对健康保险的兴趣;通过增大门诊治疗费用的支付比重,降低员工的住院比例等。

10.2 薪酬管理的理论基础

在知识经济时代,决定组织兴衰成败的关键因素是组织的员工,如何促使员工朝着组织既定目标努力,如何增强其工作的积极性和主动性,如何更有效地改进其工作质量、提高生产效率,这是人力资源管理的多个领域都需要解决的难题,而薪酬管理正是提高员工积极性与主动性的有效途径。

在经济管理界,任何一种现象从出现到盛行,背后必然有其理论基础,薪酬管理的实施同样如此。从某种意义上讲,薪酬管理的研究主要有两大理论基础:经济学基础和心理学基础。

10.2.1 薪酬管理的经济学基础

从经济学角度来研究薪酬问题,主要从两个方面进行:一是从劳动经济学的角度来研究,二是用制度学派中的代理理论来剖析。

1. 劳动经济学理论

按照劳动经济学的观点,主要将薪酬看作员工在劳动力市场上的价格。在劳动经济学中,有两种理论研究薪酬在劳动力市场上的决定:劳动力市场的供求均衡理论和人力资本理论。

1) 劳动力市场的供求均衡理论

劳动力市场的供求均衡理论认为,薪酬水平的高低主要取决于劳动力市场上供求双方的均衡,这可以用图10-2来表示。

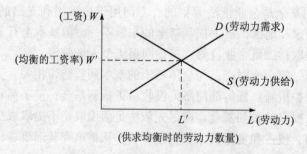

图10-2 劳动力市场如何决定工资

从该图中可以看出,劳动力需求和供给是工资的函数,并且劳动力需求与工资成反向函数关系;劳动力供给则与工资成正向函数关系。在劳动力需求曲线和供给曲线相交的点上,劳动力供求就达到了均衡,得到一个均衡的工资率,这种均衡的工资率就是该类人员的薪酬水平。从需求方面来看,工资取决于劳动的边际生产率或劳动的边际收益产量,即企业愿意支付的工资水平是由劳动的边际生产率决定的。从供给的方面来看,工资取决于两个因素:一是劳动力的生产成本,即劳动力养活自己和家庭的费用,以及劳动者所需要的教育、培训费用;二是劳动的负效用,即闲暇的效用。供给和需求的均衡就产生了劳动者应该得到的工资水平。

这种工资决定理论主要从宏观的、市场的角度来研究劳动者的工资水平决定，但它有一个十分重要的前提，即劳动者所提供的劳动都是同质的、无差异的，而劳动者之间的报酬差异主要取决于其面临的市场因素的差异。需求强劲、供给稀缺的劳动力市场，劳动者所获得的工资水平就高；需求较弱、供给较多的劳动力市场，劳动者所获得的工资水平就低。因此，该种理论往往无法科学地解释劳动者之间由于非市场因素所造成的工资差距，并且对企业的薪酬管理实践的价值和意义也不是很大。

2）人力资本理论

人力资本理论认为，工资水平主要取决于每个员工自身所拥有的人力资本的存量。所谓人力资本，是指通过人力投资形成的资本，它体现在劳动者身上，表现为劳动者的知识、技能、资历、经验和健康状况等，即体现在劳动者身上的、以其数量和质量形式表示的资本即人力资本。现代的工资决定理论，更为关注劳动者在所提供的劳动方面的异质性，并且认为这种异质性主要是由劳动者所拥有的人力资本的存量差异所造成的，并且这种人力资本存量的差异也造成了劳动者之间的市场价值的差异，即不同的劳动者获得不同的劳动报酬。在新经济时代，知识型员工的价值主要就体现为其人力资本的价值，因此，知识型员工之间工资水平的差异也主要取决于其人力资本存量的差异。

该种理论虽然解释了由于劳动者内在因素所导致的工资差距，但仍然将劳动者的差异归结为劳动者所拥有的人力资本的数量差异，忽视了劳动者之间知识、技能和经验在质量上的差异，从而对这种质量差异所导致的工资差距难以作出准确的解释。这是该理论的局限性。

另一方面，在知识经济时代，关于工资决定的人力资本理论又表现出十分重要的意义。经济学的要素分配理论认为，员工通过劳动获得报酬，出资者通过资本获得资本收益。而一旦根据人力资本理论将员工所付出的劳动视为其人力资本的贡献，那么员工所获得的工资收入就成了人力资本的收益，并且这种收益的多少主要取决于人力资本和货币资本力量的博弈。随着知识创新者和企业家在企业价值创造中地位的日益提高，人力资本在和货币资本进行博弈以获得其收益的过程中也越来越占据上风，资本所有者与劳动者的关系（企业家与知识创新者）也不再是简单的雇佣关系，而是货币资本与人力资本的对等关系，是一种资本与另一种资本的关系，甚至是相互雇佣的关系。这种货币资本和人力资本关系的变化，对于企业的薪酬体系设计也将产生重要的影响，即企业必须按照企业家和知识创新者的人力资本贡献，建立起科学合理的分享报酬体系，充分体现人力资本对企业财富创造的累积性贡献。

2. 代理理论

在分析薪酬管理的理论基础时，除了前面的劳动经济学理论可以用来解释报酬所产生的效应外，还有一个理论也有着十分重要的意义，那就是制度学派中的代理理论。

代理理论主要分析了企业的不同利益相关群体之间所存在的利益差异与目标分歧，以及怎样才能利用薪酬制度来使得这些不同利益群体之间的利益与目标趋于一致。

现代公司制度的一个主要特征就是所有权和管理权的分离，股东是公司真正的所有者，而管理者不过是经股东选举成立的董事会雇佣来管理企业的管理人员。他们受聘于股东，从而代理股东在公司内执行管理权限。尽管这种所有权和管理权的分离有着极大的优势，但必然会导致一种所谓的"代理人问题"。即作为非所有者，管理者是否能以股东利益最大化为目标来进行企业的运作，而不是试图通过代理人资格以牺牲股东的利益为代价实现自己的个人价值最大化。"代理人问题"一直是现代公司制度中的一个症结所在，因为委托人和代理人之间的利益不是一致的，委托人的最优选择未必就是代理人的最优选择，这就必然会产生代理成本问题。

在代理人的报酬问题上，存在着以下3种类型的代理成本。① 尽管委托人所寻求的是实现个人财富最大化，但是代理人却有可能总是把钱花在使自己能够享受特权或者建立管理者权威等方面的用途上。② 代理人和委托人在对待风险的态度上可能会存在分歧。股东可以比管理者更为容易地分散自己的投资从而分散他们的风险，而管理者的主要收入来源就是他们自己的工作，因此，管理人员在一般情况下都是风险规避型的人，他们可能不太愿意去做一些潜在回报率可能很高但风险也可能很高的项目或实施类似的兼并计划。这意味着使他们自己所可能获得的薪酬的相对风险较低是管理人员的一种偏好，如强调基本工资、弱化具有不确定性的奖金或其他激励手段。事实上，有关研究表明，在被管理者所控制的企业里，管理人员的报酬通常都是按照这种偏好设计的。③ 决策的基准可能是不同的。比如，如果管理者更换企业的频率比所有者变更所有权的频率还快的话，管理人员可能会更愿意实现短期绩效的最大化，这种目标的实现很有可能是以牺牲企业的长期发展为代价的。

在非管理人员的报酬制度方面，同样存在着委托代理关系，存在着利益的分歧，这时，利益的分歧存在于管理人员与他们的雇员之间。

无论是在设计管理人员的报酬制度还是在设计非管理人员的报酬制度时，一个关键的问题都是：这种代理成本如何才能达到最小化？代理理论指出，委托人必须选择一种有助于使代理人的利益与委托人自己的利益一致化的契约性计划。这种契约可以被划分为行为导向型契约（如绩效工资制度）和结果导向型契约（如股票期权计划、利润分享计划、佣金制度等）两种。

结果导向型的契约似乎是明显的最优选择：如果利润高，那么报酬也就高；如果利润下降，那么报酬也就随之下降。这样公司的利益和雇员的利益就一致起来了。然而，这种契约的一个重大缺陷在于它增加了代理人的风险。由于代理人本身是风险规避型的，他们有可能要求委托人向他们支付较高的工资（一种补偿性的工资差别）以弥补他们所承担的这种较高的风险。另一方面，行为导向型的契约则没有把风险转移给代理人，因而它不要求委托人提供补偿性差别。然而，委托人却必须能够以较低的成本来监督代理人的所作所为。此外，委托人还必须在监督和获取信息方面进行投资，或者是对契约本身进行某种构造，以使得工资能够至少是部分地与结果联系起来。企业到底应该采取哪种类型的契约，这部分地取决于以下几个方面的要素。

(1) 风险规避。代理人的风险规避倾向使得结果导向型的契约被接受的可能性较小。

(2) 结果的不确定性。利润是反映结果的重要指标之一。然而由于存在利润较低的风险，因此，代理人不大愿意让自己的工资与利润联系在一起，所以他们更为偏好行为导向型的契约。

(3) 工作的程式化。由于工作变得越来越不那么程式化，因此监督会变得越来越困难，这样，实行结果导向型的契约的可能性就增大。

(4) 工作结果的可衡量性。当工作的结果更加具有可衡量性时，结果导向型的契约被实行的可能性就会增大。

(5) 支付习惯。由于必须提供风险补偿金，所以结果导向型的契约带来了较高的报酬成本。

(6) 传统习惯。在传统上或者习惯上使用（或不使用）结果导向型的契约会使实施这种契约变得更容易（或更不容易）。

10.2.2 薪酬管理的心理学基础

心理学研究表明，人的行为是由动机引起的，动机的力度决定了行为的方向和强度。而动机又是因人的需要而产生的，当人的某种需要被强烈意识到的时候，会产生强大的动力。激励实际上就是通过满足员工的需要而使其努力工作、实现组织目标的过程。人员激励是调动员工积极性的主要手段，而科学合理的薪酬管理正是组织激励员工的最重要、最基本的要素。

从心理学角度来研究组织的薪酬问题，主要将薪酬作为一种满足员工内在需求的手段和要素，来激励员工的工作积极性和主动性，从而从个体层面提高员工的工作绩效。从一定程度上讲，薪酬管理实际上是心理学中的激励理论在实际工作中运用与发展的产物。为了做好员工的薪酬管理工作，首先必须了解、掌握一定的激励理论。

1. 内容型激励理论

内容型激励理论集中研究引起人们的行为的原因，即什么事物会激励人们。各种学派的激励理论工作者在讨论需求、动机及使人们采取特定行为的刺激因素时都回答了这个问题。在有关人的需要类型和性质方面进行研究的内容型激励理论中，本节主要介绍马斯洛的需要层次理论和赫茨伯格的双因素理论。

1）马斯洛的需要层次理论

美国人本主义心理学家马斯洛提出的需要层次理论是研究组织激励时应用得最广泛的理论，主要包括以下基本观点。

(1) 人的需要分为 5 种：生理的、安全的、社交的、尊重的和自我实现的需要。其中，生理需要、安全需要被称为人基本的低层次需要，而社交、尊重和自我实现的需要被称为较高级的需要。

(2) 人的行为受到人的需要欲望的影响和驱动，但只有尚未满足的需要才能影响人的行为，已满足的需要不能起激励作用。

(3) 人的各种需要由于重要程度不同和发展顺序的不同，可以形成一定的层次性，只有当较低层次的需要得到满足后，才会产生更高层次的需要。

(4) 人的行为是由主导需要决定的。对于具体的人来说，并不是在任何条件下都同时具有这 5 种需要且对它们保持同等强度。对人的行为方向起决定作用的是人在这一时期的主导需要即优势需要。

虽然需要层次理论并没有完全揭示人类复杂行为的秘密，但它对于了解个体是如何被一系列不同的因素所激励来讲是有重要作用的。

2）双因素理论

美国心理学家赫茨伯格在 20 世纪 50 年代后期提出了双因素理论。他区分了两种层次的激励，认为人在工作中的满意感是激励人的工作行为的重要力量，而导致满意和不满意的因素是性质完全不同的两类因素。满意的对立面并不是不满意而是没有满意；不满意的对立面并不是满意而是没有不满意。员工保健的因素如工作安全、工资、福利、工作条件等如果缺乏，会造成员工的不安全和不满意。然而，这些保健因素的存在并不足以产生激励工作的力量。

赫茨伯格第二层次的激励是指那些能够促使人们在工作中产生满意感的因素，即不与工作的环境条件相关联而与工作本身所具有的内在激励联系在一起的因素，包括成就、上级或同事的认可、工作本身、责任感、进步和成长。激励因素能提高员工的绩效水平和满意度。激励因素的缺乏不会引起员工的不满意，然而，它们的存在却会创造一个积极而有活力的工作环境。

赫茨伯格的双因素理论告诉经理人，必须满足员工的高层次需要，而不是基本需要，才能达到激励员工的目的。

总之，内容型激励理论能帮助管理人员思考应该给具有特定需要的员工提供什么方面的激励，主要涉及理解激励的一些重要需求及激发员工行动、与工作相关的特殊因素。几乎每一种内容型激励理论都试图从略有区别的角度来解释激励个人的原因。但没有一种理论被接纳为理解激励过程的唯一基础。在薪酬管理工作中，许多管理人员依赖这些理论，仅仅是因为它们容易理解和运用。

2. 过程型激励理论

与内容型激励理论所不同的是，过程型激励理论试图对行为引起、发展、持续及终止的全过程作出解释和描述，主要探讨组织提供的激励因素是否能够及究竟怎样激励员工。因为有效的管理者不仅应该知道给员工提供什么激励，更应该了解如何激励才有效。在激励的过程型理论中，最广泛运用的有期望理论、公平理论和强化理论。

1）期望理论

这是由美国心理学家弗鲁姆提出的一种激励理论。他认为，人们在预期他们的行动会给个人带来既定的成果且该成果对个人具有吸引力时，才会被激励起来去做某些事情以达到组织设置的目标。人们从事某项工作并达到组织目标，是因为他们相信这些工作和组织目标会帮助他们达到自己的目标，即满足个人某方面的需要。因此，在一项工作上人们受激励的程度，取决于经其努力后取得的成果的价值（效价）和他对实现目标的可能性的预期（期望值），用公式表示为

$$激励力 = 效价 \times 期望值$$

其中，激励力是指一个人所受激励的程度；效价指个人主观作出的对某一预期成果或目标的吸引力的估价；期望值是指个人经主观认知估计出的通过努力达到预期成果或目标的概率。

期望理论说明，促使人们去做某件事的激励力大小同时取决于效价和期望值这两个因素，且只有在效价和期望值都较高的情况下，员工的激励力才会高。期望理论可以为管理者提供诸多启发：在工作安排上，不仅要考虑到员工的兴趣和爱好，使工作的性质和内容符合员工的特点，从而使员工从工作及其结果中得到足够的乐趣，同时还要使工作的要求和目标富有挑战性，能真正激发员工的积极

性；在组织奖酬方面，当员工完成工作任务后，应及时对他们的工作成绩给予奖赏，且这种奖赏对员工而言应是极有价值的。

2）公平理论

在现代社会中，参与组织活动并从组织中获得一定报酬是员工满足个人需要的主要途径。但是报酬对员工行为的影响作用，不仅在于它能够直接满足员工的某种需要，而且通过报酬，员工可以看出组织对自己在某个时期工作成果的评价和认可程度。员工甚至可以认为，报酬的多少反映了自己在上级心目中的形象和地位。公平理论认为，报酬对员工行为的影响，取决于员工对报酬公平与否的评价。

亚当斯创立了公平理论，用来解释员工的公平感是如何影响他们的行为的。这个理论主要研究相对报酬对人们工作积极性的影响。亚当斯认为，一个人在自己因工作或作出成绩而取得报酬后，不仅会关心所得到报酬的绝对量，而且还会通过自己相对于投入的报酬水平与相关他人的比较来判定所获报酬是否公平或公正。个人对组织给予自己的报酬是否合理的判断，通常没有一个客观的评价标准，而是采用一种主观评价和相互比较的方法来进行考察。亚当斯提出了一个他称为"贡献率"的公式

$$O_a/I_a = O_b/I_b \text{（或 } O_a/I_a > O_b/I_b \text{ 或 } O_a/I_a < O_b/I_b\text{）}$$

其中，O_a 表示员工对自己所获报酬的评价，报酬既包括物质上的工资、福利、奖金等，也包括精神方面的被赏识、被尊重、名誉地位的提高等。I_a 表示员工对自己所投入的评价，投入包括工作努力程度、教育背景和工作经验等。O_b 表示该员工对作为比较对象的其他员工所获报酬的评价，I_b 表示该员工对作为比较对象的其他员工所投入的评价。

在与他人比较之前，个人首先会思考自己所得的好处和利益与所付出的投入的比率，然后将自己的所得与付出比同相关他人的所得与付出比进行比较。如果感觉到自己的比率与他人的比率相同，则可能产生公平感，否则就会有不公平的感觉出现。公平理论基于对人性的假设而推断，在许多情况下，个人往往会过高地估计自己的投入与他人的所得，而过低地估计自己的所得与他人的投入。这就极容易导致员工对组织或管理人员产生不满。除了横向比较以外，人们也经常进行纵向比较，即把自己目前的投入与目前的所得的比值，同自己过去的投入与过去所得的比率进行比较。如果员工对自己的报酬作横向比较或纵向比较的结果表明收支比率相等，便会感到自己受到了公平的对待，因而心情舒畅地努力工作。如果认为收支比率不等，他会感到自己受到了不公平的对待，从而愤愤不平，影响工作情绪。

通常，人们可能会采用几种办法来试图达到公平，员工可能会增加或减少自己的努力。如果员工认为自己的奖励过低，他们会尽力提高其奖酬体系中的其他因素，或者员工会尽力改变这种不公平关系的感觉。如果这些方法都不奏效，员工可能会选择"脱离"公司。这种"脱离"可能是精神上的，如不再对工作负责，也可能是实质上的，如辞职等。

依据公平理论，影响激励效果的不仅有报酬的绝对值，还有报酬的相对值。尽管绝对的公平从来都不曾存在过，但管理人员在进行激励时，要力求公正，尽量消除主观判断上的误差，同时在激励过程中应注意对被激励者公平心理的引导，让员工树立起正确的公平感。为此，企业可以采取各种手段，在企业中造成一种公平合理的气氛，使员工产生公平感。对于必须体现报酬差别的员工，可采用秘密约见单独发奖的方式，使其相互之间不了解彼此的收支比率，以免相互比较产生不公平感。

3）强化理论

美国心理学家斯金纳提出的强化理论认为，人的行为是对其所获刺激的一种反应。如果这种刺激对他有利，他的行为就有可能重复出现；若刺激对他不利，则他的行为就可能减弱，甚至消失。因此，管理人员可以通过强化手段，营造一种有利于组织目标实现的环境和氛围，以使组织成员的行为符合组织的目标。强化的具体方式有以下4种。

（1）正强化。正强化就是奖励那些符合组织目标的行为，以便使这些行为得以进一步加强和重复出现。正强化的手段包括经济方面的如提薪、奖金等，也包括非经济方面的如表扬、进修等。

（2）惩罚。当员工出现不符合组织目标的行为时，采取惩罚的办法，可以迫使这些行为少发生或不再发生。与正强化是鼓励所希望的行为更多地出现并维持下去不同，惩罚是力图使所不希望的行为逐渐削弱甚至完全消失。惩罚的手段包括经济方面的和非经济方面的。

(3) 负强化。与正强化和惩罚都是在行为发生之后再进行处理不同，负强化是一种事前的规避。它通过对什么样的行为会不符合组织目标的要求及如果这种行为发生后将予以何种惩罚的规定，来使员工从力图避免得到不合意、不愉快结果的考虑中对自己的行为形成一种约束力。这种约束、规避的作用，会使得组织成员的行为趋向于符合组织要求的比较规范的状态。

(4) 忽视。忽视就是对已出现的不符合要求的行为进行"冷处理"，达到"无为而治"的效果。与惩罚一样，忽视也可能使组织或管理者所不希望的行为弱化下来，但因这种行为弱化的过程并不需要管理者的干预，所以常称之为自然消退。

强化理论有助于企业人力资源管理部门正确理解和引导组织员工的行为。因为一种行为必然会有后果，而这些后果在一定程度上会决定这种行为在将来是否重复发生。那么，与其对这种行为和后果的关系采取一种碰运气的态度，倒不如加以分析和控制，使大家都知道应该有什么后果最好。这并不是对员工进行操纵，而是使员工有一个最好的机会在各种明确规定的备选方案中进行选择。根据强化理论，管理者影响和改变员工的行为应将重点放在积极的强化而不是简单的惩罚上。而且，强化的提供也应注意频率与及时，否则激励效果会大打折扣。

10.3 薪酬管理策略

企业的薪酬管理就是企业管理者对本企业员工报酬的支付标准、发放水平、要素结构进行确定、分配和调整的过程。

传统薪酬管理仅具有物质报酬分配的性质，而对被管理者的行为特征考虑较少，其着眼点是物质报酬。现代企业薪酬管理理念发生了根本性的变化，薪酬管理的着眼点转移到了人。企业经营首先要树立目标，企业目标的实现有赖于对员工的激励。激励分为外部和内部两种。按照传统的类别划分，工资、奖金、福利等物质报酬是外部激励要素；而岗位的多样化、工作的挑战性、上级和同事的认可、工作中的成就感、自我实现和自我发展的机会等则是员工的内部激励要素。现代薪酬管理将物质报酬的管理过程与员工激励过程紧密结合起来，成为一个有机的整体。

10.3.1 薪酬管理的目标

人才是企业竞争力的源泉，能够经营好人才的企业将是最大的赢家。企业薪酬管理的价值就在于它能够帮助企业经营好人才。在企业中，薪酬管理策略通常被用来作为激发、指引或控制员工行为的有效手段。因此，薪酬管理的目标要根据企业的人力资源战略确定。一个企业的薪酬管理目标应包括三个方面：一是建立一支稳定的员工队伍，吸引高素质的人才；二是激发员工的工作热情，创造高绩效；三是努力实现组织目标和员工个人发展目标的协调。这三个方面都与员工对薪酬的满意度有密切联系。

具体来讲，在制定和实施薪酬系统的过程中，为了保证有效实现薪酬管理的目标，管理者应对员工进行及时沟通、必要的宣传或培训。从本质上讲，劳动报酬是对人力资源成本与员工需求之间进行权衡的结果。世界上不存在绝对公平的薪酬方式，只存在员工是否满意的薪酬制度。企业的人力资源部门可以利用薪酬制度问答、员工座谈会、满意度调查、内部刊物等形式充分介绍企业的薪酬价值观和薪酬制度。因为员工对薪酬的满意包括对薪酬水平、薪酬结构、薪酬公平性、薪酬管理、薪酬支付手段、薪酬价值观等多个方面的满意，而员工对薪酬满意正是企业薪酬管理的最高境界，也是人力资源激励机制和分配机制成功的根本，所以，企业管理者应高度重视薪酬满意度问题。

10.3.2 合理的薪酬制度的要求

薪酬制度是企业人力资源管理的重要政策文件，是由人力资源管理部门根据国家法律和政策制定的与薪酬分配相关的一系列准则、标准、规定和方法的总称，是企业薪酬管理规范化和流程化的表现。

合理的薪酬制度所鼓励的必须是有利于企业短期利润的行为及为实现企业长期成功而提高客户满

意度的行为。制定合理的工资制度，可以确保和维持员工的基本生活水平，用以激发员工的工资积极性，提高其素质，维持组织的正常秩序，创造一个良好的合作环境，圆满地处理人际关系，求得管理者和被管理者之间的相互信任。从这一意义上讲，制定科学合理的薪酬制度是企业人力资源管理的难点所在，为此，很多企业不惜重金聘请薪酬设计专家或机构来帮助企业制定合理的薪酬制度，那么，什么样的薪酬制度才是合理的呢？具体来讲，合理的薪酬制度应遵循以下几个原则。

1. 公平性原则

公平性原则是合理的薪酬制度的首要原则，也是设计薪酬方案和实施薪酬管理的首要原则。薪酬制度的公平性即薪酬制度付诸实施后，所体现出来的薪酬水平与工作性质、工作数量和质量及人们的主观判断标准等因素结合起来后的客观公正性和主观公平感。薪酬制度的公平性可分为3个层次。

（1）内部公平性。指同一组织中不同职务所获薪酬应有一个匀称的比例关系，只要比值一致便是公平。内部公平性实际上是企业内部员工的一种心理感受，企业的薪酬制度制定以后，首先要让企业内部员工对其表示认可，让他们觉得与企业内部其他员工相比，其所得薪酬是公平的。为了做到这一点，薪酬管理者必须经常了解员工对公司薪酬体系的意见，采用一种透明、竞争、公平的薪酬体系，这对于激发员工的积极性具有重要的作用。

（2）外部公平性。指同一行业或同一地区或同等规模的不同组织中类似工作与职务的薪酬应当基本持平，因为对他们的知识、技能与经验的要求相似，他们各自的贡献也基本相似。薪酬制度的外部公平性是企业在人才市场加强竞争力的需要。为了达到外部公平，管理者往往要进行各种形式的薪酬调查。国外的管理者比较注重正式的薪酬调查，国内管理者则比较习惯通过与同行业内其他企业管理者的交流，或者通过公共就业机构获取薪酬资料，这种非正式的薪酬调查方式虽然成本低廉，但信息准确度较低，往往会影响企业的薪酬决策。

（3）个人公平性。是指同一组织中居于相同岗位的人所获薪酬间的比较。在这一问题上，基本工资同工同酬可以理解为公平，存在任何歧视性政策就是不公平。

2. 竞争性原则

当今市场竞争的焦点是人才竞争，要想吸引人才，薪酬标准就要具备足够的吸引力。根据调查，高薪对优秀人才具有不可替代的吸引力，因此，企业在市场上提出较高的薪酬水平，无疑会增加企业对人才的吸引力。但是企业的薪酬标准在市场上应处于一个什么位置，要视该企业的财力、所需人才的可获得性等具体条件而定。竞争力是一个综合指标，有的企业凭借企业良好的声誉和社会形象，在薪酬方面只要满足外部公平性的要求也能吸引一部分优秀人才。

3. 激励性原则

激励性原则是制定薪酬制度的一个重要目的，即通过公正合理的薪酬制度来激励员工的工作行为，取得最佳的工作绩效。对一般企业来讲，通过薪酬制度来激励员工的责任心和工作积极性是最常见的方法。激励性原则是要在内部各类、各级岗位、职务的薪酬水准上，适当拉开差距，真正体现按贡献分配的原则。一个人的能力是有差别的，因而贡献也是不一样的，如果贡献大者与贡献小者得到的报酬一样，表面上看是平等的，但实质上是不公平的。因此，要真正解决内在公平问题，就要根据员工的能力和贡献大小适当拉开收入差距，让贡献大者获得较高的薪酬，以充分调动他们的积极性。

4. 经济性原则

经济性原则表面上与竞争性原则和激励性原则是相互对立和矛盾的——竞争性原则和激励性原则提倡较高的薪酬水平，而经济性原则提倡较低的薪酬水平，但实际上三者是统一的。当3个原则同时作用于企业的薪酬体系时，竞争性原则和激励性原则就会受制于经济性原则。企业的薪酬制度的主要目的是吸引和留住人才，为此一些企业不惜一切代价提高企业的薪酬标准，实际上这种做法是不可取的：一方面除了高薪以外，吸引优秀人才的条件还有很多；另一方面，也是最主要的方面，还要计算人力成本的投入产出比率，如果用高薪吸引了优秀人才，但发挥不了作用，创造不出同等级的绩效，对企业也就失去了意义。因此，在薪酬制度设计时，企业管理者所考虑的因素不应该仅仅是薪酬的吸引力和激励力，还应考虑企业承受能力的大小、利润的合理积累等问题，要遵循经济性原则，进行人力成本核算，把人力成本控制在一个合理的范围内。

5. 合法性原则

企业的薪酬制度必须符合国家法律、法规和政策的要求。这是最起码的要求，特别是国家有关的强制性规定，在薪酬制度设计中企业是不能违反的。比如，国家有关最低工资的规定、有关职工加班加点的工资支付问题等，企业都必须遵守。如果企业的薪酬制度与现行的国家政策和法律规则、企业管理制度不相符合，则企业应该迅速地进行改进使其具有合法性。

6. 战略性原则

这是一条非常重要的原则，近几年来战略性原则在薪酬制度诸原则中的地位和作用逐步加强。这一原则要求一方面在设计薪酬制度过程中，要时刻关注企业的战略需求，要通过薪酬制度反映企业的战略，反映企业提倡什么，鼓励什么，肯定什么，支持什么；另一方面要把实现企业战略转化为对员工的期望和要求，然后把对员工的期望和要求转化为对员工的薪酬激励，体现在企业的薪酬制度中。

10.3.3 薪酬管理策略

虽然薪酬不是激励员工的唯一手段，但却是一个非常重要、最常用的方法。薪酬总额相同，薪酬结构不同，管理机制不同，支付方式不同，往往会取得不同的效果。所以如何实现薪酬激励效能的最大化，使薪酬既具有最佳的激励效果，又有利于员工队伍的稳定，是一个值得管理者高度关注的问题。在制定企业的薪酬管理策略时，管理人员应重点考虑以下几个方面。

1. 增加薪酬构成中的激励性因素，加大对员工的激励

从对员工的激励角度上讲，可将薪酬分为两类：一类是保健性因素，如工资、固定津贴、社会强制性福利、公司内部统一的福利项目等；另一类是激励性因素，如奖金、物质奖励、股份、培训等。根据赫茨伯格的双因素理论，如果保健性因素达不到员工期望，会使员工感到不安全，出现士气下降、人员流失等现象。另一方面，尽管高额工资和多种福利项目能够留住员工，但这些常常被员工视为应得的待遇，难以起到激励作用。真正能调动员工工作热情的，是激励性因素。

从图 10-3 所示的薪酬 4 象限图显示的激励效果来看，第 2 象限绩效薪酬的激励作用最强，第四象限保险福利的激励作用最弱甚至为零。

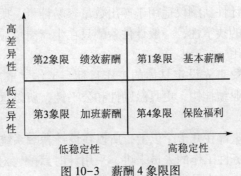

图 10-3　薪酬 4 象限图

对一些薪酬水平较高，而员工的工作热情低、懒散、责任心差的企业来说，要想加大激励力度，可以采用高弹性的薪酬模式，即加大第 2 象限绩效薪酬的构成比例，缩小第 1 象限基本薪酬和第 4 象限保险福利的构成比例。相反，对一些薪酬水平较低的企业来说，要想保持员工的稳定性，可以采用高稳定的薪酬模式，即增加第 1 象限基本薪酬和第 4 象限保险福利的构成比例，缩小第 2 象限绩效薪酬的构成比例，让员工有安全感。

2. 提供适合员工需要的福利项目，增加员工的满意度

完善的保险福利系统对保持员工队伍的稳定性非常重要，也是企业人力资源系统是否健全的一个重要标志。保险福利项目设计得好，不仅能降低员工的个人所得税，更能给员工带来方便和实惠。良好的保险福利系统一方面能解除员工的后顾之忧，另一方面也能增加员工对企业的满意度和忠诚度。

员工个人的保险福利项目按国家规定可以分成两类。一类是强制性福利，企业必须按相关法律法规的要求执行，如养老保险、失业保险、医疗保险、工伤保险等。另一类是企业自行设计的福利项

目，常见的如人身意外保险、家庭财产保险、旅游、劳保、午餐补助或免费工作餐、健康检查、俱乐部会费、提供住房或购房支持计划、提供公车或报销一定的交通费、特殊津贴、带薪假期等。

对企业而言，福利是一笔庞大的开支，但对员工而言，其激励性却不大，有的员工甚至还不领情。最好的办法是采用菜单式福利，即根据员工的特点和具体需求，列出一些福利项目，并规定一定的福利总值，让员工自由选择，各取所需。这种方式区别于传统的整齐划一的福利计划，具有很强的灵活性，很受员工的欢迎。

3. 采取巧妙的薪酬支付方法，满足员工不同的需要

对不同的人员要用不同的激励措施。马斯洛需求层次理论说明，人的需求是分层次的，只有满足了低层次的需求之后，才能考虑高层次的需求。工资作为满足低层次需求的保障条件，对绝大多数人来说，仍是个硬道理。工资低的公司，即使企业文化搞得再好，也很难留住人才。对高层次人才，工资较高但如果缺少培训和发展机会，仍然缺乏吸引力。

将经济性薪酬和非经济性薪酬结合起来运用，有时能取得意想不到的效果。前者包括工资、津贴、奖金、"红包"等，后者则包括企业为员工提供的所有保险福利项目、实物、公司举行的旅游、文体娱乐等。有些公司专门为员工的家属提供特别的福利，如在节日之际邀请家属参加联欢活动、赠送公司特制的礼品、让员工和家属一起旅游、给孩子们提供礼物等，让员工特别感动。

按照强化理论，适当缩短常规奖励的时间间隔，保持激励的及时性，有助于取得最佳激励效果。频繁的、小规模的奖励会比大规模的奖励更为有效。减少常规定期奖励，增加不定期的奖励，让员工有更多意外的惊喜，也能增强激励效果。

4. 应用多种计酬方式，激励不同层次员工

薪酬的计算方式一般包括按时计酬、按件计酬、按绩效计酬3种方式。

按时计酬是最缺乏激励效果的一种计酬方式，其激励作用只体现在调薪前后一段很短的时间段里，激励周期短且难以持久。但它也有明显的优点，就是员工收入稳定，给员工以安全感，便于员工队伍的稳定，同时，计时薪酬还具有实施简单方便、便于劳动力成本预测的优点。

计件薪酬对员工的激励作用十分明显，员工薪酬的高低与生产数量直接关联，这就较大程度地刺激了员工生产效率的提高，但计件薪酬仅适用于产出数量容易计量、质量标准明晰的工作。计件薪酬的这一特点决定了其适用范围的狭窄性，一般计件薪酬只在生产岗位应用，对非生产人员的大多数岗位来说，计件薪酬则基本不适用。

采用按绩效计酬的方式需要事先设定具体的工作目标，工作完成后，根据实际工作业绩进行评估。由于绩效薪酬与可量化的业绩挂钩，更具激励性和公平性，所以这种方法在很多企业得以广泛地应用。

由于大多数企业的岗位数量都在几十个以上，所以在设计薪酬系统时，通常都会采用上述3种方法的结合。对一般从事简单事务性工作的人员来讲，采用计时薪酬，对生产一线人员采用计件薪酬，而对大多数承担着一定管理职责的人员来讲，则采用按时计酬基础上的按绩效计酬。

5. 重视对团队的奖励，消除基层员工的不平衡心理

从激励效果来看，奖励团队比奖励个人的效果要弱，但为了促使团队成员之间相互合作，同时防止上下级之间由于工资差距过大导致出现基层人员心态不平衡的现象，所以有必要建立团队奖励计划。

有些成功企业，用在奖励团队方面的资金往往占到员工收入的很大比重。对优秀团队的考核标准和奖励标准，要预先定义清楚并保证团队成员都能理解。具体的奖励分配形式归纳为3类：一类是以节约成本为基础的奖励，比如斯坎伦计划，将员工节约的成本乘以一定的百分比，奖励给员工所在团队；另一类是以分享利润为基础的奖励，它也可以看成一种分红的方式；第三类是在工资总额中拿出一部分设定为奖励基金，根据团队目标的完成情况、企业文化的倡导方向设定考核和评选标准进行奖励。

6. 善用股票奖励形式，强调企业的长期绩效

股票期权是一个非常诱人的字眼，很多员工特别是高职位的员工认为工资的高低倒不是主要的吸

引力，最重要的是有没有实行员工持股制度。大多数的上市公司纷纷实行了股票期权，即使非上市公司，也在探索不同形式的员工持股办法。

随着国内市场经济规则的日益完善，股票期权制的分配办法将越来越多地运用到实践中。

7. 进行薪资调查，了解薪资市场价格

公司应定期进行薪酬调查，了解企业所需人才在薪资福利方面的市场价格，了解清楚后应以此基本数据作为人才招聘的参考。除了常规一年一度的薪酬福利调查之外，公司还应根据需要为某一特殊职位专门聘请专业的管理咨询公司做相关数据的调查，做到知己知彼。

一位资深的外企人力资源经理说："要招聘到最优秀的人才，用公司内部的薪资水准去衡量往往是片面的，用市场价格去吸引他们才是唯一的出路。外面的人才，他们并不在乎你所开出的薪酬在企业内是不是最高，他们在乎的是你所开出的薪酬是不是市场价格的最高。"

8. 阐述企业的薪酬文化，吸引和留住人才

管理者必须认识到，薪酬既具有实质性意义，又具有象征性意义。由于薪酬表明了企业所重视的人和事，因而，在进行人员招聘时，应向他们阐述清楚公司的薪酬文化和薪酬价值观。一些企业强调团队与协作精神，在薪酬收入之外会有很多集体性的奖励计划；一些企业强调技术研发工作，付给技术人员的薪资会超过一般员工薪资的 8 倍；还有一些企业强调个人业绩，业绩好的员工所得到的薪资远远超过了经理。

良好的薪酬文化是成功薪酬制度的基础，薪酬文化对大多数人来说，是极具诱惑力的。因此，向外部人才及求职者大力宣扬公司优秀的薪酬文化，也是吸引人才的一种重要方法。

此外，企业在进行薪酬管理时，还要注意薪酬的外部均衡和内部均衡问题。外部均衡指企业员工的薪酬水平与同地域同行业的薪酬水平保持一致，或略高于平均水平；内部均衡主要是指企业内部员工之间的薪酬水平应该与他们的工作成比例，即满足薪酬的公平性。为了保证薪酬的外部均衡和内部均衡，管理人员需要做好两个方面的工作：一是进行薪酬调查。薪酬调查是维持外部均衡的基础，即通过各种正常的手段，来获取相关企业各职务的薪酬水平及相关信息。对薪酬调查的结果进行统计和分析，就会成为企业的薪酬管理决策的有效依据；二是实施岗位评估。岗位评估是维持内部均衡的基础，即通过一些方法来确定企业内部工作与工作之间的相对价值。岗位评估的结果为企业薪酬的内部均衡提供了调节的依据。

10.4 薪酬体系设计

在人力资源管理领域中，薪酬管理是最困难的管理任务。它的困难性在于：第一，员工对薪酬的极大关注和挑剔；第二，薪酬管理理论与实践的脱节。对多数员工而言，他们会非常关心自己的薪酬水平，因为这直接关系到他们的生存质量。

企业对薪酬管理也是非常重视的。企业为了让薪酬更加合理，更能反映员工的工作业绩，不惜将薪酬结构和薪酬体系制定得非常复杂和烦琐。实际上，过于复杂的薪酬管理与过于简单的薪酬管理一样会降低薪酬的激励作用。

一套科学合理的薪酬体系，可以让企业在不增加成本的情况下提高员工对薪酬的满意度。一般来讲，要设计一个科学合理的薪酬体系，应经历以下几个步骤。

10.4.1 制定薪酬的原则和策略

企业薪酬策略是企业人力资源策略的重要组成部分，而企业人力资源策略是企业人力资源战略的落实，说到底是企业基本经营战略、发展战略和文化战略的落实。因此，制定企业的薪酬原则和策略要在企业的各项战略的指导下进行，要集中反映各项战略的需求。薪酬策略作为薪酬设计的纲领性文件，要对以下内容做明确规定：对员工本性的认识、对员工总体价值的认识、对管理骨干即高级管理人才、专业技术人才和营销人才的价值估计等核心价值观；企业基本工资制度和分配原则；企业工资分配政策与策略，如工资拉开差距的分寸标准、工资、奖金、福利的分配依据及比例标准等。

10.4.2 工作分析

工作分析是确定完成各项工作所需技能、责任和知识的系统过程。它是一项重要的人力资源管理技术，工作分析是薪酬设计的基础。

进行工作分析时，应当按照以下6个步骤来进行。

（1）确定工作分析信息的用途。

（2）搜集与工作有关的背景信息，设计组织图和工作流程图。组织图不仅确定了每一职位的名称，而且用相互连接的直线明确表明了谁应当向谁汇报工作，以及工作的承担者将同谁进行信息交流等。工作流程图则提供了与工作有关的更为详细的信息。

（3）选择有代表性的工作进行分析。

（4）搜集工作分析的信息。

（5）同承担工作的人共同审查所搜集到的工作信息。

（6）编写工作说明书和工作规范。

大多数情况下，在完成了工作分析之后，都要编写工作说明书和工作规范。工作说明书就是对有关工作职责、工作活动、工作条件及工作对人身安全危害程度等工作特性方面的信息所进行的书面描述。工作规范则是全面反映工作对从业人员的品质、特点、技能及工作背景或经历等方面要求的书面文件。

10.4.3 职位评价

职位评价是确保薪酬系统达成公平性的重要手段。职位评价有两个目的：一是比较企业内部各个职位的相对重要性，得出职位等级序列；二是为外部薪酬调查建立统一的职位评估标准。

职位评价的方法有许多种，最常用的是计分比较法。计分比较法首先需确定与薪酬分配有关的评价要素，然后再给这些要素定义不同的权重和分数。大多数企业在进行职位评价的过程中，都习惯采用 HAY（Homogeneity Analysis Yield）模式或 CRG（Criterion Reference Group）模式评价法，这两种模式都是采用对职位价值进行量化评估的办法，从几个主要要素、若干个子因素方面对职位进行全面的价值评估。

完成职位评价后，企业可以根据需要设计职位等级序列（即层级关系图），一些人数多、规模大、组织结构复杂的企业，职位等级可能会达20～30级，一般中小型企业也有15～20级。

10.4.4 薪酬调查

薪酬调查重在解决薪酬的对外竞争力问题，即通过各种正常的手段获取相关企业各职务的薪资水平及相关信息。对薪资调查的结果进行统计和分析，会成为企业薪资管理决策的有效依据。因此，企业在确定薪资水平时，一般需要参考劳动力市场的平均薪资水平。

薪酬调查的对象，最好是选择与本企业有竞争关系的公司或同行业的类似公司，重点考虑员工的流失去向和招聘来源。薪酬调查的数据，要有上年度的薪资增长状况、不同薪酬结构对比、不同职位和不同级别的职位薪酬数据、奖金和福利状况、长期激励措施及未来薪酬走势分析等。

只有采用相同的标准进行职位评估，并各自提供真实的薪酬数据，才能保证薪酬调查的准确性。薪酬调查通常应掌握如下一些原则。

（1）在对被调查企业不知情的情况下获取薪资信息。由于薪资管理政策及数据在许多企业属于企业的商业机密，均不愿意让其他企业了解。所以在进行薪资调查时，要由企业人力资源部门与对方对应部门或总经理联系或利用其他方式获取信息。

（2）调查的资料要准确。由于很多企业对本企业的薪资情况守口如瓶，所以有些信息很可能是道听途说得来的，不全面，准确率低。另外，在取得某岗位的薪资水平的同时，要比较其岗位的职责是否与本企业一致，否则参考价值不高。

（3）调查的资料要随时更新。随着市场经济的发展和人力资源市场的完善，企业的薪资情况经常变化,要使调查的资料及时更新才有参考价值。

薪资调查的渠道通常包括:企业之间的相互调查;委托专业机构进行调查;从公开的信息中了解。

10.4.5 薪酬定位

在分析同行业的薪酬数据后,需要做的是根据企业状况确定不同的薪资水平。

影响公司薪资水平的因素有多种。从公司外部看,国家的宏观经济、通货膨胀、行业特点和行业竞争、人才供应状况等都对薪酬定位和工资增长水平有不同程度的影响。在公司内部,盈利能力和支付能力、人员的素质要求是决定薪资水平的关键因素。企业发展阶段、人才稀缺度、招聘难度、公司的市场品牌和综合实力,也是重要的影响因素。

在薪资水平的定位上,企业可以选择薪资领先策略或跟随策略。薪酬上的领头羊未必是品牌最响的公司,因为品牌响的公司可以依靠其综合优势,不必花费最高的工资也可能找到最好的人才。往往是那些财大气粗的后起之秀最易采用高薪策略。它们多处在创业初期或快速上升期,投资者愿意用金钱买时间,希望通过挖到一流人才来快速拉近与巨头公司的差距。

在薪酬系统设计中,存在专用术语25P、50P、75P,意思是说,假如有100家公司参与薪酬调查的话,薪酬水平按照由低到高排名,它们分别代表着第25位排名(低位值)、第50位排名(中位值)、第75位排名(高位值)。一个采用75P策略的公司,需要雄厚的财力、完善的管理、过硬的产品相支撑。因为薪酬是刚性的,降薪几乎不可能,一旦企业的市场前景不妙,将会使企业的留人措施变得困难。

10.4.6 薪酬结构设计

薪酬价值观和薪酬思想反映了企业的分配哲学,即依据什么原则确定员工的薪酬。不同的企业有不同的薪酬价值观,不同的价值观决定了不同的薪酬结构。企业在设计薪酬结构时,往往要综合考虑5个方面的因素:一是其职位等级,二是个人的技能和资历,三是工作时间,四是个人绩效,五是福利待遇。在工资结构上,分别设计为基本工资、绩效工资、加班工资和薪酬福利。

基本工资由职位等级决定,它是一个人工资高低的主要决定因素。基本工资是一个区间,而不是一个点。相同职位的不同员工由于在技能、经验、资源占有、工作效率、历史贡献等方面存在差异,导致他们对公司的贡献并不相同,因此,在基本工资的设置上应保持差异,即职位相同,基本工资未必相同。这就增加了工资变动的灵活性,使员工在不变动职位的情况下,随着技能的提升、经验的增加而在同一职位等级内逐步提升工资等级。

绩效工资是对员工完成业务目标而进行的奖励,即薪酬必须与员工为企业所创造的经济价值相联系。绩效工资可以是短期性的,如销售奖金、项目浮动奖金、年度奖励,也可以是长期性的,如股份期权等。此部分薪酬的确定与公司的绩效评估制度密切相关。

总的来讲,确定基本工资,需要对职位进行分析和评估;确定绩效工资,需要对工作表现做评估;确定公司的整体薪酬水平,需要对公司盈利能力、支付能力做评估。每一种评估都需要一套程序和办法。所以说,薪酬结构设计是一个系统工程。

10.4.7 薪酬实施与调整

薪酬方案一经建立,就应严格执行,发挥其保障、激励功能。在实施过程中,薪酬设计者还有一项重要的职责,就是要对制定出来的薪酬制度进行修正和调整,这是薪酬设计的最终环节。在这个环节中,要完成以下任务。

(1)薪酬设计过程中,设计者是抛开具体的人而就工作进行设计的,但在实施过程中,则是针对具体的人的,因此,难免要出现很多在设计过程中没有考虑到的因素,而且考虑所有这些因素几乎是不可能的,特别是当设计者是外聘专家时更是如此,因此在正式公布实施前要做一个预演式的实施,并根据预演情况进行一些修正,减少公布后出现的风波。

（2）薪酬设计时效很强，方案一旦成型就要立即实施，因为时间一长，方案中涉及的薪酬数据已经发生了变化，市场价格也已经进行了调整，那么方案的数据也要进行相应调整，否则会使员工对方案的科学性和可行性产生怀疑。

（3）要及时地做好员工的沟通和必要的宣传与培训。从本质上讲，劳动报酬是对人工成本与员工需求之间进行平衡的结果。公平是必要的，但绝对的公平是不可能的，因此，实施者要做好宣传解释工作，通过沟通向员工阐明薪酬设计的依据，以尽可能地消除误解，让尽可能多的员工满意。

（4）在保证薪酬方案相对稳定的前提下，还应随着企业经营状况和市场薪酬水平的变化做相应的调整。在确定薪酬调整比例时，要对总体薪酬水平作出准确的预算。目前，大多数企业是财务部门做预算。但为了准确起见，人力资源部门做此预算更合适一些，因为财务部门并不十分清楚员工具体薪酬和人员变动情况，更不清楚企业的人力资源规划及实施情况。因此，人力资源部门要做好薪酬台账，设计一套比较好的人力成本测算方法。

本章小结

员工的工作绩效不仅取决于员工的工作能力，还取决于员工的工作积极性。为了提高员工的工作绩效，可以从提高员工的技能着手，也可以从调动员工的积极性入手。从某种意义上讲，调动员工积极性比提高员工技能更重要。员工激励的核心就是调动员工积极性。员工薪酬是员工从事劳动的报酬，也是对员工激励的主要体现。员工薪酬与员工的物质利益和工作绩效密切相关，也与劳动力市场关系和市场价格密切相关。一个多世纪以来，企业薪酬问题一直是经济学界和管理学界关注的热点问题，也是员工十分关注的问题，企业管理层对此也非常重视。本章从薪酬的基本概念入手，详尽介绍了薪酬的构成要素、薪酬的表现形式与作用，深入剖析了薪酬管理的理论基础，指出科学合理的薪酬制度应遵循的基本原则和薪酬管理策略包含的基本内容，并就如何进行薪酬体系的设计作了较全面的阐述，对企业薪酬管理实践具有重要的意义。

本章案例

云式薪酬：员工激励的新引擎

一、背景

最近，大型民营餐饮服务企业 J 集团的人力资源部经理李忆如越来越觉得自己的员工都是些木头！

这个行业是个完全竞争行业，几乎没有任何的进入壁垒。J 集团能有今天的江山全靠"先动优势"，说白了就是老板张超胆子大，头脑活，在 20 世纪 90 年代末的改革开放大潮中看到了商机，率先拉起了大旗，占下了市场的"地盘"。但近年来，越来越多的对手进入了该行业。有大企业在"多元化战略"中伸脚过来踩地盘的，这些企业实力雄厚，敢于与 J 集团"全线对攻"；也有小企业看到这块市场过来夺食的，这些企业善于深耕某类核心产品，在细分市场上让 J 集团叫苦不迭。看着市场份额逐渐被蚕食鲸吞，张超坐不住了！于是，某咨询公司被请了进来。经过长达 2 个月的调研，在一系列的问卷、访谈、跟班调查、神秘客体验后，该公司出具了一份在张超看来分量很重的报告。报告认为，在菜品研发、食材采购、存货管理等方面，J 集团并没有明显的弱点，其经营业绩下滑的原因只在于一点——一线员工工作积极性不高，服务口碑不好，降低了顾客的购买意愿！

二、纠结的薪酬体系

张超不解，他自以为还是比较慷慨，给出的薪酬水平在行业内至少处于中上档次，加上业已成名的企业品牌，员工应该会与企业一条心呀！于是，他把问题抛给了人力资源部经理李忆如。面对老板一句"我的钱花到哪里去了"，李忆如也无从回应，只能信誓旦旦地保证一定尽快出台改进方案。

J集团的薪酬体系比较传统，包括基本工资、奖金和福利三大模块。其中，基本工资是基于岗位的任职资格（能力）、工作内容和责任付酬，福利是一种"普惠制"的关怀，两者都相对固化，只有与绩效相关的奖金是最有可能影响员工积极性的。她判断，很有可能是因为这里的短板！J集团对一线服务人员的绩效考核确实不够给力，无非是从出勤、投诉和失误几个方面来做，说白了，考来考去只要员工没有犯大错，立大功，按照绩效支付的奖金（merit pay）基本上没有什么区别。

为了验证自己的想法，她马上吩咐薪酬经理李诚带领手下几个人马赶赴几个分店进行简单的访谈调研。李诚那边很快反馈了结果，受访的员工都表示自己是按照工作流程在办，并没有消极的心态。但据几个暗访的小伙子观察，几家店里员工的服务态度并不很好，虽然是按流程办，但总给人感觉冷冰冰的，例如，客户就餐时有什么额外的要求也总是得不到及时的解决。果然，这里才是症结所在。李忆如凭借自己多年的 HR 经验，想到了梳理一线服务岗位的动作流程，细化服务标准，进行精细化的绩效考核。道理很简单，将与员工服务相关的流程细化，形成一套全面的"优质服务模板"，并对于员工的服务进行监督，在此基础上奖勤罚懒，自然能够调动员工的积极性。

她向张超提交了《关于推进"绩效管理精细化"项目的报告》，并获得了首肯。李忆如很高兴，立马带领李诚他们开始开展工作。不断地访谈、跟班、讨论，出台了事无巨细的一线服务人员工作流程，夸张地说，甚至连摆餐时筷子和碗碟的距离都精确到了毫米，恨不得像钻探石油一样把员工们的积极性都钻探出来！

2个月过去了，李忆如开始带领部下评估项目效果，并满心欢喜地等待员工的变化。不料，调查的结果却再一次让人大跌眼镜——无论是问卷还是实地观察都显示员工的积极性并未得到显著提高！李忆如急了，开始访问店长，查找原因。原来，"绩效管理精细化"从开始就没有起作用，流程规定得很细，而按照方案，应该在内部成立督察员进行监督，这无疑就形成了一种被员工戏称"特务监控"的氛围，员工反而更加抵制，当面一个样，背面一个样，积极性提高自然无从说起。另外，即使流程规定得再细，总有流程之外的例外情况出现，而这时，疲于应付"特务"的员工更没有心思提供优质服务了。张超也开始给李忆如施压，李忆如开始骂自己的员工是木头。

二、引入"云式薪酬"

踌躇之际，她想到了自己在 MBA 课上听过一个 Moo 博士的人力资源课程，他曾经提到过一个服务类企业在薪酬管理上的案例，为何不求教他呢？于是，李忆如拨通了 Moo 博士的电话。

听了介绍，Moo 博士问了两个问题：第一，这个行业中，顾客的诉求是常规的标准化服务还是其他？第二，高度标准的流程能不能区分积极的和不积极的员工？李忆如反应了过来。对呀，李诚他们的调研就说一线员工们虽然是按流程在办事，但感觉冷冰冰的，自己开始觉得是流程不够细化，所以才上了"绩效管理精细化"的项目。现在看来，传递关怀的服务哪里是能够用标准化流程勾画的？顾客的诉求本来就不在这里，他们要的是服务更有"人情味"，另外，高度标准的流程下，根本分不清员工是否积极，更何况，用"监控"的办法还容易引起员工的反感！J集团需要的，不是"监控"，而是"开发"！

Moo 博士继续道："现有大多数企业采用的薪酬管理体系都是以员工在企业内的固定角色为假设前提的，是一种'固化构架'，其依靠完成角色规定的动作获得奖金或绩效工资，但员工在此之外对于岗位甚至战略的贡献无法得到回报。所以，如何打破这种'固化构架'，建立一种抛开角色，辐射全员的奖金体系才应该是你们关注的关键。而要达到这个效果，你需要的不是丰富服务标准，这样只会加固原有的'固化构架'，你们应该让这种体系变成灵动的'云'，能够根据组织按战略确定的规则向不同的员工输送激励资源……"

李忆如最近常常听人说起"云计算"，以为这只是IT行业的东西。但 Moo 博士解释道，"云"实际上是一种网络构架，任何两个点上的资源可以发生联系，不同于传统网络的是，在"云计算法则"的引导下，这些资源可以被引向任何地方。她有些明白了，这些正是J集团的薪酬体系需要达到的形态。

李忆如开始按照 Moo 博士的方法进行"云式薪酬体系"的打造。首先，她组织战略相关部门组成了服务战略委员会，并由委员会对J集团的服务业务战略进行了分解，勾勒出了员工几类典型的

"战略式服务行为集",这些行为能够推广企业的服务理念和价值观,以前那些标准流程以外创造顾客"惊喜"的行为都能够被纳入。这样的操作就形成了新的"柔性构架",打破了原有薪酬体系"固化构架"的基础。

其次,委员会为了最大程度了解员工工作中的优异表现,J集团更是在公司网站上开通了一个名为"寻找感动J人",类似微博的沟通平台模块。员工们每人都有一个账号,都可以提名在工作中看到的"感动J人"和他们的事迹——"J感动"。"J感动"只是被粗略勾勒为几类"战略式服务行为集",没有具体所指。当然,顾客也可能登录这个网站并提名为他们提供优质服务的"感动J人"和"J感动",但必须留下实名和联系方式(为了确保真实),提名成功即可获得公司餐券等小礼物。多次被提名后,一个"感动J人"的名下可能又多个"J感动"。对"感动J人"的评价来自两个部分:其一,每位员工可以对被提名的"感动J人"进行支持(每个人都被限定了投票次数);其二,一些领取了"常顾客卡"的顾客可同样有投票支持的资格,当然投票也会有小礼物作为回报。值得一提的是,投票者只能对"J感动"进行投票,但这些票会汇总到"感动J人"名下。"感动J人"的支持量被用于评选出一些个性化的奖项,如"闪耀之星"、"360度服务"、"背后的英雄"、"酷创意"等,奖项有一定的传统但又不固定,完全根据"感动J人"的"J感动"来标签。这里,内外两部分的评价就成了实际上的"云计算法则"。

最后,李忆如采用Moo博士的方法挖掘了内部的"激励资源"。Moo博士告诉他们,货币更多的是一种保健因素,不会让人不满意,但单纯作为"物质",激励效果有限。所以,"货币奖金"应该有,但除此之外,应该合理使用"非货币奖励"。又过了3个月,J集团召开了盛大的颁奖仪式。张超和其他高管被邀请亲自给几十名获奖者颁奖,并与每个人合影。每个获奖者都获得了一个印有姓名和奖项名称的精美小奖章。更重要的是,获奖者获得了一个"套现资格",可以选择将支持量当期套现,兑换成现金、度假、培训机会、公司餐券、购物卡等,未使用的支持量,可以累计至下次。累积的支持量除了可以用于下次套现上述奖励,还有两类重要意义。6个季度内支持量达到一定累积,员工可以申请职位进阶(需要通过内部审核),或者要求调整薪酬带宽(不需审核);12个季度内支持量达到一定累积,员工可以申请一定量的虚拟股权,这种虚拟股权能够分红,但不能参与决策,有效期也为12个季度,没有实际的所有权。值得注意的是,这种冲击职位进阶、薪酬带宽调整和虚拟股权的行为也是存在一定风险的,如果在规定周期内支持量没有累积到相应额度,或者累积到了相应额度,但没有在其后一期获奖取得"套现资格",现有支持量将自动折半进入下一个周期。

随后,感动J人和与高管们的合影被第一时间刊登在了公司的内网和内刊上,再后来,获奖者得到了一个写有高管们鼓励和签名的水晶相框,相框周围是公司的logo……李忆如把所有的"激励资源",包括张超,都作为"非货币奖励"上传到了云上。值得一提的是,由于每个奖项都是根据"感动J人"的事迹来设置,获奖者们因为企业认可了自己的价值而深受鼓舞。

奇迹出现了,这些楷模们仿佛让员工们明白了公司究竟需要什么,而设置的一系列奖励也充满诱惑。于是,J集团的员工们仿佛"打了鸡血",服务质量稳步提升,顾客常常到网站上留言称赞,甚至当地媒体也慕名报道"J式服务"。最开始,张超还以为搞这些花架子是买个热闹,说到虚拟股权他还有些不情愿(事实上只是很小的一部分),现在,看着业绩一天天回暖,他笑眯了眼……

三、云式薪酬的逻辑

传统的薪酬体系中,无论是基于能力、岗位和责任支付的基本工资,还是基于"普惠制"支付的福利,又或是基于"标准化流程"下的奖金或绩效工资,都是一种基于岗位角色进行支付的"固化构架"。在企业所处市场环境比较稳定,业务战略偏向低成本的前提下,更需要的是根据战略目标向下分解岗位任务,这样"固化的"薪酬体系显然是适应的。但是,当企业所处市场环境比较复杂,业务战略偏向差异化时,更需要的就是保持一种"战略柔性",根据市场的需求创造性地提供产品。而这,就需要薪酬体系也能够保持"柔性",并形成对于员工"战略行为"的引导。

上述J集团的案例中,其市场份额下降,实际上就是周边竞争者太多,无形中提高了顾客对于这个行业服务水平的期待,这就需要其一线服务人员超越标准流程,做一些创造性的工作,以形成品牌的差异化价值。这显然需要"柔性"的薪酬体系来充当新引擎!

大多企业因为行业的特点和自己文化的弱点做不到，于是就采用了传统的绩效考核，即打造一个内部市场，自行为员工的业绩定价。由于这种定价的出发点依然是基于员工的岗位角色，仍然是导向了员工的"标准化行为"，而非柔性的"战略行为"，其弊端是毫无疑问的。甚至，案例中李忆如在 J 集团实施绩效考核时还引起了员工的逆反心理。在 Moo 博士指导下实施的"云式薪酬"是这一悖论的解决之道。

资料来源：穆胜．云式薪酬：员工激励的新引擎．上海国资，2013-04-18．本书采用时略有改动。

思考题
1. 云式薪酬制度有何特点？
2. 云式薪酬的理念是什么？
3. 云式薪酬在激励员工方面有何创造性？

本章思考题

1. 什么是薪酬？它有哪些具体形式？
2. 举例说明各种薪酬形式的特点和效用。在薪酬管理工作中，管理者应如何搭配使用？
3. 在企业管理中，薪酬有哪些方面的功能？
4. 在我国企业中，有哪些形式的工资制度和福利制度？请分别说明它们的特点和适用范围。
5. 在企业管理中，如何运用内容型激励理论和过程型激励理论？
6. 什么是代理理论？如何用它来解释薪酬所产生的效应？
7. 什么是薪酬管理？它对提高员工的积极性和创造性有哪些作用？
8. 合理的薪酬制度要遵循什么原则？
9. 薪酬体系设计流程包括哪些步骤？为什么过于简单和过于复杂的薪酬管理都会降低薪酬的激励作用？

参 考 文 献

[1] 刘军胜．薪酬管理实务手册．北京：机械工业出版社，2002．
[2] 彭剑锋．人力资源管理概论．上海：复旦大学出版社，2003．
[3] 杨剑，白云，朱晓红，等．激励导向的薪酬设计．北京：中国纺织出版社，2002．
[4] 德鲁克．管理前沿．北京：机械工业出版社，2009．
[5] 乌尔里克．人力资源管理新政．北京：商务印书馆，2007．
[6] 乌尔里克，布罗克班克．人力资源管理价值新主张．北京：商务印书馆，2008．

第 11 章

股 权 激 励

本章要点

- 股权激励的含义和特点
- 股权激励的起源与历史
- 管理层股权激励的操作要点
- 员工持股计划的操作要点
- 管理层和员工进行股权激励时要注意的问题

万科股权激励的起伏

万科于 2005 年度股东大会通过了股权激励计划，依照该计划，公司每年都将在符合限制性条件的情况下，从净利润增长中提取一定比例的资金，用于从二级市场买入公司 A 股股票，以奖励包括董事长在内的公司高管。也就是说，万科的长期激励计划作用的工具为限制性股票，激励对象为在万科受薪的董事会和监事会成员、高级管理人员、中层管理人员、由总经理提名的业务骨干和卓越贡献人员。年度激励基金提取的业绩指标：每一年度激励基金提取以万科净利润增长率、净资产收益率、每股收益增长率作为业绩考核指标。其启动的条件具体为：① 年净利润（NP）增长率超过 15%；② 全面摊薄的年净资产收益率（ROE）超过 12%；③ 万科如采用向社会公众增发股份方式或向原有股东配售股份，当年每股收益（EPS）增长率超过 10%。除此之外的情形（如采用定向增发方式实施重大资产的购并、换股、引进战略投资者，配售转债和股票衍生品种等）则不受此限制。

2006 年 6 月以来，用于股权激励计划的奖励基金已经先后 3 次买入万科的股票。为期 3 年的股权激励计划，万科以"二次终止"来宣告结束。这一并不圆满的激励结果看似"失败"，却也是激励条件之严格的写照。

股价低成阻碍。自 2006 年 5 月开始实施股权激励以来，万科仅 2006 年度的激励计划得以在 2008 年 9 月完成实施，而 2007 年度和 2008 年度均夭折。2008 年度因为业绩欠佳不达标，激励被迫终止。2007 年度尽管业绩表现很"努力"，但由于股价不"争气"，该年度的激励计划在"搁置"两年后还是无奈终止。2010 年 1 月 5 日，万科在公告中称，将通过信托机构在二级市场抛售此前用于 2007 年度股权激励的 4 655.17 万股。

按照激励计划的授予条件，在万科自身的业绩考核达标后，2007 年度激励计划持有的限制性股票应达成：2008 年、2009 年每日收盘价向后复权年均价格均超过 2007 年 33.66 元的 A 股每日收盘价年均价。然而，由于 2008 年、2009 年对应的上述股价均低于 2007 年，万科的经理人团队只好与 2007 年度数千万股的激励股票失之交臂。此次激励无果，无疑也有 2007 年大牛市的"来势汹汹"的推波助澜。

作为房地产企业的标杆，万科的股权激励计划在众多上市公司中也是把参考的标尺。在业绩考核和股价考核的"双重把关"下，万科的股权激励方案最终实施率仅为 1/3。激励对象要拿股并不容易。实际上,大多数上市公司的股权激励计划在对"业绩"问责时并未对"股价"提出要求。只要业绩达标了,个人绩效考核合格,就能摘取胜利的果实了。对于万科而言,股价下降是股权激励实施的拦路虎,但对股价没有要求的股权激励计划则是"利好",随着后者激励期间的高送转,当初的行权价格也被摊得较低,高管等激励对象行权的概率也大大提高了。

多次实现的业绩算激励?仅业绩考核而言,大部分股权激励计划的方案都没有万科的"严格筛选"。万科以净资产收益率和净利润增长率为考核指标,以扣除非经常性损益前后的净利润孰低者为指标,以净利润增加额为基数计提激励基金。万科要求年净利润增长率超过15%,全面摊薄的年净资产收益率超过12%。此外,万科的增长考核剔除"取巧",体现主业的"纯粹",以定向增发方式购买资产,新增资产对当年净利润的贡献超过10%时,业绩考核将剔除此影响,新增资产对应的净利润数额将从净利润和净资产中扣除。

资料来源:杨伟国,陈玉杰. 薪酬经济学. 上海:复旦大学出版社,2013:152-153.

11.1 股权激励概述

11.1.1 股权激励的含义与特点

股权激励是指公司以本公司股票为标的,对其董事、监事、高级管理人员及其他员工进行的一种长期性激励。股权激励是为了解决经营者或员工由于不具有股权,不参与利润的分配,因此更关心自己的报酬、在职消费和偷懒而必然偏离股东权益的矛盾,将经营者或员工的利益(主要体现为报酬)和股东利益(主要表现为公司业绩)有机地联系起来,形成共同利益取向的一种激励机制。由于经营者或员工持有公司股票,随着公司业绩的增长,股票的价格通常也会上涨,从而经营者或员工可以获得股票增值带来的额外利益,反之,如果公司业绩下降,股票就会贬值,经营者或员工利益相应受损,所以,经营者或员工为了增加股票收益就必然会努力工作以提高公司业绩。因此,股权激励通常被作为一种激励经营者或员工努力工作的有效工具。股权激励根据激励的标的可分为股票激励和股票期权激励两种形式,根据激励对象可分为管理层股权激励和员工持股两种形式。公司实施股权激励所需要的股票通常有3种来源渠道:公开发行时预留股份、向高层管理人员或员工发行股份和回购本公司已发行股份。

从国外企业的经验来看,虽然不同国家、不同行业、不同企业间的经营者薪酬方式各异,但大多数经营者的薪酬都由3个部分组成:基本工资(Base Salary)、与会计业绩联系的年度奖金(Annual Bonus)、股票期权和其他形式的长期激励(包括限制性股票计划和以多年度会计业绩为基础的激励计划等)。表11-1反映了几个典型发达国家经营者薪酬的结构。从中可以看出,美国公司的股权激励最具有代表性。

表11-1 1997年度典型发达国家经营者的薪酬结构比较   单位:千美元

国家	工资	奖金	期权及长期激励	其他	总计
美国	395	195	230	81	901
英国	300	40	90	60	490
法国	280	40	75	129	524
加拿大	240	60	80	61	441
日本	230	70	0	98	398
德国	290	65	0	69	424

与一般的工资和奖金相比,股权激励主要具有未来性、长期性和不确定性3大主要特点。

(1) 未来性。一般来讲,基本工资是对员工先前的教育投入及从业经验的补偿,岗位补贴及福利等是对员工当前所从事工作的劳动补偿，奖金则是对员工已实现业绩的补偿。而股权激励，不管是员工持股还是股票期权，都是着眼于对经营者或员工未来的激励。通过股权纽带，将经营者或员工与投资者结合起来，使他们的利益趋于一致。

（2）长期性。工资、年薪、职务消费等均属于短期激励方式，如果缺乏长期激励机制与之配合，将导致经营者行为的短期化倾向。例如，经营者为了获得短期的业绩改善，可能采取削减企业的研发费用、削减员工培训费用、压缩甚至撤销必要的设备维修支出等方式提高企业短期利润，从而获得较高的经营报酬。这些增加当期利润的行为实际上将负担后摊，风险后转，损害了企业的长远利益。而股权激励使经营者获得企业业绩不断增长的长期收益，促使经营者兼顾企业短期和长期目标。由于股权收益可能远大于年薪，也促使经营者更注重长远目标，从而有效减少经营者的短期化行为和虚增短期利润的行为。股权激励是一种长期激励的形式。

（3）不确定性。对享有股权激励的管理层、员工来说，究竟能从股权激励中获得多大的利益，取决于公司的业绩及其增长情况。随着业绩的波动，股权激励所带来的利益也会相应波动，因此，如果业绩增长快，股权激励可以使管理层或员工获得远远高于现金奖励的利益，但若业绩增长慢或没有增长甚至下降，则股权激励可能会使管理层或员工一无所获，因此，股权激励增加了未来经营者或员工收入的不确定性。

11.1.2 股权激励的起源与历史

如果把公司的管理层和普通员工统称为公司职工，那么股权激励也就表现为职工持股计划。职工持股计划是由美国的律师路易斯·凯尔索于20世纪五六十年代提出来的，他的基本观点是：只有让职工成为企业的主人或所有者，才能真正协调劳资关系，提高劳动生产率，使经济持续平稳地发展。在20世纪60年代初，凯尔索根据自己的理论，成功地将一家公司72%的股权完成了向职工的转移。随后职工持股计划在美国参议院财经委员会主席拉赛尔·朗的帮助下，使职工持股计划逐渐得到了美国企业界的广泛认同，并得到了广泛的推行。

20世纪70年代，就有3 000多家大公司实行职工持股计划，如美孚石油公司、美国电报电话公司、大西洋瑞契福公司等。几年的职工持股计划实践取得了意想不到的成绩，据1978、1980年的调查结果表明，实行职工持股计划企业的职工工作热情高、利润比一般公司高出50%，倒闭率低10%，提供的就业机会也比一般公司多2～3倍。政府当局看到职工持股计划在稳定劳资关系、激励职工、提高劳动生产率、扩大投资规模、创造就业机会、增加国民收入等方面存在着巨大的潜能，开始制定并颁布一系列法令，为职工持股计划提供税收和信贷的优惠，引导企业积极参与。从1974年起，美国国会每年都通过相关的法令草案，特别是1986年的税法改革法令，为职工持股计划大开方便之门。此后，大量的中小企业也开始推行职工持股计划。

20世纪80年代后，职工持股计划更多地被作为对公司高层管理者的一种激励制度施行，管理层持有的标的也以股票为主转变为以股票期权为主（也称为经理股票期权计划，Executive Stock Options Plans），由此带来的股权激励收入在高层管理者收入体系中的比重越来越大，越来越多的公司对管理层实行了股权期权激励计划。有关调查表明：截至1997年年底，美国45%的上市公司使用了股票期权计划，而在1994年，这个比例仅为10%；在标准普尔500家公司中，83%的公司总裁获得股票期权奖励，而大公司的比例更高，市值超过100亿美元的公司中给予总裁股票期权奖励的比例达89%。在小公司中，奖励股票期权比奖金更普遍，在市值小于2.5亿美元的公司中，选择进行经理股票期权进行奖励的公司比例为69%，高于选择以奖金方式进行奖励的公司比例59%。

从我国的股权激励发展情况看，在20世纪90年代上半叶，随着大量国有企业改制为股份有限公司并在上海或深圳证券交易所上市，部分国有企业在改制时引入了职工持股计划，但当时的主要目的并不是把持有股票作为一种激励机制，而是把持有股票作为一种福利，作为对国有企业员工历史贡献的承认。因此，公司高层管理者持有的股票很少，股权激励带来的收入在管理者总收入中占的比例也很低。2000年，我国上市公司中管理层总体持股比例最高的行业是纺织业，但持股比例仅为0.85%；

2002年，上市公司董事中有近40%零持股，总经理中有20%左右零持股。直到2005年11月，随着我国上市公司股权分置改革的进行，中国证监会才开始对《上市公司股权激励规范意见》（试行）进行公开征集意见。由此可见，虽然股权激励在我国引起了理论界的广泛关注，但在实际运作中，因缺乏相关法律法规而受到限制。预计随着股权分置改革完成和相关法律法规的完善，将会有越来越多的上市公司采取更大比例的股权激励计划来激励公司管理层。

11.1.3 股权激励的主要形式

如果根据股权激励对象的不同，则可把股权激励计划分为管理层股权激励计划和员工持股计划。管理层股权激励计划针对的对象主要为公司的高级管理层，包括董事、监事、经理等，员工持股计划针对的对象则是公司的全部符合一定条件的员工。

如果根据职工（包括管理层和普通员工）持有标的不同，可把股权激励计划分为股票激励计划和股票期权激励计划。

1. 股票激励计划

股票激励计划一般以业绩或时间为条件，公司授予职工（被激励对象）一定数量的股票，这些股票只有在职工达到业绩目标或服务达到一定期限时才能出售。股票激励又可分为股票赠与计划、股票购买计划、股票增值权计划和期股激励计划。股票赠与计划指公司为了吸引并留住高层管理者和核心技术人员而向他们免费赠送股票的激励措施，由于被激励对象不需要为获得股票付钱，因此这种股票也被称为"干股"。股票购买计划指公司的管理者或员工在工作期间按照一定的标准购买一定数量的股票，通常被激励对象所支付的股票价格根据被激励对象在公司中的职位、对公司的贡献大小等而享受不同的折扣比例。股票增值权计划指公司按照一定标准授予管理层或员工一定数量的虚拟股票，该股票没有投票权，也不会改变公司的股本规模，当管理层或员工工作一定期限后，则可获得这些虚拟股票所对应的实际股票价格上涨带来的股票增值。期股激励计划则是指在一定条件下，公司管理者或员工可以获得一定数量股票的收益权，当管理者或员工的业绩达到一定目标或分期支付完购股款后，这部分股票就转变为管理者或员工实际持有的股票。

2. 股票期权激励计划

股票期权激励计划是指公司授予职工（被激励对象）在未来一定期限内（行权期）以预先确定的价格（行权价）和条件购买本公司一定数量股份的权利。股票期权制度起源于20世纪70年代的美国。股票期权的持有人可以在规定的时间内以预先确定的价格和条件购买上市公司一定数量的股份，也可以放弃该种权利。事实上，如果在行权期，股票的行权价低于市场价格，股票期权持有人则可赚取两者的差价，获得收入；反之，如果股票行权价高于市场价格，股票期权持有人如果行权则并不划算，因此，股票期权持有人就会选择放弃行权。

11.2 管理层股权激励计划

11.2.1 管理层股权激励的必要性和特殊性

在现代公司管理中，董事长、董事、总经理、副总经理及其他高层管理人员起着举足轻重乃至决定性作用。然而，与业主制企业不同的是，在公司制企业中，由于所有权与经营权的分离，以及股东持股的分散化，导致股东必然需要聘请以职业经理人员为核心的管理层对企业进行具体的管理，而股东与经理人员具有并不完全一致的目标追求，经理人员有可能利用自己经营管理企业之便，一方面不努力工作，另一方面增加在职消费侵害公司利益，这些都会降低公司的价值，这就是股东聘请经理人员产生的代理成本。

因此，如何调动管理人员积极性和如何约束他们的行为，也就是如何降低代理成本对公司制企业来说就显得特别重要。所有者为了在公司制度条件下维护自身的利益，便着手研究消除和解决这个问题，由此所有者便设计了一套完整的公司治理机制。一般来说，公司治理机制由激励机制和监督机制组成，而对经理人员的激励与约束机制又是它的主要内容。

传统的对企业经理人员的激励以比较固定的工资、有一定浮动的奖金、在职消费、特殊福利及精神激励等形式为主。这些激励形式的一个重要缺陷就是经理人员收入的多少与企业业绩之间关联度并不是很大，即使经理人员努力工作获得好的业绩，但经理人员因此而增加的收入却比较有限。

此外，传统激励方式往往会促进经理人员只注重短期的业绩增加，却忽视企业的长期行为。因此，传统的激励方式对以经理人员为核心的管理层的激励作用就显得比较有限。

而对管理层的股权激励正好能够在很大程度上避免传统激励方式的弊端。股权激励使管理层的利益与股东的利益更加紧密地联系起来，有利于促进管理层的长期行为，满足了对管理层激励的特别要求。

11.2.2 管理层股权激励的操作要点

1. 管理层股权激励以股票期权激励为主①

管理层股权激励既可以采取管理者有偿或无偿实际持有一定数量股票的形式即股票激励计划，也可以采取赋予管理者在未来某个特定时间按照一定价格获得股票的权利即股票期权激励计划。从国外实践来看，大部分公司都偏好于股票期权激励计划。目前全球排名前500名的大公司，有89.4%实施股票期权制度。美国公司进入20世纪90年代后，来自股票期权的收入在经理人员的总收入中成为增长最快和比重最大的部分。之所以如此，是因为与管理者实际持有股票相比，管理者持有股票期权具有更小的风险，因为股票期权赋予了管理者在未来股票行情不好时可以不行权的选择权，而如果实际持有股票则可能因为行情不好带来巨大损失，所以，股票期权是一种更好的风险分担合约。

图11-1表示了管理者持有股票期权的风险和收益。股票期权在行权之前，持有者没有收益，行权时，只有当股价增加到行权价（执行价格）之上，股票期权才有利可图，而且随着股票价格的增加，收益也相应增加，此时管理者必然会选择行权，从而按执行价格获得一定数量的股票。

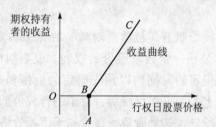

图11-1 股票期权收益示意图

在图11-1中，B点表示股票期权的行权价，AB线段表示管理者放弃行权时的损失，BC表示管理者执行期权时可能获得的收益，该收益随着股票市场价格的提高而增加。

与管理者持有现股相比，股权期权具有更强的激励效果：① 管理者可以通过放弃行权来规避风险，因此，管理者可持有的股票期权数量可以不受管理者风险承担能力的限制；② 通过增加股票期权的数量，可以产生较大的杠杆激励作用。管理者持有现股的多少会受到管理者资金实力的限制，从而导致管理者实际上持有的现股在总股份中只占有很小的比例，难以对管理者产生很强的激励作用。但是，股票期权的杠杆放大作用使得管理者不需要付出较大的代价就可以获得大量的期权，如果管理者努力工作使公司股票价格上涨超过期权的执行价格，那么管理者就能获得极为可观的收益，这对管

---

① 期权属于一种规避风险和套利的金融衍生工具。在期权合约中，立权人或卖方授予期权的购买者在规定时间内从立权人手中按照事先约定的价格（称为执行价格）买进或卖出一定数量资产或证券的权利。对于期权持有者来说，在约定的期限内可以行权也可以放弃行权。当立权人授予期权买方买进指定资产的权利时，该期权称为买权或看涨期权；当立权人授予期权买方卖出指定资产的权利时，该期权称为卖权或看跌期权。如果按照期权持有者执行期权的时间来划分，在到期日前任意时点（包括到期日）都可执行的期权称为美式期权；只能在到期日当日执行的期权称为欧式期权。

理者具有很强的激励作用。

一个完整的股票期权激励计划包括下列基本要素：受益人、有效期、股票期权的数量、行权价、授予时机、行权期和行权日等。

（1）受益人。即股票期权的激励对象，主要是公司的高层管理人员和核心技术人员。为了达到较好的激励效果，每位激励对象必须持有足够数量的股票期权，因此，股票期权激励对象不宜过于宽泛。

（2）有效期。是指一个期权计划从被赠与之日起到失效为止的整个时间跨度，因为是一种长期激励机制，国外股票期权的有效期一般为5～10年。

（3）数量（或规模）。即股票期权在公司总股本中所占的比例。

（4）行权价。由股票期权确定的持有人购买股票的价格，该价格通常由公司薪酬委员会拟定。行权价的高低既受到股票当前市场价格的影响，也受到公司未来发展前景的影响。

（5）行权期和窗口期。股票期权在授予后要等待一定时间之后方可行权，此后至认股权终止日的时间为行权期。尚未行权部分可继续行权，但不得超过方案有效期。持有人行权的日期（行权日）为窗口期，在该时间，持有人以书面文件通知公司或代理该业务的证券公司，并交纳认股款项。办完股票登记手续后，公司将对股票的变动情况进行公告。

（6）期权转让。通常，股票期权不可以转让（美国的法律就做了这种规定），除非在遗嘱里注明某人对股票期权有继承权。除非受益人个人死亡、丧失行为能力等情况，其他人员包括家属、朋友都无权代替受益人行权。

（7）结束条件。一般情况下，某股票期权的有效期满，则该计划下的股票期权的选择权自动结束。但对于受益人离职、退休、丧失行为能力及死亡或公司股权变动时，股票期权可以提前结束。具体情况在股票期权协议中签订。

2. 管理层收购（MBO）是管理层股权激励的特殊形式

管理层收购（Management Buy-Out，MBO）是英国经济学家麦克·莱特（Mike Wright）于1980年最早发现，20个世纪八九十年代流行于欧美国家的一种企业收购方式，同时也被作为对管理者的一种激励方式。管理层收购指企业管理人员通过外部融资机构帮助收购其所服务企业的股权，从而完成由单纯的企业管理者到股东的转变。管理层收购本质上是一种股权收购行为，只不过收购的主体是目标公司自己的管理者或经理层。从国外实践来看，管理层收购在激励管理者、降低代理成本、改善公司治理结构等方面具有积极作用。

要注意的是，管理层持有公司股票并不等于就是管理层收购，因为要实现管理层收购，管理层就必须持有足够数量的股票。在管理层收购的具体操作上，管理层既可以直接持有自己所管理公司（目标公司）的股票，也可以通过成立一个收购主体来代表管理层持有目标公司股票，还可以通过持有目标公司控股股东的股票达到间接持有目标公司股票，实现间接MBO。

管理层收购之所以对管理者有激励作用，其原因主要在以下几个方面。

（1）管理层通过大量持股而使企业成为自己的企业，企业经营的好坏与管理层自身的利益更加紧密地结合起来，促使管理层致力于创新，挖掘企业潜力，进行具有长期效益的改革，即管理层收购使企业管理者成为企业所有者，从而激发了管理者的积极性和潜能。

（2）管理层收购可在一定程度上降低其他外部投资者敌意接管的威胁，使管理层的经营地位比较稳定，有利于激励管理层进行人力资本投资，提高管理层人力资本的价值。

（3）管理层收购使股权适度集中到以管理层为代表的少数股东手中，提高了管理层对企业的控制权，有利于解决在股权分散下的"搭便车"行为，也有利于提高管理层的决策效率。

由于管理层收购需要大量资金购买股票，而管理层本身通常并没有足够的资金，所以在管理层收购中，融资安排就是非常重要的工作，所以管理层收购通常属于一种杠杆收购[①]。虽然国外管理层收购很普遍，但在我国由于管理层收购过程中涉及国有资产收购行为，管理层通过低估资产、降低收购价等行为可能会导致国有资产流失，因此，管理层收购一度被有关部门禁止或限制，相信随着国有企

---

① 杠杆收购指收购方以发行债券或银行贷款融得的资金为主要收购资金而进行的收购行为。

业改革的深化、资本市场的发展，管理层收购案例会越来越多。

管理层收购的过程大致可以分为3个阶段。

第一阶段是可行性分析和筹集收购资金。根据国家的法律法规及公司本身发展状况，确定管理层收购是否可行，如果可行则需要确定筹资的渠道和方式是否能满足管理层收购的资金需求。

第二阶段是实施管理层收购计划。管理层可以通过收购股票或资产完成对目标公司的收购。对于涉及国有企业、国有控股企业、上市公司等特殊形式企业的，还需要履行一系列的相关审批程序。如果目标公司是上市公司，管理层收购股权比例超过目标公司总股份的30%，还需要履行要约收购义务或申请豁免要约收购义务。①

第三阶段是整合与后收购阶段。管理层在完成预定股权或资产收购并过户后，管理层就应根据实际情况解决目标公司是否需要退市、是否需要变更登记等后续法律问题，同时根据新的发展战略进行重组和整合。

11.2.3 管理层股权激励要注意的问题

虽然管理层股权激励应用非常广泛，从国内外企业实践看也取得了不小的成效。但是，没有十全十美的制度，管理层股权激励也存在一些值得注意的问题。如果不能设计比较完善的制度来解决这些问题，股权激励就难以达到预期的效果。

1. 管理层股权激励可能会诱发管理层弄虚作假

如果授予管理层股票期权，管理层要实现收益最大化，就必须在未来某个时期行权时股票的市场价格高于行权价格，而且股票市场价格越高管理者的收益越大。影响股票价格的因素虽然比较多，但最根本的还是取决于企业本身的绩效。对于那些经营不善、竞争失败的企业来说，由于经营绩效低下，必然造成股票市场价格下降，管理层就无法从股票期权中获得额外收益，因此，管理层为了自身的最大利益，就可能利用内幕信息操纵股价，虚增利润，弄虚作假。美国安然事件就是一个典型。

如果企业实行管理层收购，由于管理层本身就是企业的管理者、实际控制者，尤其是我国企业由于治理机制不完善，内部人控制现象比较严重，这就容易造成资产评估、方案制定时管理层弄虚作假，损害包括国家在内的其他投资者、员工和债权人的利益。

2. 对管理层股权激励还存在错误的认识

从理论上讲，管理者无论是持有股票、股票期权，还是实施管理层收购，从投资者角度都是为了解决股东与经理之间委托代理关系带来的代理成本，激励管理者努力工作。但在实际执行中，不少投资者、政府有关人员却把管理层股权激励仅仅或主要当作增加管理者收入的措施，把股权激励看成一种福利和奖金，而忽视股权作为一种长期激励的功能。

3. 不合理的管理层股权激励可能会过分扩大管理者与普通员工的收入差距，产生管理层与员工之间的矛盾

由于股票期权计划或管理层收购都使管理者可能会持有大量的股票，一旦股票市场价格较高，管理者就会获得远远高于普通工资收入的超额收益，这可能会使员工感到与管理层之间的收入差距在急剧扩大，产生强烈的不公平感，进而增加了管理层与员工的矛盾，导致企业整体效率下降，反而没有达到实施股权激励的初衷。

4. 我国目前配套制度不完善，难以达到预期效果

股票期权和管理层收购需要一系列的审批程序，涉及法律法规的许多方面，如信息披露、税收处理、监督管制、内幕交易、国有资产等，而目前我国这方面的法律法规还有待进一步完善。因此，在实际执行过程中，不时会出现企业或管理者打"擦边球"进行违规的现象，加大了股权激励的成本，也难以达到预期的效果。

---

① 要约收购属于一种特殊的收购行为，指收购方向目标公司全体股东公开发出收购要约，该要约规定在一定时期内其他股东有权按照要约价格向收购方出售自己所持有的股票。

11.3 员工持股计划

11.3.1 员工持股计划的意义

员工持股计划（Employee Stock Ownership Plans，ESOP）最早起源于1956年的美国，其后在各国得到了大力的推广，管理层股权激励计划也是在员工持股计划基础上演变发展起来的。

与对管理层激励以股票期权为主不同的是，对员工的股权激励以现股为主。按照美国员工持股协会（The ESOP Association）的定义，员工持股计划是一种使员工投资于雇主企业从而获得长远收益的员工受益计划，或者说，它是一种使员工成为本企业的股票拥有者的员工受益机制。事实上，员工持股计划更多地与员工福利计划相结合，成为众多福利计划中的一种。但与其他福利计划不同的是，员工持股计划不保证向员工提供某种固定的收益或福利，而是将员工的收益同其对所在公司的股票投资相联系，使员工的收益同企业的效益、管理和员工个人的努力等因素挂钩，以增强企业对员工的凝聚力，将员工的切身利益和企业连在一起。在我国，随着国有企业的改革和资本市场的发展与完善，越来越多的企业选择了实行员工持股计划，员工持股计划也具有了特殊的重要意义。

(1) 员工持股计划是一种有效的激励方式。一方面，员工通过持有所在企业的股票，实现了劳动联合与资本联合的统一，员工除获得正常的工资收入外，还可以作为投资按所持股份比例以股利形式获得企业税后利润分配，使得员工的利益与企业发展状况紧密相关，这有效地调动了员工努力工作的积极性。另一方面，在员工退休或正常退出之后，员工仍然可以享有所持股份的收益，分享企业成长带来的增值，这增强了员工的稳定感和对企业的认同感，有利于增强整个企业的凝聚力。

(2) 实行员工持股，建立职工持股会，可以完善企业法人治理结构，体现现代企业法人治理结构从"单一治理"向"共同治理"的转变。"单一治理"指企业在治理中只关心资本所有者利益，企业管理者只对资本所有者负责，追求股东利益最大化。"共同治理"指企业在治理中不仅要对资本所有者负责，而且还要对企业的其他利益相关者（包括职工、经理、债权人、供应商、客户及所在社区等）负责，企业的目标是追求包括股东在内的各利益相关者利益最大化。员工持股计划把员工也纳入了企业的治理体系中，在一定程度上体现了"共同治理"，员工可以通过职工持股会行使监督职能。

(3) 实行员工持股有利于促进企业改革。自20世纪90年代以来，我国国有企业确定了以股份制改造为主的改革方向，大量的国有企业被改制为有限责任公司、股份有限公司、股份合作制企业。在改制过程中，不少企业引入了员工持股计划，既能够通过员工出资购买股份帮助企业获得发展所需资金，以弥补企业资本金不足，降低企业负债率，又能够调动员工参与企业改革的积极性，避免企业破产，加快了国有企业改革的步伐。

11.3.2 员工持股计划的操作要点

1. 对企业进行尽职调查

在企业准备实行员工持股计划或改制之前，由企业聘请的中介机构或成立的专门机构对企业基本情况进行调查了解，为员工持股方案的策划提供参考。

尽职调查的内容主要有两个方面：一是对相关利益各方就员工持股意见的调查，通过调查了解股东、管理层和普通员工对企业预备实行员工持股计划的基本态度，获得他们必要的支持；二是对企业资产负债及赢利的调查，获得制定员工持股方案所必需的股本、财务等信息。

2. 制定员工持股方案

中介机构或企业的专业机构根据有关法律法规，结合企业实际情况，对企业如何进行员工持股及员工持股改制后公司新的运行架构如何设立等方面进行策划设计。

员工持股方案的主要内容包括：① 总股本规模；② 股本结构及员工持股比例；③ 员工所持股份的来源及数量分配；④ 员工持股的出资形式及认购程序；⑤ 员工持股的管理、转让和股利分配；

⑥员工持股的权利义务等与公司治理相关的制度安排；⑦相关资产、业务、人员重组方案；⑧其他需要说明的情况。

一般而言，员工持股的出资形式主要有：①个人以自有资金（现金）出资购股。②由公司非员工股东（或公司）担保，向银行或资产经营公司贷（借）款购股，同时将所购股权作为质押（根据《中华人民共和国商业银行法》的有关规定，商业银行贷款给有限责任公司、股份有限公司或自然人用于股权投资是不允许的，仅对于转贷没有限定）。③将公司公益金划为专项资金借给员工购股，借款利率由公司股东会或产权单位参照银行贷款利率自行决定。④由企业以奖金股票化的形式形成员工持股。

3. 员工宣传及文件准备

员工持股方案制订好后，需要加强对员工的进一步宣传工作，以消除员工的遗憾，使员工持股计划能达到预期目标。宣传的内容包括员工持股的意义、员工持股应享有的权利和义务、投资风险教育等。

准备的文件可能有20多件，如改制申请文件、资产评估立项申请书、资产评估结果确认申请书、国有股权管理报批方案、企业员工持股改制方案、公司章程、员工持股会章程及管理办法、发起人协议书、改制公司与集团公司业务划分及服务协议书等。

4. 报批

企业实行员工持股计划，通常伴随着相应的企业改制，需要有一系列的向政府有关部门报批的程序。大致上包括：改制申请报批；资产评估立项申请；公司设立申请；工商设立（变更）登记等。

5. 关于上市公司实施员工持股的程序

上市公司作为一种股票在证券交易所公开交易的企业，其实施员工持股计划时，除满足《公司法》、《证券法》等法律法规外，还必须满足中国证监会等相关部门制定的规章制度，因此程序更加复杂，可以分为以下几个阶段。

（1）申请阶段：符合资格的上市公司在设计好员工持股的实施方案并经股东大会批准（含国有股的上市公司，其员工持股方案还应得到国有资产管理部门的批准）之后，向中国证监会提出实施员工持股计划的申请。此时，需要向证监会提供董事会决议、股东大会决议、员工持股计划、法律意见书、国有资产管理部门批复文件等资料。

（2）审批阶段：证监会对上市公司提交的实施员工持股计划的申请材料进行审核，对符合政策法规要求的申请在规定的时间内给予批准。

（3）实施阶段：证监会批准上市公司实施员工持股计划方案后，上市公司应及时履行相关的信息披露义务，并按方案对员工收缴购股款、到证券登记结算机构办理有关登记结算事宜。

11.3.3 员工持股计划要注意的问题

员工持股计划虽然在我国企业的改革和发展中发挥一定的作用，但由于我国法律法规体系不健全、人们认识还具有局限性，在实践过程中，员工持股计划往往产生不少问题。

（1）员工持股形式不够规范，致使增强企业凝聚力的激励目的未能很好实现。在实践中，不少企业员工所持有股份占总股本的比例都比较低，员工难以获得控股（包括相对控股）地位，对大部分上市公司来说，员工持有的股份与一般的普通股并没有太大的区别，区别仅在于认购成本的低廉和上市时间（公司上市后6个月到3年）的推迟，这导致了员工劳动积极性和对企业的关切度没有转化为现实。员工持股更多的是作为一种福利而非激励，它只是按照员工在企业中的身份、职位级别平均分配认购股份，而不是根据员工的劳动贡献度，从而在员工股份配售过程中出现了新的"大锅饭"。

（2）员工股权过于分散，缺乏参与公司经营管理的现实可行性，在一定程度上，员工持股流于形式，丧失了必要的约束机制。同时由于员工持股管理不严，使管理层的一些人有机可乘，将员工持股变成他们攫取个人资本、买通权利或以权谋私的工具，结果强化了"内部人控制"。

（3）员工持股存在平均化和福利化倾向。一方面，企业在制定员工股份分配方案时，往往使每个员工之间的持股数量相差不大,由于平均化持股通常会导致每个员工所持有股份的比例都不高,这容易在公司治理时产生"搭便车"现象①。另一方面,如果企业股票上市,那么股票的市场价格与员工持股的成本价之间通常相差很大,为了获得这个差价,不少员工在所持股份能够上市之后就很快将手中的股票抛出变现,从而失去了通过员工持股把员工利益与公司利益一体化的本意。

(4)在实行员工持股过程中,违规或违法行为比较常见,表现为:非本企业员工或不符合条件的员工违规获得企业的员工股份,比如,企业管理者用"干股"贿赂个别政府官员,从而把员工持股变成管理者攫取个人资本、买通权利或以权谋私的工具,强化了企业的"内部人控制";个别企业把员工持股制度作为集资的手段,对于不购买企业股票的员工甚至以"辞退"相威胁,使员工持股"变味",等等。

(5)实施员工持股后,员工具有了雇员和股东双重身份,当两种身份存在利益冲突时,员工通常可能因为害怕失去工作而放弃行使股东权利,或者利用所持股权与管理层结成利益共同体侵害其他非员工股东的利益。

本章小结

股权激励是一种有效的长期激励机制。本章对股权激励相关的基本知识进行了介绍。11.1节为概论,介绍了股权激励的含义、起源、历史、特点和形式。11.2节重点分析了管理层股权激励的作用、操作要点及需要注意的问题。11.3节介绍了员工持股计划的意义、操作要点和在运作中出现的问题。

本章案例

沃尔玛的员工分享计划

作为全球最大的私人雇主,沃尔玛不但没有把员工当作"雇工"来看待,反而将员工视为重要的"合伙人"。合伙人的概念表明,沃尔玛的管理者和员工是为了共同目标而努力的合作伙伴,而不是矛盾敌对的双方;是共生共赢的关系,而不是你赢我输的状况。

基于"员工是合伙人"的观念,沃尔玛提出了3个相互补充的计划:利润分享计划、员工购股计划、降低损耗奖励计划,这些计划帮助员工参与分享经济利润,分享胜利果实。老沃尔顿认为,管理层如何对待他们的员工,员工就会如何对待顾客。因此,只有和员工一起分享公司的利润,让员工有主人翁的感觉,员工才会以主动、热情的态度去对待顾客,使企业赢得顾客,获得更多的利润和更大的发展空间。

利润分享计划:凡是加入公司一年以上,每年工作时效不低于1 000小时的员工,都有权分享公司的一部分利润。公司根据利润情况按员工工薪的一定百分比提留,一般为6%。提留的部分用于购买公司股票。由于公司股票价值随着业绩的成长而提升,当员工离开公司或者退休时,就可以得到数目可观的现金或者公司股票。例如,一位1972年加入沃尔玛的货车司机,20年后离开时得到了70.7万美元的利润分享金。

员工购股计划:本着自愿的原则,员工可以购买公司的股票,并享有比市价低15%的折扣,可以交现金,也可以用工资抵扣。目前,沃尔玛80%的员工都持有公司的股票,真正成了公司的股东,其中有些人已成为百万富翁甚至千万富翁。沃尔玛的许多员工通过这两个计划而获得了高额收益。沃尔玛把员工和企业结成一个利益的共同体,使得员工增强了对公司的认同感,

---

① "搭便车"指获得利益但又不支付成本的行为。

从而更加努力地工作。

降低损耗奖励计划：为了降低损耗率和失窃事，控制经营的开支，沃尔玛又提出了降低损耗奖励计划。如果商店可以把损耗控制在公司既定的目标之内，则该店每个员工都可以得到奖金，最多可达200美元。这项计划实施后，公司的损耗率大幅下降，仅为同行业平均水平的一半，员工之间的信任感也大大加强。

资料来源：httpt://www.rs66.com.

思考题

1. 沃尔玛公司的股权激励有何特点？
2. 我国企业在实行股票期权激励时应注意借鉴沃尔玛的哪些优点？

本章思考题

1. 股权激励的含义是什么？与其他激励方式相比，股权激励有何特点？
2. 股权激励有哪些形式？不同形式的含义是什么？
3. 管理层股权激励计划和员工持股计划有何区别？
4. 管理层股权激励计划的操作要点是什么？
5. 员工持股计划的操作要点是怎样的？
6. 管理层股权激励计划和员工持股计划要注意哪些问题？

参 考 文 献

[1] 陈工孟. 公司治理概论. 北京：清华大学出版社，2003.

[2] 张昕海，于东科. 股权激励. 北京：机械工业出版社，2000.

[3] 曹凤岐. 上市公司高管人员股权激励研究. 北京大学学报：哲学社会科学版，2005(6).

[4] 李维安. 公司治理学. 北京：高等教育出版社，2005.

[5] 支晓强. 企业激励制度. 北京：中国人民大学出版社，2004.

[6] 王强，黄河愿. ESOP对企业全员激励作用：员工持股计划（ESOP）实现企业完善的股权激励. 海口：南海出版公司，2004.

[7] 彭剑锋. 战略人力资源管理理论、实践与前沿. 北京：中国人民大学出版社，2014.

[8] 彭剑锋，饶征基于能力的人力资源开发与管理. 北京：中国人民大学出版社，2003.

第 12 章

劳动关系管理

🔎 本章要点

- 劳动关系的内涵及其历史演变
- 劳动合同的订立、履行、变更等过程中的相关法律和知识
- 劳动关系调整中的集体合同、集体谈判和三方协调机制
- 劳动争议处理的程序、机制和相关法律法规
- 劳动过程中对劳动者的健康、安全保护的法规知识

合作与冲突之间的劳资平衡

2010年5月5日，AMR公司（AMR Corp.）旗下美国航空公司（American Airlines, Inc.）与其机械师达成了初步协议，一定程度上缓解了公司工作中断的威胁，但这并未让美国航空公司摆脱深陷劳资关系的泥潭。这家位于得克萨斯州沃斯堡的美国企业与飞行员、乘务员和地面工作人员已经陷入了超过1年的劳资纠纷。工会正试图夺回2003年在薪酬和福利方面作出的大幅让步，这些让步帮助该航空公司免于进入破产保护程序。美国航空表示，若签订协议，则机械师及有关人员的新合同将包括大约11 500名员工，包括有约78 000名员工的区域子公司American Eagle在内。该提议中的3年机械师合同要求一次性支付6%的奖金，并要求于2010年将结构工资上调3%，2011年和2012年分别上调1.5%。一位美国运输工人联合会（Transport Workers Union of American）发言人证实已与机械师达成了初步协议，但该协议仍需要获得工会成员的批准。美国运输工人联合会代表了超过25 000名美国航空地面工作人员，其中包括机械师。

尽管近年美国工会会员人数呈下降趋势，但工会在劳资关系等领域仍发挥着重要影响。2010年5月19日，美国航空公司专业空乘人员协会（APFA）表示，空乘人员已经授权工会，如果公司拒绝签署一份对空乘人员更有利的合同，工会可以组织罢工。该协会表示，"如果我们在本周末没有与公司达成暂定协议的框架，我们将继续在30天冷静期内督促全国调解委员会介入。在冷静期结束之后，将展开罢工或者其他自助形式"。协会还表示，96.8%的美国航空公司空乘人员对罢工授权投了赞成票。受消息影响，美国航空公司母公司AMR在5月20日的交易中报6.98美元，跌幅约1.55%。遗憾的是，工会的授权申请最后被委员会驳回。

8月24日，该公司的技师工会宣布，拒绝美国航空公司提出的一项劳工合同。这使得该公司劳资协商之间的紧张气氛加剧。工会组织运输工人联合会表示，在9 445名投票成员中，6 074名工会会员否决了新的合同。根据这项合同，机械师可以获得更高的报酬，但是退休之后的医疗福利被削减了。工会领导人表示，投票同时授权工会组织罢工，并向全国仲裁委员会提请授权，后者负责监管航空公司的劳资关系。如果全国仲裁委员会授权工会退出谈判，将触发一个为期30天的冷静期，并可以在这段时间之后进行罢工。美国航空公司和技师之间的谈判已经持续了4年。由于沉重的养老金负

担，美国航空公司的劳工成本是行业中最高的。除此之前，美航技术专家已经以 60：18 的投票结果接受了这项合同。美国航空公司的母公司 AMR 公司在 8 月 25 日的交易中跌 4.6%。

资料来源：刘大卫．人力资源管理案例精选从入门到精通．上海：上海交通大学出版社，2011：254-255．

12.1 劳动关系概述

12.1.1 劳动关系的概念和特征

劳动关系，有广义和狭义之分。广义劳动关系是指社会分工协作关系，人类社会经济发展的历史表明，只要有商品生产就会有劳动关系的存在。广义劳动关系既包括劳动中人与人的关系，也包括人与自然的关系。

狭义劳动关系是现代社会中产生的劳动关系，是指劳动者与用人单位，包括各类企业、个体工商户、事业单位等，在实现劳动过程中建立的社会经济关系。任何劳动者与任何性质的用人单位之间因从事劳动而结成的社会关系都属于劳动关系的范围。当劳动者一方加入某一个用人单位，成为该单位的一员，并参加单位的生产劳动，劳动者与用人单位的劳动关系便形成了，双方所涉及的工作任务、劳动条件、工作时间、工作年限、劳动报酬、劳动保护、社会保障和生活福利、劳动纪律等就是劳动关系所涉及的主要内容。本章研究的正是这种在现代市场经济中产生的狭义劳动关系。

现代市场经济条件下的劳动关系主要包括 3 个方面的特征。

（1）劳动关系是在现实劳动过程中及与劳动有关的过程中发生的社会关系，没有存在着社会分工和商品交换的社会劳动，便没有社会劳动关系。

（2）劳动关系包括劳动供给方和需求方两个方面，即劳动者和用人单位之间发生的特殊关系，因而具有人身关系属性与财产关系相结合的特点：劳动者是劳动力的所有者，而用人单位是资本所有者的代表，由此决定了劳动关系具有对立统一性。一方面，劳动力和资本是生产不可缺少的基本要素，无论是社会财富的创造，还是双方各自利益的实现，都必须以对方的存在和结合为前提。另一方面，由于各自的目标函数不同，在利益分配格局中，存在着你多我少的"零和"关系，因此，劳资双方"天然"又是矛盾和对立的。

（3）劳动关系必须受到相关法律法规的规范和调整，双方均须在相关法律法规的保护和约束下履行各自的义务和享有自身的权利。一方的权利是另一方的义务，一方的义务是另一方的权利。劳动关系的核心是劳动力所有者与劳动力使用者的权利、义务关系。

12.1.2 劳动关系发展的历史和理论演进

现代劳动关系产生于早期工厂制度下的资本主义国家。这种劳动关系自产生之日起就处于尖锐的矛盾和对立之中，劳资斗争就一直没有停止过。因此，人们往往把这种劳动关系称为"劳资关系"。基于不同经济利益的这种矛盾斗争贯穿于西方市场经济国家发展的各个历史阶段，在不同的历史阶段，其表现方式和内容具有不同的特征。

1. 自由资本主义时期的劳资关系与马克思的劳资关系理论

从产业革命开始至 19 世纪下半叶，资本主义的发展处在自由竞争时期，这一阶段，劳资矛盾主要表现为尖锐的阶级对抗和激烈的阶级冲突。资本家为了榨取尽可能多的剩余价值，对工人采用最残酷、最原始的剥削方式，工人成为机器的附属品，劳资矛盾处于尖锐对抗之中。面对资本的残酷压榨，工人阶级逐步认识到联合起来的必要性，于是，在一些行业中开始出现了最初的工人组织，这便是早期的工会。早期的工人工会为捍卫工人最起码的工资、劳动条件而进行结社、罢工和示威等活动。对此，资本家进行了强烈的抵制，代表资产阶级利益的政府则用法律手段加以限制。当时资本主义各国的立法都禁止工人罢工和示威游行。因此，在早期资本主义国家中，政府是资本家剥削、压榨工人的保护伞。

正是在这样的历史背景之下，无产阶级伟大的革命导师马克思运用历史唯物主义的观点和经济学家的良知，创立了马克思的劳资关系理论。马克思在他的第一部经济学著作《1844年经济学手稿》中提出了异化劳动理论，通过对异化劳动的分析，揭露了资本主义社会中工人阶级同资产阶级的对立。19世纪60年代初，马克思在《资本论》中首次提出了劳动从属于资本的理论，对资本主义劳动关系做了动态的分析，创立了剩余价值理论。剩余价值理论是马克思主义政治经济学的核心理论，而剩余价值理论的实质就是劳资关系理论。

马克思、恩格斯把劳资关系看成资本主义社会的基础，马克思主义劳资关系理论的要义包括：① 在资本主义机器大工业时期，资本日益成为主要的生产要素。而资本的原始积累和资本主义生产过程中的资本积聚和集中，使资本和劳动不断地发生分离，整个社会经济运行形成这样一种机制：经济人—追逐资本—剥削劳动。② 劳资关系是一种阶段利益关系，反映的是资本家和雇佣工人之间剥削和被剥削的关系，由此决定了劳资关系双方必然是一种对立和对抗，而不可能弱化这种关系。劳资双方经济利益的对立和对抗的结果形成了两大阶级——工人阶级和资产阶级，工人阶级要想改变自己的处境，必须通过革命消灭雇佣劳动和私有制。③ 劳资关系是资本主义社会特有的阶级利益关系。资本主义以前的社会由于是自然经济社会，基本上没有资本生存的土壤，而在资本主义以后的社会，由于雇佣劳动被消灭，因而也不存在劳资关系问题。

马克思的劳资关系主要是为当时工人运动服务的。19世纪40年代至60年代正是欧洲工人运动风起云涌的时期，迫切需要理论指导，这种理论要揭示资本剥削和压迫劳动的秘密和经济实质，使工人明白自己所处的地位，找到在经济上受剥削、政治上受压迫的真正原因，并向他们提出推翻资本主义制度的必要性和科学性。马克思主义劳资关系理论承担了这一历史使命。

马克思、恩格斯生活在自由资本主义时期，他们的劳资关系理论是对资本主义早期劳资关系的一种描述和抽象，对他们身后的资本主义劳资关系只能作一些预测性的原则描述。第二次世界大战后，科学技术日新月异的发展，带来了资本主义社会生产力质的飞跃和社会结构的深层变动，当代资本主义具有了许多与传统资本主义不同的制度特征，这些新特征影响和改变着当代资本主义的劳资关系。

2. 发达国家劳资关系的调整和劳资关系理论的变化

19世纪下半期至20世纪初，资本主义各国经济开始从自由竞争向垄断过渡，在马克思主义思想指导下，工人运动捍卫自己权利的斗争没有因为资本家和政府的镇压而停止。工人运动的强大压力迫使资产阶级政府相继废除了禁止结社的法律，各国的工会组织获得了空前的发展，劳资关系中的力量对比也发生了变化。同时，随着社会经济的发展和政治制度民主化的推进，劳资关系的严重对立有所缓和，劳资斗争的方式出现了一些变化，工会代表与资本家谈判的和平方式开始出现。面对这种形势，欧美各国政府逐渐改变了资本主义发展初期放任或纵容资方的劳资关系政策，转而采取建设性的干预政策。工厂法、劳动保护法、劳动保险法、工会法、劳动争议处理法等法律相继出台，相应的劳动行政管理机构也开始出现。

第二次世界大战以后，在第三次科技革命和社会改革浪潮的推动下，社会保障制度和福利水平的提高，劳资关系时而紧张，时而缓和，总的趋势是向缓和、合作的方向发展。劳资之间大规模的激烈对抗和冲突相对减少，取而代之的是日常的、规范化的、有组织的行为，如劳资协议制度、集体谈判制度、劳动者、资方和政府三方协商等。三方格局的形成等都为劳资关系的稳定创造了有利条件；劳资关系的运行方式逐渐发展成一种有序的组织行为，解决劳资矛盾、劳资争端的途径趋于制度化、法律化。

进入这个历史阶段以后，综合来看，西方学者研究劳资关系从方法上可分为两种，一种是一元论法，其显著特点是假定每一工作组织都是有着共同目标的整合体，劳资关系被认为是建立在雇主和雇工之间合作和利益协调基础上的，假定劳资双方的目的都是为了使组织高效运行，没有根本的利益冲突。因此，雇佣关系研究上是和谐的，这种和谐只是偶尔被暂时的冲突所中断。

另一种是多元论方法，其观点与一元论的观点相反，认为冲突是雇佣关系所固有的，是不可避免的。因为在组织内部有各种不同的利益，不同目标的群体，而各种不同群体为了自己的目标而相互竞争。多元论方法与把劳资关系视为资本所有者与劳动力出卖者之间的阶级冲突的马克思主义方法有相同之处，即认为雇工和雇主之间的利益冲突是固有的和基本的。但马克思主义者认为劳资关系是阶级关系的唯一方面，资本与劳动之间的对抗源于资本主义社会中阶级冲突的本质，劳资关系是生产的社会关系总体中的一个要素，而多元论者认为劳资冲突源于雇佣结构之中，是可以解决的，而且能靠适当的规则去控制。

但无论强调和谐还是强调冲突，两种研究方法最终目的都是为了寻求雇工和雇主之间健康、良好关系的途径。有些西方学者把改善劳资关系的目标细分为7个方面：① 确保雇工和雇主双方的利益，使双方增进了解；② 避免劳资冲突，劳资双方建立和谐关系；③ 减少高劳动强度，减少经常性旷工以提高生产水平；④ 雇佣双方共同决定的工资水平，改进工作条件，工人得到他们应该得到的实惠，以减少罢工、封闭工厂；⑤ 劳动合作关系不仅仅是为了享受所得，也是为了充分实现每个劳动者的潜能，因此，必须在参与公共决策的空间建立企业民主；⑥ 亏损的单位和工厂及提供公共产品的部门变为国家控制；⑦ 通过劳资关系的改善，建立起符合社会共同需要的、健康的社会秩序。

3. 我国劳动关系的变化

在劳动关系的类型上，我国已由"利益一体型"劳动关系向"利益协调型"的劳动关系转变。改革开放以前，与传统的计划经济体制相适应，我国劳动关系呈现出利益一体型的特征：国家是资本的所有者而工人阶级是国家的主人，就业、工资等均由国家统一规定，因而，劳资矛盾并不突出。但是，随着社会主义市场化改革的推进，现代企业制度的建立，特别是非公有制经济的迅速发展，我国的劳动关系发生了深刻的变化，呈现多元化的新特征。主要表现在以下几个方面。

（1）劳动关系利益主体多元化、明晰化、平等化。现代劳动关系的形成和确立主要表现为职工与企业的关系，即劳动者与用人单位的关系，而不是职工与国家的关系；劳动主体双方平等，不再是上级分配，而是双向选择自由择业。

（2）劳动关系的内容经济化和利益复杂化。改革本身就是一场利益格局的调整，社会政治经济的变化，体制改革所倡导的政企分开，以及由此带来的行为方式、思维方式的转变，均使劳动关系双方的利益追求趋向复杂化并突出了经济利益含量，主要涉及职工就业、工资、保障等切身利益问题。

（3）劳动关系动态多变化。劳动者的劳动权、择业权、企业经营自主权等的确定与实施，必然导致劳动关系的动态多变性。

（4）劳动关系的利益协调机制趋向法制化。社会主义市场经济的发展，推动法律制约下的契约自由原则的实施，政府若仍使用行政手段干预，单方面决定企业劳动关系双方的事务已不再适宜，规范和调整劳动关系的手段日趋法制化、契约化，而不再是行政化、随意化的关系。

同时，我国目前由于工业化、城镇化和经济结构调整的加快，城镇就业人口增加，下岗再就业人员及大量农村富余劳动力转移就业，形成中国劳动力长期供大于求的基本格局。企业在分配、用人和招工等方面的自主权力和决定作用越来越大，而职工相对处于弱势地位，缺乏谈判能力和话语权，由此导致劳资关系的紧张，个别行业和企业甚至发生各种形式的冲突。因此，规范和调整我国的劳动关系，是在进一步深化和完善市场经济体制中的一项重要任务。

12.2 劳动合同

在市场经济条件下，企业与员工之间的劳动关系必须依据劳动法律和法规来规范、确定和保护，劳动关系双方当事人依据法定标准建立的劳动关系必须以劳动合同来反映。企业人力资源管理工作中的员工招收、录用、企业内人力资源的配置等项事务，在劳动关系管理中，表现为劳动合同的订立、履行、变更、解除和终止，这些都属于劳动法律行为。因此，劳动合同制度为规范企业劳动关系双方的行为、保障双方的正当权益、维护稳定和谐的劳动关系奠定了基础，劳动合同制度是劳动关系制度的核心。

12.2.1 劳动合同的订立

劳动关系确立的标志是劳动合同的签订。劳动合同是直接调整劳动关系的一种法律制度，是劳动者与用人单位之间确立劳动关系、明确双方权利和义务的一种法律形式和书面协议。

劳动合同和集体合同是劳动法的核心内容，是劳动保障工作的源头。签订劳动合同和集体合同，是企业内部减少劳动争议、防止劳动关系恶化、促进企业健康稳定发展的有效措施，也是防止劳动者跳槽，建立稳定和谐劳动关系的重要手段。

签订劳动合同的前提条件如下。

1) 劳动合同的主体资格认定

劳动合同的当事人，一方是劳动者，即雇工、工人、职员等；另一方是用人单位，即雇主、企事业单位、国家机关等。前者是自然人，后者主要是法人，也包括自然人和家庭。签订劳动合同的主体双方的最基本条件是：一方是具有劳动招工权的用人单位，另一方面是年满16周岁以上的劳动者。

根据我国相关法规，劳动合同必须由具备用工主体资格的用人单位与劳动者本人直接签订，不得由他人代签。如果劳动合同表现为一方或双方当事人主体不合格所签订的劳动合同，属无效劳动合同。而在现实中，特别是一些建筑领域的工程项目部、项目经理、施工作业班组、包工头等不具备用工主体资格，则往往违反劳动法规，直接与农民工签订劳动合同。对此，我国劳动和社会保障部〔2005〕9号《关于加强建设等行业农民工劳动合同管理的通知》规定，企业违法分包工程的，如建筑施工、矿山企业等用人单位将工程（业务）或经营权发包给不具备用工主体资格的组织或自然人，对该组织或自然人招用的劳动者，由具备用工主体资格的发包方承担用工主体责任。

另一方面，不满16周岁的未成年人不得允许其被用人单位非法招用。国务院《禁止使用童工规定》规定：国家机关、社会团体、企事业单位、民办非企业单位或者个体工商户等各种用人单位均不得招用不满16周岁的未成年人（招用不满16周岁的未成年人，统称使用童工）；禁止任何单位或者个人为不满16周岁的未成年人介绍就业；禁止不满16周岁的未成年人开业从事个体经营活动。

2) 平等自愿、协调一致的原则

劳动合同的订立是劳动者与用人单位经过双向选择，在有意建立劳动关系的前提下，就劳动合同的条款进行协调并达成一致意见的法律行为。订立和变更劳动合同，应遵循"平等自愿、协商一致"的原则，这是建立劳动合同最根本的原则和前提条件。如果违背了这一原则，所签订的劳动合同便是无效劳动合同，主要类型有两种。

（1）违反法律、行政法规的劳动合同。不合法表现为违反国家的强制性的规范或低于国家最低劳动标准的规定，如雇主与雇工订立的"工伤概不负责"之类的条款违反了宪法和有关劳动保护法的规定。我国《安全生产法》规定，生产经营单位与从业人员订立的劳动合同，应当载明有关保障从业人员劳动安全、防止职业危害的事项，以及依法为从业人员办理工伤社会保险的事项。生产经营单位不得以任何形式与从业人员订立协议，免除或者减轻其对从业人员因生产安全事故伤亡依法应承担的责任。违法订立这类协议的，该协议无效，对生产经营单位的主要负责人、个人经营的投资人处2万元以上10万元以下的罚款。

（2）采取欺诈、威胁等手段订立的劳动合同。欺诈是指当事人故意告知对方虚假的情况，或故意隐瞒真实情况，诱使对方作出错误意识表示的行为；威胁是指给当事人及其亲友的生命健康、荣誉、财产等造成损害的，迫使对方作出违背真实意愿的行为。根据有关法律法规规定，用人单位与劳动者订立劳动合同时，应当将工作过程中可能产生的职业病（包括职业中毒）危害及其后果、防护措施和待遇等如实告知劳动者，并在劳动合同中写明，不得隐瞒或者欺骗。

以上都是由于一方当事人违背了平等自愿、协商一致的订约原则，使另一方当事人的真实意图受到侵扰和破坏。

3) 用人单位不得向劳动者收取定金、保证金或扣留居民身份证

根据劳动和社会保障部《劳动力市场管理规定》，禁止用人单位招用人员时向求职者收取招聘费用、向被录用人员收取保证金或抵押金、扣押被录用人员的身份证等证件。用人单位违反规定的，由劳动保障行政部门责令改正，并可处以1 000元以下罚款；对当事人造成损害的，应承担赔偿责任。

4) 劳动合同订立的形式

劳动合同属于法定要式合同。所谓法定要式合同是指由法律直接规定的，必须具备特定的形式或履行一定手续方能具有法律效力的合同。根据《劳动法》的规定，劳动合同应当以书面形式订立，

劳动合同必须具备法定条款等，上述规定使劳动合同成为法定要式合同。

劳动和社会保障部《关于非全日制用工若干问题的意见》规定，对从事非全日制工作的人员，劳动合同期限在一个月以下的，经双方协商同意，可以订立口头劳动合同。但劳动者提出订立书面劳动合同的，应当以书面形式订立。非全日制劳动合同的内容由双方协商确定，应当包括工作时间和期限、工作内容、劳动报酬、劳动保护和劳动条件 5 项必备条款。

12.2.2 劳动合同的主要内容

劳动合同的内容是指对劳动者和用人单位权利与义务的具体规定，是双方当事人切身利益的反映，也是国家劳动法律、法规和政策的体现。

1. 劳动合同必备条款

1）劳动合同期限

劳动合同期限即劳动合同规定的双方当事人权利、义务的有效时间。根据《劳动法》规定，劳动合同按期限不同可以分为 3 类：① 有固定期限的劳动合同，即在订立合同中明确了生效和终止的时间，也称定期劳动合同。期限可长可短，长到几年、十几年，短到一年或者几个月。② 无固定期限的劳动合同，即劳动合同中只约定了起始日期，没有约定具体终止日期。无固定期限劳动合同可以依法约定终止劳动合同条件，在履行中只要不出现约定的终止条件或法律规定的解除条件，一般不能解除或终止，劳动关系可以一直存续到劳动者退休为止。③ 以完成一定的工作为期限的劳动合同，即以完成某项工作或者某项工程为有效期限，该项工作或者工程一经完成，劳动合同即终止。

还需注意，试用期应包括在劳动合同期限之中。签订劳动合同可以不约定试用期，也可以约定试用期，但试用期最长不得超过 6 个月。劳动合同期限在 6 个月以下的，试用期不得超过 15 日；劳动合同期限在 6 个月以上 1 年以下的，试用期不得超过 30 日；劳动合同期限在 1 年以上 2 年以下的，试用期不得超过 60 日。非全日制劳动合同，不得约定试用期。

2）工作内容

工作内容是劳动者在劳动合同有效期内所从事的工作岗位（工种），以及工作应达到的数量、质量指标或者应当完成的任务。工作内容更多的是体现用人单位的权利和劳动者应尽的责任，不同的工作岗位对员工有不同的要求，劳动者从事国家规定的技术工种，必须持证上岗。《劳动法》、《职业教育法》、劳动和社会保障部《招用技术工种从业人员规定》规定，对从事技术复杂、通用性广、涉及国家财产、人民生命安全和消费者利益的职业（工种）的劳动者，必须经过培训，并取得职业资格证书后，方可就业上岗。目前，必须持有职业资格证书才能上岗的技术工种（职业）有 87 个，包括：第一类，生产、运输设备操作人员；第二类，农林牧渔水利业生产人员；第三类，商业、服务业人员；第四类，办事人员和有关人员。

3）劳动报酬

劳动报酬是用人单位根据劳动者提供的劳动数量和质量，以货币形式支付给劳动者的工资。此项条款应明确员工适用的工资制度、工资支付标准、支付时间、支付周期、工资计算办法、资金津贴获得条件和标准等，如有必要，还可以明确加班加点工资的计算办法、支付时间及下岗待工期间的工资待遇等。工资标准不得低于当地最低工资标准，同时也不得低于本单位集体合同规定的最低工资标准。

按照我国的《最低工资规定》，最低工资是指劳动者在法定工作时间内提供了正常劳动的前提下，其所在企业应支付的最低劳动报酬。最低工资是在国务院劳动行政主管部门的指导下，由省、自治区、直辖市人民政府劳动行政主管部门会同同级工会、企业家协会，参考政府统计部门提供的当地就业者及其赡养人口的最低生活费用、职工的平均工资、劳动生产率、城镇就业状况和经济发展水平等因素自行确定，其幅度高于当地的社会救济金和待业保险金标准，低于平均工资。最低工资应以法定货币按时支付。企业必须将政府对最低工资的有关规定告知本单位劳动者。企业支付给劳动者的工资不得低于其适用最低工资率。

4）工作时间和工作制度

工作时间与劳动者提供的劳动量及其报酬有着十分重要的联系，过去有很多人在签订劳动合同时，只关注劳动报酬而不重视劳动时间条款的内容，导致在履行劳动合同时超过法定劳动时间而并没有获得相应的劳动报酬。

我国《劳动法》、《国务院关于职工工作时间的规定》等规定：① 劳动者每日工作不超过8小时、每周工作不超过40小时。企业因生产特点不能实行以上工时制度的，经劳动保障行政部门批准，可以实行综合计算工时工作制或不定时工作制。② 综合计算工时工作制是针对因工作性质特殊，需连续作业或受季节及自然条件限制的企业部分职工，采用的以周、月、季、年等为周期综合计算工作时间的一种工时制度。在综合计算工作时间的周期内，具体某一天、某一周等的工作时间可以超过8小时或40小时等，但是，在综合计算工作时间周期内，平均日工作时间和平均周工作时间应与法定标准工作时间基本相同。③ 不定时工作制是指每一工作日没有固定的上下班时间限制的工作时间制度。它是针对因生产特点、工作特殊需要或职责范围的关系，无法按标准工作时间衡量或需要机动作业的职工所采用的一种工时制度。经批准实行不定时工作制的职工，不受《劳动法》第41条规定的日延长工作时间标准和月延长工作时间标准的限制，但用人单位应采用弹性工作时间等适当的工作和休息方式，确保职工的休息休假权利和生产、工作任务的完成。

5）劳动保护和劳动条件

劳动保护是用人单位为保障劳动者在劳动过程中的安全和健康，防止工伤事故和预防职业病的发生所应采取的技术措施和组织措施；劳动条件是为完成工作任务应由用人单位提供的、不得低于国家规定标准的必要条件。具体的生产工作条件应当包括：加班加点、劳动工作条件、劳动工具、生产工艺流程、安全操作规程、安全卫生制度、健康检查、女工及未成年工特殊保护和伤亡事故处理制度等，以及用人单位根据国家有关法律、法规而采取的其他保护措施。

6）劳动纪律

劳动纪律即劳动者在劳动过程中必须遵守的工作秩序和规则。包括国家法律、行政法规和用人单位按照合法的程序制定的规则和纪律等。这是要特别注意的是，用人劳动单位制定的规章制度往往以劳动合同附件的形式被写进劳动合同，成为企业约束劳动者或解除劳动合同的依据，依照我国劳动政策的相关规定，这些附件也可以作为劳动争议处理的有效证据。

7）劳动合同终止的条件

劳动合同终止的条件是导致或引起合同关系消灭的原因，包括法定终止条件和约定终止条件。合同期限届满、约定义务完成属于法定终止条件；约定终止条件即双方当事人根据各自的实际情况，经与对方协调一致，将一定情形的发生作为合同终止的法律事实，当约定的事实出现时，劳动合同自行终止。

8）违反劳动合同的责任

劳动合同应当明确约定一方当事人违反劳动合同的规定给对方造成损失时，应承担的法律后果。

2. 约定条款

劳动合同除上述法定条款以外，双方当事人可以根据实际需要协调一致的基础上，规定其他补充条款。一般常见的约定条款有以下内容：① 试用期限；② 培训；③ 保密事项；④ 补充保险和福利待遇；⑤ 其他事项，如住房、交通、子女就学等。

约定条款只要不违反国家法律和行政法规，一经双方商定，均为合法有效而对当事人具有法律约束力。

3. 专项劳动协议

与劳动合同有密切联系的是各项专项协议。劳动关系当事人的部分权利义务可以专项协议的形式规定。所谓专项协议，是劳动关系当事人为明确劳动关系中特定权利义务，在平等自愿、协商一致的基础上所达成的契约。专项协议可以在订立劳动合同的同时协商确定，如服务期限协议、培训协议、保守企业商业秘密协议、补充保险协议、岗位协议书、聘任协议书等，应在劳动合同的附件中注明，以保证其法律效力。有的专项协议是在合同的履行期间因适应主客观情况变化的需要而订立的，如在企业劳动制度改革过程中，由于劳动制度的变化、结构调整、企业拖欠劳动者工资、应报销的医疗费或其他债务，以及因企业或劳动者个人原因离岗或下岗而签订的有关社会保险费缴纳、下岗津贴等内容的专项协议书。这类专项协议必须注意与劳动合同的一致性,当出现矛盾时,应及时变更劳动合同的相关内容。

12.2.3 劳动合同的履行

劳动合同的履行,是指企业劳动合同订立以后,劳动者和管理者双方当事人按照合同条款的要求,共同实现劳动过程、相互履行权利和义务的行为与过程。

1. 劳动合同的履行,分为全部履行和不适当履行两种

全部履行,是指合同双方当事人履行合同的全部义务和实现合同中规定的全部权利;不适当履行,是指合同双方当事人或一方当事人只履行合同中规定的部分义务,或只实现合同中规定的部分权利。劳动合同履行的理想模式是全部履行,双方当事人均实现自己的全部权利和履行自己的全部义务;但由于某些原因,包括双方当事人自己的责任、企业经营状况的变化及社会经济宏观环境的改变等,都可能使双方当事人不能够或不愿意按照合同的条款一一履行,这时就出现了合同的不适当履行。从政府和立法角度来说,要尽量避免和减少企业劳动合同的这种不适当履行,或尽量减少合同条款的不履行程度和比例,促进合同全部履行,或提高合同的履行程度和比例。

2. 与用人单位存在事实劳动关系的劳动者,也依法享有劳动保障权益

在现实中,一些企业为了减少负担,逃避责任,合同签订率很低。为了保护劳动者的合法权益,2005年我国劳动和社会保障部出台了《关于确立劳动关系有关事项的通知》(劳社部发〔2005〕12号)。通知规定,用人单位招用劳动者未订立书面劳动合同,但同时具备下列情形的,劳动关系成立:① 用人单位和劳动者符合法律、法规规定的主体资格;② 用人单位依法制定的各项劳动规章制度适用于劳动者,劳动者受用人单位的劳动管理,从事用人单位安排的有报酬的劳动;③ 劳动者提供的劳动是用人单位业务的组成部分。

用人单位未与劳动者签订劳动合同,认定双方存在劳动关系时可参照下列凭证:① 工资支付凭证或记录(职工工资发放花名册)、缴纳各项社会保险费的记录;② 用人单位向劳动者发放的"工作证"、"服务证"等能够证明身份的证件;③ 劳动者填写的用人单位招工招聘"登记表"、"报名表"等招用记录;④ 考勤记录;⑤ 其他劳动者的证言等。其中,前三项的有关凭证由用人单位负举证责任。

用人单位招用劳动者符合第一条规定情形的,用人单位应当与劳动者补签劳动合同,劳动合同期限由双方协商确定。协商不一致的,任何一方均可提出终止劳动关系,但对符合签订无固定期限劳动合同条件的劳动者,如果劳动者提出订立无固定期限劳动合同,用人单位应当订立。用人单位提出终止劳动关系的,应当按照劳动者在本单位工作年限每满一年支付一个月工资的经济补偿金。

3. 劳动者不必履行无效的劳动合同

如前所述,由于用人单位违背自愿平等、协商一致原则而订立的无效合同,劳动者不必履行,但对劳动者造成损害的,应当承担赔偿责任。具体包括:① 造成劳动者工资收入损失的,按劳动者本人应得工资收入支付给劳动者,并加付应得工资收入25%的赔偿费用;② 造成劳动者劳动保护待遇损失的,应按国家规定补足劳动者的劳动保护津贴和用品;③ 造成劳动者工伤、医疗待遇损失的,除按国家规定为劳动者提供工伤、医疗待遇外,还应支付劳动者相当于医疗费用25%的赔偿费用;④ 造成女职工和未成年工身体健康损害的,除按国家规定提供治疗期间的医疗待遇外,还应支付相当于其医疗费用25%的赔偿费用;⑤ 劳动合同约定的其他赔偿费用。

4. 用人单位安排劳动者加班加点应符合国家有关规定

加班加点,也称延长劳动时间,是指用人单位经过一定程序,要求劳动者超过法律、法规规定的最高限制的日工作时数和周工作天数而工作。一般分为正常情况下加班加点和非正常情况下加班加点两种形式。

正常情况下加班加点,按照《劳动法》的规定,需具备以下3个条件:① 由于生产经营需要;② 必须与工会协商;③ 必须与劳动者协商。正常情况下加班加点,一般每日不得超过1小时,因特殊原因需要延长工作时间的,在保障劳动者身体健康的条件下延长工作时间每日不得超过3小时,但

是每月不得超过 36 小时。

非正常情况下加班加点，是指依据《劳动法》第 42 条的规定，遇到下列情况，用人单位可以不受正常情况下的限制而安排劳动者加班加点：① 发生自然灾害、事故或者因其他原因，威胁劳动者生命健康和财产安全，需要紧急处理的；② 生产设备、交通运输线路、公共设施发生故障，影响生产和公众利益，必须及时抢修的；③ 法律、行政法规规定的其他情形。

禁止安排怀孕 7 个月以上和在哺乳未满 1 周岁的婴儿期间的女职工加班加点和夜班劳动。用人单位安排劳动者在休息日加班的，应安排补休；不能安排补休的，应依法支付加班工资。安排劳动者加点或在法定节日加班的，应依法支付加班加点工资。

5. 劳动者依法享有法定节假日休假权利

（1）法定节假日。根据国务院《全国年节及纪念日放假办法》规定，我国法定节假日包括 3 类。第一类是全体公民放假的节日，包括：新年、劳动节和国庆节。第二类是部分公民放假的节日及纪念日，包括：妇女节、青年节等。第三类是少数民族习惯的节日，具体节日由各少数民族聚居地区的地方人民政府，按照该民族习惯，规定放假日期。全体公民放假的假日，如果适逢星期六、星期日，应当在工作日补假。部分公民放假的假日，如果适逢星期六、星期日，则不补假。

（2）病假。根据劳动和社会保障部《企业职工患病或非因工负伤医疗期规定》（劳部发〔1994〕479 号）等有关规定，任何企业职工因患病或非因工负伤，需要停止工作医疗时，企业应该根据职工本人实际参加工作年限和在本单位工作年限，给予一定的病假假期。在病假期间，还应针对不同工作年限和不同病假期限的长短支付一定比例的工资。此外，劳动者还依法享有女职工产假、依法参加社会活动请假等。

12.2.4 合同的变更与续订

劳动合同变更是履行劳动合同过程中由于情况发生变化，经双方当事人协商一致，对已经订立的劳动合同依法进行补充和修改，劳动合同的未变更部分继续有效。与订立劳动合同一样，变更劳动合同应当遵守平等自愿、协商一致的原则，不得违反法律、行政法规的规定。经双方协商同意依法变更后的劳动合同继续有效，对双方当事人都有约束力。

合同变更的前提是双方原已存在着合法的合同关系，变更的原因主要是客观情况发生变化，变更的目的是为了继续履行合同。劳动合同的变更一般限于内容的变更，不包括主体的变更。

1. 劳动合同的变更

1）劳动合同变更的条件

（1）以双方协商同意；

（2）订立劳动合同所依据的法律、法规已经修改或部分失效；

（3）劳动合同期限虽满，但依法不终止劳动合同的；

（4）劳动合同订立时所依据的客观情况发生重大变化，致使劳动合同部分条款无法履行的；

（5）符合劳动合同约定的变更条件的。

2）劳动合同变更的程序

（1）当事人要求变更劳动合同，应当填写《变更劳动合同通知书》，并及时送交对方，由对方当事人在《通知回执》上签收。

（2）被通知方接到通知书后，应在 7 日内就是否同意变更劳动合同书面答复通知方，逾期不答复的，视为同意按对方的要求变更劳动合同。

（3）双方同意变更劳动合同的，应及时就变更的条件和内容进行协商；经协商达到一致意见的，应签订《变更劳动合同协议书》一式两份，送劳动行政部门签证后，由双方各持一份。

2. 劳动合同的续订

劳动合同期限届满，经双方协商一致，可以续订劳动合同。劳动合同的续订是指有固定期限的劳动合同到期，双方当事人就劳动合同的有效期限进行商谈，经平等协商一致而续延劳动合同期限的法律行为。劳动合同续订的原则与订立劳动合同的原则相同。提出劳动合同续订要求的一方应在合同到期前 30 日书面通知对方。续订劳动合同不得约定试用期。依据《劳动法》的规定，劳动者在同一用人单位工作满 10 年，双方同意续延劳动合同的，劳动者提出订立无固定期限的劳动合同的，单位应当与之订立无固定期限的劳动合同；有固定期限的劳动合同，期限届满既未终止又未续订，劳动者与用人单位仍存在劳动关系的，视为续延劳动合同，用人单位应当与劳动者续订劳动合同。当事人只就续延劳动合同的期限达不成一致意见的，其期限从签字之日起不得少于一年，或者按原条件履行。

12.2.5 劳动合同的解除和终止

劳动合同的终止有广义和狭义之分。狭义的劳动合同终止，是指双方当事人已经履行完毕合同约定的所有权利和义务，或其他法律事实上的出现致使双方当事人劳动关系不复存在，且任何一方均没有提出继续保护劳动关系的请求，合同就此终止了法律效力。广义的劳动合同终止，不仅包括狭义的劳动合同终止，而且还包括劳动合同的解除。

1. 劳动合同的解除

劳动合同的解除是指劳动合同订立后，尚未全部履行以前，由于某种原因导致劳动合同一方或双方当事人提前中断劳动关系的法律行为。根据《劳动法》的规定，劳动合同既可以由单方依法解除，也可以双方协商解除。因此，劳动合同的解除分为法定解除和协商解除两种。

协商解除劳动合同必须符合双方自愿、平等协商、保持当事人双方权利义务平等，不得损害一方的利益的原则。解除劳动合同是提前终止劳动合同的行为，从表面上看，这种行为不利于维护稳定的劳动合同关系，但实际上法律规定劳动合同双方当事人有权经过平等协商或者依据法定程序单方面解除合同，也是契约自由原则的一种体现。这一法律规定既照顾了劳动合同当事人订立劳动合同时的自愿原则，反映了劳动合同所具有的变动性和流动性的特点，对于维护和保证用人单位的用人自主权与劳动者的择业自主权有非常重要的意义。这项权利的规定，有利于劳动者根据自己的能力、特长、爱好和兴趣，选择最适合自己的职业，从而最大限度地发挥自己的潜能和智慧，更好地为社会工作和实现自身的价值；有利于督促当事人双方全面、正确履行劳动合同，增强合同当事人双方的危机感和责任感，促进用人单位之间、劳动者之间展开公平竞争；同时更有利于劳动制度的改革和完善。

1）劳动者单方解除

我国《劳动法》第 32 条规定：有下列情形之一的，劳动者可以随时通知用人单位解除劳动合同：第一，在试用期内的；第二，用人单位以暴力、威胁或者非法限制人身自由的手段强迫劳动的；第三，用人单位未按照劳动合同约定支付劳动报酬或者提供劳动条件的。

劳动者解除劳动合同，应当提前 30 日以书面形式通知用人单位。这是劳动者解除劳动合同的条件和程序。劳动者提前 30 日以书面形式通知用人单位解除劳动合同，无须征得用人单位的同意，用人单位应及时办理有关解除劳动合同的手续。但由于劳动者违反劳动合同的有关约定而给用人单位造成经济损失的，应依据有关规定和劳动合同的约定，由劳动者承担赔偿责任。

2）用人单位单方解除

《劳动法》第 25 条规定，劳动者有下列情形之一的，用人单位可以解除劳动合同：第一，在试用期间被证明不符合录用条件的；第二，严重违反劳动纪律或者用人单位规章制度的；第三，严重失职，营私舞弊，对用人单位利益造成重大损害的；第四，被依法追究刑事责任的。

《劳动法》第 26 条规定：有下列情形之一的，用人单位可以解除劳动合同，但是应当提前 30 日以书面形式通知劳动者本人：第一，劳动者患病或者非因工负伤，医疗期满后，不能从事原工作也不能从事由用人单位另行安排的工作的；第二，劳动者不能胜任工作，经过培训或者调整工作岗位，仍不能胜任工作的；第三，劳动合同订立时所依据的客观情况发生重大变化，致使原劳动合同无法履行，经当事人协商不能就变更劳动合同达成协议的。

此外，《劳动法》第 27 条规定：用人单位濒临破产进行法定整顿期间或者生产经营状况发生严重困难，确需裁减人员的，应当提前 30 日向工会或者全体职工说明情况，听取工会或者职工的意见，经向劳动保障行政部门报告后，可以裁减人员。并且规定，用人单位自裁减人员之日起 6 个月内录用人员的，应当优先录用被裁减的人员。

但是，对于有下列情形之一的劳动者，用人单位不得依据《劳动法》第26条、第27条的规定解除劳动合同：① 劳动者患职业病或者因工负伤并被确认丧失或者部分丧失劳动能力的；② 劳动者患病或者负伤，在规定的医疗期内的；③ 女职工在孕期、产期、哺乳期内的；④ 法律、行政法规规定的其他情形。

3) 用人单位解除劳动合同应当依法向劳动者支付经济补偿金

根据《劳动法》及《违反和解除劳动合同的经济补偿办法》（〔1994〕481号）的规定，在下列情况下，用人单位解除与劳动者的劳动合同，应当根据劳动者在本单位的工作年限，每满一年发给相当于一个月工资的经济补偿金。

① 经劳动合同当事人协商一致，由用人单位解除劳动合同的。② 劳动者不能胜任工作，经过培训或者调整工作岗位仍不能胜任工作，由用人单位解除劳动合同的。以上两种情况下支付经济补偿金，最多不超过12个月。③ 劳动合同订立时所依据的客观情况发生了重大变化，致使原劳动合同无法履行，经当事人协商不能就变更劳动合同达成协议，由用人单位解除劳动合同的。④ 用人单位濒临破产进行法定整顿期间或者生产经营状况发生严重困难，必须裁减人员，由用人单位解除劳动合同的。⑤ 劳动者患病或者非因工负伤，经劳动鉴定委员会确认不能从事原工作，也不能从事用人单位另行安排的工作而解除劳动合同的；在这类情况下，同时应发给不低于6个月工资的医疗补助费。劳动者患重病或者绝症的，还应增加医疗补助费，患重病的增加部分不低于医疗补助费的50%，患绝症的增加部分不低于医疗补助费的100%。经济补偿金应当一次性发给。

如果用人单位解除劳动者劳动合同后，未按以上规定给予劳动者经济补偿的，经相关部门裁决，除必须全额发给经济补偿金外，还须按欠发经济补偿金数额的50%支付额外经济补偿金。

4) 用人单位不得随意解除劳动合同，如对劳动者造成损害的，应当承担赔偿责任

《劳动法》及《违反〈劳动法〉有关劳动合同规定的赔偿办法》（〔1995〕223号）规定，用人单位不得随意解除劳动合同。用人单位违法解除劳动合同的，由劳动保障行政部门责令改正；对劳动者造成损害的，应当承担赔偿责任。具体赔偿标准是：① 造成劳动者工资收入损失的，按劳动者本人应得工资收入支付劳动者，并加付应得工资收入25%的赔偿费用；② 造成劳动者劳动保护待遇损失的，应按国家规定补足劳动者的劳动保护津贴和用品；③ 造成劳动者工伤、医疗待遇损失的，除按国家规定为劳动者提供工伤、医疗待遇外，还应支付劳动者相当于医疗费用25%的赔偿费用；④ 造成女职工和未成年工身体健康损害的，除按国家规定提供治疗期间的医疗待遇外，还应支付相当于其医疗费用25%的赔偿费用；⑤ 劳动合同约定的其他赔偿费用。

2. 劳动合同终止

劳动合同终止是指劳动合同关系的消灭，即劳动关系双方权利和义务的失效。劳动合同的终止分为两类：自然终止和因故终止。

1) 自然终止

(1) 合同期限已满。定期企业劳动合同在合同约定的期限届满后，除非双方当事人依法续订或依法延期，否则合同即行终止。

(2) 合同目的已经实现。以完成一定的工作为期限的企业劳动合同在其约定工作完成以后，或其他类型的企业劳动合同在其约定的条款全部履行完毕以后，合同因目的实现而自然终止。

(3) 合同约定的终止条件出现。企业劳动合同或集体合同对企业劳动合同约定的终止条件出现以后，企业劳动合同就此终止。

2) 因故终止

(1) 当事人死亡。劳动者一方死亡，合同即行终止；雇主一方死亡，合同可以终止，也可以因继承人的继承或转让第三方而使合同继续存在，这要依实际情况而定。

(2) 劳动者退休。劳动者因达到法定退休年龄或丧失劳动能力而办离退休手续后，合同即行终止。

(3) 企业不复存在。企业因依法宣告破产、解散、关闭可兼并后，原有企业不复存在，其合同也告终止。

劳动合同依法解除或终止时，用人单位应同时一次付清劳动者工资；依法办理相关保险手续；用人单位依法破产时，应将劳动者工资列入破产清偿顺序，首先支付劳动者工资。

12.3 集体合同与劳动关系协调机制

开展集体协商签订集体合同工作，建立企业自主协调劳动关系机制，不仅是建立现代企业制度、调整企业劳动关系，促进劳动关系和谐稳定的内在要求，也是实现我国适应社会主义市场经济发展要求的劳动关系调整体制目标的重要举措。做好这项工作，对于促进劳动关系和谐稳定，调动广大职工的积极性、创造性，促进企业生产发展和经济效益的提高，维护改革、发展、稳定局面，都具有十分重要的意义。

12.3.1 集体合同

集体合同起源于18世纪末期的英国，在19世纪中后期得到较大发展。第一次世界大战之后逐渐走向成熟，德国、法国、澳大利亚、芬兰和瑞典等国家开始颁布集体合同法规。国际劳工组织也加强了这方面的立法工作，先后通过了《集体协商建议书》、《促进集体谈判公约》、《促进集体谈判建议书》等文件，对各国的集体合同立法发挥了重要的指导和参考作用。我国集体协商签订集体合同始于20世纪80年代，利用集体合同来确定劳动关系的方式首先在国有企业进行，特别是外商投资企业。为规范集体协商和签订集体合同行为，依法维护劳动者和用人单位的合法权益，我国劳动和社会保障部根据《中华人民共和国劳动法》和《中华人民共和国工会法》，于2004年1月颁发了新修订的《集体合同规定》，自2004年5月1日起施行。

1. 集体合同的概念和特征

根据我国的《集体合同规定》，集体合同，是指用人单位与本单位职工根据法律、法规、规章的规定，就劳动报酬、工作时间、休息休假、劳动安全卫生、职业培训、保险福利等事项，通过集体协商签订的书面协议。通过工会或职工代表与用人单位集体协商，也可以订立专项集体合同。专项集体合同，是指用人单位与本单位职工根据法律、法规、规章的规定，就集体协商的某项内容签订的专项书面协议。

集体合同除具有一般协议的主体平等性、意思表示一致性、合法性和法律约束性以外，还具有自身的特点。

（1）签约主体的确定性。与劳动合同不同，集体合同的一方是企业或雇主团体，另一方是工会组织作为代表，没有建立工会组织的，则由劳动者按照一定的程序推举代表，而不能是劳动者个人或劳动者中的其他团体或组织。

（2）合同的整体性。集体合同是关于企业的一般劳动条件为标准的约定，以全体劳动者的共同权利和义务为内容，即整体性地规定劳动者与企业之间的劳动权利与义务。整体性特点是与其他劳动合同的重大区别之一，个人劳动合同内容只涉及单个劳动者的权利义务。

（3）集体合同的定期的书面合同，其生效需经特定程序。按照《劳动法》及其配套规章的规定，集体合同签订后，应在7日内由企业一方将集体合同一式三份及说明报送劳动行政部门审查。集体合同生效是按照劳动行政部门自收到集体合同文本15日内未提出异议的，集体合同即行生效。而个人与单位签订的劳动合同则无须上级行政主管部门审核即可生效。

（4）集体合同的法律效力高于个人劳动合同的效力。集体合同规定企业的最低劳动标准，凡个人劳动合同的标准低于集体合同的标准一律无效，故集体合同的法律效力高于个人与用人单位签订的劳动合同。

2. 集体劳动合同的原则和主要内容

1）签订集体合同应遵循的原则

进行集体协商签订集体合同应遵循自愿协商、平等协商、保持和谐稳定的原则。具体来讲：① 遵守法律、法规、规章及国家有关规定；② 相互尊重，平等协商；③ 诚实守信，公平合作；

④ 兼顾双方合法权益；⑤ 不得采取过激行为。

2) 集体合同的主要内容

集体合同所要确定的内容，主要包括3个方面：有关劳动者的就业、劳动、工作条件的条款（通常指劳动者的集体劳动条件）；有关合同双方各自权利和义务的条款；其他应该具备的条款，如合同的变更和解除、合同实施的监督检查、违约责任、合同争议的处理、文本、期限和延续等。上述3方面的条款中，集体劳动条件的规定是最重要的，它反映了集体合同的特性配制，其中以工资为最主要的劳动条件。

（1）劳动标准条件。这是集体合同的核心内容，对个人劳动合同起制约作用。主要有以下内容：劳动报酬和工资、保险福利、工作时间、劳动保护、休息休假、延长工时、劳动安全与卫生、职工招聘、职业培训、劳动纪律、违纪处理、辞退等事项。

（2）过渡性规定。主要包括因签订或履行集体合同发生争议的解决措施，以及集体合同的监督检查办法等。

（3）集体合同文本本身的规定。包括集体合同的有效期限、变更解除条件等。

12.3.2 集体谈判与劳动关系协调机制

劳动关系总是处于发展变化之中，需要有效的调整机制，维系劳动关系的和谐稳定。劳动关系调整机制包括劳动立法调整、企业内部调整、劳动争议处理和劳动监察等。发达市场经济国家经过长期发展，劳动关系的调整已形成了一整套制度化、法制化的综合体系。在这一体系中，三方协调是劳动关系的基本格局和基本原则。集体谈判制度和工业民主反映了构成劳动关系的两个主体——雇员和雇主的自行协调，这是劳动关系调整机制的基础环节；而劳动立法、劳动争议的处理及劳动监察主要反映了在市场经济条件下政府对劳动关系的调整和规范。本节着重介绍企业内部的集体协商和集体谈判，劳动争议和劳动监察则是12.4节的内容。

1. 集体谈判

集体协商制度包含集体谈判、合同和协商。集体协商制度灵活、气氛融洽，有缓冲的余地，可以在车间、分厂、总厂等多层次展开；协商的内容可以从日常生活到企业经营活动。

集体谈判是劳动关系协商机制的重要内容和形式，是指职工代表与经营者代表之间就双方建立劳动关系所涉及的各项条件进行谈判，以签订集体合同或集体协议。集体谈判对于员工和工会来说是一项很重要的权利，可维护员工的合法权益，是实现工人参与权的一种方式；集体谈判采用较为和缓的、非直接对抗的方式，可有效地缓解劳资之间的矛盾，减少劳动争议，在一定程度上维护社会和经济秩序的稳定。目前，集体谈判制度是国外市场经济国家对日常劳资关系问题，特别是利益划分问题进行经常性调整的一项重要制度。集体谈判具有以下几个方面的特征。

（1）集体谈判是一个很有弹性的决策机制。集体谈判可以适用于各种政治经济制度，比立法、司法和行政制度都有弹性，同时可以满足各种产业和职业的需要。另外，集体协议的方式也是各种各样的，从十分简单的口头协议到十分复杂的总协议，还允许有附加条款，在内容上可由双方任意协定。

（2）集体谈判体现了工业民主的观点。集体谈判从一开始就成为工人参与工业社会决策过程的一条主要渠道。在劳动关系上，用人单位与员工既有冲突，又有共同利益，尽管集体谈判不能完全消除双方冲突，但是，它毕竟提供了一种机会，使双方能更好地了解对方的立场、目标和条件，以及他们的分歧和共同点；同时，也提供了一种有条理的程序，通过这一程序，双方有可能达成一个比较接近双方目标的共同协议。

（3）集体谈判具有公平性。集体谈判作为一种方法，将平等和社会公共引入工业社会和劳动力市场，使劳资双方由不平等的雇佣关系转变为一种平等的合作关系。

（4）集体谈判具有稳定性和有效性。集体谈判的结果是双方在平等公正的基础上签订的集体协议，可以使双方达成一致意见和条件，并认真履行，因此，个别谈判和个人劳动合同更具有效性和稳定性。

2. 劳动关系的三方协调机制

三方协调是确立和调整劳动关系的基本格局和基本原则。三方协调机制是指在调整劳动关系、制定劳动标准、处理劳动争议等方面，政府、雇员和雇主三方代表共同参与决定，相互影响互相制衡。三方协商机制的作用有：有助于政府向雇主和工会两大不同利益群体宣传自己的政策主张并赢得他们支持；在一定程度上缓和了劳资矛盾，保护了工人的一些权利，这对于提高工人的劳动积极性十分有益；能够设计并解决单个基层组织劳资双方无力解决的宏观劳动问题。三方协调原则能将劳动关系的调整范围，从各类基层经济组织扩大到整个产业社会的领域，是融洽、稳定劳动关系的重要制度。

我国于1990年加入了国际劳工组织公约，正式确认以三方协调原则（政府、资方和工人代表）谈判和处理争议的基本原则，并于1996年正式开始建立劳动争议仲裁的三方机制。目前，在最低工资标准的确定与调整、劳动争议的调节与仲裁等方面已经实施三方原则。在劳动条件决定的其他方面，已经在一些地区进行三方协商机制的改革试点。劳动和社会保障部与全国总工会、中国企业联合会正在进行协商，建立全国劳动关系三方协商机制。同时，重点建立平等协商和集体合同制度，以维护工人的合法权益。

我国目前正在进行的市场经济体制和现代企业制度，要求加强劳动合同，推进集体合同和集体协商制度。劳动合同是劳动者个人和企业之间就具体劳动关系、权利义务所签订的协议；集体合同有助于克服劳动者一方与企业在订立劳动合同的过程中处于相对弱势的缺陷，可从整体上维护劳动者的合法权益，发挥工会在稳定劳动关系中的作用。近年来，随着工人参与权的扩大，集体谈判的内容也有所增加，有的已包括了企业人事和投资等问题。但是由于企业自主权的扩大和参与国际市场竞争的需要，越来越多的企业不再用行业集体合同，而是根据本企业的具体情况签订企业集体合同，反映了集体谈判由行业级向企业级发展的趋势。

此外，我国已签署了联合国《经济、社会及文化权利国际公约》，并于2001年实施。公约规定劳动者有罢工的权利，而我国在批准时也没有对该条款提出保留，表明我国政府同意履行这一规定，因此，这就为恢复罢工铺平了道路。

3. 工会在调整劳动关系中的地位

只有当工会组织能相对独立于政府而与资方及其组织进行平等谈判时，集体谈判机制才能有效建立。2001年10月，我国九届全国人大常委会第二十四次会议通过了《工会法（修正案）》，突出了工会维护员工合法权益的职责和义务，强化了员工参加和组织工会权利的法律保障，建立了工会维护员工和会员负责的组织体制，推动了工会组织的民主化。《工会法》全面规定了工会在调整劳动关系中的地位：工会是职工自愿结合的工人阶级的群众组织。工会有以下权利：① 工会有参与国家社会事务管理和参加用人单位民主管理的权利；② 工会有维护职工合法权益的权利；③ 工会有代表职工与企业、事业单位行政方面签订集体合同的权利；④ 工会有权参与劳动争议的调解和仲裁；⑤ 工会有监督用人单位解除劳动合同的权利；⑥ 工会有监督用人单位执行有关工资、社会保险、工作时间、劳动保护、安全卫生规程、女职工特殊保护和其他有关改善生活和开导活动提供经费和必要的物质条件的权利；⑦ 工会有要求用人单位为工会办公和开展活动提供经费和必要的物质条件的权利。从我国关于工会的法律规范中可以看到，工会在劳动关系中是劳动者维护其权益的组织形式，是使劳动法律规范由观念抽象形态转化为现实秩序的一种物质媒介力量。因此，工会的基本任务之一就是通过平等协商和集体合同制度，协调劳动关系，维护企业职工的劳动权益。

4. 加大建立健全集体协商机制的力度

我国新颁布的《集体合同规定》对集体协商的内容、协商的准备、协商的程序、协商的中止等作出了更加具体的规定，为在各类企业普遍建立集体协商制度提供了依据。建立集体协商机制，是完善集体合同制度的重要内容和手段。今后，对于涉及劳动标准、劳动条件及其他与劳动关系相关的问题，由用人单位代表与相应的工会组织代表或职工推选的代表，通过集体协商加以确定。任何一方无正当理由都不得拒绝集体协商。

新颁布的《集体合同规定》，对集体协商代表的产生方式及职工协商代表保护等做了新的规定，明确了集体协商代表的权利和义务，规定集体协商双方首席代表可以书面委托本单位以外的专业人员作为本方协商代表，职工协商代表在任期内用人单位不得与其解除劳动合同，无正当理由不得调整其工作岗位，并明确了集体协商代表的任职期限由被代表方确定。同时，对企业集体协商代表及相关人员也要加强培训，使他们全面理解和掌握《集体合同规定》及相关的法规政策、经济管理、企业财务知识和协商技巧等，提高他们的业务水平和集体协商能力。

当前，要将非公有制企业、自主决定工资总额的国有和集体企业作为推行集体协商的重点，以工资集体协商为切入点，努力提高集体协商的实效性。

12.4 劳动争议

12.4.1 劳动争议的概念和类型

劳动争议又称劳动纠纷，是指劳动法律关系中的双方当事人关于劳动权利和劳动义务的争执和纠纷，其产生的根本原因是劳动关系双方的利益冲突。劳动争议是劳动关系处于不协调或不平衡状态的表现，不论其具体表现形式如何，都会对社会稳定、经济的发展产生不良影响。因此，对以劳动争议形式出现的劳资纠纷的处理是调整劳动关系中的一个重要方面。

劳动争议的范围有：因履行劳动合同发生的争议；因执行国家有关工资、保险、福利、培训、劳动保护的规定发生的争议；因企业开除、除名、辞退职工和职工退职、自动离职发生的争议；法律、法规规定的其他劳动争议。

劳动争议有以下几种主要类型：按照劳动争议中是否含有涉外因素来分类，可分为国内劳动争议和涉外劳动争议；按照劳动争议的内容来分类，可分为权利争议和利益争议；按照职工一方当事人涉及的人数来分类，可分为集体争议和个人争议（3人以上为集体争议，3人以下为个人争议）；执照劳动者争议的客体来划分，可分为履行劳动合同争议、开除争议、辞退争议、辞职争议、工资争议、保险争议、培训争议等。

12.4.2 劳动争议处理

通过处理劳动争议来调整劳动关系，是各国普遍采用的一种比较成熟的调整劳动关系的机制。对劳动争议进行处理，可以纠正劳动关系中的偏差行为，有利于维护劳动关系双方当事人的各项权利。妥善、正确处理劳动争议，对于发展良好健康的劳动关系，维护劳动者的合法权益，保障用人单位生产任务的顺利完成，促进经济的发展，具有极其重要的现实意义。

1. 劳动争议处理原则

1) 当事人在适用法律上一律平等原则

劳动争议双方当事人虽然在其劳动关系中，存在行政上的隶属关系，但其法律地位是平等的，也就是说，不管用人单位大小如何，也不管职工一方职位高低，任何一方当事人不得有超越法律规定的特权，适用法律时不能因人而异，不能因为某单位是重点企业，或者是当地创利创汇大户，而对其侵害职工劳动权益的行为进行袒护。当事人双方在适用法律上一律平等、一视同仁，对任何一方都不偏袒，不歧视，对被侵权或受害的任何一方都同样予以保护。

2) 在查清事实基础上依法处理原则

在处理劳动争议过程中，劳动争议处理机构和劳动争议当事人，必须在查清事实的基础上依法协商、依法解决劳动争议。要查清事实，首先，当事人应积极就自己的主张和请求提出证据；其次，劳动争议处理机构应及时调查取证，两者有机结合，才能达到查清事实的目的。依法处理争议，就要依据法律规定的程序要求和权利、义务要求去解决争议，同时要掌握好"依法"的顺序，即：有法律依法律，没有法律依法规，没有法规依规章，没有规章依政策。另外，处理劳动争议还可以依据依法签订的集体合同、劳动合同，以及依法制定并经职代会或职工大会讨论通过的企业规章。处理劳动争议既要有原则性，又要有灵活性，坚持原则性和灵活性相结合。

3）着重调解劳动争议原则

处理劳动争议，应当重视调解方式，调解是处理劳动争议的基本手段，贯穿于劳动争议处理全过程。调解既是一道专门程序，也是仲裁与审判程序中的重要方法。着重调解原则，首先是有利于增加当事人之间的相互理解，使其在今后的工作中能够相互支持和配合；其次是可以简化程序，有利于及时、彻底地处理劳动争议。

实行着重调解的原则应注意：一是必须遵守自愿原则。当事人向企业劳动争议调解委员会申请调解，必须经争议双方当事人同意，否则调解委员会不予受理。3种劳动争议处理机构进行调解必须是当事人真正自愿和解和自愿达成调解协议，不得对争议案件强行调解，也不得采取强迫或变相强迫的方法进行调解。二是必须坚持合法、公正原则。调解是建立在查明事实、分清责任的基础上，通过说服教育，使当事人在法律许可的范围内达成和解协议，并不是无原则地进行的。三是必须与及时裁决或及时判决结合起来。对于当事人不愿调解或调解不成的，不应久调不决，以免拖延时日，有损于当事人的合法权益，甚至造成不良后果。

4）及时处理劳动争议的原则

第一，劳动争议发生后，当事人应当及时协商或及时申请调解以至于申请仲裁，避免超过仲裁申请时效，丧失申请仲裁的权利。第二，劳动争议处理机构在受理案件后，应当在法定结案期限内，尽快处理完毕。劳动争议往往涉及当事人尤其是职工一方的切身利益，如果不及时加以处理，势必会损害劳动者合法权益，甚至使矛盾激化。因此，有关劳动争议法规对争议处理规定了严格的时间限制，以免"案无定日"、久拖不决的现象。第三，对处理结果，当事人不履行协议或决定的，要及时采取申请强制执行等措施，以保证案件的顺利处理和处理结果的最终落实。

5）基层解决争议原则

劳动争议案件应主要由企业设立的调解委员会和当地县、市、市辖区仲裁委员会解决。向法院起诉，也是按法定管辖权由当地基层法院受理。基层解决原则，方便当事人参加调解、仲裁和诉讼活动，有利于争议的及时处理和法律文书的送达与执行，有利于就地调查，查明事实真相。

2. 劳动争议处理途径和程序

劳动者与用人单位发生劳动争议后，可通过多种程序解决。根据劳动法的规定，我国目前的劳动争议处理机构为劳动争议调解委员会、劳动争议仲裁委员会和人民法院，协商调解、仲裁、起诉是解决劳动争议的3个现实渠道。

我国劳动争议处理遵循当事人适用法律一律平等，重调解，及时处理，在查清事实的基础上依法处理原则。劳动争议发生后，当事人首先应当选择协商解决；不愿协商或协商不成的，可以向本企业劳动争议调解委员会申请调解；调解不成的，可以向劳动争议仲裁委员会申请仲裁；对仲裁裁决不服的，可以向人民法院起诉。企业调解委员会的调解不是处理争议的必经程序，而劳动争议仲裁委员会的仲裁是法院受理劳动争议的必经程序，未经仲裁委员会裁决的劳动争议案件，人民法院一般不予受理。

1）双方自行协商解决

协商是争议双方采取自治的方法解决纠纷，根据双方的合意或团体协议，相互协调，和平解决纷争。

2）斡旋与调解程序

斡旋是在争议双方自我协商失败的情况下，由第三者或中间人介入，互递信息，传达意思，促成其和解。斡旋分为自愿斡旋和强制斡旋。自愿斡旋是一方或双方自愿接受斡旋和解建议；强制斡旋出现在仲裁或审判程序中，是政府使用强制手段介入劳动纠纷，以预防罢工和关闭工厂。

调解是第三者或者中介人介入争议处理过程，并提出建议，促使双方达成协议。调解人的角色更加独立，可以提出解决争议的具体方案或建议，供双方参考。因此，不愿协商或达不成协议的，双方可自愿申请企业调解委员会调解，并对调解达成的协议自觉履行调解。虽然不是劳动争议处理的必经程序，但却是劳动争议处理制度中的"第一道防线"和首选步骤，具有及时、易于查明情况、方便争议当事人参与调解活动等优点，是我国劳动争议处理制度的重要组成部分。根据《劳动法》和

《劳动争议处理条例》规定，企业可以设立劳动调解委员会，负责调解本企业发生的劳动争议。目前，我国有的地方政府也开始建立劳动调解委员会。调解不成的可申请仲裁，当事人也可越过调解程序直接申请仲裁。

3) 仲裁程序

仲裁是仲裁机构对争议事项作出的裁决决定。仲裁裁决具有约束力，并具有强制执行的效力。当事人一方或双方都可以向仲裁委员会申请仲裁，仲裁庭应当先行调解，调解不成的，作出裁决。一方当事人不履行生效的仲裁调解书或裁决书的，另一方当事人可以申请人民法院强制执行。该程序是人民法院处理劳动争议的前置程序，也就是说，人民法院不直接受理没有经过仲裁程序的劳动争议案件。

根据《劳动法》及《中华人民共和国企业劳动争议处理条例》等规定，劳动者与用人单位发生下列劳动争议，可以向劳动争议仲裁委员会提出仲裁申请：① 因企业开除、除名、辞退职工和职工辞职、自动离职发生的争议；② 因执行有关工资、保险、福利、培训、劳动保护的规定发生的争议；③ 因履行、解除、终止劳动合同发生的争议；④ 因认定无效劳动合同、特定条件下订立劳动合同发生的争议；⑤ 因职工流动发生的争议；⑥ 因用人单位裁减人员发生的争议；⑦ 因经济补偿和赔偿发生的争议；⑧ 因履行集体合同发生的争议；⑨ 因用人单位录用职工非法收费发生的争议；⑩ 法律、法规规定应当受理的其他劳动争议。

劳动者向劳动争议仲裁委员会申请仲裁应符合法律规定程序和要求。根据《劳动法》及有关规定，当事人申请仲裁，应当在劳动争议发生之日起60日内向仲裁委员会申请仲裁。另外，应当以书面形式向仲裁委员会提交申诉书，并按被诉人数提交副本。申诉书应当载明下列事项：① 职工当事人的姓名、职业、住址和工作单位；企业的名称、地址和法定代表人的姓名、职务；② 仲裁请求和所根据的事实和理由；③ 证据、证人的姓名和住址。申诉书内容不完整的，当事人可在仲裁委员会指导下进行补正，并按规定时间提交。第三，当事人申请仲裁，应当向有管辖权的仲裁委员会提出申请。

仲裁委员会应在收到仲裁申请的60日内作出仲裁裁决。由于案件情况复杂，在60日内不能结案，需要延期的，经报仲裁委员会批准，可以适当延期，但是延长的期限不得超过30日。

4) 法院审判程序

当事人对仲裁裁决不服的，可以自收到仲裁裁决书之日起15日内将对方当事人作为被告向人民法院提起诉讼。人民法院按照民事诉讼程序进行审理，实行两审终审制。法院审判程序是劳动争议处理的最终程序。

3. 劳动者对劳动保障行政部门作出的具体行政行为不服的，可以申请行政复议

根据《行政复议法》、《行政诉讼法》、劳动和社会保障部《社会保险行政争议处理办法》等规定，公民、法人或者其他组织认为行政部门或具有行政职能的机构作出的具体行政行为侵犯了其合法权益，可以自知道该具体行政行为之日起60日内提出行政复议申请；因自然灾害及社会原因引起的不可抗力或者其他正当理由耽误法定申请期限的，申请期限自障碍消除之日起继续计算。社会保险经办机构作出具体行政行为，未告知申请人有权申请行政复议或者行政复议申请期限的，行政复议申请期限从申请人知道行政复议权或者行政复议申请期限之日起计算，但最长不超过2年。

12.4.3 劳动监察

1. 劳动监察及其主要内容

劳动监察制度是指由劳动行政主管部门对单位和劳动者遵守劳动法律、法规、规章的情况进行检查并对违法行为予以处罚的劳动法律制度。劳动监察是劳动监察机构代表国家行使劳动监察职权，对劳动行政管理当事人遵守法律、法规，执行劳动行政机关命令、决定等情况进行监督、检查，采取强制性措施保证各项劳动法律、法规实施。劳动监察的主体是政府，其特点是独立于劳资关系之外，以第三者的立场落实国家的劳动政策并监督法律的执行。

第二次世界大战后，在劳动监察方面，雇主组织尤其是工人组织参与劳动监察并实施劳动法的监

督极为普遍,但这并没有改变政府对劳动监察权的控制。在我国,劳动监察是由县级以上政府劳动行政部门,代表国家对用人单位遵守劳动法律、法规、规章的情况进行监督检查,并对违法行为予以制止、矫正和处罚的一种行政执法制度。劳动监察是一种专业性的行政执法,在保证劳动法律、法规的贯彻执行方面,有着与其他部门和群众监督不同的作用,因此,它是《劳动法》监督检查体系中最主要的一种制度。

劳动监察的作用主要是调解劳动关系,是劳动关系调整工作的"监控器",能够及时纠正违法行为,维护劳动关系双方合法权益,化解潜在的劳动争议。劳动监察不限于职业安全卫生方面的监督检查,而对所有劳动关系基准政策和劳动合同执行情况的全面监察。在一定程度上,劳动监察减轻劳动争议处理工作的压力,还能为宏观预警系统提供多方面的劳动关系信息,及时排除各种隐患。因此,劳动监察是调解劳动关系的重要基础。其主要内容包含以下几个方面。

(1) 劳动用工监察。职业介绍机构遵守有关规定的情况,用人单位招聘职工情况,用人单位劳动合同和集体合同签订、鉴定、履行情况,外来劳动力的务工管理及境外就业人员权益落实情况,残疾人、复员退伍军人等特殊就业安置政策的执行情况,下岗职工就业情况等。

(2) 劳动工资监察。企业遵守国家关于工资总额宏观调控规定的执行情况,用人单位执行本市最低工资标准的情况,用人单位支付职工工资、职工超工时劳动报酬的情况,企业经营者的收入情况,工资集体协商制度贯彻落实情况等。

(3) 社会保险福利监察。用人单位的劳动者依法参加社会保险和缴纳社会保险费的情况,劳动者依法享受的各项保险福利落实情况(包括职工医疗、生育、工伤及其供养直系亲属应享受的各种待遇),离退休人员养老保险,各失业人员享受失业救济金情况等。

(4) 职业培训监察。用人单位建立职业培训制度,对劳动者进行职业培训的落实情况,承担社会职业技能培训、社会职业技能鉴定的机构遵守有关规定的情况,各类职业培训及技校招生执行"先培训,后就业"政策的情况。

(5) 劳动保护监察。用人单位执行国家关于劳动者工伤休息、休假规定的情况,用人单位遵守国家关于女职工和未成年人特殊保护规定的情况,综合计算工时的执行落实情况等。

2. 劳动监察的主要任务

劳动监察的主要任务就是监督劳动保护立法的贯彻执行,保护劳动者的合法权益,协调劳动关系,促进劳动关系和谐稳定。我国《劳动保障监察条例》第10条规定,劳动保障行政部门实施劳动保障监察,履行下列职责:① 宣传劳动保障法律、法规和规章,督促用人单位贯彻执行;② 检查用人单位遵守劳动保障法律、法规和规章的情况;③ 受理对违反劳动保障法律、法规或者规章行为的举报、投诉;④ 依法纠正和查处违反劳动保障法律、法规或者规章的行为。

劳动者在权益受到用人单位或非法职业中介机构等侵害时,可以向劳动保障监察机构投诉。根据《劳动法》、《劳动保障监察条例》等规定,任何组织或者个人对违反劳动保障法律、法规或者规章的行为,有权向劳动保障行政部门举报和投诉。可以投诉的事项包括:① 用人单位违反录用和招聘职工规定的,如招用童工、收取风险抵押金、扣押身份证件等;② 用人单位违反有关劳动合同规定的,如拒不签订劳动合同、违法解除劳动合同、解除劳动合同后不按国家规定支付经济补偿金、国有企业终止劳动合同后不按规定支付生活补助费等;③ 用人单位违反女职工和未成年工特殊劳动保护规定的,如安排女职工和未成年工从事国家规定的禁忌劳动、未对未成年工进行健康检查等;④ 用人单位违反工作时间和休息休假规定的,如超时加班加点、强迫加班加点、不依法安排劳动者休假等;⑤ 用人单位违反工资支付规定的,如克扣或无故拖欠工资、拒不支付加班加点工资、拒不遵守最低工资保障制度规定等;⑥ 用人单位制定的劳动规章制度违反法律法规规定的,如用人单位规章制度规定农民工不参加工伤保险、工伤责任由农民工自负等;⑦ 用人单位违反社会保险规定的,如不依法为农民工参加社会保险和缴纳社会保险费、不依法支付工伤保险待遇等;⑧ 未经工商部门登记的非法用工主体违反劳动保障法律法规,侵害农民工合法权益的;⑨ 职业中介机构违反职业中介有关规定的,如提供虚假信息、违法乱收费等;⑩ 从事劳动能力鉴定的组织或者个人违反劳动能力鉴定规定的,如提供虚假鉴定意见、提供虚假诊断证明、收受当事人财物等。

根据《劳动保障监察条例》、《关于实施〈劳动保障监察条例〉若干规定》等规定，劳动保障行政部门或者受委托实施劳动保障监察的组织应当设立举报、投诉信箱和电话，为举报人保密；对举报属实，为查处重大违反劳动保障法律、法规或者规章的行为提供主要线索和证据的举报人，给予奖励。

12.5 劳动保护

劳动保护是每个国家所面临的一大社会问题。劳动保护是现代社会生产发展的客观要求。在生产活动中，不安全因素是一种客观存在，与生产活动密切相关。劳动保护就是国家、企业通过一定的法规，采取一切必要的政策和措施，改善劳动条件和环境，避免或降低生产劳动事故带来的经济损失，增强企业凝聚力，提高企业经济效益，维持社会稳定。

12.5.1 劳动保护的含义

劳动保护有几种不同的含义。从广义上讲，劳动保护泛指保护劳动者的所有法律规范，不仅包括劳动法，而且包括民法、行政法中的有关内容；从中义上讲，劳动保护是指保护劳动者在劳动关系存续期间及其结束之后有关权利的法律规范，包括就业保障、工资保障、休假休息保障、劳动过程中安全卫生保障、社会保险和福利等内容，几乎包含劳动法的全部内容；从狭义上讲，劳动保护仅指劳动者在劳动场所实现劳动过程中的安全和健康的法律规范。本节着重研究狭义的劳动保护。

狭义的劳动保护，是指国家和企业为了保护生产者在生产劳动过程中的安全与健康，为改善劳动条件、防止伤亡事故和职业病发生而制定的各项劳动保护法规和制度，其目的是对劳动者在劳动过程中的安全和健康进行保护，防患于未然，防止和减少经济损失，促进经济发展，维护社会稳定。

12.5.2 劳动保护的作用和意义

1974年，联合国劳工局召开的第59届大会通过决议，号召各国和各地区的政府和企业家，改善职工劳动场所及其邻近环境的物质条件，以保证职工在劳动过程中的安全。从此，劳动保护的紧迫性和重要性已被广泛理解和接受。具体来说，劳动保护有以下几方面的作用和意义。

1. 现代生产发展的客观要求

劳动保护是人们认识和驾驭不安全因素的手段。随着科学技术的发展，随着新材料、新工艺、新能源的不断采用，以及新兴工业领域的拓展，一方面给社会带来丰富的物质文明，另一方面又增加了对自然环境和人类健康的危害性。在生产活动中，不安全因素是一种客观存在，与生产密切相关，劳动保护是生产过程本身的客观要求，而现代化生产发展对劳动保护提出了新的内容和更高的要求，需要随着生产的发展不断完善。

2. 维持社会稳定

劳动保护是世界各国都很关心的社会问题之一。各国政府通过对劳动保护的规范和监督，来避免因劳动问题而导致的罢工、游行等社会对抗活动，实际上是把劳动保护作为维持社会稳定的手段之一。为了劳动者的职业安全与卫生，各国都通过立法来加以保证。我国《宪法》、《劳动法》中都有劳动保护的有关条款，还颁布了一系列有关劳动保护的单行法规。

3. 增强企业凝聚力，提高企业经济效益

加强劳动保护，可以提高企业的声望，增强企业的凝聚力和对外部优秀人才的吸引力，这对企业经济效益的提高会起到十分重要的作用。开展劳动保护，需要企业开支一定的费用，而劳动保护将减少伤亡事故和职业病的发生，这将减少因伤亡事故和职业病发生时必须支付的医疗费用，减少因劳动者误工的损失，减少了被执法机关罚款的损失等。从长远来看，劳动保护支出将得到更多的回报。

12.5.3 劳动保护的任务和内容

1. 劳动卫生

1）劳动卫生的含义

劳动卫生是劳动保护的一部分，是指在劳动过程中为了改善劳动条件，保护劳动者的健康，避免有毒、有害物质的侵害，防范不良劳动环境和有毒有害物质使劳动者身体健康受到危害或者防止职业病和职业中毒而采取措施的总和。

相对于劳动安全而言，劳动卫生往往容易被忽视，因为不安全因素造成的伤亡事故具有明显、恶性的后果，而不安全因素对身体造成的伤害往往是一个渐进的过程，症状在开始的时候并不明显，容易忽略对不卫生因素的防范治理。事实上，不卫生对劳动者及其家属带来的危害极为严重，如尘肺病在目前难以治愈，而全国累计患者近 40 万人。因此，劳动卫生与劳动安全不能偏废。

2）劳动卫生管理措施

为了规范职业病危害事故的调查处理，及时有效地控制职业病危害事故，减轻职业病危害事故的损害，根据《中华人民共和国职业病防治法》，规定企业应实施如下劳动卫生管理措施。

（1）工作场地要保持正常通风。通风主要作用在于排出工作场地污染、潮湿、过热、过冷的空气，送入外界清洁空气，以改善工作场地的空气环境。为了净化劳动环境，除了采取自然通风、机械通风的措施之外，还应从工作场地的具体情况出发，配置除尘设备，做好除尘工作。

（2）保持良好的采光照明条件。采光指以天空的自然散光作为光源，在工作场所建筑设计中应充分利用自然光源，照明则是指人工光，在不能利用阳光的情况下，需采用照明。照明多在采光的基础上设置，以满足工作场所所需要的照度。一般来说，自然光优于人工光，间接光优于直接光，匀散光优于集聚光。

（3）合理控制噪声。在生产过程中，由于生产性因素而产生的声音就是生产噪声或工业噪声。噪声对劳动者具有极大的伤害，短时间会引起听觉疲劳，长时间会引起职业性听力障碍，使劳动生产率下降。对工作噪声的控制要从 3 个方面采取措施：一是对噪声源的控制，这是控制噪声的最根本的措施；二是控制噪声的传播，采取吸声、隔声和消声等方法控制噪声的传播；三是在厂区规划和厂房设计中采取防止噪声危害的措施。

（4）控制有毒物品作业。为了保证作业场所安全使用有毒物品，预防、控制和消除职业中毒危害，保护劳动者的生命安全、身体健康及其相关权益，国务院 2002 年颁布《使用有毒物品作业场所劳动保护条例》。按照有毒物品生产的职业中毒危害程度，有毒物品分为一般有毒物品和高毒物品。国家对作业场所使用的高毒物品实行特殊管理。

（5）制定劳动卫生标准。劳动卫生标准是以保护劳动者健康为目的的卫生标准，主要内容是对劳动条件的各种卫生要求作统一规定。预防职业性损害的首要环节是控制、减弱职业性有害因素的强度和浓度，因此，在劳动卫生实践中，要对各种职业性有害因素规定一个接触限量。从内容上看，劳动卫生标准除了对作业环境中的各种职业有害因素规定浓度或强度外，还有对某些作业方法和劳动卫生管理制定标准。

2. 劳动安全

1）劳动安全的含义

劳动安全是指保障劳动者在生产过程中不致产生劳动急性伤害、防止中毒、触电、机械外伤、车祸、坠落、坍塌、爆炸、火灾等危及劳动者人身事故的一切措施。在劳动过程中，存在许多事故发生的可能性，稍有不慎就会发生，所以劳动法律、法规对劳动安全明确作出规定，确保劳动者安全。在生产过程中，一旦发生工伤事故，往往产生难以挽回的损失，因此，加强劳动安全是一项重要工作。

2）劳动安全管理措施

（1）建立劳动安全制度，这是加强安全生产工作的关键。各企业和单位要实行劳动安全责任制。劳动安全责任制是企业的各级领导、职能部门和一定岗位上的劳动者个人对劳动安全工作应负责任的规定。企业劳动安全责任制，一般采取分级和分部门责任制。通过这一制度，把"安全第一"的原则用制度的形式固定下来,使劳动保护工作贯穿于生产全过程管理的各个环节。

(2) 加强安全管理。不同行业有不同的生产过程,其劳动对象、工艺过程、生产过程、生产方法和生产的外部条件各具特点。现代生产是劳动者操作现代化的机器设备进行的,机器设备大都具有高温、高压、高速的特点,这些都是可能导致事故的因素。如果不根据这些特点采取相应的安全措施,往往会导致突发事故,威胁劳动者安全。因此,企业应从自身的生产特点出发,加强企业安全生产基础工作,建立严密、完整、有序的安全管理体系和规章制度,完善安全生产技术规范和质量工作标准,使安全生产工作经常化、规范化、标准化。

(3) 加强劳动安全教育和安全技能培训。劳动安全教育是指对职工进行劳动保护法规、政策和专业安全知识的教育。通过安全教育,使职工熟悉和掌握劳动保护法规、安全操作、劳动安全技术知识和规章制度,以树立劳动安全的观念。对新工人进行工厂、车间、现场三级教育。工厂级,对新工人入厂要进行工厂生产情况介绍、安全生产要求等初步的安全教育或训练;车间级,进行车间安全生产指示和规章制度的教育;现场级,进行生产工作的性质、岗位职责范围、操作规程、岗位安全要求、安全防护设施的性级、个人防护用品的使用和保管的教育。经过三级教育,新工人才能上岗工作。对特殊工种的职工,实行专门的安全教育训练。如对接触剧毒、易燃、易爆、化学品、腐蚀品等涉及安全问题较多的操作人员,要进行专门的安全技术训练和考核,合格者方能上岗操作。在采用新的生产工艺、新的技术设备或调换职工生产岗位时,必须对职工进行操作方法和新岗位的安全教育。开展多种形式的安全教育活动,如举办展览、讲座、现场示范等。

(4) 加大安全生产监管力度。完善国家监察、地方监管、企业负责的安全工作体制,进一步理顺综合监管与行业监管、国家监察与地方监管、政府监管与企业管理等方面的关系,明确各自的职责。要搞好重点监察、专项监察和定期监察,真正做到重心下移,关口前移。要强化事故责任追究制度,对已经发生的重大安全事故,要查清事故原因,严肃追究有关人员的责任。

(5) 加强安全生产法制建设。做好安全生产工作,根本靠法制。要抓紧修改完善有关安全生产的法律法规,地方有关安全立法工作要加快进度。要加强安全执法工作,提高执法能力和水平,彻底改变有法不依、执法不严、违法不究的状况,维护法律法规的权威性和严肃性,对违反安全生产法律法规、酿成重特大事故的,要依法严惩,以儆效尤。

此外,根据国家有关规定,广大劳动者,包括广大农民工,均有权参加基本医疗保险、基本养老保险、失业保险和女职工生育保险等社会劳动基本保险项目。

本章小结

劳动关系是在社会分工和市场经济条件下,劳动者和用人单位之间由于各自的经济利益而产生的一种生产合作关系,同时也是受到相关法律法规保护和调整的一种权利义务关系。本章着重从5个方面进行研究。12.1节为劳动关系概述,主要分析了劳动关系的本质和特征,并通过世界主要国家劳动关系从尖锐对立到逐步缓和的演变过程,看到我国在向市场经济转变的过程中,构建和谐劳动关系的重要性和紧迫性。12.2节为劳动合同。劳动合同是形成劳动关系的基础和前提,劳动合同所包含的内容是构成劳动关系的核心内容。因此,依法签订并认真履行劳动合同,是劳动者和用人单位双方当事人为获取自身权益和构建和谐劳动关系的保障。同时,由于劳动就业的流动性,使劳动关系处于经常变化之中,熟悉和了解劳动合同的变更、续定和终止等方面的法律知识,对每一个劳动者和用人单位都是十分必要和重要的。12.3节为集体合同和三方协调机制。劳动者和用人单位在法律上是平等关系,但事实上劳动者一方往往处于弱势地位,特别是单个劳动者。因此,劳动者组织起来建立工会,通过集体谈判增强谈判能力,保护自身权益不受侵害,是世界各国劳动关系发展过程中的普遍现象。同时,政府介入劳动关系的协调和管理,建立劳动关系的三方协调机制,加强对劳动关系管理的法制建设,是现代劳动关系发展过程中的必然趋势和重要内容。12.4节为劳动争议。劳动争议和劳资纠纷在生产过程中是不可避免的。了解劳动争议处理的原则、机构和程序等知识,对于妥善处理和化解劳资矛盾,保护劳动者权益是非常必要和必需的。政府在劳动争议处理中发挥着重要的作用,而日常和主动的劳动监察，更能够有效地防范和解决劳资矛盾和纠纷。12.5节为劳动保护，是现代社会生产发展的客观要求。搞好劳动保护工作，有利于劳动者的身体健康，可以避免或降低生产劳动事故带来的经济损失，增强企业凝聚力，提高企业经济效益。

本章案例

劳动合同终止后发现怀孕，还可以恢复劳动关系吗？

劳动合同终止后发现怀孕，还可以恢复劳动关系吗？

一、案例

王女士原是一家公司的职工，2011年3月1日，与该公司签订了为期一年的劳动合同。2012年2月份，公司提前一个月通知王女士，不再与王女士续签劳动合同。于是王女士做完了交接工作，于3月1日离开了公司，并办理了档案的转出手续。但是几天后，王女士感觉身体不适，就去医院检查，结果发现自己在1月份就已经怀孕。

二、问题：

王女士是否可以要求原公司将以前签订的劳动合同顺延吗？

三、评析：

正方：原劳部《关于贯彻执行〈中华人民共和国劳动法〉若干问题的意见》第34条规定："除《劳动法》第25条规定的情形外（即劳动者违纪、给单位造成重大损失以及被追究刑事责任），劳动者在医疗期、孕期、产期和哺乳期内，劳动合同期限届满时，用人单位不得终止劳动合同。劳动合同的期限应当自动顺延至医疗期、孕期、产期和哺乳期期满为止。"《劳动合同法》第45条对此予以了确认，规定："劳动合同期满，有本法第四十二条规定情形之一的，劳动合同应当续延至相应的情形消失时终止。"在此，法律规定的是"孕期内"，并没有说一定是女职工已经知道自己怀孕了的孕期内，也就是说，只要能证明，在合同存续期间内，女职工怀孕了，公司就应当续延其合同期至"三期"期满。至于有些公司制度里规定的通知义务，那是在女职工知道自己怀孕的前提下才适用的，而当时王女士是不知道自己已经怀孕了的，因此不能以此制度规定否认王女士的权利主张。由王女士怀孕是在合同期期满之前，因此，劳动合同应当自动顺延。

至于王女士已经签字终止劳动合同，并已办理离职手续的问题，《合同法》第54条规定："下列合同，当事人一方有权请求人民法院或者仲裁机构变更或者撤销：（一）因重大误解订立的；（二）在订立合同时显失公平的。"因王女士在办理劳动合同终止手续时，并不知道已经怀孕，因此，终止合同并不是王女士的真实意思表示。因此，王女士同意终止合同应是一项有重大误解的民事行为，可以请求仲裁委员或法院撤销。这也就是说，终止劳动合同的决定应被撤销，王女士与单位的劳动合同至少应顺延至孕期、产期、哺乳期期满。

反方：由于一定的法律事实的发生，使合同所设定的权利义务在客观上已不再存在。也就是说，合同权利和义务的终止，当事人之间的权利义务关系已经消灭，不可能也无法再行恢复。在此种情况下，如果该劳动者不是从事接触职业病危害作业的劳动者，法律没有规定用人单位必须进行离岗前职业健康检查，况且，即使是从事接触职业病危害作业的劳动者，离岗前检查也仅仅是职业健康检查，而不是产假、妇科检查。因此，用人单位对此没有任何法定义务，也不存在任何过错，要求恢复劳动关系对用人单位不公平。如果允许女职工恢复劳动关系，毕竟置用人单位的人力资源管理于不可预知的混乱中。

资料来源：段海宇. 劳动合同终止后发现怀孕，还可以恢复劳动关系吗？. 豆丁网.

思考题

1. 王女士劳动合同的症结在哪里？
2. 你认为王女士的劳动合同应该如何处理？

3. 在劳动关系中如何保护好自己的权益?

本章思考题

1. 什么是劳动关系?试述构建和谐劳资关系的重要性。
2. 签订劳动合同必须遵循的原则和主要内容是什么?
3. 集体合同和集体谈判的意义是什么?三方机制的含义是什么?
4. 处理劳动争议必须遵循什么原则?劳动监察的主要内容是什么?
5. 试述认真实施劳动保护的重要性。

参 考 文 献

[1] 21世纪安全生产教育丛书编写组. 劳动保护争议与仲裁典型案例评析指导读本. 北京: 中国劳动社会保障出版社, 2002.
[2] 王大庆, 焦建国. 劳资关系理论与西方发达国家的实践. 经济研究参考, 2003(51).
[3] 赵领娣, 付秀梅. 劳动经济学. 北京: 企业管理出版社, 2004.
[4] 吴志华, 刘晓苏. 公共部门人力资源管理. 上海: 复旦大学出版社, 2007.
[5] 赵冬芝, 施俊琦. 职业性向理论在人力资源管理中的应用. 人力资源开发, 2006 (12).
[6] 吴琼恩. 公共人力资源管理. 北京: 北京大学出版社, 2006.

第 13 章

人力资源外包策略

本章要点

- 人力资源外包的含义与类型
- 人力资源外包的战略决策
- 人力资源外包的风险辨别与管理
- 人力资源外包下的人力资源管理的转变

索尼公司 WorkWay

一、索尼公司简介

索尼公司是世界上民用及专业视听产品、游戏产品、通信产品关键零部件和信息技术等领域的先导之一。它在音乐、影视、计算机娱乐及在线业务方面的成就也使其成为全球领先的电子和娱乐公司。索尼公司在截止到 2007 年 3 月 31 日结束的 2006 财年中的合并销售额约达 700 亿美元。

在公司发展的 60 多年时间里,作为一家具有高度责任感的全球化企业,索尼一直致力于以优秀的产品和服务,帮助人们实现享受更高品质娱乐生活的梦想。目前,索尼公司在全球 120 多个国家和地区建立了分/子公司和工厂;集团 70% 的销售来自于日本以外的其他市场;数以亿计的索尼用户遍布世界各地。

二、索尼公司 WorkWays

索尼公司掌握契机,由追求技术创新转向全面外包,进而转变人力资源职能。这是一种"角色至上"型的门户,其特征在于可针对新员工、一般员工、经理及人力资源专业人士提供个性化信息。可以直接查询自己所需信息,确保用户制定决策、采取行动并与人力资源服务方案中的其他各方形成有效链接,例如,就业认证机构、公司内部培训登记系统。索尼电子有限公司在美国拥有 14 000 名员工,其中人力资源专员主要分布在 7 个地点。尽管投资开发 PeopleSoft 软件并以此作为通用平台,但索尼电子仍在不断追求发挥最佳技术功效。索尼电子有限公司人力资源高级副总裁 Ed Cotter 指出,"众所周知,我们亟待更新软件系统。我们的预期状态与现状之间仍相去甚远!"

此外,索尼公司的人力资源机构在软件应用和文本处理方面徘徊不前。所有的人力资源应用软件中,各地统一化的比率仅占 18%,并因此造成低效率。索尼公司电子化人力资源与福利管理副总裁 Patricia Boggi 指出,"我们拥有诸多量身定做的技术,但客户的满意度却在不断下降。"

人力资源小组很快意识到,他们不仅需要通过技术方案来解决人力资源问题。与许多供应机构进行协商之后,他们开始审慎地思考人力资源服务方案。除了期待进行技术更新,灵活地适应未来的发展需求之外,索尼还希望更有效地管理和降低人力资源服务成本,并以此提升人力资源职能的战略角色。Boggi 指出,"人力资源日常行政管理有碍于我们成为公司战略决策者,目前,许多其他公司也得出了同样的结论。我们坚信,人力资源职能外包管理将是大势所趋。""正是由于索尼品牌久负盛名，我们才能吸引大量的精英加盟。我期望索尼公司的人力资源 WorkWays 门户能够营造一种良好的氛围，进而将人力资源职能与索尼品牌相匹配。这必将是最先进、最精良和最优质的门户！"

三、确定远景

为了拓展现有的外包合作关系，索尼电子与翰威特进行通力合作，转变人力资源职能。翰威特人力资源管理咨询总监 Esther Laspisa 指出："上述决策意味着我们将对索尼电子的人力资源机构进行重大改革，其内容不仅限于采用新技术！我们可以借此契机提高人力资源数据的质量、简化管理规程、改善服务质量并改变人力资源部门的工作日程，进而提高企业绩效。"新型合作关系中，翰威特将提供人力资源技术管理方案和主机、人力资源 WorkWays 用户门户并进行内容管理。Laspisa 解释说，"索尼为员工和经理提供查询所有的人力资源方案和服务内容的方便之门。"此外，翰威特将提供综合性的客户服务中心、数据管理支持及后台软件服务。

2003 年第三季度，索尼电子正式启动 WorkWays 和人力资源服务中心，提供人力资源数据管理、工资单、时间及考勤、薪酬管理及人员分析等服务。包括奖励薪酬及其他分析在内的薪酬管理拓展方案已于 2003 年 4 月 1 日启动，2003 年 10 月还增加了招聘和继任规划等内容。

四、转变人力资源职能

索尼与翰威特合作小组针对转变人力资源部门的工作模式寄予厚望。员工和部门经理期望更迅速、简便地完成工作，而业务经理们则期望降低成本和更加灵活地满足变动的经营需求。Cotter 指出，最大的潜在节省点在于人力资源管理程序、政策的重新设计和标准化。她说："项目起步阶段，我们在全美获取了数百项人力资源政策文档，然后，将这些文档总数缩减三分之二！"该简化规程预计将对服务水准、周转时间及成本产生巨大的影响。通过为员工和经理提供全天候的人力资源数据、决策支持和交易查询服务，新系统还将大大提高效能。

此外，经理们将查询包括绩效评分和人员流动率在内的员工数据，并将之与先进的模式工具进行整合和分析。这些信息将有助于经理制定更加缜密、及时的人员管理决策。Boggi 指出，经理们可以借此契机提高人员及信息管理质量，进而对企业经营产生巨大的推进作用。对于人力资源职能及索尼电子的员工而言，这些巨变强化了变革管理要求。索尼电子与翰威特积极解决上述变革管理问题，其中包括转变人力资源职能、人力资源部门与客户之间的关系模式、员工和经理们准备履行新职责、各项业务及各地程序的标准化。此外，变革管理工作中还涉及网站查询、安全保障及隐私保护问题。Cotter 指出："翰威特咨询公司能够提供非常全面的人力资源外包管理模式。我们能够透彻了解其对整个企业的影响。"

五、展望结果

索尼电子实施外包方案后，一些结果马上初见端倪。除整合、改善人力资源政策之外，这一变革项目还转变了索尼 80% 的工作内容，其中将各地的局域网、数据维护转换到人力资源 WorkWays 系统上。数据接口数量减少了三分之二。新型的汇报和分析能力取代了原有的、数以千计的专项报告。

公司针对上述项目制定了明确的财务目标。索尼电子与翰威特通力合作，通过广泛的调查和分析制定了经营方案，由此评估当前的环境并确定一致的、优质的人力资源服务方案对于索尼经营结果的影响。

首先，评估与人力资源服务方案相关的成本，其中包括员工在相关人力资源活动中投入的时间。项目组发现，索尼电子的诸多人力资源专员花费 60% 以上的时间进行人员管理，远远高于同类公司。随后，索尼公司累加了人力、人力资源相关技术与平台、信息技术支持、招聘和工资单打印之类的外部服务成本。上述结果是否令您大开眼界？截至 2004 年，索尼电子的人力资源部门节省了 15% 左右的年度成本，而当时预计到第五年时，节省幅度将高达 40%。平均而言，5 年期间的平均节资额度可达 25%。

Cotter 说："我始终认为可以按照这种方式开展人力资源工作，因为可以由此形成规模经济效应并降低成本。"此外，人力资源外包管理将人力资源视为索尼公司网络文化的起点。人力资源 WorkWays 门户将是实施索尼员工门户方案的首要因素之一。Cotter 指出，"我们非常高兴看到通过先行改造人力资源职能来进行电子化转变！"

资料来源：Hroot 网．2009-01-13．

13.1 人力资源外包概述

尽管人力资本概念正被广泛传播，但在普遍意义上，企业人力资源成本历来被看作重大的成本中心，在企业精简、成本控制的组织变革中，它总是优先被纳入变革的领域。人力资源管理中的事务性工作也在制约其战略角色的扮演，繁杂的工作无形中增加了人力资源部的运营成本。人力资源外包概念的出现，在很大程度上解决了这些问题，对人力资源管理的运作产生了意想不到的巨大影响。

13.1.1 人力资源外包的含义

人力资源外包是指依据双方签订的服务协议，将企业人力资源部分业务的持续管理责任转包给第三方服务商进行管理的活动。服务商按照合约管理某项特定人力资源活动，提供预定的服务并收取既定的服务费用。可以有效地实行外包的人力资源活动具有以下3个特征：

（1）它的确是可以由雇员完成的工作，但是也可以由外部服务商提供服务，且由外部服务商提供服务其成本可能更低；

（2）可以与可信的第三方服务商协商签订合同，限定服务水准及协定费用等契约条款；

（3）合同期限可定为最低1～3年，最高5年，并且要约定，如果任何一方对此安排感到不满意，都可以提前终止合同。

由于企业竞争环境日益激烈，企业所有者和高层管理者对企业中的各种管理活动都追求其量化价值，也就是把每一项活动都要进行成本-收益分析，以量化每一项支出和未来收益，而不会把有限的资金资源投资到不知道确切受益的各种管理活动中。企业之所以选择人力资源外包，也是基于服务质量和成本方面的考虑。

（1）企业的人力资源管理人员的知识、技能和素质达不到所进行的人力资源管理活动所需具备的各种资格要求。例如，设计一个有效的培训和考核体系、进行员工的有效测评和职业生涯设计等。

（2）所进行的人力资源管理活动由企业的人力资源管理者进行实施的成本可能太高；另一方面，可能实施的效果不能达到所预期的结果。这时就会把这项管理活动得以部分或者全部进行外包，因为一方面各种专门的人力资源管理咨询机构中有足够的人力资源专家来实施；另一方面，他们具有实施相关管理活动的成功经验和失败教训，因此，他们的各种管理活动成功的机会要比企业内部员工实施的机会要大几倍。如人员测评、各种人力资源制度和政策的建立和实施。

（3）企业从来没有进行过相关的各种人力资源管理活动，这些活动要进行外包。如新型产业部门员工的招聘和职业生涯设计等。

（4）根据世界性的降低人力资源成本的需要，精简企业的人力资源部门，使得人力资源部不可能自己去做所有的工作。因为人力资源人员要进行战略性的人力资源规划和设计、提供相应的各种产品和服务，因此，许多低附加值的人力资源工作要进行外包。

人力资源外包在相对长期保持有效的情况下，能够转化为企业的一种竞争优势。由于人力资源活动具有日常性、连续性、一致性特点，短期的人力资源外包项目虽然能满足企业一时的需要，暂时解决企业专业人员不够或专业能力不足的问题，但也会带来变动频繁、连续性或一致性不足、降低项目结束后同类工作成本效益等问题。而比较长期的人力资源外包项目如果能够有效进行的话，企业就可以比较放心地重构人力资源部门结构，减少人力资源职能人员，因此，通常能够将低成本、高效率、高质量的人力资源服务转化为企业的一种竞争优势。同时，改造后的人力资源部可以利用外包所提供的时间资源，更多、更实在地关注对企业成功具有直接贡献的领域。人力资源职能人员的专业知识和专业能力也会因此得到重新组合和再开发，从而进一步提高人力资源活动的效益。

在外包过程中，由于服务商承担了企业人力资源活动的某些风险和不确定性，比如遵守劳动法规和政府规章及技术手段变化方面的风险或难以预料的情况，能在一定程度上降低企业人力资源活动的风险和损失。这对于生存在人力资源管理高度法制化和信息技术高度发达环境下的西方企业来说，具有非常现实的意义。实际上，面对人力资源管理领域的迅速发展变化，不少企业感到难以承受但又不得不去适应。因此，它们往往将人力资源外包作为"组成抵御风险托拉斯"的一个途径。

13.1.2 人力资源外包的优势与劣势分析

人力资源外包可以为企业带来7大战略性优势：集中精力、服务质量、雇佣更好的人员、更好的技术、更多技能可供选择、灵活性、雇员优势。

最主要的战略优势就是帮助企业集中精力开展核心业务。如果将所有人力资源工作都由企业内部的人力资源雇员来完成，一方面耗费成本较大，另一方面，由于人力资源部门人员花费了大量时间在这些事务性、常规性工作上，以至于没有足够的时间和精力来规划公司长远的人力资源战略。企业逐渐认识到没有必要雇用那么多人来做基本的人力资源工作。但是基本的人力资源行政操作不论企业大小都要做，而这些事务性工作就转交给人力资源外包机构。

任何事物都具有两面性，只能站在一个或者多个角度设计，而不能够满足全部的要求。外包也是如此，既有优点也有缺点。在外包决策前，应当全面调查和规划，尤其要在深入了解备选服务商的情况之后，再做外包决定。实际上，2004年SHRM进行的人力资源外包调查结果显示，一些人力资源外包导致了顾客服务质量的下降（占被调查者的25%）、与雇员之间的人事关系恶化（占被调查者的37%）、雇员道德表现的下降（占被调查者的6%）。以下几个方面是人力资源外包后最值得关注的重大问题。

（1）战略锁定：很多企业是根据自己的战略发展方向来制定外包策略的。比如，企业的战略是进行集中管理还是分散管理，甚至是分散以后再集中，都会影响到外包策略的制定。外包可能是实现这些战略的催化剂。但是，如果企业没有参考自己的长期战略就作出了外包的决定，则有可能导致灾难性的后果。

（2）智力资本流失：因外包引发的人员流失可能导致公司智力资本和能力的流失。最优秀的员工常常是第一个离开公司，他们的智力资本也随之离开。

（3）失去对核心领域的控制：站在现在的角度看，很多以前不被看好的业务领域成为了企业的新的利润增长点，环境的多变，带来了更多的不确定性。公司可能将自己未来的核心业务外包出去。

13.1.3 人力资源外包形式

外包的形式多种多样，具体根据企业外包的目的、服务商资质、环境因素等多个方面决定选择何种模式。

1. 部分外包

是指将所进行的一项人力资源管理活动的一部分（干不了或干不好）进行有条件（按照提供的信息资料和在规定的时间内完成）的外包。例如，设计一项绩效考评系统，但是企业内部不能有效地设计出相对应的考核指标，这时可以进行外包。

2. 整体外包

企业在进行一项人力资源管理活动时，没有做过相应的工作，但工作又相对比较重要，此时要进行外包；还有一种情况是在实施此项管理活动时，成本太高或者效果达不到预期，必须借助于外部综合的人力资源公司或者专门的咨询机构。例如，进行股票期权的运用、实施和员工职业生涯设计工作的进行等。

3. 小包干

把企业的一种或多种的人力资源管理活动全部进行外包，自己只对活动结果进行检验和考核。例如，企业的招聘活动完全由外部招聘机构来进行，企业只提出相应的员工及资格条件；员工的考评等。

4. 大包干

有的企业没有人力资源管理部门，他们把所有人力资源管理活动全部进行外包，企业不进行相关的活动，不仅不进行设计，而且不进行实施，企业只提供建议和实施监督。例如，一部分高新技术企业、虚拟结构的企业等，进行具体的人力资源管理活动时可能进行大包干。

5. 综合外包

企业在进行人力资源管理活动时，可能不只是其中的一种，很可能是其中的几种外包的综合运用，只有这样才能发挥各种外包的整合——协同作用。例如，人员测评的小包干和绩效考评的整体外包（设计）等。

13.1.4 适合外包的人力资源职能

那么，究竟哪些人力资源业务可以签约外包呢？是否决定签约、外包，可以用决策学科的方法论来加以评估、判定。首先，要确定现有人力资源项目或职能对于机构的使命来说，是不是至关重要的。如果不是，就需要评估、考虑要结束、放弃该项人力资源职能或项目。若该项目或职能对于机构来说，是至关重要的，那么要评估该项业务是由企业内部完成还是外包出去由专业服务商来完成，何种效果会更好一些。如果外包出去效果好，就要考虑把该人力资源项目或职能放手让外包服务商去做。假如由内部来做，效果会更好，接下来的工作应该是寻求有没有更好的途径，以通过减少成本或改善绩效的办法来提升人力资源的运作绩效。

一般来说，如果在价值链上的某一环节对企业来说做得不是最好的，或者如果能做好但是必须花费高额成本的，而它又不能形成企业的竞争优势；如果这种活动不至于与客户分开，那么就可以把它外包给比本企业做得更好的专业公司。人力资源管理工作内容包括员工招聘、培训与教育、劳动关系、福利、工作分析与岗位描述、人力资源管理信息系统、绩效考核、薪酬等，只要不涉及企业机密的工作，都可以作为人力资源管理外包的内容。

具体来说，在招聘工作中，招聘方案的设计、寻找新人员信息、招聘录用（面试、预筛选、测试）、求职者背景调查及推荐者调查、雇员租赁、雇用确认等工作都可以外包；培训工作中，员工技能培训、基层管理培训、管理人员培训、安全培训、团队建设、计算机培训等都可作为外包的内容；在薪酬制定中，职位说明书、职位评价、薪资调查、薪资方案的设计等都可以作为外包的内容；建立计算机处理系统，维护技术性人力资源管理信息系统等都可以作为人力资源管理信息系统外包的内容。还有，组织发展中有关计划制定与发布的培训、继任计划、外出安排等也可以外包；人力资源管理规划中，制订人员增长和扩展计划、精简计划、组织发展规划和人员配备计划等都可作为外包的内容。

许多公司的实践表明，外包服务的内容包括：不涉及企业机密、要求具有较强的专业性、程序较烦琐和经常性的人力资源管理工作。外包业务需要遵循一个原则才能最大限度地为公司业务服务：公司核心业务，即有关公司文化建设、机构设置、核心决策等事项不能外包，只要是常规事务性的工作都能够外包。

13.2 人力资源外包决策

人力资源外包决策需要认真的分析和周密的组织安排，否则，轻率的决定将会对企业的人力资源体系形成巨大的冲击。外包成功与否，实际上从企业决定是否外包时就已经定下了基调，有两个方面必须考虑。第一，要从专注于自身核心竞争力的战略高度出发，考虑是否需要外包。外包最早是从削减成本和获取专业服务的角度出发，现在越来越变成战略性的考虑。企业纷纷都将此视为专注于自己的核心竞争力，迅速响应市场，支持业务的快速成长，或者进行业务转型的助力器。第二，外包必须获得企业最高层的深刻理解和广泛支持。CEO要很清楚：企业的核心竞争力在哪里；为了对市场作出更快速的反应，让整个公司更容易做转型，是否需要将一些非核心业务外包出去；外包后可能的结果是什么；还要考虑人员怎么安排、流程怎么处理、承包商怎么配合自己的业务等。

13.2.1 生产还是外包：人力资源外包的战略分析

企业发展面临的最大问题就是资源不足，包括管理资源。在一个企业里，要设置配套的人力资源专业管理人员，如薪资管理专员、招聘专员、组织服务专员等，代价是相当大的。很多企业并没有这样完善的配备，企业要发展，必定要在注重核心业务竞争力提升的同时做好企业的其他管理。

许多因素都会对"生产还是外包"的决策产生影响。企业的最终目的不外乎最优化地利用已有的生产、管理和财务资源。"生产还是外包"的决策分析也就因此涉及下面几个相关问题：

- 核心职能部门与核心竞争力是什么？
- 外包能带来什么好处？
- 外包的成本是多少？
- 将其他业务外包后，如何充分利用自己的核心竞争力？
- 外包是如何改变或支持公司的经营模式的？
- 外包是如何改变公司资产负债表的表现的？
- 在外包方面，公司与竞争对手的不同之处是什么？
- 为什么决定不外包？外包为什么不能转化为经营优势？

1. 战略

"我们要成为什么样的企业组织？"这是一个最重要、需要最先解决的问题。在不少决策过程中，自豪感或纯粹的情感因素占了很大成分。追求自给自足的自豪感会产生很多问题。正如亨利·福特（Henry Ford）在20世纪20年代发现的那样，即使是大公司也不可能完全实现自给自足。福特曾希望能在他的纵向一体化程度全球最高的生产厂里制造所有所需零件，但如今的福特汽车公司早就不是那么回事了，其50%的零部件需从外部购买。

企业越追求自给自足，规模越大，管理任务也越复杂、越多元化。在这种情况下，管理层完全有可能由于过度分散而无法有效管理。所以应该尽一切可能在"生产还是外包"的决策过程中剔除纯粹的情感因素。

2. 成本

在对"生产还是外包"决策的成本因素进行彻底分析时，需考虑两个关键的先决条件。首先要将固定成本和可变或增加成本分开。所有的相关成本，不论是直接或间接的、近期或预期的变动，都要包含进这两类成本中。对成本进行客观的估测时，还要考虑到长期生产带来的改良效果。其次，在决定生产还是外包某零件时，一定要得到所需投资的准确资料。制造某产品的生产资金通常会等同、甚至超出设备投资额，因此，很有必要同时考虑投资中的这两项因素。

3. 质量

管理人员必须考虑自己生产的产品与购买的产品在质量上是否有重大差别，以及某种质量的产品是否根本买不到。还有一种可能是所需的质量低于市面上的质量水平，这时，企业就应该自己生产了。

4. 数量

决定自己制造的最常见的一个原因是，需求量太小，供应商不感兴趣。对独特的非标准化产品，如果需求量小，从来都很难买到。企业也许会觉得自己是迫不得已才自行制造的，但这样做在经济上非常不合算。规划设计、准备工具、安装调试和购买原材料的成本将会很高，而加大购买量或寻找合适的替代品可能在成本上会划算得多。

5. 专业知识

做事要想做到像具备专业知识、技能和生产方法的供应商那样好，通常花费巨大。专业供应商可能会在开发与研制改良产品上投入巨资。正如美国汽车工业发现的那样，培养这种专门技能不仅成本上极不合算，而且费时太久。

6. 设计或生产流程的秘密

有时企业决定自行生产某部件是因为可以得到额外的工业保护，特别当该部件是个关键部分，靠专利也得不到足够保护时更是如此。但是应用这种理由时需谨慎，因为产品一旦出售，企业对设计侵权的防范就力不从心了。如果专利都保护不了某部件，内部生产也会同样无能为力。不过若企业能经常开发出专利生产流程，则可决定生产而不是外包了。

7. 劳动力

不论生产什么新产品，可能都需要企业员工掌握新的劳动技能。而招聘、交叉培训、人事升迁这一系列过程非常繁复。而且企业对将涉足的领域可能毫无经验，也缺少训练有素的员工。但这个问题可通过购买决策轻而易举地转嫁给其他人，具体而言，就是供应商。

如果企业内部有工会，也是做决策时要考虑的重大因素。工会合同中通常有条款禁止购买工厂可自己生产的产品。

8. 生产能力

显而易见，某部件同企业规模的关系越紧密，购买而不是内部生产的可能性就越大。如果生产产品所需的投资巨大，较小的企业除外包外往往别无选择。

成熟一些的企业通常会比新公司更愿意尝试将目前需要购买的部件归入到生产一体化中去。新企业一般总是致力于提高产出，很少有剩余资本和生产能力去生产零部件。成熟企业的情况则恰恰相反。他们拥有剩余的物力、财力和人力，因此，通过生产目前需购买的部件增加利润的能力也更强。

9. 对闲置资源的利用

即使有合适的供应品种，自行生产的决策有时也会带来利润。行业不景气时，企业就面临着设备、劳动力和管理人员闲置问题。通过生产原先需要购进的部件，可令闲置设备重新运转，保住熟练工人，并将经营成本分摊到更大的产量中去。

13.2.2 外包什么：人力资源价值链分析

组织人力资源职能的执行可以被认为是一个活动或者任务链，开始于组织的人员需求计划，结束于员工的退出，可以称之为人力资源价值链，如图13-1所示。

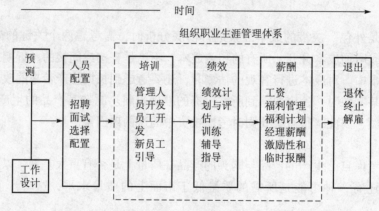

图 13-1 人力资源价值链

人力资源价值链中，各种活动构成了人力资源职能的基础，也是作为分析哪项人力资源职能适合于外包的决策依据。在此基础上，进一步判断出哪些人力资源职能是构成组织-雇员关系的核心要素，能够为组织创造价值，哪些不是组织-雇员关系中的核心构成，这一点是十分重要的。下面的两种人力资源分类方法在这一点的判断上非常有价值。

1. Alan Speaker 人力资源分类模型

Alan Speaker 曾发展了一个概念模型，将人力资源管理活动分为四大类，如图13-2所示：左上角的活动特征为可交易性、战略价值高。可交易性的活动，意味着完成这些活动不需要高水平的人际关系技巧，多数是一些事务性的、可以程序化的活动；战略价值高，意味着对企业推行竞争战略的能力有直接影响。右上角的活动特征为关联性高，同时活动的战略价值也很高。关联性高往往是指具有很强的企业个性特征，与企业的长远发展密切相关的活动。左下角的活动战略不直接影响竞争战略的实现，同时具有可交易性。但是，当雇员们没有得到合理数额的工资或者他们在要求诸如医疗等福利遇到了困难时，他们就会对此十分关注，因而这些活动对雇员很重要。右下角的活动具有高度的关联性，需要很高的人际技能，如解雇咨询等，但对竞争战略来说影响较低。

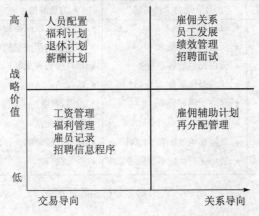

图 13-2　Alan Speaker 人力资源分类模型

Alan Speaker 的模型对人力资源活动的划分有待于进一步的探讨，但他的模型中提出的几个维度却十分具有启发性。通过 Alan Speaker 的模型可以看出，对于整个人力资源管理活动来说，适合外包的只是具有可交易性的那一部分活动，在现实中，大部分的外包实践也集中在这些活动中。而对管理层十分重要的战略价值高、具有关联性的那一部分活动，则仍然保留在企业内部。

不是所有的人力资源管理业务都适合外包的。其实在很多情况下，可以发现外包的结果并不如预期中的省时、省钱和省力。甚至找到了最好的外包服务商，结果还是差强人意，或在运作过程中遇到一些意想不到的问题。选择适合外包的人力资源活动进行外包，可以降低这种风险和不足。

2. Snell 二维能力模型

康奈尔大学 Snell 教授创立了一个人力资源管理支撑企业核心能力的综合模型，即二维能力模型，如图 13-3 所示。该模型有 2 个基本维度：价值性和独特性。如果一项人力资源职能或活动能为企业带来更大的与顾客价值相关的战略性利益，那么它就具有高的价值。如果一项人力资源职能或活动特定于某一企业，或在外部市场上难以获得，那么它就是有独特性的。

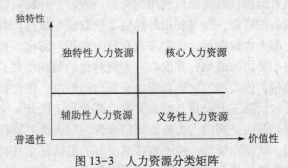

图 13-3　人力资源分类矩阵

第一个是价值标准，通过它可将人力资源活动界定在高价值和低价值这一范围内。高价值是指对达到组织目标有直接作用的活动，低价值是指事务性的管理活动。人力资源活动的价值取决于它是否能帮助组织获得竞争优势和发展核心能力。

价值体现买主对卖主所提供商品或服务愿意支付的值。人力资源的"顾客"是直接享受人力资源服务的广泛群体，如经理、雇员、求职者、合同人、合作伙伴等。"顾客"的收益越大，人力资源活动的价值就越高。显然，企业应该将那些价值高的人力资源活动内部化，而价值低的外部化。

第二个是独特性标准，通过它可将人力资源活动界定在高独特性和低独特性这一范围内。高独特性是指对组织来说是非常特殊的活动，低独特性是指日常的活动。人力资源活动的独特性是指组织内部的独有性和外部的稀有性（图 13-4）。

如果以价值性为横坐标，以独特性为纵坐标，则可构筑人力资源的二维结构框架。

第 1 象限：核心活动。如果人力资源活动既是高价值又是高独特性，则称其为核心活动。一般而言，核心活动从外部市场是很难得到的，组织应使其内部化，以获得竞争优势。

分析维度	人力资源的"价值性"	人力资源的"唯一性"
具体内涵	• 推动变革 • 反映消费者需求 • 提供出色的客户服务 • 达成最优质量 • 有助于流程完善 • 发展新的商业机会 • 直接影响效率和生产率 • 最小化产品成本、服务成本	• 在市场上没有得到广泛应用 • 不能被购买或采购 • 难以模仿和复制 • 特别的KSA • 难以替代 • 在公司定做 • 通过有经验的人开发 • 差异性

图 13-4 人力资源分析矩阵的维度

第 2 象限：传统活动。如果人力资源活动是高价值但独特性较低，则称为传统活动。传统活动对组织来说可能很重要，但通常已常规化。丰富的外部供给、先进的信息技术、成熟的人力资源软件和数据库等，为这类活动的外部化提供了大量选择的机会，通常不需要在组织内部规划这些活动。

第 3 象限：核外活动。如果人力资源活动的价值和独特性都比较低，则称其为核外活动。核外活动规划与实施中的关键性的信息、程序、方法、手段等，常常在通用的工业标准、设计规范等标准化文件中所规定，外部市场可能会更加高效地提供这类服务，故组织应将这些活动外部化。例如，目前越来越多的组织将员工的工资、福利及退休金等发放，借助于某些专门机构（如银行）来进行，因为这些事务性活动（低独特性）对增加组织的竞争力不起直接作用（低价值）。

第 4 象限：特殊活动。如果人力资源活动具有高独特性但价值较低，则称为特殊活动。特殊活动中的独特性一般比较明显，但其价值往往还取决于组织的独特性。对特殊活动，应该结合企业经营战略和人力资源战略确定是内部化还是外包。

可以根据价值标准和独特性标准来衡量人力资源活动，以决定外包业务。组织应该内部化的活动主要是那些实施费用低于利用外部资源（如市场关系）所需费用情况。对于某些特殊组织的某些独特的人力资源活动，由于现有市场没有直接可利用的资源，依赖于外部资源就可能行不通，或者可能需要额外费用。对于市场稀有的资源，如果利用外部资源获取成本很高，就会降低其战略价值。同样地，对一些通用的和标准化的人力资源活动，如果花费较大费用内部化，也会使其不具备战略价值。

选择哪些项目外包取决于公司的战略，并没有一个绝对化的判别模式。例如，员工的培训和发展是连在一起的，培训可以外包，但发展的问题必须由企业自己解决。销售技巧、人际沟通、团队建设等一系列的培训课程可以外包给第三方公司，但如果要给某个员工设计一个职业发展方案，指导他如何达到一个既定的目标，就必须由公司的人力资源部门和管理层人员共同担当，不可以外包出去。即便是一些事务性工作的外包，如薪资管理，也不意味着所有的事情都由外包公司做。对于整个流程的控制、监督，以及与员工的必要沟通，还是需要在公司内部进行。企业对福利方案、薪酬方案拥有完全的所有权和控制权，这些是不可以外包的。作为外包服务商，在很大程度上，只是给客户提供一个后台的支持。所以，外包之后还是需要企业去做很多日常的管理工作，也需要公司去监督外包服务商的服务质量和水平。

不同公司选择外包的项目是不同的。2004 年中国联通集团计划招聘应届毕业生 2 200 名，由于人数庞大和以往工作繁重的教训，联通决定，采用外包的方式来完成此次招聘，并将信息发布、宣讲推广、简历接收、第一轮筛选等费时费力的非核心环节外包给第三方机构。相对而言，美国西南航空公司就决不把招聘外包。西南航空公司是一家以低价闻名的航空公司，也可能是美国唯一成功的航空公司。所有的航空公司都有着相同的飞机，都提供相同的却挺难吃的食物，所有的航空公司都有相同的地勤人员。但西南航空与众不同的是他们的员工！西南航空断定员工是他们最重要的部分，因此，招聘战略对西南航空的成败至关重要，正如西南航空的标语所说："我们招聘的是人的态度，培训的是人的技能。"西南航空需要的是具有良好服务态度，能真诚待客并让旅途变得有趣的员工，他们能教导员工如何端上饮料、如何检票等。谁都能做这些事情，但西南航空需要的是能友善地完成这些事情的员工,因此西南航空不会把招聘外包。而一些招聘什么样的员工对企业来说并不重要、只是需要大量的员工的组织就会选择将招聘外包。

13.2.3 人力资源外包的成本-效益分析

在做人力资源职能外包决策时,企业会非常关注外包的成本及可能的投资回报,期望有完整的成本-效益分析。因为企业最关心的总是利润,在人力资源外包问题上,最关心的总是提高人力资源效益,降低管理成本。在人力资源活动外包方面,比较常见的一种成本-效益衡量方式是:核算现有工作人员完成某特定活动的成本(包括薪资、福利、办公空间、电话及计算机设备等),再将这些成本与该活动外包的成本进行比较。

但是,这种分析可能是很不准确的。例如,通过外包腾出了办公空间、设备和物品。但如果不能立即将它们卖掉或转租出去的话,企业就可能看不到即时的成本节省。公司经常遗漏外包前期的一些实质性成本,包括用在旅行、培训、配备基础设施、打造监督项目进展的管理团队上的费用。分析家估计,将业务外包的公司在刚开始的两年内不能期望成本会大幅下降。

在成本问题上,最难回答的问题之一是:什么样的外包定价是可以接受的?以下是4种外包定价方式。

1. 竞标定价

将多家外包承包商的报价进行对照比较。这种比较法之所以受欢迎的原因,是因为经理人因此有了估价的余地。

2. 市场定价

与其他规模相似的公司支付的外包费用相比较。这个方法的优点在于:你拿来比较的是别的公司与外包承包商协商过的价格,而不是你公司最初收到的那些报价。但是,这类信息很难获取。

3. 实际成本定价

与公司自己运作的成本相比。成本意识强的经理人对这个方法情有独钟。如果对方的报价比目前(或维持现状)的成本更低,外包似乎是明智之举。出于这个原因,经理人可能很快就会向某个潜在的承包商透露他们目前在该项业务上的成本支出,以期获取满意的报价。承包商也喜欢这种方法——他会因为这种信息的透露而获得了更多议价的余地。

4. 期望成本定价

与绩效表现最好的公司在此业务上投入的成本相比,这种方法比较外包承包商的报价和外包公司应当支付的成本——后者就相当于由自己来提供这种外包服务时所希望达到的最低成本。

而且,成本只是一个因素,还有很多需要考虑的问题。企业必须考虑员工和管理人员对以外包方式完成此项工作的满意度、现有职能人员的能力发展、企业技术现状等。人力资源外包决策者必须考虑,究竟什么会带来最高的回报率和最小的组织混乱。

大体上看,外包传统的人力资源职能,如福利、培训或人员配置,使企业有可能精简这些职能工作。在大多数情况下,会减少运营成本,免于为自购设备及其长期维护付出高昂的资金费用。随着在外包活动方面经验的积累,企业对人力资源外包成本-效益的判断和分析也会日臻准确。

13.3 人力资源外包的风险管理

13.3.1 人力资源外包的风险

人力资源外包作为培育企业核心竞争力的重要决策之一,必将成为企业未来的发展趋势,但是,作为新生事物,它的出现和发展为企业带来巨大优势的同时,也必将引发新的风险。

1. 员工流失风险

员工是企业的特殊资源,从某种意义上来讲,这种资源的不可再生性决定了员工的重要性,人力资源外包活动可能给员工带来某种心理的不稳定性,从而造成企业合格员工的外流,使得企业员工流失的风险加大。

2. 企业内部风险

采用人力资源外包策略，企业的人力资源部门将受到一定的冲击。仅仅出于减少开支的目的而决定业务外包，往往会导致企业战略上的短视。尤其当组织对人力资源的外包业务管理监控不善时，过多的外包业务会直接影响到人力资源部门的战略性贡献及在组织中的地位。由于人力资源管理活动的外包，使得人力资源管理职能日益虚拟化，并处于与外部签订的各种外包合同的约束关系中，它满足变动的组织需求的灵活性就会降低，增加了企业对外包服务商的依赖。

3. 信息不对称风险

按照信息经济学的理论，在人力资源外包活动中，企业和外包服务商之间形成"委托-代理"关系。企业和外包服务商之间是一种亲密的合作伙伴关系，但由于企业目标不同，工作方法可能因组织管理方式、思维模式及组织文化等方面存在的差异而有所不同，因此在使用的过程中，必然会出现信息的不对称情况：一是逆向选择，就是企业（委托人）在选择外包服务商（代理人）时，外包服务商隐瞒了部分信息，而这些信息可能对企业是不利的，致使外包企业受到损害，表现在外包服务商内部管理存在问题，这种信息不对称的决策导致了"逆向选择"，企业误选了不适合自身实际情况的外包商；二是败德行为，假设企业和外包服务商在签订契约时各自拥有的信息是对称的，但签订契约后，企业不可能像原先那样全面、细致地了解外包业务运作的全过程，外包服务商在有契约保障的情况下，可能采取一些不利于外包企业的行为，从而损害企业的利益，表现在外包业务的不及时或者外包质量的降低。这种隐藏行为导致了败德行为，外包企业增加了潜在的费用。

4. 企业信息泄露风险

人力资源外包活动首先要确保企业包括知识产权、商业机密、管理延续在内的一切信息安全。外包企业将自己的人力资源交由外包商来运行或开发，其商业秘密或所有权信息可能会泄露给竞争对手，从而使企业面临潜在的风险。造成外包企业信息泄露的原因有两类：一类是外包服务商有意识泄露企业的有关策略信息给企业的竞争对手；另一类是外包服务商无意识泄露了外包企业的策略信息，这主要是因为人力资源的特殊性，如合作员工的保密意识太差，造成企业相关信息的泄露，使企业蒙受重大损失。

5. 文化冲突风险

即使合作双方在目的性方面一致，也可能存在文化障碍。文化是员工在企业的成长过程中所形成的共同的价值观体系，人力资源外包涉及外包企业与外包服务商双方的人力资源整合，会面临由于企业之间价值观的差异所带来的摩擦和冲突，从而弱化了企业文化的凝聚功能，对企业文化建设带来困难；再者，不同员工由于教育背景的不同，对信息的感知也是不同的，在信息交流过程中，容易产生信息失真的情况，从而引起摩擦和冲突，影响企业文化的顺利形成。

13.3.2 人力资源外包的风险管理

人力资源外包中，收益与风险共存。外包所带来的成本缩减和战略灵活性等潜在收益让企业如此兴奋，以至于外包的风险甚至成了外包决策要考虑的影响因素而不是决定因素。因此，外包决策变得相对简单，而外包的风险管理成了外包活动的主要内容。一个成功的人力资源外包风险管理体系，需要考虑以下几个问题：

- 如何确定外包承包商？
- 通过什么流程和制度来保证所有的工作都按时完成？
- 通过什么流程和制度来保证成本控制在双方认同的范围内？
- 如何估计外包成本？
- 通过什么样的流程和制度来保证质量达标？
- 为了达到目标，应设立怎样的激励机制？
- 到底是什么妨碍了公司目标的实现？
- 公司现在与外包承包商共享了多少信息与技术？通过何种方式实现信息的共享？

- 公司如何处理沟通事务？如何整合内部程序与流程？

1. 服务商的评价与选择

企业在进行人力资源管理外包决策时，首先要考虑的是外包的内容。在企业准备实施人力资源管理外包之前，必须先辨别清楚某一职能是否真的适宜外包。通常对于企业来说，安全性是首要考虑，同时要坚持不能把关系企业核心发展能力的工作外包出去的原则。

人力资源管理外包的内容确定好之后，就要考虑如何选择服务商，一般应从以下几个方面来考虑。首先当然要考虑服务的价格，因为人力资源管理的某项工作外包以后，企业必然要承担一定的外包成本，如果成本较大，甚至大于由企业内部自己承担的成本，那还不如不要外包。其次是注重服务商的信誉和质量，它将对整项工作的完成乃至对企业的正常发展起到决定性作用。比如薪酬设计外包就是最典型的例子，薪酬管理属于商业机密，一旦泄露给竞争对手，必将对企业产生极其不利的影响。因此，企业在对涉及企业机密、员工满意度、工作流程等敏感性人力资源管理工作（如工作分析与岗位描述、薪酬设计、人力资源管理信息系统等）选择服务商时，必须确信其可靠性。此外，企业还需根据本企业人力资源管理工作量的大小，考虑服务商的强弱，选择适合于本企业的服务商。

接下来的工作就是要选择外包的方式。一般来说，企业寻求人力资源管理外包服务商的方式可分为三大类。第一类是普通的中介咨询机构，他们从事的业务很广，人力资源管理外包仅仅是诸多业务中的一项，企业可以把人力资源管理的某项工作（如员工档案管理、员工培训、福利制度、劳动关系等）完全交给他们去做。第二类是专业的人才或人力资源服务机构，如英法等国新近出现的快速人员服务公司，就是专为企业人力资源外包服务的。当然，国际盛行的"猎头"公司，也属于这类公司之一，企业把对高层次员工的招聘外包给这类公司是比较合适的。第三类是企业可以寻求高等院校、科研院所的人力资源专家或研究机构的帮助，由他们来为企业出谋划策，比如对员工的绩效考核、薪酬制度设计等。当然，上述三类外包的方式不是各自孤立的，在实际操作中，企业往往会召集各类人员，组成一个"智囊团"，力求把工作做好。

经过上述工作，人力资源外包就可以由相应的服务商来负责实施。在这期间，企业的人力资源管理部门应该积极地参与，概括起来说也包括两方面内容。一方面是要注意人力资源外包风险的防范与控制，企业方应与服务商就相应的外包项目鉴定书面合同，明确双方的权利、义务及违约赔偿等问题。在外包实施过程中，对工作的进展作定时检查，确保工作的顺利、安全实施。另一方面，企业人力资源部门还应积极参与配合，为外包服务商尽可能提供帮助，双方应建立起双赢（Win-Win）的合作关系，共同把工作做好。

人力资源外包风险主要包括以下几个方面：企业自身能力约束的风险、供应商的选择风险及企业文化沟通的风险。此外，缺乏有效的监督机制监控外包商的行为和长期的稳定的信任合作关系也是企业开展人力资源外包业务的风险因素。如何防范这些风险事件的发生或把风险损失降到最小，可以从人力资源外包的内容决策、人力资源外包供应商的合理选择、风险监控机制的建立和建立人力资源外包风险预警管理体系等方面进行风险管理。

管理和选择 HR 外包服务商被认为是 HR 外包过程中的难题和焦点。

1）选择资质优良的服务商是关键

人力资源管理外包业务确定后，就要考虑如何选择供应商，这是外包各环节中最关键的问题。要选择实力雄厚、信用记录好的公司。外包是一个长期的决策与投入，因此，这就对外包服务机构的资质提出了更高的要求。企业在选择外包机构时，不能仅仅着眼于成本考虑，还应对外包机构对于此业务是否有长期承诺、是否有实质性的投入建设、是否具有丰富的操作经验、是否规范经营、是否会严格恪守国家法律的规定及保密原则等方面的内容进行综合考虑。

2）综合考虑外包的多种因素

（1）要考虑服务的价格。人力资源管理的某项工作外包以后，企业必然要承担一定的外包成本，如果成本过大，甚至大于由企业内部自己承担的成本，那还不如不外包。

（2）选择适合于本企业的服务机构。企业还要根据本企业人力资源管理工作量的大小，综合考虑服务机构的各方面条件和能力，选择适合于本企业的服务机构。

(3) 明确公司人力资源管理部门与外包服务商的责、权、利。要分清双方的负责人、联系人，让外包服务商的专家深入企业，认识和了解企业的各种运作过程，诊断各种问题，分析产生的原因，双方共同商量如何解决，对出现的障碍及时沟通解决。

2. 人力资源外包的过程管理

人力资源外包的过程管理主要是指通过设计规范化、科学化的外包运作流程，有效地防范和化解人力资源外包风险，以更好地实现外包的目的。选定承包商后，公司还将在实施外包的过程中面临其他几大难题。富士通咨询公司（Fujitsu Consulting）的彼得·索尔非（Peter Salfi）说，这些问题包括失去企业的灵活性、确保承包商履行承诺。关于灵活性的问题，索尔非建议企业提前指定有权作出决策的人，并由他为推动变革的进行提供必要领导。索尔非又提到："在你的业务状况及优先考虑的事情发生变化时，要确保你与承包商之间的关系状态允许你们随之调整工作范围及服务等级。这种调整可能意味着价格方面会有所变化，但承包商不应要求你支付额外费用。因此你们必须预先定好规则。"

公司需提前定好的规则包括如下几个方面。

1）定价和报酬

清楚地说明各项服务是如何定价的，外包承包商是按钟点支付报酬，还是按启用的计算机台数，抑或是按解决的问题的数量等。承包商还应该对自己的成本在长期发生的变化作出规定，包括清楚标明付款日期。

2）对服务的描述

具体描述每项服务的内容，规定一旦出现问题，由哪方承担费用。承包商应该详细说明哪些工作属于核心服务，哪些属于额外服务。

3）绩效标准

明确将对哪些操作进行评估，具体如何进行；如果评估结果达不到双方原定的标准，需通过何种流程采取改正行动。如果改正行动无效的话，通过何种流程终止。因为事态总在不断变化之中，所以一定要确保自己能灵活应对。

4）管理层之间的接触

设立沟通机制，或者找到双方公司中保持密切联系的外包项目拥护者，他们将使这种合作关系平稳地发展下去。

5）退出条款

为双方合作的结束和意外事件做准备。合作结束后，怎么处理库存、设备、邮寄名单？在合作结束之前，各方必须投入多少精力？

一旦合作开始，外包承包商和发包公司应该每月都碰一次头，对外包服务的绩效表现、某些突出事件及其他小问题进行回顾，这些小问题是不容忽视的，否则它们会越变越大，最终导致合作关系的僵化。在达成外包协议的最初几个月里，关于服务范围及各自职责的误解是常有的事情。

合作关系管理的另一个重要方面是管理者自身的管理技巧。管理内部员工已经很难了，管理外部员工就更难了。因此，出色的关系管理能力已成为高层领导者必须掌握的关键技能，它能保证外包的效率。内部管理要求管理人员有教练的技巧，外部管理要求具有个人影响力。为了成功地管理外部员工，管理人员必须与他们共享信息。

项目管理技巧也变得越来越重要。如果没有详细描述外包服务的范围、目标、风险、质量、成本及利益，并由专业的项目经理管理这一切，双方就有可能陷入令人沮丧且得不偿失的争吵当中，如为哪些工作是在服务范围内，哪些又是在服务范围之外纠缠不清。除了详细计划工作之外，即时监督和控制工作范围、风险及质量的变化同样重要。

所有这一切并不意味着内部管理就更容易。事实上，外包成功的最大障碍之一就存在于公司内部，即那些坚持固守在"小我"范围内的经理人。这些经理人很难接受将自己多年以来从事的工作交给其他公司去做的事实。他们认为公司很多业务都是"机密性的"，永远都不可以外包。有这种想法的经理人包括：不愿冒险者；自立山头的人；还有一些人受自身利益所限，看不到外包给公司带来的利益。

随着人力资源外包业务的深入，要求必须建立一种长期稳定的合作关系，双方首先应当持有互信互利合作态度。这种机制建立，除了双方内心态度外，需要权利义务界定予以保障。双方通过约定把握自由尺度，严格工作流程，确立归责原则，划分利益归属。双方要在互利互信的基础上，签订相应的外包合同，明确双方的责、权、利，还要明确合作期间的定期联系和相互报告体系，制定双方都接受的条款和明确违约责任等。

13.4 外包下的人力资源管理

人力资源业务外包之后，人力资源专业人员该何去何从呢？其实，对于这个问题，大可不必让从事人力资源的专业人员惊慌失措。因为在实践的过程中，企业并不是全部把人力资源管理的业务外包出去，而是有选择地进行人力资源的外包工作。换而言之，企业只不过是把一些不涉及企业机密的、高层次人才物色的、社会福利管理的、技能培训的、重复的、烦琐的、事务性的人事行政工作，外包给专业性人力资源机构。所以，在人力资源业务外包大势所趋的情况下，并不存在"人力资源专业人员将失业"的说法。相反，越来越多的企业实践正在日益表明，推行人力资源外包业务，因为有了专业性人力资源受包方的介入，从而使得发包企业可以在实现降低成本的基础上，大大提升其人力资源管理的运作效率。

13.4.1 人力资源外包对人力资源管理的贡献

现代企业战略理论越来越强调人力资源管理成为企业经营的战略伙伴，并在组织绩效中扮演更加重要的角色。HRM 外包是 HRM 角色变革的结果，但 HRM 外包对人力资源战略角色转变的促进作用，需要更多理论的解释和实践印证。

1. 对核心化雇佣的支持作用

HRM 外包对人力资源管理的支持作用明显表现在企业的核心化雇佣战略中。近 20 年来，许多企业由传统的长期雇佣制向核心化、弹性化和低成本高效率化雇佣模式转化，以应对市场不确定因素增多、裁员和企业瘦身、成本上升及人力资本升值等外部环境的变化。主要做法是将一些替代成本低或雇佣成本高、产出效率低的人力资源作为边缘性资源，或者作为临时性资源，随生产和经营状况变化灵活配置。弹性化雇佣的动力主要来自劳动力市场的压力，劳动力的需求对人力资源管理外包成本有潜在的影响。当人力资源活动在企业内部进行时，若劳动力需求发生变化，经常需要在雇员间重新分配这些活动，其转换成本往往是高昂的。例如，当人员增加时，需对新雇员的雇佣和培训进行投资；当人员减少时，不仅会丧失这些人力资本投资，而且会增加解除劳动关系的成本。而采用外包的形式时，即使某一委托人的需求发生变化，契约方却完全可能在不花费高昂成本的情况下重新在其众多的委托人之间进行调整。因此，HRM 外包可以缓解当公司面临巨大的人力资源需求不确定性时产生的压力，特别是裁员的压力。然而，对弹性化雇佣制度的最大争议是其对员工的流失率和忠诚度的不利影响，同时人事外包也难以体现建立在不同契约关系之上的员工群体的公平管理，因为当人事代理机构介入企业与员工之间，成为雇佣关系的契约者的情况下，企业实际上存在着一个二级的内部劳动力市场，非正式员工的权益往往受到忽视甚至损害。

2. 对企业人力资本的积累作用

现代企业人力资源管理的一切活动，在某种意义上说，都是围绕着企业人力资本库（Human Capital Pool）的建设而进行的。随着中介市场的形成，企业越来越倾向于将一些具有高人力资本属性的管理活动外包，如将高层管理者和高级技术人才的获取活动外包给猎头公司，这显然不同于一般的交易性活动，而属于核心人力资本库的存储行为。依据人力资本含量的不同，人力资源获取活动也就具有了功能性的差异。例如，对一般员工的招募属于交易性外包，因为企业将这种职能外包大多出于规模经济所产生的潜在成本节约的考虑；而对高级人才的获取，显然是为了通过外部供应方以获得专业人才的优质服务，属于战略性的人才储备和使用行为。显然，是否将对高级人才获取的任务委派给外部，各企业持不同的态度，因为这与企业战略之间有着不同寻常的关系，甚至直接决定战略的成败。培训和管理咨询是企业比较热衷的HRM外包形式，这种借助外脑的行为被认为有以下优势：首先，有助于企业将有限的人力资源集中在核心业务的开发和配置上；其次，有助于企业降低对一些使用频率低的人力资源的长期投资；再次，有助于降低组织变革和人员精简的直接或间接成本；此外，有助于借鉴其他企业的成熟经验和管理知识；最后，有助于增强对核心人员的有效管理和激励。尽管企业不倾向于将更多的核心业务外包，但在低成本战略驱动下，不排除将外部一些成本较低、服务优质的专业性职能引入，如培训和管理咨询等，特别是在外部形势严峻的情况下，很多企业把管理咨询作为企业排忧解难的一种手段。

3. 对智力资源开发管理的影响

如果将HRM外包纳入知识管理的框架之中，对外包是否能够促进隐性知识在组织内部的积累及显性化和企业的内在化争议较大。一种观点认为，人力资源管理的效果（如员工的工作积极性、上进性和合作性等表现）依赖于组织内部的隐性知识，而根据核心资源的定义，企业是资源的独特集合体，其长期的竞争优势主要来自于企业所拥有的和控制的特殊资源或战略资源。因此，可以获得超额利润的企业，是因为它们拥有特有的稀缺资源，依靠这些资源可以产出较之其他企业的成本低或者质量高的产品。这种资源存在于企业内部，而不是外部，它们具有无形性、难以模仿性、企业专属性、异质和高效等特点。如果企业具有不断产生这种资源的内在动力，则企业可以持续保持其竞争优势。在知识经济时代，企业的核心资源是以智力资源为代表的。根据现代资源管理理论，当企业实施人力资源的内部管理模式时，拥有隐性知识的管理人员可以通过指导下属的工作来实现隐性知识向显性知识的转化，即使有些下属当时不能完全理解或执行其指导，经过一段时期后，通过管理人员的灌输和努力，会使这种知识在员工之间内在化。而在外包情形下，尽管可以在契约中将一些目标具体化，但是以隐性知识为基础的管理难以进行有效的传递和交流，并不可避免地产生资源配置和人员管理的低效。因此，一个通常的观点是，HRM外包比较适合在传统的制造业和劳动密集型产业中，而对于具有较强隐性知识特征的企业，HRM外包的风险大，效益受到质疑。

4. 对员工职业开发和管理的影响

在新的外部竞争环境下，人力资源管理的核心任务之一是实现对员工的绩效激励。这种激励作用表现在两个方面：其一，引导员工绩效向企业要求的目标靠近；其二，抑制员工不利于组织绩效的行为发生。在实施内部人力资源管理时，员工追求自我或本部门目标而牺牲组织整体利益的事情时有发生，从而产生组织管理成本。对该问题的解决有赖于控制机制和控制程度。一般认为，通过建立有效的内部劳动力市场是一种有效的途径。具体而言，它因为强调内部晋升机制，重视为员工的职业生涯发展提供通道，从而灌输了一种管理意图，员工对组织的持续贡献将获得更多的晋升和个人机会；企业也会通过员工的忠诚而降低内部管理成本。在HRM外包策略的驱动下，这种设计缜密的内部激励机制有可能遭到瓦解。因为随着组织的扁平化和组织边界的模糊，员工比组织长寿，员工对个人职业发展的忠诚必然高于对组织的忠诚，成为新一代知识员工的职业理念。正如20世纪90年代中后期提出的无边界生涯观（Boundaryless Career）和员工的自我开发模式所解释的那样，员工的职业生涯选择会依据其技术专长，充分利用同一组织内部不同工作或不同组织、不同职业的资源去实现自身的职业发展目标。无边界生涯观的提出突破了组织对员工职业发展的障碍，较有说服力地解释了在当今社会，雇员不断转换工作和职业，在企业间频繁流动，搜寻职业发展资源的原因与途径，也唤起对HRM外包的文化思考。因此，随HRM外包而出现的员工组织忠诚度降低和流动率升高的问题，往往被认为是HRM外包的弊端之一，而且随着一些全面外包形式的发展，如员工租赁等，愈发显示出对员工激励和企业文化的负面影响。

13.4.2 人力资源外包对人力资源专业人员的挑战

在人力资源外包情形下，企业人力资源专业人员传统的工作职能发生了巨大的变化。原有的关注内部的人才战略规划和功能定位转向了既要考虑内部保留下来的人事管理工作，又要考虑与人力资源外包相关的工作。也就是说，要同时处理好内部人力资源管理工作和人力资源外包工作之间的有效平衡。具体来说，人力资源外包给人力资源专业人员带来如下的挑战。

1. 外包给人力资源专业人员在制定企业 HR 战略规划的内容和规划方式所带来的挑战

企业人力资源专业人员的重要工作是制定并监督执行人力资源战略规划。传统的人力资源专业人员在进行人力资源战略规划时所遵循的是围绕企业的发展战略，在分析企业现有人才结构和水平的基础上，通过定性和定量的方法，确定企业的人才需求和供给数量并规划相应的人才获取、配置、定薪、开发和绩效考评等活动。在存在人力资源外包的条件下，企业人力资源专业人员在 HR 战略规划内容和规划方式等方面将发生巨大的变化。

从具体的人力资源战略规划内容来讲，存在外包方式下的战略性人力资源规划侧重点越来越倾向于企业核心人事服务功能的领域。这些核心人事职能领域具体包括：企业核心人才的获取、绩效考核及其绩效沟通、特殊技能培训、企业文化建设等。这些核心人力资源功能的内容因企业的性质而异，但都需要企业人力资源专业人员具有较高的规划水平。比如说，在招聘方面，如果在企业内部进行，对全部人才的获取都有可能掌控在人力资源专业人员手中。但在招聘外包的情形下，部分人才的获取将有可能通过服务商来进行筛选。其中，有可能适合企业的人才被拒之于门外。因此，如何根据人才的结构和需求确定人才招聘外包业务的范围，这对人力资源专业人员提出了新的挑战。

从规划方式来讲，没有外包情形下，可以从企业内外部各个角度来分析人员的结构和水平，并采取定性或者定量的方法来进行人才规划。但在存在外包服务的前提下，如何通过与服务商的有效沟通，将服务商提供的服务内容嫁接到企业总体的人力资源规划当中，这又是经理人员必须考虑的一个重要问题。

2. 外包情形下对人力资源专业人员外包工作能力的挑战

企业人力资源战略规划制定后，一般情形下，企业人力资源专业人员的工作侧重于制定合理的人力资源战略规划、执行人力资源战略规划、监督人力资源战略的执行过程，对关键人才进行面试、及时就人力资源方面的重要问题与高层主要领导进行沟通等。然而，在存在外包情形下，对企业人力资源专业人员的工作能力有新的和更多的要求。在外包时，企业人力资源专业人员要综合考虑外包后企业人力资源的战略规划及其战略执行方面的事项。在人力资源外包的企业，人力资源专业人员需要综合分析以下许多问题并及时作出相应的决策和规划：如采取什么外包方式（是全部人力资源职能外包、部分人力资源职能外包、人力资源职能人员外包还是分时外包）；对企业人事外包作用和外包可能导致的问题进行分析；对外包内容进行选择；对外包成本-效益进行计算；确定外包工作时间安排；确定外包合同；选择和分析外包服务商、维护和执行外包合同；对外包商的工作绩效的监控；续签外包合同；对外包工作进行总结等。虽然企业有些工作如外包成本-效益分析可以通过人力资源专业人员的下属来完成，但涉及企业外包决策的许多事项如对外包商工作绩效的监控、是否对外包商进行续签合同等是一般人力资源部门员工所难以决定和完成的，往往需要人力资源专业人员进行相应的决策和规划。

3. 外包对人力资源专业人员沟通技能的挑战

从具体的管理技能角度分析，外包对人力资源专业人员最大的挑战莫过于对其沟通技能的挑战。在外包情形下，企业人力资源的一些职能工作由服务商提供，但服务商的工作本身有一个被企业内部员工理解的过程。比如，某一公司的薪酬体系由某一服务商进行设计，但在执行过程当中，肯定会碰到这样或者那样的问题，如何及时有效地把这些员工所关注的问题同员工进行沟通，除了部分由一般的 HR 员工与其他员工进行沟通外，在许多关键性的问题方面，如薪酬策略、层级设置、薪酬的调整策略等，主要通过人力资源专业人员来进行阐释。企业的人力资源活动一般都会涉及企业全体员工，企业外包本身的成功需要全体员工的理解与配合。尽可能让员工了解外包信息尤其是与他们切身利益的服务方式、服务标准等的内容非常重要。在许多场合，人力资源专业人员应当明确必要的沟通细节如沟通地点、沟通时间、沟通的方法、沟通的内容和范围等。必要时，人力资源专业人员还可以要求与服务商一起与员工进行沟通。

在外包过程当中，人力资源专业人员与企业人力资源职能人员加强沟通也是一个重要问题。在许多场合下，企业人力资源外包后留下的核心人力资源管理职能需要这些关键性员工来完成，企业人力资源专业人员必须充分界定外包后的人力资源管理职能种类、人力资源部门和员工绩效评估方式、人力资源职能人员技能增进方法和途径。在外包过程前，人力资源专业人员需要同人力资源职能部门员工就外包意义和内容进行有效沟通，克服内部 HR 人员各种担忧情绪。外包过程当中，人力资源专业人员需要就内部人力资源管理工作与外包服务商工作的有效嫁接和互补进行充分沟通。外包阶段性结束后，需要与内部 HR 职能人员就外包的效果、外包合同是否延续及外包内容是否变更等进行沟通。人力资源专业人员同人力资源职能人员的沟通对提高企业 HR 方面的核心能力，增进外包的效果有着重要意义。

人力资源专业人员在外包过程当中与外包服务商的充分沟通也影响到企业外包后的总体效果。外包范围的确定、外包过程的监督、外包过程当中员工问题的答复、外包职能如何有效地与企业内部人力资源管理职能互补等方面的沟通都有可能影响到企业人力资源管理和外包的质量和效果。更为突出的是，如何通过与外包服务商进行有效的沟通，使得企业外包所提供的服务有利于企业内部员工对企业文化的认同，缩小员工的价值观与企业价值观之间的差距都是十分重要的。

总之，增强与企业内部员工的沟通、与企业人力资源职能部门员工的沟通和同外包服务商之间的沟通对人力资源专业人员的技能要求提出挑战。通过各种方式提升人力资源专业人员沟通技巧是提升外包效果的必要环节。

4. 外包对人力资源专业人员职业角色转化的挑战

一些传统的人事职能外包后，企业人力资源专业人员的角色如何转化，如何从内部导向性的管理转向内外部结合型的人力资源管理，这是人力资源专业人员面临挑战的另一个问题。从职业角色来说，外包后人力资源专业人员的战略性角色并没有改变，但人力资源外包后高层领导者对人力资源专业人员的绩效和能力考察有了不同的视野。外包前，企业高层领导人可能对人力资源管理当中出现的问题有更多的宽容。外包后，由于许多事务性的职能已经转嫁出去，高层管理人员更有可能考察企业人力资源管理方面的效果，更有机会识别人力资源专业人员战略性规划能力和执行能力的高低。人力资源外包一方面减轻了人力资源专业人员在一些事务性方面的管理责任，但另外一方面也增加了其在战略性规划、在人力资源管理成本和效益的监控、在内部人力资源管理核心能力的提升等方面的综合性能力要求。而这些能力的展现必将影响到企业人力资源专业人员个人职业生涯和其在企业当中的形象和地位。

13.5 人力资源外包的发展趋势

人力资源外包行业的发展前景广阔，随着中国企业对外包服务的认识提高，外包服务的需求将大幅增加，目前人力资源外包市场的平均增长速度已经超过了中国 GDP 平均增长速度，发展前景广阔。

13.5.1 人力资源外包领域逐渐扩展

实行人力资源外包的企业，在开始时通常只外包一两项人力资源职能或某一职能中的一两项活动。但在与外部服务提供商合作的过程中，企业的成本效益得到提高，在精简人员、控制成本的压力下，企业往往愿意将更多的人力资源外包出去。同时，随着人力资源外包服务提供商的服务能力的提升，所提供的服务项目和范围不断扩大。在两方面原因的共同作用下，人力资源外包从最初的单项培训活动、福利管理活动外包，发展到今天的人员招聘、工资发放、薪酬方案设计、国际外派人员服务、人员重置、人才租赁、保险福利管理、员工培训与开发、继任计划、员工援助计划等更多方面的人力资源活动外包。

13.5.2 外包的发展形式

1. 企业利用外包顾问进行外包工作

人力资源外包的市场需求看好，越来越多的服务提供商应运而生，而且大多数服务提供商都能以合理的价格来提供相应的服务。面对广泛的选择，企业常常感到难以判断和抉择。企业内部一般没有人力资源外包方面的专家,而这种专家对于有效处理外包项目又是必需的。企业往往再一次向外部寻求帮助,利用拥有特定职能外包专业知识的外部专家来进行外包项目的分析、谈判和决策,以及部分外包过程的管理。这可称为外包之外包。于是,许多著名的人力资源外包服务提供商又有了新的人力资源外包业务方向。

2. 人力资源外包服务提供商结成联盟

人力资源外包领域最明显的趋势之一就是大型福利咨询公司和大型会计师事务所不断联合。原因在于:人力资源外包服务长期被分割,众多顾问和小型咨询服务公司都在提供一定范围的人力资源职能外包服务。过去,想将多个或全部人力资源职能外包出去的中型或大型企业得利用好几个服务提供商。这往往会使其整个人力资源职能外包过程变得复杂、低效。于是,某些大型咨询公司调整业务焦点,在人力资源服务技术上投入巨资,准备在人力资源外包这个具有广阔前景的业务领域大力发展。

20世纪90年代,企业人力资源外包的领域集中在福利保险管理职能;到90年代末,企业对福利保险管理外包服务的需求迅速增加,给福利咨询领域带来了一场重大的并购。

3. 人力资源外包服务向全球化方向发展

经过大规模重组并购而产生的大型人力资源服务提供商致力于开拓全球范围的全面人力资源外包市场,将其服务对象确定为国际型、全球性大企业,为此它们在全球范围内广泛设立分支机构,密切关注国际型企业的战略规划与人力资源管理体制改革,积极开发全球人力资源解决方案。例如,重组后的普华永道公司已经正式推出了全球人力资源解决方案。专家认为,人力资源外包全球化是当前人力资源领域最大的发展趋势,它将对企业人力资源职能活动产生巨大影响。

13.5.3 外包是一种竞争战略

今天,竞争优势成为企业高层管理人员最关注的问题。为了获取竞争优势,企业不断进行战略创新,力图使有限的资源聚焦于核心优势。人力资源外包也是这种创新的产物之一,其目的同样是让企业内部的人力资源人员聚焦于直接创造价值的战略活动,提高人力资源服务的附加价值。

人力资源外包与内部人力资源职能人员担当业务合作伙伴角色的方向是一致的。人力资源外包需要业务管理人员及全体员工共同参与。企业高级人力资源管理人员和专业人员正在接受挑战,要重建核心能力,帮助制定和实施解决企业战略问题的人力资源解决方案。人力资源部也在接受挑战,要改变其官僚主义的文化,成为以客户为导向的部门,提供更有价值的服务。在企业与人力资源服务提供商形成良好合作伙伴关系的情况下,人力资源外包成为企业内部人力资源工作适应挑战的核心能力。因此,它正在成为企业的一种竞争战略。

本章小结

简而言之,人力资源外包即指公司委托第三方人力资源管理外包服务机构代为处理公司部分人力资源工作。由于公司规模、人力资源要求、公司长远战略规划的不同,外包的初衷和动机各不相同,外包所带来的机遇和挑战也各有特色,使得人力资源外包在各个公司实际开展程度有很大差异。许多公司的实践表明,外包业务需要遵循一个原则才能最大限度地为公司业务服务:公司核心业务,即有关公司文化建设、机构设置、核心决策等事项不能外包;只要是常规事务性的工作都能够外包。成功的人力资源外包决策不仅是建立在详尽、全面的战略分析基础上,还需要缜密的计划和监控具体实施过程,防范人力资源外包所带来的风险。在人力资源外包的环境下,人力资源专业人员在企业的角色和定位也发生了巨大的改变,更加接近于企业战略伙伴的角色。

本章案例

科学导入 HR 外包的参考流程

世界上没有任何一种管理模式是可以不分时机、不分对象通用的，人力资源外包也是如此，企业在将人力资源外包引入自身 HR 体系时，必须要有一个清晰的思路，清楚自己的目的，清楚达到自己的目的要选择怎样的途径。本案例将向那些希望引入人力资源外包模式的企业提供一个科学导入人力资源外包的流程参考。

一、明确人力资源外包体系的目的

明确导入人力资源外包体系的目的，并确认目的有可实现性。Z 公司是一家全国性房地产顾问公司，在深圳有 500 多名物业顾问，人力资源部有一名招聘专员和一名人事专员分别负责人员招聘工作和员工入离职及日常人事服务工作。2005 年其总部希望引入人力资源外包体系，将 500 多名物业顾问转换为人力资源派遣用工方式，从而削减人工成本。经深圳地区人力资源服务商报价，人力资源派遣收费最低为 58 元/（人·月），即以 500 名物业顾问计算，则服务收费为：58 元/（人·月）×500 人=29 000 元/月；而自身服务成本则为：两名专员工资 2 000 元/人×2 人=4 000 元，两名专员办公成本（电话费+卡位租费+外出办公车费+打印纸张损耗费+电脑折旧费+文具损耗费等）1 800 元/人×2 人=3 600 元，两名专员福利社保费用每月总计约为 500 元，如果不计雇主责任风险费用，则自身服务成本为 4 000 元+3 600 元+500 元=8 100 元。

目前由于各种原因，引入人力资源外包体系并不一定总会导致成本下降和人力资源管理质量的提升，所以在导入 HR 外包体系时一定要明确目的，确认目的的可实现性。

二、沟通人力资源外包思想

在公司内部沟通人力资源外包思想，取得人力资源部、管理高层、相关部门等公司内部的认同。H 是一家电视台，由于某单项节目需要，会聘请一些相关临时工作人员，如编导、化妆、灯光等。由于无法确定节目制作的收机时间，公司无法和这些临时演员签订固定期限劳动合同，还由于电视台内部政策，也限制了无法签订以完成一定任务为期限的劳动合同，人力资源经理便想到了人力资源派遣用工。经向上边汇报，想法得到了批准。人力资源经理在联系好人力资源外包服务机构后，一并通知了这些临时工作人员开会签约，但当人力资源经理讲解完之后，会场一片骂声，签约会变成了声讨人力资源经理的员工诉苦会议，一个好的解决方案便这样夭折。

中国有悠久的儒家传统，人们比较注重身份和面子，在人力资源外包中，人力资源派遣用工方式由于涉及人们的身份，特别要注意事前的沟通，不仅要得到高层的支持和认同，还要多和当事部门及当事人员沟通。

三、成立人力资源外包实施决策小组

成立人力资源外包实施决策小组，小组成员应当包括高层管理人员、人力资源部门和相关部门及相关人员代表，指定人力资源部门为执行单位。J 是一家外资食品制造商，由于临近新年订单增加，一时招不到足够多的员工，经人力资源部门提议、生产部同意，总经理室批准，决定采用人力资源派遣用工方式解决人力临时短缺问题。人力资源部门经过多方筛选确定了一家服务商，服务商也很快派来了第一批 100 名员工，但在实际合作中，生产部门横竖对服务商有意见，不是说派遣来的员工质量不合格，就是和服务商在某些环节上不合作。

共同决策，共同实施，让相关环节上的人员参与工作中来，工作的执行才可能最大化得到各方面配合。

四、起草人力资源外包项目邀请书

起草人力资源外包项目邀请书，讲明外包的目的并介绍项目相关情况，规定邀请截止日期和邀请服务商的标准，并注明允许服务商索要补充信息；收集当地人力资源外包服务供应商名单，向名单上的所有服务商发出邀请书。M是位于深圳的一家银行数据处理中心，于2005年6月份要补充20名派遣性质的信息处理员，在2005年3月初，M通过快递和电子邮件方式向深圳较大的20多家外包服务机构通知了其外包项目信息，并规定了邀请服务商的四大标准：有深圳市人事部门或劳动部门颁发的合法从业资质；有外包项目或相关项目成功运作的经验；有稳定和多样化的招聘渠道，有能力及时补充空缺岗位；和深圳市劳动部门、人事部门、社保部门、教育部门和公安部门有良好关系，能及时处理紧急人事事务。

俗话说得好，不怕不识货、就怕货比货，货比三家，确保自己获得性价比最高的服务。

五、约请合格服务商开见面会议

约请接受了邀请的合格服务商开见面会议，与服务商在会议上互动，详细讲明相关服务要求细节和项目细节，并回答服务商的提问，要求服务商在会后指定时间提交服务方案，服务方案要包括外包模式、服务项目、每个服务项目的服务流程和报价；要允许服务商会后索要补充信息或允许服务商会后开展的调研工作。G是一家电力集团，国家新批了两个新机组，新机组建设需要一些土建和管道技术人员，投标G公司外包项目的公司有5家为合格。G邀请了这5家外包服务机构开了个见面会，首先介绍了两个机组建设规划和需要人员的情况，然后5家外包机构开始提问，不同的提问互相进行了互补，致使项目的各个情况都基本在会议上进行了讲解。其中外包机构C回去后又发来传真，又将在会上没有想到要提问的信息进行了提问。充分沟通才可能充分了解，充分了解才可能提出合理科学的解决方案。

六、确定外包项目的最佳外包模式和服务项目

比较各家外包模式和服务项目，确定外包项目的最佳外包模式和服务项目，并要求服务商按照最佳外包模式和服务项目对每个服务项目的服务流程确认和报价。Y是深圳一家通信技术研发机构，每年上半年都会有大约80多个新入职员工要求调动户口，而Y人力资源部门仅有2个人员，人手不够。按照Y公司内部薪资水平，增加1个临时员工，每月需要支出成本6000元，半年合同需要支出36000元。A外包机构提出的服务方案为调户项目事务外包，每受理1人次收费300元，80人次费用为24000元；B外包机构提出的方案则为派遣1名熟悉此项业务的人员到Y公司，工资每月按派遣机构薪资水平支付为3000元，Y则每月向B支付派遣服务费用3500元，派遣半年费用为21000元。Y公司经过商议后觉得派遣模式最佳，便要求A也按照派遣模式进行报价，A的报价为每月3300元，派遣半年费用为19800元。

3个臭皮匠顶上1个诸葛亮，不同的外包机构针对相同的情况会有不同的外包模式和服务项目，而相同的外包模式和服务项目则往往会有不同的服务报价，企业应该吸取百家精华为我所用。

七、通过竞争选择服务商

确定2～3名服务商进行最终PK，要求服务商提交最终PK方案，方案要进一步详细，必须包括外包模式、服务项目、每个服务项目的服务流程和报价、方案所涉及的各种法律文本、服务质量监控参考指标、服务奖惩措施建议和意外补救措施等。X公司经过最初的筛选便将服务商一下确认为T服务商，缺少了竞争，T服务商在接下来的过程表现不尽如人意，各种文件提交进度缓慢，法律文本条款明显缺失公平，经催促多次也未曾提交出服务质量监控参考指标和服务奖惩措施。合同签订后的第一个月，T在操作X公司员工的社保时弄错了3个人的数据，这时由于没有具体的服务质量监控指标和奖惩措施及意外补救措施，X公司虽然对T的表现严重不满，但也只能通过双方沟通会议不断督促T公司去修正失误。将工作尽可能细致，将事情尽可能事前先想出来，细节决定成败绝非一句空话。

八、签订服务合约

确定最后要签约的服务商，将方案最终修改签名确认后再签订合约，方案作为合同的附件存在。S公司通过招标筛选了N机构为最后中标服务商，合同在执行了半年之后，项目专员紧急离职，但由于事前有详尽的方案说明，补充到位的新项目专员得以迅速了解项目和项目的操作程序，最后这一次人员的不正常变动并没有对合同的继续执行造成什么太大影响。

方案只有作为合同附件才具备法律效力，服务商方案只有具备了法律效力才可能真正起到约束作用；另外，方案固定下来也能起到一个明确的指导作用，不会因为合作双方具体人员变动而影响项目

的执行。

九、监督项目实施

指定人力资源部具体人员监督项目实施，维护合同和方案的实际执行。W 是国内数一数二的人力资源服务供应商，在承接一个应届生项目的时候，利用甲方单位的监督缺位和学生对劳动保障政策的不熟悉，扣掉了应届生在 3 个月试用期内的社会保险费用，直至项目结束，甲方都未曾对合同执行过程进行审核，这让 W 利用甲方的监督疏忽靠损害员工利益而昧心赚取了一笔黑心钱。

目前中国大环境人力资源外包行业还不是太成熟和规范，一些 HR 外包服务商利用投机行为来损害员工利益，依靠服务商自律在多数情况下仅仅是我们的一己想法。

资料来源：中国人力资源开发网. 2006-10-30. 本书采用时略有改动。

思考题

1. 如何明确人力资源外包的目的和指导思想？
2. 如何选择外包服务商？
3. 在监督外包项目实施过程中还需要注意哪些问题？

本章思考题

1. 什么是人力资源外包？
2. 人力资源外包的优势和劣势是什么？
3. 人力资源外包的类型有哪些？
4. 如何进行人力资源外包的战略分析？
5. 如何制定人力资源外包决策？
6. 怎样有效管理人力资源外包风险？
7. 外包后，企业人力资源的角色和定位是什么样的？

参 考 文 献

[1] LILLY J D. Outsourcing the human resource function: environmental and organizational characteristics that affect hr performance. Journal of Business Strategies, 2005, 22(1): 55-73.

[2] JET MAGSAYSAY. 祭起外包三大法宝. http://www.ceconline.com/.

[3] http://ehrbank.com/.

[4] 彭剑锋. 战略人力资源管理理论、实践与前沿. 北京：中国人民大学出版社，2014.

[5] 德斯勒，曾湘泉. 人力资源管理. 北京：中国人民大学出版社，2007.

[6] 德鲁克. 管理前沿. 北京：机械工业出版社，2009.

[7] 乌尔里克. 人力资源管理新政. 北京：商务印书馆，2007.

[8] 克雷曼. 人力资源管理：获取竞争优势的工具. 北京：机械工业出版社，2009.

[9] 布兰德斯. 简单管理. 北京：东方出版社，2006.

[10] 乌尔里克，布罗克班克. 人力资源管理价值新主张. 北京：商务印书馆，2008.